U0553846

赵 靖

（1922—2007）

赵靖先生在家中与本书编者叶坦（左一）合影

赵靖先生夫妇在家中与本书编者叶坦（左一）合影

赵靖近现代经济思想研究辑要

张亚光 叶坦 主编

商务印书馆
创于1897　The Commercial Press

图书在版编目（CIP）数据

赵靖近现代经济思想研究辑要 / 赵靖著；张亚光，叶坦主编 . —北京：商务印书馆，2022
ISBN 978-7-100-21577-0

Ⅰ.①赵… Ⅱ.①赵… ②张… ③叶… Ⅲ.①经济思想—研究—中国—近现代 Ⅳ.① F092.6

中国版本图书馆 CIP 数据核字（2022）第 150425 号

赵靖近现代经济思想研究辑要

张亚光　叶坦　主编

商　务　印　书　馆　出　版
（北京王府井大街 36 号　邮政编码 100710）
商　务　印　书　馆　发　行
北京市十月印刷有限公司印刷
ISBN 978-7-100-21577-0

2022 年 9 月第 1 版　　　　开本 880×1230　1/32
2022 年 9 月北京第 1 次印刷　　印张 24¼　插页 1

定价：188.00 元

赵靖先生百年华诞文集总序

叶 坦

2022年9月16日是赵靖先生百年华诞。光阴荏苒，先生离去已经十五个春秋了，我们怀着十分崇敬的心情，深切缅怀这位世纪学者，一同仰望这座燕园丰碑。

赵靖先生（1922—2007），著名经济学家、经济史学家，北京大学经济学院教授。他1922年9月生于济南，1941年齐鲁中学毕业，被保送入燕京大学经济系学习。1945年大学毕业考入南开经济研究所读研究生，1947年毕业留校任教，翌年回到燕京大学工作。新中国成立后，自1952年高校院系调整直至先生去世，他一直在北京大学执教。最初他致力于财政学、经济学原理及政治经济学的教学和研究，半个多世纪以来则重在中国经济思想史学科的建设和人才培养，历任中国经济思想史学会副会长、会长、名誉会长。作为新中国本学科的开拓者和奠基人之一，他为学科、学会以及北京大学经济史学的发展，贡献了毕生的心血和精力。他还加入中国民主同盟等参与工作，先后任北京市政协常委和全国政协委员等。先生论著等身，桃李遍天下，主要代表作有《中国近代经济思想史》

（合著）、《中国古代经济思想史讲话》、《中华文化通志·经济学志》；
主编四卷本《中国经济思想通史》以及《中国经济思想通史续集》
等，重要论文收入《赵靖文集》《学术开拓的主要路标——赵靖文
集》等。

先生曾撰《八十自嘲联》——

出家门进校门犹逊三门干部

既舌耕又笔耕敢附一世寒儒

这或许是他以"自嘲"方式对自己八十年生涯的总括。他博
大的襟怀与学术志向是分不开的，在读大学的时候就开始疑惑"经
济思想为何都是外国的"，就此开始了他的学术探索和追求。由于
他长期从事经济学的教学工作，又自幼喜读古书，看到浩瀚精深的
中国文化典籍中蕴含着丰富的、亟待发掘的经济思想宝藏，便从
1959年起将主要精力投入到中国经济思想史学科。先生治学心无
旁骛，数十年如一日，八秩有余眼疾病痛，仍然笔耕不辍。他博古
通今，功力深厚，对许多问题都有独到的见解；许多前人足迹罕至
的领域，都留下他辛勤探究和耕耘的汗水。

由于这套百年华诞文集是单篇论文的选辑，尽管注重论文之
间的学术联系，但对于系统把握和全面理解先生的学术全貌和治
学特点难免还会有影响，有必要解析其治学的系统性经典案例，尽
可能全面呈现这座燕园丰碑的学术特征与风貌。在先生厚重丰赡的
学术成就中，最具代表性的或许就是他主编的洋洋一百八十万言、

历时十余载撰著而成的《中国经济思想通史》,北京大学出版社自1991年至1998年陆续出齐四卷本,2002年出版修订本;2004年还有近五十万字的《中国经济思想通史续集》付梓,五大卷共同构成20世纪中国经济思想通史的系统性经典。

从中国经济学术史视域看,能够做通史研究,不仅需要学科发展的长年积淀,更离不开研究者深厚的学术功力与理论素养。重点择要透析通史研究,能够较为典型地领略先生的学术特色和创新贡献。通史研究之"通",既是研究时段、撰述内容之"史通古今"——"纵贯中国数千年来经济思想发展的全过程";更是规律探寻、学理融通的"学究天人"——"探求中国经济思想史的历史发展规律",终至"创新自成一家言"。《通史》是贯穿先生治学心得、理论探求和无数心血的力作,也是本学科20世纪系统性研究专著的里程碑。我曾应《燕京学报》之邀撰写长篇书评,先后反复摸索斟酌,有幸多次直接聆听先生坦言点拨,发表的稿子包括标题都是经他亲笔圈改的(《二十世纪中国经济思想史研究的鸿篇巨制——评〈中国经济思想通史〉修订本》,载于《燕京学报》新14期,2003年5月),此文或可视为《通史》的导读文章。要了解北京大学中国经济思想史学科的特质与发展,在这套文集之外,《通史》及其续集都是必读之书。

考察学术发展,有必要深入追踪科研创作史。通史的创作过程,无不彰显先生及其团队非常注重"三个有机结合"的编史特色:一是科研方式上人才培育与著作撰写有机结合,写书为育人,出人才则是为更好地写书。作者都是先生的学生,"子弟兵上阵"有利于体现主编的思想意图和风格路数,所谓"教育与科研相结合"在这里得到完满的诠释。二是研究内容中将经济思想史与社会经济史有机结合,力图使思想史脱离"无根之木""无源之水"的尴尬境地。三是理论创新中将理论体系和研究方法的创新与具体史实的实证考察有机结合。先生强调治学当以马克思主义为指导,探索意义重大的理论模式创新。提示中西方经济思想研究模式的差异,源于不同的历史进程和社会经济形态,传统中国不适合采用西方的"商品-资本"的模式,而"地产-地租、赋役"模式更加符合国情。

先生主持的研究将经济思想同历史进程相贯通的基本理路,也是系统性经典成果的"筋骨",大致可以表述为"三条主要线索"和"四大基本特征",这也是他长年治学的精要积淀,成为立论框架和核心要论。三条线索一是以历史唯物主义为指导,把经济形态和思想学说看成是每个时代社会经济的反映。二是注重上层建筑与经济基础的相互影响,中国的国家政策对经济思想影响最大。三是把握以儒家思想为主的文化形态,传统经济思想史中儒家思想居于主要地位。四大特征则是:1.中国经济思想是以国家为本位的经济思想,富民富家必须服从富国,富国是主线。2."富"与"均"的关系十分重要,"富"是经济思想的主流,而"均"虽一直存在却是非主流。3."义"与"利"也是中国经济思想史的基本问题,反映了经济利益与社会伦理诸关系,其规范经济行为和获利方式。4.以

"重农"为主要特征的"本末"关系论,说明农业在自然经济时代一直占有主导地位。这些可以作为考察几千年传统中国经济思想发展历程的基本脉络。

先生治学宏微相济,理论追求建立在坚实的史实考辨和史料发掘的基础之上。透过先生的鸿篇巨制与精要阐述,可以较为深入全面地概括其治中国经济思想史最突出的十大贡献。**首先**,发掘、整理或丰富了许多人物包括小人物(本学科人物的大小与历史中的不同)的经济思想,如东汉的桓谭、王充直到五代宋元的郭威、苏云卿,再到明清之际的李雯、陆世仪等,深化和拓展了本学科的研究内容。先生强调经济思想的研究要以人物为基础,不赞成"思潮说"。**其次**,爬梳、新解一批有价值的经济思想史文献资料,如《太平经》《农书》等,将本学科的文献史料学推进到一个新的阶段。**再次**,运用材料和考证方法独到,如对《管子》"轻重"诸篇的新考证颇多新见,结合具体时代提出《列子·杨朱》消费思想与战国初期的道家杨朱及杨朱学派大相径庭等。**复次**,对诸子百家的认识和研究也大为深进,如将法家细分成"秦晋法家"与"东国法家",具体分析两者的观点异同,使科研工作细密深入。**还有**,对禅宗的农禅经济思想的研究颇具创新性,收入《通史》的主要内容曾于1995年发表在《国学研究》第3卷,获得很高评价,丰富和开新本学科的研究对象。**再有**,拓进和深入民族经济思想研究,包括以往很少涉及的辽、夏、金等朝代的民族经济思想,填补和完善了中国多民族经济思想史的应有范围。**再则**,关于"治生之术"等研究,有助于弥补中国经济思想史微观分析之不足，使得学科基础更加科学，更加坚实。**此外**，注重分辨同一词语在特定背景下的不同内涵及其蕴积的经济思想意义，如对重要的基础性范畴"富"的研究，具有示范性作用。**另外**，还有若干精彩之处，如对历代农书中经济思想的发掘阐述、有关司马迁"善因论"和丘濬"自为论"的提出等，颇多创见。**最后**，提示认真总结中华民族优秀的历史遗产，创立中国自己的经济科学，具有重大的战略意义。

基于史实考辨和史料发掘的研究，为先生的理论探索提供了有力的依据。他在学术创新方面再一个重要贡献，就是提出了若干"论"与"学"，不仅得到本学科学者的赞同、肯定和应用，而且将中国经济思想史研究提升到一个新的阶段。在上述"善因论""自为论"等等"论"之外，"学"是经济思想的更高层次。"富国之学"与"治生之学"的概括阐述，虽有主次轻重之不同，却是先生学术理论的"双璧"。他指出，传统经济思想以"富国之学"为主，在"富国之学"中，他以"富国"为中心，诠释富国与富民、富家、分工、分配等的关系，进而展开货币、金融、财政、赋役等等在富国中的作用的考察，揭示传统经济思想的基本特质与发展规律。从"治生之术"等上升到"治生之学"的提出，不仅从微观层面弥补了以往传统经济思想研究的不足，而且成为其学术创新的重要标识。如农书《四民月令》被作为地主的"治家指南"，《齐民要术》则作为地主家庭经济管理思想的重要文献，详尽研究其治生之道、治生之理、治生之策。并且，治生之学的界域并非止于地主，还包括商人、手工业者等,从先秦白圭的治生之术、汉代司马迁的治生之学,到唐宋商人的治生之道,明清之后的"治生之学"更是蔚为大观。

与传统时代不同,先生将中国近代经济思想基本特征概括为"发展之学"。基于中国近代的历史性质和社会经济状况,他提炼出"发展"为经济思想的时代主题。进一步论证发展的社会经济基础以及依循的可能路径、发展的目标模式、工农商业发展、人口问题和对外开放等,及其与经济发展的关系;并沿着这些脉络,对近代中国有识之士关于发展道路的认识,以及由此形成的各种发展方案和理论主张进行概括分析,呈现近代中国经济发展思想的基本线索。作为世界最大的发展中国家,中国的经济发展思想弥足珍贵。

再如,先生的经济思想研究还伴随经济改革的时代脉搏不断鼎新,与时俱进。中华经济文化中蕴积着丰富的经济管理经验与思想,在经济管理思想研究方面,他的引领与导航作用,将文化、哲学以及史学研究中的管理思想研究引向深入。他的《中国古代经济管理思想概论》《中国经济管理思想史教程》等,都具有开拓性的研究成果。

先生提出的若干学术论点,为同仁所赞同、接受与光大。二十余年时光中,我有幸面聆先生教诲,也经常交流个人观点,得到先生悉心指导。我对先生高深而广博的学术之理解不过沧海一粟,只有"心向往之"是真真切切的。1985年我考入中国社科院巫宝三先生门下,这年也是中国经济思想史学科首次面向全国招收博士生。入学不久，即衔巫先生"博采众长"之命到北大"赵门立雪"，沐浴师恩厚泽直至赵先生驾鹤西归。在我学术生涯中一直感受先生那只有力大手的领扶，关键的几步都离不开他的指教、奖掖和扶助。他不仅对我的学位论文提出指导意见，还亲自主持我的博士论文答辩会，为论文获得一致好评而欣喜。此后巫先生和他分别为我博士论文《富国富民论——立足于宋代的考察》出版作序，他指出"这是近年来中国经济思想史学界的一桩喜事"，用"头一部"、"头一本"、"头一个"、"头一人"等词汇予我的研究充分肯定。最后，他意味深长地说："深为我们中国经济思想史学界有像叶坦这样的青年而自豪，并祝愿她在今后继续发扬这种扎实、勤奋的学风，千辛万苦地为攀登学术高峰而奋斗！"书出版后在海内外产生反响。先生的序言还被收录至《赵靖文集》（也被收入此次选集），我不知看了多少遍，每一次都泪水蒙眬，真是高山景行，师恩化雨……可以告慰先生的是，我三十多年前出版的这部学位论文，先后获得多种奖项，近期还入选商务印书馆"中华当代学术著作辑要"，即将出版。

先生对中国经济思想史学会的贡献前无古人，他担任会长期间，为学会工作呕心沥血尽心尽力，受到全国乃至世界同行的崇敬爱戴。先生不仅注重培养后学，更是十分重视学科建设，认为这是中国经济思想史后继和发展的关键所在。本学科不少学者都得到过先生的提携和指教，很多单位都得到过他的关怀和扶持。先生十分关心我供职的中国社科院经济所的本学科点，多次勉励我"坚守阵地"。他说："一个学科点，灭掉容易，再要建设起来就难了。这是一个大有前途的学科，垮了太可惜！无论有多困难，希望你能够坚守阵地。"他还写成书面意见，如1992年底在推荐我破格晋升研究员的推荐书中三度提出要重视培养"学术带头人"，还从跨世纪学术事业发展战略的高度来谈这个问题。的确，我们这个学科点是巫先生于1956年最早在全国创立的，而且中国经济思想史唯独在中国大陆是理论经济学的分支学科，具有独特的学科优势和发展前景。正是在北京大学、上海财经大学、复旦大学等校本学科同仁，特别是在赵先生的亲切关怀和不断勉励下，我才能够在非常艰难的境况中一直坚持下来……先生穷毕生精力，对中国经济思想史这门学科做出了卓越的贡献；他循循善诱、勉励后学的教书育人精神永远铭刻在我们心中；他的言传身教历历在目，激励着后人不懈努力；他的音容笑貌如在目前，鼓舞我们在中国经济思想史的园地里不断耕耘。

先生学贯古今，成果卓著，此次编辑出版的百年华诞文集历时有年，尽可能全面地搜集、梳理、稽考、选辑其一生发表在学术刊物、著作、论集等中的中国经济思想史研究论文（包括著作序言等），希望通过反复斟酌最终选定编辑的论文，能够尽可能体现他在本学科领域耕耘一生的突出贡献，这也是北京大学经济史学的重要里程碑。文集分为《赵靖传统经济思想史论选集》和《赵靖近现代经济思想研究辑要》，两本论集主要依据研究内容的不同时代来区分，个别理论性或贯通性研究，则视其主要内容和偏重入选。

选编工作得到北京大学经济学院和经济史学系的鼎力支持，得到商务印书馆的悉心指导帮助。文集选编具有特殊的意义，不仅在于追忆前贤缅怀恩师，更在于赓续学脉，振兴学科。可喜的是，北大经济史学在经济学院领导的扶持帮助下，不断完善教学科研建制与保障，突出标志就是 2019 年 9 月 27 日经济史学系的建立。这几年，尽管疫情肆虐干扰频仍，但本系师生踔厉奋发，砥砺前行，取得了可观的学术成就。多篇有分量的研究成果问世，很有影响力的"北大经济史学名家讲座"开展数年已达一百六十八讲，招标的国家社科基金重大项目获准立项，本学科近日还喜获第一篇北京大学优秀博士论文……

我自 2012 年起有幸连续三届受聘北京大学经济学院兼职教授，2021 年以来又荣聘北大经院讲席教授，深感有责任为北大经济史学的传承发展尽一份绵薄之力。我相信这套文集的出版具有深远意义，先生的学术成就不愧耸立于燕园的巍巍丰碑，先生的崇高形象和学术风范将永远激励我们努力奋进！

2022 年 6 月于北京

序　言

张亚光

赵靖先生是中国经济思想史学科的奠基人，也是中国管理思想史学科的主要开拓者。在他八十五载的光华岁月中，"立德、立功、立言"，为学科发展、人才培养、建言献策写下不朽的篇章。2022年，正值赵靖先生一百周年诞辰，也是北京大学经济学院（系）建院一百一十周年，商务印书馆刊发《赵靖传统经济思想史论选集》与《赵靖近现代经济思想研究辑要》两种，既是中国经济思想史学界的一件盛事，也是北京大学经济思想史学科辉煌学术成就的再现。

一

赵靖先生曾经将中国古代传统经济思想归纳为"富国之学"，将中国近代经济思想总结为"发展之学"。如果说这次出版的《赵靖传统经济思想史论选集》是"富国之学"的汇编，那么《赵靖近现代经济思想研究辑要》贯穿始终的则是"发展之学"的内核。正如赵靖先生所述:"发展的问题成了鸦片战争以来对中国的兴衰存亡有决定意义的问题。中国能不能得到发展?能不能迅速地得到发展?有效的发展途径和方法是什么?中国的发展需要什么样的社会历史前提? ……这一系列问题成了一百五十年来一代代中国人为之焦思苦虑寻求解决的问题。环绕发展问题所进行的探讨、议论、思考、分析,就形成了中国的发展之学。发展之学是中国近、现代经济思想的主要内容。"(第726页)以"发展之学"为核心,赵靖先生开启了中国近代经济思想史系统研究之先声。事实上,在赵靖先生的全部学术生涯中,中国近代经济思想史的研究有着极为特殊的意义。

赵靖先生在青年时期先后求学于燕京大学经济系和南开经济研究所。1947年6月研究生毕业后留任南开大学经济系,讲授国际汇兑课程。1948年7月,转至燕京大学经济系任教,主讲经济学原理、财政学等课程。北平解放后,赵靖先生开始系统学习和研究马克思主义经典著作,不久之后即主讲马克思主义政治经济学。1952年全国高等院校进行院系调整,赵靖先生来到北京大学经济系,在最初的几年时间内,仍然是以讲授和研究马克思主义政治经济学为主。真正进入中国经济思想史领域的研究,是在20世纪50年代末。

赵靖先生深知研究中国经济思想史是一项长期而复杂的工作,因此制定了明晰的规划。他决定先从近代入手,分别研究了中国近代史上几个关键人物的经济思想，例如严复、冯桂芬、康有为、谭嗣同、包世臣等，论文发表在《学术月刊》《经济研究》《北京大学学报》等刊物上。这些文章既是新中国成立后学界对近代经济思想史研究的开山之作，也是赵靖先生整个经济思想史学术生涯的正式起点。赵靖先生曾经回忆自己的学术历程："第一阶段是创始阶段：自1959年至1965年，我主要从事中国近代经济思想史的开拓和教学研究，研究成果是在1964—1965出版《中国近代经济思想史》一书，以及在报刊上发表论文十余篇"（第743页）。这里提到的《中国近代经济思想史》，由中华书局出版，是国内第一部关于中国近代经济思想史的系统的、完整的教材。

在创始阶段的研究过程中，赵靖先生的治学特点逐渐显现出来。他尤其注重以马克思主义的经济基础与上层建筑相互关系的原理以及毛泽东思想中关于中国近代社会性质、革命性质等理论为指导，从中国近代经济思想的历史实际出发，密切联系中国近代社会经济条件和阶级状况进行研究，以此阐明中国近代经济思想的主要特点和发展规律。赵靖先生指出：中国近代经济思想史的研究对象应该是旧民主主义革命阶段中的经济思想（第38页）；中国近代社会经济主要矛盾在经济思想领域的反映集中在三个根本性问题上——外国资本主义或帝国主义侵略的问题、封建土地所有制和封建主义剥削、压迫的问题以及民族资本主义发展的问题（第712页）……这些开创性的理论观点，为学术界确立了中国近代经济思想史的研究方法和原则方向，为中国经济思想史学科的奠基做出了重大贡献，直到今天仍然有重要的学术指导意义。

更加难能可贵的是，赵靖先生对中国近代经济思想史的研究既有开创之绩，又有升华之功。自1978年起，赵靖先生将更多的精力放在了中国古代经济思想史研究上，尤其是《中国经济思想通史》的撰写上面。然而这并不意味着他认为中国近代经济思想史的研究已经大功告成，可以安享其成了。勇于扬弃、突破自我、与时俱进，是赵靖先生伟大的学术品格。他后来深刻地总结道："成书于60年代的作品，不可能没有缺陷。在80年代出版修订本时，对怎样修订认识不深，只能进行一些局部修改。到1998年着手写《中国经济思想通史续集》时，逐渐认识到……修改《中国近代经济思想史》就不能是局部的删削、增补，而是要从方法上、内容上和体系上作通盘的考虑。"（第744—745页）这段话表明赵靖先生的治学有着"变"与"不变"的精神，变化的是随时代更新的研究方法，而不变的是对中国近代经济思想一以贯之的重视、对国家民族命运念兹在兹的情怀。

《中国经济思想通史续集》的完成，标志着赵靖先生对中国近代经济思想史的研究达到了全新的高度。该书的序言集中反映了"方法上、内容上和体系上"的变化。相较于先前围绕帝国主义侵略、封建剥削、民族资本主义发展三个根本性问题的展开，《续集》序言明确提出："中国近代经济思想的基本内容是对中国发展道路的探求。"（第689页）正是在这本著作中，赵靖先生提出了经典的"近代发展二论"——"中国近代的经济发展，包括两个方面的问题：

发展的途径和发展的政治前提"（第694页），一举奠定了近代经济思想史研究的基本框架，成为后辈学者在探索近代经济思想史时必须面对的两个问题。此外，赵靖先生认为："中国近代经济思想的特点之一是向西方寻找真理，但是，这并不意味着它已完全抛弃了中国经济思想几千年所形成的传统"（第699页），这种重视传统经济思想的态度，在第一个阶段确乎是比较少见的。

二

　　综观赵靖先生的中国近代经济思想史研究，其最大的贡献当在方法论的层面。如前所述，赵靖先生对近代经济思想史的研究是在他从西方经济学转向马克思主义政治经济学之后若干年开始的。在当时的学术生态之下，采用西方经济学作为研究经济问题（包括经济思想史）的基本方法不仅是错误的，而且事实上也是不可行的——西方经济学无法说明新民主主义革命的胜利和资本主义生产方式在旧中国的失败，而辩证唯物主义和历史唯物主义为解释这一历史巨变提供了强有力的方法论支撑。因此，在赵靖先生关于中国近代经济思想史的早期论著中，能够清晰地看到一套完整的、建立在马克思主义理论基础之上的思想史方法论，对每一个人物的分析评述都有所凭据，如行云流水般，酣畅淋漓，毫无阻滞。这种风格正是北京大学经济史学科"以史论见长"的优良传统的体现。

不可否认,这些早期的研究方法带有浓重的时代色彩,赵靖先生本人也承认上个世纪60年代出版的《中国近代经济思想史》受到了"以阶级斗争为纲"的思想影响。在编录这本《辑要》时,出版社负责同志的态度十分明确——"出旧如旧",应当保留文章的原始风貌。作为主编之一,我十分赞同。对待此类时代色彩较为鲜明的文献,我们当然可以站在今天的立场加以某种批评,但从另外一个角度看,这些文献是学术史的珍贵资料,越是真实地再现,带给后人的启发和价值也就越大。

对我个人来说,最大的收获是在阅读过程中产生了对经济思想史方法论的重新认识。进入上个世纪90年代之后,西方经济学强势回归到中国大学的讲台之上,逐渐近乎垄断了经济学的评价体系标准。那些研究现实问题的经济学分支,在选择研究工具时可以轻易地转向,事实上不少分支本身就是在西方经济学内部发展派生出来的,各个分支和总论之间是有机的统一体,大抵不存在方法论的矛盾和困惑。但中国经济思想史则大不相同,最直接的例子是,假如仍然沿用60年代的研究方法,毫无在"主流刊物"上发表论文的可能。

叶坦教授曾指出过,中国经济思想史是最具有本土化色彩的学科,不可能完全采用西方的理论作为学科支撑。那么,这个学科的方法论基础到底在哪里呢?一方面,年轻学者并不像前辈那样具有扎实的马克思主义经济理论功底,学术导向似乎也不再欢迎采用辩证唯物主义与历史唯物主义作为研究方法的经济思想史论著。另一方面，年轻学者在尝试套用西方主流理论和方法研究中国经济思想史问题的过程中并不顺利，至今仍未找到像"阶级分析"那样简洁有力的方法论武器。于是，旧的方法弃如敝屣，新的方法又飘忽不定，破旧而未立新。最终的结果，体现在这个学科的论文或著作中，就是概念、理论的话语体系不统一，中、西、马名词混用，理论驳杂甚或根本没有理论。经济思想史学科特别是中国经济思想史方向的初入门者，很容易出现摇摆、迟疑、彷徨、无措的情绪，总是感到在学习和研究的时候抓不到根基。这始终是中国经济思想史学科的痛点，本质上则是中国经济学在新旧交替的发展过程中矛盾和张力的体现。究其根源，经济思想史不是一个完全独立的学科，它是依附于经济学的。经济学主体的演进和变化，会直接带来经济思想史在研究对象、研究方法等方面的一系列变化。当前中国经济思想史学科面临的某些困境，正是经济学主体变化之后经济思想史无法跟随适应的表现。

因此，从学术史的角度看，经济思想史学科也面临赵靖先生提出的"发展前提"和"发展途径"两个根本问题。"前提"指的是，这个学科对自己的定位是什么？大的学术环境如何？是附着于马克思主义经济学，还是依赖于西方经济学？抑或有自己的一套特殊体系？"途径"指的是，开展经济思想史的研究以定性为主还是定量为主？还是定性与定量相结合？是否还可以有其他的技术化方法可以利用？叶坦教授主张中国经济学应当"寻根"，诚哉斯言。如果说中国的经济学存在"历史之根"与"理论之根"两条线索，毫无疑问中国优秀的传统经济思想是"历史之根",而"理论之根"是什么呢？喧嚣已久的经济学界,并没有给出答案。这个"根"寻到了,经济思想史的方法论困境也就解决了。

令人钦佩的是,赵靖先生直到晚年仍然在探索经济思想史的基本方法问题。在《中国经济思想通史》四卷本和《中国经济思想通史续集》中,他大胆地修正了过去二三十年来沿用的研究方法,提出了新的研究范式。赵靖先生认为：研究中国古代经济思想史,必须抛开西方经济思想史按"商品-资本"各有关范畴的发展来研究的模式,建立"地产-地租、赋役"的理论结构,才能正确地揭示中国古代经济思想发展变化的条件和规律。对中国近代经济思想史和现代经济思想史,也同样要从中国近代、现代的历史条件出发,采用适宜的研究模式,而不宜照搬西方经济思想史的"商品-资本"模式。上述努力或许还没有彻底解决经济思想史学科的"理论之根"的问题,但赵靖先生立足中国国情的努力方向无疑是正确的,也是极具前瞻性的。

三

赵靖先生在学术上的卓越贡献,还在于他极大地拓宽了近现代经济思想史的研究视野。最突出的例子是他对经济管理思想史领域的开创性工作。

改革开放伊始,赵靖先生在研究中国近代经济思想史的过程中已经敏锐地意识到企业管理和社会经济发展之间的关系。为了论证中国近代进步经济思想的优良传统，他曾引用毛泽东在《论十大关系》里面的论述："学习资本主义国家的先进的科学技术和企业管理方法中合乎科学的方面"。应该说，此时已经埋下了关注"管理"思想的伏笔。1984年，当时的国家经委召开了一次关于"中国古代管理思想和管理现代化问题"的座谈会，赵靖先生应邀做了题为"中国古代经济管理思想论略"的学术报告，从此开启了他有关中国经济管理思想的探索和研究。

1985年，赵靖先生发表《学一点中国古代的管理思想为管理现代化服务》，该文是他在学术刊物上发表的第一篇有关中国经济管理思想史的研究论文。他首先分析了中国古代的管理思想对管理现代化具有重要的借鉴作用和指导意义，指出要创立中国特色的管理科学，必须尽量利用已有的思想资料。1986年，赵靖先生撰著的《中国古代经济管理思想概论》由广西人民出版社出版，该书首次以"富国之学"和"治生之学"的发展为线索对古代经济管理思想进行梳理，是国内第一部系统论述中国古代经济管理思想发展的专著，为中国古代经济管理思想的研究建立了一个科学、系统的理论模式。

1986年发表的《中国近代经济管理思想遗产中的珍品——纪念孙中山诞辰120周年》（第203页）则是赵靖先生研究中国近代经济管理思想史的开端。研究中国近代经济管理思想比研究古代更难成体系，尽管如此，赵靖先生还是尽其所能地做出了两大开创性贡献：一是对重要历史阶段和历史人物的经济管理思想进行了系统阐述。比如，针对孙中山的国民经济管理思想，将"救贫防不均"作为孙中山国民经济管理的战略目标，并指出，为了实现这个战略目标，孙中山选择的国民经济管理模式是国家干预主义；二是对近代民族实业家的经营管理思想进行了概括和总结。如张謇的利润积累思想、成本管理思想、供销管理思想、人事管理思想、精神管理思想；穆藕初的计划及运筹思想、人才思想、制度建设思想、销售思想，等等。

除了对中国经济管理思想的直接史料进行研究之外，赵靖先生还对中国历史文献中经济管理思想的间接史料进行了深入剖析，以期对现代经营管理提供一定的借鉴和启发作用。为此，赵靖先生撰写了《〈管子〉和企业经营谋略》、《〈孙子兵法〉在经营管理方面的价值的发现》、《论〈老子〉和企业竞争中的以弱胜强术》、《诸葛亮的〈隆中对〉和现代经营决策》（第278页）、《孔子的管理思想和现代经营管理》（第252页）、《〈孙子兵法〉——经营管理教科书》、《〈老子〉管理哲学的启示》、《〈三国演义〉中诸葛亮的管理艺术》、《谈孔子的管理艺术》等一系列文章，在学术界和企业界引起了广泛的反响。

值得一提的是，赵靖先生不仅著书立说，还亲自参与推动了中国管理思想史学科的建立。1990年，赵靖先生以会长身份在中国经济思想史学会第五届年会上做主旨发言，强调要"开拓中国经济管理思想史学科建设的新阶段"（第225页）。他在报告中宣布："中国经济管理思想史系统著作的出现、课程的开设以及研究生培养方向的建立,标志着这门学科已结束了自己的前史,以一门单独学科的面貌破土而出了。"(第229页)同时他还就资料发掘整理、单位地区协作、出版宣传等具体组织工作给出了宝贵建议,有力推动了中国管理思想史的研究进程。

四

这本《辑要》凡四十三篇,涉及学术史、近代经济思想史综论、近代经济思想专论、近代经营管理思想、近代人物的经济思想、现代经济思想以及部分序言性质的论文,较为全面地展现了赵靖先生在近现代经济思想领域的研究成果。

除了前述部分的解读,还有许多精彩的篇章,无不蕴涵着深邃的思想、犀利的笔触和浓厚的家国情怀。比如对孙中山和谭嗣同的经济思想的研究,多处内容能够和当下的"共同富裕"话题产生共鸣,很值得今人深入探讨;在谈到中国的现代化问题时,赵靖先生说道:"认识的人越多一些,认识得越早一些,中国人为此付出的代价就会越少一些。这当然是我们所殷切希望的。"(第236页)在论及中国近代经济思想史的优良传统时,赵靖先生憧憬:"实现四个现代化,根本改变中国的贫穷落后的面貌,使中国在经济发展方面进入世界前列,使中国人民的生活水平大大提高,能够享受如列宁所说的'最美好、最幸福'的生活,这不但是当前九亿中国人民的钢铁意志,也是近百年来我们几代先人梦寐以求的理想。"(第87页)经历过旧中国的凄风冷雨,才会倍加珍惜新时代的美好生活;体会过贫穷挨饿的滋味,才知道探寻现代化发展之路的必要。所幸,今天的中国已经昂首阔步,挺立于世界民族之林,足以告慰先生的梦想了。

最后,衷心感谢北京大学经济学院讲席教授叶坦老师和商务印书馆的高德厚义。深切怀念赵靖先生和他的弟子郑学益教授,没有赵靖先生和郑学益教授,就没有留在燕园的我。薪火相传,弦歌不辍,中国经济思想史的星光,会永远闪耀在未名湖的上空。

目　录

1 中国经济思想史研究的历史回顾

从20世纪20年代中期到目前,中国经济思想史研究工作的发展主要经历了下列三个时期:发轫时期(20年代中期至40年代末),学科的奠基时期(1956—1965年)以及研究工作恢复发展和学科呈现初步繁荣的时期(结束"十年内乱",尤其是十一届三中全会以后)。

一、研究工作的发轫时期

一个时代的经济思想,"必须首先从已有的思想材料出发,虽然它的根源深藏在经济的事实中"①。后代的思想家总是要在继承前人思想遗产的基础上继续前进,而继承前人的思想遗产就必须对前人留下的思想材料进行整理和研究。从这种意义说,对中国经济思想史的研究,在历史上很早就开始了。例如,战国时代,《孟子》就载录了农家许行、陈相等人的经济思想,并从自己的立场出发加以分析批判。汉代司马迁的《史记·货殖列传》更是相当完整地整理、著录了范蠡、计然、白圭等商家代表人物的经济思想的

---

① 《马克思恩格斯全集》第20卷,人民出版社1971年版,第19页。

材料。明代丘濬的《大学衍义补》全面地、分门别类地编集了前人的经济思想材料，并以按语的形式发表自己的见解和评论。所有这些都可以说是中国古人对中国经济思想史所进行的一些研究工作。

但是，古人对中国经济思想史所进行的研究工作，只能算是中国经济思想史学史的前史。中国经济思想史的研究工作，正规地说，是在近代才开始的。

在中国近代，西方的政治经济学及其各种分支学科先后输入中国，中国一些人士才逐渐觉察到：西方经济学所研究的某些内容和概念，中国古人也在一定程度上探讨过。中国近代向西方寻找真理的一些主要代表人物如严复、孙中山等都已有了这样的认识，但还没有明确地提出建立中国经济思想史这门新学科的想法。中国近代第一个明确地提出这种想法的是梁启超。早在1897年，梁启超已提到：《管子·轻重篇》《史记·货殖列传》所包含的思想，同西方"富国学"（当时中国人士一般称政治经济学为"富国学"或"富国策"）有若合符。"苟昌明其义而申理其业，中国商务可以起衰。"①这里所谓"昌明其义而申理其业"，已明确地提出了整理、研究和发扬中国经济思想遗产的问题。到1902年，梁启超在《论中国学术思想变迁之大势》一文中终于明确表示："余拟著一《中国生计学史》，采集前哲所论，以与泰西学说相比较。若能成之，亦一壮观也。"②所谓"中国生计学史"也即是"中国经济思想史"。

---

① 梁启超：《饮冰室合集·文集之二》，第36页。
② 梁启超：《饮冰室合集·文集之七》，第32页。

在现存的梁启超著作中，找不到《中国生计学史》，也没有其他方面的材料能够证明他曾经写过这样一部书。但是，梁启超在他的《子墨子学说》《墨子学案》《管子传》《王荆公》等著作中，都分析了有关人物的经济思想。他的某些研究和评价，对以后的中国经济思想史研究者有很大影响。梁启超对中国经济思想史的研究还散见于他研究政治思想史、学术思想史的论著中。他对封建史学的批判和对资产阶级史学理论的阐发，也为此后资产阶级学者对中国经济思想史的研究奠定了方法论的基础。梁启超虽然还不是研究中国经济思想史的专门家，却不失为近代研究中国经济思想史的先驱者和首倡者。

在中国近代，正式以"中国经济思想史"命名的著作，是在20世纪20年代开始出现的。1924年，出版了甘乃光的《先秦经济思想史》一书。这是中国出版最早的中国经济思想史专书。1925年前后，熊梦以单行本形式陆续出版了《墨子经济思想》《老子·商君经济思想》《荀子经济思想》《管子经济政策》等。1930年又出版了《晚周诸子经济思想史》一书。1926年，李权时也出版了《中国经济思想小史》一书。

甘乃光、熊梦、李权时等人的著作，都是内容单薄的小册子。甘乃光的《先秦经济思想史》只是就先秦各学派的一些代表人物如老子、孔子、墨子、孟子、荀子、管子、庄子、许行等，简略地评介了他们的经济思想。熊梦的《晚周诸子经济思想史》也主要只是按道、儒、墨、法等学派的经济思想略述梗概。李权时的著作更是真正的"小"史，它只是按分配、消费、生产、交换诸范畴，多少罗列了某些古代、近代人物的经济思想材料。这些书不论在资料的发掘、整理上或对问题的研究、考察上都没做出值得重视的成就。

但是，它们毕竟是中国大地上最早出现的一些专门论述中国经济思想、并且以经济思想命名的著作。自他们的著作问世之后，人们才知有中国经济思想史这门学科，才有更多的人继起而研究中国经济思想遗产。作为中国经济思想史这一新的学术园地的早期开拓者，他们的地位和作用是应予肯定的。

从20世纪20年代后期开始，国内报刊上发表的研究中国经济思想史的论文也显著增多起来。根据不很完全的材料，新中国成立前发表的四百五十余篇中国经济思想史研究论文中，90%以上是在1926年以后发表的。①

1936年出版了唐庆增的《中国经济思想史》上卷（先秦部分）。除了这本书外，他还先后发表了近二十篇文章。唐庆增可算是新中国成立前致力于中国经济思想史这门学科时间最久，论著最多的人，是新中国成立前研究中国经济思想史这门学科的主要代表人物。他的《中国经济思想史》上卷及有关中国经济思想史方面的论文，可说是对二三十年代这个学科领域内研究成果的一个总结，他的研究方法和成就也基本上反映和代表了中国近代资产阶级学者研究中国经济思想史的状况和水平。

二三十年代对中国经济思想史的研究主要限于先秦时代。甘乃光、熊梦以至唐庆增的书，都是这样。秦以后两千余年，只有若干就个别人物或个别问题写的研究文章，而且大多数是由研究一般历史、哲学史、政治思想史以及经济学的人写的。1939年，出版了赵丰田的《晚清五十年经济思想史》，1948年又出版了夏炎德的

---

① 据张鸿翼编《解放前中文报刊中发表的中国经济思想史研究论文篇目索引》所载材料计算。载《经济资料》1982年第5期（北京大学经济系资料室印）。

《中国近百年经济思想》。这两本书开始填补了中国近代经济思想史研究的空白。但秦汉至清代鸦片战争以前的漫长历史时期的经济思想，在新中国成立前却始终未有一部研究专书出现，更谈不上纵贯古今的经济思想通史了。

在中国经济思想史研究工作的发轫时期，专业研究者及较有代表性的研究者绝大多数不是马克思主义者。①他们以资产阶级的历史学和经济学方法批判封建主义的学术思想，在中国首先提出了研究中国经济思想史的任务，提出并确定了"中国经济思想史"这一学科的名称，进行了某些方面的材料搜集和整理工作，写出了研究中国经济思想史的若干专书和论文。他们的工作为形成中国经济思想史这门学科作了一定的准备，他们的某些研究成果，至今也还有可资参考或借鉴之处。

但是，由于主、客观条件的限制，发轫时期中国经济思想史研究工作所取得的成就，毕竟是有很大局限的。就客观条件来说，灾难深重的半殖民地半封建中国，不能为学术研究工作提供必要的条件，腐朽反动的国民党政权，更不会对学术研究工作给予帮助和支持。像中国经济思想史这样一门需要大量文献资料和人力，还需要用相当长的时间来进行开拓的新学科，在当时的历史环境下更难以得到正常的发展。同时，在帝国主义殖民奴化思想的影响下，许多学科中都存在着鄙视中国文化遗产以致轻视研究中国问题的风气，在经济学领域中鄙视自己历史遗产的民族虚无主义也极为严重。当时有的著名经济学教授公开宣扬：中国经济思想遗

---

① 只有石决明曾撰文主张以马克思主义理论指导中国经济思想史研究，但在当时的中国经济思想史研究中没有发生多大的影响。

产"无一顾之价值"①，甚至连有的发表过中国经济思想史专书的人，也认为中国经济思想遗产无足轻重，自己所以写中国经济思想史是为了使中国人"自知不足"②。要大力开拓中国经济思想史这一荆榛塞路的荒原，需要的是志气和信心，严重的民族虚无主义和这种需要当然是背道而驰的。

从主观条件说，唯心史观和资产阶级庸俗经济学理论严重限制着当时的研究者的眼界。他们反对唯物史观，宣扬"人类心力"造成历史③的唯心论或"社会进步"为"无数动力所构成"④的多元论，攻击唯物史观"极浅薄"⑤。这样，他们就不可能正确揭示中国古代和近代经济思想产生的历史背景，不可能正确地理解和辨别各种经济思想的性质和特点，也不可能对经济思想的历史地位和作用作出科学的分析和评价。他们对经济思想史的叙述方法，基本上都是采用资产阶级庸俗经济学的四分法（或其变种），他们对每一人物或每一学派的经济思想，都先安排下一个消费、分配、交换、生产的框子，然后把具体的经济思想资料分别纳入框子中。对这种不科学的方法，当时就有人提出过批评。在评论熊梦的《墨子经济思想》一书时，章士钊就曾指出：此书的研究方法，是"取近世生计学之普通讲章为之骨干，以墨子书中散见近似之说，一一条分而隶属之：谓欲望论者，墨子云何；生产论者，墨子云何；若而交通，若而分配，若而消费，墨子各各云何"⑥。章士钊对熊梦

① 赵兰坪：《近代欧洲经济学说》自序，商务印书馆1933年版。
② 甘乃光：《先秦经济思想史》，商务印书馆1926年版，第16页。
③ 梁启超：《中国历史研究法》，见《饮冰室合集·专集之七十三》，第111页。
④ 唐庆增：《中国经济思想史》上卷"绪论"，商务印书馆1936年版。
⑤ 梁启超：《先秦政治思想史》，见《饮冰室合集·专集之五十》，第183页。
⑥ 章行严：《评墨子经济思想》，见熊梦《老子·商君的经济思想》。

《墨子经济思想》一书的叙述方法的概括,是十分中肯的,而且应该说,这说出了解放前各种中国经济思想史著作在方法方面的基本共同点。不仅熊梦的著作如此,甘乃光、唐庆增等人的著作也大体如此。

这种不从中国经济思想本身的内容出发,不顾中国经济思想产生的社会历史条件,而生硬地套用西方庸俗经济学讲义体系的做法,不但难以对中国经济思想的性质、特点以及发展规律得到科学的认识,即使在材料的发掘和整理上,也难免发生遗漏、割裂、牵强附会以至曲解等弊病,从而不能做出比较扎实可靠的成果。

还应指出:在中国经济思想史研究工作的发轫时期,研究力量方面也有严重缺陷。当时,在这一学术领域中,始终未能形成一批坚忍不拔、扎扎实实地进行开拓工作的严肃的学术研究者。梁启超不是经济学家,他的学术研究领域很广,始终未把主要注意力放在经济思想方面。在旧中国,只有一个唐庆增对中国经济思想史的研究下过较大功夫,但是,他自1936年发表了《中国经济思想史》上卷之后,未再有重要研究成果问世,也没有培养出后继人。

从梁启超开始提出写作中国经济思想史专书的想法算起到中华人民共和国成立前夕为止,中国经济思想史的研究已有将近半个世纪的历史。从甘乃光的《先秦经济思想史》出版算起,也有二十几年的历史。可是,由于上述主客观条件的限制,不仅始终没写出一部完整的中国经济思想通史,也没有编出一本汇集一定数量的思想材料的资料书,没有形成一支稳定的专业研究队伍,也没有建立起一个这方面的教学研究基点。从各个方面说,中国经济思想史作为一门学科,基础还没能建立起来。

二、中国经济思想史学科的奠基时期

中华人民共和国成立后,中国经济思想史研究的主客观条件都发生了根本改变,一个新的发展阶段到来了。

1956年以前,还处于国民经济恢复和进行生产资料所有制社会主义改造的时期,大规模发掘和整理文化遗产的工作,还不能提上日程。在这期间,还没有研究中国经济思想史的专书出现,直接以中国经济思想为研究内容的论文也不多;但是,一些学者已开始在学习马克思主义的基础上,以唯物史观和马克思主义的政治经济学理论为指导,为开展中国经济思想史的研究进行新的准备和新的探索。

1956年生产资料所有制的社会主义改造基本完成,党的八大及时提出:把党的工作中心转移到社会主义经济建设方面来。新的形势极大地激发了学术工作者为繁荣社会主义经济文化事业服务的积极性。1956年以后的三四年,我国南方、北方都开始有若干学术工作者逐渐把自己的主要研究精力放到中国经济思想史方面来。1950—1955年,全国各报刊中发表的直接研究中国经济思想史的论文不足十篇,而在1956—1960年发表的论文则将近三十篇。少数学校已开始抽调人力,开展中国经济思想史的研究工作,并准备开设这方面的课程。1959年巫宝三等编选的《中国近代经济思想与经济政策资料选辑:1840—1864》一书出版,这是国内出版的研究中国经济思想史的第一部资料书。这部书的出版,为解放后在新的基础上开展中国经济思想史的研究工作提供了一个重要的出发点；它把学习、运用马克思主义理论和进行扎实的材料搜集和整理工作结合起来，也为新时期中国经济思想史的研究倡导了一种良好的学风。

但是，1956—1960年这段时间，只能算中国经济思想史学科奠基时期的序幕阶段。在这段时间中，工作的进展是不可能十分顺利的。1957年反右斗争的扩大化和1958年以后极左思潮的严重增长，对在新的历史条件下刚刚拓殖的中国经济思想史学术园地，造成了很大的损害；"以论带史"的错误口号，尤其阻碍着史学研究按正确方向进行。

1961年开始，党提出"调整、充实、巩固、提高"的八字方针，领导全国人民为克服国民经济的困难而斗争。在八字方针指引下，教育、文化战线上也迅速出现新气象。文科教材会议制订的高等学校教学计划中，正式列入了中国经济思想史课程，并把"中国近代经济思想史"作为综合大学经济系的必修课，同时，从若干大学及研究机构抽调人力统一编写《中国近代经济思想史》教材。

1962年，胡寄窗撰著的《中国经济思想史》上册出版，这是解放后我国学术工作者在学习马克思主义理论的基础上写出的第一部研究中国经济思想史的专著。此书所论述的也是先秦的经济思想，但由于作者是在比较全面地研究了中国经济思想发展的整个历史过程之后，按照撰写一部中国经济思想通史的通盘计划分册写出的；它不像解放前发表的中国经济思想史著作只是"先秦"或"晚周"的经济思想史，而是祖国大陆上出版的第一部中国经济思想通史①的组成部分。

---

① 在台湾省，也出版了周金声写的《中国经济思想史》。

胡著不但在内容的丰富程度和对许多问题的分析深度上远非唐庆增的《中国经济思想史》上卷所能及,而且在材料的掌握和运用上也大大超过唐著。

接着,胡著《中国经济思想史》中册又于次年出版。赵靖、易梦虹主编的《中国近代经济思想史》也于1964—1965年分册出版。后者是中华人民共和国成立后首次出版的一部关于中国近代经济思想史的系统的、完整的教材。这部书的主要特点,一是它力图以毛泽东思想中关于中国近代社会的性质、中国革命的性质、中国文化革命的历史特点以及其他有关中国近代半殖民地半封建社会的理论为指导,从分析中国近代经济思想本身揭示中国近代经济思想发展的特点和规律性;二是编写教材的工作和编写一部大型资料书的工作同时进行,把教材的编写工作建立在大量搜集、整理材料的基础上。

在1961—1965年之间,研究中国经济思想史的学术论文的数量也大量增加了,它相当于1956—1960年发表的论文数量的三倍半,相当于1950—1955年的十倍。[①]论述的范围远为扩大,论文的质量有显著提高。在这段期间,一些研究者还环绕中国经济思想史研究中的若干问题,如中国经济思想史的叙述方法问题、反对把"古人现代化"的问题、管子经济思想的评价问题、龚自珍与冯桂芬经济思想的性质问题等进行了讨论,开展了批评和反批评,活跃了学术空气,对学科建设起了重要的推动作用。

1956—1965年是中国经济思想史学科的奠基时期,在这一时期,中国经济思想史作为一门学科在研究方法、研究成果、专业研

---

① 据郑学益编《解放后中文报刊中所发表的中国经济思想史研究论文篇目索引》(《经济资料》1982年第6期)中的材料计算。

究队伍和教学、科学研究基点几个方面都开始形成了自己的初步的,但是比较扎实可靠的基础。巫辑《中国近代经济思想与经济政策资料选辑:1840—1864》,胡著《中国经济思想史》上、中册和赵靖、易梦虹主编的《中国近代经济思想史》三种专书的出版,可说是中国经济思想史学科奠基工作基本完成的标志。

这个基础在"十年内乱"中遭到严重摧残:中国经济思想史的教学和研究工作几乎全部停顿,研究成果及积累的资料遭到查抄毁坏。但是,"十年内乱"并未能彻底毁灭这门学科的基础。随着拨乱反正时代的到来,中国经济思想史这门学科又得到新的生机。

三、研究工作恢复、发展,学科呈现初步繁荣的时期

粉碎"四人帮"结束了延续十年的全国大混乱局面。党的十一届三中全会制订了正确的路线,领导全国人民纠正和清除极左思潮的影响。三中全会重新确定把党的工作中心转到社会主义经济建设方面来,号召全国人民为建设现代化社会主义强国而奋斗。中国经济思想史研究也扭转了"十年内乱"期间的停滞、窒息的局面,以空前未有的速度和劲头恢复发展起来,进入了一个生机勃勃的初步繁荣时期。

"四人帮"被粉碎后,过去设置中国经济思想史课程的高等学校和进行过这方面研究工作的科学研究机构都迅速恢复了工作;教学、研究的范围也都有所扩大,由过去主要限于近代经济思想史而进一步增设了古代经济思想史的课程和研究课题,有的并开始

对"五四"运动以后的经济思想史进行开拓。过去未进行过这方面工作的许多高等学校和一部分研究机构，也纷纷添设。"十年内乱"前，全国只有个别学校招收过少数中国经济思想史研究生；1977年以来，招收研究生的单位和所招研究生的人数逐年增加。目前，全国招收中国经济思想史研究生的单位已有十个左右，在校和已毕业研究生约三十人左右。

研究成果大大增加了。在中国经济思想史的专书方面：1978年出版了陈绍闻、叶世昌等编写的《中国经济思想简史》上册；1980年，赵靖、易梦虹主编的《中国近代经济思想史》修订本发表；同年，还出了叶世昌的《中国经济思想简史》下册（近代部分）；1981年，胡寄窗的《中国经济思想史》下册问世；1982年，又出版了侯厚吉、吴其敬主编的《中国近代经济思想史稿》第一册。此外，胡寄窗还以《中国经济思想史》为基础，编印出版了《中国经济思想史简编》。

在有关中国经济思想史的资料书方面：1980年出版了中国人民大学、北京经济学院《管子》经济思想研究组的《管子经济篇文注释》；同年赵逎抟《披沙录》（一）出版。此书主要内容是关于中国古代经世致用之学的资料索引，其中也包含经济思想方面的内容。1980—1982年，陈绍闻主编的《中国古代经济文选》分册陆续出版，其中也有一部分是关于经济思想方面的文章；1982年，又分册出版了赵靖、易梦虹主编的《中国近代经济思想资料选辑》。这些资料书的出版，大大充实加强了中国经济思想史研究工作的资料基础。而《中国近代经济思想资料选辑》尤其是中国近代经济思想史方面的一部大型的、搜罗得比较完备的资料书。

在论文方面：截至1982年，在报刊上刊载以及收入论文集（第一次发表的）中的中国经济思想史研究论文超过三百篇，相当于

1961—1965年发表论文数量的三倍，比过去二十多年的总和还多一倍以上。在这些论文中，95％以上是在1979—1982年四年间发表的，平均每年有七十篇左右。这确是中国经济思想史这门学科的历史上空前未有的盛况。

不仅研究成果的数量和品种大幅度增加，而且研究的范围有了扩展，质量有较大的提高。

前面提到，中华人民共和国成立前，中国经济思想史的研究范围主要限于先秦时期，到了四十年代左右，才出现了赵丰田、夏炎德两人关于近代经济思想的著作。在1956—1965年学科奠基时期，这种情况仍无重大的改变，专书之中只有胡著《中国经济思想史》中册是论述秦汉至隋唐时期经济思想的；论文中论述秦汉至清代鸦片战争以前这段时期经济思想的也只有区区十三四篇，只占这段时期发表论文总数的八分之一。但是，在新的时期中，这种情况发生了明显变化。胡著《中国经济思想史》下册的出版，使我国学术界开始有了一部纵贯鸦片战争前数千年的完整的古代经济思想史，从而使得从古代到近代广漠的中国经济思想史"垦区"，每一历史时期都有了比较重要的拓殖成果。1979—1982年所发表的论文中，研究秦汉至清代鸦片战争前这一段的超过了六十篇，为1956—1965年的五倍左右。

学科奠基时期发表的中国经济思想史研究论文，大多数是对某一代表人物的思想进行评介，而少有专题性的研究，更少有对一些贯穿某一历史阶段的综合性问题的研究。在新的时期中，这类情况都已有了改变，出现了相当一批专题性的和综合性的研究论文。前者如巫宝三的《侈靡篇的经济思想和写作年代》、胡寄窗的《关于井田制若干问题的探讨》、陈为民的《义利观是孔丘经济思想的核心》等；后者如胡寄窗的《从世界范围考察十七世纪以前中国经济思想的光辉成就》、叶世昌的《中国历史上本末业概念的演变》、吴申元的《先秦时代人口思想初探》、张守军的《先秦诸子的富民、富国思想》、赵靖的《大同思想的历史发展》《中国近代振兴实业思想的总结——论孙中山的"实业计划"》等。许多以特定人物的经济思想为研究对象的论文，也改变了过去那种主要是在整理有关思想材料的基础上进行介绍、评论的情况，而是把有关人物的经济思想作为特定历史时期经济思想的某种典型，同它产生的社会经济背景，同它的思想来源以及对后世的影响等联系起来，力求更深入地揭示特定人物经济思想的性质、特点、发展演变规律以及在经济思想史上的地位，并透过特定人物经济思想的分析来考察时代经济思想的特征。

新时期中国经济思想史研究工作的发展和学科的初步繁荣，还表现在以下几个方面：

第一，全国性协作研究的开始。在编写《政治经济学辞典》（许涤新主编）工作中，动员了全国从事中国经济思想史教学和研究人员和一部分业余爱好者，编写出中国经济思想史词条七十余个。这表明：中国经济思想史的研究工作，已不仅存在着个人或若干人、若干单位协作进行的方式，而且已发展到组织全国性的协作了。

第二，专业队伍扩大了许多倍。1978年，全国从事中国经济思想史教学和研究的专业人员不足二十人。目前，连在校研究生计算在内，已有六七十人。在专业人员扩大的过程中，已有的专业人员采用招收进修教师、研究生以及以老带新个别指导等办法，发挥了"母鸡"的作用。上海财经学院于1979年开办由胡寄窗主讲的进修班，一年之中为各兄弟院校培养了中国经济思想史教师三四十人，对专业队伍的迅速扩大起了重要的促进作用。

第三，中国经济思想史学会成立。1980年，由一部分人倡议，二十多所高等院校及科研机构的有关人员积极赞助，在上海召开了"中国经济思想史学会"成立会。中国经济思想史学会的成立，使中国经济思想史专业工作者和业余爱好者更便于在全国范围加强联系、组织协作、交流情况和经验、商量和解决各种共同关心的问题，并可代表全体会员发展同国内外其他学术团体和学术界人士的协作和交流。学会的成立，是中国经济思想史作为一门学科已经完全确立的重要标志。

四、回顾与展望

中国经济思想史作为一门新兴的学科已经确立起来，并开始进入了自己的初步繁荣时期。但是，应该看到，这门学科迄今还是一个不很成熟的学科，它仍然存在着不少的弱点。这些弱点主要是：

第一，专业队伍力量还比较弱小，人数和水平都还不能适应这门学科更大发展的需要。

一门学科成熟壮大的一个重要条件，是要有一批数量较多、水平较高的专业队伍。中国经济思想史的专业队伍目前还只有六七十人，而专业队伍在结构和水平方面的弱点就更为显著。目前，从事经济思想史教学和研究工作的专业人员，很多是在十一届三中全会后才转到这方面来的。专业基础知识不足，教学及研究的锻炼不多，是带普遍性的状况。这些人员又分散在全国众多的单位，每个单位人数很少，大多数情况下是一人单独工作；尤其是从事教学工作的人，年复一年地独立承担教学任务，缺乏进修和提高的条件。

第二，研究工作的广度、深度都还很不够，研究成果的水平还较低。

一门学科发展壮大的另一个重要条件，是研究工作的广度、深度方面都达到较高的标准，能拿出相当一批有较高学术水平的研究成果。

十一届三中全会以来，中国经济思想史的研究在成果的数量、品种、质量、研究的广度和深度等方面，都有了明显的进步。但是，迄今这门学科出版的专书仍只有寥寥数种，论文中水平较高的也还不很多。而且，许多论文写的是别人写过的题目，又少有新意。有些单位，有些个人，在自己未有充分的研究基础前，即忙于编写自己的教材，结果在体系、内容方面，都难以取得新的突破和前进。这些情况，到1982年已有了比较明显的表现。如果不迅速改变这种情况，中国经济思想史这门学科的继续发展，就要受到影响，迅速发展的势头，就会有所减弱。

第三，实力较强的学术基点不多，已形成的基点，作用发挥得还不够。

建立并加强若干学术基点，以带动支持全国范围内学科的建设和发展，是对促进学科的成长和繁荣有重大战略意义的问题；对中国经济思想史这门基础仍然比较薄弱的新兴学科，意义就更为重大。

在"十年内乱"前的学科奠基时期，国内某些地区，已开始形成了中国经济思想史的若干学术基点。近几年来，又有若干新的基点出现。这些基点在做出研究成果、组织协作、帮助培养专业队伍等方面，已经发挥了并正在发挥着积极的作用。不过，已形成的基点数量还太少，又基本上集中在北京、上海等地；而且，这些已有的基点，力量也还不够强大，潜力发挥得也还不够。

为了使这门学科迅速发展壮大，需要在90年代到来前，把专业队伍的人数扩大一倍或更多一些,并大大提高其水平,改善其构成;要大力倡导正确的学风,积极开展学术评论,采取各种措施鼓励、帮助专业和业余研究者向深度和广度进军,努力提高研究成果的学术水平;要在充实和加强已有学术基点的同时,逐步在东北、西北、西南、华南及中部地区,各建立一个拥有较强的师资和研究力量、较好的图书设备条件的中国经济思想史学术基点,以带动帮助附近各省区的有关单位的学科建设。

在中国的悠久历史中,"创造了灿烂的古代文化"①。中国经济思想的历史遗产,是这种灿烂的古代文化的组成部分。相对于我们的丰富的经济思想遗产来说,我们在整理经济思想遗产方面所做的工作,我们的中国经济思想史学科的发展状况,是太落后了。"我们祖先的成就,只能用来坚定我们赶超世界先进水平的信心,而不能用来安慰我们现实的落后"②。回顾中国经济思想史这门学科所走过的道路,特别是解放后在学科建设方面所取得的成就,我们对迅速改变这门学科的仍然落后的状况,是充满信心的。有党的领导和关怀,有马克思主义真理的指导和武装,我们比我们的前人拥有无比优越的条件。只要我们淬励壮志,加强团结,坚持正确的学风,一定能在不远的将来把中国经济思想史这门学科推进一个成熟、壮大、全面繁荣的新时期。

（和张鸿翼、郑学益合写,

原载《经济科学》,1984年第3期）

---

① 《毛泽东选集》前四卷合订本,人民出版社1966年版,第668页。
② 《邓小平文选》,人民出版社1983年版,第7页。

2 对中国发展之路的百年探寻

一、中国近、现代经济思想的中心内容

自第一次鸦片战争失败到20世纪末,中国经济思想始终是环绕着一个中心线索发展前进的,这就是对中国发展之路的探索。

探寻中国发展之路的历史进程,迄今已持续了一百五十余年。整个进程可以大体划分为三个相继的阶段:对西方式的即资本主义发展道路的寻求及其失败,对社会主义发展道路的艰苦探索和中国发展道路问题的胜利解决。

在中国共产党出世以前,中国人士所寻求的发展道路,一直是西方式的发展道路。

早在1842年,魏源总结鸦片战争失败的教训,提出了"师夷长技以制夷"[①]的思想。这已朦胧地提出了西方式道路的问题。但是,当时人们对西方国家的认识,主要只是看到了其军事工业的先进和军事力量的强大,所谓"一战舰,二火器,三养兵、练兵之法"[②],还不能从西方的社会化生产及其资本主义生产方式认识问题。这种"师夷长技"的思想,还不是比较明确的经济发展思想。

---

① 《海国图志·筹海篇三》,道光甲辰古微堂聚珍版五十卷本。
② 同上。

　　此后三十余年,通过同西方国家的不断接触,蒙受了多次巨大的挫败和损失,中国人士进一步认识到:西方的经济实力是其强大军事力量的基础。中国要想在军事力量方面能同西方强国抗衡,没有像西方那样的发达的、现代化的经济是不行的。19世纪70年代,有的思想家就指出:"至于富强之术,宜师西法,而二者宜先富而后强,富则未有不强者也。"①"师西法"以求"富",这就是在经济发展方面走西方式的发展道路。

　　发展必须解决两个方面的问题:发展的途径问题和发展的根本政治前提问题。

　　发展就是要在生产方式和投入产出方式方面实行根本的变革。对中国而言,就是要将沿袭几千年的封建统治下的落后农业、手工业小生产,转变为建立在现代技术和市场经济条件下的社会化大生产。所谓发展途径问题,就是在中国的具体条件下遵循什么途径来实现这种转变,使中国以尽可能快的速度赶上西方的发达国家。

　　发展必须有一定的政治前提。没有国家的独立自主是谈不上发展的;在封建政权统治下的国家,也是谈不上发展的。对当时的中国来说,发展的根本政治前提,就是怎样摆脱帝国主义的殖民统治和本国的封建主义统治,根本改变中国的半殖民地半封建社会性质。

　　在19世纪的最后二三十年中,国人为解决这两个问题,以改变贫穷、衰弱和危亡的处境,进行了前仆后继的斗争。在斗争过程中,先进人士不断总结经验教训,对发展的两个方面问题都积累了

---

　　① 《弢园文录外编·中外合力防俄》,中华书局1959年版,第116页。

一些正确的认识。在发展途径方面,从"振兴商务"到"振兴实业",进而提出了"定为工国"①,即实现国家工业化的要求,提出了"商战"、"物质救国"、"科学救国"、"教育救国"、"实业救国"等各种口号。在发展的根本政治前提问题方面,从只进行技术和经济方面变革的"变器不变道"论,发展到要求经济、政治、文化全方位改革的"全变"②论或"尽变西法"③论;从进行变法的宣传到发动资产阶级政治改革性质的变法维新运动。

但是,总的来说,在20世纪以前,有关人士对这两个问题的研究和论述都是比较零散和不十分明确的,还没能形成按资本主义道路发展中国的较为完整的经济学说。

二、寻求西方式发展道路的失败

孙中山继承了前人的探索成果,在19世纪末、20世纪初初步形成了自己关于中国发展之路的经济学说。

早在19世纪90年代初,孙中山就热切关心中国的发展,写了一系列这方面的文章。1894年中日甲午战争前夕,他上书李鸿章,认为必须采用西法,全面发展中国经济,使"人能尽其才,地能尽其利,物能尽其用,货能畅其流"④,才能迅速赶上欧、美,实现中国富强。

---

① 康有为:《请励工艺奖创新摺》,中国近代史丛刊《戊戌变法》(二),上海人民出版社1957年版,第226页。
② 康有为:《应诏统筹全局摺》,中国近代史丛刊《戊戌变法》(二),上海人民出版社1957年版,第215页。
③ 《谭嗣同全集》,生活·读书·新知三联书店1954年版,第297页。
④ 《孙中山全集》第一卷,中华书局1981年版,第8页。

《上李鸿章书》实际上提出了一个按西方式道路全面发展中国经济的纲领。它标志着孙中山一开始走上政治舞台，就是以寻找中国的发展之路为职志的。

几个月后，孙中山在甲午战争失败的刺激下，到檀香山组织兴中会，公开举起了反清革命的旗帜。他声明兴中会所以反清，就是因清封建政治腐朽残暴，压迫人民，不但使中国得不到发展，反而陷入了遭受帝国主义"蚕食鲸吞"、"瓜分豆剖"①的危亡之境。这就把帝国主义侵略和清王朝腐朽卖国是中国发展的根本障碍的问题揭示了出来。

19世纪末、20世纪初，孙中山苦心钻研理论，为即将到来的中国资产阶级民主革命高潮进行理论准备，创立了三民主义学说。在三民主义中，民生主义实际上是关于中国经济发展途径的理论和政策，而民族主义和民权主义则是进行民族、民主革命，以为中国的发展扫除障碍、创造必要政治前提的理论和纲领。孙中山一再声称：重视民生主义是他的革命理论和革命实践的特点和优点。这说明经济发展问题在他的心目中的地位。

但是，孙中山已经认识到，不具备必要的政治前提，中国的发展是无从着手的。在辛亥革命推翻清朝后，他曾追述自己在革命前对革命和发展两者关系的认识说：一个国家"能开发其生产力则富，不能则贫，从前为清政府所制，欲开发而不能"②。

辛亥革命前后，孙中山发表了大量的文章和演说，谈论中国的建设和发展问题，他对中国经济发展之路的考虑，日益丰富和完

①《孙中山全集》第一卷，中华书局1981年版，第19页。
②《孙中山全集》第二卷，中华书局1991年版，第322页。

备。这些思想不断积累，终于在1919年写成了《实业计划》一书。

《实业计划》是孙中山为全面发展中国经济，实现中国的现代化而制订的一部战略规划。它是孙中山经济发展思想的总结。它是在孙中山从事的革命事业连遭挫败，处于走投无路的革命低谷时期写出的。书中没有直接论述发展的政治前提问题，但这决不意味着孙中山这时已不重视这方面的问题。此后不久，他就接受了中国共产党的帮助，改组了国民党，提出了联俄、联共、扶助农工三大政策，重新解释了三民主义，在反对帝国主义和封建主义的纲领方面有了巨大进步。

孙中山晚年对中国发展的根本政治前提的认识，达到了他一生的最高水平。同时，他仍始终一贯地关心中国的发展途径问题，并作过多方面的探讨和论述。

孙中山关于中国发展之路的思想，是中国近代的珍贵思想遗产。其中的以下各方面思想，尤其有深远的意义：

第一，关于中国发展意义的论述。孙中山一再指出：中国的发展，不仅对中国自身的兴衰安危有决定意义，不仅是中国的"存亡之关键"[1]和"兴国之要图"[2]，也是关系世界和平和发展全局的大事。他驳斥了当时一些帝国主义分子所散布的中国发展、强大将带来"黄祸"的谬论，指出：中国发展起来，丰富资源得到开发，众多人口生活水平提高，将会成为一个无比广阔的大市场，世界各国都会由此得到好处，这不仅不是什么"黄祸"，"还可以变成黄福"[3]！

第二，发展速度问题。孙中山非常重视中国的发展速度问题，

---

① 《孙中山全集》第六卷，中华书局1985年版，第248页。
② 同上书，第227—228页。
③ 《孙中山全集》第一卷，中华书局1981年版，第254页。

认为中国的发展虽然学习西方,但不能对西方走过的路亦步亦趋,而必须学习和采用西方的最新、最先进的方法,以求比西方有更快的发展速度,从而在二十年、十年乃至三五年之内和欧、美发达国家"并驾齐驱",甚至于"驾欧洲而上之"①。

要求在如此短的时间赶上和超过西方发达国家,显然是超越客观现实的估计。但是,后发的国家要能发展起来,没有比发达国家更快的发展速度是不行的;而学习和采用发达国家的最新、最先进的方法,正是后发国家获得更快发展速度的捷径。

第三,发展战略。孙中山重视国家在发展中的作用,强调中国的发展必须由革命胜利后建立起来的政权制订一个统一的发展战略规划,指导全国的经济建设和发展。他的《实业计划》就是这种发展战略的集中体现。

孙中山的经济发展战略是:经济发展既要全面,"万般齐发"②,又必须有重点和主导部门,以带动全局。他所选择的重点之一是国民经济的基础设施,包括交通运输、原材料、能源、港口、市街等:"予之计划,首先注重于铁路、道路之建筑,运河、水道之修治,商港、市街之建设……其次则注重于移民垦荒、冶铁、炼钢……"③另一重点是衣、食、住、行等民生日用品的生产。

第四,两种主体和两方面的积极性。孙中山认为:基础设施的建设要由国家负责进行并"统一而国有之"④,以防止私人垄断

---

① 《孙中山全集》第一卷,中华书局1981年版,第15页。
② 胡汉民编:《总理全集》第三集,上海民智书局1930年版,第293页。
③ 胡汉民编:《总理全集》第一集下册,上海民智书局1930年版,第1016—1017页。
④ 《孙中山全集》第六卷,中华书局1985年版,第250页。

并有利于支持全国的经济发展。至于衣、食、住、行等民生日用品的生产、经营，则应允许和鼓励私人经营，以利于因地制宜和广泛调动人民群众办经济的积极性："凡夫事物之可以委诸个人，或其较国家经营为宜者，应任个人为之，由国家奖励，而以法律保护之……至其不能委诸个人及有独占性质者，应由国家经营之。"①

第五，重视农业的发展及其在经济发展全局中的作用。在孙中山以前，关心中国经济发展的人士，多是从工商业的发展和现代化考虑问题，而很少谈论农业发展的问题。对农业发展中的关键问题——解决封建土地制度的问题，更无人置喙。孙中山是中国近代首先探讨此问题的人。

他把民生主义归结为两个方面："提倡民生主义，讲到归宿，不得不解决土地和资本两个问题。"②为解决这两个问题，他提出了平均地权和节制资本两项纲领，认为这两项纲领的实施就是在中国实现"社会革命"，而二者之中，平均地权尤为重要："若将平均地权做到，那末，社会革命已成七、八分了。"③

孙中山所以特别重视解决土地制度问题，固然同他同情农民、关心贫苦农民处境的一贯态度有关；但更主要的是，他把土地制度问题看作是对经济发展至关重要的问题。他认识到，在经济发展的情况下，地租及地价迅猛上涨，而工、矿、交通及港口、市街建设所需的土地，上涨最快。这必然使建设及发展的资金大量流入地主手中，大大增加投资者的负担，成为发展的巨大阻碍。因此，他主张平均地权，主张在民主革命胜利后，由国家立法，把因经济发

---

① 《孙中山全集》第六卷，中华书局1985年版，第253页。

② 胡汉民编：《总理全集》第二集，上海民智书局1930年版，第211页。

③ 《孙中山全集》第二卷，中华书局1991年版，第320页。

展而造成的地租地价增涨,转归国家手中,以便于解决经济发展的用地问题,并可为经济发展筹措一部分资金。

第六,在对外开放的前提下求发展。孙中山坚决反对闭关自守,主张中国必须在对外开放的前提下求发展。他认为,中国的发展需要技术、设备、资本和人才,还需要发展的经验和信息。这一切只靠中国内部是解决不了的,为此就必须实行对外开放。他一再说:经济落后的国家,如果要在对外封闭的情况下求发展,是"本无其法,更无迅速之法"①,"款既筹不出,又时等不及,吾们就要用此开放主义"②。在中国近代,"开放"、"开放主义"等词条,是孙中山首先使用的。

孙中山从近代世界和中国的历史经验中深深认识到,实行对外开放必须以坚持独立自主为前提:"止可利用其资本、人才,而主权万不可授之于人"③,"惟发展之权,操之在我则存,操之在人则亡"④。

在中国近代,由于帝国主义、封建主义势力强大,而中国资产阶级的力量极为软弱,中国没有可能走上资本主义的发展道路。先进人士在这方面所进行的一切探索,都以失败告终。孙中山也是如此。他在中国的发展途径和根本政治条件两方面进行了几十年千辛万苦的探索,到临终仍是"革命尚未成功",而发展中国的宏伟计划更只能是空中楼阁。正如毛泽东所说的:"中国人向西方学得很不少,但是行不通,理想总是不能实现。多次奋斗,包括

---

① 《孙中山全集》第六卷,中华书局1985年版,第226页。
② 《孙中山全集》第二卷,中华书局1991年版,第533页。
③ 胡汉民编:《总理全集》第二集,上海民智书局1930年版,第280页。
④ 《孙中山全集》第六卷,中华书局1985年版,第248页。

辛亥革命那样全国规模的运动，都失败了。国家的情况一天一天坏……"①。现实迫使人们进行新的探索。

三、对社会主义发展道路的艰苦探索

在中国人士对西方式发展道路进行思索和尝试的过程中，有些人已表现了不满足于资本主义的前途而把社会主义看作更合理想的情况。孙中山就是这样。他看到西方国家在按资本主义道路获得发展，实现富强后，发展成果为少数人所垄断，贫富分化加剧，阶级矛盾和阶级斗争日益激烈，因而幻想能在进行民族民主革命，为中国发展开辟道路的同时，采取措施防止资本主义的发展，使中国经过革命一举进入社会主义。事实上，在俄国十月革命前，处在殖民地、半殖民地地位的国家，根本没有走上社会主义道路的条件；软弱的中国资产阶级，连中国民主革命的任务都无力完成，更谈不上为中国找到到达社会主义的道路。

俄国十月革命使世界历史形势发生了根本性的变化，使得经济落后的国家可以有不经过资本主义的发展道路而走上社会主义发展道路的可能性。列宁首先看到并指出了这种可能性，但对实现这种可能性要经过什么样的步骤，采取什么样的形式和手段，列宁没有指出，并且认为"这不可能预先指出"②。显然，这个问题只能依据有关国家的具体历史条件通过革命实践来解决。

---

① 《毛泽东选集》第四卷，人民出版社1991年版，第1470页。
② 《列宁全集》第39卷，人民出版社1986年版，第233页。

　　以毛泽东为代表的中国共产党人,在领导中国革命的过程中,把马克思列宁主义的普遍真理同中国革命的具体实践结合起来,从实践上和理论上卓越地解决了这一历史课题。

　　毛泽东为中国革命找到了推翻帝国主义、封建主义统治并到达社会主义之路,又对怎样在社会主义道路上发展中国的问题作了艰苦的探索。

　　毛泽东指出:在俄国十月革命的新历史条件下,"中国革命的终极的前途,不是资本主义的,而是社会主义和共产主义的"。① 但是,这种"终极前途",不可能一蹴而就,不可能直接通过社会主义革命来实现。"中国革命必须分为两个步骤"②:"第一步是新民主主义,第二步才是社会主义。"③

　　新民主主义革命是无产阶级领导的资产阶级民主革命。在中国,必须经过新民主主义革命,才能推翻帝国主义、封建主义的统治。

　　毛泽东又指出:这两个步骤的相互关系是"民主主义革命是社会主义革命的必要准备,社会主义革命是民主主义革命的必然趋势"④,"两个阶段必须衔接,不容横插一个资产阶级专政的阶段"⑤,只有这样,才能使中国的发展"避免资本主义的前途,实现社会主义的前途"⑥。要使两个阶段衔接起来,就必须经过新民主主义革命胜利后所建立起来的人民共和国:"资产阶级的共和国,外

① 《毛泽东选集》第二卷,人民出版社1991年版,第650页。
② 同上书,第666页。
③ 同上书,第683—684页。
④ 同上书,第651页。
⑤ 同上书,第685页。
⑥ 同上书,第650页。

国有过的，中国不能有……唯一的路是经过工人阶级领导的人民共和国。"①

新民主主义革命胜利所建立的经济形态，不是社会主义的经济形态，而是新民主主义的经济形态。这是一种包括社会主义国营经济、合作经济、农业手工业个体经济、私人资本主义经济和国家资本主义经济在内的、多种经济成分并存的经济形态，而以社会主义国营经济为领导。人民共和国利用新民主主义的经济形态，发展社会生产力，逐渐为向社会主义转变创造条件。

在取得了新民主主义革命的胜利，建立了人民共和国后，中国取得了发展所需的根本政治前提，生产力获得迅速发展，并逐步建立起社会主义制度。正是在这种形势下，毛泽东庄严声明："只有社会主义能够救中国！"②

但是，怎样在社会主义道路上发展中国，却是一个新的、更加艰苦复杂的课题。毛泽东对此问题不断进行探索，提出过许多正确的思想。

第一，在社会主义道路上发展中国是长期的、艰巨的事业。早在新民主主义革命即将取得全国胜利时，毛泽东就提醒人们："夺取全国胜利，这只是万里长征走完了第一步。……革命以后的路程更长，工作更伟大，更艰苦。"③在社会主义改造时期，他又指出："我们可能经过三个五年计划建成社会主义社会，但要建成为一个强大的高度社会主义工业化的国家，就需要有几十年的艰苦努力，

---

① 《毛泽东选集》第四卷，人民出版社1991年版，第1471页。
② 毛泽东：《关于正确处理人民内部矛盾的问题》（1957年2月27日）。
③ 《毛泽东选集》第四卷，人民出版社1991年版，第1438页。

比如说，要有五十年的时间，即本世纪的整个下半世纪。"①

　　第二，中国的发展，既不能走西方资本主义的发展道路，又要注意避免苏联在社会主义建设中的缺点和错误。毛泽东在研究苏联社会主义建设经验的同时，也很注意苏联在这方面存在的缺点和错误，力图为中国取得借鉴。他多次提出："我们是不是可以把苏联走过的弯路避开，比苏联搞的速度更要快一点，比苏联的质量更要好一点？应当争取这个可能。"②"最近苏联方面暴露了他们在建设社会主义过程中的一些缺点和错误，他们走过的弯路，你还想走？过去我们就是鉴于他们的经验教训，少走了一些弯路，现在当然更要引以为戒。"③

　　毋庸讳言，毛泽东对苏联经验及缺点、错误的认识，也有其局限。但是，我们重视他的这方面研究，更重要的是在于：他为找到一条适合中国的发展道路所进行的艰苦探索的努力。

　　第三，对中国的发展目标和步骤的设计。毛泽东为中国的经济发展设计了一个实现四个现代化、在经济发展水平方面达到世界前列的目标，并为实现这一目标作了两步走的设想："从第三个五年计划开始，我国国民经济的发展，可以按两步来设想：第一步，用十五年时间，即在1980年以前，建成一个独立的比较完整的工业体系和国民经济体系；第二步，在20世纪内，全面实现农业、工业、国防和科学技术的现代化，使我国国民经济走在世界的前列。"④

　　第四，创立了关于社会主义社会矛盾的新学说。毛泽东批评

　　① 毛泽东：《在中国共产党全国代表会议上的讲话》（1955年3月）。
　　② 毛泽东：《做革命的促进派》（1957年10月9日）。
　　③ 毛泽东：《论十大关系》（1956年4月25日）。
　　④ 《周恩来选集》下卷，人民出版社1984年版，第479页。

了那种认为社会主义社会中生产关系同生产力、上层建筑同经济基础"完全适合"的错误观点，指出："在社会主义社会中，基本的矛盾仍然是生产关系和生产力之间的矛盾，上层建筑和经济基础之间的矛盾"[①]，不过，社会主义社会中的这些矛盾，同旧社会中的生产关系和生产力、上层建筑和经济基础的矛盾"具有根本不同的性质和情况"，"它不是对抗性的矛盾，它可以经过社会主义制度本身，不断地得到解决"。[②]

毛泽东在关于社会主义社会中的矛盾的学说，为处理好社会主义发展中的各种矛盾和问题奠定了重要的理论基础。依据这种学说，他提出了在社会主义社会中要善于区别和处理两类不同性质的矛盾，以"调动一切积极因素"，多、快、好、省地建设社会主义的思想。

毛泽东对中国社会主义发展道路的探索，对中国人民继续寻找适合中国国情和历史特点的社会主义发展道路，有重要的启发和教益。但是，他没有能像解决中国民主革命道路那样最终解决中国社会主义发展道路的问题。在指导中国社会主义建设的实践中，他犯了很多错误，在理论上也提出一些不符合经济发展的客观规律、同他过去的正确认识也显然不一致的思想、观点。他在社会主义经济建设时期不同意以经济建设作为全党工作的中心，而是继续坚持以阶级斗争为纲；他违背了自己关于中国经济发展长期性的论断，急于求成，提出了"大跃进"的思想；在生产关系的变革中，他离开了生产关系一定要适合生产力性质的原理，急于在生产关系变革中求快、求高、求大、求纯；等等。

---

① 毛泽东：《关于正确处理人民内部矛盾的问题》(1957年2月27日)。
② 同上。

四、中国社会主义发展道路的理论基础

怎样在社会主义道路上发展中国？这一问题主要是在邓小平建设有中国特色的社会主义理论的指导下得到解决的。

毛泽东逝世后，邓小平率领全党，重申了毛泽东所倡导的实事求是的思想路线，纠正了前一段时期在社会主义建设中所出现的失误，继续探索适合中国历史特点的社会主义发展道路，并且明确提出了"建设有中国特色的社会主义"的口号。从中国共产党十一届三中全会以来，建设有中国特色的社会主义理论日益形成和丰富。

中国共产党纠正了在社会主义建设时期仍坚持"以阶级斗争为纲"的错误，重申以社会主义建设作为全党工作的中心，并且在十一届三中全会上确定了"团结全国各族人民，调动一切积极因素，同心同德，鼓足干劲，力争上游，多、快、好、省地建设现代化社会主义强国"的基本路线。后来又进一步明确了这条基本路线包括一个中心——以社会主义经济建设作为全党工作中心，两个基本点——坚持四项基本原则和坚持改革、开放，并认为坚持四项基本原则是立国之本，而坚持改革、开放是强国之路。

在这条基本路线的指引下，中国经济发展的速度，不仅大大超过十一届三中全会以前的二十几年，而且取得了世界首屈一指的发展速度。

邓小平关于在社会主义道路上发展中国的思想，主要内容为：

第一，坚持生产关系一定要适合生产力性质和水平的马克思

主义基本原理,明确提出了"社会主义首先要发展生产力"的论点。邓小平在论述革命和发展生产力的关系时指出:"革命是要搞阶级斗争,但革命不只是搞阶级斗争。生产力方面的革命也是革命,而且是很重要的革命,从历史的发展来讲是最根本的革命。"①从整个人类社会的历史发展来说是如此,对社会主义社会的发展来说也是如此,所以他说:"讲社会主义,首先就要使生产力发展,这是主要的。"②

第二,做出了中国处于"社会主义初级阶段"的科学论断。发展生产力,制订经济发展的战略目标和步骤,必须以目前生产力发展所达到的实际水平为起点。如果对生产力发展的现实水平没有正确的估计,制定的发展规划和步骤就会因缺乏切实可靠的基础而难以实现。针对此一问题,邓小平提出了著名的"社会主义初级阶段"论:"我们党的十三大要阐述中国社会主义是处在一个什么阶段,就是处在初级阶段,是初级阶段的社会主义。……就是不发达的阶段。一切都要从这个实际出发,根据这个实际来制订规划。"③

社会主义初级阶段论的提出,对中国的发展有特别重大的意义。正如江泽民总书记所指出的:"我们讲一切从实际出发,最大的实际就是中国现在处于并将长期处于社会主义初级阶段。……十一届三中全会前我们在建设社会主义中出现失误的根本原因之一,就在于提出的一些任务和政策超越了社会主义初级阶段。近二十年改革开放和现代化建设取得成功的根本原因之一,就是克服了那些超越阶段的错误观念和政策,又抵制了抛弃社会主义基

---

① 《邓小平文选》第二卷,人民出版社1994年版,第311页。
② 同上书,第314页。
③ 《邓小平文选》第三卷,人民出版社1993年版,第252页。

本制度的错误主张。"①

第三,提出了中国经济发展分三步走的思想。既然中国仍处于而且还将长期处于社会主义初级阶段,中国的经济发展也就是在这一初级阶段中怎样实现迅速的、有步骤的发展的问题。邓小平对社会主义初级阶段的中国发展的目标和步骤提出了三步走的思想:"本世纪走两步",即从1980年起,用十年时间使国民经济总产值翻一番,然后再用十年再翻一番,"达到温饱和小康,下个世纪用三十年到五十年时间再走一步,达到中等发达国家的水平"②。

第四,关于社会主义社会经济成分的问题。邓小平批评了过去在社会主义改造中不从实际生产力水平出发,在生产关系或经济形式方面一味求快、求高、求大、求纯的主观主义。他以农村的社会主义改造为例指出:"比如农业合作化,一两年一个高潮,一种组织形式还没有来得及巩固,很快又变了。从初级合作化到普遍办高级社就是如此。……高级社还不巩固,又普遍搞人民公社。"③

根据我国社会主义初级阶段的生产力水平,他提出了以社会主义公有制为主体,多种经济成分共同发展的思想。

第五,提出了共同富裕的构想。社会主义发展道路的一个本质特点是实现共同富裕。但是,中国国大,人多,各地区的经济发

---

① 江泽民:《高举邓小平理论伟大旗帜,把建设有中国特色社会主义事业全面推向二十一世纪——在中国共产党第十五次全国代表大会上的报告》,人民出版社1997年版,第16页。

② 《邓小平文选》第三卷,人民出版社1993年版,第251页。

③ 《邓小平文选》第二卷,人民出版社1994年版,第316页。

展很不平衡。如果要求一切人、一切地区,在经济发展和分配状况方面都保持同步状态,势必会妨碍条件有利的人和地区利用自己的条件和优势获得发展,挫伤这些人和地区的积极性,全国范围的经济发展也会因之受到阻滞和削弱。

对这一问题,邓小平一方面坚持共同富裕的理想,一再强调:"社会主义最大的优越性就是共同富裕"①,"走社会主义道路,就是要逐步实现共同富裕"②。同时,他又提出了允许一部分人、一部分地区先富起来,然后通过先富帮后富和后进地区自己的努力实现共同富裕的思想。他说:"共同富裕的构想是这样提出的:一部分地区有条件先发展起来,一部分地区发展慢点,先发展起来的地区带动后发展的地区,最终达到共同富裕。"③

邓小平关于共同富裕的构想,辩证地解决了社会主义发展中个人差别和地区不平衡带来的矛盾。

第六,提出了计划经济和市场经济都是经济手段,而不是区别社会主义和资本主义的本质事物的创造性的马克思主义理论。马克思主义的奠基人开始就一直把计划经济看作是社会主义制度下的本质事物,而把市场经济看作同社会主义制度本质上不相容的异己事物,认为:"一旦社会占有了生产资料,商品生产就将被消除,而产品对生产者的统治也将随之消除。社会生产内部的无政府状态,将为有计划的自觉的组织所代替。"④

但是,后来的社会主义建设和发展的长期实践证明:计划经济

---

① 《邓小平文选》第三卷,人民出版社1993年版,第364页。
② 同上书,第373页。
③ 同上书,第373—374页。
④ 《马克思恩格斯全集》第20卷,人民出版社1971年版,第307—308页。

虽曾在社会主义的一定发展阶段起过重要的作用，但一个全面的、无所不包的计划经济，并不适合于高度社会化的现代生产力的要求；而商品、货币及市场等事物，对社会主义经济来说却是必要的，不可少的。于是，中国经济改革的实践就日益产生了由计划经济向社会主义市场经济转轨的要求。但是，马克思主义历来认为计划经济是同社会主义本质相联系的事物，而市场经济只是同资本主义相联系的事物的理论，却使由计划经济向社会主义市场经济的转轨，面临着理论依据方面的极大困难，使这种改革面临着要么束缚生产力发展，要么违反对社会主义性质的一贯认识。

邓小平总结了社会主义建设的历史经验，以马克思主义的大无畏精神创造性地解决了这一难题，指出："计划多一点还是市场多一点，不是社会主义与资本主义的本质区别。计划经济不等于社会主义，资本主义也有计划；市场经济不等于资本主义，社会主义也有市场。计划和市场都是经济手段。"①

邓小平对马克思主义经济学说的这一创造性发展，是确定以社会主义市场经济作为中国经济改革的目标模式的理论基础。

20世纪是中国人民为寻求发展之路历尽千辛万苦而终于找到了正确答案的世纪。孙中山对于按西方方式发展道路发展中国，提出了比较完整的方案，同时又对西方方式发展道路表示了一定的怀疑和不满足。毛泽东指引中国人民通过新民主主义革命推翻了帝国主义、封建主义统治，为中国的发展创造了根本的政治前提，并且指出了通过人民共和国到达社会主义、共产主义之路；对于在社会主义道路上发展中国的许多有关的问题，他也进行了艰

---

① 《邓小平文选》第三卷，人民出版社1993年版，第373页。

苦的探索。邓小平建设有中国特色的社会主义理论,是中国共产党十一届三中全会所确定的党的基本路线的理论基础,它科学地解决了在社会主义发展道路上发展中国的各种有关理论问题。

对中国发展之路的探索是20世纪中国经济思想史的主要内容。探索的全部进程表明:资本主义的发展道路不能解决中国发展的问题,"只有社会主义才能发展中国"①!

（原载《学界专家论百年》,北京出版社1999年版）

---

① 《邓小平文选》第三卷,人民出版社1993年版,第331页。

3 中国近代经济思想史的几个问题

近代中国的历史,是帝国主义和封建主义相结合把中国变为半殖民地和殖民地的历史,同时,也是中国人民反对帝国主义及其走狗的历史。半殖民地半封建中国的经济思想发展的全部历史,不外就是为帝国主义、封建主义统治服务的反动经济思想和中国各阶级、各阶层的人民反对帝国主义和封建主义奴役的进步经济思想之间相互斗争的历史。中国近代经济思想史是中国工人阶级作为独立政治力量登上历史舞台以前的旧中国社会的经济思想发展的历史。

中国近代经济思想史研究的范围、段落和几个主要问题

同中国民主革命发展的阶段性相适应,半殖民地半封建中国经济思想的发展,也分作两个不同的但是互相连续的阶段:第一个阶段从1840年第一次鸦片战争时期起到1919年"五四"运动前夕为止,第二个阶段从"五四"运动时期开始到1949年中华人民共和国成立前夕为止。

前一阶段的经济思想发展史的主要内容是无产阶级以外的各

阶级、各阶层的进步经济思想与地主阶级的反动经济思想之间的斗争。这一阶段中的进步经济思想，虽然反映着不同阶级、阶层的利益和要求，但总的说来都有着"向西方国家寻找真理"的特点，即都是企图从西方资本主义国家寻找与帝国主义和封建主义统治作斗争的理论武器，反映了追求民族独立和国家富强的要求和理想；而且，不管思想家本人的主观意图如何，进步的经济思想在客观上都是起着"替旧时期的中国资产阶级民主革命服务"①的作用，起着为中国的资本主义发展开辟道路的作用。

后一阶段的经济思想发展史的主要内容则是无产阶级的马克思列宁主义经济思想与代表帝国主义、封建主义和官僚资本主义统治利益的各种反动经济思想之间的斗争。这一阶段中的主要的进步经济思想的特点，不再是"向西方国家寻找真理"，而是"用无产阶级的宇宙观作为观察国家命运的工具，重新考虑自己的问题。走俄国人的路"②，不再是为在中国建立资本主义制度和资产阶级专政的国家的目的服务，而是为新民主主义革命的彻底胜利服务。

中国近代经济思想史所研究的应当是前一阶段的，即旧民主主义革命时期的经济思想发展的历史，而后一阶段的，即新民主主义革命时期的经济思想发展的历史，则属于中国现代经济思想史的研究范围。

中国近代经济思想的发展，大体上可分为以下几个阶段。

（一）封建社会危机加深和外国资本主义势力开始侵入时期的经济思想。

---

① 《新民主主义论》，《毛泽东选集》第二卷，人民出版社1952年版，第690页。

② 《论人民民主专政》，《毛泽东选集》第四卷，人民出版社1960年版，第1476页。

这一时期从第一次鸦片战争前一段时期（约从19世纪20年代前后）开始到太平天国农民起义前夕为止。这一时期中的进步的经济思想主要是地主阶级开明派（以龚自珍、林则徐、魏源等为代表）对外主张抵抗资本主义侵略，对内主张实行一定的政治、经济政策（这种政策符合资本主义萌芽因素的发展的要求）的经济思想；其对立面则是地主阶级顽固保守派和妥协投降派的反动的经济观点。

（二）近代第一次农民起义和第二次鸦片战争时期的经济思想。

这一时期大致从1851年太平天国农民起义到1864年起义失败为止。这一时期中的进步的经济思想主要有体现在《天朝田亩制度》中的农民革命的经济思想和洪仁玕的建立和发展资本主义经济的思想；其对立面是地主阶级反对农民革命的反动的经济观点。

地主阶级知识分子冯桂芬的改良主义的经济思想，也是这一时期出现的带有一定进步性的思想，但由于它和稍后的资产阶级改良主义的经济思想关系密切，宜于放在下一段落中加以探讨。

（三）中国半殖民地半封建社会最后形成时期的经济思想。

这一时期大约从60年代太平天国农民起义失败起到19世纪末资产阶级改良派变法维新运动失败为止。这一时期中的进步的经济思想，主要是反映向新式工业投资的一部分地主、官僚、商人等的要求的资产阶级改良主义经济思想（前期以王韬、薛福成、马建忠、郑观应、陈炽等为代表，后期则以康有为、梁启超、谭嗣同、严复等为代表）；其对立面主要是地主阶级顽固派和兼有买办性的洋务派封建官僚的反动的经济观点。

（四）资产阶级革命运动兴起时期的经济思想。

这一时期，就是从19世纪末20世纪初到"五四"运动前夕，从正规意义上说的资产阶级旧民主主义革命时期。这一时期中的进步的经济思想是以孙中山为首的资产阶级、小资产阶级革命民主派的经济思想；其主要对立面是以康有为、梁启超为首的坚持保皇、反对民主革命的资产阶级改良派的后期的反动的经济思想。

孙中山晚年的经济思想按其形成时间来说已到了新民主主义革命时期，但按其体系来说则仍然属于资产阶级革命民主派经济思想的范畴。为了对中国革命民主派经济思想的发展和对孙中山这一重要历史人物有一个全面的了解，应当把它列入中国近代经济思想史的研究范围内。

在上述中国近代经济思想史所研究的这一阶段内，经济思想领域中的斗争，主要集中在下列几个问题上：（1）外国资本主义或帝国主义经济侵略的问题；（2）封建土地所有制和封建主义剥削方式的问题；（3）中国民族资本主义发展的问题。

这几个问题是旧民主主义革命时期中的根本性的经济问题。帝国主义的经济侵略和中国的封建主义制度，是中国社会生产力发展的严重桎梏，民族资本主义经济则是当时中国社会中能够促进生产力发展的一种经济形式。维护帝国主义、封建主义的利益，反对中国民族资本主义的发展，就意味着保持中国的半殖民地半封建社会的面貌，并使中国进一步坠入殖民地的深渊；而反对帝国主义经济侵略和封建主义的生产方式，要求发展民族资本主义经济，则意味着争取中国的经济进步、独立和自主。由于帝国主义、封建主义统治势力的强大和中国资产阶级的软弱，近代中国已没有建立独立的资本主义制度和资产阶级专政国家的可能，但是，对这几个问题的争论,在旧民主主义革命时期却是涉及中国的前途和命运的根本性的争论。对待这些问题所持的态度如何,可以说是这个时期中判别进步的经济思想和反动的经济思想的主要尺度。

在这个阶段内所出现过的各种经济思想和经济学说,在实质上无非就是各阶级的思想家对这些根本问题所提出的各种不同的解决方案。地主阶级的反动思想家制造种种"论据",来为封建的剥削方式和帝国主义的经济侵略辩护,同时对中国民族资本主义的发展抱着敌视的态度。太平天国农民革命的思想家,提出了解决土地问题和组织社会经济生活的方案,这种方案带有小生产者的空想落后性质;但却包含着否定封建土地所有制的合理内核,客观上起着为中国资本主义发展开辟道路的作用。他们还领导革命农民进行了反对外国经济侵略的实际斗争。资产阶级改良派的思想家,企图在不改变地主阶级土地所有制的前提下,通过自上而下的改革来发展中国的资本主义经济,也企图摆脱帝国主义对中国经济命脉的控制。资产阶级和小资产阶级革命民主派,提出了具有反封建意义的平均地权的土地纲领和实现资本主义工业化的大规模建设计划;他们在反对帝国主义经济侵略方面,也比资产阶级改良派进了一步。但是,各派资产阶级的思想家,都没能提出明确的反对帝国主义、反对封建主义的主张。

这几个问题是中国近代经济思想史中所研究和争论的中心,因此,研究中国近代经济思想发展的历史,应当善于抓住这几个主要问题,运用马克思主义的阶级分析和历史分析的方法,联系各种经济思想产生和发展的具体历史条件,占有大量的材料,进行认真细致的分析,才能弄清各派经济思想的性质、特点与作用,才能正确地辨别进步的和反动的经济思想,辨别各种进步的经济思想中的积极因素和消极因素，认清中国近代经济思想发展的基本趋向，找到决定这种发展趋向的内在的规律。

中国近代经济思想的一些主要特点

半殖民地半封建中国的反动的经济思想，是旧中国社会的反动文化的组成部分，是帝国主义文化和中国封建文化的混血儿。外国资本主义侵略者在用大炮打开中国门户后，就逐渐通过办报、译书、传教和其他方式，向中国传播殖民奴化思想；但是，这个时期，西方庸俗经济学还未大量输入中国，中国的反动分子在经济思想方面所使用的主要理论武器，还是中国原有的一些封建主义的经济观点。只是在20世纪以后，才逐渐有人利用西方庸俗经济学的某些理论来为反动势力辩护，来反对中国的革命运动。

近代中国的进步的经济思想，就其总体来说都是为中国旧民主主义革命服务的，就其主要部分来说，基本上属于资产阶级文化的范畴。这类经济思想，大体上有下列几个主要特点：

第一个特点，"向西方国家寻找真理"，也就是力图从西方资产阶级文化中寻找同外国侵略者和本国封建主义作斗争的理论武器。在第一次鸦片战争失败后，地主阶级的开明思想家魏源提出了"师夷之长技以制夷"的口号。太平天国农民革命的领袖洪秀全，资产阶级改良派的最有影响的代表人物康有为、严复，资产阶级、小资产阶级革命民主派的领袖和主要理论家孙中山，更是近代中国向西方国家寻找真理的代表人物。在中国近代的主要进步思想家中，除了龚自珍这一主要活动于鸦片战争前夕的人物外，差不多人人都极力企图向西方国家寻找救国救民的理论武器。

这一特点是由近代中国的社会经济状况和阶级斗争形势所决定的。既然当时的国际条件和国内条件决定了先进的中国人还只能以建立资本主义的经济制度和资产阶级国家作为摆脱殖民统治和封建压迫的努力方向，既然当时的进步的经济思想家还主要是一些出身于资产阶级和有着向资产阶级转化倾向的其他阶级的人物，进步的经济思想就必然有着向西方资本主义国家寻找真理的特点。

"向西方国家寻找真理"，决不是意味着进步的经济思想完全抛开了中国自己的思想遗产，单纯借用外国的东西。恰恰相反，进步的经济思想家在向西方寻找真理的同时，也都极力从中国的传统思想中寻找对自己适用的理论武器。洪秀全、康有为、孙中山等，都运用中国古代的大同学说，宣传自己的社会理想。《周易》中关于"穷则变，变则通"的观点和今文经学家的公羊三世说，被用作要求清政府实行变法的理论依据。王船山的唯物主义思想和黄梨洲的民主思想，也被用作和封建主义作斗争的武器。不过，由于中国固有的这些思想终究还不是资产阶级的意识形态，新兴资产阶级的代言人要同封建主义作斗争，单是利用这些武器显然是很不够的，西方国家中的系统的资产阶级的理论武器，自然更适合他们进行斗争的需要。

第二个特点，近代中国的进步的经济思想所提出的多是一些要求实现社会经济改革的（革命的或改良的）主张或方案，而很少有关于商品、价值、利润、利息等属于资本主义经济理论范畴的探讨。这一特点明显地反映了近代中国与西方资本主义国家社会性质的区别。西方资产阶级经济学是在资本主义已有了相当的经济基础的情况下形成和发展起来的，它主要是通过对价值、货币、利润等范畴的分析来对资本主义经济本身加以论证；而近代中国的进步的经济思想家所主要关心的，却是怎样摆脱或减轻外国资本主义的侵略势力和本国封建主义对民族资本主义经济的束缚的问题。由于中国资本主义经济的不发达，中国过去关于这方面的理论探讨也很少，思想资料不多，因此，即使在论及发展资本主义经济的问题时，中国近代的思想家也并不是通过对有关理论范畴的分析来表达自己的见解，而是直接提出一些有关的实际主张或方案。

　　一些帝国主义学者和旧中国的一些买办文人，都因此而鄙夷中国近代的经济思想，说它们"幼稚"、"浅薄"。其实，在一个半殖民地半封建国家里，一种经济思想是否深刻，主要不应当看它对价值、货币、利润等范畴分析得如何，而应当看它对帝国主义经济侵略、封建土地制度和封建剥削方式、民族资本主义经济的特点和作用等问题的认识如何。在近代中国，尤其是在它的稍后一段时期，由于国际资本主义已在走下坡路，由于中国资产阶级本身的软弱，中国的资产阶级思想家不可能像英、法的资产阶级古典经济学者那样为确立和巩固资本主义的基础奠立一套较为完整的经济理论。他们对近代中国的根本经济问题的理论分析是不够深刻的，对帝国主义、封建主义的认识有许多模糊和错误之处。近代中国的进步的经济思想，也和中国资产阶级的其他社会意识形态一样，不能够战胜为帝国主义和封建主义统治服务的反动文化，而是"……只能上阵打几个回合，就被外国帝国主义的奴化思想和中国封建主义的复古思想的反动同盟所打退了，被这个思想上的反动同盟军稍稍一反攻……就偃旗息鼓，宣告退却，失了灵魂，而只剩下它的躯壳了"①。在研究中国近代经济思想史的时候，应当同时看到这种情况，不应当对

---

① 《新民主主义论》，《毛泽东选集》第二卷，人民出版社1952年版，第690页。

近代中国曾经起过进步作用的各种非无产阶级的经济思想作过高的估计。但是，也应当看到，近代的各种进步经济思想毕竟在不同程度上提出过一些正确的认识和主张，对帝国主义、封建主义给予过一定的打击，这和只会侈谈外国庸俗经济学名词，积极向中国传播帝国主义的殖民奴化思想毒素的反动学者比起来，是不可同日而语的。

第三个特点，强调发展工商业，同时又重视农业。对殖民地的暴力掠夺是欧洲资产阶级原始积累的一个重要来源。西方资本主义国家把殖民地附属国作为自己的农业、原料附庸和市场，在掠夺殖民地的基础上建立起自己的发达的资本主义经济。用马克思的话来说，西方大多数国家的资本主义发展，是以"外国农业的一定发展程度"为其"发展基础"①的。中国是一个地大物博、人口众多的大农业国，农业特别是粮食问题对国计民生具有头等重大的意义，中国历代的传统的经济思想都有重视农业的特点。在近代中国的资本主义经济开始出现的时期，中国已经沦为半殖民地，中国的资产阶级不可能像西方资产阶级那样从殖民地取得发展工商业所需的原料、粮食和市场。这些情况决定了中国近代的进步的经济思想家，大多数都很重视国内农业问题。

进步的经济思想家一般都强调发展资本主义工商业，认为中国要想求得富强，必须发展资本主义，尤其是建立资本主义大机器工业。为此，他们都极力反对封建顽固派的"重本抑末"理论，要求改变中国落后的农业国的面貌。但是，他们主要是反对"抑末"

---

① 马克思：《剩余价值学说史》第一卷，生活·读书·新知三联书店1957年版，第42页。

而不是反对"重本",他们中间的大多数,一方面强调发展工商业,另一方面,又主张采取资本主义的经营方式和西方国家的先进生产技术来改进中国的农业生产状况。

第四个特点,中国近代的大多数经济思想流派,都具有一定的历史主义的观点。西方的资产阶级古典政治经济学家,把资本主义制度看作是唯一自然的社会制度,大多数庸俗经济学流派更是极力企图把资本主义制度说成是永世长存的。在马克思主义的历史唯物主义产生以前,只有在空想社会主义者的著作中,才能找到某些有积极意义的、否定现存社会制度(资本主义制度)的永恒性的历史主义的因素。对中国近代的资产阶级和具有资产阶级倾向的思想家来说,现存的社会是阻碍资本主义发展的半殖民地半封建社会制度,资本主义制度还是他们所极力争取的未来。因此,他们就不会像西欧的一般资产阶级学者那样论证现存制度的合理性和永恒性,而是企图论证现存制度的不合理及其改变的必要性,并提出了只有变才能达到合理的思想。在近代中国,把历史看作永恒不变的不是资产阶级思想家,而是封建制度的维护者——地主阶级顽固派。从鸦片战争前夕开始,中国的具有资产阶级倾向的思想家,就力图利用《周易》和今文经学中的一些发展变化观点作为要求变法的依据,到19世纪末期,西方庸俗进化论输入中国,立即成为他们的社会改革主张的理论基础。正如毛泽东同志所指出的:"在中国,则有所谓'天不变,道亦不变'的形而上学的思想,曾经长期地为腐朽了的封建统治阶级所拥护。近百年来输入了欧洲的机械唯物论和庸俗进化论,则为资产阶级所拥护。"①

---

① 《矛盾论》,《毛泽东选集》第一卷,人民出版社1951年版,第289页。

批判地承继中国近代经济思想的遗产

毛泽东同志说过："从孔夫子到孙中山，我们应当给以总结，承继这一份珍贵的遗产。这对于指导当前的伟大的运动，是有重要的帮助的。"①我们研究中国近代经济思想史，决不是要对近代中国的经济思想"兼容并蓄"，也不是为了作古董鉴赏家，而是为了批判地承继祖国经济思想的历史遗产，"剔除其封建性的糟粕，吸收其民主性的精华"②，为我们当前的斗争服务。

进步的经济思想是我们应该着重加以研究的，但是，对主要的、有代表性的反动的经济思想，也应当加以研究，不如此，就不能看清一个时代的思想发展和阶级斗争的全貌，也不能正确地认识进步的经济思想在当时社会发展和阶级斗争中的意义和作用，不能对进步的经济思想家的地位作出正确的估价。

中国近代的反动经济思想，当然是经济思想遗产中的糟粕；而进步的经济思想，由于思想家本人的时代和阶级地位的局限，也都在不同程度上有着积极的和消极的两方面的内容。对反动的经济思想，我们应当联系它们的时代背景进行彻底的批判，揭露它们的反动实质和欺骗伎俩；对于进步的经济思想，也应当用历史唯物主义的态度，分清它们所包含的积极因素和消极因素，并从这些积极因素和消极因素在当时斗争中所产生的不同后果，吸取必要的历

---

① 《中国共产党在民族战争中的地位》，《毛泽东选集》第二卷，人民出版社1952年版，第522页。

② 《新民主主义论》，《毛泽东选集》第二卷，人民出版社1952年版，第701页。

史经验和教训。

我们从近代中国的经济思想遗产中可以批判地继承哪些有益的东西呢？

首先，应当重视在不同程度上体现在各派进步的经济思想中的反对帝国主义、反对封建主义压迫的要求。旧民主主义革命时期的进步的思想家，都是无产阶级以外的各阶级的思想家，他们不可能对帝国主义和封建主义有充分正确的认识，各派资产阶级的或有资产阶级倾向的经济思想，更在不同程度上对帝国主义和封建主义存在着幻想和妥协态度。但是，所有这一时期的进步的经济思想，总是以一定程度和一定方式提出了摆脱或减轻帝国主义和封建主义压迫的要求。这正是它们的进步性、人民性的主要体现。

对进步的经济思想中的这种反对帝国主义、封建主义压迫的积极精神和对帝国主义、封建主义的某些正确的认识，我们应当加以肯定；对体现在它们中间的各种模糊的、错误的认识和对帝国主义、封建主义的妥协态度，我们则应当联系当时的历史条件和思想家的阶级地位，探求这些消极的、错误的因素的产生根源及其在历史斗争中所产生的危害作用。例如，对19世纪的资产阶级改良派的经济思想，应当肯定它在当时有着挽救民族危机的爱国精神和同封建主义作斗争的民主精神，同时又应当严肃地批判它对帝国主义、封建主义求妥协的改良主义立场，指出正是这种幻想求得某些帝国主义国家的帮助和依靠封建政权进行从上而下的改革的改良主义路线，才使得改良派在反动势力的打击下完全陷于束手无策的境地，使当时的许多进步人物遭到两次流血的惨剧。对革命民主派的经济思想，既要充分评价它的建设独立的工业化的中国的热烈愿望和对被剥削劳动人民的同情，也要看到它仍然具有许多对帝国主义、封建主义的模糊认识和反对帝国主义、封建主义的不彻底态度，并从这里更加认清中国民族资产阶级的软弱性，认清资产阶级所以不能领导中国民主革命达到胜利的原因。

研究中国近代经济思想的遗产，会使我们更加深刻地认识到，对帝国主义及其走狗决不可抱有任何幻想和妥协态度，必须依靠人民大众和联合全世界一切反对帝国主义的力量，同帝国主义及其走狗进行针锋相对的斗争；也会帮助我们更加深刻地认识到，在帝国主义还存在的时代，任何国家的资产阶级都不可能领导真正的人民革命达到胜利，只有无产阶级才是领导中国人民解放斗争事业取得彻底胜利的唯一的阶级。

其次，应当特别重视贯穿在中国近代经济思想中的对于祖国富强和人民幸福的未来的美好理想。中华民族不但是"酷爱自由、富有革命传统的民族"，而且是具有宏伟气魄和伟大理想的民族，这种伟大的气魄和理想，在近代中国的许多先进的经济思想著作中不同程度地反映出来。还在第一次鸦片战争失败后不久，先进的中国人就在沉痛地认识到中国已经落后于西方国家的情况下，提出了学习西方以求赶上西方国家的主张。地主阶级的开明思想家魏源（他是中国近代第一个正式提出学习西方的口号的人物），就满怀热望地展望着未来说："风气日开，智慧日出，方见东海之民，犹西海之民。"① 在19世纪90年代民族危机空前严重的时机，陈炽怀抱着"救中国贫弱"的目的写了《续富国策》一书，在这本书的"自叙"中，他坚信只要中国力图自强，在将来一定可以超过最

---

① 《海国图志·筹海篇三》。

发达的资本主义强国。他说："他日富甲环瀛，踵英而起者，非中国之四百兆人民莫属也。"①太平天国的革命领袖代表挣扎在饥饿线上的农民，提出了"无人不饱暖"的幸福生活理想。康有为的《大同书》，描绘出一个生产高度发达，人人都享受高度的物质和文化生活的乌托邦社会主义图案。孙中山的《实业计划》，提出了建立一个工业发达的现代化中国的伟大设计。还有其他一些思想家，也都提出过各种各样的宏伟理想。

值得注意的是，近代中国的先进人们，并不是用美好的幻想来自我陶醉。许多提出美好理想的思想家，同时又都是热爱祖国、努力从事进步活动的先进人物。当然，由于时代和阶级地位的限制，这些理想方案在当时都只能是没有科学根据的空想，提出这些理想的人物是找不到也不可能找到实现他们的理想的道路的。但在灾难深重的中国人民对国内外敌人进行前赴后继的斗争的日子里，这些伟大的理想给予人们以鼓舞，其历史功绩是应当首先加以肯定的。这些理想和我们今天的有着充分的科学根据的伟大目标和理想，当然不能够相提并论，但是，其中有相当一部分就是在今天也还对我们有很大的启发意义。既然我们的先行者在帝国主义、封建主义统治的黑暗时代还表示了赶上并超过先进的资本主义国家的雄心壮志，我们今天有了共产党的领导，有了伟大的社会主义制度，我们对党的关于逐步地把我国建成一个具有现代工业、现代农业和现代科学文化的伟大的社会主义国家的号召，自然更是信心百倍了。

最后，近代中国的进步的经济思想还有一个突出的特点和优

———

① 《续富国策》。

点，就是它密切地联系政治，为政治服务。中国近代的进步思想家积极向西方国家寻找真理，努力从中国古代的思想遗产中找寻适合自己需要的东西，不是为了别的，而是为了寻找同国内外反动势力作斗争的理论武器。这些进步的思想家，在一些探讨学术问题的甚至是考据性的著作中，也往往都是密切结合自己当时的政治需要来研究和写作的。在近代中国，各种经济思想流派的代表人物，差不多都是不同政治派别的代表人物，这一点明显地反映出中国近代经济思想家重视政治的特点。这些思想家所重视的政治，当然不是无产阶级的政治；他们中间也颇有些人（例如康有为）为了政治目的而在学术上采取不够严肃的态度。但是，近代中国的优秀经济思想家这种重视政治、注意使学术为政治服务的精神，还是值得我们很好地继承和发扬的。

（原载《人民日报》，1962 年 5 月 18 日第五版）

4 论中国近代经济思想史中的
"向西方寻找真理"的传统

　　"向西方寻找真理"是中国近代进步经济思想中的一个一脉相承的传统。[①]"向西方寻找真理"的实质,是从西方国家资产阶级革命时期的哲学、社会科学中寻找理论武器,为解决中国的资产阶级民主革命的任务服务。但实际上,中国近代先进人士向西方寻找真理的范围和内容,要远较此广泛。这是因为:第一,西方资产阶级民主革命只有一个反封建的任务,它的理论武器只是批判封建主义的武器,中国资产阶级民主革命却有着反对帝国主义和反对封建主义的双重任务,它不但需要寻找反封建主义的武器以"内建民国",还需要寻找反帝国主义的武器以"外御列强"。第二,在先进的中国人开始向西方寻找真理时,西方的资产阶级革命时代早已过去;尤其是在中国正规的资产阶级革命时期到来时,西方国家已开始进入垄断资本主义阶段。西方资产阶级革命时期的进步理论和已经庸俗化了的资产阶级哲学、社会科学理论,纷陈于先进的中国人面前,而且,后者还表现为最新的理论。第三,近代中国

---

　　① "向西方寻找真理"涉及的问题不止于经济方面;但中国近代的进步经济思想家,从林则徐到孙中山,都力图向西方寻找真理,形成了一个贯彻始终的思想传统。这个传统对中国近代经济思想的发展有着深刻的影响,因而是研究中国近代经济思想史必须深入探讨的一个课题。

人士了解西方情况,有一个逐步发展的过程。越是浅薄的东西,越容易首先被接受。况且,中国人士了解西方,最先是通过西方资本主义侵略分子、传教士和商人的介绍,而这些人自然只能介绍一些极为浅薄、庸俗的东西。第四,中国封建社会长达两三千年,封建思想对人们的束缚是极严重的。向西方寻找真理有着帮助人们从封建思想束缚下逐渐解放出来的作用;而接受西方思想的情况,本身又是依人们思想解放的程度为转移的。

由于这些原因,中国近代先进人士向西方寻找真理的过程,不但包括从西方吸收哲学、社会科学思想,还包括从西方吸收军事技术、工业技术和自然科学;不但包括吸收西方资产阶级革命时期的反封建的、进步的理论武器,还包括从西方搬来某些庸俗的、反动的哲学社会科学理论乃至宗教思想(如洪秀全就吸收西方基督教的某些思想和活动形式,作为组织农民起义的工具);不但包括吸收西方的学术思想,还包括仿效西方经济制度、政治制度乃至教育制度的主张。

中国近代向西方寻找真理的过程,大体可分为三个阶段,而各个阶段又各有自己的特点。现分别论述于下。

一、以要求学习西方的工业和科学技术
为主的阶段:1840—1860 年

在封建时代,中国的经济、文化发展长期居于世界前列,尤其远胜过自己周围各邻国。因此,历史上中国的政治统治者和思想代表人物,总是自居为"天朝",而把外国都看作"四夷"。虽然历

史上中国的先进人物从不拒绝学习外国长处，但在中国处于领先
地位时，"向西方寻找真理"的思想，自然是无由产生的。

19世纪后，西方国家由于工场手工业和海外贸易的迅速发展，
生产力和科学技术都日益走到中国前面。18世纪初，个别敏感的
中国人士，已开始认识到西方资本主义国家不同于中国历史上所
认识的"四夷"，已开始知道这些国家的侵略魔爪已伸到离中国不
远的东南亚；并且指出这些国家有胜过中国的长处，"其舟坚固，不
畏风飓"，"炮火军械，精于中土"，①因而担心西方国家在将来可能
成为中国的威胁。但是，在鸦片战争前，这种认识是引不起人们的
注意的。没经过实际较量，中国朝野上下都不会发觉中国已落后
于西方，因而仍然不可能产生向西方寻找真理的思想。

向西方寻找真理的思想是在鸦片战争后开始产生的，其先驱
人物就是禁烟派领袖林则徐。

林则徐在初奉命去广东查禁鸦片时，也像清朝士大夫中的绝
大多数人一样，持有"天朝无物不有"的对外部世界愚昧无知的观
点。在同西方资本主义侵略势力接触和战斗的过程中，他很快发
现，"天朝"并不是处处优于"四夷"，而是还有一些明显的"不如
夷"处。他承认西方在军舰和炮火方面都胜过中国，因而提出了
仿造西方新式船炮的主张，要求做到"制炮必求极利，造船必求极
坚"。②他认为只要中国在船炮等新式武器方面能赶上西方国家，
就能战胜外来侵略势力，就可制夷"裕如"。③

林则徐只看到西方国家在船炮武器方面胜过中国，这种认识

---

① 《鹿洲全集》初集卷三《论南洋事宜书》。
② 《密陈夷务不能歇手片》，载《林文忠公政书·两广奏稿》乙集。
③ 同上。

自然是肤浅的。他主张仿造西方船炮,但对究竟由谁来造,他没有明说。从他当时所达到的认识水平看,他只能是主张由封建国家来制造。这种思想还基本上没有什么资本主义倾向。然而,他毕竟在具体形式上开始提出了学习西方长处的问题,而且把学习西方同抵抗外国资本主义侵略二者直接结合了起来。这就开启了中国近代为了救国救民而向西方寻找真理的思想的基本方向。林则徐无愧为中国近代向西方寻找真理的先驱,清代"开眼看世界"①的第一人!

鸦片战争失败后,魏源沿着林则徐开启的方向继续探索,在以下几个方面取得了新的进展:

第一,他提出了"师夷长技以制夷"②的口号。

林则徐虽然开启了中国近代向西方寻找真理的基本方向,但他只是在战时就对敌斗争的具体措施进行检讨时提到的,并没能提出明确的向西方学习的思想。魏源所提出的"师夷长技以制夷"的口号,则把林则徐的一些具体认识概括为一个明确的公式,这一公式既指出了西方有胜过中国的长技,又明确提出了学习西方的要求(师夷),还把学习的目的概括为"制夷"即抵制外国侵略,这就把中国近代先进人士学习西方的方向更明确、更集中地提了出来。"师夷长技以制夷",这可以说是表达中国近代向西方寻找真理的要求的第一个基本公式。

第二,他提出了中国设立工厂自造船炮的主张。

林则徐虽然提出了仿造西方坚船利炮的主张,但他主要是作

---

① 范文澜:《中国近代史》上册,人民出版社1962年版,第21页。
② 《海国图志叙》。

为一项战时具体措施来提的。魏源在战争已结束后提出设立专门的工厂制造西方船炮，以加强中国的国防力量，这已不是一项战时的应急措施，而是一项永久性的战略措施，是一种在中国建立新式国防工业的主张了。

第三，他开始看到了从建立新式军用工业向建立新式民用工业发展的可能。

林则徐只是提出了仿造西方船舰火炮等军事工业产品的主张；魏源对西方长技的认识和学习西方的主张，也主要是在军事工业技术方面的。不过，魏源却敏锐地看到：西方军事工业在技术上同民用工业是相通的。建立了造军舰的工厂，在对军舰的需要已经得到满足之后，就可利用工厂设备制造商船；建立了造枪炮的工厂，枪炮已造足之后，就可用以制造吊车、水利机械、测量仪器、望远镜之类的民用工业产品。他并且看到：将来民用工业会比军事工业有更大的需要和更广阔的发展前途，"战舰有尽而出鬻之船无尽"、"造炮有数而出鬻器械无数"。[①]有人认为魏源已经提出了中国工业化的主张，[②]这显然是没有根据的。即使认为他已有了全面学习西方工业技术的要求，那也是过高的估计。魏源学习西方的主张，直接的还主要限于军事方面；但他已觉察到了从建立军事工业向建立民用工业的发展的可能，这却是毫无疑义的。

第四，他提出了中国在技术方面赶上世界先进水平的可能性问题。

林则徐主张仿造坚船利炮以"制夷"，可以说已在军事工业这

---

① 《海国图志·筹海篇三》。

② 冯友兰：《魏源——十九世纪中期中国先进思想家》，载《人民日报》，1957年3月26日。

一个具体方面提出了赶上西方的问题。魏源进一步看到：西方所以能在船坚炮利方面胜过中国，并非偶然，而是以先进的科学技术为前提的。他盛赞西方的科学技术为"竭耳目心思之力以利民用"、"夺造化，通神明"。①因此，他不仅提出了在船坚炮利方面赶上西方，还希望通过"师夷长技"而使中国在科学技术方面也能赶上世界先进水平，和西方国家并驾齐驱："风气日开，智慧日出，方见东海之民，犹西海之民。"②

这样，魏源就以比较明确的形式，提出了中国在技术发展方面赶上西方的问题，成为中国近代第一个提出赶上世界先进水平的要求的人。

第五，魏源还提出了允许私人设厂制造西方新式工业产品的问题。

魏源提倡设厂仿造船炮，他所说的船厂、炮厂，主要是官办的军事工业，但并不限于官办。在官办之外，他还主张："沿海商民有自愿仿设厂局以造船械，或自愿或出售者听之。"③

在魏源的时代，中国的资产阶级尚未产生。他所说的"沿海商民"，还不是工商业资本家，而是同封建社会中的资本主义生产萌芽相联系的旧式商人和手工业主。他的这种主张，也不能说是反映了资产阶级投资办新式工业的愿望。不过，这种思想毕竟已朦胧地表现了一种向新式工业投资的要求，是后来的资产阶级代表人物要求发展资本主义生产的思想的直接前驱。

把魏源所取得的这些进展综合起来，就可以做出下列一个判

---

①　《海国图志·筹海篇三》。

②　同上。

③　同上。

断：在魏源的著作中，中国近代向西方寻找真理的思想，已开始具
备了雏形。

冯桂芬在第二次鸦片战争时期更全面地论述了学习西方的问
题。他肯定了魏源的"师夷长技以制夷"的口号，主张学习西方的
军事工业。不过，在他的心目中，军事工业已经不是全部性或决定
性的学习内容，而只是学习的一个方面了。除军事工业外，他明
确地提出了在工、农、矿业中采用西方机器技术的主张，认为："又
如农具、织具，百工所需，多用机轮，用力少而成功多，是可资以治
生。"①冯桂芬已开始认识到自然科学对工业技术发展的作用，从而
提出了学习数学、化学、地学之类的西方自然科学的主张。他还把
自己的学习主张概括为一个公式："以中国之伦常名教为原本，辅
以诸国富强之术。"②这里所谓"诸国富强之术"，包括西方军事工
业、民用工业以及自然科学在内，这比林则徐、魏源所要学的西方
"长技"，范围要广泛得多了。

冯桂芬的学习西方的思想，一方面是师承林则徐、魏源并有所
发展，另一方面又背离了他们所开启的向西方寻找真理的基本方
向。他所以要学习西方，从长远看是有着使中国富强，以免"受制
于小夷"的要求的。可是，地主阶级对太平天国农民起义的刻骨仇
恨，又使他在现实主张方面处处要把"夷之长技"用来反对起义农
民。他称赞西方的武器和军事技术；然而在实际运用方面，他却首
先主张"借兵俄法"，不但利用外国的武器和军事技术，而且要直
接借用西方列强的军事力量镇压起义农民。他赞扬外国轮船；然

---

① 《校邠庐抗议·采西学议》，光绪二十四年冯世澂校刻本。
② 同上。

而,他对这种新式交通工具的第一步运用却是主张利用外国舰船
突破太平天国在长江中的封锁线,为清朝统治者运米运盐。他主
张仿效西方国家的社会救济机构设立"善堂";但目的却不是迫使
贫民接受资本主义的雇佣劳动纪律,而是要把贫民禁锢起来,以防
止他们因流离失所铤而走险,危及封建的统治秩序。从这方面看,
他的"师夷长技"就不是用以"制夷",而是用以"制民"了。

二、以要求学习西方的资本主义经济 为主的阶段:1861—1894年

在中国近代,最先明确地提出学习和采用西方资本主义经济
的是太平天国的洪仁玕。1859年,他为挽救太平天国的危机而提
出了自己的改革内政的纲领《资政新篇》,主张仿效西方国家建
立制造"精奇利便"的"器皿技艺"的新式工业;主张"兴宝藏",
即普遍开发各种金属和非金属矿藏;主张"兴车马之利"、"兴舟
楫之利",即制造火车、轮船,发展铁路、航运等新式交通运输业;
还主张开办银行、保险公司等资本主义金融、信用事业。《资政新
篇》要求建立和发展的工商业,其范围之广远超过同时期的冯桂
芬的主张,事实上构成了一个学习西方全面发展国民经济各部门
的方案。

魏源、冯桂芬都没有明确的采用资本主义经营方式的主张。
他们对兴办新式工业的方式,基本上都主张官办,这种官办工业的
性质是封建的国有工业,而不是资本主义工业。魏源曾提到允许
沿海商民设立制造新式工业产品的工厂,冯桂芬也曾主张允许私

人开矿以"藏富于民"①。他们所说的"商民"、"富民",仍是旧式商人而不是新式的工矿业资本家。洪仁玕对创办新式工矿业的方式,只主张允许、鼓励"富民"开办,而从未明确提到过"官办",这同魏源、冯桂芬那种主要是官办的主张已自不同。除此而外,他还明确地提出了采用雇佣劳动的主张,如说:办新式工业"准富人请人雇工,不得买奴"②。他明确地主张实行利润制度,如说:对兴银行的富民"准每两取息三厘";对"兴宝藏"的富民,准许取得生产总值的20%作为利润,等等。他也明确地主张采用西方的专利权制度,主张对制造火车、轮船及其他工业品而有所创造发明的,在五年至十年中"准其自售,他人仿造,罪而罚之"。③

魏源、冯桂芬等主要只是从技术、生产力的角度提出学习西方的问题;洪仁玕则已十分明确地提出了学习和采用资本主义生产和经营方式的主张。

洪仁玕的这种主张,是一种超越了自己的具体的时间、空间条件的空想。当时,香港、上海等地可能已有少数商人有了投资办新式工业的要求(洪仁玕的主张无疑是反映了这种要求);但在广大内地,尤其是在太平天国的辖区中,却完全不具备创办新式工业的条件,也不存在要求投资办新式工业的人物。洪仁玕的《资政新篇》,在太平天国政权下是找不到自己的社会基础的。洪仁玕的学习西方的资本主义经济的主张,也不能成为稍后的资产阶级改良派同类主张的先驱。因为,资产阶级改良派所代表的是从官僚、地主或商人转化而来的资产阶级上层,这些人同农民起义都是格格

---

① 《校邠庐抗议·采西学议》,光绪二十四年冯世澂校刻本。
② 《资政新篇》,近代史资料丛刊《太平天国》第二册。
③ 同上。

不入的,不可能从洪仁玕那里吸取什么思想资料。但是,洪仁玕毕竟是中国近代第一个提出学习西方资本主义生产方式和经营方式的人,他的这方面的主张,要比资产阶级改良派早提出一二十年,他在经济思想史上的贡献,是不容忽视的。

中国近代要求学习和采用资本主义生产方式和经营方式的主张,主要是由王韬、郑观应、马建忠、薛福成、陈炽等初期资产阶级改良派代表人物提出来的。从19世纪70年代到1894年中日甲午战争前,这些人纷纷著书立说,要求学习和采用"西法"。他们的认识,已经明显地超越了林则徐、魏源、冯桂芬等人所达到的水平,标志着中国近代"向西方寻找真理"的思想,已经发展到了一个新的阶段——以要求学习西方的资本主义经济为主要内容的阶段。

初期资产阶级改良派的"向西方寻找真理"的思想,主要有下列特点:

第一,他们要求学习和采用西法的范围,已经遍及国民经济的一切部门。

林则徐、魏源都只是要求在沿海少数地区建立若干使用西方机器、技术的军事工厂,并没想到在整个国民经济中改变传统的封建主义生产方式。冯桂芬虽然提到对"百工所需",皆可利用机器以"治生";但也还没有对整个国民经济进行技术改造的思想。至少,他对当时中国国民经济的最主要部门农业,还倾向于保持传统的手工劳动方式。他曾说过,要富国"仍无逾于农桑之常说,而佐之以树茶、开矿"。①所谓"农桑之常说",也就是传统的耕织结合的农村自然经济。对树茶、开矿,他主张用西法进行商品生产,但

① 《校邠庐抗议·筹国用议》。

它们在国民经济中还只是处于次要的、辅助的地位。他曾提到过利用西方的农业机器以开垦荒地的主张；但他认为这只能是作为解决太平天国战后某些地区劳动力缺乏而采取的一项临时措施。他明确表示：农业机器只可"暂用"而不可"常用"。①

初期资产阶级改良派则主张在国民经济的一切部门中，广泛采用西方的机器、西方的生产技术和生产方法，来代替传统的手工劳动的生产方式。他们不仅主张建立新式工业，用西法开采各种矿藏，采用火车、轮船、电报、邮政等新式交通运输手段；而且主张在农业中也改变传统的封建自然经济的生产方式，而代之以采用西方的生产技术和生产方法生产商品性农作物的新式农场。陈炽曾提出：中国农业的发展，在大地产上要仿效英国，建立机械化的、生产商品粮食的大农场；在较小的地产上，则应仿照法国的办法，采取高度集约化的经营方式，专门生产供应城市消费的商品农作物。②

初期资产阶级改良派的代表人物，不止是具体地、逐个地提出要在国民经济各部门中采用西方的生产技术和生产方法，还从整体的角度提出问题。郑观应就强调：学习和采用西法是要做到"人尽其才"、"地尽其利"、"物畅其流"。③这实际上是在要求在整个国民经济中全面采用西法的纲领。

第二，他们明确地提出在国民经济各部门中发展资本主义经济的主张。

林则徐、魏源、冯桂芬等的学习西方的思想，都只是限于技

---

① 《校邠庐抗议·采西学议》。
② 《续富国策·讲求农学说》。
③ 《盛世危言自序》。

术方面，而没有明确的资本主义经济内容。这点在前面已分析过
了。洪仁玕较为明确地提出了采用资本主义生产方式和经营方
式的主张，但这种主张还不是很全面、很完整。例如，他在主张允
许"富民"创办银行时说："或三四富民共请立，或一人请立，均
无不可。"①对组织新式大银行，只提一人或三四人，这表明他对
西方的公司组织还不是很了解的。他所说的富民，基本上还是刚
开始有向新式工业投资要求的旧式富商，而不是近代的工商业资
本家。

　　初期资产阶级改良派处在中国的资本主义生产已在出现的时
代，对西方情况的接触和了解，远比洪仁玕更广更深。他们中间
的多数人还直接到过外国，因而他们所提出的采用资本主义生产
方式和经营方式的主张，也比洪仁玕更全面，更明确。洪仁玕所
提出的采用利润制度、雇佣劳动和专利权等主张，他们都更多、更
经常地提出来。他们强调办新式工矿业要"富民出其赀，贫民殚
其力"②。这就把他们所要建立的工矿业的资本主义性质十分明确
地表现了出来。他们还不会使用"资本家"这样的范畴，而是仍然
沿用"富民"、"商民"的名称；但他们所说的富民、商民，已经指的
是新式的工商业资本家了。他们不再有洪仁玕那样的三四富民请
立银行的提法，而是要求"许民间自立公司"③，"商人纠股设立公
司"④。他们虽然对清朝廷的"保护"还存在幻想，对洋务派官僚所
搞的具有公司外形的"官督商办"企业的性质还缺乏认识；但他们

　　① 《资政新篇》。

　　② 《弢园文录外编·重民中》。

　　③ 同上。

　　④ 《适可斋记言·富民说》。

都反对由清政府办工业，认为"官办不如商办"[1]。这也表明，他们对新式工业的经营方式，是主张资本主义而反对封建主义。

第三，他们把学习西方，发展资本主义工商业同抵制外国经济侵略联系起来，为"师夷长技以制夷"的思想增添了新的内容。

林则徐、魏源开始把师夷同制夷，即把学习西方同抵抗外国资本主义侵略结合起来。他们当时所认识到的资本主义侵略，还只是军事方面的侵略，学习西方也主要是学习西方的武器和军事技术。初期资产阶级改良派则进一步认识到：西方国家在军事上所以比中国强大，根本原因是它们在经济上比中国先进。如果中国不能在经济上赶上西方，而只讲船坚炮利，只学习西方的军事工业和军事技术，决不可能有效地对付外国军事侵略。他们还看到：西方资本主义国家对中国的威胁，和历史上某些少数民族统治者对汉族政权的威胁不同，它们对中国不止有军事方面的侵略，还有经济方面的侵略，而资本主义的经济侵略比军事侵略更危险，更难对付。因此，中国要想自救，也必须把反对外国资本主义经济侵略放在首要地位。要有效地对付经济侵略，首先就必须学习西方的技术和经济，发展中国自己的资本主义生产。初期资产阶级改良派的向西方寻找真理的思想，仍然遵循着"师夷长技以制夷"的方向；不过，"师夷"和"制夷"的侧重点，都已转到了经济方面。

把学习、采用西方的技术和经济同抵制外国资本主义经济侵略联系起来，把"师夷"和"制夷"的重点都放在经济方面，这是初期资产阶级改良派各个代表人物的共同点。他们各以自己的方式阐明了这种思想，其中最典型的要推郑观应的"商战"论。

---

[1] 《弢园文录外编·代上广州冯太守书》。

"商战"是郑观应所创立的一个范畴。他把资本主义国家争夺市场的斗争称作"商战"。由于当时资本主义列强对经济落后国家的侵略主要采取商品输出的形式,于是,他把资本主义列强的经济侵略和落后国家反对经济侵略的斗争都概括在商战的范畴下。他极力指陈"商战"即经济侵略的严重性和危险性说:"兵之并吞,祸人易觉;商之掊克,敝国无形。"[1]针对资本主义国家的两种侵略方式,他主张中国也应采用两种相应的方式进行抵抗,即以"兵战"(军事反侵略)对付"兵战"(军事侵略),以"商战"(经济上的反侵略)对付"商战"(经济侵略)。他认为在这两种反侵略的方式中,商战即反对经济侵略更根本,更重要,因此,"习兵战,不如习商战"[2]。而要习商战,就必须学习西方的技术和经济,"讲求泰西士、农、工、商之学"[3],大力发展中国自己的资本主义工商业。

这样,郑观应就用"商战"的口号,把发展中国的民族资本主义经济同抵抗外国经济侵略直接结合起来,把学习和采用资本主义生产方式作为关系到中国生死存亡的问题尖锐地提了出来。

马克思、恩格斯在《共产党宣言》中曾说:西方资产阶级"迫使一切民族都在惟恐灭亡的忧惧之下采用资产阶级的生产方式"[4]。郑观应的"商战"论十分典型地表现了这种要求。

第四,初期资产阶级改良派把"师夷"同"变法"联系起来,并且提出了"可变者器,不可变者道"的口号。

---

[1] 《盛世危言·商战》。

[2] 同上。

[3] 《盛世危言·商战下》。

[4] 《共产党宣言》,《马克思恩格斯全集》第4卷,人民出版社1958年版,第470页。

　　"变法"是中国古代早就有的范畴。鸦片战争前,龚自珍、魏源等已在呼吁变法。不过,他们当时所谓的变法,还只是封建主义制度范围内的改革,而没有明确的资本主义内容;同学习西方更毫无关系。鸦片战争后,魏源开始提出"师夷长技"即学习西方的要求,但他并不把这作为变法的内容。

　　中国近代最先把"师夷"和"变法"联系起来的人是冯桂芬。他曾说:"法苟不善,虽古先吾斥之;法苟善,虽蛮貊吾师之。"[①] 既然主张用西方的"善法"代替清朝原有的"不善之法",这自然可算是把"师夷"同"变法"联系起来了。不过,冯桂芬的这种联系,还只是形式上的。他关于采用西法的各种主张,都是在技术方面和自然科学方面的。这自然也是变,但这种没有社会关系内容的变,同"变法"的概念是显然不同的。用后来康有为的说法,这只能叫做"变事",而不能算是"变法"。[②]

　　真正把师夷同变法联系起来,是从初期资产阶级改良派开始的。他们著书立说,积极宣扬变法的必要性,并且明确地把变法解释为"变西法"。他们把自己的变法要求概括为一个口号:"可变者器,不可变者道"。[③] 所谓"器",是指有形的、物质的东西,在当时具体指的是机器、技术以及经济制度等;所谓"道",是指无形的、精神的东西,在当时具体指的是封建君主专制以及封建的纲常名教等封建主义精神统治工具。初期资产阶级改良派幻想在不触动清朝的封建专制和封建的纲常名教的情况下,可以发展中国自己的资本主义生产,使中国成为一个拥有高度发达的资本主义经济

---

① 《校邠庐抗议·收贫民议》卷下。
② 康有为:《敬谢天恩并统筹全局摺》,见麦仲华编:《戊戌奏稿》下。
③ 《弢园文录外编·变法上》。

的富强国家。这种幻想是初期资产阶级改良派所代表的社会基础特别软弱的表现。

"可变者器,不可变者道",可说是中国近代表达"向西方寻找真理"的要求的第二个基本公式。这个公式表明:初期资产阶级改良派已把西方的技术、自然科学和资本主义经济都看作中国应该学习和仿效的内容,但还没有认识到改变中国封建主义的上层建筑的必要性。

三、要求全面学习西方的阶段:1895—1911年

封建主义的"道"和资本主义的"器",封建主义的上层建筑同资本主义的物质技术基础和经济基础,是根本不相容的。封建主义的"道"是决不肯容忍资本主义的经济基础取代封建主义的经济基础的。洋务派在办新式民用工业时所采用的主要形式为"官督商办"。这种企业仿照西方公司的形式,招收商股开办企业,但企业却完全处在官权的支配下。这种官督商办企业可以说是"可变者器,不可变者道"的原则的具体体现。结果,这只能窒息了中国资本主义经济的生机,成为生产力发展的致命桎梏。洋务派办了几十年的工业,中国非但没有富强起来,反而更扩大了同资本主义列强之间的差距,使清朝变得更加腐朽脆弱。1894年清朝在中日甲午战争中的溃败,宣告了洋务运动的彻底破产。事实深刻教育了先进的中国人,使他们认识到:不改变封建的上层建筑,要顺利地发展资本主义经济是不可能的。于是,中日甲午战争后资产阶级改良派的主要代表人物康有为、严复、谭嗣同、梁启超等就起

而批判"可变者器,不可变者道"的口号,并代之以"全变"①或"尽变西法"②的新口号。

所谓"全变"或"尽变西法",就是要求既采用西方的生产技术和自然科学,也仿效西方的社会制度和国家制度;既在经济方面学习西方,发展中国的资本主义生产,也在上层建筑方面学习西方,用资产阶级的政治和文化来代替中国的封建主义政治和文化。

在"全变"或"尽变西法"的口号下,资产阶级改良派在19世纪末发动了一次争取变法维新的政治改革运动,要求仿照资本主义国家的面貌,自上而下地对中国的经济、政治和文化进行全面的改革,把中国由一个贫弱的半殖民地半封建国家改造为一个富强的资本主义国家。

资产阶级改良派的代表人物认为:"全变"的关键是变革政治制度。于是,他们从英国、日本等国家,找来了君主立宪的方案,要求清王朝颁布宪法,建立西方式的议会和责任内阁。

他们认为:在经济方面,"全变"就是要全面解除封建政权对资本主义发展的压制、束缚,给予资产阶级以兴办企业、扩大市场和剥削雇佣劳动的充分自由。

他们认为:不把人们从封建精神枷锁的奴役下解放出来,就不可能"全变"或"尽变西法"。因此,他们对封建的君主专制,对封建的纲常名教,进行了激烈的批判。严复写了《辟韩》,宣扬"尊民叛君",从理论上否定了封建君主专制。谭嗣同的《仁学》高喊出"冲决网罗"的口号,痛斥封建的纲常名教为封建统治者奴役广大

---

① 康有为:《敬谢天恩并统筹全局摺》,见麦仲华编:《戊戌奏稿》下。

② 谭嗣同:《上欧阳瓣姜师书》(二),《谭嗣同全集》,生活·读书·新知三联书店1954年版,第297页。

人民的网罗和"箝制之器"。康有为则针对封建等级制提出了"去级界",针对封建君主专制提出了"去乱界"(他把君主专制看作"据乱世"),针对压迫妇女和封建家庭中的夫权、父权,提出了"去形界"、"去家界"等等。

所谓"全变"或"尽变西法",还包括用资产阶级的教育制度代替封建的科举制度,以为发展资本主义培养人才;采用西方的新闻制度和出版制度,以建立批判封建主义、宣扬资本主义的舆论阵地;以及实行交往和礼仪方面的改革等等。

为了给资产阶级的经济、政治、文化改革造舆论,资产阶级改良派努力从西方资产阶级的哲学、社会科学中寻找理论武器。西方的进化论、天赋人权论和其他一些政治学说,经济自由主义和其他某些经济学说,都被他们吸收和介绍进来。严复在19世纪末20世纪初大量翻译西方的社会科学著作,尤其为"向西方寻找真理"做出了重要的贡献。

"全变"或"尽变西法"可说是中国近代表达"向西方寻找真理"的要求的第三个基本公式。只是在这个公式提出后,"向西方寻找真理"的活动才真正具有了从西方寻找反封建主义的理论武器的意义,西方资产阶级革命时期的哲学、社会科学学说才成为先进中国人的寻求对象。

在中国近代,不论康有为等变法维新运动领导人或孙中山等革命民主主义者,在"向西方寻找真理"方面都是"全变"论者。但对如何实现全变,两派之间却有着根本的分歧。康有为等代表由部分地主、官僚和商人转化而来的民族资产阶级上层。这些人同帝国主义、封建主义有极其密切的联系,对帝国主义、封建主义有更大的妥协性,因而力图取得清朝统治者的同意和获得某些帝国主义列强的支持,实行自上而下的改革。以孙中山为首的革命民主派,代表着由中小工商业者、手工业主以及华侨资产阶级组成的民族资产阶级下层。这些人受帝国主义、封建主义压迫较深,而同帝国主义、封建主义的联系则相对较少。他们有较大的反帝国主义、反封建主义的积极性,因而倾向于用革命手段推翻清朝廷的统治,为实现资产阶级的经济、政治、文化改造扫清道路。

康有为等资产阶级改良派代表人物,由于要坚持自上而下的改革路线,对实现"全变"就难免畏首畏尾,顾虑重重。他们虽提出了全变的口号,但在实践中往往不敢实行全变,甚至不敢认真宣传全变。例如,他们把实行西方的资产阶级民主共和制度和消除封建的土地制度作为自己的理想;但是,在实践中他们却坚持缓慢进化、不得躐等的改良主张,从而把这些理想的实现推到无限远的将来。他们也写过尖锐地批判封建专制和封建纲常名教的文章著作,但或者不敢公开宣传,或者一遇反动势力的反击,就丧失锐气,噤若寒蝉。康有为写了《人类公理》,却一直"秘不示人"。严复在写《辟韩》受到攻击威吓后就陷入消极,不敢积极投入变法运动。这些事实都充分表现了资产阶级改良派在"向西方寻找真理"方面的怯懦态度。

以孙中山为首的资产阶级革命民主派,在反对帝国主义、反对封建主义的斗争中有较大积极性,在"向西方寻找真理"方面也更有气魄,更少顾虑。孙中山在青年时代,就留心西方"富国强兵之道,化民成俗之规",主张"仿行西法以筹自强"。①甲午战争后,他首先觉悟到不可能依靠彻底腐朽了的清朝廷进行自上而下的改革,决心用革命手段推翻清朝。他驳斥了资产阶级改良派关于

---

① 《上李鸿章书》,《孙中山选集》,人民出版社1956年版,第7—8页。

学习西方改革中国"难望其速效"、"断难躐等"之类的论调，认为中国只要用革命排除改革的障碍，"采用西方方式与思想"①，力求"从最上之改革着手"②，在不很长的历史时期内，"不难举西人之文明而尽有之"③，甚至能够超过西方国家，"即或胜之焉，亦非不可能之事也"④。

以孙中山为首的资产阶级革命派，大张旗鼓地宣扬了西方的天赋人权论和其他革命思想，并且直接地、毫不含糊地把这些理论武器直接指向清朝统治者。他们积极向中国人民介绍和宣传了资产阶级共和国的方案，并且不惜奋斗牺牲以求其实现。他们从西方吸收了激进的资产阶级土地国有论，作为批判封建土地制度的思想武器和解决中国土地问题的理论基础，并为中国的资产阶级民主革命制订了"平均地权"的政纲。

"自从一八四〇年鸦片战争失败那时起，先进的中国人，经过千辛万苦，向西方国家寻找真理。洪秀全、康有为、严复和孙中山，代表了在中国共产党出世以前向西方寻找真理的一派人物。"⑤

洪秀全曾力图从西方寻找思想武器来进行推翻清朝的斗争，但是，农民小生产者的落后地位使他不可能吸收和利用西方资产阶级革命时期的反封建理论武器。康有为、严复等找到了并且在一定程度上利用了这类武器，但上层资产阶级的怯懦立场，使他们不论在实践上或理论宣传上都不敢充分运用这些武器，不敢真正

① 《中国问题的真解决》，《孙中山选集》，人民出版社1956年版，第61页。
② 《中国民主革命之重要》，《孙中山选集》，人民出版社1956年版，第67页。
③ 同上书，第65页。
④ 同上。
⑤ 《论人民民主专政》，《毛泽东选集》前四卷合订本，人民出版社1966年版，第1358页。

坚持"全变"。只有伟大的革命民主主义者孙中山才真正能够从西方资产阶级革命的理论武库中寻找反封建的思想武器并用以指导中国革命,他"不愧为法国18世纪末叶的伟大宣传家和伟大活动家的同志"①。

四、旧民主主义革命的失败和"向西方 寻找真理"过程的终结

由于帝国主义、封建主义统治势力的强大和中国资产阶级的软弱,中国资产阶级领导的民主革命以失败告终。历史事实证明:"资产阶级的共和国,外国有过的,中国不能有。"②

"向西方寻找真理"是为中国的资产阶级民主革命服务的,是为资产阶级共和国开辟道路的。既然资产阶级共和国的道路在中国走不通,"向西方寻找真理"的过程,也就随着中国旧民主主义革命的时代一道宣告终结。辛亥革命后,一部分向西方国家寻找真理的代表人物如康有为、严复等,对向西方国家寻找真理彻底丧失了信心,倒退回封建复古主义;另一部分人则陷于彷徨,"怀疑产生了,增长了,发展了"③。经过若干年的混乱、无出路状态,第一次世界大战和俄国十月革命后,中国无产阶级作为独立的政治力量

---

① 《中国的民主主义和民粹主义》,《列宁全集》第18卷,人民出版社1959年版,第153页。

② 《论人民民主专政》,《毛泽东选集》前四卷合订本,人民出版社1966年版,第1360页。

③ 同上书,第1359页。

登上了历史舞台。此后，先进的中国人就不再向西方资产阶级的哲学、社会科学寻找解决中国革命任务的思想武器，而是改而"用无产阶级的宇宙观作为观察国家命运的工具"①了。

"向西方寻找真理"的过程宣告终结，不等于说中国从此不需要再向西方国家学习任何东西了。我们永远要学习外国的长处，对于"一切民族、一切国家的长处都要学，政治、经济、科学、技术、文学、艺术的一切真正好的东西都要学"②。即使在我们当前的社会主义建设时期，我们仍然要大力学习西方国家的先进生产技术、管理方法和自然科学，以推进我国的现代化建设。西方资产阶级革命时期的批判武器以及中国资产阶级运用这种武器同中国的封建主义作斗争的历史经验，对我国当前反对封建残余因素的斗争，也仍然有着重要的借鉴意义。

（原载《经济理论与经济史论文集》，

北京大学出版社1982年版）

---

① 《论人民民主专政》，《毛泽东选集》前四卷合订本，人民出版社1966年版，第1360页。

② 《论十大关系》，《毛泽东选集》第五卷，人民出版社1977年版，第285页。

5 略论中国近代经济思想史的优良传统

中国近代经济思想史是中国半殖民地半封建社会的旧民主主义革命时期的经济思想发展的历史。

中国近代有丰富的经济思想遗产，这种遗产也像近代的其他文化遗产一样，包含着封建性、买办性的糟粕和民主性的精华，并且自始至终贯串着优良的、进步的传统同保守的、反动的传统之间的斗争。科学地清理和总结中国近代的经济思想遗产，分辨清楚贯串其中的两种对立传统，剔除其封建性、买办性的糟粕，吸收其民主性的精华，对我们当前所进行的伟大斗争，有十分重要的意义。

中国近代经济思想史的优良传统，是在中国人民长期进行的反对帝国主义、反对封建主义斗争的过程中形成起来的，也是对中国古代经济思想史所固有的优良传统的继承和进一步发展。

一

中国近代经济思想史具有既反对帝国主义侵略，又积极要求学习西方国家的长处的优良传统。

在中国近代的半殖民地半封建社会中,帝国主义和中华民族的矛盾,封建主义和人民大众的矛盾,是社会的主要矛盾,"而帝国主义和中华民族的矛盾,乃是各种矛盾中的最主要的矛盾"。[①]反对帝国主义的经济侵略,反对维护帝国主义在中国的统治地位和殖民掠夺利益的各种不平等条约,反对帝国主义列强对中国经济命脉的控制,谴责帝国主义的买办和走狗的卖国活动,……是中国近代经济思想史的最主要内容的一部分。

但是,中国近代所受的民族压迫,不是来自比自己落后的民族,而是来自经济、文化都比中国发达,社会制度比中国先进的西方资本主义列强。要解除这种民族压迫,恢复中国的独立自主,仍靠传统的反抗民族压迫的方法,是无济于事的;必须在坚持反抗外来侵略的同时,努力改变中国本身的落后状况,消除中国同西方资本主义列强之间在发展方面的巨大差距。而要做到这一点,就有一个学习西方国家的长处的问题。

中国的封建顽固派,一向把"与外界完全隔绝"看作是保存自己腐朽统治的"首要条件"。[②]在外国资本主义势力已经侵入中国,中国社会已经逐渐由封建社会转变为半殖民地半封建社会的情况下,他们仍然梦想原封不动地保持和恢复鸦片战争前中国封建社会的面貌。他们仍然以"天朝"自居,闭眼不看中国已落后于西方的明显事实,不承认西方国家有胜过中国的长处,顽固地拒绝任何外来事物,把任何学习西方长处的主张,都斥为"用夷变夏",

---

① 《中国革命和中国共产党》,《毛泽东选集》前四卷合订本,人民出版社1966年版,第594页。

② 《中国革命和欧洲革命》,《马克思恩格斯全集》第9卷,人民出版社1961年版,第111页。

把排斥外来的先进技术和科学知识的愚蠢行动说成是"攘夷"。封建统治集团中的投降派和买办官僚，则把中国落后于西方的状况看作是不可改变的，把通过学习西方长处、赶上西方看作是不可能的，借以为他们自己所实行的投降、卖国政策辩护。和这两种反动主张相反，旧民主主义时期的先进中国人，则是把反对帝国主义侵略和学习西方国家的长处这两个方面正确地结合起来。他们认为：对"西人之狡者"（帝国主义侵略分子）要加以反对，而对"西法之善者"（西方国家的长处）则应学习和采行；决不应对"西人之狡者"失去警惕，也决不应因"恶西人而兼摈西法"。[①]一般说来，中国近代的先进人士，都既是反对帝国主义侵略的爱国者，又是"向西方寻找真理"的积极倡导者。中国近代经济思想史所具有的既坚持反对帝国主义又要求学习西方长处的优良传统，正是近代先进人物的这一特点在经济思想领域中的表现。

早在第一次鸦片战争时期，近代地主阶级中一些有识之士的经济思想已开始显露出这种特点。清朝士大夫中主张禁烟和抵抗外国侵略的中坚人物林则徐，也正是中国近代最先开眼看世界的先进人物。他力图把了解敌情、学习西方国家的长处同加强中国抵抗侵略的能力结合起来。他看到并承认中国在武器方面已经"不如夷"，开始提出了学习西方军事工业技术、制造坚船利炮来"制夷"的主张。鸦片战争失败后，林则徐的好友魏源，按照林则徐开辟的方向继续探索，把林则徐已取得的认识概括为"师夷长技以制夷"的口号，并把学习的内容开始从军事工业技术扩及于一般工业技术方面。事实表明，在林则徐、魏源的思想中，中国近代经济思

---

① 《庸书·外篇·西法》。

想史所具有的既反对帝国主义又要求学习西方国家的长处这一优良传统，就开始有了雏形。

此后，随着中国人民反帝国主义、反封建主义斗争的发展，中国近代经济思想史的这一优良传统，也更加获得了形成和发扬。洪秀全、康有为、严复和孙中山，是旧民主主义革命时期先进中国人的主要代表，也正是他们，"代表了中国共产党出世以前向西方寻找真理的一派人物"①。洪秀全等人所领导的太平天国农民起义，震撼了清封建王朝的统治，直接抗击了外国侵略者的武装干涉，揭开了中国近代反帝反封建民主革命的序幕；同时，又正是太平天国在中国近代第一次提出了学习西方的经济制度，在中国建立资本主义工商业的纲领。中日甲午战争后，康有为在救亡的旗帜下发动了资产阶级变法维新运动，主张学习西方国家，通过实行自上而下的改革，把中国变成一个独立的、工业化的资本主义国家。严复参加了变法维新运动，他在甲午战争失败后写的《救亡决论》《辟韩》等一系列具有较强烈的反帝、反封建民主精神的论文，对当时的思想界发生了重要的影响。严复是中国近代大量翻译西方社会科学著作的第一人，他的这方面工作，对中国近代"向西方寻找真理"的过程尤其做出了贡献。孙中山抱着从"瓜分豆剖"的亡国危险下挽救中国的目的组织政党，进行革命，并且大力吸收西方资产阶级的政治思想、资产阶级共和国的方案和资产阶级的土地国有理论，来创立自己的革命纲领和革命学说，还明确提出了学习西方要"取法乎上"即学习西方长处的主张。

---

① 《论人民民主专政》，《毛泽东选集》前四卷合订本，人民出版社1966年版，第1358页。

坚决反对外来的民族压迫和虚心学习外来的有用事物，这本是中华民族早就具有的一种优良传统。到了中国近代，反对民族压迫的精神发展为反对帝国主义殖民奴役、争取独立自主的民族革命要求，而虚心学习外来有用事物的精神，则发展为"向西方寻找真理"的要求。中国近代经济思想史的这一优良传统，是自己时代的产物，但又真正是源远流长的。

二

中国近代经济思想史又具有批判的和要求改革的优良传统。

批判腐朽的、反动的事物，要求进行有利于社会经济的发展和进步的改革，这是中国古代经济思想史中已经存在的好传统。中国在封建时代以前，已有了不少的经济思想遗产；到了封建时代，又形成了具有自己特点的、在内容的丰富和思想的水平方面都胜过西方同样社会形态的经济思想。这种思想在产生和形成过程中，不断揭露和批判奴隶制的落后性，为进步的经济改革主张进行宣传和论证，从而开创了一种批判的和要求改革的传统。这种经济思想，发端于先秦，到西汉时期发展到成熟的阶段。

但是，随着地主阶级统治地位的巩固，在这种经济思想中不可免地日益产生了停滞的、僵化的倾向，长期形成为一种保守的传统。与此相反，各种进步的经济思想，则继承了封建主义经济思想在其产生、形成时期所曾有过的批判精神和改革要求，对封建生产关系中一些最腐朽、最不利于生产力发展的事物进行揭露和指责，提出了某些有利于经济发展的改革要求，在中国经济思想史中保持和发展了它的批判的和要求改革的优良传统。

中国经济思想史上的这两种互相对立的传统,分别为近代的反动经济思想和进步经济思想所继承下来,并且有了同过去封建时代不同的经济内容。

中国近代的反动经济思想,沿袭了中国古代经济思想史中的保守的传统,竭力用古代正统封建经济思想的陈旧教条来为早已完全腐朽了的封建主义生产方式辩护,压制农民群众对残酷的封建剥削和压迫的反抗,反对资产阶级和具有资产阶级倾向的人物发展资本主义生产的要求。它用"贵义贱利"或"义利之辨"的封建教条,来反对资本主义性质的或具有资本主义倾向的改革主张,把资产阶级代表人物所提出的"富国"、"富民"等主张统统斥为"言利"。它用"重本抑末"的封建教条来反对建立和发展新式工商业,反对在中国采用资本主义的生产方式,宣称只有农业(实际上指封建生产方式下的农业)才是保证国泰民安的"本业",中国只能"以农立国"即永远保持一个封建主义的农业国的面貌,而不应效法西方发展新式工商业。它攻击发展新式工商业为只能"耗财"不能"生财"的"祸国殃民"行为,把大机器工业说成是"夺民之利"、造成"民财皆空"[①]的洪水猛兽。它还用"黜奢崇俭"的封建经济思想教条,反对引进西方的工业技术和学习西方的科学知识,把先进科学技术和新式工业产品污蔑为"奢靡无用",甚至是"坏我人心"[②]的一些"奇技淫巧",把引进先进技术、建立新式工业攻击为"作无益以害有益"。

中国近代的进步经济思想继承和发扬了中国古代经济思想史

---

① 《刘光禄遗稿》卷二《乙亥九月二十四复丁雨生中丞书》。
② 《因寄轩文集》初集卷二《禁洋货议》。

的批判的和要求改革的传统,对腐朽的封建制度和为之辩护的封建经济思想进行了多方面的批判,提出了各种资本主义性质的改革主张,并力图从理论上加以论证。它对封建农村中地租、高利贷剥削的残酷性作了一些揭露和指责;对封建政权同豪绅地主、封建垄断商人之间的官绅勾结、官商勾结及其在社会经济生活中造成的骇人听闻的贪婪、腐败现象进行了较尖锐的批评;对洋务派官僚取媚外国侵略势力、压制民族资本的行为表示了不满和抗议。它用资产阶级关于利己是人类本性的观点来批判"贵义贱利"的儒家教条,宣称"义"就是允许人人有追求私人利益的权利,反对"言利"决不是义而是最大的不义。它尖锐地揭露顽固派鼓吹"贵义贱利"并不是由于自己不喜欢财利,只是想借以禁止别人追求财利,以便把财利尽量垄断于一己;顽固派的反对"言利",本身就是一种"网利之方"[①]。它驳斥封建主义的"重本抑末"论,揭露顽固派真正重视的不是农业生产,而是"丈田征赋,催科取租"[②]的封建剥削利益。这美其名曰重农,实际上却是剥农,是"为农之虎狼"[③]。许多资产阶级代表人物,还针对顽固派鼓吹的"以农立国",提出了"恃商为国本"、"以工立国"、"定为工国"等要求发展资本主义工商业以至实现资本主义工业化的口号。它还批判封建顽固派鼓吹的"黜奢崇俭"论,并用资产阶级关于"俭"的概念来和封建主义关于"俭"的传统解释相对立。有的人很明确地从资本积累的角度解释"俭",指出只有把从消费节约下来的财富作为追加资本用于扩大再生产,使财富能够不断"有所养"、"有所生",才能算得上"俭",否

---

① 《续富国策》。

② 《弢园文录外编·兴利》。

③ 同上。

则"崇俭"就是毫无意义的;至于借口"黜奢崇俭"来反对发展资本主义生产,那就更不是什么"崇俭",而是"财之蟊贼"①了。

但是,中国古代的进步经济思想,总的说来也还是属于封建经济思想的范畴,它不可能为中国近代的反帝反封建民主革命提供直接的思想武器,也难于充分适合资产阶级代表人物表达他们的发展资本主义生产的要求。尽管近代的一些思想家时常采用某些办法对所利用的古代经济思想材料进行改造或重新解释,也仍然无法使它们充分适合需要。因此,中国近代的进步经济思想就不能不着重向西方寻找思想武器。例如,中国资产阶级要抵制外国进口商品的压力,并为自己的商品寻求国外销路,于是,一些思想家就从西方找来重商主义理论,宣扬贸易顺差是致富之源,要求清朝廷实行"重商"的政策,扶持、帮助中国资本家同外国资本争夺市场。中国资产阶级要反对清封建政权压制私人资本的政策,反对洋务派对新式工矿业的官僚垄断,有些经济思想代表人物就吸收了西方的经济自由主义,作为批判封建政权和洋务派政策的思想武器,并用以论证许民自利、自由对保证一国财富迅速增长的必要性。资产阶级改良派要发动变法维新运动,虽然也尽量从中国古代寻找法因时变、今胜于古之类的宣扬变法的必要性的观点,来为自己的主张进行论证;但是,由于它要进行的是用资本主义取代封建主义的改革,仅用这类朴素的进化观点自然是不够的,而不得不求助于西方的进化论。资产阶级革命派为了制订和论证自己的平均地权的土地纲领,也不能仅依据中国古代的"井田"、"王田"、"均田"之类的思想材料,而只能把西方的资产阶级土地国有论作为自己的主要理论依据。

---

① 亚当·斯密原著,严复译述:《原富》(严译名著丛刊本),商务印书馆1933年版,第339页按语。

三

中国近代经济思想史还有着重视现实、正视现实而又富有理想的传统。

重视现实、注意研究经济问题的风气，在中国历史上也是源远流长的。在先秦时代，代表新兴地主阶级利益的思想家，就坚决反对当时社会衰朽势力的代言人所鼓吹的"贵义贱利"、"尊王贱霸"之类的观点，大力提倡"富国"、"足民"之道，宣扬"先富后治"、"仓廪实而知礼节，衣食足而知荣辱"等带有唯物主义色彩的观点。后来，取得并巩固了自己统治地位的封建地主阶级，虽然把"贵义贱利"变成了正统的封建经济思想；但历代有进步倾向的思想家仍然重视"理财"、"富民"，重视"经世致用"之学，反对正统封建思想所宣扬的"贵义贱利"、"尊王贱霸"思想。

到鸦片战争后，中国近代的进步经济思想家继承并大大发扬了这种重视现实的传统。帝国主义、封建主义的双重压迫所造成的民贫国弱的严重局面，迫使人们对经济问题给予极大的重视；各种进步的经济思想，都把"富国"、"富民"看作最重要的课题，先进人士为发展中国经济、使中国由贫弱变为富强而提出了各种各样的改革方案。在中国近代，谈论经济问题成为一时风尚，出现了大量论述经济问题的文章，还有若干种专书问世。甚至连清朝统治集团中的洋务派，也打出了"求富"的旗号。在中国近代，继续坚持"贵义贱利"的封建教条、反对重视现实经济问题的，事实上只有一小撮极端顽固、极端愚昧的封建顽固派分子而已。

中国近代的先进人士重视对现实经济问题的研究，看到并承认中国严重落后于西方的现实，但却从不为此感到气馁；他们对根本改变这种现实是怀有远大的抱负和理想的。重视现实、正视现实而又富有理想，正是中国近代经济思想史的一个最值得珍视的优良传统。

第一次鸦片战争失败后不久，先进人士魏源，就开始在他所编的《海国图志》中提出了赶上西方的思想，认为中国通过"师夷长技"，一定能在国防力量和工业技术方面变落后为先进，使"东海之民，犹西海之民"①。

太平天国后期领导人之一的洪仁玕，为了挽救当时太平天国所面临的严重危机，提出了《资政新篇》。他表示相信，太平天国在学习西方、建立并发展资本主义工商业的基础上，能够"与番人并雄"②，甚至能在同西方国家进行经济竞争中取得胜利。

中日甲午战争后，进步思想家陈炽，抱着发愤图强的目的写了《续富国策》，满怀信心地宣称：中国目前虽然积贫积弱，但将来一定能成为"富甲环瀛，踔英而起"③的世界最富强的国家。

中国革命的伟大先行者孙中山，对建设富强和现代化的国家更是抱有热烈的愿望和宏远的理想。在20世纪初中华民族灾难异常深重的岁月中，他瞻望未来，豪迈地发出了中国将来在经济发展方面定能跃居世界前列的预言，认为中国有地大物博、人民勤劳智慧、历史悠久等有利条件，只要"从最上之改革着手"，就可以更高的发展速度赶上和超过西方经济发达的国家，使它们"瞠乎其

---

① 《海国图志·筹海篇三》。
② 《资政新篇》，《太平天国资料丛刊》第二册。
③ 《续富国策·自叙》。

后"①。在辛亥革命失败后的暗夜里，他继续坚持革命，同帝国主义卵翼下的各派军阀作斗争，同时又积极研究和倡导经济建设。他在1920年写出的《实业计划》，是一个规模宏大的现代化经济建设设计方案，是无产阶级领导中国革命前，中国人民赶超世界经济发达国家的理想的最集中的体现。

<h1 style="text-align:center">四</h1>

列宁曾说："我们所关心的是现在和将来。过去的一年，我们是把它当作材料，当作教训，当作我们往前行进的跳板看待的。"②研究中国近代经济思想史，认识它所具有的优良传统，正是为了从中吸取重要的历史经验，作为"往前行进的跳板"。

众所周知，帝国主义和封建主义对中国人民的统治，早已被中国无产阶级领导的新民主主义革命所推翻了。但是，中国近代经济思想史所具有的既反对帝国主义又要求学习西方国家长处的优良传统，在今天仍然对我们有一定现实意义。我们对外仍有同帝国主义作斗争的问题，特别是还有着同社会帝国主义对我国的侵略威胁作斗争、同霸权主义及其代理人在世界范围内所进行的侵略和扩张活动作斗争的严重任务。我们要进行现代化建设，自然也存在着继续学习西方长处的问题。

① 《"民报"发刊词》，《孙中山选集》上卷，人民出版社1956年版，第71页。
② 《俄共（布）中央委员会的报告》（1920年3月29日），《列宁全集》第30卷，人民出版社1957年版，第406页。

中国近代的各种进步经济思想所以都主张向西方国家学习，主要有两方面的原因：一是当时西方的社会经济制度比中国先进，二是西方的工业和科学技术比中国发达。随着马克思主义的产生和俄国十月革命的胜利，先进人士向西方资本主义国家寻找真理即寻找救国救民道路的过程已经终结。在伟大的中华人民共和国成立后，我们有了比西方的资本主义制度更先进的社会主义制度，当然更谈不上向西方寻求思想武器和学习西方的社会制度的问题了。但是，这决不是说今天我们已完全不存在向西方国家学习的问题。学习外国是学习别人的长处，对"一切民族，一切国家的长处都要学，政治、经济、科学、技术、文学、艺术的一切真正好的东西都要学"[1]。创造过希腊、罗马古代文明和近代资本主义文明的西方国家，当然有值得我们继续学习的长处；何况我们在生产发展和科学技术方面，都还比西方国家落后呢。对西方"资本主义国家的先进的科学技术和企业管理方法中合乎科学的方面"[2]继续进行学习，是加快我国现代化建设的一个十分重要的条件。

中国近代的进步经济思想，在学习西方的问题上包含着两点十分可贵的精神：一是虚心，承认自己的落后，承认西方国家有胜过中国的长处，敢于不顾封建顽固派的巨大压力而提倡"师夷长技"；二是有志气，承认落后而不甘居落后，看到差距更热望赶超，决不相信帝国主义的奴才们所散布的"华人不如西人"[3]之类的鬼话。不言而喻，对这两点精神，我们今后仍应该认真继承并继续发扬。

---

① 《论十大关系》，《毛泽东选集》第五卷，人民出版社1977年版，第285页。
② 同上书，第287页。
③ 《盛世危言·税则》附录。

中国旧民主主义时期的资产阶级新文化，包括近代的进步经济思想在内，在同帝国主义的殖民奴化思想和封建主义的复古思想的斗争中，是被打败了的。这并不是由于反动经济思想比进步经济思想高明，而是由于帝国主义、封建主义势力的强大和中国资产阶级本身的软弱。"因为中国资产阶级的无力和世界已进到帝国主义时代，这种资产阶级思想只能上阵打几个回合，就被外国帝国主义的奴化思想和中国封建主义的复古思想的反动同盟所打退了。"①中国资产阶级没有完成战胜和扫除封建主义思想的历史任务，这一任务留给中国无产阶级来完成。中国无产阶级能够彻底战胜和扫除封建主义思想，这当然是毫无疑义的。但是，由于封建主义在中国有两千多年的历史，封建思想的影响盘根错节，极其顽固，再加上我国经济发展落后，无产阶级要在中国土地上彻底清除封建思想的垃圾，任务仍然是艰巨的，斗争过程中也有可能出现某些曲折。从前些年极左路线对我国造成的严重损害，就可以看出中国封建主义思想余毒的严重性。拿封建主义经济思想的影响来说，林彪、"四人帮"们关于政治决定经济的反动观点，实际上就是儒家"贵义贱利"的教条的新摹本。他们把"以粮为纲"绝对化，把发展农民副业、农村集市贸易都作为资本主义，力图加以限制和取缔，这和封建主义的"重本抑末"论又是一脉相承的。

中国近代的进步经济思想在同帝国主义、封建主义的斗争中虽然未取得胜利，但这并不说明它对封建主义的批判没有可取之处。研究它对封建思想作斗争的过程，从中吸取一些历史经验，对我们更深刻地认识封建经济思想的反动性和顽固性，以便更深入、

---

① 《新民主主义论》，《毛泽东选集》第二卷，人民出版社1952年版，第696页。

更彻底地对之进行批判，仍会是有帮助的。

中国近代的先进人士所以重视现实经济问题，各种发展中国经济的方案和理想所以层出不穷，归根到底是反映了广大人民要求改变中国贫穷落后状况的强烈愿望。研究中国近代经济思想史的人都会突出地感觉到：对于富强和现代化的理想，是自始至终贯穿在进步经济思想的一切发展阶段中的。一部中国近代经济思想史，在一定意义上也可以说就是近代中国人民的这种强烈愿望的表现。认识到中国近代经济思想史的这一重视现实而又富有理想的优良传统，我们就会更深刻地体会到：实现四个现代化，根本改变中国的贫穷落后的面貌，使中国在经济发展方面进入世界前列，使中国人民的生活水平大大提高，能够享受如列宁所说的"最美好、最幸福"的生活，这不但是当前九亿中国人民的钢铁意志，也是近百年来我们几代先人梦寐以求的理想。这就会更加鼓舞和激励我们的斗志，增强我们的决心，为我们建设社会主义现代化强国的新长征提供更强大的思想动力。

在旧民主主义革命时期，先进的中国人所摸索的救国救民的道路，实质上是这样一条道路：向西方寻找真理，按照西方资本主义国家的面貌改造中国，把半殖民地半封建的中国变为一个独立自主的资本主义国家，以实现中国的富强和现代化。旧民主主义革命的失败，证明了这条道路是走不通的。为走这条道路而提出的各种方案，在几十年中都一一破了产，研究中国近代经济思想史，深刻认识这一历史经验，就会使我们更加坚定不移地相信：只有社会主义能够救中国；只有坚持社会主义道路，坚持无产阶级专政，坚持无产阶级领导（通过共产党），坚持以马克思主义、列宁主义、毛泽东思想为指导，才能在中国实现四个现代化。

毛泽东同志说过："中国一切政党的政策及其实践在中国人民中所表现的作用的好坏、大小，归根到底，看它对于中国人民的生产力的发展是否有帮助及其帮助之大小，看它是束缚生产力的，还是解放生产力的。"①生产关系的变革必能引起生产力的大发展，而实现四个现代化则是当代生产力高度发展的明显的、令人信服的标志。

（原载《经济科学》，1980年第1期）

---

① 《论联合政府》，《毛泽东选集》前四卷合订本，人民出版社1966年版，第980页。

6 中国近代土地制度和农业
发展思想

第一节 农业和农村发展问题的重要性

农村的发展,是一国发展中最复杂、最困难的问题,同时又是一个基础性的问题。

农村的发展,像整个国家的发展一样,也包括两个方面,即发展的途径和发展的根本前提。前者是指用和大工业一样的技术、生产经营方式以及组织精神来改造和取代以手工劳动进行的、自给自足的墨守成规的传统农业,实现农业生产的社会化,或者如许多研究者所说的,实现农业的工业化。后者则是指消除封建主义对农民的统治和奴役,包括消灭封建的地租和高利贷剥削及作为其基础的封建土地所有制,消除农民所受的封建奴役和束缚,使农民成为能自主地支配自己的劳动和土地的自由农民。用孙中山的说法,前者是关于农业生产的方法问题,后者则是“农民解放问题”[①]。

这两个问题都是异常艰巨、复杂的。

一个国家在未得到发展前,农村总是存在着最为落后的生产

_____

① 《孙中山选集》下卷,人民出版社1981年版,第811页。

方式、生活方式以及相应的社会关系、思想观念、习俗等，是贫穷、愚昧、闭塞等一切不发达现象集中存在的地区。要使农村状况发生根本的改变，走上迅速发展之路，要比城市困难得多。农村又是封建势力的最强固堡垒，封建势力对发展的抵抗，在农村中要比在城市中顽强得多；要克服这种抵抗，使农村取得发展所需的社会历史前提，也更为困难。

但是，农村的发展又是一国的发展中关系重大、非解决不可的问题。它不仅是一国发展问题的组成部分，而且对发展全局有重大的意义和影响。如果农村得不到发展，或发展得不充分，一国的发展就是不完全、不彻底的，就会为经济的发展和社会、政治的稳定留下严重的甚至是致命的隐患。第二次世界大战前，德国和日本农村发展的问题解决得都不充分，农村中的封建势力较多地保留了下来。这些势力同垄断资本结合起来，成了军国主义的温床，成了对内实行法西斯专政、对外进行侵略扩张的主要社会基础。

中国农村的发展问题，比世界上的任何其他国家更突出，更重大。中国的农村最广大，农民人数之多，为任何其他国家总人口所不及。在这样一个国家，农村不发展，国家发展的问题就一个也解决不了。农民极端贫困，购买力低下，工业品就不可能有广大的市场。农民被束缚在土地上，受着严重的封建人身压迫和奴役，工业所需要的劳动力就受到严重限制；农民的愚昧、知识水平的低下，又使劳动力的素质无法适应新式工业的要求。封建关系束缚下农村的生产力得不到发展，农村资源得不到开发，就无法为工业提供所需要的原料和商品粮食。苛重的地租、高利贷，榨干了农民的血汗、脂膏，则使农村不能为工业发展提供资本积累，如此等等。在中国，没有农村的发展，大多数地区和大多数人口就都处于不发展的状态;纵使少数地区(如沿海某些城市)能建立若干新式工商业并保持某种表面的繁荣,那也只能是十分畸形的,缺乏稳固基础的。因此,就中国的情况而言,完全可以说:在中国,如果农村得不到发展,也就不可能有整个国家的发展。

中国农村的发展,也是一个具有世界历史意义的大问题。拥有数亿农民的中国,农村的发展对世界经济和政治所产生的影响,是无法估量的。别的不谈,即使只从其对世界市场的影响看,也是世界上难有任何力量可比的。早在鸦片战争前,欧洲就有人认为:中国的大门打开,将会成为欧洲商品的一个无限广大的市场。中国市场的潜力主要在于中国的农民,几亿农民的发展,他们的购买力的提高,对世界贸易的扩大和世界经济的发展,能开辟一个多么广远的前景,这是尽人皆知的。

对于发展的根本政治前提而言,农村问题也是一个有头等重要意义的问题。推翻封建统治的资产阶级民主革命,其规模、声势及彻底性,主要都取决于农民参加的状况。农民参加得越广泛,越普遍,其对封建势力的打击和扫荡力量就越强大,越难以抗拒。

近代中国发展的根本政治前提是推翻列强的殖民统治和中国自身的封建统治。近代列强的殖民统治纠结于中国,其力量是十分强大的。中国受封建统治历史最长久,其势力和影响盘根错节;在近代,这种封建统治又和列强的殖民统治结合了起来,受到后者的卵翼和支持,其力量也是十分强大的。在此情况下,中国的资产阶级民主革命,如果不把农民充分发动起来,使亿万农民参加到推翻殖民主义和封建主义统治的斗争中去,革命就不可能取得胜利,中国发展的根本社会历史前提问题就不可能真正解决。孙中山总结自己四十年的革命经验说:“农民是我们中国人民中的最大多

数,如果农民不来参加革命,就是我们的革命没有基础。"①稍后,
毛泽东把这一历史经验讲得更清楚:"国民革命需要一个大的农村
变动。辛亥革命没有这个变动,所以失败了。"②

正因为农村的发展意义如此重大,而任务又如此艰巨,它在中
国近代一直是人们普遍关心的问题之一。针对农村发展问题的方
方面面,人们提出了各种各样的主张、见解和方案。要求发展和反
对发展的主张之间以及在发展途径、发展前提方面的不同意见之
间,争论得十分激烈。

第二节　关于农业发展途径的探讨

关于农业和农村发展的问题,是在19世纪六七十年代开始提
出来的。

鸦片战争的失败,使有识之士开始觉察到中国落后于西方;但
在相当时期中,人们还认识不到农业和农村的落后,因而还不会产
生农业和农村发展的要求。

首先触及这个问题的是冯桂芬。他在19世纪60年代初提到:

> 然则居今日而言裕国,宜何从? 曰:仍无逾予农、桑之常
> 说,而佐以树茶、开矿而已。③

所谓"农桑之常说",也就是男耕女织自给自足的传统农业观
点。冯桂芬把这种维护自然经济的常说看作裕国或富国的主要途

---

① 《孙中山选集》下卷,人民出版社1981年版,第865页。
② 《毛泽东选集》第一卷,人民出版社1991年版,第16页。
③ 《校邠庐抗议·筹国用议》。

径,看起来似乎他的经济思想还停留在传统经济思想的框架内,而没有什么新的时代内容。

冯桂芬说的"农",自然仍是封建主义的农业;但他说的"桑",则已不是与农结合在一起的自然经济的范畴。他明确地说:自棉花入中国以来,桑已不是人们衣着的主要原料。那么,他为什么还并提农桑呢? 他不是从自给自足的要求重视蚕桑,而是从对外贸易角度考虑问题。他看到:自五口通商后,"上海一口,贸易岁四五千万,而丝、茶为大宗",因而认定:"由今日观之,则茶、桑又为富国之大原也。"[1]种茶、树桑的目的既然是为生产出口商品,它们自然已不是自给自足的传统农业的内容了。

即使是对粮食生产,冯桂芬也不是要保持其自然经济状况,而是对其商品化抱积极态度。他曾建议废除实行了两千余年的漕运制度,使首都的粮食供应全部依靠商业渠道解决,他认为:"但令市中有米,即不必官中有米。"[2]这一建议对促进农业的商品化,加快农村自然经济的解体,无疑有重大作用。

冯桂芬又是中国人士中最先提出使用西方农业机器的人。他盛赞西方的农业机器的强大生产力,"一人可耕百亩",主张在太平天国战争后劳动力缺乏的东南各省"以西人耕具济之"[3]。

冯桂芬的这些思想,还不是农业发展思想。他对农业中的传统生产方式和经营方式,并无改革的要求;种植茶、桑,也并无采用、推广西方新式技术和经营方法的明确主张;对使用农业机器也只是作为解决部分地区战后劳动力缺乏的一项权宜之计提出来,

---

① 《校邠庐抗议·筹国用议》。
② 《校邠庐抗议·折南漕议》。
③ 《校邠庐抗议·筹国用议》。

而并不认为它可作为改进中国农业生产的一项基本措施，强调农业机器对中国"不可常用而可暂用也"①。

但是，冯桂芬毕竟算得上是中国近代农业发展思想的启蒙者。他关于农产品商品化的要求，关于把某些农产品同国际市场相联系的要求，以及对农业机器的赞赏，在后来人们对中国农业的落后性的认识不断加深的情况下，就会转变为农业发展的要求。

中国最早的农业发展思想，是作为"振兴商务"的一项要求提出来的。"振兴商务"论者看到中国对西方国家的贸易逆差不断增大，认为其原因不仅在西方的工业发达，进口的西方工业品非中国商品所能敌；还在于中国过去的主要出口商品丝、茶等，也因生产、经营落后，国际市场日益为外国所夺。他们援引华丝市场为法、意等国所夺，华茶市场为印度所夺的事实指出：中国要振兴商务，主要措施之一是"精求中国固有之货，令其畅销"②，而"精求"的主要办法，就是在"育蚕产茶"方面"访求西法，师其所长，毋执成见，庶我国固有之利不尽为洋产所夺"③。

这里，虽然所涉及的范围还和冯桂芬差不多，即只限于生产出口商品的某些农业部门，但已明确提出了学习"西法"来改造这些农业的主张，因而已属于农业发展思想的范畴了。

更后，人们认识到中国农业的落后，不仅是影响某些出口商品的局部问题，而且是一个关系到中国贫富、兴衰、安危的全局性的问题，因而就不再把农业发展问题从属于振兴商务，而把它自身作为一个单独的课题提出来了。

---

① 《校邠庐抗议·筹国用议》。
② 《适可斋记言·富民说》。
③ 同上。

甲午战争后,陈炽著《续富国策》四卷,其中的一卷为《农书》,提出了水利、大田、果树、蚕桑、葡萄制酒、种茶制茗、种棉轧花、种蔗制糖、咖啡烟草、畜牧、渔业以及讲求农学等十六个方面。在有关论述中,陈炽提出了下面这样一些值得注意的思想:

第一,他主张在所涉及的农业领域,都必须"弃旧图新"[①],即改变落后的传统农业生产、经营方式,采用新的技术和生产、经营方式。

第二,他对所有这些农业领域,都从富民的角度提出问题,主张经营农业要以致富为目的,而不是自给自足。

第三,他在谈农作物问题时,所考虑的都是商品性农作物,而且多是把农业生产同农产品加工联在一起考虑,如"葡萄制酒"、"种竹造纸"、"种橡制胶"、"种蔗制糖"等。

第四,他已开始触及农业企业形式的问题。他建议中国的"拥田数千亩、数万亩"的"乡里之富人",购买机器,仿效英国办大农场;"只有数亩、数十亩之田"的农民,则"宜仿法国之法"[②],经营葡萄、畜牧等专业化农场。陈炽没有明确论及这两种农场的内部组织形式,但从他所指出的英国和法国的模式来看,他所说的"富人",已不是把大地产分为小块出租给贫苦佃农的封建性大地主,而是在自己的大片土地上从事资本主义农业经营的农场主;他所说的"农民",也已不是自给自足的个体农民,而是在自己土地上从事资本主义经营的小农场主了。

第五,他还主张在农学的指导下发展农业,而且要将"旧日农

---

① 《续富国策·讲求农学说》。

② 同上。

学,删繁就简,择其精要",并且"翻译各国农学,取其宜于中国"①,即整理中国农学遗产并依据中国实际条件引进西方农业科学,以建立适合中国条件的新的农学。

这样,陈炽心目中的农业,已经是应用新技术的、为市场生产的、专业化的、社会化的农业。并且他已朦胧地接触到了农业的企业形式问题。这样,他对农业发展途径的探讨,可说已经初具规模了。

陈炽笔下的英国式大农场和法国式小农场,似乎都是由地主或土地所有者自己经营的。土地所有者自己投资经营农场的情况是有的,但并不是普遍的情况。在更多的场合,土地所有者并不自己经营农场而是把土地租给资本的所有者,由后者租地、雇工经营农场,这就是所谓的租地农场主或租地农业家。这种制度,在19世纪末也逐渐被中国人士所知道了。

1896年,梁启超写了《说橙》一文,以他自己和一个"老农"对话的形式,对在他的家乡广东新会县建设资本主义的租地农场作了一个典型的设想。新会历来盛产著名的新会蜜柑(即梁启超文中的"新会橙")。他借"老农"之口,估算了一个百亩橙园的收支账,包括:(1)地租:"赁田之租,每亩二两四钱",百亩岁共二百四十两。(2)工资:常工四人,每人每年十二两,四人共四十八两;农忙时加雇短工,"橙熟收实时则雇散工"。(3)农场固定设备投资、树苗、肥料以及副业投资等。这一橙园,在六年成树后,每年可得利润"五万四千两"。②

----

① 《续富国策·讲求农学说》。
② 梁启超:《说橙》,见《饮冰室合集·文集之一》。

文中还估算：如果新会全县能经营橙园的土地，全部这样使用，全年利润总数可达四五千万两白银，相当于清政府每年的财政收入。

梁启超说的这个橙园，包含有三种当事人：一是地主。他占有并出租土地，但只能收取租金，而不再拥有对佃户的封建特权。他同他的佃户的关系，是一种平等的商业关系。二是橙园主。他投资经营橙园，占有橙园中除土地以外的全部固定资产和流通资产，招雇并指挥雇工，承担橙园的盈亏。这一橙园主是一个资本主义性质的农场主。三是雇工，包括长工和短工，他们都是出卖自己的劳动力、取得工资的雇佣劳动者。这个橙园，已完全是一个应用新式技术，为市场而生产，按资本主义方式经营的农业企业。

可以看出：陈炽和梁启超所要求的农业发展，都是要在不改变地主土地所有制的前提下，通过对农业生产、经营方式的改造，使农业成为和工业一样的社会化生产，使农业的经营单位成为按大工业的精神和组织原则建立起来的农业企业。这种发展农业的道路，就是所谓的普鲁士式道路。

孙中山早年的农业发展思想，也属于这种类型。他在甲午战争前所写的《致郑藻如书》《农功》《上李鸿章书》等，都提出了发展农业的主张，尤其在《上李鸿章书》中，他把"地尽其利"作为中国经济发展的四大纲领之一，而"地尽其利"可以说就是他当时的农业发展纲领。在这一纲领下，他提出了"农政有官，农务有学，耕耨有器"诸项措施，基本内容就是学习西方的农业生产方法以改造中国的农业，而未涉及土地所有制问题。

但是，孙中山在走上革命道路之后，很快就觉察到土地制度问题是中国发展的一个重大关键问题，不改变中国的土地所有制，不仅农业难以获得发展，工业和城市的发展以及整个国家的发展、进步，都会受到严重的制限。因此，他提出了平均地权的纲领，把解决土地制度问题同农业发展的问题以及整个中国的发展、进步问题，互相联系了起来。

第三节　土地制度问题是农村问题的中心

由于中国农村中阻碍改革、发展的势力太强大，而整个社会经济的落后、城市工商业的不发达，又使外部难以形成对农村变革的强大推动力量，中国走上普鲁士式发展道路的可能性是微乎其微的。地主的土地所有制是农村封建统治的基础，不改变农村的土地所有制状况，农村发展的障碍就不可能消除，农业就不可能具备发展的必要前提。

土地所有制问题不是近代才有的，在中国古代，土地问题就一直是人们普遍关心的问题之一，各种"平土"思想，都是为解决土地问题而提出的。①但是，古代没有经济发展的问题，也就不可能存在和经济发展问题相联系的土地问题。

在中国近代，土地问题一开始也不是和发展问题联系着的。太平天国农民起义军于1853年占领南京后，颁布《天朝田亩制度》，主张对全国土地实行国有，按质量分为九等，折合均分给每户农民。分到土地的农民，以"两"（二十五户）为基层单位组织起来。

---

① 参看赵靖：《中华文化通志·经济学志》，上海人民出版社1998年版，第五章。

"两"是组织生产、分配、消费和储备的基本单位，又是进行共同的基层政治、军事、宗教活动的单位。"两"的农业收获，除留下每人的口粮外，剩余全归公有，按制度使用。在农业生产之外，"两"内农民还从事家庭副业及手工业生产，生产都是自给的，手工业也不是专业经营，而是由农民在"农隙治事"①，同农业直接结合着。

《天朝田亩制度》要求以土地国有制代替土地私有制，土地所有制是变了，但却毫无发展的内容。"两"内的生产依然是处在手工劳动和自然经济之下，农民依然是相沿数千年的个体农民，依然被束缚在土地上。《天朝田亩制度》幻想这会使"天下无处不均匀，无人不饱暖"②，事实上在这种经营形式下，农业谈不上会有什么发展；它所实行的土地国有和剩余产品公有，同农业生产的个体性是相反的，只会使农民失去劳动兴趣和积极性。

孙中山在19世纪、20世纪之交，开始酝酿出一个解决中国土地问题的方案。这一方案在20世纪初以"平均地权"的名称列入他所领导的资产阶级民主革命的纲领之中。这是中国近代把土地问题同发展问题联系起来的第一个土地方案。

孙中山认为：要使中国经济获得迅速发展，必须解决地权不均的问题，而地权不均的根源在于土地私有制。在革命后经济获得迅速发展时，土地的价格和地租，将随之迅猛上涨，地主会因而暴富，许多地主将发展成为力能操纵国计民生的垄断富豪。因此，他主张以土地国有制代替土地私有制，把地租、地价增长的利益收归国有，消除地权不均的根源及其必然带来的后果。

---

① 《天朝田亩制度》，《太平天国》（一）。
② 同上。

对实现土地国有的办法,孙中山不主张没收私人土地,也不主张赎买;而主张以地价税和土地增值归公的办法,把地租及地价收归国有。其具体办法是:在革命胜利、民国(共和国)政府建立后,政府颁布法令,命所有土地私有者限期向国家申报所占有土地的数量和价格,国家依据报价每年征收地价税1%—2%。将来如果地租及地价因经济发展而暴涨,地主出卖土地,国家在办理更换契约手续时,对卖价超过原价的部分予以征收,只许地主得到原价:"其现有之地价,仍属原主所有;其革命后社会改良进步之增价,则归于国家。"①

地主也可能在地价暴涨时不出卖土地,而将土地高价出租。对这种情况,国家将强制地主"自纳其增价之额"②,即依据地租推算土地价格的增长而予以征收。

此外,国家虽不全面收买土地,但法令规定国家有随时按土地申报价格收买土地的权利。在地价上涨时,国家也可依据此规定按原价收买土地。同时,此规定还可防止地主逃避地价税:如果地主故意低报地价以求少纳地价税,国家就可以低价予以收买。

"地租的占有是土地所有权借以实现的经济形式"③,而土地价格是地租的资本化(即把地租看作一项投资的收益,而反转过去求其资本额)。把地租及地价收归国有,就等于把土地所有权收归国家。孙中山的办法,表面上还保持着地主的私人土地所有权:地主还以所有者的名义占有着土地,向国家缴纳地价税,并有权出租、

<hr>

① 《孙中山选集》上卷,人民出版社1981年版,第69页。

② 朱执信:《土地国有与财政》,《朱执信集》上册,中华书局1979年版,第103页。

③ 《马克思恩格斯全集》第25卷,人民出版社1974年版,第714页。

出售土地;但由于经济发展而上涨的地租和地价被收归国有,地主土地所有权的绝大部分,或者说它的有决定意义的部分,就无从实现了。反之,由于国家征收了土地所有权实现利益的绝大部分,实质上就是将有关土地作为国有土地来实现其所有权了。

孙中山对土地国有不采取没收私人土地,而采取征收地价税和土地增值归公的办法,当然有着减轻地主反抗、减少实施阻力的考虑,但主要还是从经济发展的角度着眼的。在经济发展中,不断上涨的地租和地价为地主所攫取,使大量投资不得不用在土地的租赁或购买上,这对发展自然是一种沉重的,并且是越来越沉重的负担。关心中国发展事业的孙中山,力求消除这种负担,使投资能尽量用在发展本身,于是就有了他的以消除私人获得地租、地价的上涨利益为特点的土地国有化方案。朱执信在解释孙中山土地国有的出发点时说得很明白:地租和地价的暴涨,使"经营之费积而愈多",必然会造成"投资者之畏缩,工程之中止,已设者归于荒废"[1]。

孙中山虽然很重视农业的发展,但他最初考虑土地问题时,主要却不是从农业的发展,而是从工、矿、交通及城市建设等发展项目的需要来考虑问题。经济发展引起的地租、地价上涨,以工矿地区、交通中心及大城市的土地最为突出;广大农村中的土地,其地租和地价一时不会有很大的涨幅。因此,孙中山的平均地权和土地国有,也首先针对前者。正如朱执信所说的:"主张以土地为国有者,其主之目的全在宅地。"[2]所谓"宅地",是指各种建筑用地,

---

[1]　朱执信:《直隶湾筑港之计划》,《朱执信集》下册,中华书局1979年版,第711页。

[2]　朱执信:《朱执信集》上册,中华书局1979年版,第85页。

而非仅指住宅。

这时，孙中山也不是完全没考虑农业生产用地的问题。19世纪、20世纪之交，他在同一些人士谈论土地问题时，曾一再提出过"耕者有其田"的主张。参加过讨论的梁启超、章太炎都说：孙中山对他们说过"必能耕者而后授以田"①、"不稼者不得有尺寸耕土"②。辛亥革命后，孙中山在同袁世凯谈话时也曾谈到："欲求解决农民问题，非耕者有其田不可。"③

孙中山这时说的"耕者"，不是专指农村中的无地、少地农民，他所说的"耕者有其田"也非指平分土地。1905—1907年同盟会的机关报《民报》，在与梁启超主持的《新民丛报》论战时，针对《新民丛报》攻击"耕者有其田"会妨碍资本主义的农场的建立，从而会使中国的农业永远陷于停滞、落后的论点，对"耕者有其田"解释说：实行了土地国有后，一切耕者都有权向国家租地从事农业生产和经营，有资本愿投资于农业的人，可向国家租到大面积土地办大农场；只有"锄、斧、斤之属"④的手工农具的劳动农民，也可租到小块土地务农。可见，孙中山说的"耕者"，是包括资本主义的农业企业在内的。从这里也看出，他这时的土地纲领，即使从农业领域来看，也是同发展问题联系着的。

可是，按照孙中山当时的方案，国家既不没收也不买收全国土地，而只实行地价税及土地增值归公，它充其量只能支配城市及工、矿、交通开发地区的土地，而不能掌握住广大农村的耕地，这

① 梁启超：《杂答某报》，载《新民丛报》第86号。
② 章太炎：《訄书》，古典文学出版社1958年版，第120页。
③ 凤冈及门弟子：《三水梁燕孙先生年谱》（上），第123页。
④ 民意：《告非难民生主义者》，载《民报》第12号。

些地在相当时期内仍继续留在私人手中，国家又怎能普遍地出租农田以解决大、小"耕者"的农耕用地问题呢？从这种情况来看，可以说，孙中山最初的解决土地问题的方案，主要是把土地问题同农业以外的发展问题联系了起来，而没有着重从农业自身的发展需要考虑土地制度问题。这样，他当时只在私人谈话中宣扬"耕者有其田"，而在各种文件、著作及公开讲演中，都从不提"耕者有其田"的主张，就不足为奇了。

从中国的实际条件看，当时的民主革命如能成功，大规模的发展、建设工作，自然首先只能集中于城市；农村的发展，农业的现代化，不会立即全面推行，一些新式农场，也只能首先在城市近郊出现。孙中山首先把土地问题与城市及工商业发展的要求联系起来，不是没有道理的。

然而，农民土地问题，既是农业发展的一个主要经济条件，又是农村发展以及全国发展的一个根本社会历史前提。不解决农民的土地问题，不把地主占有的土地转为农民所有，就不能调动起农民的生产积极性，农业及农村发展就没有最起码的经济条件；而且，没有这种土地制度的转变，农村封建统治的基础就无法消除，农民就不能摆脱封建统治的束缚而投入反对殖民统治和封建统治的民主革命。没有农民的广泛参加，革命不能胜利，不仅农村的发展，全国发展的根本社会历史前提也无法形成起来。辛亥革命推翻了清朝，但未能改变中国殖民统治和封建统治的状况，中国仍未能获得发展的前提。历史的经验教训，使孙中山对土地问题在中国革命和中国发展中的意义，逐渐有了更进一步的认识。

在孙中山的晚年，他正式把"耕者有其田"作为平均地权的要求列入政纲，并且把"耕者"主要解释为农民，规定："农民之缺乏田地沦为佃户者，国家当给以耕地，资其耕作。"①这时，他既把耕者有其田看作发动农民参加国民革命的根本政治条件，也把它看作使农业生产力提高、农村经济得到发展的首要经济条件，认为"假若耕田所得的粮食，完全归到农民，农民一定是高兴去耕田的，大家都高兴去耕田，便可以多得生产成果。但是现在的多数生产成果，都是归于地主，农民不过得回四成。农民在一年之中，辛辛苦苦所收获的粮食，结果还是多数归到地主，所以许多农民便不高兴去耕田，许多田地便渐成荒芜不能生产了"②。

在这种认识的基础上，孙中山把实现耕者有其田、解决农民土地问题提高到民生主义的目的的地位，宣称："至于将来民生主义真是达到目的，农民问题真是完全解决，是要'耕者有其田'，那才算是我们对于农民问题的最终结果。"③

但是，孙中山不主张没收地主土地和全面买收土地的态度并未改变，要实现耕者有其田，给几亿农民以土地的问题，如何解决呢？看来，孙中山生前还没找到适当的解决办法，他只是说：

> 你们要联络全体农民，来同政府合作，慢慢商量来解决农民同地主的办法，农民可以得利，地主不受损失。这种方法可以说是和平解决。④

孙中山也认识到，由于农村中地主统治势力的强大，要让农民个人同地主"慢慢商量"解决土地问题的办法，是断然无济于事的，

---

① 《孙中山选集》下卷，人民出版社1981年版，第527页。
② 同上书，第811页。
③ 同上书，第810页。
④ 同上书，第869页。

于是主张联络农民，使农民能作为有组织的力量，并且在政府的帮助之下，同地主"商量"，以求土地问题的和平解决。

事实上，在地主掌握着土地这一农村经济的命脉，以人身奴役和宗法制度统治着农民，并且支配着农村政权和武装的情况下，和平解决土地问题是没有可能的，慢慢商量的结果只会是没商量。

针对孙中山方案的这一弱点，中国共产党人提出了彻底解决农民土地问题的土地革命主张。

1927年，在国民党中央土地委员会的一次会议上，共产党人提出了解决农民土地问题的几项主张①：

（1）国民革命过程中必须解决土地问题，即没收除小地主②及革命军人以外的出租土地分给农民。

（2）公布佃农保护法。

（3）无地之革命士兵退伍时必须给以土地。

（4）解决土地之先决问题必须给农民以武装及政权。

这里，重要的是（1）、（4）两项，即没收地主土地和给农民以武装及政权。非没收地主土地，则国家没法得到解决"耕者有其田"问题所需要的土地；非使农民拥有自己的武装和政权，则无力战胜地主在农村中的统治势力，消除地主所控制的农村政权及武装力量。中国农村如此广大，农民人数多达几亿，农民的解放、农民的土地问题，只有靠农民自己起来解决，任何别的力量都无从替代。即使国家政权是坚定地站在农民一方面的，也没法单独靠上面的力量解决土地问题。必须上下结合，一方面政府从上面

---

①　《关于土地问题的意见》，《党史研究资料》，1981年第12期。

②　小地主指小土地出租者。

坚决推行没收地主土地的政策;另一方面广泛发动农民,开展农民运动,把农民组织起来,并使组织起来的农民在农村建立自己的政权和武装,才能克服地主的阻力,实现解决农民土地问题的任务。

孙中山提出了"耕者有其田"的目标,也开始认识到"联络全体农民"的必要,但他始终不主张没收地主土地,也未提出过建立农民政权和武装的问题。因此,他晚年解决土地问题的方案,虽然较过去有了巨大的进步,也仍然缺乏实施的条件和可能。中国共产党解决土地问题的方案,一开始就提出了这两方面的要求,它有力地克服了前人方案的弱点,指出了解决中国农民土地问题的现实道路。

稍后,中国共产党第五次全国代表大会的有关决议,把这种思想表达得更为明确:

> 要取消封建式的剥削,只有将耕地无条件的转给耕田的农民才能实现。要破灭农村宗法社会的政权,必须取消绅士对于所谓公有的祠堂寺庙的田产管理权。为了保证农村急剧改革的实行,农民必须握得乡村中的政权,乡村中之武装势力,必须由绅士手里夺回来交给农民。①

解决了"耕者有其田"的问题,农民就从封建统治下解放了出来,中国的农业及农村就有了发展的根本社会历史前提;但是,有了自己耕地的农民,仍然是个体农民,他们的积极性和生产力都会随之提高,但这不等于农业发展问题已得到解决。中国共产党人在考虑土地问题时,一上来就注意到土地问题和农业发展问题的

---

① 《中国共产党第五次全国代表大会土地问题决议案》。

联系,李大钊就曾说过:"苟能按耕地农有的方针,建立一种新土地政策,使耕地尽归农民,使小农场渐相联结为大农场,使经营方法渐由粗放的以向集约,则耕地自敷而效率益增,历史上久待解决的农民问题,当能谋一解决。"[1]

由于农村的发展必须以农民的解放、以农民土地问题的解决为前提,而后者又是中国新民主主义革命的任务的一部分。在全国革命取得胜利以前,农业和农村发展的问题,是提不上议事日程的;中国共产党人有关此问题的理论探讨,在当时也还不可能深入展开。

第四节 关于农业发展的其他思想

中国近代关于农业发展的思想,尚有以下两方面的内容值得注意:

一个方面是减租思想。

减租思想不自近代始,唐代的陆贽已提出过减租主张,要求"裁减租价,以利贫人"[2]。清代顾炎武又针对江南租重,提出了具体的减租方案。这些古代的减租思想,虽对改善农业的生产条件和农民的生活条件有一定积极意义,但不属于发展思想的范畴。同农业发展及整个社会经济发展相联系的减租思想,是19世纪六七十年代以后的产物。

明、清两代,江苏东南苏州、松江等八府,田赋特重,地租也特

---

[1] 《党史参考资料》第四册。

[2] 《陆宣公翰苑集·均节赋税恤百姓六条》。

别高。19世纪60年代初,冯桂芬代表这一地区的士绅,通过李鸿章向清朝廷请求减赋,获得允准。但是,田赋减而地租未减,这使太平天国失败后处境极端恶化的农民更难忍受,也引起当地一部分知识分子的不满。于是,在这一地区就有陶煦、王炳燮、金文榜等人,出面呼吁减租。陶煦还专门写了《租核》一书,极论重租之害和减租的意义,并提出了具体的减租方案。

这些人物的减租主张,主要是从缓和太平天国战争后当地农村中的矛盾出发,企图以减租来促进当地农业生产的恢复和社会秩序的安定。但是,由于19世纪六七十年代后中国逐渐出现了若干新式工商业,出现了某些要求发展新式工商业的思想,这使减租的思想也逐渐有了不同于传统的减租思想的内容,开始同发展的问题联系起来了。

陶煦的《租核》虽始作于1864年,但直到1884年才成书。他把农业称作发展经济、改变中国落后状况的"本",而把减租看作"培本"的措施,认为:"农有余财,则日用服物之所资,人人趋于市集,而市集之工贾利也;市集有余财,则输转于都会,而都会之工贾利也。"①他还指出:如果不减租,这部分余财入于地主手中,多半被用作窖藏或用以放高利贷、兼并土地,未必用于购买更多商品;即使变成购买力,也"不过纵其淫奢末流之务"②,即购买各种奢侈品或用于鸦片、嫖、赌,而不见得能扩大一般工商业的市场,"岂若有余在农者之遍利乎不耕之民哉?"③

陶煦说的"工贾",已不是或不止是旧式的工商业。在论述减

---

① 《租核·培本》。
② 同上。
③ 同上。

租对工贾的作用时,他还评论了当时人们关于开矿、修铁路、通火车等主张,并均加以肯定。这充分表明:陶煦已经从扩大国内市场的角度,把减租同发展问题联系起来了。

在孙中山逝世后,国民党的国民政府曾一度在某些地区对减租加以实施,这就是所谓的"二五减租"。

孙中山的"耕者有其田",本来就缺乏实施的措施。他逝世后,国民党虽然抽象地继承了孙中山平均地权的纲领,但在实际行动中却抛开了其给农民以土地的内容,而仅把它化为减租的主张。

二五减租即"减轻佃农田租百分之二十五",并规定正租之外不得有额外需索,农民正产品以外的副产品概不纳租,以及地主不得随意撤佃等。减租后虽然租率仍相当重,但对改善农民的生产和生活条件还是有积极作用的。首先实行二五减租并且实行得较有成效的浙江省,"自耕农逐年增加,农村小学儿童激进,工商业以农民购买力增加而繁盛",1928年浙江自然灾害严重,由于二五减租的实行,使"农民始终一丝生机"①。

减租本身只是产品分配关系的改变,但由于地租是土地所有权在经济上的实现,减租也就是对地主的土地所有权的实现施加了一定的限制。同时,封建地租是和封建特权、人身奴役结合着的,二五减租的各项附带规定,在相当程度上限制、削弱了封建特权。如果二五减租更长期、更广泛地实行下去,也会使封建土地所有制本身的性质发生某些变化。当时,有的研究者就认为:实行了二五减租,"佃农对于地主的关系,再不复是封建地主以土地拘束农民

---

① 《浙江省党部弹劾省政府取消二五减租呈中央文》,载《中国经济》卷三,第一〇期。

的封建关系,而是资本家企业家向地主自由租佃土地的关系"①。这等于是说:二五减租已使中国的农业走上了普鲁士式的资本主义发展道路。

这种说法作为对二五减租实际推行效果的评价,自属过当。但减租辅以各项限制封建特权的规定,从理论上说是有促使农业走上普鲁士式发展道路的可能的。因为,普鲁士式道路本来就是在不改变地主土地所有制的情况下,通过实行一些改变封建剥削方式、削弱封建特权的改革,把封建的农业逐渐转变为资本主义的农业。

但是,要做到这一点必须具备一些先决条件:有一个坚持推行这种改革的国家政权;农村中的封建势力对这种改革的阻力不是过分强大;有较发达的工商业,能吸收农村改革所产生的剩余劳动力。这些先决条件,在近代中国都不具备。地主,特别是大地主,是国民党政权主要社会基础的一部分,他们的态度,对国民政府政策的制定和推行,有巨大的作用和影响。中国农村中的封建统治势力根深蒂固,对减租以及限制封建特权的改革具有强大的、难以克服的阻力。此外,中国农村人口众多,而耕地相对过少,工商业又不发达,不能为农村剩余劳动力提供较多的就业机会。这样,农村过剩劳动力的竞争,就会迫使农民宁愿接受较高的地租,从而使政府关于减租的规定成为空文。

二五减租在浙江省实行后,江苏、广西各省也曾颁布过实行的法令。1929年国民政府还明令各省调查统计有关情况,以为更广泛实行提供依据。但实际上不仅未能扩大实行的范围,连浙江省

---

① 王宜昌:《中国农村之诸革命》,载《中国经济》卷三,第一〇期。

也未能坚持下去。

中国近代农业发展思想的另一个较值得注意的内容是农村合作思想。

合作思想是主张农民及手工业小生产者在自愿、平等、互利的条件下联合起来，组成各种合作社，以对抗工商业垄断组织的压迫，并使自己能因这种联合而实行一定的规模经营。同手工业者比较，农民更分散，距市场较远，交通运输条件更不便利，因而对各种形式的合作社更有需要。

合作社是小商品生产者的组织。小商品生产和资本主义生产同为商品生产，但细小分散，在同后者的竞争中处于强弱悬殊的地位，随时有被后者挤倒、吞并的危险，因而希望通过联合而实行一定的规模经营，改变小商品生产者自身的不利地位。如果没有小商品生产者这种在竞争中的弱势地位，就不会产生这种合作的要求；如果他们不是小商品生产者，不具有人身自由和独立自主的经营地位，就不可能有实现这种自愿、平等联合的权利。

工、农业小商品生产是在封建统治解体，封建的压迫、奴役关系消除后发展起来的。中国近代的农村仍存在着严重的封建势力统治，仍然受着地租、高利贷剥削和封建压迫的无地、少地农民，占农村人口的多数，这同欧洲一些国家合作制流行的条件是很不相同的。但是，鸦片战争以来外国资本主义势力的侵入，已使中国农村的自然经济日益陷于解体，城乡小商品生产和农业的商品化已有了相当程度的发展。这种小商品生产，受着外来殖民掠夺、国内封建势力的双重压迫，受着买办、商业、高利贷的重重剥削，处境特别艰难。这正是合作思想在中国近代能够一度获得传播和推行的社会条件。

在20世纪二三十年代，合作思想曾经风靡一时，鼓吹合作制的文献纷纷涌现，许多人下乡办合作社，各地农村办起了利用合作社、销售合作社、信用合作社、运输合作社等多种形式的合作社。热心于合作运动的人，几乎把合作看作解决农村问题的唯一出路，极力宣扬："农业组织之改进，端赖合作制度之推行。此为世界各国已行有成效者，我国自可仿行。盖合作组织为农民以共同努力，根据平等原则，而增进其全体利益为原则，不独经济利益得以增进，即社会、政治、教育、宗教等利益，亦莫不然。"[①] 有些官方人士也为宣扬合作制推波助澜，强调："我国现时最宜多多注意的，厥惟农业合作，农业合作之中，尤以生产、运输及信用这几种方式为尤要。"[②]

合作社在帮助小商品生产者减轻困难，实现某种规模经营方面可有一定成效；但毕竟无力抗拒工商业垄断组织的强大势力，难以摆脱最终受后者支配的命运。在当时的中国，农村还处在殖民掠夺和封建势力双重统治下，佃农、半佃农不用说，即使是自耕农，许多也难于在这种双重统治、压迫下保持真正独立的商品生产者地位。因此，农村合作组织建立以后的生存和发展，更加困难重重。

合作思想在中国近代虽曾一度盛行，但在理论上不过宣扬外国现成的论点，而没什么新的建树；在实践中又不以土地制度和农村社会制度的根本改变为前提，实际上是回避了这一前提，其无所作为并终于销声匿迹，是必然的。

---

① 方显廷：《农村经济复兴》，载《中国经济研究》。
② 陈果夫：《今后中国合作运动》，载《合作月刊》第2期。

　　但是,农村在消灭了地主土地所有制和封建统治之后,农业由小商品生产逐渐转化为有相当经营规模的商品生产,并在此基础上实现农业生产、运输、流通和服务诸环节的社会化,是农业发展的必经之路。合作社这种小商品生产者在自愿、互利、平等的条件下联合起来的组织形式,对农业走上这种发展之路,其作用终究是不可忽视的。

（原载《中华文化通志·经济学志》,

上海人民出版社1998年版）

7　中国近代货币思想

第一节　近代货币思想的发展趋向

鸦片战争后,在外来侵略势力的强烈冲击下,中国传统的社会经济制度逐渐陷于解体,同传统社会制度相联系的传统货币制度,也日益陷入严重危机,终于走向了彻底的没落。随着传统社会经济制度以及货币制度的解体和没落,在货币思想领域也出现了由传统货币思想向近代货币思想的转化。

前面讲过,鸦片战争前的中国货币,长期是一种两币制:贵金属的称量货币和贱金属的铸造货币并行,而无主辅币之分。自明代中叶后,这种两币制一直保持着银、钱并行的形式。鸦片战争前数十年,这种两币制开始受到外来势力的冲击而逐渐出现了危机。由鸦片进口猛增而引起的白银外流,造成了越来越严重的"银荒",货币流通中银的数量不断减少,引起银钱比价的持续上升,过去银钱比价长期维持在银一两对钱一千文左右,1818年以后逐渐增至一千二三百文,到鸦片战争前夕更增至一千六百文以上。

鸦片战争后,不断增大的贸易入超和一再战败而引起的战争赔款,均需用银支付,这使银、钱并用的传统币制,更加难以维持。

鸦片战争前,早已有外国铸造的银币流入中国,并在中国的市场上同银两一道行使。钱商经手外国银币,常在付出时加凿硬印,以示担保质量,凿痕既多,银币质量就受到影响,因而出现同种银币不同价的情况。中国原用银两,秤量标准本有多种;银币和银两并用,加上银币受凿而造成同种银币不同价的情况,使本已极混乱的货币流通,更加杂乱异常。

受外来铸币流通的影响,中国民间逐渐出现了仿西法铸造银币的情况。清光绪十年(1884年)以后,有些省的地方政权也仿西法用机器铸造银币。由于没有统一的、确定的制度,铸币者越多,货币流通领域也越杂乱无章。

19世纪90年代初,陈虬描述货币流通领域的混乱情况,指出:当时银、钱并用,两、洋(外国铸币)兼行。钱以铜钱为主,而有些省还有铁钱流通;铜钱也极紊乱,当一钱之外,还有当二、当十等不足值大钱,而掺假、私铸,伪劣繁多。每串钱应为千文,但留底短陌,所在不一,有的每串少六文,有的少十文,甚至少二十文、三十文。银块有纹银、规银、对冲银等不同种类,成色各异。银的衡量标准则有库平、市平、关平、漕平以及某些省自用的标准。银铸币(洋钱)则有鹰洋、花边洋、本洋、日本洋及开洋(小洋钱)多种;加上糙洋(因凿印、打戳而减值)、刮洋(被人刮削而减值)等各种贬损的银币同时流通市面,货币流通混乱至极。

货币流通的这种状况,给经济生活造成了极大的困难和不便:交易中收受各种货币,不但辨伪、折算,浪费掉无数时间;稍一不慎,就会蒙受无谓的折损。陈虬在揭示了货币流通的混乱情况后说:"客行赍千金,驰万里,稍不留神核计,南北往返数月后,囊中物无事而坐耗其半矣。"①

----

① 《治平通议·变通交钞以齐风俗》。

货币流通的落后、混乱，自然要引起人们的严重关切，进而发表各种各样的整顿、改革的主张和议论。中国近代的货币思想，大致可分为两个不同的发展阶段。

1860年以前为第一阶段。这时，传统的货币制度已陷入严重的危机，引起了朝野上下的纷纷议论。但由于中国的社会经济基础还没有明显的变化，中国人士对西方的货币制度尚不能作为制度来理解，对西方的货币思想、理论更基本上无所知晓，因而货币领域中的探讨和议论，仍未越出传统货币制度、货币思想的范围。人们看到了货币领域中的危机，企图加以调整、修补，而认识不到这种危机是传统货币制度本身的危机，认识不到有根本改变货币制度的必要。有少数人看到并肯定了西方货币的某些表面特点（如铸币成色、重量确定、便于行使等），主张加以仿效；但也不能把西方的货币制度作为制度来理解，并无以之取代中国传统货币制度的要求。在理论方面，人们还不了解，更谈不上运用西方的货币理论分析问题，仍然只是使用传统货币思想中的观念、原理和范畴来进行思考和说明。此外，这一时期的货币思想还没有发展的内容，人们多是就货币谈货币，即使是主张仿西法铸银币的人，也没有把它同学习西方先进事物（"师夷长技"）的一般要求联系起来。可以说，这一时期的货币思想，基本上还属于传统货币思想的范畴，是传统的货币思想在近代的延续。

1860年以后为第二阶段。这时，中国的社会经济制度已逐渐发生了变化，货币流通领域也随之发生了变化，而且是变得更加百孔千疮，杂乱无章。人们逐渐认识到，要解决货币领域中的问题，已不可能再维持现存的货币制度，而必须进行货币制度方面的根本变革。同时，在19世纪60年代以后，中国人士对西方的货币制度已逐渐有所了解,西方的货币思想、货币理论,也逐渐被介绍到中国来。谈论货币问题的人,日益摆脱了传统货币思想的影响,而以西方的货币制度为蓝本,提出了改革中国货币制度的种种方案;而西方的货币思想、货币理论,也日益成为人们考虑货币问题,设计货币改革方案的依据。

这一时期货币思想的最大的特点是具有了发展的内容。人们痛感货币制度的落后、货币流通的混乱,不利于经济的发展,因而企图以货币制度的改革来促进经济的改革和发展,货币制度被看作关系到国家富强的重大问题,有些人甚至宣扬"币制救国"论,认为改革货币制度是中国脱贫致富、转危为安、救亡图存的关键。

货币改革问题日益同经济发展问题联系了起来,货币思想日益成为发展思想的组成部分,这是19世纪六七十年代后中国货币思想发展的基本趋向。

第二节 传统货币思想的没落

在鸦片战争前后传统货币制度的危机日益深重的局面下,人们提出了各种对策,主要内容有重钱轻银、行钞及铸大钱以及坚持用银但采取一些措施以缓和"银荒"等。

第一,重钱轻银主张。

白银外流引起的银荒,使银钱比价出现银日贵钱日贱的趋向,许多人企图减弱或扭转这种趋向,各种各样的重钱轻银论就出现了。

主张重钱轻银的人，认为银在当时的货币流通中占着优势地位，因而银的缺乏就会在经济生活中产生严重影响，于是就想以人为的方法贬低银的作用，使银和钱在货币流通中的地位颠倒过来，成为以钱为主，"使银从钱"①。其办法是：由国家规定，凡财政收支一律用钱；商品交易以及债权、债务，皆"以钱起数"②；银钱折价由国家法令固定等等。他们认为，这样一来，银在货币流通中的地位就降低了，人们都重视钱而不重视银，银的使用少了，价格也会回落，银贵钱贱和银荒的问题自然就会解决了，或者大大缓解了。

主张重钱轻银的人的一个共同出发点是：认为银和钱在货币流通中的地位是人为的，是因人们重视银，尤其是国家赋税征银造成的，因而也可由国家推行重钱轻银的政策，使其翻转过来。他们也都知道"纹银出洋"即白银外流对造成银荒的作用，但他们却企图把银贵钱贱说成是由人们重视银造成的，说什么："朝廷以府库积藏；天下之人，小者积以箱箧，大者积以瓮窖。人情所私，安得不贵？"③他们不懂得，银之所以被用为货币，而且在中国社会中使用益广，是商品流通发展的结果。商品流通扩大了，价值低的铜钱，不能适合大额交易、远途贸易的需要，才使贵金属的银或金在商品流通中使用日多。人们重视银，不是由于什么心理上的偏好，而是由于商品流通自身的需要。

西汉初晁错曾说："金玉饥不可食，寒不可衣"，所以为人们所贵，是"以上用之也"。（《汉书·食货志》）鸦片战争前后的重钱轻

① 《安吴四种·银荒小补说》。
② 同上。亦见《校邠庐抗议·用钱不废银议》。
③ 《求自得之室文钞·钱法议》。

银论者,虽然距晁错的时代已两千年,在对货币的认识上,却基本上仍处于晁错那样的水平。

贵金属在货币流通中的地位和作用日益超过贱金属,是商品流通发展的必然趋向。重钱轻银主张和这种趋向是背道而驰的,它对商品经济的发展和社会经济的进步是有害的,也是根本行不通的。

比重钱轻银更极端的主张是废银用钱。持这种主张的人认为:"圣人之治天下也,不贵难得之货,使其民衣帛食粟而尽力于农桑;粟与帛之所不通,于是乎以钱为币"[1],"重农必先贵谷,贵谷非废银不可"[2]。

可以看出,这是一种维护自然经济的理论。自然经济的维护者,最初宣扬废钱;后来商品的流通扩大,废钱不可能了,于是他们就主张废银用钱,以尽量把商品流通限制于低级的水平和狭小的范围。自明代中叶银在货币流通中的地位上升,古老的废钱用谷帛论就为废银用钱论所代替。从具体形式看,二者是有所不同的,但在维护自然经济的态度上,却完全是一致的。

第二,行钞及铸大钱的主张。

主张行钞的,也有各种不同的情况:

一种是鉴于银荒也影响到国家财政,因而主张发行不兑现纸币以聚敛民财,缓和财政困难。这种主张的极端代表是鸦片战争前的王鎏,本书上篇第六章已论述过了。

另一种是为了制止白银继续外流,企图"行钞以收未尽之银,

---

[1] 《畚塘刍论·论币一》。
[2] 《畚塘刍论·论治五》。

使不全入于海"[1]，并幻想这样做会使鸦片商因进口鸦片无从易银而减少或停止鸦片进口，"鸦片之祸或可稍息"[2]。

还有一种是主张行钞以代替或减轻大额交易对银的需要，缓和银荒给商品流通带来的困难。

第一种主张既然是要借行钞以搜括百姓，就不主张限制纸币的发行量；同时，由于对铸币也可实行贬值，他们在主张滥发纸币的同时，也主张铸大钱以实行铸币贬值。王鎏就是其例。

后两种发钞主张，则担心发钞多会引起贬值，因而多半主张采用一些办法来限制发钞数量，如主张钞币可兑换现银或现钱，发钞应有"钞本"（准备金）等。

鸦片战争前虽有过各种发钞的主张，但清朝廷并未实行发钞。太平天国军兴后，清朝廷的财政日益陷于山穷水尽，发钞及铸大钱的各种措施才一一推行，并迅即引起了严重的通货膨胀。

这时，有一朝官一再提出自己的发钞方案和理论，引起了人们的广泛注意。他就是王茂荫。

王茂荫前后提出过两个发钞方案。第一个方案是1851年他任监察御史时提出的，其主要内容是：发行总值为一千万两银的钞票，但不是一次发行，而是从十万两起始。发行后如通行无甚窒碍，次年加倍发行，如此审慎地逐渐增发，直到总数达一千万两为止。钞票由国家分发给各银号，向银号收取现银；银号加盖本号图记后向社会发出，并承担兑现责任。钞票发行后，和原在流通中的现银同时流通。

---

① 《慎余书屋文集》。转引自叶世昌等：《中国货币理论史》下册，中国金融出版社1986年版，第28页。

② 同上。

王茂荫的这一个行钞方案,主观上也有解决财政困难的目的,但同时又有着十分明确的防止钞票贬值的意图。他鉴于清朝廷每年财政收入约四五千万两银,发钞一千万两,不过占其中的四、五分之一;而且,在发行办法方面又是"行之以渐,限之以制"①,每年发钞数量在整个货币流通中所占份额尤不足道。如此少量的纸币和多出很多倍的现银同时流通,不会发生纸币严重贬值的情况。他把这种做法称为"以数实辅一虚"②。

王茂荫的这一方案,其要害是严格限制纸币发行数量。由于这种限制,纸币的贬值是可防止的;但对财政危机极端严重的清朝廷来说,发行这么点纸币却无异于杯水车薪,无济于事。王茂荫由于倡议发钞,被清朝廷提升为户部侍郎兼管钱法堂事,名义上成了财政、货币事务的主管官员;但他的方案却不被推行。在他的任内,清朝廷实行的滥发银票、钱票、铸大钱等,都是货币贬值的措施,这同王茂荫力图防止纸币贬值的初衷是不一致的。为此,王茂荫于1854年提出他的第二个行钞方案。

第二个方案的主要内容是:各地方的有关政府机构,从解送国库的现银、现钱中,扣留下一定数额,作为供钞币兑现的专款,允许持"钱钞"(清朝廷发行的以钱计数的纸币)、"银票"(以银计数的纸币)的人,随时兑取现钱、现银。

这一方案的特点是把不兑现纸币改为可兑现的纸币或银行券。在清朝廷滥发纸币已引起严重通货膨胀的情况下,这一方案的实质是要清朝廷承担责任,收回贬值的纸币。

---

① 《王侍郎奏议·条议钞法折》。
② 同上。

王茂荫在货币理论方面是金属主义者,他认为货币应是"实"的即有价值的,而纸币却是"虚"的即无价值的,因此,行用纸币"不能无弊"、"难以经久",在一般情况下,他是不主张行钞的。

但是,他又认为,虚的、无价值的纸币,同实的、有价值的金属货币是有着某种联系的,把握住这种联系,以金属货币的实作为基础,来控驭、管理虚的、无价值的纸币,就有可能使纸币顺利流通而不致贬值。他把这种管理纸币的方法称为"以实运虚"[1],认为纸币自身虽虚,但只要善于"以实运虚",就"虽虚可实"[2]。

"以实运虚"是王茂荫关于纸币问题的主要理论观点。纸币是货币的价值符号,在纸币的发行数量不超过流通对货币的需要量时,纸币就可代替货币起流通手段的作用而不致贬值。这就是纸币同金属货币(即传统货币思想所说的"虚"和"实")之间的真正联系和关系。中国传统货币思想自然不能清楚地认识这种联系,但已多少觉察到它们之间有联系,并企图运用这种联系来限制纸币的发行数量,防止纸币的贬值。中国古代的"虚实相权"的论点,已经多少体现了这方面的认识。王茂荫"以实运虚"的论点,强调了"实"的金属货币是"虚"的纸币的基础,认为"运虚"必须"以实",这比前人"虚实相权"的论点要更明确,更有理论深度。

王茂荫的货币思想仍然属于传统货币思想的范畴,而没有什么新的时代内容;但他对纸币的理论认识,显然已超过了任何前人。王茂荫的货币思想,尤其是他的纸币思想,可说是传统货币思

[1] 《王侍郎奏议·论行大钱折》。

[2] 同上。

想的最后硕果。在他之后，中国传统货币思想就"流水落花春去也"，而再不可能有什么建树了。

第三，继续用银为币的主张。

持这种主张的人认为：银在当时货币流通中的地位是客观原因造成的，不是任何人为的力量可以改变的，因此，重钱轻银、废银用钱、行钞之类的主张，都是不能解决问题的。他们都看到当时的银荒以及货币流通中的混乱现象，感到困恼和忧急，但都不认为这是用银为币造成的。他们都主张继续用银为币，但有的人主张在坚持用银的前提下应采取某些措施来缓解银荒；有的则认为，既然问题不出在用银为币本身，任何的救弊措施都是无用的。

对轻银、废银之类的主张，有人从商品流通的需要来反驳，认为：以银为币，"藏之无腐烂之虞，携之省转运之费，故日用而日广"[1]。银在货币流通中的地位，并不是由"上用之"造成的；相反，是这种"日用而日广"的趋势，迫使"上之人"不得不用。"上之人"看到了这种"日用而日广"的趋向不可阻挡，"上之人不能夺"[2]，因而只能因势利导，承认其在货币流通中的地位。

后来，中国人士对西方了解稍多，对银的世界货币的职能逐渐有所认识，因而不仅能从国内商品流通的需要，还进而能从世界经济交往和联系的角度考虑问题。曾主张财政收支、贸易、债务都"以钱起数"的冯桂芬，19世纪60年代初到上海后，就渐渐认识到：银是世界货币，中国是世界的一部分，要同世界交往，如果中国不以银为币，那就等于一国之内27省都用银"而一省不用银"[3]，显然

---

[1] 《缪武烈公遗集·银币论一》。但缪梓又主张为救弊而行钞。

[2] 同上。

[3] 《校邠庐抗议·筹国用议》。

是行不通的。由此，他认识到各种轻银、废银的主张都是背于世界大势的。他抛弃了自己原来的主张，断言："自五口通商而天下之局大变，从此以银为币之势已定，虽五帝、三王复起不能改也。"①

魏源是坚决反对贱银、废银之类的主张的。为了缓和银荒，他提出了"采金"和"更币"两项对策。采金即开采银矿，更币又包括两方面措施，一是铸银，二是兼行贝币、玉币。他称前者的目的是"浚银之源"，而后者所以"佐银之穷"②。

中国没有丰富的金、银矿藏，开银矿对增加流通中的银量起不了多大作用；即使能因此增产一些银，对解救当时的银荒也不可能有多大补益。当时的银荒是由白银大量外流造成的，不能解决外流的问题，开矿未必能抵补外流造成的减损。

兼行贝币、玉币实际上是一种货币复古主义，自然无足深论。魏源的铸银主张，倒是有值得注意之处。它的具体内容是："官铸银钱以利民用，仿番制以抑番饼。"③这是一种采用西方铸币方法自铸银币的主张。

明末清初，郑成功已仿西法铸造过银币；林则徐在江苏任职时，也曾这样做过。但是，作为一项货币主张公开提出来，却以魏源为始。魏源的同时人龚自珍，看到外国银币在中国流通的事实，也曾提出过自铸银币的主张，但却没提出过仿效外国铸造方法的问题；相反，他主张"且仿齐、梁铸饼金"④。齐、梁"饼金"，不过是饼形金银块，并非银铸币。如果龚自珍真的是要仿齐梁，那同魏源

① 《校邠庐抗议·筹国用议》。
② 《圣武记·军储篇三》。
③ 同上。
④ 《己亥杂诗》，见《龚自珍全集》下册，中华书局1959年版，第520页。

的主张就完全不是一类的东西了。魏源不但公开主张"仿番制"，而且把铸造的目的说成是"抑番饼"，即抵制和取代外国银币在中国的流通，以维护中国在货币流通中的主权。这种既要学先进又要维护主权的思想，是十分可贵的。

在魏源之后十余年，周腾虎提出了更明确、更具体的铸银币主张。他建议"准洋银分两"、"仿洋银之式"，但却"变其文字，以为中国宝货"①。周腾虎同魏源一样，是企图以自铸银币抵制并取代外国银币在中国的流通。他不仅认为一国市场任凭外币流通是损害国家主权和尊严的事，还详细分析了当时多种外国银币在中国流通的混乱情况，企图以自铸银币来消除这种混乱。

仿西法铸银币，自然也无助于解决银荒的问题。银荒是由国际收支逆差造成的，只要有逆差存在，白银就必然继续外流，不管中国国内货币是用银两还是银铸币，情况都是一样。

既然重钱轻银、废银、行钞、开矿、铸银都无助于解决当时的银荒问题，有些坚持用银为币的人，面对当时的货币危机就陷入了悲观、无奈的境地。许楣、许梿、陈其泰等人就说：当时的银荒，并不是清朝廷的货币制度本身的弊病，而是白银外流造成的，"法本无弊，弊在漏卮"②。既然白银外流在鸦片战争后已经更加无法制止，货币危机就成了无可救治的问题了。许楣等对此只能望洋兴叹："深维救弊之法，迄不可得。"③

许楣等认为银荒是由外来侵略所造成，不是在货币本身采取任何救弊措施所能解决的，这是对的；但他们把清朝实行的、实际

---

① 《皇朝经世文续编》卷五八《铸银钱说》。

② 《钞币论·陈其泰跋》。

③ 同上。

上是中国封建时代长期相沿的两币制看作尽善尽美，则是完全错误的。中国传统的货币制度和中国的封建经济、政治制度一样，已经走到了穷途末路，不根本改变不行了。

从鸦片战争前夕到19世纪五六十年代，议论货币问题的人基本上都还是在传统货币思想的框架内思考。冯桂芬能从世界经济交往的角度考虑中国的货币用银问题，魏源、周腾虎提出了仿西法铸银币的主张，是这一时期的货币思想中较有时代色彩的内容，一定程度上反映了此后中国货币制度变化的历史趋向。不过，他们对西方的货币也只是看到个别表面的东西，还远不能从货币制度的高度认识问题。他们的货币思想，从总体看，也仍然属于中国传统货币思想的范畴。

第三节　关于中国货币本位制的探讨

甲午战争失败至辛亥革命前后，中国的民族危机和社会危机急剧加深，货币制度的混乱也更到了无以复加的程度：中国自铸的银币大量增多，而银两也继续使用；各省所铸银币，成色不同，许多省份还铸有辅币性质的银角，而银角又往往不能同银圆保持固定的比价；各地纷纷铸造铜元，纸币的发行机构杂多，铜元的滥铸和纸币的滥发，导致严重的贬值。

这样混乱的状况，不仅对国内经济生活来说是不堪忍受的，就是在中国进行殖民掠夺的列强，也深感不便。于是，改革中国的货币制度，就日益成为普遍的呼声。

在甲午战争前后，中国人士对西方货币的本位制度已逐渐有所了解,并认识到要结束中国货币制度的落后、混乱状态,使其能适合发展中国经济、挽救中国贫弱处境的需要,就要仿效西方,建立中国自己的货币本位制度。这样,关于货币问题的议论,就日益集中在中国应实行什么样的货币本位制的问题上。

不过,最初一段时间,人们对西方的货币本位制,还缺乏完整的、准确的了解,因而所提出的改革货币制度的方案,还包含着一些理论性的,乃至知识性的错误,包含着一些对本位制自身的误解。陈炽关于"整顿圜法"的主张,就典型地体现了这一点。

陈炽主张:中国要仿照西法,铸造金、银、铜三种货币,同时流通,其比价是金币一枚,兑换银币十枚,铜币一万枚。他看到了世界市场上金、银比价呈现金日贵、银日贱的趋势,因而强调中国必须自铸金币,而且所铸金币在含金量及成色方面都同英镑完全一样。

陈炽显然对外国采用金本位以及在金本位下还有银、铜铸币流通的情况已有所闻,但他对什么是货币本位,各种铸币之间的主、辅关系,都无所知晓。因此,他所要铸的银、铜币,并不是金币的辅币,不是价值符号,而是处于和金币对等的地位。他主张"三币兼权",即将金、银、铜三种货币同时作为价值尺度,使其同样具有无限法偿。为了防止三币并行出现三种价格体系,造成流通的混乱,他主张使三币的比价固定不变,"不逐洋盘为长落,不随市价为转移"①。这样,金、银、铜三币就不是主、辅币关系,而是三种金属的复本位。由于三种金属的市场比价是变动不定的,而国家法定价则维持不变,这就必然会使人们不断以市价相对低的金属币

---

① 《续富国策·开矿禁铜说》。

向国家兑取市价相对高的金属币,并把后者销熔为金属块出售取利,结果就会出现劣币驱逐良币现象,使流通中只剩下市价最低的金属铸币。西方实行复本位制的历史早已证明了这一点,在理论上也早已揭示清楚;然而,陈炽显然对此并无所知。

陈炽主张中国所铸金币成色、重量都同于英镑,是认为这样中国的金币就可在国际间取得同英镑一样的地位,可以在国外流通,而英镑也可通行于中国。他不懂得,英镑在当时世界金融中的地位,伦敦在当时的世界金融中心的地位,同英镑的成色、重量和形制是完全无关的。

陈炽把废弃传统的货币制度,仿效西方建立新的货币制度看作摆脱中国贫穷衰弱状况的决定性措施,竟然说:当时中国"上下困穷……寻根探本,则圜法之弊,一言蔽之矣;对症用药,则整纯圜法之弊,一方括之矣"[①]。

陈炽不像鸦片战争前后的人们那样,只是就货币论货币,只是企图为解决货币本身的问题寻求出路;而是把货币同经济的发展,同解决上下困穷的问题联系起来了。当然,他把币制的改革说成是发展问题的根本和关键,把它看作是对国家、民族的命运起决定作用的问题,则未免太言过其实了。

进入20世纪后,人们对币制问题谈论得更多,而且更加明确地表现为对货币本位制的争论。对中国应实行什么样的货币本位,人们提出了下列几种不同的意见:

一种是主张实行银本位。其主要理由是:中国没有足够的黄金储备来改行金本位;中国一向用银,而且中国人民的生活水平

---

① 《续富国策·开矿禁铜说》。

低,而金的价值高,以金计价同中国的生活水平不适合。

另一种意见是实行金本位。这种意见认为:世界各主要国家都已是金本位,如果中国用银,则对外贸易的逆差、对外赔款及借外债的本息支付,都要以金计价,以银偿还,由于世界市场上银同金的比价不断呈下降趋势,这种折合所发生的"镑亏"①会越来越大,使中国蒙受越来越大的损失。

还有一种意见是实行虚金本位制,即明定本国货币单位有一定的含金量,或同某金本位国家的货币有固定比价,但国内流通并不铸造金币,而是发行以金计价的银币或纸币。这种银币或纸币,是金币的价值符号。在虚金本位制下,对外支付,或用金、银,或用外汇;为了同外币保持固定比价,要采用无限买卖外汇的措施,为此必须拥有必要数量的外汇储备。由于这种虚金本位制不直接和黄金联系,而是同特定的外币联系,所以也称金汇兑本位制。

中国近代关于虚金本位的议论,是由外国侵略分子的倡议引起的。外国列强争夺对中国的控制权,也要争夺对中国货币的控制权。在20世纪初,列强在中国争夺势力范围,企图灭亡、瓜分中国的狂潮中,对中国货币控制权的争夺,也达到了白热化的程度。许多国家的侵略分子都企图劝说中国实行金汇兑本位制,把中国货币同其本国的货币固定联系起来,并且在该国存储外汇平衡基金,企图借此把中国货币变成该外国货币的附庸,并可借此加强其对中国的经济和政治支配。一时,由外国侵略分子设计的这类币制方案纷纷出笼。日本人仓田为清朝廷设计了同日圆相联系的"没

---

① 对外支付以金计价,以银支付,金、银之间的差价,使中国须多付出若干银两。当时,伦敦是世界金融中心,英镑是最重要的金本位货币,故当时把补金、银差价称为补"镑亏"。

有金币的金本位制",老牌英国侵略分子、把持中国海关三十年之久的赫德（R. Hart）建议同英镑相联系的"虚金本位制",都是其例;而1903年美国派来中国的货币专使精琪（J. W. Jenks）提出的方案尤为露骨。

精琪向清朝廷提出了《整理圜法条议》,主张中国不铸金币而以一定金价的银币作为流通中的主要货币,银币一圆等于英币二先令。这一比价高于银对黄金的实际比价,因此,必须限制它的发行以维持这一法定比价;同时,清政府要在伦敦经常按这一比价买卖外汇,并为此筹集一笔外汇储备作为外汇平衡基金。精琪还建议,清政府以指定财源作抵押,借外债以建立所需外汇储备;又主张任命一外国人为司泉官（管理中国货币金融的最高官）。在外国因赔款或其他财务事项同中国发生交涉时,有权派人查阅司泉官编制的有关中国货币金融状况的账目和统计报表。

精琪的方案由于包含任命外国人为司泉官及允许外国人查阅中国金融账目等露骨的侵犯中国主权的条款,激起中国人士的强烈愤慨,一时朝野哗然,连张之洞这样的官方人士也起而反对。这一方案被搁置了。

金汇兑本位制常常被一些强国用作支配弱国的货币金融以至经济、政治的工具,但并非所有实行金汇兑本位制的国家都必然成为有关外国的金融、经济附庸。如果一个国家能在政治上保持自己的独立,并且能在不受外国控制的条件下建立必要的外汇储备,就不会因实行金汇兑本位制而陷入受外国金融势力支配的境地。

精琪的方案虽被拒绝,此后仍不断有人提出各种各样的虚金本位方案。康有为、梁启超师徒都曾进行过这方面的设计。

康有为认为中国币制改革的最终目标应是实行金本位。为此,他主张清朝廷在海外设银行吸收华侨手中的黄金,并在国内收兑民间黄金;但在黄金数量未筹足前,可先行虚金本位制作为过渡,其办法是:法定本国货币为有一定含金量的金币,但不铸金币,而铸造以金币计值的银币作为流通的货币。银币对金币的比价为20:1。这一比价高于市场上的金银比价,但由于银币只是金币的价值符号,它的价值不取决于自身的含银量而取决于所代表的金币的价值。只要限制银币的发行数量,不使其超过流通中对金币的需要量,法定的银币与金币比价是能够维持的。

但这只是就国内流通而言,在需要对外支付时,则只能以金、银支付,而在以银支付时,又只能按市场上的金银比价折银付给,由于国际市场上的银价下降而造成的"镑亏",仍然不能避免。然而,康有为却把为银币规定的金价,看作金、银比价自身的改变,并认为此后对外支付也可按银币的金价折银支付。他兴高采烈地宣称:实行虚金本位可使"银价立高大半"[1],清朝廷对外赔款以及其他支付就可大大减少所付出的银量,"镑亏"就可避免或大大减少,清朝廷因此而"所获多矣"[2]。

这里,康有为显然分不清作为价值符号的银币和作为货币的银,犯了一个知识性的错误。

梁启超也肯定虚金本位制,称赞它"实为银本位国自卫之妙策,我国采行之,有百利而无一害"[3]。他的方案大致是:规定本国货币的含金量,并以此为基础同金本位国的含金量比较而确定外汇比价;国内流通不用金而铸造银币,其与金币的比价为32:1。

---

① 　康有为:《金主币救国议》卷下,第45—46页。
② 　同上。
③ 　梁启超:《饮冰室合集·文集之二十二》,第22页。

梁启超也是把虚金本位制作为一种过渡性的办法来考虑的，主张："将来遇有特别机会，或在本国开得金矿，或战胜他国而得偿金，乃进而为完全之金本位制。"①

梁启超对虚金本位的理论认识要胜过康有为，他懂得："国家虽不能以法律规定金块、银块之比价，而能以法律规定金币、银币之比价。既定金币、银币之比价，则金块与银块之比价，听其时高时下，而总不能摇币制之基础。"②

主张虚金本位的人，多数也和主张金本位、银本位的人一样，是企图建立中国自己的独立的货币制度，以利于国家的经济发展。但是，实行虚金本位有一个必要的前提，即要有一笔充足的外汇储备。这在经济落后、没有真正的独立、自主地位的近代中国，如果没有一个强大的、发达的资本主义国家的支持，是很难做到的；而要得到这种支持，就难以逃脱受后者控制、支配的命运。精琪方案之后三十余年，中国接受了英国人李滋罗斯（F. W. Leith Ross）的建议，实行法币政策，以中央、中国、交通三银行（后又加上中国农民银行）发行的纸币为"法币"，作为流通中有无限法偿的货币，停止银元流通；法币一元等于英币1先令2.5便士，由中央、中国、交通三银行无限制买卖外汇，以维持这一比价。李滋罗斯的方案，本质上同精琪方案是完全一致的。中国从此成了英镑集团的成员，后来又成了美元集团的成员，中国的货币成了英镑、美元的附庸。

当时，为实行这一方案造舆论的人，也极力强调，实行金汇兑

① 梁启超：《饮冰室合集·文集之二十二》，第29页。
② 同上书，第18—19页。

本位制并不一定会丧失本国货币的独立地位。他们说:"镑汇之实行,是否将中国之货币权附庸于英国,当视实行之情形而定。如维持镑汇之基金,完全由我筹措,则今日吾人以国币与英镑联系为得计而加入英镑集团,他日如以为非计,则退出可也。权操在我,何得谓为附庸?"①他们又举世界上某些实行金汇兑本位制国家的例子说:"瑞典、挪威亦为金镑集团之一员,但其币制之独立性,固未受若何之影响也。"②

如果不看具体的历史条件,这些论断是可以成立的。但是,当时的中国,是否有能力完全自筹"镑汇之基金"呢? 中国在经济的发展和国家的独立方面,能否和瑞典、挪威等国相提并论呢?

第四节 实行纸币流通制度的设想

当人们为金本位、银本位,还是虚金本位的问题而聚讼纷纭时,孙中山提出了不流通金属货币,而实行纸币流通制度的方案。

辛亥革命后,袁世凯篡夺了政权。当时,政府财政困难,向六国(英、法、德、俄、美、日)银行团借款未成,沙皇俄国又趁机伸出侵略魔爪,在中国北疆滋事,威胁首都北京。孙中山当时还认不清袁政权的本质,为了帮助其摆脱财政困难,筹措防御俄国侵略的军费,发表了《倡议钱币革命对抗沙俄侵略通电》(简称《钱币革

---

① 姚庆之:《李滋罗斯来华与中国币制前途》,载《社会经济月报》第二卷,第9期。

② 姚庆之:《沙逊爵士建议之检讨及施行镑汇制度之商榷》,载《社会经济月报》第二卷,第4期。

命通电》），提出了完全实行纸币流通制度的币制改革方案，其主要内容为：国家明令以纸币为流通中的货币，"悉贬金、银为货物"①，严禁以金、银作为货币来流通，但可铸造银、铜辅币。纸币的发行不以金、银为准备，而是以每年的财政收入及国家掌握的物资为依据。每年预算确定后，国家的税务处根据预算的税收额发行同等数额的公债券交给纸币发行局，纸币发行局发行等额纸币以供使用；在税务处完成年度征收任务收回纸币后，将纸币送交纸币销毁局换回公债券，纸币销毁局则将纸币销毁。如果实际税收超过预算税收，超过的纸币不予销毁，继续在市场上流通。

除按预算税收额发行外，国家还应民间需要发行纸币。任何需用纸币的人，都可以金、银、商品及产业向纸币发行局交换纸币。纸币发行局将换得的财物交有关的国家机构发售，售得的纸币，也送纸币销毁局销毁。

孙中山所设计的这种纸币，虽和金、银等贵金属以及外国金币无固定联系，但同样也是货币的一种价值符号。它在流通中的价值，取决于它的发行量是否超过流通中对货币的需要量。由于孙中山主张以财政收入及国家所掌握的金、银、商品及产业作为发行依据，纸币的发行量受到了严格的限制，它是能够以比较稳定的价值流通，而不致发生贬值的。

但是，既然纸币只是价值符号，国家发行纸币就不能创造任何价值。孙中山虽然主观上具有为筹措军费、减轻财政困难而实行"钱币革命"的意图，但按他的方案发行的纸币，并不会为国家增加财政收入。他希望实行"钱币革命"使"国家之财政困难可立抒

---

① 《孙中山全集》第二卷，中华书局1982年版，第545页。

（纾）"①，这是不可能做到的。孙中山还认为按他的方案发行纸币可为经济发展筹措资金，使"工商事业亦必一跃千丈"、"出口货必多于入口货"，中国从此将由贸易逆差转为大量顺差，结果外国"必有输其金银珠宝以为抵者"②。他甚至还认为：由于中国不用金银为货币，进口的金、银就可贷给外国取息，中国将由债务国一变而为债权国！

这就把实行纸币流通制度说成解决一切财政问题和经济发展问题的万应灵药了。建立一种统一的、稳定的货币制度，可对经济发展有良好的作用；但把它说成是根本改变中国经济面貌和国际地位的决定性手段，就言之过当了。

孙中山的方案，在实行方面也有一些窒碍难行之处。例如，他主张根据预算税收发行纸币，但预算税收不见得能和实际税收相符合。如果实际税收多于或等于预算税收，自然没有问题；如果预算税收估计过高，实际征收中完成不了，则按预算税收额发行的纸币，必有一部分无法回笼，影响纸币的稳定。又如，应民间需要发行的纸币，如果国家由此收入的财物不能及时售出，或者不能按收购价售出，也将使一部分纸币无法回笼。

货币作为流通手段，是要不停转手、不留滞于一点的，因此，它完全可由价值符号代替。既然如此，流通中完全使用纸币而不投入任何金、银，是完全可能的。孙中山设计的纸币流通制度，从理论上说是符合货币流通的这种规律性的。

孙中山发表《钱币革命通电》时，世界上正处于金本位的全盛

---

① 《孙中山全集》第二卷，中华书局1982年版，第547页。
② 同上。

时期,人们都把金本位看作最好的、最理想的货币本位制。中国主张实行银本位或虚金本位的人,也多是把金本位看作最终的目标,而把实行银本位或虚金本位看作暂时的、过渡的措施。孙中山却于此时已看到了实行纸币流通制度、不以任何形式流通贵金属货币(不论是金币本位制或金块本位制)的可能性,这在历史上也是有预见性的。20世纪30年代,各金本位国家纷纷放弃金本位,纸币流通制度成了世界各国普遍推行的制度。

(原载《中华文化通志·经济学志》,

上海人民出版社1998年版)

8 中国近代人口思想

第一节 人口问题的尖锐化及其症结

中国近代也是人口问题空前尖锐化的时期。清代康、雍、乾盛世，一百余年，经济、政治都比较稳定，有利于人口的增长。到18世纪90年代初，中国人口总数已超过三亿，约为明代人口最多时期的三倍；到鸦片战争前数年，更突破四亿，在世界各国中居于首位，这样迅速增加的人口，仍靠简单再生产的落后农业维持，对后者自然是一个不堪承受的压力。同时，封建统治秩序的稳定也有利于土地兼并、土地集中的进行，使越来越多的农民因丧失土地而成为游民，社会上的过剩人口大量增加。在清代乾隆、嘉庆之际，一些士大夫人物已纷纷对人口问题表示关心，从不同角度对人口过剩现象进行了探讨，洪亮吉等人就是这方面的典型代表[①]。

鸦片战争前二三十年，中国人口问题因受外来侵略的影响而更加恶化。日益猖獗的鸦片走私使白银大量外流，加剧了财富同人口的矛盾；吸鸦片人数的增加，使许多人丧失劳动力，由生产者转化为寄生者，更加扩大了过剩人口的队伍。这些情况增加了有

---

① 参阅《中华文化通志·经济学志》上篇，上海人民出版社1998年版，第八章。

识之士的焦虑。龚自珍在嘉庆、道光之际的著作就一再谈到："天下生齿庶，原之出也不饶"①，"自乾隆末年以来……不士、不农、不工、不商之人，十将五、六，又或食烟草，习邪教，取诛戮，或冻馁以死"②。这里，龚自珍已不仅从国内经济的停滞考察人口问题，而且已把过剩人口的增多同鸦片走私问题联系起来了。

鸦片战争后，外国侵略势力的深入，破坏了中国的社会经济，使中国人口问题更加尖锐、复杂：

第一，外国商品，尤其是棉纺织品的涌入，破坏了城镇手工业及耕织结合的农村经济，使手工业的失业人数迅速增加，也使农村劳动力因失去了手工副业而日趋过剩。

第二，外来侵略的刺激，农村自然经济的解体，虽然使城乡商品经济有了一定增长，并使中国开始出现了少量的资本主义工商业；但由于外来的殖民掠夺和国内的封建统治严重阻碍了中国经济的发展，城市工商业的增长极其艰难、缓慢，无力吸收较多的劳动力，同过剩人口迅速、大量增长的势头形成巨大的反差。

第三，列强一再发动的对华侵略战争对中国经济造成严重破坏，战争赔款更加剧了广大中国人民的贫困，这些也都增加了中国人口问题的严重性。

第四，列强争夺对中国的统治，在中国划分势力范围，并为此各自扶植一批军阀、政客作为自己的代理人。这使中国长期陷入分裂和内战之中。内战及国内秩序的持续动乱，进一步破坏了社会经济，也削弱了抗御天灾的能力，使天灾更加频繁、严重。天灾、

---

① 《龚自珍全集》，中华书局1959年版，第1—2页。
② 同上书，第106页。

人祸相乘，更造成过剩人口的大量增长。

由于中国人口众多和殖民统治、封建统治对中国经济的严重破坏，近代中国过剩人口之多，是世界其他国家和地区无法比拟的。又由于中国经济受到严重束缚和扼制而得不到发展，城市工商业缺乏大量吸收过剩人口的能力，中国近代的过剩人口是停滞性的：众多人群长期处于无正当职业、无正常收入、无可靠生活来源的状况，生活极端悲惨，经常有大量人口饿死，一遇严重天灾，动辄饿死数百万、上千万人口，而外来侵略及内战造成的人口伤亡，尤其难以计数。

人口问题如此尖锐，自然会引起人们的高度关注。中国为什么会有这么多的过剩人口？过剩人口对社会经济状况和国家的命运会有什么影响？中国的人口问题如何解决？……这些问题引起了人们广泛的探讨和议论，人口思想成了近代思想界最为活跃的思想之一。

中国近代的人口思想，大体有以下三个发展阶段：

19世纪60年代以前为第一阶段。这时，人们是在以农业为主的传统经济的基础上考虑人口问题，人口问题同经济发展问题尚未联系起来，同外来的人口思想也基本上没有什么联系。

19世纪六七十年代至20世纪20年代以前为第二阶段。这时，人口思想的主流是把人口问题同经济发展问题联系了起来，并且把经济发展看作解决人口问题的基础。马尔萨斯人口论在这一时期已传入中国，但在长时期中并未为人们所接受。谈论人口问题的人，多相信人口问题可能并且只能在经济发展中解决，而认识不到或不强调人口问题对经济发展的作用。

20世纪20年代以后，尤其是三四十年代，是近代中国人口思想发展的第三阶段。这一阶段的主要特点是：谈论人口问题的人，许多已认识并强调人口对发展的意义，但偏于强调人口对发展的消极的、制约的作用，因而对拥有大量过剩人口的中国能否解决人口问题缺乏信心；有些人还由此而对中国的发展以及能否通过革命来解决中国发展的根本前提，持悲观的态度。

早已输入中国的马尔萨斯人口论，在这一时期受到了谈人口问题者的广泛重视，成为上述人口观的理论基础。人口思想领域中的争论，在这一时期集中表现为肯定和否定马尔萨斯主义的争论。

在前两个阶段，人口问题多是在谈论其他问题中附带涉及，很少有专门论述人口问题的文献；在这一阶段，人口问题则主要以专门问题的形式出现，其数量之多，也远非过去任何时候所能及。

第二节　传统人口过剩思想的最极端表现

鸦片战争后城乡失业人口的迅速增加，使鸦片战争前本已此伏彼起的农民武装抗争更加如火如荼地滋长起来，终于以1851年的太平天国金田起义为契机，形成了燎原之势。

在太平天国定都南京后的几年间，一个极端仇视太平天国的士人以日记的形式，发抒了自己关于中国人口问题的一系列观点。他就是汪士铎。

汪士铎的人口观点，主要包括下列内容：

第一，人口增长速度快于生产增长速度，人口增长速度已经达到了极限，甚至已超过了极限。

汪士铎认为："天下人丁三十年加一倍"①，以此速度发展，迟早会达到社会生产和资源供应的极限。

洪亮吉已有这种极限的思想，不过还只是作为一种终将达到的趋势来理解；汪士铎则认为，在当时这种增长倍数已经成为现实，并已超过了。他一再说：

> 人多之害，山顶已植黍稷，江中已有洲田，川中已辟老林，苗洞又开深菁，犹不足养，天地之力穷矣。种植之法既精，糠覈亦所吝惜，蔬果尽以助食，草木几无孑遗，犹不足养，人事之权殚矣。②

> 驱人归农，无田可耕；驱人归业，无技需人，皆言人多，安能增益？③

第二，人口过多，过剩人口的存在，是人民贫困和社会动乱的根源。

既然天地"力穷"，人事"权殚"，竭尽自然之力及人力对已有人口"犹不足养"，过剩人口问题就不可能通过增加生产来解决，而过剩人口的存在并继续扩大，就是人们贫困日甚、社会动乱愈亟的根源。汪士铎断言：

> 世乱之由人多，人多则穷。④

> 使减其民十之七、八，则家给民足，驱之为乱亦顾恋而不愿矣。有他道哉？⑤

---

① 汪士铎：《乙丙日记》卷三，明斋丛刻本，第28页。此语系汪士铎附和徐光启的说法。

② 同上书，第26—27页。

③ 同上书，第27页。

④ 同上书，第28页。

⑤ 汪士铎：《乙丙日记》卷二，明斋丛刻本，第19页。

第三,人口质量和人口数量成反比,人口越多,质量越下降。

> 人多而气分,禀赋遂薄。①

> 徽州人固陋,喜人多婚早……无一中用者,多则气薄也。②

> 徽六邑,绩溪最苦,地狭人多也。……故人多于他邑,愚于他邑,贫于他邑,企望长毛之来,亦殷于他邑。③

汪士铎所谓的"气"、"禀赋",自然都是指人口质量而言,但"气分"、"气薄"究竟是何含义,由于说法含糊,难以推断。他所谓的"愚",则显然不是或主要不是指文化、教育程度低下而造成的愚昧,而是指不听统治者的教诲,不顺从统治者,在当时的具体表现为站在太平天国一方反对清朝,即文中所说的"企望长毛之来"。

第四,"人多之害"不止是指人口总数多,尤其是指农民多和妇女多。汪士铎认为人是妇女生的,妇女多就必然生人多。至于农民,在汪士铎看来是质量最低而又最喜欢人口多的人,因而也是造成"人多之害"的主要因素,所以他说:

> 女多,故生人多,而生祸乱。④

> 女人多,故人多。⑤

> 天下最愚,最不听教诲,最不讲理者,乡人。……教之以正则哗然动怒,导之以非则挺然称首。其间妇人又愚于男子,山民又愚于通途之民。⑥

---

① 汪士铎:《乙丙日记》卷三,明斋丛刻本,第12页。
② 同上书,第28页。
③ 同上书,第19页。
④ 同上书,第31页。
⑤ 同上书,第28页。
⑥ 汪士铎:《乙丙日记》卷二,明斋丛刻本,第18页。

士商机巧无能为,农、工愚很能为乱而心齐。①

第五,为减轻"人多之害",汪士铎提出了一系列限制人口增殖以至减少现有人口的做法,如免费给予堕胎药,多方限制男女婚配(如鼓励出家为僧尼,禁鳏夫、寡妇再婚等),强制"溺女",尤其是禁贫民生女,以及采用严刑峻法及大规模军事屠杀手段来减少现有人口。对参加过太平天国起义或其他反清武装起义的农民,更强调要"威断多杀"②,甚至主张以"族诛"之类的惨毒刑罚诛杀尽绝。

除了采取上述措施减少人口数量外,汪士铎还多方企图弱化人们的意志。他认为商人机巧浮靡,而"文学"、"道学"使人习于虚浮无用,因而主张"广商贾"、"广文学"、"广道学",以削弱人们反对封建统治者的意志和力量。

汪士铎的人口思想,也是一种绝对人口过剩论,即认为过剩人口是因为人口自然增殖的速度大于物质财富增长的速度,因而出现过剩人口是一种不以社会历史条件为转移的绝对的、必然的趋势。

这种绝对人口过剩论,在中国历史上早已有之,韩非、洪亮吉等都已把它的基本观点提出并阐述过了。汪士铎没有什么新的东西,在理论观点的阐述方面还不如前人;他的较为独特之处,是在于他更突出地强调人多之害、敌视农民和妇女以及主张用各种反人道的手段来抑制人口的增长这样几点上。

韩非、洪亮吉都认为人口过剩是不可避免的,但并没有考虑在

---

① 汪士铎:《乙丙日记》卷三,明斋丛刻本,第19页。
② 汪士铎:《乙丙日记》卷二,明斋丛刻本,第16页。

人口问题上应采取什么政策、措施。按照他们的逻辑，既然人口过剩是绝对的，不可避免的，那么，在人口问题上采取什么措施，寻求什么解决办法，都只会是徒劳的，无济于事的。

汪士铎主要不是在论证一种趋势，而是强烈地企图表明：中国的人口数量已经大大超过了社会生产和自然资源能够供养的极限，既然已无法从生产着手来解决过剩人口的出路问题，也无法从分配状况来缓和矛盾，就只能从人口本身想办法，抑制人口的增长，并且大量减少现有人口。

怎样抑制和减少呢？汪士铎绝对没有普遍推行节制生育措施的观念。他宣扬"人多之害"，但实际上并不是认为什么人多了都是害。在他看来，三宫六院、七十二嫔妃的帝王，三妻四妾的达官贵人，五世同堂、子孙繁衍的豪绅巨富，都不会构成人多之害；造成人多之害的基本上是两种人：农民和妇女，他的抑制人口的主张，基本上是针对这两种人的。

汪士铎也的确提出了抑制人口增长的主张，但这同现代控制人口的思想完全不是一回事。

首先，汪士铎抑制人口增长的主张，毫无发展方面的内容。在汪士铎看来，生产的增长、资源的利用都已到了极限，没有了什么增长的可能；他也没有建立新式工商业的要求，因而也根本不可能把抑制人口增长的问题同发展问题联系起来；而不同经济发展相联系的抑制人口增长的主张，是没有任何积极意义的，也是没有实施的可能的。例如，汪士铎说，如使现有人口减少十分之七八，就可家给人足。可是，在经济没有发展，劳动生产率没有提高的情况下，人口突减十之七八，必然会造成劳动力的严重缺乏，造成社会生产的大幅度下降和破坏，何以反能使家给人足呢？汪士铎要减

的主要是农民,农民突减十之七八,谁为地主耕田、交租呢? 地主
乡绅们又靠什么来增加自己的财富呢? 汪士铎当然是不会不懂得
这一点的,所以,他一方面杀气腾腾地要对农民大开杀戒,另一方
面又不得不自相矛盾地承认"农不可少"①。

其次,汪士铎抑制人口增长的主张,不是同科学技术以及医疗
条件的进步相联系的。汪士铎对西方的科学技术无所了解,对科
学的医疗知识更是一无所知。他所提倡的抑制人口的措施,同建
立在科学的医疗条件基础上的节育措施,完全是风马牛不相及的。

还应指出,汪士铎抑制人口增长的主张,不是从关心人、保护
人的健康和福利的角度出发的,而是从仇视人,尤其是仇视农民、
贱视妇女的立场提出来的。他的抑制人口的措施,都是极其野蛮
的、凶残的和灭绝人性的。他本人对此也毫不讳言。

通常,控制人口增长是指社会为了使人口增长同经济发展相
适应,并且有利于经济的发展,在科学的医疗条件帮助下,为保
护人的健康、增进人的福利而采取的积极的政策措施。在19世纪
五六十年代,中国还不可能产生这样的思想和政策,汪士铎这样一
个在农民起义的打击下陷入极端绝望和疯狂,公然主张以极端反
人道的手段来减少人口的人物,也不可能提出这样的控制人口的
积极的政策主张。

汪士铎的人口思想,在许多方面同马尔萨斯是一致的。它的
产生,比马尔萨斯人口论晚半个来世纪,但汪士铎当时并不知道马
尔萨斯人口论。他的人口思想,仍然属于传统人口思想的范畴;当
然,它是传统人口思想中最极端、最没有理性的一个特例。

---

① 汪士铎:《乙丙日记》卷二,明斋丛刻本,第16页。

在汪士铎的晚年，他对马尔萨斯人口论已有所知闻。在他所作的一首诗中写道：

> 地球鸡子黄，万古无消长，生齿日益兆，山泽力难养。远夷梯航来，弊固在利网；闻亦因人满，幸遂非分想。度果得温饱，未忍去乡党。……①

第三节　人口问题同发展问题的结合

19世纪六七十年代之后，中国的发展思想开始萌生，人口思想也逐渐同发展思想联系了起来，于是，人口思想领域中形势一变：几十年来中国人口问题上的悲观主义，逐渐为乐观主义所取代。

这一阶段，许多主张发展的人，最初也曾对中国众多的过剩人口感到焦虑，对中国能否在经济发展中解决此问题缺乏信心；但当他们对新式工商业尤其是大工业的巨大生产力有了较深的认识之后，他们在人口问题上的观点就变了。

薛福成原来也是一个绝对人口过剩论者，即使在他参加了办洋务的活动，产生了学习西法发展中国的思想之后，有一段时间仍对中国的"人满之患"感到一筹莫展。他曾说：自清代康、雍、乾三世以来，中国人口增加很多，已经造成了"昔供一人之衣食，而今供二十人"、"昔居一人之庐舍，而今居二十人"②的"人满"状况。他还认为：中国的土地已"垦辟无余"，而且"人无遗力"，劳动生

---

① 汪士铎：《梅村剩稿·杂言》。
② 薛福成：《庸庵文编·许巴西、墨西哥立约招工说》。

产率也无法再提高了。人口问题在国内已无法解决,除移民出国,别无出路。

当时,中国东南沿海常有外国人贩子同中国的土霸相勾结,掠卖中国贫民去拉丁美洲、大洋洲等地从事奴隶劳动的情况。薛福成建议由清朝廷出面,同有关外国缔结招工条约,招募华工出口,既可为一部分过剩人口找出路,也可对出口的华工给予一些保护。

"垦辟无余"、"人无遗力",这和汪士铎说的"天地之力穷"、"人事之权殚",基本上是一样的说法。这时,薛福成虽已有了学习西方发展中国的要求,看来他对经济发展前景的认识仍是很初步的。"垦辟无余"、"人无遗力"这些说法,就表明他仍未能从新生产力的角度看问题。从中国封建统治下的落后农业来看,许多地区确实已是"垦辟无余"、"人无遗力"了;另一些地区,虽然还有荒可垦,人也有遗力(无土地或耕地不足),但已经日暮途穷的落后生产方式,也再不能对这些人力、地力,加以开发利用了。

薛福成后来奉命出使欧洲,在对欧洲发达国家的经济情况,特别是对大工业的力量有了亲身见闻后,他就抛弃了自己原来的观点。薛福成把西欧一些国家的情况,同中国对比,对自己原来的观点检讨说:

> 西洋富而中国贫,以中国患人满也。然余考欧洲诸国,通计合算,每十方里居九十四人,中国每十方里居四十八人。是欧洲人满实倍于中国矣,而其膏腴之地又多不逮中国。以逊于中国之地,养倍于中国之人,非但不至如中国之民穷财尽,而英、法诸国,多有饶富景象者,何也?盖能浚其生财之源也。……彼以此法治民,虽人满何尝不富也,而况其能使不满

也；若中国之矿务、商务、工务，无一振兴，坐视民之困穷而不为之所，虽人不满，奚能不贫也，而况乎日形其满也。①

这时，薛福成认识到：所谓"人满"或人口过剩，不是以人口相对于国土总面积或耕地总面积而言，而是一个在既定的经济状况和水平下出现的问题。经济落后，生产停滞，纵然人口总量相对国土面积并不算多，人口密度并不算大，但仍然可能有较多过剩人口，即所谓"人满"的现象，广大人民仍会极其贫困，许多人甚至被饿死；反之，一国经济有强大的活力，生产力强大并且发展迅速，尽管地狭民稠，人口密度较大，但却较少过剩人口，人们的生活水平较高。用薛福成的话说，一国是否人满，主要取决于能否"浚生财之源"。他所说的"浚生财之源"，也就是发展经济。这样，薛福成就把人口问题同经济发展联系起来了；他对发展的强烈信心，就成了他对解决人口问题的信心的基础。他过去对"人满"的担心，至此就一扫而空了。

薛福成不懂得，发达的资本主义国家也存在自己的人口问题，也有相当数量的过剩人口，有时过剩人口还相当严重。在他的时代，对西学、洋务比较感兴趣的人士，对马尔萨斯人口论都已有所知晓；薛福成是当时这类人士中的杰出代表之一，又亲身到过马尔萨斯的故乡英国，对马尔萨斯人口论自然不会陌生。但他晚年谈人口问题时无一语及于马尔萨斯观点，这只能表明：这时对发展问题抱有高度热情和充分信心的他，与马尔萨斯人口论是格格不入的。

在薛福成之后数年谈论人口问题的谭嗣同，对于依靠经济发

① 薛福成:《庸庵海外文编·西洋诸国导民生财说》。

展来解决人口问题怀有更强烈的信念；而且，他对人口问题的论述已不限于中国，而是把它作为一个世界性的问题和普遍性的理论问题来考察了。

谭嗣同未提马尔萨斯的名字，但他关于人口问题的论述，自始至终是结合着反驳马尔萨斯的观点展开的。

谭嗣同指出，有人认为"地球之面积无可拓展，而人类之繁衍代必倍增，所产不敷所用，此固必乱之道也"①。这指的正是马尔萨斯的观点。接着，他针对这种观点进行了驳斥，指出：

第一，他认为人满即人口过剩，至多只是部分国家、部分地区存在的问题，对全世界而言，则远非现实问题。

谭嗣同认为，必须区分"人满"和"土满"两个不同的概念：前者是指全世界人口密度达到了极限，后者则是指某些地区人口密度过高。在他看来，世界只不过有一小部分地区人口密度较大，就全地球而言，"总计荒地正多，即丁口再加百十倍，犹易生活"②。因此，现时就谈论人满致贫，人满致乱，无异杞人忧天。

第二，他认为所谓人满，实际上并不是人口真的达到了极限，而是生产不发达和地区人口分布不均。他说："人满之患，必生于他日之土满，非真满也。土满之患，必生于居处之不均，垦辟之不讲，亦未能定为真满也。"③

因此，大力发展生产，并根据情况实行移民，即使人口密度已很高的地区，也不会出现真正的人满或人口过剩。

谭嗣同所谓"讲垦辟"，主要不是指开垦荒地，而是指讲求耕

---

① 《谭嗣同全集》，生活·读书·新知三联书店1954年版，第83页。
② 同上。
③ 同上书，第83—84页。

作之术；他用以解决居处不均的办法，主要是依靠现代交通工具进行大规模移民，所谓"轮船铁路，中外尽通，有余不足，互相酌剂"①。可见，他是把发展看作解决人口问题的手段，他的人口思想是同他的发展思想联系在一起的。

第三，他对依靠经济发展来解决人口问题充满着信心，认为"有学之农，获数十倍于无学之农"②，而且认为随着生产力和科学技术的发展，人们还将越来越多地依靠各种合成食物，"而不全恃乎农"③。这样，经济发展和科技进步在增加人的生活资料的能力方面可说是"无不给"④，也即是无限的，因而不会发生人口绝对过剩的问题。这样，他就把马尔萨斯关于生活资料按算术级数增长，从而必然越来越落后于人口增长的说法给否定了。

但是，谭嗣同也不懂得不同社会制度有不同的人口规律，因而还不能彻底摆脱马尔萨斯人口按几何级数增长说法的影响。这样，他必然要陷入一个无法自拔的矛盾：生活资料增长的可能是无限的，人口的增长可能也是无限的，而地球的面积却是有限的；有朝一日，人口总数所占的面积等于或超过了全地球的面积，致使"地球上骈肩重足犹不足以容"⑤，生产场地都没有了，人口岂不成了绝对的过剩？对此，谭嗣同设想了三条出路：

其一是人可以不用食物维持生活："如道家辟谷服气之法"⑥，那就不患因生活资料不足而出现人口过剩了。

---

① 《谭嗣同全集》，生活·读书·新知三联书店1954年版，第83页。
② 同上书，第84页。
③ 同上。
④ 同上。
⑤ 同上。
⑥ 同上。

其二是通过不断地改良人种,使人类变成一种"纯有灵魂,不有体魄"的"灵物"①。这样,人就可以不占空间,人口无论多到什么程度,也不会产生"人满"的问题了。

其三是人可离开地球,走向宇宙:"可以飞升往来于诸星、诸日,虽地球全毁,一无所损害,复何不能容之有?"②

需要指出的是:谭嗣同说的"飞升往来于诸星、诸日",不是依靠科技制造宇宙交通工具,而是由于人"进化"成了没有体魄的灵物,可以不受空间限制而在宇宙之中任往任来!

谭嗣同这些充满着浪漫主义的遐想,一方面表明了他对经济发展在解决人口问题方面的作用怀有强烈信心和乐观态度,另一方面也反映出,由于他自己对人口问题缺乏充分正确的理解以及科学知识的缺乏,他在对马尔萨斯观点的批评中,有许多地方并不能击中要害,有时甚至会流于荒诞不经。

孙中山也谈过人满即人口过剩的问题。在中日甲午战争前,他就认为"今日之中国,已大有人满之患矣,其势已岌岌不可终日"③。这同薛福成、谭嗣同否认人满的论点,看似相反,其实不然。孙中山说的"人满之患",是针对当时中国经济落后,未能走上发展之路的情况而言的,而并不是把"人满"看作不论任何历史时期都存在的绝对的趋势,并不是对中国的人口问题持悲观主义态度。恰恰相反,他认为在经济发展的情况下,人口问题是不难解决的。在同一篇作品中,他把这种思想表达得很明白:

> 盖人民则日有加多,而土地不能以日广也。倘不日求精

① 《谭嗣同全集》,生活·读书·新知三联书店1954年版,第84页。
② 同上。
③ 《孙中山全集》第一卷,中华书局1952年版,第17页。

进，日出新法，则荒土既垦之后，人民之溢于地者，不将又有饥馑之患乎？①

这就是说：如果采用传统的农业生产方法，产量不高，在人口增长的情况下，原有耕地的产量就会不敷需要而出现"饥馑之患"；即使还有许多荒地可垦，垦辟之后，将来仍会因人口增长而出现"人满"的问题。可见，孙中山对"人满"的担心，并不是对人类前途和命运的担心，而是对旧的生产方式、方法的否定。所以，他接着就说："是在急兴农学，讲求树畜，速其长植，倍其繁衍，以弥此憾也。……农学既明，则能使同等之田，产数倍之物，是无异将一亩之田变为数亩之用，即无异将一国之地广为数国之大也。如此，则民虽增数倍，可无饥馑之忧矣。"②

这还只是就农业发展一个方面而言的。孙中山要求的发展，"非谋其一端"，而是要求对中国的农、工、商、矿、交通、运输实现全面的发展和现代化，使中国成为一个富强的和高度文明的国家。在他的发展蓝图中，是不存在对"人满之患"怀抱忧惧的灰暗色调的。

孙中山的人口思想，和薛福成、谭嗣同一样，都是同发展的要求联系着的。在他们看来，人口过剩或"人满"只是经济落后、经济未得到发展时的问题；在经济高度发展的情况下，是不存在什么人口过剩问题的。

在人口和经济发展的关系中，经济发展处于主要的、决定的方面。在一个停滞的、僵化的经济下，必然会存在严重的、难于解决

---

① 《孙中山全集》第一卷，中华书局1952年版，第11页。
② 同上。

的人口问题。任何离开经济发展而只从人口本身考虑问题的主张，都是错误的，断无出路的。

但是，在人口同发展的关系中，人口也不是一个纯粹被动的和无足轻重的因素。人口的数量和质量，如果同经济发展的水平和需要相适应，就会成为一个对经济发展有十分积极作用的因素；反之，则会为经济发展带来一定的困难和负担，成为对经济发展起制约作用的因素。要解决好人口同发展的关系，必须把发展作为首要的、决定的方面，这是毫无疑义的；但是，忽略人口一方面，不从人口方面采取措施，也是不行的。这类措施必须包括控制人口的增长速度和规模，改进和提高人口素质，等等。然而，中国近代在人口问题上持乐观态度的人物，许多都是只强调前一面而忽略了后一面。

第四节　马尔萨斯人口论在中国的流行及其反对论

前面讲到，马尔萨斯人口论虽然在19世纪已传入中国，但长时期中对中国人口思想并无多大的影响，像薛福成、谭嗣同、孙中山这些人，实际上都是马尔萨斯人口论的反对论者。

在进入20世纪后，随着中国革命形势的高涨，马尔萨斯人口论才被一些人作为对抗革命的一种思想武器而加以推崇；肯定和否定马尔萨斯人口论的斗争，才在中国人口论坛上日益成为引人注目的内容。

辛亥革命前夕，在清朝廷的统治已经岌岌可危的情况下，有人发表文章说：

> 中国……百数十年以来，其治乱不以在上者政治之良否
> 为比例，而以在下者人数之多寡为比例。……杀戮众则人民
> 稀，人民稀则求食易，求食易则人安其分，而世一治……太平
> 久则生齿繁，生齿繁则衣食艰，衣食艰则铤而走险，而世又
> 一乱。①

照这种说法，清朝廷当时众叛亲离，面临崩解的厄运，并不是
由于清朝廷卖国残民，并不是由于其政治不良，而是由于受其压迫
的人民群众生育太多。

这是用马尔萨斯人口论反对辛亥革命，为清朝廷开脱责任的
一个明显事例。

到20世纪三四十年代，当中国革命到了紧要关头，中国人民
同国内外敌人进行着殊死搏斗的时候，马尔萨斯人口论也特别受
到一些人的青睐，甚至成了当时人口论坛上风靡一时的论调。

当时，有些谈人口问题的人，不但把人口问题放在发展问题之
上，认为它比经济发展的问题更根本，甚至把它看得比革命和救亡
问题更重要，更急迫。他们用"人口适中"论（或称"适度人口"论）
来论证：一国的人口数量同国土、资源有一个最适当的比例。符合
这一比例，一国才能富强；如果超过了这一比例，一国就会因过剩
人口的限制而得不到发展，就会陷入无穷无尽的动乱之中。

那么，中国的适度人口或适中人口是多少呢？当时对中国的
资源并没有也不可能作全面的调查，没有什么可靠的数据。一些
谈人口问题的人，根据若干外国人并不科学的甚至带有明显偏见

---

① 蛤笑：《论中国治乱与人口之关系》，载《东方杂志》第四卷，第7期。

的估计,断言"中国人口最多不应超过二亿乃至一亿五千万"[1]。当时人们一般认为中国总人口为4.5亿或者5亿,即超过所谓"适度人口"2.5亿至3.5亿。根据这种估计,他们得出结论说:"中国只有两个途径:一个是中国土地应增加四倍,否则另一个途径是中国人口应减去四分之三。"[2]

当时,还有的人认为中国的国土和资源只不过能养活三千万人口。照此而论,中国要解决人口过剩问题就必须减少总人口的90%—95%。

对减少中国人口的办法,这些人口论者的共同主张是节制生育,认为"要在科学上大努力,得到圆满的方法,才真把生育限制了。否则杀机又不许开……死的又不肯死,地球又不能如吹糖般的吹大起来,那里站得下呢?"[3]

这些人口论者视节制生育为解决中国人口问题的唯一出路,不仅坐而言,还想起而行:1930年上海成立了"生育节制研究会",1932年,北平(北京)出现了"节育指导所",并先后在《北平晨报》《北平实报》《北平全民报》等报纸上开辟节育专栏或节育副刊。

二三十年代的人口论者重视了人口问题对经济发展的作用和影响;以人口适中论为依据,主张在人口和经济发展条件方面探求一个适宜的比例;还提出了需要在人口一方面想办法来保持这一比例,并为此主张以合乎科学的手段实行节制生育,开始对这类手

---

① 柯象峰:《中国贫穷问题》,商务印书馆1937年版,第195页。
② 同上。
③ 吴敬恒:《读了汪先生〈分共以后〉的赘言》。转引自陈长蘅:《三民主义与人口政策》,商务印书馆1933年版,第104页。

段进行了宣传和介绍……这些都是其值得肯定或可资借鉴之处。

但是,二三十年代的人口论者,很多人在理论上都深受马尔萨斯主义的影响。他们虽然谈论人口和经济发展的关系,实际上却总是把人口看作这种关系中的主要的、决定的方面;他们不是把经济发展看作解决人口问题的基础,而是把人口问题看作经济、社会问题的根源。他们毫不讳言地把人口问题说成是"一切社会问题中的根本问题"[①]。在他们看来,中国人口如此众多,如果不能大减下来,那么,经济发展、政治改革以及民族独立一切问题都解决不了,中国就只有永远处在贫穷、屈辱和动乱之中。从这种观点看问题,他们甚至作出了"中国人口的庞大数量"是"生活中的最大敌人"[②]的论断。

他们寄希望于以节制生育来解决中国的人口问题。但是,要靠节制生育把一国人口减少四分之三乃至90%以上,这无论从理论上说或从历史上说,都是断无可能的。那么,对中国的前途和命运,就只能彻底悲观了。

人口问题的解决,首先取决于经济发展,而在近代中国,要发展又必须首先取得发展的根本政治前提。20世纪三四十年代,正是中国人民为获得发展的根本政治前提而进行前仆后继的革命斗争的关键时期,这种把人口问题看作"一切社会问题中的根本问题"的观点,同当时中国人民所进行的斗争显然是南辕北辙的。因此,这类观点受到了革命者的批评,指责其为"避开革命的新方法"[③]。

---

① 吴景超:《土地分配与人口安排》,载《独立评论》第155号。
② 同上。
③ 《避开革命的新方法》,载《向导》176期。

　　孙中山晚年，看到一些最富侵略性的军国主义势力为了增加侵略战争的兵源而提倡奖励人口增殖的政策。为了对抗侵略，孙中山也曾主张中国应提倡增加人口，说中国只要人口比别国多，即使亡国也不致灭种，如果人口比侵略国少，就可能亡国灭种。他还把这种看法概括为一个论点："民族之所以兴亡，是由于人口增加的原因很多。"①

　　反侵略，维护民族独立，当然要重视人的作用；但决不能认为：人多则兴，人多则强。不过，也决不能反过来说：人口越少，战争越能胜利，国家也越安全。然而，在1931年"九·一八"事变后，日本侵略军悍然进攻中国，东北四省沦丧。正当全国人民一致奋起，掀起汹涌澎湃的抗日救亡运动时，一本专论人口问题的著作却写道：

　　　　为求四省的恢复，我们必须要有军事的准备，这是无疑的；但比较根本的问题，恐怕还不是军备，而是人口的减缩。②

　　这简直成了"节育救国"论了。

（原载《中华文化通志·经济学志》，
上海人民出版社1998年版）

---

①　《孙中山选集》下卷，人民出版社1981年版，第602页。
②　陈达：《人口问题》，商务印书馆1934年版，第430页。

9 中国近代民族实业家的经营管理思想值得研究

中国微观的经济管理思想的一个重要发展阶段

在我国悠久的历史中,创造并积累了丰富的历史遗产。历代的优秀经济管理思想是其中的重要组成部分。在我们为实现经济管理现代化、为创立有中国特色的社会主义现代化管理科学而奋发努力中,认真研究和借鉴中国历史上的经济管理思想遗产,是有重要意义的。

中国古代的经济管理思想包括宏观的国民经济管理思想和微观的私家经济的管理思想。前者被称作"富国之学",后者则名为"治生之学"。

"治生"也称"治生产"或"治生业",意思是指私家取得、保持和积累自己的产业的活动。治生之学实际上是私家经济的经营管理之学。中国古代的治生之学包括商人的治生之学和地主的治生之学。在中国古代没有企业,因而也不存在企业管理科学。治生之学不是现代的企业管理学。

中国有新式工商企业,始自近代。19世纪六七十年代,中国人开始办新式工业。洋务派官僚采用官办、官督商办和官商合办等形式,创办了一批新式工、矿业;由私人创办和经营的则称为商办工业。官办工业基本上仍是封建性质的官府工业；但已使用机器进行生产，生产劳动者也开始具有现代产业工人的某些特点，这同封建时代的官工、官商还是稍有不同的。官督商办的工矿、交通各业都采用股东集资形式，所进行的是商品生产，劳动者是雇佣工人；但其经济活动受着洋务派官僚及其所委派的官吏和买办们（以"总办"、"会办"、"提调"等职衔派入企业）的牢牢控制。官商合办的情况要稍好一些，其中若干小的、由"商董"负责管理的单位同商办比较接近。官督商办和官商合办的企业，是半封建的国家垄断资本主义性质的企业，商办企业则是资本主义性质的企业。

洋务派官办、官督商办和官商合办企业的经营管理问题，是另外的研究课题。本书主要是以经营商办企业（包括商董掌握管理实权的官商合办企业）的一些民族实业家的经营管理思想作为研究对象。

有的人对研究近代民族实业家的经营管理思想的意义持有疑问，认为中国近代的民族资本企业，在当时就比西方国家的企业落后，现在，时间又过去了几十年，自然更是相形见绌了。对于这种条件下产生的经营管理思想，还有什么值得研究之处呢？近代民族实业家的经营管理经验，还能够对我们有参考、借鉴的作用吗？

资本主义企业在近代中国的半殖民地半封建社会中是一种先进的生产形式，但是，同西方的资本主义企业相比，它们的确是远较落后的。它们规模小，资本不足，技术落后，设备陈旧，在许多方面都对外国资本存在着严重的依赖性。半殖民地半封建国家是帝国主义掠夺原料的地方，然而，旧中国的民族资本企业甚至在原料方面也在很大程度上依赖于外国。众所周知，当时中国的民族资本企业以棉纺织业为主,而上海等地的纺织厂所用的却主要是外国棉花。

在企业管理方面也是落后的。封建的官僚体制、官场习气以至各种封建的关系和观念的影响,在民族企业中也相当严重地存在着,工人受着封建把头的控制,众多的工人还在很大程度上处于人身依附的状况。帝国主义的殖民压迫和封建的奴役关系相结合,在企业的经营管理中形成了许多落后的、野蛮的和荒谬的制度和形式。

民族企业所面临的外部困难比内部的困难更严重。帝国主义和封建主义的双重压迫,政治、社会秩序的扰攘不宁,拥有强大经济力量和政治后盾的外国企业的竞争和排挤,使民族企业立足困难,随时有被挤垮、吞并的危险。

民族资本的企业是落后的,它们的管理制度和管理方法是落后的,民族实业家的管理思想总的说也是落后的。这些都是必须承认的事实。但是,承认这种落后决不等于说民族实业家的经营管理思想中没有什么值得重视的遗产。

在如此困难的和不利的主客观条件下,许多民族企业长期生存下来了,有的还有所发展;它们的产品不但销行国内各地,有的还远销国外;一些民族企业在国外设立了分厂,或者建立了各种联系;有些企业或产品在同外国资本竞争中还占了上风,把一些外国对手挤走了,或合并、收买了外国竞争对手的企业。这固然是由于得到了广大人民的支持,但也表明它们在经营管理方面有某些长处,表明许多民族实业家的经营管理思想中存在着某些先进的、合乎科学的内容。看不到这一方面,也是不对的。

研究中国近代民族实业家的经营管理思想,必须牢牢地抓住以下几个根本性的问题：

第一，要看到民族企业在同外国企业的竞争中始终是以弱敌强。它们在力量悬殊并且处于严重不利的环境下生存下来，甚至在一定时期中还有所发展。从经营管理角度看，究竟有什么值得注意的地方？或者说，民族实业家的经营思想中包含着什么以弱敌强之道？这是需要特别研究的。

第二，它们是从外国移植进来的资本主义企业，管理制度和管理方法也多从外来，有些企业还竭力试验和推行外国的科学管理。但是，它们是中国人在中国土地上办的企业，企业的职工是说中国话，有着中国人的风俗习惯和民族情感的人，企业的顾客和各方面有联系的人，也多是在中国的特有环境下过着中国生活方式的人。在办企业过程中必须把外来的管理制度、管理方法和管理技术同中国的历史特点结合起来，形成能在中国行得通的、中国化的东西。中国的民族实业家中的许多人曾经较长期地为此作过尝试和努力，有的人对这种努力还是较为自觉的。这种努力在企业的经济管理思想方面有什么表现？这也是值得特别重视的。

第三，民族企业要在十分困难的主客观条件下求生存、求发展，就必须力求克服自己的弱点，创立和发扬自己的特点、优点，这就必须对企业进行改革，破除各种不适合社会化生产的陈旧的落后的规章制度和传统。近代许多民族实业家都曾致力于企业改革，有的还是有理想、有魄力的改革家。这种把改革和发展结合起来，以改革促发展的努力，在经营管理方面是怎样进行的？这又是一个有待发掘和研究的问题。

我们今天办企业的条件，同过去根本不同了。社会主义企业，在性质上同近代的民族资本企业更是有原则的区别。但是，在对外竞争中处于以弱敌强的状况，需要学习外国的先进管理经验和管理科学以及要处理好改革和发展的关系等问题，对我们当前的企业仍然是现实地存在着的，并且是迫切需要找出办法妥善解决的。近代民族实业家在这些方面所进行过的尝试和努力，对我们无疑会有十分宝贵的参考和借鉴作用。

在爱国主义旗帜下办企业

在两种势力的斗争中，强的、占优势的一方，战胜弱的、处于劣势的一方，这是人所共知的一般情况。如果说，明显处于弱势、劣势的一方，可以战胜远比自己强大的敌人，一般人听到，多半会摇头不信。

但是，在我们中华民族的优秀历史遗产中，自古就有一种弱能胜强的学说。它不但存在于历代的许多著作、言论中，还体现于军事斗争和政治斗争的无数实际案例中，伟大的马克思主义者毛泽东批判地继承了这种优秀历史遗产，以马克思主义为指导，在中国革命战争中创造出关于以弱胜强的系统的马克思主义军事理论和战略、战术。"诱敌深入，后发制人"、"战略持久战、战役速决战"、"集中优势兵力，各个歼灭敌人"、"敌进我退、敌驻我扰，敌疲我打，敌退我追"、"你打你的，我打我的，打得赢就打，打不赢就走"等一系列灿烂光辉的人民战争思想，大大丰富了马克思主义的理论宝库。

在中国历史上，最先明确地提出以弱胜强学说的是先秦时期著成的《老子》一书。《老子》不但以明白无误的语言提出了"柔弱胜刚强"①，"弱之胜强，柔之胜刚，天下莫不知"②等论点，而且对弱能胜强的理论依据、以弱胜强和转弱为强的战略、战术，都作了研究和论述。

《老子》认为：以弱胜强有一个先决条件和根本前提，那就是弱势、劣势一方，必须处于"哀者"的地位。《老子》说："抗兵相加，哀者胜矣"。③"哀"在这里指悲愤，指同仇敌忾。"哀者胜"，意思是在交战双方中，全国、全军同怀悲愤，同仇敌忾的一方，即使实力弱于敌人，也有可能取胜。

《老子》的这一原理，本身是就战争或军事斗争提出来的，但在今天的企业竞争中也是适用的。中国近代民族资本企业在同外国资本企业的竞争中，就典型地体现了这一点。

旧中国是受帝国主义侵略和殖民掠夺的国家。帝国主义不仅对中国进行商品输出，把它们本国所生产的廉价商品在中国销售，打击中国的民族工业，还直接在中国投资办厂，剥削中国的廉价劳动力，掠夺中国的资源。在同中国民族企业的竞争中，它们凭借自身强大的经济力量和殖民特权，力图扼杀、吞并中国企业。这样，民族资本企业在同外国资本企业的斗争中，就不止是一般的弱者对强者的斗争（像资本主义国家中、小企业同大企业的竞争那样），而且是被侵略者反对经济侵略的斗争。中国民族资本企业是"商战"中地地道道的哀者。民族实业家力图发愤图强，在外国资本压迫下求生存、求发展，并把这种求企业自身生存和发展的斗争同全国范围的反对外国经济侵略、争取国家独立和富强的斗争结合

---

① 《老子》，第三十六章。
② 《老子》，第七十八章。
③ 《老子》，第六十九章。

起来。这不但能激励自身的斗志，而且能得到本企业职工和广大人民的同情和支持。这就形成了以弱胜强的一个重要的、基本的条件。

有了这个条件，还必须在实际的经营管理活动中善于运用才能奏效。中国近代许多民族实业家都是深通此道的。在经营企业的全过程中，民族实业家都力图抓住时机，运用巧妙、有力的形式，以"实业救国"为旗帜进行斗争。他们的思想代表人物著书立说，奔走呼号，向广大人民宣传：中国经济落后，国力不足，所以受到帝国主义压迫，陷于殖民地、半殖民地的悲惨境遇。要救中国，就必须多办实业，大办实业，在经济上尽快赶上西方国家。只有振兴实业，才能实现独立和富强。这就是在半殖民地半封建中国长期流行的"实业救国"论。实业救国论可说是民族资产阶级用爱国主义旗帜激发广大人民对外国资本主义侵略的同仇敌忾，以求为自己办实业造成有利条件的这种思想的集中表现。

在创办企业和经营管理企业的各个时期、各个环节，民族实业家都重视利用和发挥自己的这种特殊"优势"，以加强自己在同外国资本企业竞争中的地位。

例如，1895年清朝政府在同日本签订的丧权辱国的《马关条约》中，允许日本在中国有投资设厂权，其他帝国主义列强纷纷仿效，这对民族企业的生存造成了致命的威胁。于是，一些民族实业家就提出"设厂自救"的口号，号召中国人自办企业以进行抵制。著名民族实业家张謇就以状元身份出面倡导，在江苏南通办起了近代有名的大生纱厂。他大声疾呼：帝国主义每年掠夺走中国大量财富，而棉纱一项居于首位。长此下去，中国"即不亡国，也要穷死"。要救中国，必须发展实业。现在，外国资本取得了在中国的投资设厂权,中国人不赶快自办企业进行抵制,中国的利权就要被外国资本攘夺净尽了。不用说,张謇的设厂自救的主张,是能够在筹集资本和其他办厂活动方面为他取得很多支持的。

中国近代每当帝国主义侵略进一步深入、民族危机特别严重时,人民在要求进行军事抵抗的同时,也经常发动抵制敌货的运动。1905年因美国压迫华工而发动的抵制美货运动,1915年因日本提出灭亡中国的"二十一条"、1931年因日本武力侵占中国东三省而激起的抵制日货运动,就是这种爱国斗争的典型事例。

中国人民认识到外国商品在中国市场上泛滥是由于中国实业不兴,因而,在抵制敌货的运动中总是积极提倡国货。抵制敌货有助于减轻民族资本企业所受的外来压力,提倡国货有利于民族资本企业开拓市场,民族资产阶级也积极参加到这种爱国运动中来。民族资本企业拒售敌货,户户挂出"完全国货"的标牌;民族资本的工厂则努力生产代替敌货的产品,以应市场需要。民族实业家发展工商实业的努力,成了抵制敌货的爱国运动的组成部分,他们的这种努力也充分受到企业职工和广大人民的支持,从而能在企业发展中有助于克服困难,取得成就。

这类事例在中国近代多不胜举。民族实业家刘鸿生经营的章华毛绒纺织厂,因技术、质量不过关,老是亏本。"九一八"事变后,广大人民抵制日货情绪激昂,大大抑制了日本毛呢在中国的销路。刘鸿生积极配合,大力改进技术,提高产品质量,及时产出"九一八"牌毛呢。广大人民热烈欢迎这种体现着中国人民雪耻图强愿望的产品,"九一八"毛呢销路大畅,迅速夺取了日本毛呢在中国的很大一部分市场。这对章华毛纺厂克服困难,扭亏为赢,起了颇为重要的作用。

天津的民族实业家宋棐卿的东亚毛纺厂生产抵羊牌毛线的事例，也是具有典型性的。宋棐卿看到，当时华北的毛线市场，几乎全被日本的麻雀牌毛线和英国的蜜蜂牌毛线所占领，就精心研制了一种优质毛线来进行抵制，并为这种毛线取名为"抵羊"牌。商标上画着两只羊用角相抵。羊者，"洋"也。两羊相抵，暗含着要以这种毛线来同时抵制东、西两洋的产品。广大爱国人民"心有灵犀一点通"，对这一商标的含义一看就懂。在广大爱国人民的支持下，抵羊牌毛线很快就把麻雀牌和蜜蜂牌毛线赶出了华北市场。

在中国近代的半殖民地半封建社会中，民族实业家在企业的经营管理中以爱国、救国相号召，从而克服了困难、打开了局面的情况，不仅存在于较大的企业中，许多力量薄弱的小企业也在这方面作了努力，并取得了一定成就。北京的长春堂是由一个道士经营的半旧式企业。这位道士看到日货"仁丹"和"宝丹"泛滥于中国，几乎一切公共场所甚至连各地农村墙壁上，也布满它们的广告画，不胜愤慨，就决心研制能和它们竞争的国货。经过他和企业中职工的努力，终于创制出抵制"宝丹"的"避瘟散"，抵制"仁丹"的"无极丹"。无极丹夺取了仁丹的一部分市场，而避瘟散更是风靡全国，终于把日本宝丹挤出了中华大地。

对于中国人民的反帝爱国运动为民族实业所带来的利益，许多民族实业家是深有感触的。青岛的一位实业家回忆说："青岛华新纱厂是在日商纱厂包围之中，以一敌九，孤军奋斗，相持近二十年，不但未至倾覆，反有欣欣向荣之势，揆厥原因，则外在因素为主导。"[①]这里说的"外在因素"，就是中国人民的爱国运动。他以

---

① 《工商经济史料丛刊》，1983年第一辑，第29页。

抵制日货运动为例说："在历次抵制日货时期,在党的领导下,人民爱国热情激发,迫使日本纱布转运南洋销售,因而华商产品几乎独占国内市场,获利甚丰。"①

在旧中国,实业救国论曾是受到革命者批判的理论。正如毛泽东在《论联合政府》中所指出的,"在一个半殖民地的、半封建的、分裂的中国里,要想发展工业,建设国防,福利人民,求得国家的富强,多少年来多少人做过这种梦,但是一概幻灭了"。"政治不改革,一切生产力都遭到破坏的命运,农业如此,工业也是如此。"②

的确,在当时的历史条件下,实业救国是一种幻想。不推翻帝国主义、封建主义对中国的统治,实业是振兴不起来的,即使艰难竭蹶地办起一些企业,也改变不了中国贫穷落后的状况。在当时,要救国,首先是要进行反帝、反封建的革命;也只有进行这种革命,才能为振兴中国实业创造条件。

但是,幻想性只是实业救国论的一个方面。从另一个方面说,实业救国论又是一种具有积极意义的理论。它对唤起和鼓舞广大人民抵制帝国主义侵略起过很大的促进作用;对帝国主义列强的侵略势力起过一定的揭露和打击的作用;它为民族实业家造成了一些有利的条件,从而对生产力的发展起过推动作用。实业救国论是一种具有两重性的理论,而不是一种纯粹消极的思想。过去对实业救国论的批判比较强调了它的幻想的一面,对它的积极意义缺乏应有的肯定。今天看来,应该更全面地来评价它,给予它适当的历史地位。

---

① 《工商经济史料丛刊》,1983年第一辑,第29页。
② 《毛泽东选集》前四卷合订本,人民出版社1966年版,第981页。

中国无产阶级领导下的新民主主义革命，推翻了帝国主义、封建主义的统治，实现了中国的民族独立，并且走上了社会主义道路。今天，我们发展经济的条件和办企业的条件，同过去根本不同了。但我们的企业在技术和管理方面都仍然落后于发达的资本主义国家，在国际竞争中依然处于以弱敌强的地位。近代民族实业家在以弱敌强的斗争中曾经取得一定成效的经营管理经验和思想，对我们仍然有重要的借鉴作用。尤其是他们在爱国主义旗帜下创办和经营企业的经验，应该说还非常有用。当然，我们今天用不着再提倡实业救国论；在旧中国的具体历史条件下曾经出现过的某些特定的口号和行动，诸如抵制敌货之类，由于当前我国的国际地位和国际关系已有了根本变化，也都失去了时效。但是，在爱国主义旗帜下办企业这一条基本经验并未过时，在将来也不会过时。用爱国思想和发愤图强的精神来鼓舞群众，并善于根据具体的时机和条件，采取切实有效和生动有力的措施贯彻到经营管理工作的各个环节中去，对于调动企业职工的劳动积极性、创造性以及对企业的关心，对提高技术水平、产品质量和服务质量，对改善经营管理，对促进企业的改革，对打开产品销路等等，肯定都会有重要作用。在企业外部，我们也需要在振兴中华的共同目标下，把企业和广大人民更密切地联系起来。社会主义企业当然主要应靠物美价廉、服务周到来开拓产品的销路、树立企业的信誉，但是，国家的保护和人民群众的支持，对企业的发展也是至关重要的。我们的企业，在技术、质量、成本各方面，要赶上和超过国外先进企业，还要经过一定的过程和时间。在当前我国企业还明显地处于以弱竞强的状况时，如何在广大人民群众中提倡并树立爱国货、用国货，关心、支持国货的思想，无论从宏观的或微观的经济管理工作来说，都是一个有重大意义的课题。

在爱国主义旗帜下办企业，要在企业经营管理的各个环节中处处注意同振兴中华的目标联系起来，用第一流的产品和服务来为国争气，为国争光。这对动员海外侨胞和一切炎黄子孙关心祖国的建设和发展，也肯定会大有作用。

"天时不如地利，地利不如人和"

"天时不如地利，地利不如人和。"①这是战国时代大学者、后世被尊为"亚圣"的孟轲说过的一句名言。两千余年来，它一直被人们用作估量敌我强弱形势的依据。诸葛亮的著名的《隆中对》，就是以"魏得天时，吴得地利，蜀得人和"的分析，预见到以后几十年三国鼎立的形势。

如果用孟轲的话来分析现代的企业竞争，也是适用的。这里，"天时"主要指相互竞争的企业之间的实力对比，"地利"主要指距离原料、市场的远近以及其他地理因素的方便与否，"人和"主要指企业中人的关系和人的作用等。

在中国近代民族资本企业同外国资本企业的竞争中，"天时"方面的优势显然是在外国企业手中。外国企业技术先进，经济实力雄厚，又有帝国主义的政治、军事势力和殖民特权的支持；中国的民族企业本身实力弱，又受帝国主义、封建主义的联合压迫。

民族企业在本国市场上同外国对手竞争，本应占有"地利"。

① 《孟子·公孙丑下》。

但是,帝国主义侵略势力已闯进了中国并建立了殖民统治地位,控制了中国的国民经济命脉。中国关税自主权的丧失,使外国商品可以畅行无阻地涌入中国。投资设厂权的取得,使外国资本可直接在中国剥削廉价劳动力和掠夺资源。内河航行权、筑路权的取得,使外国商品、外国企业在中国能有比民族企业更便利的交通运输条件。……这样一来,民族资本企业连"地利"方面的因素也大部分丧失了。

因此,民族资本企业在"天时"、"地利"两方都处于劣势的情况下同外资企业竞争,要实现以弱胜强,就只能在"人和"方面下功夫,力争在这方面建立和加强自己的优势。事实上,在这方面也确实存在着可能:中国人聪明勤奋,生活待遇要求不高,爱国心强,愿为振兴中国实业做出贡献,等等。中国实业家在择人、用人方面,是大有可为的。

中国近代民族实业家都很重视"人和",他们把人才看作企业成败的关键,把择人、用人看作经营管理的根本和关键。号称"棉纱大王"、首先在中国介绍并推行美国科学管理的著名实业家穆藕初就强调:"人才为事业之灵魂。"① 著名的化工实业家、科学家,为中国近代的化学工业的发展起了重要奠基作用的范旭东也反复申论:"事业的真正基础在人才"②,"凡事待人而兴"③。

解决人才问题首先要有选择人才的正确标准,中国自古在用人方面就有着"任人唯贤"和"任人唯亲"两种对立原则。近代著名实业家都是"任人唯贤"论者,他们用人重知识、重能力,对一些

① 《藕初五十自述》,第83页。
② 《工商经济史料丛刊》,1983年第二辑,第12页。
③ 同上。

在工程技术和经营管理方面的专家,都不惜以高薪聘请。当时有些企业中,少数水平很高的专家,月薪甚至高达千元以上,高于军、政最高职级的待遇。有的企业对为企业发展做出重大贡献的专家,还采用增股之类的方式加以鼓励。例如,刘鸿生对于为章华毛绒纺织厂的扭亏为盈起了重要作用的总经理和营业主任,就在高薪之外,以二十万元的增股作为酬劳。

中国封建时代长期留传下来的任人唯亲的积弊,在近代民族资本企业中也同时严重地存在着。企业负责人及高级职员引用自己的家人亲友,企业以外的官绅势要也向企业荐举私人。这些被荐举、引用的人多半不学无术,对现代企业的生产经营无甚知识。他们凭借私人关系进入企业,也靠关系弄权自固,在企业中形成各种帮派势力,勾心斗角,使真正有用的人才受排斥,而无法进入,或难以立足。这种积弊不除,企业就不可能解决好用人问题,就不可能有生命力,在激烈的竞争中就必然失败。

近代许多著名实业家都对这种积弊深恶痛绝,力谋进行抵制。民生公司的实业家卢作孚,对国民党政权的参谋总长何应钦荐举的人,在了解到他确实不称职时,也敢于断然回绝。商务印书馆的张元济明确提出了不许在企业中搞世袭、传代的主张,特别是反对企业领导人和高级职员这样做。他把能否坚持这一点看作是关系企业存亡兴衰的大问题。他的儿子留学美国学经济,回国后要求到商务印书馆工作。按他的才能和专业,可说是一个称职的、适当的人选。但张元济认为要在商务印书馆抵制任人唯亲的积弊,自己首先要以身作则,就坚决不允许他的儿子进入商务。

中国人力资源丰富,在解决企业人才问题方面有极大潜力,但是,另一方面,由于近代中国经济和科学、文化的落后,社会化大生产所需要的训练有素的人才又严重不足。受过高等教育的专门人才数量很少，广大工人文化水平很低，文盲占很大比重。这种情况又使民族实业家在择人、用人方面面临着很大的困难。

许多民族实业家最初都曾企图通过任用"客卿"来解决企业所需高级人才问题。但是，聘请外国专家代价高昂，在实际工作中却因种种原因而不能收到较大成效。外国专家不适应中国企业中的具体情况，往往脱离中国现实。当时中国国际地位低下，许多来中国的外国人不以平等态度对待中国人，打骂职工的现象常有出现；有些外国技术人员并无真才实学，工作不能称职；等等。民族实业家从切身的经验认识到，解决企业所需人才问题，主要立足国内。除了对现有人才尽力发掘、量才使用外，久远之计和根本之计是自行培训人才。在近代中国，许多企业都设有培训班、培训学校、职业学校。有的企业还规定了"先培训后工作"的制度，新进厂的职工，先进培训班或培训学校培训，期满根据学习情况分配工作。对高级人才，则采用派送出国留学的办法自行培养。有些实业家还把培养人才的眼光放大到本企业或本资本集团之外，出钱派送非专为本企业服务的人出国留学，创办一般高等学校和中、小学校。例如，陈嘉庚出资办集美学校和厦门大学，就包括了从幼儿教育到高等学校一整套教育系列。近代有些实业家是实业救国论者同时又是教育救国论者，在办实业的同时也花了很大力量来办教育。张謇在江苏南通，卢作孚在四川北碚，都曾致力于地方教育。张元济更利用自己所办实业的特点，有意识地把办商务印书馆作为推行实业救国论和教育救国论的结合点，以出好书尤其是编印一批高质量的大、中、小学教材来提高民族教育水平，确立商务印书馆在中国实业界的地位。

中国近代的民族实业家还有许多很有价值的用人思想，例如张元济强调用人要及时注意新陈代谢，把新进锐敏的人才破格擢用到重要职位上来。他甚至宣称，自己的用人原则就是"喜新厌旧"。刘鸿生用人，强调不可求全责备，只要能胜任所负担的工作，实心为企业服务，不管其他方面有什么缺点、毛病，也大胆使用。他把自己的这种用人思想概括为一句话："要把适当的人放在适当的位置上。"有的企业家明确主张用人只看真才实学，而不受文凭、资历的限制。有的实业家对于同自己有嫌隙但确有本事的人，也肯于屈己延纳，引为自己的重要助手，真正做到了"外举不弃"。

用人问题对于经营管理工作不论在什么时候都是重要的；对于处于劣势地位而企图以弱胜强、转弱为强的企业，就更加具有关键性的意义。我国当前的企业，又正处于从生产型向生产、经营、开拓型转变的转轨改型时期，能否顺利实现这种转变，很大程度上取决于能否得到适合于这种新型企业的各种人才。近代民族实业家在择人、用人和培育人才方面的许多有益的经验，当然是值得我们认真研究和借鉴的。

善用自己的优势，创造名牌产品

在以弱敌强的斗争中，实力较弱的一方在总体上是处于劣势的；但在某些局部，却可能有优势，或者可以通过努力创造出一定优势。利用自己的这种局部优势，造成一种比较有力的打击力量，在有利的场所和时间攻击对手的弱点，就可取得战役的胜利。近代的一些民族企业所以能在竞争中立住足，甚至在一定范围中战胜了外国竞争者,夺取了它们控制的某些市场,他们的经验对于今天的企业家来说,也是很重要的。

在企业竞争中,主要的武器或打击力量是产品。因此,中国近代的民族实业家在同外国强大对手的竞争中,都力图充分发挥自己的一切局部优势,创造自己的名牌产品。许多著名的民族企业都有自己的名牌产品,如永利"红三角"、"红五星"纯碱,天厨味精,群萃钟牌414毛巾,永安金城牌42支纱,东亚抵羊牌毛线等。这些"拳头"产品,都是有关企业集中自己的一切长处和有利条件,惨淡经营、精心培育的结果。范旭东、侯德榜等人培育"红三角"纯碱的过程,在这方面最具有典型性。他们的主要经验是:

第一,有正确的认识和动力。他们都是忠诚的爱国者,长期感受到帝国主义经济侵略和外国人轻视中国的刺激,立志发愤图强,创出能与国外优等产品媲美的名牌产品,为中国争气。在第一次世界大战时期,中国的民族工业有了一定的发展,肥皂、纸张、玻璃、印染、食品、医药等工业,都因缺乏纯碱受到不利影响,而外国公司却在天津囤积纯碱。范旭东等决心研制自己的优质纯碱,开始了苦心孤诣的创名牌活动。他斩钉截铁地表示:"为了这件大事,虽粉身碎骨,我也要硬干出来!"[①]正是这种强烈的爱国心,成了他们创名牌的坚强动力和精神支柱,使他们在创名牌的过程中能够战胜一切艰难险阻,面对外国侵略者的种种威逼利诱而屹不动摇。

第二,充分利用和发挥自己的技术专长。范旭东本人是近代中国著名实业家之一,也是一位深通化工业务的科学家,曾留学外

---

① 《工商经济史料丛刊》,1983年第二辑,第6页。

国学应用化学,学力深厚。他在技术上主要的依靠者侯德榜,更是蜚声国际化工界的著名科学家,中国特有的"侯氏制碱工程"的创造者。其他如孙学悟、李佐华等,都是旧中国最优秀的化工技术人才。由于范旭东的企业集中了这样一批技术骨干,并在创名牌的过程中充分发挥了他们各自的技术专长,所以能够克服各种技术难关,闯出自己的道路。

第三,尽量利用自己在资源、市场方面的优势。范旭东看到中国海岸线长,化学工业的重要原料盐的产量无限丰富,决心利用这种资源优势为中国化学工业开创出一个好局面。他面对沿海一堆堆盐坨发出誓言:"一个化学家,看见这样丰富的资源而不起雄心者,非丈夫也。我死后还愿意埋在这个地方。"①天津靠近著名的长芦盐区,盐质优良,附近唐山等地盛产煤及石灰石,化工原料齐全、低廉。同时,天津又是当时中国第二工商城市,化工产品销路广阔。选择天津办化学工业,能够把这一切优势充分集中起来。

第四,引进外国的某些关键设备,在消化的基础上同国内设备配套成龙,形成自己的生产力。要采用先进技术创制名牌产品,必须有先进设备。但进口外国成套设备价值高昂,企业资力有限,外汇资源尤感不足。范旭东、侯德榜等就根据自己的技术、工艺设计,采取有分析的引进,即只引进那些国内不能制造的设备;凡属国内能生产的设备、部件,一律在国内订制;对于那些最关键的设备,则不惜重金从国外购买专利,以获得最先进的技术。外国设备引进后,经过消化,熟悉其性能,逐步同国产设备配套,形成自己的生产力。这样的引进办法,既保证有先进技术,又节省资金。

---

① 《工商经济史料丛刊》,1983年第二辑,第6页。

第五，重视科研投资，把科学研究同生产结合起来。范旭东办久大、永利等化工企业，在这些企业尚未十分巩固、资金还很欠缺时，就着手创办"黄海化工研究社"，不惜为科学研究进行巨大投资。这种把科学研究实验同工业生产相配合、相结合的做法，为企业创名牌的努力建立了强有力的技术基础。

近代其他一些民族实业家也有类似情况，卢作孚投资创办西部科学院，就是一个著名的例子。

张元济为商务印书馆规定的"出好书"的方针，也是精心培育自己"拳头"产品的典型事例。他根据中国教育和学术事业发展的需要，组织各方面学力深厚的专家、学者，为商务印书馆从事撰著、编辑工作。该馆所出的大学丛书和中、小学教材，成了当时全国各地采用最广的标准教材；所出的《四部丛刊》等大型丛书以及翻译的各种外国名著，为学术界提供了重要的文献、图书。商务印书馆能够确立其在旧中国出版业首屈一指的地位，和它所出的这一系列"名牌产品"是分不开的。

近代民族实业家的这一宝贵经验是值得我们特别重视的。名牌产品是企业的生命线。新的企业不创立自己的名牌产品就不能建立企业的信誉、得到社会的承认，在激烈的市场竞争中就立不住脚；已经打开了局面的企业只有竭力保住并不断改进自己的名牌产品，才能得到巩固。不断创制新的名牌产品对企业的发展也是一个强有力的推动力量……。名牌产品特别是同企业命运攸关的名牌产品一旦垮了，企业的信誉以至生存能力就成了问题。培养和保持名牌产品的工作是任何时候也放松不得的。对社会主义企业来讲，培育和保持名牌产品有更为重要的意义。它不但对企业的信誉有决定的意义，还影响着社会主义国家的信誉；它不仅是企业生存能力的表现，也是企业职工的觉悟水平和精神面貌的重要标尺。任何社会主义企业，在这个问题上是决不能掉以轻心的。

人弃我取，避实击虚

"人弃我取，避实击虚"①，这是我国古代治生之学的鼻祖、战国时代的商人思想家白圭所提出的一个著名的商业经营原则。白圭经商，不同别人争抢热门货，而去找那些尚未为人们重视的商品作为经营对象，如果他自己手中掌握了一批别人争购的热门货，则趁机抛售出去。这就叫"人弃我取，人取我予"。

白圭所以这样做是因为他认识到：热门货价格高必然引起供给的不断增长和需求的逐渐减少，这种变化达到一定程度，供给大大超过了需求，商品的价格就会猛跌。和别人争抢这种热门货，价格高，花费大，如不能及时脱手，就会因价格猛跌而遭受巨大损失。反之，人们不争抢的商品，价格低廉，大量购进，花费较少。但是，在价格和供求关系的相互影响下，这种商品也会逐渐转化成热门货。一旦出现了这种变化，过去廉价购进的大批存货就会成为赚钱货。人弃我取，廉价购进，人取我予，高价脱手。这样，白圭就可以贱买贵卖获得双重利益。

这条经商原则经白圭提出后，两千年来，成了经营管理思想的传家宝。中国近代著名实业家都懂得它；而且，大量材料证明，不少实业家还能自觉地运用它。

---

① 《史记·货殖列传》。

在近代中国，民族资本企业力量薄弱，如果在同外资企业的竞争中采行"人取我也取"的做法，就很可能造成同强大对手硬碰的情况。因此，民族实业家在这种场合都采用"人弃我取"的做法；并且，不仅从价格和供求变化的角度来考虑这个问题，而且把它同"避实击虚"的原则结合起来，从而大大丰富、发展了这一传统的经营管理思想。

近代著名华侨爱国实业家陈嘉庚，最初在新加坡经营实业时借了七万元作为资本，开办了一家黄梨（即凤梨，也叫菠萝）罐头厂。当时该地有十几家黄梨罐头厂，生产供应欧洲、美国和加拿大需要的黄梨罐头。这些厂的做法，都是把黄梨切割成方形、圆形或菱形的小块，称为方桩、圆桩或旗桩，而不肯做切成各种花形小块的产品（称为"杂桩"）。因为，在新加坡收购黄梨罐头的欧、美、加洋行，对方桩、圆桩和旗桩的收购量约占收购总量的百分之八十多，而且，做杂桩费工大，成本也较高。

陈嘉庚却从一开始就决定做杂桩。他的弟弟和他的助手都认为这样做不合算，风险也较大，一再劝阻他。但陈嘉庚却坚持这种决策，毫不动摇。他经常采访各洋行，把各种杂桩活的订货都接下来，认真制作。结果，他的黄梨罐头厂的利润比其他同类厂都高，一年就赢利六十九万元！这种利市十倍的成就，使许多人大惑不解。当人们问他最初进行这种决策的依据时，他回答了八个字："人弃我取，人争我避。"

原来，做杂桩罐头虽然成本较高，但收购价格也较高，二者相抵，利润率还是稍高一些。杂桩收购量虽只占收购总量的百分之十几，但因只有陈嘉庚一家做，销路就不是太小，而是比别的厂都更大一些。

陈嘉庚把"人弃我取"的原则从经营商业进一步运用到创办新式工业企业的决策中,而且还加上了一条:"人争我避"。这样就使这一原则开始具有了避实击虚的意义。

荣宗敬、荣德生兄弟的荣氏资本集团越办越兴旺,后来成了中国民族实业中资力最雄厚的集团。荣宗敬为自己的资本集团规定了这样一套经营管理方针:"造厂力求其快,开工力求其足,扩展力求其多,因之无月不添新机,无时不在运转,人弃我取,将旧变新,以一文钱做三文钱的事,薄利多销,竞胜于市场"。这里,"人弃我取"又同"将旧变新"联系了起来,从而形成了自己的独有的特点。

原来,荣氏资本集团是从经营钱庄起家的,同当时金融银行界的关系密切,在企业经营中容易借到钱。因此,荣氏兄弟就充分利用自己的这种优势,在"人弃我取"方面作了创新。

一般企业经营的惯常做法是在市场繁荣时扩大营业,在市场萧条时收缩营业,严重亏损的企业则在萧条时廉价转让。萧条时期出卖旧厂,这也是一种"人弃"。荣氏集团就利用自己同金融界的联系,在萧条时期以原有企业作抵押,向银行借款买进面临破产的工厂,快速加以整顿,投入生产,并立即用刚刚整顿好的厂作为新抵押品,再借款,再买厂。他们在萧条时不是收缩营业而是趁机买进廉价工厂,这自然也是一种"我取"。但取的结果,却是使面临破产的企业"将旧变新"了。这样,荣氏集团就把"人弃我取"的原则运用到收买、合并企业方面去,为这一传统经营管理思想增添了新内容。

当时,有的民族纱厂受到外资纱厂的强大力量的压迫,丧失了自己在城市中的很大一部分传统市场,于是就想方设法在农村扩大自己的市场。他们派人深入农村了解农民织土布所需棉纱的种类和性能，在厂内进行反复试验，研制出对路的产品，并适应农村的运输条件和市场特点，在包装方面改成小包。有的民族企业在沿海地区受到外国资本的压力，就设法将一部分产品运往外国资本势力相对薄弱的内地去销售，或者在内地投资设厂，避开竞争对手势力强大的市场，而在对手力量较弱的地区开拓和确保自己的市场，这也是一种人弃我取——在市场选择方面的人弃我取。

改革落后传统，建立适合自己
特点的经营管理制度

前面讲到，尽管民族资本企业是在近代历史条件下出现的一种新的生产经营形式，但在企业的经营管理方面反映帝国主义殖民掠夺和封建主义腐朽统治的陈规陋习还是严重存在着的。以纱厂为例，当时民族企业的纱厂中，在经营管理方面普遍实行着文、武两场。文场相当于现在的科室，武场相当于现在的车间。文场中保留着相当浓厚的封建衙门的传统和积习，亲族、帮派等封建关系充塞于企业中。武场由各级工头组成，工头多是由封建帮会安插进来的人物。文场管财务的人员甚至不懂新式簿记，武场的工头更是一群毫无知识，不懂技术，不知现代化工业生产为何物的封建把头及其爪牙。工头把持生产大权，不仅不容技术人员置喙，连企业经理也管不了。工头还利用封建关系对工人进行着人身控制。旧中国企业中广泛流行着包工柜制度。企业中工人分属于若干柜，工人的进退完全取决于包工柜,工人应得的工资均付给所属包工柜,包工柜恣意克扣,仅以一小部分付给工人。工头可以任意打骂工人。许多工人受工头奴役的状况,甚至同奴隶无甚区别。这种经营管理制度同社会化生产严重不适应,阻碍着生产力的发展。民族实业家要为自己的企业求发展、求生存,非大力改变这种状况不可。这样,以改革求发展就成了近代民族企业经营管理工作中的一个带根本性的问题。为此,许多民族企业家努力引进西方的科学管理制度和管理方法。但是,外国的办法难以照搬到中国的企业中来。改革的方式、步骤掌握得不好,就难以收效,甚至会激化矛盾。荣氏兄弟在自己的企业中大力推行工程师制以取代工头制。由于新制度下工人的劳动强度增加很大,推行过快,工人适应不了。以致出现工头挑动工人殴打技术人员、暴力反对改革的事件。因此,怎样采取适当的办法灵活地、有步骤地、但又要坚决地进行经营管理制度的改革,就成了对民族实业家管理艺术的一个重大考验。

穆藕初在厚生纱厂中所进行的经营管理制度的改革,在近代具有典型意义。

穆藕初改革的特点,总的说就是引进西方的科学管理,有步骤地改造原来企业中的工头制,逐步形成一种既先进又适合中国情况的新的经营管理制度。

他把文场改为科室,逐步引用懂得现代企业的管理人员分管各项工作,把武场改为车间,聘请大量的工程技术人员领导车间,负责生产的指挥管理工作。但是,他不是完全废除工头制,而是把工头置于工程技术人员的领导之下。工程技术人员制订生产进度、原材料消耗定额、产品质量以及技术措施等,工头负责生产过程的组织和指挥工作。为了保证工程技术人员对工头的领导，企业制订出反映生产过程情况的各种报表，要求工头逐日填报，使工程技术人员能够及时了解生产过程的实际情况，监督、考核工头的工作。实行这种制度，就迫使工头必须学会组织、指挥生产，逐步变成内行，而不能再像过去那样靠关系窃权窃俸，凭主观意志对生产进行瞎指挥。

企业中工人对工头的人身依附关系，是工头制的牢固基础，不废除这种封建的人身依附关系，要对企业经营管理制度进行根本的改革就是不可能的。

工人对工头的人身依附主要表现为两个方面：工人的进退权和奖罚权都掌握在工头手中。

为剥夺工头对工人的奖罚权，穆藕初制订了各种厂规、厂纪，要工人遵守，并以此为依据来对工人进行奖罚。这些厂规、厂纪是资本主义雇佣劳动纪律的体现，自然是为资本主义企业剥削、压迫工人服务的。但通过这种改革废除了工头按主观意志奖罚工人之权，把工头制下企业中封建人身依附关系的一个重要方面给消除了。这总是一个重要的进步。

对于废除工头对工人的进退权，穆藕初采取了灵活的做法。他仍允许工头向企业推荐工人，但规定被推荐的工人要和企业公开招收的工人一样接受考核，合格者方许进厂。这样，工人的进退最终由企业决定，工头想利用进退工人的权利来保持对工人的人身控制权就再也不可能了。

经过这一系列的改革，大部分工头被改造为懂得工业生产、能适应生产过程的组织、指挥工作要求的"工长"，而那些不能适应这种要求的工头，则在改革的过程中逐渐被淘汰了。

一个大有研究价值的课题

中国近代民族实业家的经营管理思想,是一个有重要学术意义和很大现实意义的研究课题。

经营管理的问题对办好企业有头等重要的意义。要办好现代企业,当然需要有充足的资金、先进的技术、优良的设备和大批高水平的技术人员以及熟练的工人,但是,这一切因素,只有在正确的、合乎科学的经营管理思想指导下才能充分发挥作用,组成强大的生产力。否则,资金会积压,设备会遭闲置,人才也将无用武之地。经营管理上不去,企业人、财、技、物的因素越充分,越精良,浪费往往越大,效益往往越低。近代中国的许多民族实业家是懂得这一点的。有的民族实业家就曾明确地说过:"懂经营管理,又懂技术,是一等人才;懂经营管理,不懂技术,是二等人才;懂技术,不懂经营管理,是三等人才。"[1]可见对经营管理问题的重视。

在我国当前的企业转轨改型时期,经营管理问题特别重要。可以这样说:没有足够数量的社会主义新型企业家和经营管理专家,经营管理工作上不去,企业转轨改型的任务是难以顺利实现的。可是,由于我国企业过去长期处于单纯生产型企业的状况,经营管理问题没受到应有的重视,我国当前的经营管理人才又是奇缺的,经营管理工作是很不适应于转轨改型的要求的。这是一个很大的矛盾。

---

[1] 《工商经济史料丛刊》,1984年第三辑,第154页。

我们要尽快解决这个矛盾，必须大力加强对经营管理问题的学习和研究。我国近代民族实业家的经营管理经验和经营管理思想是应予着重研究的内容之一。在中国经济管理思想的全部历史遗产中，这部分内容不但离我们时间近，而且又是关于社会化生产的经营管理经验和思想，对我们的参考、借鉴意义也较大。近代实业家所探讨或试图解决的某些重要问题，在我们当前的现实生活中仍然存在着。认真挖掘和研究中国近代实业家留下的经营管理思想的遗产，会大有助于改善我们当前的经营管理工作，提高我国管理科学的学术水平。

但是，开展这方面的研究工作，困难是不少的。近代著名的实业家中，虽然有些是有学识、有著述的学者；而大部分却只是实际的工商业家，没有著述，纵然有某些关于经营管理的言论、主张，也多是一鳞片爪，散见各处。有关的档案材料，不但很不完备，而且经过多年沧桑变化，散失严重。学术界对有些企业或实业家的材料作过些整理，也出版过若干种研究成果，但主要是关于企业史、行业史方面的；有关经营管理思想的研究成果，极为少见。从事这方面的研究工作的研究力量尤其薄弱。迄今国内尚未形成这方面的专业研究队伍；已经招收中国经济管理思想史方面的研究生或开设这方面的课程的，只有个别高等学校，而且也是近年才刚刚开始。

万事开头难，却总要有人开头。既然这一课题十分迫切，我们就不揣固陋，决心渎犯一次老子"不敢为天下先"的古训了。

我们计划选择几十名在中国近代办实业卓有成就而在经营管理思想方面又具有研究价值的实业家，组织力量分批研究，研究成果分辑写出。整个研究、写作计划由赵靖任主编，虞祖尧、石世奇任副主编。每辑由三人中的一人为责任主编,具体负责本辑的设计、组稿和修改定稿工作。这本《中国实业家的经营管理思想》是第一批研究成果,由赵靖担任责任主编。

本书采用《货殖列传》式的写法:全书分为七编,除第一编是总论外,其余每编研究一个实业家或一个实业集团的经营管理思想,内容自成体系。由于各编由不同的作者写出,思路各有自己的特点,文字风格也各有不同。主编在修改过程中只注意抓了两点:第一,各编必须达到一定水平。水平不可能完全齐一,但全书有一个统一的水平要求,各编都不能低于这一水平。第二,在编排体例上必须一致。例如,各部分都采用编、章的结构,形式务求划一,注释及标点符号的用法也要求统一,等等。

老子所以"不敢为天下先",是因为他懂得"先"和"后"会以一定条件互相转化的辩证法,深怕敢于为天下先的人,将被别人后来居上。但对于我们来说,后来居上正是我们所热烈盼望的。我们在写作此书的过程中,深感研究力量不足之苦。如果此书问世后能引起更多的人对这一课题的兴趣,纷纷投入到研究工作中来,迅速出现几种、几十种后来居上的成果,那么,在中国经济管理思想史这门新的学术园地中,春天就要降临了。

（原载《中国近代民族实业家的经营管理思想》,
云南人民出版社1988年版）

10 中国近代振兴实业思想的总结
——论孙中山的《实业计划》

中国革命的伟大先行者孙中山,对中国经济的发展和现代化,一贯抱着高度的热情和宏伟的理想。他在1919年写的《实业计划》一书,是他本人有关经济发展和经济建设的思想的集中表现,也是中国近代(旧民主主义革命时代)振兴实业思想的总结。联系中国近代振兴实业的思想的发展来研究孙中山的《实业计划》,对于弄清中国近代振兴实业思想的特点和发展规律,总结和吸取有益的历史经验,是十分必要的。

一

中国近代所说的"实业",实际上是指按资本主义方式经营的各种生产和流通事业。正如中国近代的著名实业家张謇所说的:"实业者,西人赅农、工、商之名。"[①]振兴实业的思想的实质,就是要求在国民经济的一切部门按照资本主义方式来发展和建设,以改变中国的贫困落后面貌。

---

① 张謇:《记论舜为实业政治家》,《张季子九录·文录》卷二。

　　"振兴实业"是资产阶级代表人物提出的口号。但是，这一口号在很大程度上又是符合于广大人民摆脱贫困落后状况、求得国家的独立和富强的愿望的。

　　第一次鸦片战争失败后，先进的中国人就开始把振兴中华的问题同学习和采用西方新式工业的问题联系了起来。林则徐首先提出了仿制西方军事工业产品的主张，要求"制炮必求极利，造船必求极坚"①。稍后，魏源在这种认识的基础上大力宣扬自设厂局制造舰炮，也就是移植西方军事工业的主张，并且认为在军事工业建立后，"战舰有尽而出鬻之船无尽"，"造炮有数而出鬻器械无数"②。这事实上已提出了以引进新式军用工业为开端进一步引进某些非军事工业的可能性问题。

　　第二次鸦片战争后，冯桂芬提出："又如农具、织具，百工所需，多用机轮，用力少而成功多，可资以治生。"③这已是广泛采用大机器生产的主张了。

　　不过，林则徐、魏源、冯桂芬等的引进新式工业的主张都还没有明确的资本主义经济的内容，因而还不是近代的振兴实业的思想，而只是这种思想的先驱。

　　太平天国的洪仁玕，在他的《资政新篇》中，主张由"富民"投资，采用西方生产技术并使用雇佣劳动，以制造"精奇利便"的工业品，并且主张"兴宝藏"，兴"舟楫之利"、"车马之利"即发展采矿、轮船、铁路等，还主张允许"富民"举办银行、保险等企业。这些主张综合一起，已经初步构成了一个"赈农工商"等国民经济各

---

① 《密陈夷务不能歇手片》，载《林文忠公政书·两广奏稿》乙集。
② 《海国图志·筹海篇三》。
③ 《校邠庐抗议·采西学议》。

部门的发展资本主义经济的纲领。

洪仁玕只是泛泛地提出了发展资本主义国民经济的问题,而没有对发展实业的一系列重大的、战略性的问题进行探讨。这还只能说开始具备了振兴实业思想的雏形。振兴实业思想的正式提出,是近代资产阶级代表人物的事情。

中国近代振兴实业的思想,从19世纪七八十年代开始到旧民主主义革命时代结束为止,共经历了三个发展阶段。

第一个阶段是1894年中日甲午战争前初期资产阶级改良派的以商为中心发展资本主义国民经济的思想的阶段。

初期资产阶级改良派思想家王韬、郑观应、马建忠、薛福成、陈炽等人,都呼吁采用西方资本主义的生产方式和经营方式,发展中国的农、工、商、矿、交通运输各业。他们的发展国民经济要求比洪仁玕更广泛,其资本主义性质比洪仁玕更明确。但是,他们思想的特点是把"商务"尤其是对外贸易作为实业的主要部门,他们宣扬"商为国本"、"商握四民之纲"的理论,认为抓住了商这个主要部门,就可把一切实业或一切经济部门带动起来。他们还不曾使用"实业"和"振兴实业"的概念,而是以"振兴商务"作为要求发展资本主义国民经济的口号。

第二个阶段以甲午战争后的资产阶级改良派代表人物康有为、严复、谭嗣同、梁启超等为代表,这是从以商为中心向以大工业为中心的振兴实业思想转变的时期。

到1894年,中国办新式工业已有了二三十年的历史,新式工业的巨大生产力已日益为人们所认识,新式工业增殖财富和利润的作用,已越来越受到一部分有资产阶级倾向的地主、官僚和商人的注意。同时,外国资本主义侵略的加深,为中国资本主义经济的

发展形成了新的强烈刺激。中日签订《马关条约》后,帝国主义列
强取得了在华投资设厂权,外国资本纷纷涌入,加深了中国的殖
民地化,使新生的中国民族工业的幼芽面临被扼杀的危险。广大
人民要求抵制外国资本主义侵略的呼声日益强烈。一部分地主官
僚和商人,眼看外国在华企业的高利润,增强了投资办新式工业
的要求。由甲午战争前的那种强调"振兴商务"的思想,向以大工
业为中心的振兴实业思想的转变,正是这种形势变化所引起来的。
1897年,梁启超首先提出,"中国他日必以工立国"①。1898年,康
有为正式提出了"兴实业"的口号,并且明确地把发展大工业看作
振兴实业的主要内容,主张"成大工厂以兴实业"②。他还要求清朝
廷把"定为工国"作为自己的"国是"③。"定为工国"就是实现国家
工业化。这是在中国历史上第一次提出的国家工业化口号。

第三个阶段,是在20世纪旧民主主义革命运动时期出现的。
《辛丑条约》(1901年)订立后,在帝国主义侵略的刺激下,中国的
资本主义生产在20世纪初开始有了初步的发展。到第一次世界大
战时期,因西方列强无力东顾而放松了对中国的殖民压迫,中国的
资本主义生产又获得了进一步的发展。同时,民族资产阶级创办
和扩充企业的愿望更加强烈。中国近代的振兴实业思想,也在这
一时期达到了比较完备、比较成熟的阶段,对振兴实业的有关问题
的探讨越来越多,还出现了张謇的棉铁主义和孙中山的《实业计
划》这样两个资本主义工业化的方案。

"振兴实业"是张謇的经济思想的基本内容,他已不再使用"振

---

① 梁启超:《变法通议》,见《饮冰室合集·文集之一》。
② 康有为:《请励工艺奖创新折》,《戊戌变法》(二)。
③ 同上。

兴商务"作为发展资本主义的口号而完全代之以"振兴实业"的口号了。他批评了"以商立国"的提法,认为这是"皮毛之论",强调"富民强国之本实在于工"①。在各种工业中,张謇尤其重视棉(纺织)和(钢)铁两种工业。他提倡"棉铁主义"或"棉铁政策",主张集合资本家的力量,成立一"银公司"(投资银行),"以棉铁为主要,以类于棉之稻麦、类于铁之煤为从要,其他如电、如铁路、如汽车为次从要"②,进行投资,以建成一个能够"操经济界之全权"③的实业体系。这实际上是一个以棉铁两种工业为出发点和中心,逐步实现国家工业化的方案。

孙中山在青年时代就十分重视发展中国实业的问题,1894年甲午战争前夕,他上书李鸿章,提出了一个"人能尽其才,地能尽其利,物能尽其用,货能畅其流"④的发展经济的纲领,要求采用西方资本主义的方式全面发展中国的农、工、商业。20世纪初,他在奔走革命的同时,大力宣传革命后进行经济建设,"兴起农工商实业之利源"⑤的重要性。辛亥革命后,他更到处讲演,鼓舞人们为建立富强的国家而努力。他把铁路建设看作振兴实业的重点,在被迫辞去总统职务后,自请担任全国铁路督办,为修筑二十万里铁路而努力。

第一次世界大战后,孙中山著成《实业计划》一书。这是一部谈实业建设问题的专著,共包括六大计划,主要内容为:在中国北

---

① 张謇:《代鄂督条陈立国自强疏》,《张季子九录·政闻录》卷一。
② 张謇:《商榷世界实业宜供求统计中国实业以应供求之趋势书》,《张季子九录·实业录》卷七。
③ 张謇:《汉冶萍就职演说》,《张季子九录·实业录》卷五。
④ 《上李鸿章书》,《孙中山选集》上卷,人民出版社1956年版。
⑤ 《同盟会宣言》,《孙中山选集》上卷,人民出版社1956年版。

部、中部及南部沿海各修建一个相当于纽约港那样的世界水平的大海港（北方大港、东方大港和南方大港）；修筑十万英里的铁路，以五大铁路系统把中国的沿海、腹地和边疆联接起来；开凿、整修运河和南北各内河航道，修建遍布全国的公路网；实现农业机械化并广泛采用各种现代农业技术，大规模移民开垦边疆，建设大批新的农业基地；全面开采煤、铁、石油、有色金属等矿藏，兴办各种轻重工业，等等。

《实业计划》是一个规模宏伟、内容详尽的工业化方案，过去振兴实业思想中所讨论过的各种重要问题，在《实业计划》中差不多都有所反映，并有新的发展，尤其是在下面这些对国家的经济发展具有战略意义的问题上。

二

首先是关于振兴实业的目的和意义的问题。

中国近代的进步思想家要求振兴实业，目的总的说都是求富强，救贫弱，而各个时期、各个代表人物的侧重点又有所不同。第一次鸦片战争时期的林则徐、魏源等人主张移植西方军事工业，目的是求强，是"师夷长技以制夷"①。资产阶级改良派的各个代表人物则都着重于求富，认为富是强的基础，必须"先富而后强"②，而要求富就必须振兴实业，他们反复强调："救穷之法惟实业，致富

---

① 《海国图志·筹海篇三》。
② 《弢园文录外编·中外合力防俄》。

之法亦惟实业。"①

　　资产阶级改良派所讲的救穷求富,基本上都是从经济发展水平看问题。他们认为:西方富而中国贫,是由于西方国家生产力发达。中国要求富,就必须采用西方的资本主义生产方式,改变中国经济发展的落后状况。

　　孙中山接受了资产阶级改良派的这一正确的观点。他也认为:中国的问题是"患贫",是"受贫穷的痛苦"②。要救贫求富,"一定要发达资本,振兴实业"③。不过,孙中山提倡振兴实业,不止是要借此发展生产力,还要力求解决民生问题,提高几亿中国人民的生活水平。他提倡民生主义,就是要解决广大人民生存所需的基本生活资料的生产和分配问题。他把民生问题分为衣、食、住、行四大问题,宣称民生主义就是要使中国人民都有饭吃,有衣穿,有适当的居住条件和交通、旅行条件。他的振兴实业,也就是要采用现代科学技术和资本主义的生产方式,发展中国的农、工、矿、交通运输各业,以生产广大人民衣、食、住、行所需的各种生活资料。

　　对于为什么只有振兴实业才能救广大人民的贫困,孙中山曾经提出过一个"劳动生活费"论来进行说明。他说:中国号称"生活最廉",可是如果不用货币而用劳动来衡量生活费,中国却是世界上"生活最贵之国"。他举例说:当时中国工人每天劳动十四至十六小时,才能勉强糊口,可见中国劳动人民为得到必要生活资料

---

　　① 张謇:《拟请酌留苏路股本合营纺织公司意见书》,《张季子九录·实业录》卷五。

　　② 《民生主义》第二讲,《孙中山选集》下卷,人民出版社1981年版。

　　③ 同上。

所付出的劳动代价，实在是"最贵"的。他分析这种情况，深感到中国自然资源丰富，但物资却极端穷乏，劳动力众多，而"工力失去甚多"，劳动耗费极多而创造出的财富却很少。由此，他得出结论说：要改变这种"悲惨境遇"，"图全国民之福利"，"就必用机器以辅助巨大之人工，以发达中国无限之富源"。①但是，孙中山的振兴实业，实质上是资本主义的工业化，而资本主义的工业化，虽能大大增加一国财富的总量，却不能为广大劳动人民带来富裕，只能使资本家发财，却不能造成"共同的繁荣昌盛"。所谓"图全国民之福利"，只不过是一种善良的愿望而已。

不过，孙中山这种立足于解决广大人民衣、食、住、行需要来振兴实业的主张，仍然不失为一种有积极意义的思想。因为，这些生产广大人民基本生活资料的实业，拥有最广阔最充分的销路。以基本生活资料的生产为立足点来振兴实业，就能为实业开辟广大的国内市场，从而把实业的发展建立在可靠的基础上。

三

其次是关于实业发展的重点或主导部门的问题。

这个问题对发展国民经济、实现国家工业化有极大的重要性。重点或主导部门选择得适当，能够比较充分有效地利用人力物力资源，带动整个国民经济较为全面、迅速地发展。

在中国近代，张謇首先比较明确地提出了发展实业必须有重

---

① 《实业计划》，《孙中山选集》上卷，人民出版社1981年版。

点或主导部门的思想,他把这种重点或主导部门叫做"的",认为:
"(振兴实业)无的则备多而力分,无的则地广而势涣,无的则趋不
一,无的则智不及,犹非计也。的何在?在棉铁。"①张謇所谓"的",
包括两种含义:一是作为重点集中力量先办;二是作为带动其他部
门的主导部门。

孙中山关于振兴实业的重点或主导部门的思想,要比张謇的
棉铁主义更明确得多、完整得多,也包含着更多的科学成分。

孙中山首先提出:振兴实业必须各方兼顾、同时并进。他认为:
"欲谋实业之发达者,非谋其一端之可成效也。必也万端齐发,始
能收效。"②

社会化的大生产是一个有机的整体,各方面各部门有着密不
可分的联系,因此,只"谋其一端",片面地、孤立地强调某一或某
些部门,是搞不起来的,必须胸有全局,使各部门互相配合起来发
展。这就是孙中山所说的"万端齐发"。

但是,万端齐发决不是乱箭齐发,而是有主有从,有重点有一般
的。孙中山在谈到振兴实业的重点和主导部门时说:"予之计划,
首先注重于铁路、道路之建筑,运河、水道之修治,商港、市街之建
设,盖此皆实业之利器,非先有此种交通、运输、屯集之利器,则虽
全具发展实业之要素,而亦无由发展也。其次则注重于移民垦荒、
冶铁、炼钢,盖农矿工业实为其他种种实业之母也。……且钢铁者,
为一切实业之体质也。"③从这段话看来,孙中山是把交通运输业和

---

① 张謇:《对于救国储金之感言》,《张季子九录·政闻录》卷三。
② 《再复李村农论借外资书》,见胡汉民编:《总理全集》第三集,上海民智书
局1930年版。
③ 《中国实业当如何发展?》,见胡汉民编:《总理全集》第一集下册,上海民
智书局1930年版。

农、矿、钢铁等原材料生产作为振兴实业的重点或主导部门的。

这些部门都属于实业发展中的先行部门，没有高度发达的交通运输业和基础强大的原材料、动力生产，任何实业都发展不起来。这些部门的发展程度，又同一国能否保持经济独立有很大关系。孙中山把这些部门作为振兴实业的重点或主导部门，这比张謇在重工业方面只强调一个钢铁，无疑是更为全面的。

前面提到，孙中山是把振兴实业作为解决民生问题的手段的，是立足于解决广大人民的吃饭、穿衣、住房和交通旅行等基本生活需要来考虑振兴实业问题的。可是，在上面所引的这段论实业重点的言论中，却完全没有提到这些基本生活资料工业，这又是怎么一回事呢？

要弄清这个问题，必须先了解孙中山对实业经营方面的意见。孙中山对实业由谁来经营的看法不同于张謇。张謇是主张由私人资本集团投资经营实业，孙中山则主张由国家和私人按照划定的范围分别经营。他所规定的划分原则是："凡夫事物之可以委诸个人，或其较国家经营为适宜者，应任个人为之……至其不能委诸个人及有独占性质者，应由国家经营之。"①

铁路、海港、航运以及采矿、钢铁、移民垦荒等，都是投资巨大、周转期长的大企业，是属于"不能委诸个人及有独占性质"的；而制造衣、食、住、行等基本生活资料的各种生产事业，在孙中山看来，基本上都是属于"可以委诸个人，或其较国家经营为适宜"的范围之中的。

可见，孙中山在前面那段话提到的实业建设重点，只是指国家

---

①　《实业计划》，《孙中山选集》上卷，人民出版社1981年版。

投资经营的重点，而不是指整个振兴实业活动的唯一重点。他的振兴实业的重点或主导部门，实际上包括这样两个方面：（1）交通运输、原材料等先行工业部门，由国家按统一规划进行；（2）衣、食、住、行等基本生活资料生产，由私人自由经营。这两方面都是振兴实业的重点或主导部门，但后者是属于私人经营的范围，所以孙中山就没把它们列入《实业计划》的建设重点之中。

不消说，孙中山关于振兴实业以解决广大人民衣、食、住、行问题的思想，比张謇的棉铁主义在生活资料中只抓一个"棉"字，也是更加全面得多的。

四

振兴实业的另一个重大问题是资本来源的问题。

振兴实业，实现国家工业化必须进行大规模的投资。筹集这些资本不外两种途径：国内筹集和国外筹集。

在半殖民地半封建的中国，要想在国内筹集实业建设所需的资本，关键是解决土地问题。只有消灭了封建土地所有制，把几亿农民从封建主义的剥削奴役下解放出来，才能提高农业生产力，使农业中所产生的一部分剩余，转化为工业建设的资本。但是，软弱的中国民族资产阶级是没有决心也没有力量解决土地问题的。孙中山虽然为旧民主主义革命制订了平均地权的纲领，并对封建土地制度进行了一定的批判，但在旧民主主义革命时期，他始终没把"耕者有其田"规定为平均地权的内容，没有提出解决农民土地问题的方案。而不解决农民土地问题，就没有在国内筹集大量实业建设资金的可能，因此，近代资产阶级代表人物，不论是资产阶级改良派还是资产阶级革命派，都把筹集资金的希望寄托于国外。

孙中山也主要是想依靠利用外资来解决大规模振兴实业的资本来源问题。他的《实业计划》就是一个想靠全面利用外资来实现的计划。《实业计划》的全名叫做《国际共同发展中国实业计划》，原书是用英文写的，说明孙中山当时对外国资本技术援助期待的殷切。

利用外国资本以促进本国的实业建设，这种主张本身是无可非议的。问题在于：在当时世界上，能够为别国发展实业提供资本的都是一些帝国主义国家。资本输出是帝国主义进行殖民掠夺奴役的手段，它们不但要为资本输出获取垄断性高利息、高利润，还要用资本输出作为控制、支配别国主权，损害别国独立的手段。清朝统治下的中国，就是当时世界上遭受资本输出掠夺奴役的最惨痛的事例之一。

中国近代的资产阶级代表人物，对这种情况都是熟知的。因此，他们都强调利用外资不可损害中国主权。张謇就说过，"借外债不可丧主权"。孙中山更把这个问题看作是中国的生死存亡问题，强调："惟发展之权，操之在我则存，操之在人则亡。"[1]"惟止可利用其资本人才，而主权万不可授之于外人。"[2]为了保证在利用外资时不至损害中国主权，他对利用外资的方法提出了一系列建议，如：利用外资时要同外国资本集团订立平等互利的合同，可予外国资本集团以合理的利益，但不允许其侵犯中国主权；对雇佣

---

① 《实业计划》，《孙中山选集》上卷，人民出版社1981年版。
② 《广西善后方针》，见胡汉民编：《总理全集》第二集，上海民智书局1930年版。

的外国技术人员要严格按照合同办事,合同期满进退取舍均由中国决定;在利用外资时采用"纯粹商业性质之办法",即只同外国公司往来,而不同外国政府往来;注意选择利用外资的时机,力求在外国资本过剩严重、各外国资本竞争激烈时争取较为有利的借款、投资条件,等等。

孙中山、张謇等关于利用外资不可损害中国主权的立场,是应予肯定的。孙中山关于利用外资的方法问题的论述,也包含着若干值得重视的意见。但是,在当时的历史条件下,帝国主义列强是决不肯按照他们所希望的条件向中国贷款或投资的。"帝国主义列强侵入中国的目的,决不是要把封建的中国变成资本主义的中国",而是"要把中国变成它们的半殖民地和殖民地"。①中国近代资产阶级代表人物关于利用外资来振兴实业的打算,都一一落了空。

五

振兴实业的又一个有重大意义的问题是振兴实业的政治前提问题。

在旧中国,帝国主义、封建主义统治势力不允许中国振兴实业。振兴实业的政治前提问题实质上就是怎样从政治上克服帝国主义、封建主义对振兴实业的压制和阻碍的问题。

———————————

① 《中国革命和中国共产党》,《毛泽东选集》第二卷,人民出版社1966年版,第591页。

　　资产阶级革命派在甲午战争后,已开始认识到想依靠清朝廷实行自上而下的改革来发展资本主义是不可能的,因而提出了通过自下而上的革命推翻清朝统治,建立资产阶级共和国的方案。他们把用资产阶级共和国代替清封建王朝看作振兴中国实业的根本政治前提。孙中山在1904年就指出:在推翻清朝建立"开明的政府"之后,"中国即可开放对外贸易,铁路即可修建,天然资源即可开发,人民即可日渐富裕,他们的生活水准即可逐步提高"①。在辛亥革命后他把这种思想表达得更明白,认为,中国的生产力"从前为清政府所制,欲开发而不能,今日共和告成,措施自由,产业勃兴,盖可预卜"。②

　　资产阶级革命派和资产阶级改良派都已在一定程度上认识到清朝廷是帝国主义统治、掠夺中国的工具,但在旧民主主义革命时期,都还没能直接把反对帝国主义侵略作为振兴实业的根本政治前提提出来。资产阶级改良派往往是企图获得某些帝国主义集团的支持、帮助去反对另一些帝国主义集团;资产阶级革命派则认为:帝国主义所以能掠夺奴役中国,是因为清朝廷的腐败统治授它们以掠夺奴役之机,只要推翻了清朝统治,帝国主义列强就不会再侵略中国。

　　在孙中山的晚年,他在中国共产党的帮助下,总结了旧民主主义革命的这一深刻经验教训,才认识到:"我们国家的土地有这样大,矿藏有这样富,农产有这样多,为什么还弄到民穷财尽,人民日日受贫穷的痛苦呢?最大的原因,是受外国经济压迫。"③这就明

　①　《中国问题的真解决》,《孙中山选集》上卷,人民出版社1981年版。
　②　《民生主义与社会革命》,《孙中山选集》上卷,人民出版社1981年版。
　③　《女子要明白三民主义》,《孙中山选集》下卷,人民出版社1981年版。

确地指出了：中国实业不兴的主要原因是帝国主义的经济侵略和
压迫。反对帝国主义侵略，夺回被帝国主义控制的中国国民经济
命脉，是振兴中国实业的根本政治前提。但这已是新民主主义革
命时期的事情了。

六

中国近代的振兴实业思想，有着为新的生产力的发展开辟道
路的作用；它批判了腐朽的封建制度，对帝国主义的经济侵略进行
了一定的揭露和斗争，是中国近代历史遗产中的"民主性精华"的
重要组成部分。研究中国近代的振兴实业思想，能为我们当前的
伟大斗争提供十分有益的历史经验。

第一，中国近代的振兴实业思想反映了民族资产阶级要求发
展生产力、争取民族经济独立的积极性，但又深深地打上了民族资
产阶级软弱性和妥协性的烙印。资产阶级改良派的各种振兴实业
的主张和方案，都对清政权和帝国主义列强有着很严重的幻想和
依赖。资产阶级革命派虽然把推翻清朝廷统治、建立资产阶级共
和国作为振兴实业的根本政治前提，但没有提出反对帝国主义的
纲领，也没有能提出解决农民土地问题的彻底的反封建土地纲领。
辛亥革命没能触动帝国主义，封建主义统治的经济基础，因而也不
能为振兴实业创立必要的经济、政治前提。

在半殖民地半封建中国，民族资产阶级办起了一批新式工矿
企业，但这些企业多半规模不大，技术落后，在国民经济中占着不
大的比重，而且在帝国主义、封建主义的压迫下，艰难竭蹶，面临着

被摧折被窒息的危险。像张謇的棉铁主义和孙中山的《实业计划》那样的国家工业化方案，都只能是空中楼阁。历史证明："在一个半殖民地的、半封建的、分裂的中国里，要想发展工业，建设国防，福利人民，求得国家的富强，多少年来多少人做过这种梦，但是一概幻灭了。""政治不改革，一切生产力都遭到破坏的命运。"[①]

中国无产阶级领导的新民主主义革命，结束了半殖民地的、半封建的、分裂的旧中国的历史，才为振兴中国实业、实现国家工业化创立了根本的政治前提。振兴实业、实现国家工业化，对资产阶级来说，是无法实现的幻梦；在无产阶级手中，则能够而且必将变成现实。

这就是研究中国近代的振兴实业思想所得出的第一的、最重要的历史经验。

第二，从研究中国近代振兴实业的思想可以看到，在整个中国近代史上，出现过数不清的振兴实业的主张和方案。近代的先进思想家，几乎无人不对这个问题抱着强烈的热情和希望。认识到这一点，就会使我们懂得：我们当前所进行的建设现代化社会主义强国的斗争，不但体现了现代的十亿中国人民不可动摇的意志，一定意义上也是继承了近代史上许多先进思想家未能实现的遗愿。实现四个现代化，建立伟大的社会主义强国，是我们这个时代的中华儿女对我们的祖国，对我们的历史，对我们的后代子孙和对全世界一切被压迫人民所负的庄严历史责任！

这就是研究中国近代振兴实业思想所得出的另一个重要的历史经验。

---

① 《论联合政府》，《毛泽东选集》第三卷，人民出版社1966年版，第981页。

第三，中国近代的振兴实业思想，虽然是资产阶级的意识形态，但也包含着一些对社会化大生产的共同的规律性的认识。孙中山的振兴实业思想，尤其包含着较多的合乎科学的认识。像振兴实业要把发展生产力和改善广大人民生活状况相结合的思想，实业建设既要突出重点又要兼顾一般的思想，选择实业发展的重点和主导部门要把解决广大人民生活需要和保证国家的经济独立相结合的思想，以及孙中山对利用外资方法的研究等，在我们当前为实现四个现代化、建立和发展社会主义的社会化大生产而进行的斗争中，仍然是值得研究和借鉴的。

（原载《经济研究》，1982年第7期）

11　中国近代经济管理思想遗产中的珍品

——纪念孙中山诞辰 120 周年

　　孙中山是中国近代的伟大革命家,也是一位卓越的思想家。他为中国人民留下了许多珍贵的思想遗产,经济管理思想,尤其是国民经济宏观的经济管理思想,是其中的重要组成部分。认真发掘、整理和研究这部分思想遗产,对于深入了解中国国情和探讨我国的社会经济发展战略,对改进我国的经济管理工作和推动我国社会主义现代化建设事业,都有不容忽视的意义。

一

　　孙中山的国民经济管理思想的主要内容包括国民经济管理的战略目标、国民经济管理的模式和体制以及对引进外资的管理等问题。

　　在孙中山奔走革命的时代,中国已陷入半殖民地半封建的深渊。孙中山以其伟大的革命家气魄,不但力图挽救中国,"亟拯斯民于水火,切扶大厦之将倾"①;还殚精竭虑,为建造一个富强康乐、

───────────

① 《兴中会宣言》,《孙中山选集》上卷,人民出版社1956年版,第19页。

繁荣幸福的中国而进行精心设计。他在千难万险的革命斗争生涯中，不断"环视近世，追溯往古"，苦苦思索着改造中国的总体战略以及和它相适应的宏观经济管理的战略目标。

他为宏观经济管理所提出的战略目标是同时注意"贫"和"不均"两个方面的问题，在保证国民经济迅速发展的同时力求防止出现严重的贫富不均现象：

> 中国今日民穷财尽，所患在贫；而各国之所患则在不均。……欲谋救贫之法，同时须先将不均问题详加研究。①

孙中山得出这个认识是经历了一定的过程的。1894年中日甲午战争前，孙中山眼看中国积贫积弱，有志进行改革。但当时他对洋务运动及其代表人物（如李鸿章）还抱有一定的幻想，又同资产阶级改良派的代表人物郑观应、何启等人相往还，受他们的西学富强思想的影响。因此，他为中国的改造所提出的方案是学习西方，通过自上而下的改革，按西方资本主义方式发展中国经济，以解决中国患贫的问题。在甲午战争前夕，他上书李鸿章，提出"人能尽其才，地能尽其利，物能尽其用，货能畅其流"四项改革纲领，认为"人能尽其才则百事兴，地能尽其利则民食足，物能尽其用则材力丰，货能畅其流则财源裕"②。这四项纲领全是用以解决"国贫"、"民贫"问题的，企图以此仿效"西法"（资本主义方式）发展农、工、商业，并为此培养各方面人才，以求做到食足、材丰和财裕。

甲午战争后，孙中山彻底抛弃了在清政权下进行自上而下改革的幻想，走上了反清革命的道路。他的学习西方的主张也由学

---

① 《军人精神教育》，见胡汉民编：《总理全集》第二集，上海民智书局1930年版，第265页。

② 《上李鸿章书》，《孙中山选集》上卷，人民出版社1956年版，第15页。

习科学技术和资本主义生产方式进而同时寻求革命方案和革命
理论。

他从西方资产阶级革命时期的革命家和思想家那里寻找到资
产阶级共和国方案以及天赋人权论和自由、平等、博爱等思想武
器。但在19世纪末、20世纪初，西方国家正在进入垄断资本主义
的发展阶段，资本主义制度的矛盾日益明显地暴露出来，引起广大
人民的强烈不满。西方国家的社会矛盾和社会斗争异常剧烈，社
会主义运动空前高涨。这使孙中山在学习西方，企图按资本主义
方式改造中国的同时，又感到不能满足于资本主义制度，并且对广
大劳动人民的处境和社会主义运动深抱同情。于是，在他的国民
经济管理思想中，就由主要注意"贫"的问题进而同时注意"不均"
的问题，开始把"患贫"和"患不均"并提，企图找到一个既能富国
富民，又不致造成日益严重的财富分配不均现象的经济发展战略
和管理模式。孙中山一再指出西方国家富和不均同步发展的情况
说："英国财富，多于前代不止数千倍，人民的贫穷，甚于前代也不
止数千倍"①，"欧美强矣，其民实困"②。他把"富"和"不均"看作
是文明所产生的"善果"和"恶果"，认为欧美资产阶级革命时期没
能预见到革命后会出现"善果"和"恶果"，因而使"恶果"越来越
严重，以致非进行一次社会主义革命不可。中国应该借鉴欧美的
覆辙，在民主革命时期就同时注意"患贫"和"患不均"两个方面，
以求"取那善果，避那恶果"③。

但是，孙中山对"贫"和"不均"两个方面并不是等量齐观。

---

① 《三民主义与中国前途》，《孙中山选集》上卷，人民出版社1956年版，第76页。
② 《〈民报〉发刊词》，《孙中山选集》上卷，人民出版社1956年版，第72页。
③ 《三民主义与中国前途》，《孙中山选集》上卷，人民出版社1956年版，第77页。

他始终认为，中国的主要问题是经济落后，国家贫穷，因此，解决中国的问题首先应该是发展经济，救贫求富。他从来不把解决不均的问题放在首位。孙中山出身于农民家庭，对广大中国农民的贫苦状况自幼就有亲身见闻，但这并未使他受到农民小生产者绝对平均主义的影响。在1894年以前，他只是提出了采用西法发展经济以富国的问题，而没有明确地谈到过"患不均"的问题。20世纪初，他提出了以平均地权为主要内容的民生主义，较多地注意不均问题了；但在贫和不均两个方面中，他仍然把贫看作中国的主要问题。他明确地说，中国的事实是大家都"受贫穷的痛苦"，"中国今日是患贫，而不是患不均"①，因而解决的办法也是"救穷宜急"②，首先着手解决贫穷问题。孙中山主张通过民生主义的实现使全国人民都能丰衣足食，有良好的居住条件和便利的交通条件。民生主义当然包含着均的要求，但它首先是以发达经济，增加社会财富为基础和前提。正如孙中山自己所说明的那样："要解决民生问题，一定要发达资本，振兴实业。"③孙中山认识到，一个国家，一个社会，"能开发其生产力则富，不能开发其生产力则贫"④。如果生产力不发达，那么，整个社会是贫穷的，广大人民决不可能靠均的办法来获得生活的重大改善。孙中山的民生主义包含着均的要求，但它是均富，而不是均贫。

孙中山所以把解决贫的问题放在首位，还由于他把"患贫"看作是中国的严重的迫切的现实，而把"患不均"看作是未来发展中

---

① 《民生主义》第二讲，《孙中山选集》下卷，人民出版社1956年版，第792、803页。
② 《心理建设》，《孙中山选集》上卷，人民出版社1956年版，第167页。
③ 《民生主义》第二讲，《孙中山选集》下卷，人民出版社1956年版，第802页。
④ 《民生主义与社会革命》，《孙中山选集》上卷，人民出版社1956年版，第88页。

才将出现的一种可能。他认为，由于中国经济落后，财富不多而且增长缓慢，因而还不存在大贫大富的严重贫富分化现象。中国的富人和贫人，同欧美相比，只不过是"大贫"和"小贫"的区别；①只有在革命后经济迅速发展的情况下才会出现严重的贫富分化。因此，他并不主张在发展经济的同时立即采取实际措施去平均财富，而是主张救贫和防不均，即在大力发展经济、使国民财富迅速增长的同时，采取一些"思患预防"的办法，以"防备将来社会贫富不均的大毛病"。②

孙中山虽然看到了西方国家的严重贫富分化现象，却并不因害怕这种现象的出现而采取措施去防止或限制经济的发展，不因害怕未来出现不均而放松当前救贫求富的努力。他批评那种认为"文明不利于贫民，不如复古"的反动论调，坚决认为"文明进步是自然所致，不能逃避的"③。他所要预防的只是未来将会出现的贫富不均，而不是要防止经济的发展；他所企图避免的只是文明可能带来的"恶果"，而不是要逃避文明本身。

孙中山所说的"均"，决不具有绝对平均主义的含义。他不希望中国将来会出现西方资本主义国家的垄断寡头那样的"大富"，也希望永远消灭中国广大人民所处的那种"大贫"即极端贫困的状况。他宣称自己的理想是在中国"弄到大家平均"④，但平均的含义决不是人人都一样，而只是"都没有大贫"⑤。他为中国民主革

① 《民生主义》第二讲，《孙中山选集》下卷，人民出版社1956年版，第792页。
② 同上书，第803页。
③ 《三民主义与中国前途》，《孙中山选集》上卷，人民出版社1956年版，第77页。
④ 《民生主义》第二讲，《孙中山选集》下卷，人民出版社1956年版，第792页。
⑤ 同上。

命制订了"平均地权"的纲领,其中包含着"耕者有其田"的内容。[①]
但这一纲领始终没有按人口平分土地的要求。辛亥革命前,当梁
启超攻击"耕者有其田"将会妨碍中国出现现代化的大农场时,孙
中山领导的资产阶级革命派报刊回答说:平均地权是为了以土地
国有防止地主私人垄断土地。国有之后,要想使用土地的人都可
按一定手续向国家租赁土地,而国家出租土地时,将"依其业异其
标准"[②],也就是按各人的经营条件(资本多少和劳动力强弱)租给
相应面积的土地,"用机者得租可以用机之地,能耕者可租可躬耕
之地,则各如其分"[③]。可见,孙中山说的"耕者"是同时包括个体
农民和资本主义农场主在内的。"耕者有其田"包含着解决农民土
地问题的要求,但并不是一个农民平分土地的口号。

不论是解决贫的问题或不均的问题,孙中山都主张依靠革命
后建立的政权和平地、有秩序地进行,也就是通过国家颁布各种经
济立法和制订各项宏观的经济管理措施来达到救贫防不均的战略
目标。

二

在国民经济管理的战略目标确定之后,相继而来的问题是选

---

    ① 孙中山在公开的文件或讲演中提到"耕者有其田",是在新民主主义革命
时期,但他在20世纪初同一些人的个别议论中已谈到过"耕者有其田"。梁启超、
章太炎在辛亥革命前,梁士诒在辛亥革命后都曾指出这种情况。

    ② 民意:《告非难民生主义者》,载《民报》第12号。

    ③ 同上。

择与这一目标相适应的管理模式。

孙中山在国民经济管理模式方面的主张是倾向于国家干涉主义的。他把当时资本主义国家日益严重的垄断压迫和贫富分化现象看作是亚当·斯密的经济自由主义所导致的结果，因而在社会经济活动方面不能纯粹听任自然，而要靠"人为"来加以改良。他认为："社会组织之不善，虽限于天演，而改良社会之组织，或者人为之力尚可及乎？"①。这里所谓"人为"，就是指国家积极干预经济的活动。

孙中山受当时社会主义运动的影响，把他的国家积极干预经济活动的主张称为社会主义。但是，孙中山所理解的社会主义，不是通过无产阶级革命和无产阶级专政在资本主义废墟上建立起来的社会主义，而是在以民主革命推翻帝国主义、封建主义统治后用"预防"资本主义的办法来实现的"社会主义"。他借以预防资本主义的办法（平均地权和节制资本）实际上是促进资本主义发展的办法，而推行这些办法所依靠的又是民国即资产阶级共和国这一资本主义经济的上层建筑。他所说的社会主义，从制度方面看，实质上不是社会主义，而是一种理想化的资本主义；从理论上说，不是科学的社会主义理论，而是主观的社会主义理论。

孙中山早就知道马克思和科学社会主义学说。他对马克思非常崇敬，对科学社会主义也多有赞扬之词。但是，他认为科学社会主义是在"数千年后"人类的"道德智识完美"时才可实行的；只有"集产社会主义"才是"今日唯一之要图"②，而"所谓集产云

---

① 《在上海中国社会党的演说》，《孙中山全集》第二卷，中华书局1982年版，第508页。

② 同上书，第509页。

者，凡生利各事业，若土地、铁路、邮政、电气、矿产、森林，皆为国有"。①

"生利"指获得赢利。如果一切生利事业国有，那就等于主张一切生产资料国有。实际上，孙中山不是主张一切生利事业国有，而是主张明确地划定国有和私有、国营和民营的范围。在所有制方面，对土地和森林、矿产等主要自然资源实行国有；其他生产资料则仍允许私有。在经营范围方面，"凡夫事物之可以委诸个人，或其较国家经营为适宜者，应任个人为之，由国家奖励，而以法律保护之。……至其不能委诸个人及有独占性质者，应由国家经营之"②。可见，孙中山所要实行的"集产社会主义"，实质上是一种兼有生产资料的（资产阶级）国有和私有，兼有（资产阶级）国营企业和私人企业，并且由国家对国民经济实行宏观的管理和调节的资本主义社会。

在划分国有和私有、国营和民营范围的基础上，孙中山为国民经济的宏观管理制订了以下基本措施：

第一，由革命后建立的资产阶级共和国政府宣布全国土地国有，但不对私人占有的土地实行没收或全部收买。土地的原主仍可照常保持和使用土地，并且可将土地出卖，但必须向国家申报土地价格，并按国家规定的税率向国家缴纳地价税。国家保留随时按申报价格收买土地的权利。私人之间的土地买卖必须经过政府。③如果土地卖价超过原价，土地出卖者只许得到原价，超

---

① 《在上海中国社会党的演说》，《孙中山全集》第二卷，中华书局1982年版，第509页。

② 《实业计划》，《孙中山选集》上卷，人民出版社1956年版，第191页。

③ 朱执信：《土地国有与财政》，《朱执信集》上集，中华书局1979年版。

过原价的部分全归国家所有。农民、资本主义农场主以及工、商企业在需用土地时，可以向国家租用土地，按国家的规定向国家缴纳地租。除了出租土地外，国家也可把矿山资源租给私人开采、经营。

第二，国家对全国实业的发展进行全面的规划和指导，举凡铁路、公路网的建设，河流、湖泊、运河的修治，海港的开辟，矿产的开发，工业的分布，大规模移民垦荒和农业基地的设置，以及实业建设的重点和步骤，等等，都由国家统一规划、安排。国有、国营的实业固然由国家按照这种统一规划创设和经营，私有、私营的实业也受这种统一规划所指导。

第三，国家对私人所有和经营的实业依法保护和扶助，同时又实行一些"节制私人资本"的措施，如按累进税率征收所得税和遗产税，扶植合作社以及颁布工厂法等等。

孙中山认为，在实行这些宏观的经济管理措施的情况下，私人既不能垄断土地，又不能支配巨大的有垄断性的工矿企业、银行和交通运输业；私人资本经营的企业也多少受到了节制，因而就能够预防大地主、大资本家的出现。国家再配合着实行一定的社会政策如免费教育、免费医疗以及兴办各种免费的或廉价的公共福利设施等，整个社会就不会出现大富大贫而成为一个经济高度发达，人们普遍幸福康乐的"大同"社会即社会主义社会。

孙中山的国民经济管理模式是开放式的而不是封闭式的，因而在所有制和经营方式方面除国有、国营和私有、私营外，还有外国人所有和外资经营的实业。这样，在宏观的经营管理方面，就还有一个对于外国企业和外国投资如何进行管理的问题。

三

孙中山认为,要发达经济,解决民生问题,实现救贫防不均的目标,就必须在对外经济关系方面实行开放主义,反对闭关主义。

在1840年第一次鸦片战争前,清王朝长期实行闭关锁国的政策。鸦片战争后,又在外国武力威胁和打击下逐渐对外开放。但这种开放是殖民地、半殖民地性质的对外开放。每开放一步,外国列强对中国领土和主权的侵夺就进一步,对中国国民经济命脉的控制就增强一步,而中国殖民地化的程度也就更加深一步。因此,近代中国的许多人对开放和开放政策就不免抱有某些疑惧,而封建统治势力中的顽固派又经常利用这种情况反对开放,妄想重新回到闭关锁国的时代。孙中山提倡开放主义,就不能不首先针对这种历史背景,对开放主义的意义和必要性进行反复的分析和论证。

他强调开放主义是加速一国经济发展所必要的。中国要发达经济,解决民生问题,必须以尽快的速度振兴实业。实业的建设需要先进的技术,需要巨额的资本和大批的人才,而中国却技术落后,既无资本,又无人才。只有充分利用外国的资本、技术和人才,才能加快中国经济的发展和进步,而想要大规模地利用外国的资本、技术和人才,就只有实行开放主义。因此,孙中山断言,中国"要想实业发达,非用门户开放主义不可"①。

----

① 《在安徽都督府欢迎会的演说》,《孙中山全集》第二卷,人民出版社1982年版,第532页。

孙中山认为，只有实行开放主义，才有可能迎头赶上，而不致重走别人走过的老路，总是落在别人后头。他说：

> 凡是我们中国应兴事业，我们无资本，即借外国资本；我们无人才，即用外国人才；我们方法不好，即用外国方法。物质上文明，外国费二、三百年功夫，始有今日结果。我们采来就用，诸君看看，便宜不便宜？由此看来，我们物质文明，只须三五年，即可与外国并驾齐驱。①

孙中山把开放区别为两种不同的情况：一种是在外国资本侵略下消极地、被迫地开放，像鸦片战争后的清朝那样。这种开放自然是有害无益的。另一种是积极的、主动的开放。这种开放是加快本国经济发展、实现本国的现代化所必须的。他以外国的情况为例指出："美洲之发达，南美阿根廷，日本等国之勃兴，皆得外债之力。"②孙中山提倡开放主义，就是要求实行这种主动的、积极的开放。

孙中山还把实行开放主义看作是国家强大、巩固、有自信心的表现，而把实行闭关主义看作是内部矛盾严重、虚弱和缺乏自信心的表现。他以中国的历史事实为例指出，中国古代已经有过实行开放主义的情况："唐朝最盛时代，外国人遣派数万留学生到中国求学，如意大利、土耳其、波斯、日本等国是。彼时外国人到中国来，我中国人不反对，因中国文明最盛时代，上下皆明白开放主义有利无弊。"③反之，处于封建末世的清朝，却认为使广大人民处于闭塞、愚昧的状态有利于维护自己的统治地位，所以极力"利用闭关关系，不许外国人

①《在安徽都督府欢迎会的演说》，《孙中山全集》第二卷，人民出版社1982年版，第533页。
②《民生主义与社会革命》，《孙中山选集》上卷，人民出版社1956年版，第87页。
③《在安徽都督府欢迎会的演说》，《孙中山全集》第二卷，人民出版社1982年版，第532页。

来"①。孙中山认为,在清朝被推翻后,中国已到了主动、积极地实行开放主义的时代,因为"共和政体在地球上,要算第一最好政体"②,在共和政体下,"人人皆有国家思想,同心协力,保全领土,拥护主权,外国人进来,毫无妨害,有何不可?"③

孙中山对实行开放主义抱充分信心,这当然不是说,他认为开放不会带来麻烦和问题。中国近代受帝国主义资本掠夺,创钜痛深,孙中山在提倡开放主义时自然不会忘记这些历史经验教训;但是他认为,在独立自主的共和政权下,只要对引进外资实行一些适当的、有效的管理办法,就不难预防或消除弊害。

对外国投资和外国在华企业的管理,孙中山提出了以下几个方面的基本主张:

第一,引进外资必须是纯经济的,决不允许外国借投资侵犯中国主权。

在半殖民地半封建的中国,外国投资的特点是经济和政治直接相联系。帝国主义列强的军事、政治势力和殖民特权,是它们经济掠夺(投资是一种方式)的保障和后盾,而投资又是它们进一步攫夺中国主权和领土的一个重要手段。针对这种情况,孙中山在引进外资的管理方面首先主张把经济和政治分开:外国投资必须是纯经济的,不得附有任何政治条件。外国人在中国投资,必须采用"纯粹商业性质之办法"④,依据国际商业惯例,同中国有关方面订立平

---

① 《在安徽都督府欢迎会的演说》,《孙中山全集》第二卷,人民出版社1982年版,第532页。

② 同上。

③ 同上。

④ 《中国之铁路计划与民生主义》,《孙中山全集》第二卷,人民出版社1982年版,第489页。

等互利的合同。投资期间,许其获得优厚的投资利益;外国人可按照雇佣合同在中国企业中担任技术或经营管理方面的工作。但是,一切外国投资和外国人必须"遵正当之途"①,不得侵犯中国主权,干涉中国内政。受中国雇佣的外国人员,必须履行合同规定的义务;合同期满,中国有权对他们"随意用舍"②。

孙中山认为,这是对外资进行管理的最基本、最关键的一点,是实行开放主义的成败所系。他一再强调:"开放门户,仍须保持主权……不论强弱,能行此政策必能收效。"③"发展之权,操之在我则存,操之在人则亡。"④

第二,引进外资应引进私人资本,避免同外国政府发生关系。

孙中山主张,引进外资只同外国公司或银行打交道,而不向外国政府借款。鉴于当时能对中国进行大量投资的多是强大的帝国主义国家,如果向外国政府借款,难免会受到帝国主义列强更大的政治控制。为避免这种后果,孙中山认为,引进外资最好采用公司同公司之间商业往来的方式,同双方政府都不要发生关系。1912年,他辞去临时大总统职务后,自请担任全国铁路督办,大规模引进外资为中国修建二十万里铁路。当时他所拟议的办法就是:中国成立一中央铁路公司,同外国私人或公司"直接交涉";外国投资人不同中国政府发生直接关系,中央铁路公司和中国政府也不因利用外资而"向外国政府负责"⑤,

---

① 《实业计划》,《孙中山选集》上卷,人民出版社1956年版,第191页。
② 同上书,第192页。
③ 《在南京国民党及各界欢迎会的演说》,《孙中山全集》第二卷,人民出版社1982年版,第530页。
④ 《实业计划》,《孙中山选集》上卷,人民出版社1956年版,第186页。
⑤ 《中国之铁路计划与民生主义》,《孙中山全集》第二卷,人民出版社1982年版,第489页。

这样就"可使全盘事业脱离国际的与他种的政治范围……摆脱外交上之一切纠葛……杜绝外来之干涉。"①

第三,引进外资要有利于中国自己养成独立经营的能力,不可陷入对外国人的依赖。

孙中山认为,开放主义反映着现代历史发展的趋向,是任何现代国家所不应不实行,也不能不实行的,"现今世界日趋于大同,断非闭关自守所能自立"②。任何时候都不应拒绝在有利条件下利用外国的资金、技术、人才和经验。但是,这种利用在任何时候也不应陷入对外国依赖的状况,否则就谈不上"发展之权,操之在我"了。

孙中山强调,在中国经济发展落后于发达的资本主义国家时,正确的政策应该是通过利用外国的资金、技术、人才和经验来培养中国自己的独立经营能力。不但要用外国专家"为我筹划,为我组织",更要用他们来"为我训练"③。这样,不但可使大批现代化企业"林立于国中",而且可使中国人民自己掌握发展的能力,"十年之后,则外资可陆续偿还,人才可以陆续成就,则我可以独立经营矣"④。为了达到这个目标,孙中山主张,把教授、训练中国人员,使他们将来能接替外国人的工作,规定为"受雇于中国之外人必尽义务之一"⑤。

第四,引进外资要善于掌握和利用时机。

要在利用外资的过程中处于主动的地位,除了坚持主权和善

---

① 《中国之铁路计划与民生主义》,《孙中山全集》第二卷,人民出版社1982年版,第489页。

② 《在南京国民党及各界欢迎会的演说》,《孙中山全集》第二卷,人民出版社1982年版,第530页。

③ 《心理建设》,《孙中山选集》上卷,人民出版社1956年版,第167页。

④ 同上书,第165页。

⑤ 《实业计划》,《孙中山选集》上卷,人民出版社1956年版,第192页。

于选择利用外资的方式外，还要善于把握和利用时机。孙中山认为，当各发达的资本主义国家都拥有大量过剩资本，争夺国外投资市场的竞争特别激烈时，利用外资也最有可能获得有利的条件。他把第一次世界大战结束后的一段时间看作中国利用外资的"天与之机"①，认为战时的大批生产设备已闲置无用，大批为战时生产工作的人员就业困难，欧洲各国急于为这些设备和人员寻找出路。中国如趁机引进，必可立于充分主动的地位，比较选择，从而能找到"最有利之途，以吸外资"②。为此，他以极大的精力写了《实业计划》一书，希望中国能抓住这一"天与之机"。

第五，引进外资，必须使外资企业不能在中国取得垄断地位。

孙中山对利用外资的方式，除了主张接受外国贷款外，还允许外国人直接在中国投资办企业。例如，1912年他主张引进外资大修铁路。引进采用三种方式，其中之一就是"任外国资本家建筑铁路"③，并认为这是三种方式中"最善"的一种。

这里没有提到对外国在华企业的规模是否有限制的问题。孙中山认为，规模过大或有垄断性质的实业，如果准许私人经营，必然会导致大资本家"操纵国民之生计"④，因而主张把这类实业一律实行国有、国营。但是，在当时的中国，真正有能力举办这类实业的只有外国资本家。如果只限制中国人而不限制外国人经营这类有垄断性质的实业，结果将使外国资本有可能操纵中国的国计

---

① 《心理建设》，《孙中山选集》上卷，人民出版社1956年版，第165页。

② 《实业计划》，《孙中山选集》上卷，人民出版社1956年版，第192页。

③ 《中国之铁路计划与民生主义》，《孙中山全集》第二卷，人民出版社1982年版，第490页。

④ 《中国国民党第一次全国代表大会宣言》，《孙中山选集》下卷，人民出版社1956年版，第527页。

民生,中国就不可能使"发展之权,操之在我"。

这是孙中山外资管理办法中的一个明显的矛盾。在他的晚年,他清楚地看到了这一点,认为中国的实业"如果不用国家的力量来经营,任由中国私人或外国商人来经营,将来的结果,也不过是私人的资本发达,也要生出大富阶级的不平均"①。于是,在中国国民党第一次全国代表大会规定的政纲中明确宣布:"凡本国人及外国人之企业,或有独占的性质,或规模过大为私人之力所不能办者……由国家经营管理之。"②

四

孙中山的经济管理思想带有当时历史条件所造成的特点和局限。他的管理模式不是社会主义性质的,而是资本主义性质的。他企图依靠资产阶级共和国,采用发展资本主义的"平均地权"和"节制资本"的纲领来达到救贫防不均的目标,实现社会主义,是没有现实基础的。由于他生前"革命尚未成功",没能建立一个独立自主的国家政权,他的大规模利用外资以加速中国建设的计划,只能是空中楼阁;他所拟定的各种外资管理措施和管理办法,也一概无从谈起。但作为一份历史遗产,孙中山的经济管理思想中确实蕴蓄着许多值得珍视的东西。

他所提出的救贫防不均的战略目标,充分显示出他作为一个

---

① 《民生主义》第二讲,《孙中山选集》下卷,人民出版社1956年版,第802页。
② 《中国国民党第一次全国代表大会宣言》,《孙中山选集》下卷,人民出版社1956年版,第527页。

伟大的革命民主主义者所具有的先进性和人民性。他深切同情广大贫苦劳动人民,希望通过革命来为广大人民解决衣、食、住、行等民生问题,使广大人民普遍得到幸福,而不发生大富大贫的严重分化现象。但是,他决不因为求平均而牺牲发展,而是坚决主张在发展经济的基础上注意平均的问题。

孙中山想在中国民主革命中同时解决贫和不均的问题自然是不现实的。这一矛盾只有在社会主义制度下才有可能得到解决。但在社会主义制度下,尤其是在一个经济还比较落后的社会主义国家中,怎样找到解决这个问题的具体途径和具体办法,也不是轻而易举的,需要长期的探索。

孙中山划分实业经营范围的主张也可供我们参考。孙中山划归私人经营的实业是资本主义性质的,划归国营的实业是国家资本主义性质的,同我国当前的情况有原则的不同。但他关于划分经营范围的某些原则(如对规模巨大、有垄断性、属于国民经济命脉性质的实业和资源都划归国有或国营),对我们也不无参考价值。

孙中山所提出的某些管理国民经济的措施,也仍然值得我们进一步研究和思考。例如,孙中山对土地国有的管理和使用办法是以对土地使用者收取地租为基点的,他的平均地权和土地国有在旧民主主义革命时期以解决城市及工矿区土地问题为主要着眼点。社会主义国家对土地的所有权也有一个如何在经济上实现的问题。我国对使用国有土地始终是无偿的,这就使土地的国家所有权无从在经济上得到实现。

这对合理使用土地以及实行严格、准确的经济核算制都是不利的,实际上是使用土地的企业和单位吃国家的"大锅饭"的一种形式。在进行企业管理体制的改革后,企业有了相当的自主权,使用国家的土地所获得的利益,在土地无偿使用的情况下将会有一部分转化为单位所有。孙中山关于国有土地管理的某些思想,对我们当前改革城市土地管理体制的工作还是有所帮助的。

孙中山关于外资管理的许多思想,诸如开放主义对一国经济发展和现代化的意义,既要大胆引进又要坚持国家主权,引进外资要注意培养自身独立经营的能力,引进外资要善于把握和利用时机等,都是从外国以及近代中国利用外资的历史经验教训中正确总结出来的。研究这些思想,无疑会有重要的现实意义。

（和陈为民、郑学益合写,

原载《经济研究》,1986年第10期）

12　经济学译名的由来

在我国，"经济学"早已成了Economy或Economics的通用译名。可是，在中国古代，"经济"及"经济学"的本意与此却是很不相同的。在中国近代，"经济学"译名的确立，也经过一个长达几十年的演变过程。

"经济"及"经济学"的名称，在我国都出现很早。在公元4世纪时，人们已经使用"经济"一词。东晋元帝在褒美大臣纪瞻的诏书中就说："瞻忠亮雅正，识局经济。"葛洪的《抱朴子》也说："经世济俗之略，儒者之所务也。"到隋、唐时期，"经济"一词的应用已相当普遍，并且开始出现了"经济学"一词。在中唐诗人严维的《秋日与诸公文会天□寺》诗中，就有"还将经济学，来问道安师"的句子。宋代以后，更逐渐出现了以"经济"命名的书籍，如宋人滕珙的《经济文衡》、元人李士瞻的《经济文集》、明代冯琦的《经济类编》等。到了清代，以"经济"命名的书籍更多起来。清代中叶以后，有些学者甚至已把"经济之学"同当时封建社会中的正统学术"义理之学"、"考据之学"和"词章之学"并列。

中国古代的"经济"一词，本意为"经世济物"、"经国济民"，也就是治国平天下的意思，而"经济之学"则是治国平天下的学问。这种"经济之学"，内容不仅包括经济、财政方面，而且广泛涉及到政治、法律、军事、教育以至一部分工程技术方面的问题（如治水）。

　　中国古代关于"经济"和"经济之学"的这种用法,早就流传到日本。在近代接受西方经济学的影响以前,日本也出现过一些这种意义的"经济之学"的著作,著名的太宰春台的《经济录》(1729年),就是其中之一。

　　西方经济学传入中国后,在相当长的时期中,中国人并未采用"经济学"的译名。第二次鸦片战争后,清朝廷开展了办洋务的活动。为了训练同外国交往的人才,清朝廷设立了"同文馆"。同文馆学制有八年和五年(不学外语)的两种,这两种学制的最后一年,都规定要学习《富国策》一门课程,其内容就是西方的经济学。最先在(1867—1869年)同文馆讲授这一课程的是美国人丁韪良(N. A. P. Martin),采用的教材是英国人法斯德(H. Fawcett)所著的 *A Manual of Political Economy*(本意为《政治经济学教程》)一书。1882年,同文馆的汉文教师汪凤藻在丁韪良的指导下把此书译为汉文出版,书名即译作《富国策》。这样,"富国策"就成为中国近代对 Economy 或 Economics 的第一个汉文译名。

　　后来,中国的有些研究西学的人士逐渐认识到西方的经济学是一门科学而不是一种政策,因而"富国策"的译名就逐渐变成为"富国学"。梁启超在1897年写的《史记货殖列传今义》一文中就提到:"西人富国之学,列为专门"。1901年,严复译出了亚当·斯密的名著《国富论》(严译本名为《原富》),在此书的《译事例言》中,他主张用"计学"作为 Economy 和 Economics 的译名。在这前后,中国还出现了"理财学"、"平准学"、"生计学"等各种各样的译名。京师大学堂(北京大学原名)1903年颁布的《暂定各学堂应用书目》也采用了"理财学"的译名。

　　最先把 Economy 和 Economics 译为"经济学"的是近代的日

本学者。在明治维新前一年（1867年）幕府蕃书调所的神田孝平把英国人艾利斯（W. Ellis）的《社会经济学大纲》（*Outlines of Social Economy*）译为日文，译名为《经济小学》。这是使用中国古代的"经济学"一词作为 Economy 和 Economics 的译名的滥觞。

但是，日本在经济学的译名方面也不是一下子确定下来的。东京大学前身之一的东京开成学校政治学科（系）规定三年级开设"经济学"课程。1877年，东京大学成立。1880年，东京大学把"经济学"改称为"理财学"，并把它由一门课程扩充为一个"专攻"（专业）。在这前后译出的西方经济学著作，译名也多为"理财学"。由于当时经济学通称为政治经济学，某些译作甚至把书名译成"政治理财学"。1885年，东京大学才又重新把"理财学科"改为"政经学科"。

在19世纪末，中国有些人已知道日本采用"经济学"的译名。例如，梁启超在1896年写的《变法通议》这一著作中已提到：在日本，"富国学之书"名为"经济书"。可是，当时的中国学者并不赞同这一译名。严复就曾明确地对"经济学"这一译名表示过异议，认为："日本译之以经济……既嫌太廓。"（《原富·译事例言》）

1903年，日本人杉荣三郎来京师大学堂任教，开设"经济学"课程。他的讲授内容，用汉文记录并整理为《经济学讲义》一书出版。同年，江楚编译官书局出版了日本人桥本海关所译的《经济教科书》。这两种书是中国采用"经济学"作为译名出版书籍的开端。由此至辛亥革命前，先后出版了许多种采用"经济学"译名的书籍，如林祐光译的《经济学粹》（1906年），李佐廷辑的《经济学原论》（1907年），朱宝绶译的《经济原论》（1908年）等等。

尽管如此，在辛亥革命前，"经济学"仍未能成为人们共同接受的译名,"理财学"、"富国学"、"计学"等译名,仍和"经济学"这一译名杂然并用。到辛亥革命后,"经济学"才逐渐成为 Economy 或 Economics 的通用译名。1912 年 8 月,孙中山在北京社会党总部作《社会主义之派别与方法》的讲演,在谈到"经济学"译名问题时认为:对于经济学这一门"有统系之学说",无论译作"富国学"或者"理财学","皆不足以赅其义,惟经济二字,似稍近之"。这反映了当时中国人士已基本上趋向于采用"经济学"这一译名了。

在"经济学"作为通用译名确定下来之后,不但"富国学"、"理财学"、"计学"等译名不再使用,中国古代的"经济学"一词的本来含义,也很快地不为一般人所知了。

（原载《教学与研究》,1980 年第 2 期）

13 开拓中国经济管理思想史
学科建设的新阶段*

中国经济管理思想是一门新学科，但近年来发展很快。要实现我国的管理现代化，必须继承我国历史文化遗产。在研究方法上，应该正确处理经济管理思想和其他管理思想的关系。中国经济管理思想的研究，重点应放在富国之学和治生之学，以及管理思想、管理制度、管理技术等方面。

一

中国经济管理思想史作为一门单独的学科而存在，是近几年的事情，但运用中国的某些思想、文化遗产来进行经济管理，并对此进行某些学理方面的论述，却早已有之。在中国悠久的历史上，对富国问题的探讨一直受到人们注意，而探讨私家如何致富的所谓"治生之学"也早就有所研究。中国近代的一些著名的实业家如刘国钧、张振勋、陈嘉庚等，也曾有意识地把中国古代管理思想的某些内容应用于创办和经营企业而获得显著

＊ 本文系赵靖先生在中国经济思想史学会第五届年会上的发言。

成效。①

不过，由于中国在近代以前长期处于以自然经济占主要地位的封建主义历史阶段，工商业不发达并且受到封建统治势力的压迫和歧视，以私人赢利、致富为目的的治生之学，不能得到顺利的发展。以探讨国民经济的发展管理为主要内容的富国之学，也因其直接服务于封建专制政权并依靠封建专制政权来推行，其对学理的探讨不能不受到极大限制，在许多方面陷于被扭曲的状态。近代民族实业家的自身利益使他们有运用各种有关知识改善经营管理的要求，但由于中国近代资本主义经济不发达，民族实业家很多人文化层次不高，加以半殖民社会环境所造成的民族虚无主义猖獗，民族实业家中有意识并有能力来运用民族文化遗产改进经营管理的，也只能是凤毛麟角。

在近代、现代世界，较多地把中国思想文化遗产有意识地运用于经营管理并在学理方面进行较多的研究的，最初为日本企业界。明治时期，号称日本工业之父的涩泽荣一，就以"《论语》和算盘珠相结合"而闻名。这表明，从日本新式资本主义工业诞生的时候起，中国的思想遗产已开始被应用于企业的经营管理中。

第二次世界大战后，日本在实行美国的管理过程中，日本企业界逐渐感到美国的管理对日本并不全适用，并认识到这主要是两国国情有所不同：（1）美国人来自全世界，不同民族、不同文化传统、不同风俗习惯的人聚在一起，甚至同在一个企业中工作，对这

---

① 刘国钧有意识地运用儒家的思想进行管理，并把他的企业取名为"大成纺织印染厂"以表示以孔子之道治厂的用心。张振勋是受司马迁"以末致财"的思想启发而投资设厂的，陈嘉庚运用白圭的"人弃我取人取我予"的思想进行竞争取得胜利。

样一些人,只有用统一的制度、规章来管理,因而美国管理的一个重要特点是强调以严格的规章、制度管人;日本自古是一个单一民族国家,有同一的文化传统、风俗习惯,人和人之间有多方面联系和交流的渠道,不宜专靠法规来从外部齐一。(2)美国管理的另一个特点是靠金钱来刺激劳动,日本战后相当时间经济极困难,在这一点上尤其无力学美国;但是,日本却可利用日本人民在绝望中求生存的自救意识和紧迫感,以精神方面的某些有利因素来弥补物质方面的匮乏①。在这种认识下,日本采取了把美国的现代管理和对日本传统文化有深远影响的中国古代思想相结合的做法来建立和改善日本自己的管理。中国的一些古文献,尤其是《论语》《老子》《孙子》《三国演义》等,都受到日本企业界和经营管理学者的重视。

受日本的影响,所谓"亚洲四小龙"近年也颇重视中国思想遗产在现代管理中的作用的研究,而以韩国和我国台湾尤为努力。日本、韩国和我国台湾等对中国管理思想遗产的研究,其主要特点是:从现代管理的实际需要出发,对中国历史上的某些著作、人物、事件中所包含的管理思想,或者对经济管理能有启发、帮助的思想,进行研究和探索,而不是对中国经济管理思想的发展进行系统的研究和比较全面的审查,揭示这些管理思想的性质和发展、演变的规律。这种研究的好处是具有直接的应用性,同时也可对中国经济思想史这门学科的建设积累一定的思想资料,引起更多人们的兴趣,起一定的宣传效果。但是,这种研究只能对中国管理思想丰富遗产中的某些材料作若干零星、片断的考察,而不可能使研究

---

① 参看村山孚1982年所作的《孙子兵法与企业管理》的报告。

成果形成一部系统的中国经济管理思想史，无法弄清有关管理思想的性质和特点，在应用上往往难以避免随意性和牵强附会的特点。这种研究方法放在一定范围中，作为研究工作的一种辅助的方式，是可用的，有益的，但如把全部研究工作置于这种研究方式之下，那么，在指导思想方面就将陷于实用主义，上述弊病就难以避免。

中国古代和近代对中国经济管理思想遗产的应用和研究，事实上属于中国经济管理思想史这门学科的前史；现代日本、韩国和我国台湾在这方面所做的工作，对这门学科的建设有重要启发、借鉴作用，但总的说来仍然处于为建立这门学科而积累材料、准备条件的阶段。把中国经济管理思想史作为一门单独的学科进行学科建设的任务，是20世纪80年代在我国大陆上开始提出来的。

中国共产党十一届三中全会以后，引进西方的科学管理的问题日益受到人们的注意。引进的西方管理必须结合中国实际，必须适应于中国的历史条件，才能在中国行得通。这使企业界及学术界的某些人逐渐对中国经济管理思想遗产发生了兴趣。80年代初，国内报刊上开始出现了少量的专门探讨中国管理思想遗产的学术论文。稍后，南方有若干厂长开始在自己的企业中对应用中国管理思想遗产进行经营管理作了某些试验，并开始组织起来进行这方面的经验，体会的探讨和交流。1982年，中国人民大学请在华工作的日本专家村山孚就日本企业如何应用《孙子兵法》进行经营管理作学术报告，引起了我国学术界和企业界人士的进一步注意，对我国研究自己经济之理思想遗产的工作起了重要的刺激作用。1984年，由学术界和企业界几名研究者合著的《孙子兵法与企业管理》一书出版，这是在中国大陆上出现的这方面的一本专著。1984年底，前国家经委邀集高等学校、学术研究机构和企业界人士三十余人在北京举行了中国古代经济管理思想研讨会。此后，经委又于1986年和1988年先后在北京及江苏常州举行了第二次、第三次研讨会，此外，经委还先后在广州、北戴河及西安等地举办了三次中国古代经济管理思想讲习班。有的高等学校也举办了这门学科的师资培训班。有的省也成立了研究中国管理思想遗产的组织。在这些活动的鼓舞和推动下，中国经济管理思想的研究和开拓大大加快了步伐。五六年中，据不完全统计，已出版了系统的中国经济管理思想史著作五种，论文集四种，专题性研究作品三种，资料选集一种，专门论述中国经济管理思想的论文百余篇（连部分涉及中国经济管理思想的论文计算在内，则约达三百篇）。一些高等学校开设出了中国经济管理思想史课程，有的还招收了中国经济管理思想史方向的研究生。

中国经济管理思想史系统著作的出现、课程的开设以及研究生培养方向的建立，标志着这门学科已结束了自己的前史，以一门单独学科的面貌破土而出了。中国经济管理思想史的开拓工作能够有如此多的成果，它有力地表明了：（1）这门学科的开拓和研究符合于形势的需要，从而受到形势发展的强有力推动。（2）在我国，尤其是在我国大陆上，对中国经济管理思想史的研究和应用，有一些特殊的优势。（3）开拓初期各有关方面采取了一些比较有效的措施，也在一定程度上促进了研究，开拓工作的进展。

这些正是中国经济管理思想史这门学科开拓初期的基本经验。

二

加快中国经济管理史这门学科的建设，是在我国实现管理现代化的需要，也是创立我国社会主义现代管理科学的需要。要实现我国的管理现代化，却需要从前人的文化遗产中寻求帮助；要创立我国的社会主义现代管理科学，却需要从古代封建社会和近代半殖民地半封建社会中的管理思想寻求借鉴，这在有些人看来，似乎是悖理的，不可理解的。

最近许多年，有些人对现代化产生了两种先入为主的看法：一是认为现代化和研究历史遗产是不相容的，另一则是认为现代化和中国的文化传统是不相容的。

持第一种看法的人，认为历史遗产总是过去时代的东西，而过去时代的东西就不可能有益于现代化。因此，要实现现代化，就应该排斥历史遗产，无视历史遗产和否定历史遗产；否则就是向后看，就会拖现代化的后腿。

事实上，这种看法不仅是对历史遗产的误解，也是对现代化本身的涵义的误解。现代化不等于现代，处在历史发展的现时代的国家和民族，并不都已是现代化的国家和民族，这是尽人皆知的常识。如果把现代化等同于现代，那就无所谓现代化，我们就无需为现代化而进行长期、艰苦的努力了。真正的现代化是和人类最先进、最优秀的科学、文化成果结合在一起的，现代化无非是人类最优秀的科学文化成果在社会生活各领域中的综合体现。人类最优秀的科学、文化成果，本身是历史的产物，是在人类漫长的历史中一代代积累起来的。在现代生活中,吸收和利用前代人的优秀遗产,决不意味着不现代化或反现代化,而恰是现代生活的一个生动丰富多彩的组成部分。

现代化总是和富有相一致,而和贫困相排斥,富有指拥有较多的物质财富和精神财富,而不论物质财富和精神财富总是在过去的一定时间中积累起来的。马克思说:"历史不外是各个世代的依次交替。每一代都利用以前各代遗留下来的材料、资金和生产力;由于这个缘故,每一代一方面在完全改变了的条件下继续从事先辈的活动,另一方面又通过完全改变了的活动来改变旧的条件。"[①]人的知识、经验和技能是历史的产物。每一代人都在创造自己时代的新历史,创造新的、比前代更高的文明;但任何时代创造历史、创造文明的活动,却一点也离不开历史遗产。历史遗产的数量和质量,对继承历史遗产的一代人的富裕或贫困是一个有重要影响的因素,是这一代人继续发展的一个重要条件。如果拒绝优秀的历史遗产,当然不会有什么现代化,而只会是蒙昧化。

对现代化和历史遗产的关系的另一种成见认为:当前世界上只有西方国家实现了现代化,中国还未实现现代化,中国古代则距现代化更远,因此,要在中国实现现代化就应一切照搬西方的东西,不能保留中国的民族传统,不能继承中国的任何历史遗产。这种主张实际上是把现代化等同于西方化。这实际上并不是要拒绝任何历史遗产,而只是要全盘拒绝自己祖国的历史遗产;并不是认为现代化和一切历史遗产都不相容,而只是认为现代化和中国的历史遗产绝不相容。

---

① 《马克思恩格斯全集》第3卷,人民出版社1960年版,第51页。

不错，截至目前，只有西方的一些资本主义国家和地区实现了现代化。我们要在中国实现现代化，就必须利用西方的资金和技术，必须借鉴西方的经验。这正是我们把改革和开放看作富强之路的出发点。但是，现代化总是有具体的社会历史内容的，从没有抽象的现代化。我国所要实现的现代化一是在中国的特定历史条件下实现的现代化，二是在社会主义制度的基础上实现的现代化。中国的历史条件同西方国家很不同，把西方的现代化模式照搬到中国来，不但同中国的社会主义制度不适合，反而会使中国出现大混乱和大破坏。

有些人提出了一种所有制"改革"一步到位的设想，主张把我国国营企业股份化，认为这样做既可解决中国经济改革的关键问题，又可保持所有制的"社会主义"假象，避免直接提出"私有化"、"资本主义化"的太露骨的做法，有的人甚至宣扬，这样做还可进一步使中国在经济上走向世界，建立"社会主义的跨国公司"。

真是美妙之极！这种设想的理论依据，姑置勿论，只提出一个实际问题就够了：把社会主义国营企业股份化，股票卖给谁呢？尤其是像鞍钢、大庆这类大型国营企业，巨亿股票，谁有能力买呢？即使承受其一个可观份额，也断非任何工资劳动者乃至个体户、专业户们力所能及的。很显然只有外国垄断资本集团有此实力。如果社会主义国营企业如此股份化，中国的事还堪问么？

要实现中国的现代化自然离不开学习和借鉴西方，但学习和借鉴不能是照搬不误；更不能用抛弃中国的社会主义制度和历史传统的办法来为"全盘西化"去掉障碍，而必须是在坚持中国的社会主义制度的前提下引进西方的某些先进的、对中国的发展和现代化有益的事物，并且在引进外来先进事物、改革和扬弃本国落后事物的同时，根据本国的特定历史条件对外来事物进行必要的调整、消化和改造使外来的先进事物变成能在中国不断进行再生产的中国自身的新事物。只有这样，才会真正有利于中国的进步和现代化。从这种意义上说，中国的现代化决不能是全盘西化，而只能是在学习、采用西方先进事物的过程中使引进的西方事物逐渐华化。

中国革命的伟大先行者孙中山，是中国近代"向西方寻找真理"①的主要代表人物之一。他在中国最先提出了"开放主义"的口号，把对外开放看作加速中国发展、实现赶超世界先进水平的必要条件。但是，也正是他一上来就主张学习西方必须和中国的历史条件相结合，反对把学习西方和尊重自己的优秀文化传统对立起来。他告诫人们：对外开放不是把西方文明"全盘照搬过来，我们有自己的文明"②。伟大的孙中山先生在将近一个世纪之前说过的这一番话，至今仍然是耐人寻味的。

现代化不等于西化，从技术方面说是这样，从管理方面看尤其是这样。管理不仅同技术、经济方面的事物相关连，而且广泛涉及文化方面。民族文化的特点，在管理过程中表现更明显，影响更巨大，更复杂。西方国家实现了管理现代化，有了现代管理科学，对此，我们一定要认真学习。但是，对西方的现代管理，我们同样要根据中国的条件加以分析、消化和改造，利用它来形成"有中国作风和中国气派"、"为中国老百姓喜见乐闻的"③中国式的现代管理，

---

① 《毛泽东选集》前四卷合订本，人民出版社1966年版，第358页。
② 《与〈伦敦被难记〉俄译者的谈话》，见《孙中山全集》第一卷，中华书局1981年版，第86页。
③ 同上。

而不能机械地照搬。

前面谈到，日本在第二次世界大战后，引进美国的管理，发现有两个不适合日本国情之处。这两个不适合，对现代中国来说更为明显。中国是一个有自己独特文化传统的国家，而且，中国的传统文化几千年来一直沿着自己的轨道发展延续着，熏陶化育，优游浸渍，在十一亿中国人民和数千万海外炎黄子孙中形成为悠久的、牢固的、深层的和千丝万缕的联系，形成为无比强大的凝聚力和推动力。这是中国建设和发展的一个巨大优势，也是中国在经济管理方面的一个巨大优势。丢了这个优势，中国就不成其为中国，中国的任何事情也就无从管好、办好。

我国已建立了社会主义制度，并且已在社会主义道路上经过了四十年，马克思主义成了指导我们事业的理论基础。这又是中国的一个巨大的优势。正确地运用这个优势，以社会主义思想、社会主义精神鼓舞全国人民，调动人们的劳动积极性和奉献精神，就会在广大人民中激发出无穷的力量，以战胜困难，加速现代化的实现。丢了这个优势，十一亿中国人就将失去共同目标，人们各顾自己，整个国家、整个中华民族就将被解除精神武装，成为一盘散沙，失去立国之本，现代化更无从谈起了。

这些年，在经济管理方面，我国确实有些人存在着把现代化同民族文化遗产割裂、对立起来的倾向。在学习、引进西方的经济管理时忽视了自己的传统和优势。社会主义觉悟不强调了；自己的历史遗产更是受冷落了；而西方经济管理中的一些显然不适合中国国情的东西，却受到许多人的极力鼓吹：强调物质刺激，甚至公然鼓吹"向钱看"，宣扬通货膨胀无害论，主张以超前消费来刺激经济、活跃市场，如此等之，不一而足。这类"食洋不化"

的主张，已经为我们造成了不小的损失，到了认真加以澄清的时候了。

从劳动工资问题看，西方某些国家所以着重以金钱刺激劳动，是由于它们比较富有，同时，几百年的资本主义社会，形成了普遍的雇佣劳动的观点。唯其富有，所以能多用金钱拉开工资待遇的档次，以刺激劳动生产率；唯其养成了普遍的雇佣劳动观点，多给钱可带来增进劳动数量和质量的效果。

这些条件，在我国都是不存在的；但是，我国有几千年的历史和文化传统所养成的重奉献的精神，又有中国共产党长期领导革命和四十年社会主义道路所养成的社会主义思想觉悟。在这种情况下，只有在切实贯彻按劳分配原则、努力改善劳动群众生活状况的同时，大力激发群众的爱国心，以社会主义思想教育群众，才能真正提高劳动者增产节约的积极性，把社会主义企业办好。如果不此之务而只强调金钱的作用，不仅国家拿不出足够的钱，而且在中国的具体条件下，多给钱并不能带来相应的劳动数量和质量，只会在一些职工中造成相互攀比的风气，使矛盾复杂。

再就消费问题而言，西方一些国家所以有提倡消费的主张，是由于它们生产过剩，而有效需求不足。我国情况恰好相反，不是有效需求不足，则是总需求超过总供给，而且这种状况在相当时期内还难根本改变。我国各族人民有重视节俭、强调艰苦奋斗的传统；而数十年的社会主义道路，又使这种传统具有了新的内容、新的动力和新的思想境界。如果忽视了我们的这些特有的优势，而盲目仿效某些西方国家以提倡消费来刺激经济的做法，从近期看，只会加剧总需求大于总供给的矛盾，引起严重通货膨胀，紊乱经济秩序，影响社会安定；从远期看，更会造成化生产基金为消费基金，吃掉老本,削弱国民经济发展的能力,以及败坏我民族自强奋斗精神的严重后果。

在中国的民主革命时期,曾因机械地摹仿西方革命战争的经验而付出过惨重的代价。遭到一再失败,后来才在中国共产党实现了马克思主义同中国革命实践相结合、创造了井冈山道路的情况下,根本改变了革命斗争的局面,取得了革命的胜利。这种结合,是同中国共产党人深刻研究中国历史、研究中国优秀历史遗产的努力分不开的。中国民主革命时期的军事、政治斗争是这样,社会主义经济建设和经济改革(包括经济管理的改革)也将是这样。在中国经济管理现代化中的这种西化和华化的辩证法,目前许多人还不很理解,有些人甚至还不想理解。但是,真正想使中国的经济管理现代化的人,真正希望中国有自己的社会主义现代管理科学的人,是会通过自己的学习和实践而逐步理解的。认识的人越多一些,认识得越早一些,中国人为此付出的代价就会越少一些。这当然是我们所殷切希望的。

三

进行中国经济管理思想史的学科建设,我国具有一些特有的优势。

中国经济管理思想是我们自己的民族文化遗产,中国人研究起来,语言、文字障碍少,资料、文献容易找,易于同其他方面历史遗产的研究相配合,容易形成研究的群体力量和协作力量。而且,中国管理思想历史遗产中所包含的智慧、情趣以及思维方式和表达方式,历史上代代相承,很多已经融入中国人的民族习惯和心理素质中,尽管有关资料是过去历史上的东西,但对现代中国人说来,依然心有灵犀,一触即通,一点就破。这种优势,不仅欧、美等国的中国文化研究者无法希冀,即使历史上受过中国文化长期哺育的一些国家,也是不能企及的。

我国大陆上的研究者,则除此而外,还有另一个巨大的优势,这就是:懂得马克思主义,能够运用历史唯物主义来指导我们的研究,在中国经济管理思想史的研究中掌握科学的研究方法,正确把握中国经济管理思想史的特点和发展规律。

现代中国对中国经济管理思想史的研究,起步比日本及亚洲的其他某些地区和国家晚,但发展速度却比较快,而且,在研究的范围、系统性以及某些重要课题的理论深度等方面,都显示了自己的优势。我们首先提出了建设中国经济管理思想史这门新学科的任务,并已开始就此进行了重要的探索和尝试。

当然,我们对自己的这些优势迄今发挥得还很不够,我国在管理思想遗产方面有许多充栋的文献资料,但有计划的、大规模的发掘和整理工作,迄今尚未开始。已出版的资料书,只有一种。正在编纂的,也只有一两种,而且都是较为小型的。方法论方面的研究和探讨,也几乎还是空白。专门论述中国经济管理思想史研究方法的论文,还极为罕见。在开拓初期,这种情况多少是不可避免的。形势的迫切需要,容易使研究工作重视短期效果,而顾不上艰苦费时的资料发掘、整理工作。方法是从研究过程中总结出来的,在研究、开拓工作还未达到一定的发展程度时,方法的讨论是不容易展开和深入的。但是,资料的发掘和整理是研究工作的基础,而方法论则是研究、开拓工作的指导。这些方面的工作如果长期处于滞后的局面,中国经济管理思想历史遗产的研究水平就难以有真正的提高,中国经济管理思想史的学科建设就难以有长足的进展。

必须及时采取措施大力克服这两方面的弱点,才能充分发挥我们所特有的优势,把目前在很大程度上还是潜在的优势变成强大的现实优势。

要在统一的规划下组织力量进行资料的发掘、整理和编纂工作。在研究人员较多的一些单位和地区,或者在便于进行研究协作的某些单位和地区,可适当集中人力进行较大型的资料建设工作。同时,要充分发挥分散的、一时还不具备组织较大协作的条件的研究者(包括业余研究者)的积极性,进行灵活、多样的中、小型资料建设工作,并尽量以生动、活泼的形式(如编集出版《中国管理格言》《中国管理故事》《中国管理人物志》《中国管理趣话》之类)推出,以加强应用效果和宣传效果。

方法论方面的研究和讨论,在当前特别要考虑以下几个问题:

第一,经济管理思想和其他管理思想。

研究中国经济管理思想史,必须以历史上的经济管理思想为对象,而不能把其他管理思想作为直接的研究对象,这是毫无疑义的。但是,进行中国经济思想史的学科建设却不应也不可能完全抛开历史上的其他管理思想。这一来是由于,经济管理和其他管理有着许多共同的原理;一些在经济管理中也适用的基本原理,在历史上还往往是在其他管理工作中首先提出来的,或者首先在其他管理思想中获得较为明确、较为透彻的阐发。二来是经济管理工作和其他管理工作往往是互相交叉、互相渗透的:政治、军事、教育等管理过程中包含某些经济的环节(例如政治管理离不开理财,军事管理离不开后勤供应,教育管理也包括教育基金建立和管理等），而经济管理也常要利用政治、军事、教育之类的非经济手段。三来是经济管理思想和其他管理思想在文献资料方面很大部分是共生的。在资本主义以前的时代，管理并未形成的一门单独的学科，经济管理尤其如此，因而各种管理思想的历史资料常常是混杂一起的；而且，由于其他一些管理思想（尤其是政治、军事的管理思想）比经济管理思想更发达，更受重视，很多经济管理思想资料也较多地保存于论述其他管理问题的作品中。

因此，如何处理经济管理思想和某些其他管理思想的关系，就成为中国经济管理思想史学科建设所必须考虑的一个问题，成为探究中国经济管理思想的研究方法时必须首先弄清的一个问题。

在研究方法上，对经济管理思想应进行系统的研究。要用历史唯物主义的方法，研究某种特定的经济管理思想产生的社会历史条件、它的性质和时代特点；阐明它所受的前代的和同时代的各种思想的纵向的和横向的影响；它对当时及后代的经济管理，经济发展的影响；揭示经济管理思想在历史进程中的发展、演变规律，等等。

对其他的管理思想则不能采用这种系统研究的方法。因为，这不仅是经济管理思想史的研究者所不能胜任的；而且，这样做会淆乱视线，分散精力，多歧亡羊，难有成果。显然，对其他管理思想，我们只能采取一种联系的研究方法，即把它们同经济管理思想联系起来进行研究，研究它们对经济管理思想所发生过的影响及可能发生的影响，研究它们所包含的一些也可适用于经济管理的一般的、共同的原理，研究这些原理在经济管理中运用的特点，研究把其他管理思想中的某些内容移植到经济管理思想方面来的条件和方法，等等。

第二，富国之学和治生之学。

在中国古代，财富问题是从两个角度进行探讨的。一是从整个国家的角度探讨怎样增殖财富，使国库收入和百姓手中的财富两俱充裕。这就是"富国之学"。二是从地主、商人和其他身份、行业的家族或个人的角度，探讨怎样获得和增殖私家的财富。这就是"治生之学"。不论富国或治生，都包含着并且自始至终贯穿着经济管理的活动。因此中国古代的经济管理思想基本上是在"富国之学"和"治生之学"的范畴下发展的。①富国之学所涉及的经济管理，主要内容是由国家对整个国民经济所进行的宏观的调控和管理。但是，中国古代由于有相当数量的官府工商业，对这些工商业的管理，是微观的管理，而不属于宏观调控。然而，由于这些官府工商业中有一部分以获取财政收入为目的（如盐铁、酒榷），就这一部分的管理而言，仍属于"富国之学"的范畴。

中国封建时代的经济思想和经济管理思想一般重视富国、富民，对富家问题则往往抱有较深的偏见。以探讨富家之道为内容的治生之学，长期受到歧视，其中论述工商业致富的商人治生之学，尤其为士大夫们所讳言（尽管他们中间的许多人实际也在经商）。中国古代经济管理思想的主要内容，中国古代经济管理思想的大部分资料，是存在于富国之学中的。但是，尽管如此，中国古代的治生之学中仍有不少值得研究和借鉴的内容。在中国经济管理思想史的学科建设中，对这一部分的发掘的研究。也是不容忽

---

① 中国古代一般很少把对"富国"、"治生"问题的研究称为"学"，而是称之为"富国策"和"治生术"。但实际上古人的这种研究不限于提出直接的政策和技术，而是包含着学理方面的探讨。所以我们把这些研究概括为"富国之学"、"治生之学"两个范畴，而不用古人的不确切的提法。

视的。由于富家、治生之道被封建士大夫视为"不登大雅"，治生之学的资料具有特别畸零分散的性质，发掘和研究的难度比富国之学更大。

在中国近代的半殖民地半封建社会中，西方的管理思想逐渐传入中国，传统的"富国之学"、"治生之学"等范畴，也逐渐失去了效力。中国近代的经济管理思想，不再在富国之学、治生之学的形式下存在和发展了。但是，传统的经济管理思想，在近代的国民经济管理和企业的经营管理中，仍保有不同程度的影响。

第三，管理思想和管理制度、管理技术等。

管理方面的历史遗产包括管理思想、管理制度、管理措施、管理政策和管理技术等方面的资料。管理制度、管理措施、管理政策、管理技术等，是在管理过程中实施的东西，而管理思想则是从管理实践中总结出来的。各不同时期、各种不同历史条件下的管理思想，虽然在认识深度和水平方面各不相同，多少总包含着对管理过程的某些基本原理的认识，因而它又是能对管理制度、管理措施、管理政策乃至管理技术起一定指导作用的东西，能够影响管理制度、管理政策的制定和改革，影响管理措施，管理技术选择和取舍。在学习和借鉴其他国家、其他企业的管理制度、管理技术时，也离不开正确的管理思想的指导。

管理制度、管理措施和管理技术等，是只适用于具体的时间、空间的东西，是要依据条件和环境的变化而修改、变革的。管理思想中所包含的一些基本原理，则是较为持久的和具有一定的普遍适用性的；有些甚至体现着不同时代、不同国家和不同民族管理过程的共性和共有规律。例如，在人事管理方面的任人唯贤、用人不求全责备和用人不疑等原则，在我国两千余年前就已提出并得到较透彻的阐明，时至今日也仍然有效。

研究前代的管理思想遗产，是要从中寻求比较持久的和较有普遍适用性的东西。这些东西主要是存在于前代的管理思想中的，因此，研究前代的管理遗产，主要是研究管理思想的历史遗产。

这当然不是说，研究中国经济管理思想的历史遗产，进行中国经济管理思想史的学科建设，可以置历史上的管理制度、管理政策、管理措施、管理技术于不问，可以对这些方面的材料不加搜集、考察和整理。事实上，管理思想最初只是体现在具体的管理制度、措施和技术中的，后来才逐渐被人们总结了出来。人们对这种总结做得怎样，受各时代的社会经济条件和认识水平的限制。到了现代大工业和经济高度发达的时期，才能总结出现代管理科学，如果不考察有关管理制度、措施、政策和技术方面的历史资料，就无法弄清楚历史上的管理思想、管理理论是怎样产生出来的，就无法了解这些管理思想、管理理论对管理过程起过什么作用，也无法鉴别前人的管理思想、管理理论究竟在多大程度上反映了当时的管理过程。这样，也就无法对前人的管理思想做出恰当的评价。

还应指出，一个时代实际存在和起作用的管理思想，和当时已被人们总结出来并作为意识形态而存在的经济管理思想并不是完全等同的，往往还有相当一部分体现在具体的管理制度、措施、政策和技术中的管理思想未被人们明确地觉察到，或者未被总结到管理思想的高度。这种情况，越是在历史发展的较早阶段，就越是在较大程度上存在着。对这部分经济管理思想，还只能从当时的管理制度、措施、政策和技术的有关史料中去考察。

四

在80年代中，中国经济管理思想历史遗产的研究工作在做法或措施方面有几个值得注意之点：一是研究、开拓工作是由两支力量分别发动和进行的，但已存在着某些联系和协作的情况；二是已经开始在全国范围中对研究工作组织协作的交流；三是我国大陆上的研究、开拓工作在一定程度上是和外部的研究工作声息相通的。

我国对中国经济管理思想历史遗产的研究工作，基本上是由学术工作者和企业家两支队伍进行的。我国对中国经济管理思想的研究和开拓工作在80年代初起步，其基础的根源是经济建设和经济改革的需要，但和对外开放所带来的外部信息也是分不开的，尤其是和受现代日本研究和应用中国管理思想遗产的信息的刺激分不开的。研究者对搜集、传播外部的信息也作了一些努力。

这些做法和措施对开拓初期的迅速进展起了十分重要的推动作用。但是，它们在开拓初期都还仅仅是些苗头，远没有发挥出应有的作用和潜力。它们的基础还未真正建立，没有建立起使它们正常发挥作用的机制；学术工作者和企业家两支队伍，基本上还是两支各为自战的队伍，在研究工作方面的联系和结合，不论在广度或深度方面都没有重要的发展。"中国古代经济管理思想研究会"虽然成立了，却尚未能对全国的中国经济管理思想遗产的研究和应用进行有效的、经常的领导和组织工作；而且，要使它成为一个这样的机构，还存在着颇多的困难。对我国大陆以外研究和应用中国管理思想遗产的状况，我们迄今仍未建立起经常性调查研究工作,对外部的有关信息,还了解得不很完整,不很及时,更谈不上经常的交流和合作了。

大力加强两支队伍的协作和配合,在这些工作中是最为重要的、最有关键意义的一环。目前,在从事中国经济管理思想历史遗产的研究的学术工作者中,有一部分是来自中国经济思想史的专业学术工作者,另一部分则来自西方现代管理研究者,而以前一部分居多数。中国经济思想史的专业工作者,对历史资料较熟悉,对发掘整理历史遗产的工作较有训练;在研究中国经济思想史方面所积累的知识和经验,对研究中国经济管理思想史也是一个最为切近的有利条件。但是,他们对管理实践一般接触和了解较少,对西方的管理科学也多缺乏必要的基础。

在我国的企业家中,目前,对中国经济管理思想遗产感兴趣的还比较少,还未能形成一支比较稳定的研究力量。企业家中的研究者,有丰富的管理实践经验,对研究工作的应用性有比较明确的意识和比较强烈的要求;但他们对中国经济管理思想的历史知识不熟悉,对直接利用有关文献资料进行研究也缺乏必要的主客观条件。

要使中国经济管理思想遗产的研究和中国经济管理思想史的学科建设能够出现一个新局面,必须把这两支队伍更好地结合起来,使它们在各自发挥自己优势的同时,相互帮助,相互学习,互补不足。要使企业家帮助学术工作者参加管理实践,了解实际管理过程中的矛盾和问题,了解实际管理工作对管理思想、管理理论所提出的要求,了解中国的民族特点和文化传统在实际经济管理中的影响。学术工作者则要帮助企业家学习中国经济管理思想遗产,帮助企业家了解这方面的基本知识,并在企业家以此为借鉴改进企业管理工作时予以帮助和配合。

在当前，要特别强调学术工作者向管理实践学习，中国经济管理思想史是一门应用性较强的学科，必须坚持从我国社会主义现代管理的实际需要出发，研究中国经济管理思想的历史遗产，为改善现实的管理工作寻求借鉴，只有这样才能使这门学科的研究和开拓工作站在时代高度，才能使学科建设得到经济界以及社会人士的广泛关心和支持。如果只是从文献资料中讨生活，把研究工作主要局限于搜集、整理和分析历史资料，就古谈古，那就不仅会使研究者思路窒塞，而且会使学科建设得不到社会力量的支持和配合，成为少数学术工作者踽踽凉凉孤立进行的事业。这至多能为学科建设积累一些资料，进行一些准备工作，而不可能使学科建设获得生气勃勃的发展。

了解现代管理还是深刻理解前代管理过程和管理思想的重要前提。"人体解剖对于猴体解剖是一把钥匙。低等动物身上表露的高等动物的征兆，反而只有在高等动物本身已被认识之后才能理解。"①

目前，中国经济管理思想史尚未形成自己的专业学术队伍。要使这门学科真正成为一门单独的学科，没有自己的专业学术队伍是不行的。学科建设包括学术队伍或研究力量的建设，而且应该说首要的是学术队伍的建设。中国经济管理思想史的专业学术队伍，也只有在现有的两支研究力量更进一步结合的基础上才能培养起。

（原载《经济学家》，1990年第6期）

---

① 《马克思恩格斯全集》第12卷，人民出版社1962年版，第256页。

14 应当重视我国民族实业家的
　　管理经验

　　中国近代民族实业家的经营管理经验,是一个有重要学术意义和实践意义的研究课题。

　　过去相当长的时期中,民族实业家的经营管理经验一直被笼统地看作"资本主义剥削术"而遭到完全否定。改革十年来,人们学习经营管理的兴趣,主要集中在西方的管理经验和管理科学方面,认为中国近代的民族企业,在当时就比西方国家的企业落后,同今天的西方企业更不可同日而语。民族实业家的经营管理经验在当前还能有什么研究价值呢?

　　这种看法是不对的。学习外国的管理经验和管理科学,不是要在中国复制外国的管理,而是要在学习、移植的过程中,使其同中国的历史条件、民族特点和文化背景逐步适应,使移植进来的外国先进事物逐步"华化"。

　　中国近代民族实业家的管理经验是一种源于西方、但已在相当程度上"华化"了的经验。它对我国当前实现管理现代化、创立有中国特色的社会主义现代管理科学,有极为重要的借鉴作用。在以下几个方面特别值得注意:

　　第一,以弱敌强的经验。

　　中国近代的民族企业,同外国企业相比,规模小,资金少,技术、设备简陋，在经营管理方面也是落后的。问题的严重性还不止此。帝国主义列强在近代中国取得了一系列殖民侵略特权，控制了中国的经济命脉。外国企业在中国土地上同中国民族企业竞争，不但凭借本身的强大经济实力，而且还依托和借助这些帝国主义殖民侵略特权；而中国的民族企业，则不惟受不到本国政府的支持和保护，反而备受其压迫、打击、勒索和刁难。在这样严重不利的竞争局面下，许多民族企业仍能在相当时期中取得成功，这除了是受到中国人民反帝爱国斗争的强大支持外，也是同民族企业在经营管理方面的某些长处或优势分不开的。民族企业在长期的斗争中创造出许多以弱敌强的战略、战术。例如，有些企业成功的运用了"合纵"之术，把同类的本国企业联合起来，共同抗御强大的外国对手；或者利用外国企业之间的矛盾，同可以联合的某些外国企业联合起来，共同对付那些最强悍、威胁最大的外国企业。有些企业采取避实击虚的办法，选择外国竞争对手力量较薄弱而自己的力量相对较强的市场，首先集中力量在这些市场上与之角逐，力求在这些市场上首先取得胜利，壮大自己的力量，再进而在其他市场同外国对手较量。有些实业家或资本集团采用分散投资的原则，"不把所有鸡蛋放在一个篮子里"，以便在某些行业陷入困境时可从自己在其他行业中的投资得到支持或弥补，避免在同强大的外国对手竞争中冒孤注一掷的风险。

企业之间的竞争不但是本身实力的较量，同外界的环境和条件也有密切的关系。近代民族企业同外国企业的竞争尤其如此。这种竞争实际上是帝国主义经济侵略和中国人民反侵略斗争的组成部分。民族企业要在竞争中站住脚，就不能不寻求并依靠中国人民反帝爱国斗争的有力支持。民族实业家是深深懂得这种支持的意义的。青岛的一位民族实业家回忆抗日战争前同当地日商纱厂的竞争说：当时青岛华新纱厂处于日本纱厂的包围之中，以一敌九，孤军奋战，但由于中国人民抵制日货、提倡国货的斗争，迫使日本纱布转运南洋销售，结果华新纱厂形成了独占国内市场的形势，从而能在以弱敌强的斗争中"不但未至倾覆，反有欣欣向荣之势"。

民族实业家们也积极支持和参加中国人民的反帝爱国斗争：民族商业纷纷拒售敌货，民族工业则努力生产各种能够代替被抵制的外货的国货，以满足市场需要，而民族实业家的这种努力，又受到企业职工和广大消费者的支持。这正是民族企业能够在竞争中以弱敌强的主要力量源泉。近代民族资产阶级的一些代表人物提出了"实业救国"论，宣扬中国必须自办实业以增强国力，作为争取民族独立和国家富强的基础。"实业救国"在一定程度上反映了民族实业家对企业命运和民族命运一致性的认识，成为民族实业家在经营管理中鼓舞自己并争取广大人民支持的一个有力口号。

第二，在中国推行新式企业管理的经验。

民族企业是从外国移植进来的资本主义企业，它们的管理制度和管理方法也基本上是从外来的；但它们是中国人在中国土地上办的企业。他们要同强大的外国企业竞争，就必须充分利用国内人力、物力、市场方面的有利条件，克服不利条件。中国劳动力资源丰富，价格低廉，但文化、技术水平低，不能充分适应现代工业的要求；自然资源丰富，但许多产品在品种、质量上不适合作为工业原料；市场潜力大，但由于交通、信息种种方面的限制，开发起来困难较多。为了解决这些困难，民族实业家在经营管理上采取了一系列措施。在人力方面，不仅举办各种培训班、培训学校，以提高职工技术水平和文化素质，还办普通学校以培养劳动力后备，办高等学校以及资助留学生出国学习，以培养高级专门人才等。为了摆脱对进口原料的依赖，民族实业家创办了许多农事试验场、农产品改进会和改进所等。为了避开沿海通商大埠外国资本的强大压力，许多民族企业把部分产品转运内地及农村销售，为此就要对产品的生产及包装实行一系列的改造，以适应农村的交通及市场条件。如纺纱厂为农村手工织布生产棉纱，并适应农村落后的运输条件，在包装方面改大包为小包等。民族实业家适应本国的条件办新式企业的这些努力，不仅使企业在以弱敌强的斗争中能够生存下去，而且对国家教育事业的发展，对农业生产的改良和农村商品经济的发展，以及对内地的开发都起了积极的作用。

民族实业家要改变企业的落后状况，必须学习和采用外国先进技术，引进外国最新设备，但这又受着企业资金不足的严重限制。为克服这方面困难，一些民族实业家采用了重点引进、消化改造、国内配套成龙的做法。他们对外国成套设备进行分析，认为外国成套设备价格高昂，却并不是每一组成部分都很先进。进口外国成套设备，不但企业力难负担，而且将来每一部件的更替，都要依赖进口，对企业自身的发展和技术进步都很不利。因此，他们从来不进口成套设备，而只是进口其中最先进的关键设备。进口之后，经过消化、改造，使其同国内生产的辅助设备配套。这样，既可节省成本，节约外汇，又能保持设备的先进性，还可带动国内有关生产，增强在国内配套更新的能力。

第三，在经营管理过程中进行改革的经验。

中国近代的民族企业是资本主义性质的企业，在管理方面也是属于资本主义范畴的,但这决不等于说,同企业的社会化生产和资本主义性质相适应的管理制度,能够在企业中自然而然地建立起来。帝国主义殖民势力和封建主义在整个社会中占支配地位,不仅使政府经营的企业成了封建买办的国家垄断资本主义企业,而且使得私人投资的企业的经营管理制度也充斥着买办性、封建性的污垢。最初,民族企业的管理机构都分成"文场"(相当于科、室)、"武场"(相当于车间)。文场中衙门作风、官僚习气、裙带关系、拉帮结伙成风,职员之间互称"老爷"。武场主管生产指挥的工头,多为封建帮会人物,不懂生产,却对生产有决定权,有时连经理都不能过问。工头利用封建关系对工人进行人身奴役和中间剥削,工人的进退、管理,完全掌握在他们手中。这些落后的因素不清除,西方的新式经营管理在企业中是推行不开的。企业的经营管理同生产力的发展严重不适应。为此,民族实业家在经营管理过程中就必须用很大努力进行改革。改革的阻力相当大;有些企业甚至曾发生过工头挑动工人殴打管理人员和技术人员的事件。民族实业家在企业管理改革中也留下了不少值得重视的经验。例如,在对工头制这一最棘手的问题进行改革时,有些民族实业家一方面制订各种表报,要求工头逐日填写,迫使工头必须懂得生产,熟悉生产过程中的情况;不能或不肯履行这些要求的工头,则逐渐自然淘汰。与此同时,厂方颁布各种厂规、厂纪,作为奖罚工人的依据,又规定工人进厂必须经过考核;工头仍有权推荐工人,但被推荐者也要一样考核。这就把对工人的进退奖罚的权力收归厂方,瓦解了工头对工人的封建人身奴役关系。这些改革不采用明显地废除工头制的做法,仍然保留工头的名义和待遇,但实际上却把工头改造成了工长之类的第一线生产指挥人员。

　　我国当前的社会性质、经济条件和企业性质，都和近代半殖民地半封建社会根本不同了。但是，我国当前的企业一般说来仍比西方落后，在国际竞争中依然处于以弱竞强的局面；我国的企业也仍然面临着一个结合本国条件学习西方管理的问题，而在实现经营管理的科学化、现代化的过程中，如何进行改革的问题，也仍然十分艰巨，十分迫切。在这种情况下，近代民族实业家的经营管理经验和经营管理思想，对我们搞活企业，实现管理现代化的要求来说，毫无疑问会具有最切近的参考和借鉴意义。重视和全面研究这一珍贵的民族遗产，有助于加快经营管理现代化的进程。有没有这个借鉴，情况会大不一样。

　　基辛格博士比较中、苏两国的经济改革，认为苏联实行国家计划直接控制的模式已七十年，经济工作人员对什么是企业和企业家早已完全陌生了；而中国则还有许多民族实业家健在，民族实业家的经营管理经验，不但有较多的文献材料载录着，而且还保存于许多人的活的记忆中。他认为：这是中国在改革方面同苏联相比的一个明显优势。

　　有些香港人士指出：香港经济的腾飞，在很大程度上得利于20世纪四五十年代之交许多大陆企业的迁入。这不但使香港得到了大量资金和设备，更重要的是得到了一批既懂得现代管理又能结合中国的民族特点加以运用的经营管理人才。

　　旁观者清。这两个信息，难道不足以发人深省吗？

　　　　　　　　　　　　　　　　（原载《群言》，1988年第11期）

15 孔子的管理思想和现代 经营管理

在现时以及未来的相当长时期中,儒家思想对中国大陆以及东亚的某些地区和国家,都仍会有不可忽视的影响,所以我们对儒家思想不能置若罔闻。从政治管理和经济管理的共性来研究孔子的管理思想,可以说孔子的管理思想中最有特征的内容,是重视人的因素,重视教育手段,重视领导的作用和重视长期战略目标。而孔子的管理思想中对后代消极影响最深、最严重的是,轻视经济工作,反对改革和把家族宗法制度引进国家事务的管理中。孔子的管理对经济管理的影响,主要发生在近现代。孔子的管理思想以及近现代资本主义企业家运用孔子管理思想的经验,对我们当前的管理工作都不同程度地具有参考、借鉴的意义。

一、问题的提出

由孔子开创的儒家思想,长期以来被看成是阻碍中国社会经济发展的重要因素。许多外国人这样看,众多的中国人也这样看。几十年来,如果说这种看法还未被承认为定论,那至少也已是一种颇为流行的观点了。可是,近期以来,这种看法日益受到一些人的怀疑。

20世纪六七十年代以来,东亚地区的经济发展空前迅速,尤其是现代经济大国日本的崛起和所谓亚洲"四小龙"的经济腾飞更引人瞩目。中国的台湾及香港不用说,日本、韩国、新加坡也都是西方人所说的中国文化"覆盖区"、中国文化影响的"大圆形地带",既然它们的经济在现代能出现高速度增长,又怎能断言儒家思想纯然是阻碍经济发展和现代化的消极因素呢?

于是,一种和上述论点相反的意见开始抬头了,按照这种意见,儒家思想在现代不但不会阻碍经济的发展,反倒可能是非常有利于经济的高速增长;而且,还可对救治现代资本主义的经济弊病和社会弊病有所帮助。

这种意见是否站得住脚,可以暂置不论,但有一点则是确凿无疑的:在现时以及未来的相当长时期中,儒家思想对中国大陆以及东亚的某些地区和国家,都仍会有不可忽视的影响。既然如此,我们要解决我们现代面临的课题,就不能对儒家思想采取置若罔闻的态度。我们要实现现代化,必须立足于历史形成的条件和土壤之上,认真研究传统,科学地认识传统,善于从传统中撷取精华,排除糟粕,才能实现适合自己民族特点的现代化。儒家思想是中国传统文化中最重要、影响最深远的部分。对儒家思想,自然应该持这种态度。

在研究儒家思想同现代生活的关系时,孔子的思想是一个需要特别重视的课题。中国传统的管理思想,不论是它的积极内容或消极内容,都深深打着儒家思想的烙印,儒家的管理思想,则是由孔子奠基的。儒家管理思想的各种基本原理,多是由孔子首先提出来的。

在现代管理思想中,经济管理思想是最发达的部分。而且,经济管理思想的发展,对其他方面管理思想的发展起着带动和影响的作用。但在古代却不是如此。古代的人们对政治、军事、宗教的管理，比对经济管理要更为关心，这些方面的管理思想，也往往比经济管理思想更发达，更丰富。

孔子的管理思想尤其如此。孔子轻视、鄙视经济工作，他认为经济工作是"鄙事"，是应该由"小人"干的，不论是生产劳动或经营管理活动都是如此。至于"君子"则只应致力于"修己"、"治人"之道，如果从事生产劳动或经营管理等经济活动，就是舍君子之道而干小人之事，是有失身份的和没出息的。他一再宣扬"君子谋道不谋食"①，认为士人求学只应是为了做官、食禄，而不应学习从事经济工作所需要的各种知识和本领。他自己年轻时干过许多种经济工作，当过"委吏"（管仓库的小吏）、"乘田"（管牲畜的小吏）等，而且干得颇为出色。但他认为这只是由于自己当时地位卑微，所以才不得已而为之，用他的话说就是："吾少也贱，故多能鄙事。"②

正因如此，虽然孔子本人对许多经济工作颇为内行，却从不用来教自己的学生。由于孔子对经济工作的这种态度，他对经济和财利问题很少谈，"罕言利"③成了他对学生进行身教的一项内容。在经济管理思想方面，他谈得不多而且很零散；在直接的经济管理思想史上，孔子是不占重要地位的。

但孔子对政治管理问题却是极为重视的。孔子之学千头万绪，概括起来不外他自己所说的"修己"和"安人"两个方面。修己是讲求自我修养，即提高个人道德、文化方面的素养，安人则是指治国、安民之道。孔子认为，修己和安人是他的学说的两个互相联

---

① 《论语·卫灵公》。
② 《论语·子罕》。
③ 同上。

系的方面，二者是一致的：修己做好了，自己在道德、能力方面更完善，也就更有治国、安民的条件和本领。这也就是儒家所宣扬的"内圣外王"之学。孔子的安人思想，也就是他的政治管理思想或国家管理思想。

本文主要是从经营管理思想即微观的经济管理的角度，来研究孔子的管理思想遗产及其对现代经营管理的参考、借鉴的价值；但是，由于孔子的经济管理思想较少而且较零散，不能不以孔子的政治管理思想、国家管理思想为主要研究材料。好在政治管理同经济管理都是管理，二者在许多方面有着共性；政治管理方面的许多基本原理和原则，对经济管理也是适用的。因此，我们可以撇开政治管理方面的具体内涵，专从政治管理和经济管理的共性来研究孔子的管理思想。

在孔子的管理思想遗产中，值得研究的内容很多，本文不拟作全面论列，只想集中探讨以下几个方面，即：重视人的因素，重视教育手段在管理中的作用，重视领导的作用和重视长期战略目标。这几个方面可说是孔子管理思想的最有特征性的内容，同时也是孔子管理思想中对后代影响最深的部分；而我们更感兴趣的，还在于这些方面对现代的经营管理可以有较为重要的参考和借鉴价值。

二、重视人的因素是孔子管理思想的最突出特点

儒家的管理思想，把人的因素放在首位，认为要实现管理目标，决定一切的是发挥人的作用。

孔子在管理中重视人的因素的思想，包括两个方面：一是要把

被领导、被管理者作为人来看待，二是在管理工作中要依靠人来把事情办好。

孔子的道德哲学的最高范畴是"仁"，他对仁下过许多定义，其中较为重要的一个是"爱人"①。

孔子并不是把一切人都看作是同样的，他所说的"爱人"，也不是要对一切人同样地爱。孔子主张，在爱人时要因贵贱亲疏而有所区别，"爱无差等"是儒者所坚决反对的②；但是，孔子所谓的"仁者爱人"，也决不主张把任何人排除在爱的对象之外。他自然要厚爱贵者、亲者，但对贱者、疏者也并不主张不爱。

孔子为什么主张把被管理者作为人来对待，并且主张也把"仁"、"爱"的原则应用于他们呢？这是由于，他认为只有如此，才有利于缓和管理者和被管理者之间的矛盾，在双方之间建立和保持一种比较和谐的关系，从而有助于实现管理目标。他说："小人学道则易使也"③。把下层人民作为人来对待，使他参加过去只有"君子"才有权享受的"学道"，是由于他们学道之后更容易接受"君子"的役使，这正是孔子重视人的因素的秘密所在。

要进行管理，必须有一支称职的、优秀的管理工作者的队伍。如何建立并有效地利用这样一支队伍，就是孔子所说的"得人"和"使人"的问题。

孔子的"得人"是要得到两种人，一种是最高领导者的主要助手，是协助最高领导者掌握全局的人，另一种是在具体的部门或具体岗位上从事具体管理工作的人。

---

① 《论语·颜渊》。
② 《孟子·滕文公上》。
③ 《论语·阳货》。

孔子选拔前一种人的标准是"贤"。他把这一种人称为"贤才",强调"为政"的要务之一是"举贤才"①。这种贤才不但要心怀经邦安国的大目标,有协助最高领导者驾驭全局的能力,还要有完美的道德品质,能对下属和百姓起表率作用,能够协助最高领导者移风易俗,化民众善。

孔子认为,"得人"首先是要得到这种"贤才"。有了这种贤才,并把他们放在高级领导岗位上,才能把国家真正管理好。孔子称赞舜善于举贤用贤,说:"舜有臣五人而天下治"②。尧、舜时代是儒家所艳称的"至治之世",而"天下治"得以实现的一个主要原因是得到了五个贤臣,可见"举贤才"对管好国家的作用是多么巨大了。

"得人"除了要得贤人外,还要得到人数更多的能够胜任各种具体工作的人员,也就是具有担任各种专职工作的知识和本领的能人。能人和贤人不同,他们是从事各种专职工作的,他们的"能"也只是对某种专职而言。只要他具有做好某种专职工作的知识和本领,就可以任用他们,给予必要的事权,而不应要求他们有更多方面的知识和本领;在道德品质方面,也不应像对贤人那样高地要求他们。

孔子认为,如果一个国家的各方面具体工作,或者各主要方面的具体工作都能得到能人,就可以维持一个平稳局面,不致发生重大失败,但不能使全局的工作达到理想的、完善的局面。有人问他,既然卫灵公是无道之君,为什么卫国还未丧亡呢?他回答说:"仲叔圉治宾客,祝鲛治宗庙,王孙贾治军旅,夫如是,奚其丧?"③这

---

① 《论语·子路》。
② 《论语·泰伯》。
③ 《论语·宪问》。

几个人多是孔子所指责的"佞人",孔子对他们的道德品质是不满意的,但孔子同时又认为,他们都是具有各自的特长的能人,又担任了各自所擅长的职务,这样,卫国的各项"大政"都能料理好,自然就不致丧亡。

孔子把"得人"看作搞好管理工作的先决条件,认为不论是管理一个国家或一个部门、一个地区,都要首先解决这个问题。他的学生言偃(子游)被任命为武城宰(武城的地方官),孔子一到武城就首先问他说:"汝得人焉耳乎?"①孟轲也把"得人",看作管理国家的最根本、最不容易做好的事情,认为:"以天下与人易,为天下得人难。"②

得人之外还要善于使人、用人,如果得到了贤人、能人而使用不当,不但不能把管理工作做好,反而会造成"贤人裹足"的现象:未进来的贤人、能人会因此不肯进来,已进来的也会因失望而离去,从而使"得人"也成为泡影。

在使人、用人方面,孔子的基本原则是因材施用:对贤人要派贤人的用场,对能人则要派能人的用场。

贤人是能佐助最高领导者驾驭全局工作的人,用孔子的话说,就是懂得治"道"、能"以道事君"的人。对贤人的使用,必须把他们放在"大臣"的地位上,使他们成为领导集团的成员,才能发挥他们的作用。

对具有某一方面知识和本领的能人,在使用方面则应该"器之"③,即按照他们各自的专长放在最适宜的工作岗位上,正像使用

---

① 《论语·雍也》。

② 《孟子·滕文公上》。

③ 《论语·子路》。

某种特定的工具（器）进行某种特定的操作一样。

孔子称赞他的学生仲由（子路）、冉求（子有），说仲由果断，冉求多才艺，都是"从政"即从事政治管理工作的好材料。当有人问他仲由、冉求是否可作"大臣"时，他回答说："所谓大臣者，以道事君……今由与求也，可谓具臣矣。"①

对贤人要安排在"大臣"的地位上，使他们"以道事君"；对能人要安排在"具臣"的职位上，使他们以器从政。这就是孔子安排、使用人才的基本原则。

孔子的这种重视人的因素的管理思想，是春秋末期特殊历史条件的产物。春秋时代是奴隶制度解体、封建制生产方式逐渐萌生和成长的时期。在奴隶制社会中，主要的生产劳动者——奴隶处于牲畜、工具的地位；奴隶所受的人身奴役和暴力统治最严重，最野蛮，因而对生产最不感兴趣，最无主动性。在这种情况下，对人的管理及对物的管理几乎是等同的，把被管理者作为人来对待的问题不可能提出来。奴隶制的解体及其向封建制的逐渐过渡，使劳动者开始上升到人的地位，虽然农奴或依附农民还不是完全自由的人，但他们毕竟是已被看作"下等人"而不再被看作牲畜了。在这种情形下，对劳动者的管理不是管物而是管人的问题就有可能开始被提出来了。孔子正是在春秋末期奴隶制迅速崩溃的局面下提出领导者、管理者要"爱人"、"得人"的主张来的；他在管理中重视人的因素的思想，是奴隶制向封建制过渡的时代动向在意识形态领域中的较早的反映。也正因如此，孔子的这种思想必然会随着它所反映的历史动向的进一步明显和强化而得到后起的思

---

① 《论语·先进》。

想家们的继承、阐发和弘扬,从而使重视人的管理逐渐形成为中国传统管理思想的一个重要特点。

在资本主义时代,雇佣劳动代替了以人身依附和超经济强制为特点的封建奴役劳动。雇佣劳动者有人身自由,他们比奴隶、农奴或封建的依附农民能有更多的主动性,但雇佣劳动者和生产资料的关系是对立的;而且,在资本主义条件下,机器设备被看作工厂的主体,劳动者却处于附属的地位。这种情况使得在资本主义发展的很长历史时期中,人的因素在管理过程中仍受不到应有的重视;对人的管理,实际上是把人作为一种"经济人"来管理的,管理工作中强调的是纪律和监督,管理手段主要是奖惩。古典管理科学正是这种情况在理论上的典型表现。到20世纪30年代,管理科学中的人群关系学派才开始提出,工人不是什么"经济人",而是有理智、有感情的"社会人",劳动效率高低在很大程度上取决于劳动者的情绪。四五十年代后,行为科学逐渐兴起,人的因素日益受到了管理学者所重视,有些管理学者还明确指出:在管理工作中,管人比管事更重要,对人的管理才是管理工作的中心。

孔子是两千多年前的历史人物,同今天的历史条件差别如此巨大,我们当然不应该生拉硬扯、牵强附会地把孔子重视管人的思想同现代行为科学相提并论;但是,孔子在中国传统管理思想萌芽的时期,首先把管人的问题看作管理工作的重点,承认被管理者的人的地位,从而一开始就为中国的管理思想树立了重视人的管理的传统,这却是值得重视的。

在社会主义条件下,人不仅是有理智有感情的"社会人",而且成了有理想、有觉悟的社会主义劳动者;同时,随着现代科学技术和生产力的发展,智力密集型的经济将越来越发达,越重要。现代生产力的性质和社会主义制度的性质,都使得人的因素对管理工作更为重要,也具备了充分发挥人的作用的条件。孔子重视人的因素、强调管理工作要"得人"和"得人心"的思想,对我们当前实现管理现代化和创立有中国特色的社会主义现代管理科学的任务,无疑含有重要的参考和借鉴作用。

三、对人的管理主要靠教育手段

现代的行为科学认为,既然人不是单纯的"经济人",更不是一般动物,要发挥人的主动性就不能只靠物质刺激和纪律约束,更不应靠暴力强制,而应强调"激发动机",即激发起人们的内在动力,如上进心、自尊心、创造欲、自我实现的要求等等。儒家所说的"得人心"、"得民心",实际上也属于"激发动机"的范畴。孔子在管理中强调人的因素,其主要落脚点就是要"得人心",孔子管理思想的一切主要原理都离不开这一点。

在孔子的时代,早已存在着多种的管理手段,如行政手段、法律手段、经济手段、教育手段等。对这些手段,孔子都谈论过,但他最重视的则是教育手段。他曾明确地说:"道(导)之以政,齐之以刑,民免而无耻,道之以德,齐之以礼,有耻且格。"[①]这就是说,在对百姓的统治、管理中,单纯或主要依靠行政、法律手段,民只求幸免于罪罚,而不以违令、犯法为耻;用德和礼来诱导、要

---

① 《论语·为政》。

求百姓，则能使他们明辨是非、善恶和荣辱，就能达到化民从善（"格"）的目的。

以德、礼来管理百姓是不能采用强制手段的，而只能依靠教育。孔子主张"道之以德，齐之以礼"，就表明他认为教育手段比行政、法律等强制性手段更有效。后来，孟轲进一步阐发这种思想说："善政不如善教之得民也。善政，民畏之；善教，民爱之。善政得民财，善教得民心。"[①]

孔子说的德和礼是指中国古代奴隶制社会中起支配作用的德和礼。不过，我们从研究管理手段的角度，可以撇开孔子的德和礼的具体时代内容，而从他的论点中把握他在管理手段方面着重教育手段的思想。

奴隶制时代的管理，以暴力强制为主要特点，因而在管理手段方面，同暴力强制相联系的行政、法律手段也占据主要地位。孔子批评"道之以政，齐之以刑"，强调"道之以德，齐之以礼"，正是奴隶制解体时期劳动者地位的变化在他的思想中的反映。

孔子在管理工作中强调教育手段，并不意味着他完全否定其他管理手段的作用。他说："道之以政，齐之以刑，民免而无耻"，并不是主张完全不用政、刑。在他看来，管理主要应靠教育手段，行政、法律等手段只能放在次要的地位；而且，在采用行政、法律等手段时，也应同教育手段相辅而行，使民知法、畏法而且耻于犯法。他说："不教而杀谓之虐"。[②]可见，他认为刑罚还是要有的，对犯死罪的人还是要杀的；他只是反对"不教而杀"，而不是主张

---

① 《孟子·尽心上》。
② 《论语·尧曰》。

只教不杀。

孔子也并不否定经济手段在管理中的作用。他一再讲："惠则足以使人"①，为政、治国要"惠而不费"，而要做到"惠而不费"就要善于"因民之所利而利之"②。在治国、使民时予民以利和惠，也就是使用经济手段进行管理。

孔子还认为，使用经济手段进行管理，对不同社会等级的人作用有所不同："君子"或上层人士较重视道德、精神因素，而社会下层等级的人则较着重实际经济利益，因此，在管理手段方面，对劳动者和其他社会下层等级的人，应更为重视经济手段。他说："君子喻于义，小人喻于利。"③这一论点，正是他主张在管理工作中也需要使用经济手段的理论依据。

在奴隶制生产方式下，奴隶处于牲畜、工具的地位，对生产资料和劳动成果无任何所有权，"利"即经济利益全属奴隶主所有，奴隶是不可能"喻于利"的。在封建制生产方式下，农奴或依附农民有简单的生产工具和家庭经济，在完成对封建主的义务后，能够占有自己的一部分劳动产品，他们对劳动成果以至对生产劳动本身感到一定的兴趣和关心，这正是孔子的"小人喻于利"这一论点的具体时代内涵。

不过，必须指出，孔子虽然承认"小人喻于利"，虽然认为管理中必须使用"利"和"惠"等经济手段，但他并不把经济手段放在首位，而只是把它看作一种次要的、辅助的手段而已。他在谈到对农民的管理时说："上好礼，则民莫敢不敬；上好义，则民莫敢不服；

---

① 《论语·阳货》。
② 《论语·尧曰》。
③ 《论语·里仁》。

上好信,则民莫敢不用情。"①领导者只要坚持用礼、义、信治国、治民,则农民自然会安于农耕,农业生产的事自然会搞好。可见,孔子认为在管理农业这种经济管理工作中,占主要地位的也应是道德手段、教育手段。

四、管理工作的成败在领导

孔子管理思想的一个突出的、有特征性的内容,是把领导的状况看作管理工作成败的关键,他一再引用古"圣王"的言论说:"百姓有过,在予一人","朕躬有罪,无以万方,万方有罪,罪在朕躬"②。他的管理思想的基本原理,主要是对领导人提出的。与现代行为科学中的Y理论认为大多数工作者都有积极性、创造性,有做好工作的愿望,如果工作没做好,原因应从领导方面去找的观点相似。

孔子认为,善恶不同,乃是后天的习染造成的。天性相似,是皆善呢,还是皆恶呢?孔子没有明确说过,但是,他却一贯认为人是可以教育的,不但"君子"可教,"小人"也可教。孔子明确地把下层社会的人也看作可教育的对象,显然是对商、周"学在官府"、"礼不下庶人"等奴隶制传统的公开背离。

既然被管理者可教,如果没有教好,责任自然在上面,所以孔子才极力宣扬"百姓有过,在予一人"的论点。

---

① 《论语·子路》。
② 《论语·尧曰》。

从管理的关键在领导这种看法出发,孔子对领导者的职责作了一系列的规定:

第一,领导者必须对被领导者起表率作用。

孔子把领导者看作教育者,他向自己提出这样一个问题:怎样对被领导者、被管理者进行教育呢?他认为:身教重于言教,领导者教育别人的最有效的手段,就是以自身的表率作用来感召、带动别人。他一再说:"其身正,不令而行;其身不正,虽令不从。""苟正其身矣,于从政乎何有?不能正其身,如正人何!"①鲁国的当权者季孙肥(季康子)问孔子怎样为政、治国,孔子回答说:"政者,正也。子帅以正,谁敢不正?""子为正,焉用杀?子欲善而民善矣。"②当季孙肥因鲁国多盗而问计于孔子时,孔子回答说:"苟子之不欲,虽赏之不窃。"③孔子把领导人自身的品质和行为对群众的影响形象地比作风和草的关系,认为:"君子之德风,小人之德草,草上之风,必偃"④。下面的风气不正,原因是从上面来的;领导者不先正己,就休想正人!孔子的这种风行草偃论,在中国历史上有极为深远的影响。在中国,各方面的管理工作都摆脱不掉这一点不论是对国家的管理、对一个地区的管理或一个单位的管理,都无不如此。直到今天,这种情况仍然十分显著。

领导自身的品行、作风会对被领导者有重要影响,这是一个带普遍性的现象,古今中外都是这样,而在中国恐怕要比在任何别的国家、任何别的民族都表现得更为突出,更为明显。这是在中国研

---

① 《论语·子路》。
② 《论语·颜渊》。
③ 同上。
④ 同上。

究和解决管理问题所必须面对的一个重要现实，不论是处理实际
管理工作或研究管理理论，都决不能忽视这一点。

儒家的风行草偃论对领导者提出了作群众表率的要求，但儒
家同时又坚持领导职位的终身制和世袭制①，这同风行草偃论是不
能相容的。领导的素质不可能遗传；而且，它对领导者本人来说也
往往不是一成不变的。按照风行草偃论，必须依据领导者自身的
条件来选择和进退领导者；而领导终身制和世袭制却是不容许进
行这种选择的。因此，风行草偃论在中国封建社会的漫长历史上
只能成为封建统治者骗人的理论。

第二，领导者要慎选一批骨干，和领导者一起发挥表率作用，
以形成一种良好的社会风气。

孔子的风行草偃论，不止是要求最高领导者个人起表率作用，
而且要求最高领导者为首的一批人共同起表率作用，或者说，由整
个领导集团起表率作用。他认为只有这样，才能在民间造成一种良
好的社会风气，从而实现化民从善的目标。他把这种作法叫作"举
直错诸枉"，"举直错诸枉，能使枉者直"②，"举直错诸枉，则民服；举
枉错诸直，则民不服"③。这些话的意思是说：只要找到公忠体国并
能对群众起表率作用的贤人（"直"），把他们提拔到领导职务上来，
就能倡率起一种良好的社会风气；即使百姓中有些不善的人（"枉"
或"不仁"），也会在这种风气影响下改恶从善，从而实现天下大治。

---

① 儒家极力维护周代的贵族世袭的"世卿"、"世禄"制。孔子不仅主张维护
现有贵族的世袭特权，还主张对已被推翻的贵族恢复其世袭地位，提倡"兴灭国，
继绝世"。孟轲更把"仕者世禄"作为其"仁政"的基本政纲之一。
② 《论语·颜渊》。
③ 《论语·为政》。

第三,领导者必须取信于民。

孔子把"信"作为领导者的一个重要品格,认为它是做好领导工作的基本前提和保证,领导者必须取信于民,一切政令、号召,才能为百姓所接受、听从;否则,百姓对政令、号召就会疑虑、观望,甚至为了担心领导轻诺寡信,朝令夕改而采取"对策"来防护自己的利益,那就必然会引起扰攘、混乱,使国家的管理目标难以实现。孔子特别重视取信于民的问题,强调:"信则民任焉"①。孔子甚至把"民信之"看得比解决民食问题还更重要,当他的学生问他如果在解决民食问题和取信于民二者难以兼顾时怎么办? 他毫不迟疑地回答说:"去食,自古皆有死,民无信不立!"②

"民以食为天",从长远的观点来说,"去食"是根本不可想象的;如果一个政权长期不能解决好民食问题,也就谈不上取信于民。孔子的意思也决不是真的认为可以"去食",而只是说,如果一个政权得不到人民信任,在一定情况下会比民食问题更严重。的确,当一个政权深得人民信任时,百姓即使忍受一个时期的困难(包括饥荒),也肯于支持它而不致发生动乱;反之,如果不得人民信任,即使未发生饥荒也会出现离心、涣散的倾向。

中国的传统管理思想很重视取信于民的问题。古代的许多政治家、军事家都把"立信"作为推行自己政治、军事目标的先决条件。春秋时代晋文公攻伐原城,事先宣布了攻克的期限。由于守御一方的顽强抵抗,在原城即将攻陷时限期已满。晋文公下令立即撤兵,他手下的将领感到不理解,认为在此时撤兵是功亏一篑,

---

① 《论语·尧曰》。
② 《论语·颜渊》。

将来再攻要费大得多的代价。晋文公却认为，宣布了的军令就必须信守，"得原失信"是不可取的。一年以后，晋文公再度攻原，仍然事先宣布攻克期限。原人深知晋文公军令如山，说到做到，不敢再抵抗就献城归降了。在孔子以前，这类事例已有很多很多；在政治、军事管理中重视取信于民、取信于众的认识，远非始于孔子。但是，最先以明确的语言来论证这一思想的却是孔子。"自古皆有死，民无信不立"，孔子的这一论点把信的问题提到如此高度，它对后代的管理思想影响是深刻的。

第四，领导者必须宽以待人，严以律己。

孔子主张，领导者对被领导者要采取比较宽容的态度，对自己的助手和下属工作人员，只要能完成本职工作，就不应在其他方面过分苛求；在他们有过失时，只要不是重大过错，处理要尽量从宽。他一再说，领导者要"赦小过"①，"无求备于一人"②。他认为，采取这种宽容态度，容易得到被领导者拥护，从而更愿意为完成领导者交给的任务而努力。这就是他所说的："宽则得众"③。

但是，领导者对自己却决不可采取宽容的态度。根据儒家风行草偃的理论，领导者如果"不正"，就不但不能"正人"，而且会上行下效，在被领导者中带起一股歪风邪气，其后果不是被领导者中某些人的"不正"现象可以相比的。因此，孔子强调领导者在宽以待人的同时，要严以律己。他所说的"躬自厚而薄责于人"④，清楚地表达了这种思想。

---

① 《论语·子路》。
② 《论语·微子》。
③ 《论语·阳货》。
④ 《论语·卫灵公》。

第五，领导者要全力做好领导工作，而不要插手具体工作。

孔子认为，担任全局的领导、指挥工作的领导者和担任各种具体工作的工作者必须有所分工，而分工的原则就是"器之"与"不器"。

前面谈到，孔子对"使人"主张"器之"；但是，他同时又强调"君子不器"。这里说的"君子"，指的是负责全局工作的领导者和指挥者，所谓"不器"，即不要插手，更不应包揽各种具体工作，而要集中力量做好全局的领导工作。他称赞舜说："无为而治者，其舜也与！夫何为哉？恭己正南面而已矣。"①意思是说，由于舜善于领导，选择贤能分别负责各方面工作，虽然他自己什么具体工作也不插手，但却把国家治理得很好。这里说的"无为"，不是什么事也不做，而只是说不做不应该由领导人做的事情；至于必须由领导人做的事不但必须做，而且要极其谨慎地（"恭己"）去做。

孔子的"器之"与"不器"的思想，仅仅用了四个字，却非常准确地表达了领导和被领导之间分工的基本原理！

五、着眼于长期战略目标　反对急功近利

当孔子的学生卜商（子夏）将要出任莒父宰时，向孔子请教怎样为政，孔子回答说："无欲速，无见小利。欲速则不达，见小利则大事不成。"②

这里，"大事"指长期战略目标，"无欲速，无见小利"，则是告

---

① 《论语·卫灵公》。
② 《论语·子路》。

诚子夏不可急功近利。

为什么要"无欲速"呢？实现长期的战略目标是一项巨大的工程，需要付出艰巨的努力，还要具备各方面的主客观条件，在条件不具备或不完全具备时，则要努力创造条件，这都不是在很短时间内能一蹴而就的。如果对实现长期目标缺乏耐心和毅力，急于求成，不等时机成熟就轻率行事，不但达不到目的，还往往会招致重大的挫折，付出不必要的代价。

为什么要"无见小利"呢？成"大事"，即实现长期的战略目标所追求的不是小利而是大利。为了求得这种大利，往往需要舍弃一些小利，而且必须付出相当的代价。如果对小利斤斤计较，势必分散力量，甚至会为小利遮住视线，迷失大方向，造成战略决策上的失误。

管理者应着眼于长期战略目标，不可一味急功近利，这是一条有普遍意义的原理。它不仅对政治、军事管理适用，对经济管理也同样适用；不仅对宏观的经济管理适用，对微观的经济管理也同样适用。一个国家的国民经济管理或一个企业的经营管理都要首先确定自己的战略发展目标，并为实现这一战略发展目标而经过长期艰巨的努力。我国的经济发展战略，要求在20世纪内实现国民总产值翻两番，然后再用半个世纪的时间赶上中等发达国家的水平。在一个十亿人口的大国，又是在半殖民地半封建社会的废墟上起步，要实现这样宏伟的事业，自然是需要一个相当的历史时期的。不认识这种国情，希望在短时期内赶上和超过最发达的资本主义国家，甚至想在几年之内"跑步进入共产主义"，这实际上是超越实际条件和可能的幻想；要想把幻想付诸行动，必然会带来严重的失误和挫折。我们过去吃"欲速则不达"的苦头够多了。

六、以科学态度对待孔子管理思想的历史遗产

以上几个方面是由孔子奠定的儒家管理思想的一些基本原理，是儒家管理思想的精华。孟轲、荀况以及历代儒家的其他某些代表人物，对儒家管理思想的许多方面有所发展，但总是沿着孔子开创的方向前进的；离开这些基本原理，就谈不上儒家的管理思想。

任何伟大的思想家总不免有自己的历史局限，生活在两千数百年前奴隶制解体时期的孔子，在管理思想方面，也像在他的其他学术思想方面一样，有着许多消极的内容或者糟粕，这是不足为异的。在孔子的管理思想中，对后代消极影响最深、最严重的有下列几方面：

第一，轻视经济工作的思想。

经济管理思想，不论是宏观的国民经济管理思想还是微观的私家财富的经营管理思想，都属于探讨财利问题或者说属于"言利"的范畴。孔子宣扬贵义贱利，自己平素"罕言利"，这种态度不仅限制他自己的管理思想在经济方面的展开，使他自己的经营管理思想十分单薄零散，还对后代经济管理思想的发展有极其严重的消极作用。在他的贵义贱利思想的影响下，一切同财利有关的活动都受到读书人的鄙视，经营工商业尤其为士人所不齿。随着封建制度的趋于停滞、僵化，这种风气也愈演愈烈。士人只把读书做官视为"正途"，科举不第，做官不成，就宁可"安贫乐道"，穷困潦倒一生，也不肯从事生产、流通活动以自谋生路。儒家的贵义贱利论逐渐在知识和经济活动之间造成了一条无法逾越的鸿沟，严

重窒塞着经济思想和经济管理思想的发展，尤其是妨碍知识同工商业经营的结合。如果说，在春秋、战国至西汉中叶儒学的正统思想地位尚未确立时，曾出现过端木赐、范蠡、白杰、吕不韦等有学问的商人，出过像司马迁那样的对经营致富之术感兴趣的大学者；那么在此以后的两千年中，这种情况可就寂寂无闻了。不仅从事私人经营致富活动的人被斥为"小人"，连为国理财的人也备受正统思想的维护者们唾骂。历史上的许多卓著的理财家如桑弘羊、刘晏、王安石、张居正等，都无不如此。这种情况对经济管理思想的发展，当然是极为不利的。

第二，维护西周礼制，反对变革的思想。

孔子坚持以西周奴隶制全盛时期的礼制作为治国的基本依据，一再信誓旦旦地宣布自己要尽一切努力来"从周"、"复礼"，对春秋时代的政治家更改"周公之制"、"周公之典"的行为多采取讥刺、否定的态度。他有时也容许对旧制实行某些改变，但坚持认为变革的范围必须是极其有限的，内容必须是枝节的而非根本的，改变的方式必须是修补的、改良的，即使是对不同朝代的制度也必须如此。他曾说："殷因于夏礼，所损益可知也；周因于殷礼，所损益可知也；其或继周者，虽百世可知也。"[1]这话的意思是说，后代对前代的礼制，只能是在"因"即沿袭、继承的总原则下稍加损益增减，而不应实行根本性的变革。甚至对整修一座旧仓库，他也赞同这样的主张："仍旧贯，如之何？何必改作？"[2]即只须稍加修整（"贯"），而不要新建。所谓"因"，所谓"仍"，都是强调对旧事

---

[1] 《论语·为政》。
[2] 《论语·先进》。

物的基本态度只能沿袭,如果要加以改变,也只能是在"因"、"仍"的基础上的"贯"或"损益"。

对制度的变革程度和变革方式,取决于这种制度本身的状况而不取决于人们的主观意愿。如果某种制度从根本上说尚未落后于历史形势的要求,自然只应进行局部的调整或改革,而不应人为地掀起全局性的扰动和破坏;但是,当这种制度已经完全腐朽和过时,已经面临土崩瓦解的状况时,还力图保持它而反对作根本性的变更,那就是一种逆历史潮流而动的保守主义了。

应该承认,孔子对当时出现的新事物并不全是采取敌视和否定的态度。但是,孔子对西周奴隶主贵族统治体制——周礼在总体上的维护态度,决定了他的政治、经济思想的基本倾向是保守的。这种保守倾向对后代的影响至深且钜,后代儒家管理思想喜因循而恶改革的保守主义传统,是由孔子肇端的。

第三,把家族宗法制原则引进国家事务的管理中。

孔子管理思想中消极作用最大、对后代影响最坏的内容,是他把家族宗法制原则引入国家事务的管理中,这是他主张"从周"、"复礼"的必然结果。西周的奴隶制是一种宗法贵族奴隶制。在这种制度下,王位由王的嫡长子继承,是为"大宗";其他儿子分国而封为诸侯,或在王畿(国王直接统治的疆土)内为卿、大夫而受封采邑,是为"小宗"。这些诸侯、封君的地位由各自的嫡长子继承,他们的其他子弟也各在封疆内受封采邑。诸侯、封君的嫡长子嗣位后,于"王室"为小宗,在自己的封疆内则为大宗,而他们下面的封君则为他们的小宗。除同姓贵族外,还有一些异姓贵族(功臣、同盟者或归附者)也按同样办法逐级分封。各级贵族所占有土地、其他财富以及所享有的政治、文化权力,随自己同王室的亲疏而不同。这样，就由上至下形成了一个按血统关系来垄断国家的经济、政治和文化生活的宗法贵族统治阶梯。孔子坚决主张维护和强化这种体制，他的运用家族宗法制原则来管理国家的思想，实际上是对这种体制的理论化。

孔子把这种思想表达为：以孝、友之道为政。他说："'孝乎惟孝，友于兄弟'，施于有政，是以为政，奚其为为政？"[①]孝、友是处理家族宗法关系的道德原则，孔子认为以孝友之道处理政治事务，就是唯一的为政之道，此外再无所谓为政之道了。这是把宗法家族关系等同于政治关系的典型论点。

在宗法制度下，处理人和人的关系是按照血统的亲疏远近而差别对待的，以宗法原则来处理政治事务，就必然要对同自己有无血统关系的人以及血统关系远近不同的人，在政治上给予不同的对待：在用人方面首先重用亲族，在赏罚方面也因亲疏而异。楚国大臣沈诸梁（叶公）对孔子称赞楚国的一个正直人，说他对自己的父亲偷羊的行为也肯进行揭发，孔子却回答说："吾党之直躬者异于是：父为子隐，子为父隐，直在其中矣。"[②]

父为子隐，子为父隐，也就是对亲属的犯罪行为进行隐瞒和包庇，这本身也是一种破坏国法的犯罪行为，可是孔子却把它赞为正直！

儒家的亚圣孟轲则走得更远。当有人设问说，在舜为君主，皋陶作法官时，如果舜的父亲瞽叟杀了人，怎么办？孟轲回答说：皋陶应该执法不贰，舜也不应利用自己的地位和权势禁止皋陶执法，而只能偷着把瞽叟背走，到海滨荒僻的地方隐蔽起来。

---

① 《论语·为政》。
② 《论语·子路》。

如果说，偷羊还是小的犯罪行为，"父为子隐，子为父隐"用的还是比较消极的包庇手段；那么，杀人却是大罪，对杀人犯的转移和掩护则是极其恶劣地破坏国法的行为了。孔子所说的例子还只是一个普通的"直躬者"即"正直"的人，孟轲的例子涉及的却是舜这个为儒家所尊奉的大圣人！

孔、孟把家族宗法伦理关系原则引入国家政治管理领域的主张，在悠久的中国历史上所起的消极作用，实在是难以估量的。它成了任人唯亲、裙带关系、结党营私、幕后交易……种种社会丑恶现象的理论根据。至今，我们的政治管理、经济管理和社会文化管理等方面，都还深受其害。

在中国的封建时代，孔子的管理思想有广泛、深远的影响，但它的主要影响是在国家管理、政治管理的领域。孔子的管理思想对经济管理的影响，则主要发生在近、现代。

在中国近代出现了资本主义性质的新式工商业后，许多民族实业家在努力学习和采用西方新式管理的同时，也或多或少地从中国传统的管理思想中寻求一些对自己有用的东西，而首先受到注意的自然是孔子的思想。著名的实业家刘国钧在这方面表现得最为明显。刘国钧给自己的企业取名"大成纺织印染公司"。众所周知，孟轲曾称颂孔子为圣人中的"集大成"，后代的许多王朝因此封孔子为"大成文宣王"或"大成文宣至圣先师"。刘国钧为企业取名大成，显然是表示自己要师法孔子，以孔子之道来治厂。他还把"忠信笃敬"四字规定为"厂训"，这又是从孔子的"言忠信，行笃敬"①一语撷取来的。

---

① 《论语·卫灵公》。

现代日本的企业家稻盛和夫是以提倡用孔子之道办企业而著名的人物。他强调办企业首要在得人心，认为人心是"经营的基础"。他把自己经营企业的心得写成《人心、精神与京陶》(京陶是他所办企业的名称)一书，对运用儒家思想经营企业颇多阐发。丰田企业的创办人丰田佐吉经营管理的座右铭为"天、地、人"，这是从孟轲的"天时不如地利，地利不如人和"①一语而来的。其子丰田喜一郎把这一座右铭增为"天、地、人、智、仁"，其孙丰田幸一郎又增为"天、地、人、智、仁、勇"六字，都是从儒家的"好学近乎知(智)，力行近乎仁，知耻近乎勇"②、"知者不惑，仁者不忧，勇者不惧"③等论点汲取来的。丰田家族三代人的经营座右铭清楚地反映出：儒家思想对丰田企业来说简直具有传家思想的性质。日本的有些企业家和管理学者还把《论语》作为培训管理人员的教材，号称日本"工业之父"的涩泽荣一就首先这样；村山孚的《新编论语》一书，更是专从经营管理角度研究《论语》的著作。韩国的学者韩东基，也以研究儒学对现代资本主义企业经营管理的价值而知名。他的"企业在于人"的论点，就显然是儒家"为政在人"的思想在企业经营管理方面的运用。

历代阐发孔子管理思想的思想资料和运用孔子管理思想的实际经验，也和孔子的管理思想本身一样，属于管理思想的历史遗产；它们对我国当前的管理工作，也具有不同程度的参考、借鉴意义。近代、现代的资本主义实业家运用孔子管理思想的经验，由于是从社会化大生产的经营管理需要来进行这种运用的，他们的经验对

---

① 《孟子·公孙丑下》。
② 《礼记·中庸》。
③ 《论语·子罕》。

我们来说也弥足珍贵。

一定的思想、理论一旦形成为历史遗产，它对后代人就成了一种客观存在；不论它所包含的积极内容或消极内容、精华或糟粕，都可能对后人发生影响。但是，后代人从历史遗产中接受什么，那是能够由后代人选择的。不论是对孔子的管理思想本身，还是对后代人研究和运用孔子管理思想的资料和经验，我们都不应该一概拒绝或兼容并蓄，而是要在历史唯物主义的指导下，依据我们社会主义现代经营管理的实践进行检验，科学地分辨什么是其中的积极的、体现着管理过程的基本原理的东西，什么是消极的、违反管理过程的客观规律的东西和过时的东西。只有这样，才能谈得上从历史遗产中获得真正有益的借鉴。

（原载《孔子研究》，1989年第1期）

16 诸葛亮的《隆中对》和现代
经营决策

一

诸葛亮的《隆中对》是我国古代最精彩的决策范例之一，它为刘备擘画了"跨有荆、益"，与曹操、孙权形成三分鼎足之势，进而争雄天下的发展战略。以后几十年魏、蜀、吴三国并立局面的出现，有力地证明了这一决策的正确。

《隆中对》本身是关于军事、政治斗争的决策，但它包含着一系列符合于科学的决策原理。这些原理对现代经营决策也是适用的。

《隆中对》不是主观臆想的产物，而是以比较充分的、可靠的信息为依据制订出来的。

任何决策的第一阶段是获得信息或搜集情报的阶段，这是进行正确决策的基础。《隆中对》的提出，也体现了这一点。

在诸葛亮提出《隆中对》时，他不过是一个二十六岁的青年，而且是一个在野的知识分子，高卧隆中，躬耕畎亩。这种状况，似乎会使他无从得到多少信息，历史上也没有关于他如何为准备《隆中对》而调查、搜集信息的明文。但是，读一读《隆中对》，就会感到诸葛亮于当时的天下形势十分了解，对各方割据势力的兵力强弱、民心向背、山川形胜以及领导人的个人特点,都了如指掌,真可谓"秀才不出门,能知天下事"。如果没有充足、可靠的信息作为依据,这样水平的决策是不可能做出来的。问题在于,诸葛亮的信息从何而来呢?

诸葛亮当时客居荆州已许多年,荆州(主要统治地区为今湖北、湖南两省)是南来北往的要冲,"北据汉沔,利尽南海,东连吴会,西通巴蜀"①。隆中地近荆州的统治中心襄阳;北距曹操的统治中心许昌不过数百里;自汉水乘舟入长江,又可直通东吴孙权的统治中心柴桑(今江西九江西南)。在这样的地区,是比较容易获得各方的信息的。

《隆中对》不仅体现了诸葛亮个人的非凡天才,它实际上也是当时的一批才识高卓之士的集体智慧的产物。

由于东汉末北方各地长期战乱,许多中原人士纷纷来荆州避难,一时使荆州成为人才荟萃之地。同诸葛亮经常交游往来的庞德公、司马徽、徐庶、庞统、崔州平、石广元、孟公威等,以及诸葛亮的岳父黄承彦,都是奇才异能之士。诸葛亮的妻子,也是一个才识非凡的奇女子。②这些人虽都未在位,但却不是什么隐居避世的消极人物,而是"身在垄亩,心忧天下"③。他们经常议论天下大势,

---

① 《三国志·蜀志·诸葛亮传》。以下引用《隆中对》文字均同此,不另注。

② 黄承彦在将自己的女儿许配诸葛亮时说:"闻君择妇,身有丑女,黄头黑色,而才堪相配。"见《襄阳耆旧传》。

③ 诸葛亮在《出师表》中说自己是"苟全性命于乱世,不求闻达于诸侯"。但在刘备三顾茅庐时,他立即那样胸有成竹地提出《隆中对》,这表明他早就存心用世,而不是只想苟全性命。他所以等刘备三顾茅庐而后出山,不过是考验刘备是否有诚心而已。《魏略》说诸葛亮是主动找刘备献策,如果《魏略》的说法属实,那就更表明诸葛亮从不是一个消极避世的隐士。

研讨救时之策，事实上形成了一个在野的智囊群。诸葛亮在这些人中，是出类拔萃，领袖群伦的人物。他的《隆中对》，实际上是在经常同这些人议论的基础上，总结集体智慧的结果。他所以被这些人物称为"卧龙"，徐庶所以极力向刘备推荐他，并劝刘备三顾茅庐，向他屈尊求教，都表明这些人平时都是充分了解他对天下大势的见解，并深深感到钦服的。

在诸葛亮出山以前，他的胞兄诸葛瑾已在东吴担任了孙权的长史，是孙权倚重的谋士之一。通过这种关系，诸葛亮不仅能了解东吴的信息，还能了解东吴人士对天下大势的见解。在曹操南下攻击荆州以前，东吴的鲁肃已向孙权提出了联合刘备、"共治曹操"①的建议。在一定意义上，《隆中对》的决策思想，也可说是反映了当时东方的许多才智之士的共同智慧。

在完成搜集信息的工作后，决策的下一个阶段就是依据对信息的研究分析，提出几个可供采择的方案。《隆中对》向刘备提出了下列三个方案：

（1）北进方案：从荆州北上，同占据北方的曹操进行硬碰硬的斗争，夺取中原，消灭曹操的势力。

（2）东进方案：顺流东下，进攻孙权，夺取长江下游，作为自己的基地。

（3）南进、西进方案：兼并荆州及益州（今四川全省及云南、贵州的一部分），作为自己争雄天下的基地。

《隆中对》比较了这三个方案，并从中进行了选择。

第一个方案包含着一定的合理性。因为刘备是汉皇室的同

---

① 《三国志·吴志·鲁肃传》。

宗，一向以兴复汉室相号召，而曹操执掌了汉朝廷的军政大权，把汉献帝作为自己的傀儡，挟天子以令诸侯；而且，曹操认为刘备是自己的唯一的真正敌手，处心积虑要消灭刘备。刘备要生存，要发展，就不能不把曹操作为自己的敌人，就不能不举起反曹的旗帜。

但是，推翻曹操虽是刘备的根本战略目标，但在当时的反曹斗争中却决不能立即采取硬碰硬的做法，决不能立即对曹操发动战略进攻。因为，曹操已据有当时全国的大部分经济最发达、人口最稠密的地区，兵力、财力雄厚；而刘备只有从刘表暂借的新野一县之地，兵力不过数千，同曹操的力量对比十分悬殊。如果贸然北进，与曹操进行战略决战，只能是自取灭亡。《隆中对》说："今操已拥百万之众，挟天子以令诸侯，此诚不可与争锋。"这明确地否定了第一个方案。

第二个方案也包含着某些合理性。当时刘备还没有自己的基地，要想在曹操的威胁下自存，并积蓄力量同曹操抗争，首先必须找一片广阔的而且在人力、财富和地形条件等方面都足以支持长期抗曹斗争的地区作为自己的立足点。孙权所占据的东吴，地居长江下游，虽然当时还未充分开发，人口较少，但土地丰饶。在孙权统治下，已经以兵精粮足闻名，又有长江作为天然屏障，对不习水战、不适应南方气候水土的曹操大军，是一个极为有利的防御条件。如果刘备能从孙权手中夺占这一地区，就可改变刘备长期无自己根据地的狼狈处境。

但是，孙权继承父兄基业，统治长江下游已多年。他虽然年纪很轻，却是一个很有能力和气魄的统治者；手下文臣武将，广有人才。在中原长期混乱扰攘时，东吴统治集团能保持这一地区的安定,实现了"兵精足用,英雄乐业"①。刘备自己既无根据地,兵力又少,背后还受着曹操的致命威胁,根本无力量向"国险而民附"的东吴发动全面进攻。正如诸葛亮所说,孙权"不可图也"。第二个方案也被否定了。

第三个方案则无前两个方案的弊病和危险。

荆州是四达的要冲,由荆州北攻曹魏,距离既较近,地形上也较便利。正如诸葛亮所说的,是"用武之国"。割据荆州的刘表是一个有虚名而无实际才略的统治者,手下派系复杂,矛盾深重。夺取荆州比较容易。益州是著名的"天府之国",沃野千里,士民殷富,且群山环抱,地形险阻,易守难攻。益州的统治者刘璋,庸懦无能,国政昏乱,百姓离心。益州同荆州相邻,而同曹操、孙权的统治地区都相距遥远,并且隔着汉中、荆州。曹操、孙权虽都有夺取益州之心,一时却无从下手。这对刘备在取得荆州后趁机夺取益州,正是最有利的条件。

《隆中对》为刘备所设计的创业和发展战略,主要包括下列内容:

第一,在"跨有荆、益"的情况下,努力治理好这两州:"内修政理"、"西和诸戎,南抚夷越",把荆、益变成自己的牢固的根据地。

第二,继续把曹操作为主要敌人,以"除汉贼",即消灭曹操的势力作为最终战略目标。

第三,同孙权结成共同抗曹的联盟。刘备在跨有荆、益之后,实力仍远不如曹操,而孙权也受着曹操的严重威胁。因此,《隆中对》提出孙、刘联盟的主张,认为孙权"可与为援",应该"结好孙权"。

---

① 《三国志·吴志·周瑜传》。

第四,在相当时期中对曹操仍只能采取战略防御的方针。

在有荆、益作根据地并同孙权结成联盟的情况下,刘备仍然无力对曹操发动战略进攻,而只能利用有利地形,"保其岩阻",对曹操实行战略防御,积蓄实力,等待时机。

第五,在时机成熟时,转为战略进攻,实现消灭曹操势力的战略目标。

《隆中对》对实现这种战略转变的设想是:

> 天下有变,则命一上将,将荆州之军,以向宛、洛,将军身率益州之众,以出秦川。百姓孰敢不箪食壶浆,以迎将军者乎?诚如是,则霸业可成,汉室可兴矣。

所谓"天下有变",包括两个方面:一是自己内部准备充分,实力强大;二是曹魏内部衰乱,力量削弱。

《隆中对》提出的第三个方案,在几个方案中不但最有可行性,而且同时也包括了前两方案的某些合理之处(既坚持了反曹的旗帜,也通过联盟的方式利用了东吴的力量),所以是三个方案中最佳的或最令人满意的一个方案。

《隆中对》提出后不久,曹操大举南下,刘备、孙权结成联盟,共同对曹操进行了赤壁之战,大败曹军。战后,刘备寻机占据了荆州,后又西取益州,并从曹操手中夺取了汉中。十余年间,局势一直按《隆中对》的擘画发展着。但此后不久,刘备派守荆州的大将关羽,在天下并未有"大变",曹操实力并未下降,而吴、蜀却因争荆州而矛盾很深的情况下,又没得到益州的西路军配合,就孤军北进,强攻襄阳、樊城,结果被孙权趁机袭取荆州,关羽败死。

关羽发动这样大的军事行动,照理不可能事先不取得刘备的批准。诸葛亮在这次战役的决策中起了什么作用？是曾经表示反对但未能阻止？是拿不定主意因而未积极劝阻？还是由于十几年来的不断胜利而对形势的估计也产生了盲目性？由于缺乏史料，无从弄清。但有一点可以肯定：这次战役是违反隆中决策的，而不是由于《隆中对》的决策思想的失误。

丢失荆州后，蜀汉的实力大为削弱，并被局限在十分闭塞的西南群山中，很难向外发展。此后，诸葛亮虽然竭力经营和开发益州，也再无可能实现"兴复汉室，还于旧都"[①]的最终战略目标了。

《隆中对》提出了一系列值得重视的决策思想，诸如：事先搜集充分的、可靠的信息；依靠智囊或参谋班子提出各种可供采择的方案；对各种方案进行比较、评估，从中确定一个最佳的或最能令人满意的方案；确定战略目标（如《隆中对》提出的"汉室可兴，霸业可成"）以及实现战略目标的手段（如《隆中对》说的"内修政理，外结好孙权"）和步骤（由战略防御待机转变为战略进攻；由"保其岩阻"到由荆、益出兵两路北伐）等等，这些都是进行决策的一些基本要素。它们对现代企业的经营决策，也是不可少的。

二

在中国近代，有些民族实业家在创办及经营企业时，表现了同《隆中对》十分相似的决策思想，选择其中的若干典型，进行比较研究，是饶有兴味的。

---

① 《三国志·蜀志·诸葛亮传》。

著名的民族实业家刘鸿生经营火柴业和水泥业的历史，就是一个很能说明问题的典型。

刘鸿生在进行经营决策时，总是强调"谋定而后动"①，即首先作出缜密的决策，然后进行创办、经营企业的活动。而他在决策以前，又总是要花大力气进行调查研究，掌握充足可靠的信息。他每经营一个企业，总要先就产品的供求状况、竞争对手的多寡强弱、设备性能以及技术关键等问题，反复调查研究，做到心中有数。

他创办新式企业是从1920年办火柴厂开始。为作出经营决策，他进行了以下这些方面的调查研究：

第一，火柴业设备简单，投资不多，而使用劳动力则较多。中国劳动力充足，1919年苏北大水，大批灾民流入江南，使劳动力更加低廉，经营火柴业有利可图。

第二，当时国内市场上的火柴，一部分是华资企业生产的，而大部分则为外资企业的产品。华资火柴厂数目众多，但规模均小，多数还生产有毒的黄磷火柴，生产安全火柴的几家企业，也均技术落后，资力薄弱，产品质量差，缺乏竞争能力。在火柴业市场上，竞争力最强的是日本和瑞典的火柴，而日本在华的火柴厂，势力大，产品销路好，对国产火柴业威胁最大。

第三，黄磷火柴在国外已经淘汰，在国内市场上也绝无前途。要办火柴厂，只能生产安全火柴。

在调查研究、掌握信息的基础上，刘鸿生在苏州创办了鸿生火柴厂，并以日本火柴业作为主要敌手，确定了提高产品质量、兼并华资火柴厂、联合美资火柴企业（兼并了瑞典火柴企业）、抵制及

---

① 刘含智：《实业家刘鸿生传略》，文史资料出版社1982年版，第15页。

压倒日资火柴业的发展战略。

当时日本火柴业所生产的猴子牌火柴，质量好，在市场竞争中最占优势。于是，刘鸿生就为自己的企业提出了在产品质量上赶上和超过猴子牌的目标。

为此，刘鸿生亲自对生产技术进行了钻研，认识到要生产质量好的安全火柴有两个技术关键：一是要防止火柴头上的氯酸钾受潮脱落，二是防止火柴盒两侧的赤磷片因摩擦而容易脱落。他组织厂内技术力量进攻这两个技术关键，终于研究出有较强黏合力的胶黏剂，从而使产品质量能和猴子牌较量。

日资企业实力强大，远非鸿生火柴厂独家力所能敌。于是，刘鸿生就利用自己在华资火柴业中首屈一指的地位，采用软硬兼施、施压和安抚并用的办法，先把上海、苏州、扬州、九江、汉口、杭州等地的大、小火柴厂合为一个占华中地区火柴总产量50％的全国最大火柴企业，然后以这一企业为中心，联合江苏、安徽、江西、福建、湖南、湖北、河南等省的火柴厂共同组成了华资火柴业的联合办事处，并同联合办事处出面，同收买了瑞典火柴企业的美资美光企业达成协议，成立了华中地区火柴产销管理委员会。

面对着华资和美资火柴业联合一起的强大竞争，骄横不可一世的日资火柴业也不得不接受妥协，把自己的市场限制在华北地区。

几年之后，上海发生了"五卅惨案"，全国人民奋起抵制日货，沉重打击了日本"猴子"，使以刘鸿生资本为首的华资火柴企业得到进一步的发展。

刘鸿生经营水泥业的过程，也表现出同样的决策思想。在第一次世界大战时期中，民族工业的蓬勃发展引起对水泥需要量的迅速增长。国内市场对水泥的总需求，比总供给量超出约一百万桶。

刘鸿生懂得水泥这种笨重产品不便于远途运输，进口水泥在市场上缺乏竞争能力，国内需要主要只能靠国内生产来满足。在这种情况下，如果创办一个年产几十万桶的水泥厂，销路完全能够有保证。

他进一步调查了当时国内水泥业的情况，了解到生产水泥的日资企业有两家，华资企业有三家，其中日资小野田水泥厂生产的龙牌水泥和华资启新洋灰公司生产的马牌水泥质量最好，销路最大，在国内市场上有举足轻重的地位。

他分析了这两家企业的情况，认识到它们都靠近原料产地，成本低廉。刘鸿生想在上海创办水泥厂，附近既无石灰石、黏土等原料，煤也要远从开滦运来，运输费用高昂，同小野田和启新相比，这是无法克服的劣势。但是，在上海办水泥厂，也有一个巨大的优势。上海是全国工商业的中心，需要水泥量巨大，在上海生产的水泥，可以就地销售，产品运输方便，运费低，从而在上海市场上会比远途运来的龙牌及马牌水泥有较强的竞争能力。

经过对各种有关情报进行了搜集、了解并对可行性作了充分的研究之后，刘鸿生决定创办上海水泥厂。由于日本拒绝向他出售设备，他便从德国购买了最新设备，苦心钻研各种技术关键问题，生产出了在质量方面能够同龙牌水泥和马牌水泥相颉颃的象牌水泥。

象牌水泥投入市场后，立即遇到龙牌水泥和马牌水泥的激烈竞争。刘鸿生分析了竞争形势，认为日资小野田厂是主要敌手，因而确定了联合启新共同对付小野田的方针。经过商谈，上海水泥厂同启新洋灰公司达成了协议:上海水泥厂的象牌水泥退出华北及长江中游各地的市场,而启新的马牌水泥也不再向江浙及华南各地推销。

把刘鸿生创办企业的决策思想,尤其是把他在火柴业和水泥业方面的经营决策,同《隆中对》的决策思想相比,在许多地方都可发现惊人的相似之处:刘鸿生在水泥业中以上海为中心在东南建立自己的势力范围,这很像诸葛亮向刘备提出的"跨有荆、益"的建议。在火柴业中首先兼并及联合华资火柴企业,使自己成为华资火柴业中的支配力量,这很类似诸葛亮利用刘表和刘璋的无能而兼弱攻昧,建立自己立足点的思想。在火柴业中联合美资美光集团共同对付日资火柴业,在水泥业中同启新结成联盟以拒小野田,这正是经济竞争中的联孙抗曹式的行动。有趣的是,他的这些活动,甚至都还在有关行业中形成了三分鼎足之势!

三

四川杨氏兄弟经营的聚兴诚银行,是四川民族资本经营的最大的银行。最初,它也曾想全力向四川以外发展,在沿海经济较发达地区同一些著名的大银行互争雄长。于是,它将总管理处设于汉口,并在天津设立分行。但经过一个时期,逐渐认识到自己在长江中下游实力敌不过南三行(上海商业储蓄银行、浙江实业银行、浙江兴业银行),在华北则难与北四行(金城银行、大陆银行、中南银行和盐业银行)相抗衡。在四川及整个西南地区则是另一种形势,这些地区虽即银行数目不少,但多资力薄弱,经营不善,远非聚兴诚银行的对手。

当时,沿海及西南诸省的金融市场,情况也有极大的差别。沿海及长江中下游各大口岸,银行林立,资金过剩,利率低落,各大银行多从事房地产及外汇投机;西南各省则资金缺乏,利率高,经营工商业存放款大有前途。

聚兴诚银行董事长兼总经理杨粲三依据这些信息,经过认真分析研究,制订了以四川为中心在西南地区确立自己的事业基础的经营决策。于是,在1930年冬,决定将聚兴诚银行总管理处由汉口迁往重庆,撤销天津分行,而在四川各地遍设办事处、汇兑所,又在湖南、广西、贵州、云南各省广设分行或办事处,兼并了许多小银行,在西南打下发展的牢固根基。

抗日战争发生后,西南地区成了大后方,沿海许多企业迁入内地,加以物价不断上涨,工商业利润高,对资金的需求增长迅猛。聚兴诚银行机趁机扩大业务,几年之间,资本由三百万元增至一千万元,存款额增至一亿九千余万元;通过增加对工商业的投资,在大批重要的工商企业中掌握了占颇大比例的股份,担任了这些企业的董事、监事以至董事长等职务;同时,又利用战时投机业盛行,从事公债、黄金和外汇投机。这样,聚兴诚迅速发展成为一个全国第一流的银行,而原来沿海地区的各大银行,则都因战事影响而遭受颇大程度的损失。

抗日战争胜利后,聚兴诚银行认为自己大发展的时机已经到来,决定调整自己的战略方针,由立足西南转为争雄全国。它将总管理处由重庆迁往上海,准备凭自己的强大实力大干一番。但由于内战爆发、政局混乱以及通货膨胀的恶性发展,聚兴诚的宏图大愿也终于成了泡影。

从聚兴诚的经历，人们简直像是看到了诸葛亮隆中决策的影子：从沿海撤回内地，避免在京、津、沪、汉等通商大埠同北四行、南三行从事不利的竞争，正像是《隆中对》所说的：曹操"诚不可与争锋"，孙权"不可图也"。聚兴诚兼并内地的大批小银行，形成独霸西南之势，这和诸葛亮向刘备建议首先夺取刘表、刘璋的地盘，在荆、益二州建立自己的基业，正是同样的方针。抗战时期在西南大后方扩充业务，壮大实力，这又是同《隆中对》关于"保其岩阻"、"内修政理"、"西和诸戎，南抚夷越"的开发西南的思想是一致的。抗战胜利后，聚兴诚挟其实力冲出西南，争雄全国，这和《隆中对》所说的等待"天下有变"则兴师北伐、问鼎中原的实行战略转变的思想，更是若合符契！聚兴诚首先选择四川作为自己的发展基地，这同诸葛亮据益州以创业开基的思想，在地区上也是相同的。不过，这主要是由于杨氏兄弟是四川实业家，聚兴诚在四川原有基础，同《隆中对》的决策在地区上的相同，应该说是巧合。

四

刘鸿生、杨粲三等人在进行企业经营决策时，是不是在有意识地运用诸葛亮《隆中对》的决策思想，我们迄今未找到能说明问题的材料，未可臆断。但是，即使不是有意识的运用，也并不能表明是未受其影响。诸葛亮的智慧，在他生时就为人们普遍钦服，连他的主要敌手司马懿也叹之为"天下奇才"。[①]此后一千七百余年，

---

① 《三国志·蜀志·诸葛亮传》。

通过各种渠道代代相传，尤其是经过《三国演义》及戏曲、说书等各种艺术形式的夸张、渲染和广泛传播，更成了家喻户晓的事物。诸葛亮的名字，在中国的语言中几乎变成了"智慧"的同义语。如果说，诸葛亮的智慧已溶入普通中国人的意识潜流中，恐怕不算过分夸大。在这种情况下，后代人在思想和行动中不自觉地受其影响而表现出某些诸葛亮式的智慧，是不足为奇的。

刘鸿生、杨粲三以及其他许多民族实业家，是否对诸葛亮的著作和历史有所研究，诚未可必；但一般说来，都不至未读过《三国演义》，不至对类如"三顾茅庐"这样的故事毫无所知。《三国演义》关于《隆中对》的文字，基本上是照录《三国志·诸葛亮传》。这样，近代某些民族实业家的经营决策思想所以会在许多地方和《隆中对》中的思想有惊人的相似，就更不难索解了。

三国时期是我国历史上的一个剧烈冲突和战乱的时期，一批卓越的政治家、军事家，在历史舞台上演出了一幕幕威武雄壮的活剧，遗留下大量精彩的斗争谋略和斗争艺术。《三国演义》以高超的艺术手法再现了这些斗争谋略和斗争艺术，并吸收后代的军事、政治经验加以丰富、推衍和提高。《三国演义》问世之后，不仅成了一本脍炙人口的历史小说，而且被作为一个军事、政治谋略的宝库而深受人们重视。清代前期的一些名将，就把《三国演义》作为一部兵书来读。但是，由于封建时代的商品经济不发达，在商业经营中运用三国谋略的事例尚属罕见。鸦片斗争后中国的封建自然经济渐趋解体，19世纪六七十年代开始，资本主义的新式工业逐渐出现。资本主义企业之间的竞争，正如中国近代的著名实业家和思想家郑观应所说的，乃是一种特殊形式的战争，即所谓"商战"。它和通常意义上的战争或"兵战"，有许多相似之处，因此，许多兵战方面的基本原理,对商战也是适用的。在这种情况下,民族实业家的经营管理思想中出现一些酷似三国斗争谋略的东西,就是水到渠成之势了。

可能是由于中国近代经营管理的落后和管理科学的不发达,也可能因《三国演义》一书对一般中国人的影响已经是潜移默化的,在中国近代的民族实业家中,尚少有把三国谋略作为经营管理之学而加以研究和探讨的情况。

开始从经营管理的角度来研究并且有意识地运用三国谋略的是现代日本的一些企业家和管理学者。以擅长在经营企业中运用中国古代思想而闻名的日本企业家大桥武夫,就非常重视《三国演义》在经营管理方面的价值,认为:"《三国演义》是一本探讨如何分析形势,调动有利因素,战胜对手,壮大自己的书,值得日本企业家好好研读。"[1]近年,日本出版了许多种从经营管理角度研究《三国演义》的专书,如城野宏的《三国的人际关系学》,狩野直祯的《三国的智慧》等;一些刊物也发表了不少这方面的论文,日本的《愿望》杂志还出刊了《"三国"——商业学的宝库》的专辑(1985年6月)。有的日本学者认为,松下幸之助就是一个善于应用诸葛亮的谋略的企业家,松下电器公司的成功,与此有重要关系。日本有几家大企业,还把《三国演义》和《孙子兵法》并列为培训企业管理人员的教材。

毛泽东曾说:"我们这个民族有数千年的历史,有它的特点,有它的许多珍贵品。对于这些,我们还是小学生。今天的中国是历史的中国的一个发展;我们是马克思主义的历史主义者,我们不

---

[1] 转引自杨敏:《日本式管理与中国古代文化》,载《百科知识》1988年第8期。

应割断历史。从孔夫子到孙中山,我们应当给以总结,承继这一份珍贵的遗产。这对于指导当前的伟大运动,是有重要帮助的。"①

我们在民主革命时期,确实已从继承和发扬历史遗产获得了重要的帮助。在社会主义建设时期如何做到这一点,还是一个有待认真研究的问题;在改进我国的经营管理工作中如何从自己的民族遗产寻求帮助,则更是一个还未受到人们应有的重视的新课题。

诸葛亮的思想和智慧是我国民族遗产精华的组成部分,这一点大概不会有人持有异议。我国近代的一些民族实业家在经营企业中表现出了许多诸葛亮式的决策思想,现代日本的一些企业和管理学者热衷于学习和应用诸葛亮的谋略,我国台湾的企业家近年也颇有人重视这方面的研究,这对我们都是富有启发性的。在改善我国的经济管理、创建我国的现代管理科学中,开发和利用自己的民族遗产,特别是开发和利用像《三国演义》这样几乎是家喻户晓的民族遗产,实在是一本万利的事。我们应该积极行动起来了。

(原载《经济科学》,1989年第1期)

---

① 《毛泽东选集》前四卷合订本,人民出版社1966年版,第499页。

17　包世臣的经济思想

一

　　包世臣是第一次鸦片战争前后的一位爱国、进步思想家,是近代地主阶级改革派经济思想的主要代表人物之一。他是一个具有多方面才能和修养的人物,对当时的政治、军事、经济、财政以至若干技艺方面的问题,他都有所论述。他的经济思想,尤其是近代的一份值得重视的思想遗产。

　　包世臣,字慎伯,号倦翁,安徽泾县人,生于1775年,殁于1855年。在他生时,清朝统治下的康、雍、乾"盛世",已处于桑榆晚景,封建制度下的社会矛盾,已发展到十分尖锐的地步。社会财富日益集中于贵族、官僚、绅士等大地主以及与他们结纳在一起的大商人手中,土地集中的现象有了增长。广大农民在地租、商业、高利贷以及国家赋役的掠夺下,处境更加恶化;土地的兼并,更使大量农民丧失土地,成为封建制度下的相对过剩人口——流民。阶级矛盾的激化,准备着农民起义风暴的来临。二十年后,贵州、湖南等地的苗民首先举起了义旗;此后十余年,又相继爆发了白莲教、天理教农民起义。这些农民起义蔓延及于贵州、两湖、四川、陕西、河南、河北等广大地区,使已腐朽了的清王朝统治,开始趋于动摇。正当清王朝的国势显著下降的时机,西方资

本主义国家对中国的侵略活动日益猖獗起来。外国侵略者的鸦
片走私造成了大量的白银外流，严重地影响着国内的经济生活和
清朝的财政收入，鸦片走私及与之相联系的行贿活动也使清朝的
吏治和军队更加腐化，削弱着它的统治机器。外国资本主义的侵
略，更加深着中国封建社会内部的矛盾和危机。1840年，英国侵
略者对中国发动了可耻的鸦片战争，鸦片战争的失败，使中国丧
失了完全的独立自主，开始由封建社会逐渐转变为半殖民地半封
建社会。

包世臣的一生，正处在这样一个清朝国势由盛到衰、中国社会
由封建社会开始向半殖民地半封建社会逐渐转变的时期中，他的
经济思想，在相当程度上反映了这种转变时期的社会矛盾和社会
危机。

包世臣出生于一个破落的地主家庭，少年时代家境贫苦，曾有
一个时期为维持家庭生活而亲自租地种菜，参加过农业劳动；十八
岁就离家任塾师，后来长期担任幕僚，特别是在当时的两江总督
辖区——江苏、安徽、江西三省——任职刑、钱两幕为时最久。直
到五十岁上，才谋得一个知县的官位；但为时仅仅一年，就被排挤
去官。

他在统治阶级中虽然位置低微，但却是当时社会上的一个知
名人物。生活的经历，使他对许多实际的政治、经济问题，有着长
期的接触和丰富的知识、经验。他在刑、钱两幕长期任事，自己平
生又极注意讲求经世致用之学，熟悉有关水利、赋税、漕运、盐务
以及法律、军事等方面的实际情况和历史掌故，因而成为当时许多
封疆大吏所深为重视的一个"全才的"幕僚。

作为封建士大夫的一员，包世臣是忠于地主阶级及其政权的。

他早年曾以幕客的身份，直接参与过镇压白莲教农民起义的军事谋划；后来积极要求实行财政经济改革，其基本出发点也还是为了缓和日趋严重的社会矛盾，以稳定清朝的统治。

但是，包世臣和那些甘心充当反动官僚的帮凶、一意鱼肉人民的幕僚又有所不同。他对当时的官吏、豪强以及大商人的贪婪横暴深感不满，对广大人民所受的惨重剥削压迫，则寄予相当同情，他看到当时清朝统治下"吏治污而民气郁"，认为社会正隐伏着危机，因而主张采取一些措施，来限制大地主、大商人的过度剥削，减轻广大人民的负担，他的财政经济改革主张，又具有开明的一面。

包世臣又是一个爱国者。在鸦片战争前十几年，他就预见到英国侵略者将会以新加坡为基地，对中国发动武装侵略，并提出过及早防范的计划。他强烈反对西方资本主义国家对中国的鸦片走私，痛论鸦片贸易对中国的危害，主张严禁鸦片。在鸦片战争时期，他积极主张抵抗侵略，并曾先后向林则徐、裕谦以及另外一些疆吏、统帅条陈战守事宜。对当时沿海地区广大人民的英勇抗敌活动，他深表赞许；对一些怯敌媚外的妥协投降派官僚，则给予激烈的抨击。在鸦片战争后，他继续指陈外国侵略的危害，并对资本主义经济侵略的后果，有了某些初步的认识。

包世臣还是地主阶级的思想家，但他的思想所代表的，不是那些形成当时主要既得利益集团的贵族、官僚、豪绅等大地主以及与他们相结纳的垄断性大商人的利益，而是东南沿海地区的一部分与商业和城乡手工业有着相当联系的中、小地主的利益。这些地区，特别是其中江苏、浙江等省的部分地区，长期以来是国内经济发展水平较高、商业及城乡手工业较发达的地带，清王朝从这些地区所征收的漕粮、赋税，所获得的盐利，一向都远超过国内其他地区。封建朝廷的诛求、官吏的勒索以及豪绅巨商的掠夺兼并，不仅使这一带的劳动人民苦难深重，而且也使一部分中、小地主的利益直接受到损害。这一带中的许多地区，又是中国近代较早受到外国资本主义侵略势力影响，较早遭到外国侵略破坏的地区，外国鸦片走私所造成的"银荒"和银贵钱贱，更加重着这一带的纳税负担，并使工商业陷于衰落，这也在一定程度上影响着这部分中、小地主的利益。包世臣和近代地主阶级改革派的另外一些代表人物，如魏源、林则徐等，正是站在这部分中、小地主的立场，发出了限制大地主、大商人掠夺兼并和要求抵抗外国资本主义侵略的呼声的。这种思想虽然总的说来还未脱出地主阶级思想体系的范围，但它既不同于当时地主阶级中的顽固保守思想，也有别于过去历史上的地主阶级改革思想，而成为中国近代反侵略、反封建的新的社会思想的组成部分。

包世臣在晚年还经历了伟大的太平天国农民起义，有人传说他后来参加了太平天国革命①；但由于缺乏可靠的材料，无法判断他晚年的思想及活动状况。

二

包世臣很注意经济问题。传统的儒家思想是反对"言利"的，

_____

① 章炳麟曾提到："传闻梅曾亮曾为太平天国'三老'，包世臣为'五更'"。见章著《杂志》，《检论》卷8，第6页。

包世臣虽也以儒家自命，但却毫不讳言地把"好言利"说成是自己的一大优点，认为自己的平生"所学大半在此"①。他曾说过，自己"好言利"的目的是：

> 鄙人见民生之朘削已甚，而国计亦日虚，其病皆由奸人之中饱，故生平所学，主于收奸人之利，三归于国，七归于民，以期多助而止奸。②

这也就是说：他自己所以谈论经济问题，是为了提出一些改革主张，以便限制或制止权贵势豪、贪官污吏、封建垄断商人等"奸人"的朘削兼并活动，以增加国库收入（三归于国）和减轻人民负担（七归于民）。

在包世臣的著作中，对这一类的朘削、中饱有颇多的揭露，但地主阶级改革派的软弱立场以及他的寄人篱下的幕僚身份，使他的这些揭露还多半止于表面现象，远不能做到像他自己所说的那样找出"所以致弊之故而澄其源"的地步；至于他的具体改革主张，那就更加顾虑重重，更加富于妥协性。他总是力求采取缓和手段并为这些朘削、中饱分子留有余地。他曾为自己的这方面行动规定了一系列的清规戒律：

> 又知举事骇众则败成，常求顺人情，去太甚，默运转移而不觉；必能自信也而后载笔，然犹必时察事变，稍有窒碍则不惜详更节目……③

但是尽管这样，他的一些改革主张还是常常受到各方面有力

---

① 《安吴四种·答族子孟开书》卷二十六，同治壬申注经堂藏板，第33页。本文引此书均用此一版本。
② 同上。
③ 《安吴四种·读亭林遗书》卷八，第24页。

人物的嫉视和反对。

像地主阶级改革派经济思想的其他代表人物一样，包世臣在所有经济问题中也是特别重视农业问题。他强调"天下之富在农"，因而把"修法以劝农"看作是"使国富而主德尊"①的根本前提。为了"劝农"，包世臣很注意兴修水利和改进农业生产技术，他谴责一般封建士大夫那种"谈性命"、"矜词章"而"鄙夷田事"的态度，主张把农业生产知识和技术作为士人治学内容的一个重要部分，以便在他们将来为官作吏时可以运用这些知识来"劝农"。他自己就对农业生产技术有着相当的研究，在他的著作《齐民四术》中，他用了相当大的篇幅来专门论述农业技术问题。

包世臣很重视农民的劳动对发展农业生产的作用。在1820年，他就痛驳了当时中国封建社会中那种把农民的贫困说成是由于"生齿日繁，地之所产不敷口食"的反动人口观点，并且申述了自己对"人口"问题的见解：

> 夫天下之土，养天下之人，至给也，人多则生者愈众，庶为富基，岂有反以致贫者哉？②

在这里，包世臣也还是抽象地考察人口问题，没有认识到人在发展生产、创造财富中所能发挥的作用，归根结底还是要以社会制度为转移的。在封建主义生产关系的狭隘范围中，特别是在当时封建主义制度早已彻底腐朽了的情况下，人的这种积极作用决不可能得到较好的发挥，他的这种乐观态度是没有根据的。但是，包世臣远在一百四十年以前就能认识到人首先是生产者，并且用这

① 《安吴四种·说储上篇前序》卷七（下），第34页。
② 《安吴四种·庚辰杂著二》卷二十六，第2页。

样坚定的、毫不含糊的语调驳斥"人多致贫"的反动谬论，这应该说是十分难能可贵的。

但是，包世臣最值得称道的地方却是在于：他不仅从生产力方面看待农业问题，而是首先把农业衰落、农民贫困的原因归结为当时农民所受的惨重搜括和兼并。在《齐民四术》中，他巧妙地用注释《论语》的《樊迟请学稼》章的方式申述了自己的这种看法：

> 樊迟亲炙至圣，欲深究稼圃之法，以安集流亡；而至圣谓民之所以流亡者，由上不依于礼、义、信，乡虐使以致之，非仅农事不明之咎也。盖好礼必正其经界，好义必取民有制，好信必不违农时，则其民莫不敬服用情，力勤所事，怀土归业，固无待上之教以稼圃也。①

对孔夫子"圣训"的这种"注释"，的确是十分新颖的。如所周知，孔夫子所以反对樊迟学习农业生产，正因为他是从剥削阶级知识分子的见地出发，轻视生产劳动，"鄙夷田事"，他把"学稼"、"学圃"都斥为"小人"之事，认为这是统治阶级的人物（"君子"）所不屑干的。但包世臣却把这一章的意义解释为：只要统治阶级的官吏设法防止或限制对农民的土地兼并（正其经界），不要过度地搜括农民（取民有制），不要用过多的徭役来妨害农民的生产（不违农时），农民自己就能够更好地发展农业生产，完全用不着官吏们来向他们传授农业生产知识和技术！

在《农政》一文中，他尖锐地揭露了当时官绅勾结、鱼肉乡民的情况：

> 自士不兴学，鄙夷田事，高者谈性命，卑者矜词章，洎乎

---

① 《安吴四种·齐民四术目录叙》卷二十五（上），第5—6页。

通籍，兼并农民，盖田输两税复摊丁徭，则一田而三征；内外正供，取农十九，而官吏征收，公私加费，往往及倍。绅富之户，以银米数多，而耗折较轻；力作之民，以银米数少，而耗折倍重。是故鬻狱卖法，分绅富之膏肥；折粮加漕，浚茕独之膏血。至于申诉所及，绅则势胁，富则利诱，听论常速，以助其逾荡武断之威；乡里愚民，不识城市之区，未睹官吏之面，自非极屈，鲜敢吁号，而官则受词若罔闻，吏则居奇以责赂，偶有蹉触，厥罚必行。故农民终岁勤动，幸不离于天灾，而父母妻子，已迫饥寒；又竭其财以给贪婪，出其身以快惨酷，岁率为常，何以堪此？①

包世臣没有涉及过地主阶级垄断土地，用封建地租剥削农民这些对封建制度来说是更带根本性的问题，他显然不是代表劳动农民来谴责封建剥削制度，而只是反对官僚、绅富等过分横暴的掠夺压迫；他所说的"农民"、"乡村愚民"，事实上也包括受官僚、绅富欺压的一部分中、小地主在内。不过，他的这些揭露，在一定程度上的确也反映了封建社会中广大农民的痛苦，表明他这样一个曾经"食贫居贱"的士人，对民间疾苦的确是有相当了解和同情的。

在封建社会中，自给自足的自然经济占着主要地位，赞美自然经济、敌视商品货币经济，是正统的封建经济思想的主要特征之一，在中国的封建社会中，"重本抑末"（或"重农抑商"）的理论，就长期被人们奉为圭臬。包世臣强调"天下之富在农"，主张在不改变封建生产关系的前提下发展农业生产，这表明他的经济思想基本上还属于封建主义思想的范畴；但是，他却从来就不像正统的

---

① 《安吴四种·农政》卷二十五（上），第1页。

封建思想家那样敌视工商业的发展，那样主张"抑末"。还在他活动的早期，他就已经把农、工、商三业都看作是社会所必须的，认为"三者缺一，则人莫能生"①。愈到后来，他愈加能够从对实际经济生活的观察，认识到工商业在社会经济生活中的重要性，并且终于觉察到商品货币关系的发展及其作用的增长是当时社会中的一种趋向。对这种趋向，他不是感到忧虑而是加以肯定，并且主张国家的经济政策应该顺应这种趋向。他一再宣称：既然"人心趋末富"而且"末富"已日益"权加本富之上"②，"治道"即国家政策也就有必要更加重视工商业和货币问题。他不认为货币财富的增长和工商业的发展对封建关系下的农业会有什么妨害，而是把前者看作后者的重要补充。他认为就私人经济来说，如果从农业获得更多的五谷，再从工商业获得更多的货币财富，就更能做到"家给人足"；就封建国家来说，工商业愈发展，丰年财政税收可以更充裕，荒年农业歉收时，财政收入也仍可有一定保证。他并且提出了"本末皆富"的理论来和传统的"重本抑末"理论相对立，认为封建国家应该把"本末皆富"作为经济政策的基本原则，作为"千古治法之宗"和"子孙万世之计"③。

"本末皆富"，这是包世臣经济思想的一个基本理论观点。这一观点从一定意义上说是对黄宗羲的工商"皆本"④的思想的进一步发展。在明代中叶以后，中国东南某些地区的商业和城市手工业已有相当发展，商品货币因素的作用有所增长，工商业者要求有

---

① 《安吴四种·说储上篇前序》卷七（下），第34页。
② 《安吴四种·齐民四术目录叙》卷二十六，第6页。
③ 《安吴四种·庚辰杂著二》卷二十六，第1页。
④ 《明夷待访录》，古籍出版社1955年版，第41页。

相适应的理论来维护自己的利益,清初学者黄宗羲的工商"皆本"思想正是在这样的条件下产生的。到乾隆时期,东南各省特别是江浙地区的商业和城市手工业又有进一步的发展,包世臣本人也是一个与商业资本有相当联系的人物①,他的"本末皆富"的观点,承认封建关系下的农业是"本",而工商业和货币财富是"末",这看来不如黄宗羲那样更突出地强调工商业的地位和作用;但是,包世臣却不是简单地把工商业和农业并列,而是企图进一步从私人经济和国家财政两方面来论证农业和工商业的相互关系,力图说明它们之间不是互相妨碍,而是可以并存和互相补充的,这比黄宗羲的"工商皆本"思想显然更前进了一步。就其阶级内容来说,包世臣的这一观点正是一些兼营商业或手工业的地主的利益在理论上的表现。

"本末皆富"的观点,是包世臣各种经济改革主张的出发点。他一方面把发展封建关系下的农业生产放在首位,另一方面又经常在一些具体的财政、经济改革中注意发挥商业和货币因素的作用,并且企图为"商民"的经济活动创造某些有利的条件。

三

在他的游幕生涯中,包世臣曾经长期参与过漕运和盐政的改革,他在这些方面所提出的改革主张,都在一定程度上表现了重视

---

① 包世臣的许多亲戚都是商人,在两江总督陶澍接受他的建议改行票盐后,曾有人劝他集资经营票盐。

私人商业活动的作用和照顾商人利益的特点。

1802年，他就提出了雇用商船由海道运送漕粮的建议。清王朝建都北京，为了供应聚集在京城及其附近的大批贵族、官僚、他们的寄生奴仆和卫戍军队的食粮需要，每年都通过运河从南方调运大批食粮，称为漕运。运输的费用和损耗很大，加上征集和运送过程中各级官吏、兵丁和其他有关人员的勒索，运送一石粮食往往要花费相当于几石的代价。这一切负担最终都落到缴纳漕粮地区的农民身上，农民不胜其苦，也大大损害了当地一部分地主特别是中、小地主的利益。由于勒索的不断增重，许多地区愈来愈负担不起，拖欠正额漕粮的情况时常发生，对封建朝廷的粮食储备也造成了威胁。因此，漕运就成了当时弊端最多的"大政"之一；在漕粮负担最重的苏、浙部分地区，弊端和矛盾也最为严重。为了保证运道，修治河道的费用也极巨大，漕运又和当时同样是弊端最多的另一"大政"河工问题牵缠在一起。漕运问题在清朝早已是一个为统治阶级人物广泛注意的问题，提出过各种各样的改革方案。

包世臣所提出的"海运南漕"的办法是：雇用往来于上海到辽东的沿海商船（"沙船"），把江苏和浙江一部分漕粮负担最重的地区所征收的粮米由海道运送北上。他认为这样一来，可使"船商以放空之船，反得重价；而官费之省，仓米之增者无数；又使州县不得以兑费、津贴旗柁等名目，借词浮勒，一举而众善备焉"[①]。

这本身是一个有关封建国家财政和粮食工作的改革计划，但值得注意的是：包世臣在这里提出了依靠商人的活动来代替封建漕运机构的问题，他极力论证了商运较封建漕运机构的优越性，称

---

① 《安吴四种·海运南漕议》卷一，第3页。

赞海商熟悉航道和运输业务、遵守商业信用等优点,并且驳斥了一些封建官僚关于国家机构雇用商船有失"政体"的说法,公开宣称"官与民为市"是完全正常的事情。他的这种主张的主要出发点,固然是为封建朝廷节省运费、减少损耗和更好地保证京城粮米供应,以及减轻江南地区的负担;但是,他也注意照顾商人的利益。他看到往来这一线的沙船,由南到北常因货运量不足而有放空的现象,认为海运南漕对他们是一举两得的事情。除此之外,他还注意从其他方面照顾海商的利益,如提出运价要合理、损耗率要规定适当、要估计到航海风险、以及准许他们在装运漕粮时免税附载一定数量的商货等。他毫不讳言,自己的改革倡议也包含着为商人谋利益的打算,公然把船商"免放空"和"得重价"作为"众善"之一,和节省运费、减少损耗、避免浮勒等官与民的利益相提并论。

包世臣的盐政改革计划,在更大的程度上表现了他对私人商业活动的重视。

当时清朝的盐政主要是沿袭明朝已实行的"纲盐"制度,由封建国家给予场商和运商以收购和运销食盐的垄断权利,对各产区生产的食盐都划给一定的垄断销售范围,封建国家又委派很多盐官收税和管理盐政。除了按规定征收的盐税税额外,从封建朝廷到各级盐吏又经常向盐商索取各种名目的捐派和"报效",为此,允许盐商屡加盐价和在规定的运销数额之外加带无税的盐斤以作报偿。这样,就在全国各地区分别形成了许多官商结合的封建割据性垄断势力。盐价的昂贵不但加重了人民的负担,威胁着人民的日常生活,而且造成私盐的充斥市面。贩卖私盐的不仅有普通的私盐贩(所谓"盐枭"),而且连国家指定的垄断盐商、盐船的水手、缉私的官兵以至漕运回空的粮船,也都夹带私盐;由于各区的盐价高低不一，盐价较低地区的"官盐"，也作为"邻私"向盐价高的地区浸灌。私盐愈多，官盐的滞销现象愈来愈严重，这又影响到封建国家的盐税收入，形成了一种上亏国下亏民的"上下交病"的局面。

两淮是当时食盐的最大产区之一，在淮盐的生产运销范围中，这种情况也表现得分外严重。包世臣长期在两江总督辖区游幕，在实际工作中不得不经常面临着这一棘手的问题。

当时，许多与食盐垄断有关的既得利益人物和其他一些保守人物，都主张用加强缉私的办法来维护这种垄断制度。包世臣认为：由于私盐的种类繁多，而且有各种各样的有势力人物都在贩运私盐，要想用加强缉私的办法禁绝私盐是不可能的；而且，继续维持这种极端腐败的食盐垄断制度也是不合理的。他提出的主要改革办法是：废除"纲盐"，改行"票盐"，允许任何愿意从事食盐运销的商人都可以领票买盐，在按规定手续向国家缴纳盐税后，自由地运销所买到的食盐；大大裁汰盐官盐吏，取消垄断盐商（纲商）的特权，消除或大大减少盐政中的各种额外勒索和中饱现象。他认为，实行这种票盐制度后，盐价可以大大减低，食盐的销量可以大大增加；同时，由于任何人都可以领票买盐和盐价的大大减低，私盐自然没有了，也就不会再有因缉私而引起的矛盾和冲突；没有了不纳税的私盐，国家的盐税收入也可大大增加。所以，他把这种票盐制度说成是"公私皆得，众美毕具"①的"上策"。

包世臣在这里所提出的，实际上是一个以普通商贩的自由商业活动来代替官商勾结的封建垄断商业的改革方案。

① 《安吴四种·庚辰杂著五》卷三，第9页。

海运南漕和票盐这些办法，都不是包世臣的首创。清初的顾炎武、李雯等，就提出过听商运盐、"一税之后，不问其所之"[①]的主张，包世臣的票盐制度，正是依据这种主张设计出来的。元、明两朝，都实行过漕粮海运；清代康熙年间，也曾令朝臣议论漕粮海运问题；到嘉庆、道光时期，这类议论更数见不鲜。但包世臣这类主张的一个显著特点是：他十分重视依靠私人商业活动来改进当时的财政经济状况，相信在解决封建国家的某些重要的财政经济问题时，借助于一般商人的经济活动要比单纯依靠封建官僚机构或封建垄断商业组织更为有效，而且还尽量照顾商人的利益。这正是他关于"本富"和"末富"可以互相补充、工商业者利益可以和地主利益以及地主阶级国家的利益相一致的基本观点的具体表现。

在后来水灾阻塞了运道和淮盐积弊达到无可收拾的情况下，海运南漕和票盐的改革办法，经过包世臣和魏源等人的共同努力，曾有一个时期得到过实现。

四

在包世臣的著作中，有很多关于货币问题的议论。他自称在1813年就开始提出了发行纸币的主张；但他较多地议论货币问题，主要还是鸦片战争前后的事。在鸦片战争前，他看到鸦片走私、白银外流所引起的"银荒"和银贵钱贱现象，后果愈来愈严重，除了

---

① 《日知录》卷十，遂初堂藏板，第22页。

主张严禁鸦片，以塞"漏卮"外，也企图从货币制度方面作些改革，以克服或减轻这些后果。为此，他提出了一个以制钱为计算单位，发行纸币（钱钞）以贬低银在货币流通中的作用（所谓"夺银之权"）的币制改革建议。

这一建议的主要内容是：由国家明令宣布，国家财政收支和民间一切交易收付事项，都一律"以钱起数"，银仍可作为货币行使（不废银），但银价的计算也必须以制钱作为计算单位，并听其涨落而不加抑制。由于铜铸的制钱单位价值低，不便于大额交易和远途运送，因而发行以钱为计算单位的"钱钞"以解决这种困难。"钱钞"的最高发行额限为国家每年财政收入的一倍，并且要审慎地、逐渐地达到这一最高发行额。钱钞发行后，过去按银两计算的国家税收和民间交易，都参照发钞时的比价，每银一两折合为制钱一千二三百文；但是，他鉴于在过去赋税收银时官吏可以加收"折耗"（即借口化验质量及其他原因会有一定损耗，而在征税时加收若干）以弥补办公费用并为自己获得若干合法贪污收益，行钞后没有了折耗，他们必会更加肆无忌惮地贪污舞弊，因而主张把赋税解交国库时的银钱折价定为一千文，使官吏们可以收税折价（一千二三百文）和上解折价（一千文）的差额得到好处。

包世臣鉴于当时较小农户出售粮食和小商人、手工业者出售货物所收入的多是制钱，但他们缴纳赋税和进行其他某些支付却必须按银两计算，由于"银荒"所引起的银对钱的比价不断上涨，他们所受的损失愈来愈大，于是，他企图用这种"以钱起数"的办法，把以前用银计价的一切收付事项，都折成固定的钱数，以减轻小地主、农民、小工商业者这些人们的困难。

原来征收一两银子的赋税，此后折收制钱一千文，这对清朝政府来说意味着收入的减少，当然是它所不能接受的。包世臣考虑到了这一点，所以他劝告清朝廷说：这种减少只是暂时的，为了本身的长期利益，清朝廷应该暂时"损上益下"，让自己吃点亏。他说：

> （行钞）大要总在损上以益下，……损上愈多，则下行愈速，下行既速，次年上即可不损，以后则上之益也遂至不可究诘。然益上之指，总在利民，乃可久而无弊。若一存自利之见，则有良法而无美意，民若受损，亦未见其必能益上也。①

他所以把"损上"看作只是暂时的，是由于他认为进行这种币制改革后，以钱数计算的物价就会长期稳定下来；同时，白银虽仍许作为货币行使并且不强抑它的市价，但银的"权"既已被夺去，也就不会再有银价不断上涨的情况。

包世臣的这种币制改革方案，从理论上说是包含着许多错误的，在实际上则是行不通的。货币材料由贱金属发展到贵金属，是商品经济发展的一种客观趋向，银对钱比价的上涨，在当时主要是由于资本主义侵略（特别是鸦片走私）所造成；不用银作为价格标准而改用制钱作为价格标准，既违反了贵金属代替贱金属成为货币的客观趋向，也不能消除外国鸦片贸易所引起的越来越大的逆差，想以此阻止银对钱比价的上涨，并使物价在以钱计算的基础上稳定下来，都是办不到的。在这种情况下，想让极力企图利用银钱比价变化来加强搜括人民的清政府及其各级贪官污吏放弃赋税征银，甘心按固定的钱数计征赋税，那简直是与虎谋皮！

---

① 《安吴四种·再答王亮生书》卷二十六，第14页。

包世臣所要发行的"钱钞",在性质上是一种不兑换的国家纸币。在包世臣还未公开发表自己的主张前,一个反动的士人王鎏发表了《钞币刍言》一书,鼓吹用无限制发行不兑换纸币和铸造贬值的大钱等办法来大肆搜括民财,解决清王朝的财政困难。包世臣一时未能看出王鎏的主张和自己方案的区别,错把王鎏认作同道,对王鎏的著作大加赞赏。有些人因此产生误解,认为包世臣的发行纸币主张和王鎏是基本一致的。其实,包世臣虽然也主张发行不兑换纸币,但他不论在目的上或所依据的理论上都和王鎏有显著不同。王鎏主张发行纸币的目的,是为了搜括民财以满足清朝统治者的无尽贪欲,正如他自己所说的,国家的经济政策应以"足君尤先"①,行钞是为了"使国家尽有天下百姓之财"②。在理论上,他否认货币有内在的价值,认为国家政权可以任意赋予货币以价值,他曾说:"凡以他物为币皆有尽,惟钞无尽,造百万即百万,造千万即千万,则操不涸之财源。"③可以看得出:他的发钞主张所依据的理论实质上是名目主义的货币理论。按他的主张做去,势必引起恶性的通货膨胀。包世臣的币制改革主张,虽然也有着缓和社会矛盾,稳定清王朝统治的目的,但他的直接着眼点却主要是消除或减轻银贵钱贱所造成的各种严重后果,并很注意减轻人民负担的问题;他的"损上益下"的主张,虽然也是为了清王朝的长远利益,但和王鎏的那种"足君尤先"的反动理财思想,毕竟是不可相提并论的。包世臣懂得"银钱实而钞虚"④,即认识到银有价

---

① 《钱币刍言》,道光丁酉艺海堂藏板,第1页。
② 同上书,第11页。
③ 同上书,第2页。
④ 《安吴四种·再答王亮生书》卷二十六,第10、12页。

值而纸币本身没有价值,因此,他坚决反对王鎏"造百万即百万,造千万即千万"的名目主义观点,认为"从来钞法难行而易败,正坐此耳"①。他的限制纸币发行数量并且逐渐达到最高发行额的办法,也和王鎏的滥发纸币的主张是显然不同的。

事实上,包世臣自己后来也逐渐意识到他和王鎏之间的分歧。他曾前后写过三封信对王鎏的主张提意见,最初所提的的确是若干枝节的、无关紧要的意见,愈到后来,他的批评就愈加触及王鎏的基本论点。到鸦片战争后,包世臣终于认识到王鎏不是自己的同道,并正式向人表白说:自己对发钞问题早有独立主张,"非和亮生也"②。

五

鸦片战争前后的地主阶级改革派思想家,对外国军事侵略都抱着相当警惕并主张进行抵抗;但由于这时外国资本主义经济侵略还未能对中国的社会经济结构造成明显的破坏,他们除对鸦片走私的经济后果有较多的论述外,对外国资本主义的经济侵略是没有很多认识的。包世臣也有这种情况。直到鸦片战争时期,他都认为西方资本主义国家所以要同中国贸易,只不过是因为中国的茶叶、大黄"可以消瘴",因而"各夷非大黄茶叶不生";又认为对中国来说,"一切洋货皆非内地所必须"③。因此,他在鸦片战争

①《安吴四种·再答王亮生书》卷二十六,第10、12页。
②《安吴四种·答族子孟开书》卷二十六,第34页。
③《安吴四种·庚辰杂著二》卷二十六,第6页。

前夕也曾提出过一个"裁撤海关"、"绝夷舶"来华贸易的主张，不过，为了照顾"非大黄茶叶不生"的西方各国人的困难，建议允许中国商人携带茶叶、大黄等商品赴西方各国贸易。他认为这样一来，既可杜绝鸦片来路，又可使西方国家的人获得所必需的中国货物，他们也就不会感到不满并对中国寻衅了。

包世臣认为西方资本主义国家需要对外贸易只是为了买到国内不能生产的某些必要的消费品，又认为中国根本不需要一切外国商品，这说明他基本上还是以自然经济的眼光看待对外贸易问题。在当时中国社会中，自给自足的自然经济还占着主要地位，即使像包世臣这样与国内的商品货币经济有着较多接触和联系的思想家，也难免受着自然经济眼光的局限，从而无法理解资本主义国家争夺国外市场、进行对外侵略扩张的目的。

第一次鸦片战争失败后，外国资本主义侵略者的鸦片和其他一些商品（主要是纺织品）在不平等条约掩护下，更多地输入中国。虽然由于中国农业与家庭手工业相结合的自然经济的顽强抵抗力，外国商品在中国一时还不能找到充分的销路，但东南沿海若干地区的手工业生产已开始受到进口商品的打击而趋于衰落；许多外国侵略分子也日益放肆地在中国进行一些非法的、破坏中国主权和经济的活动。富有爱国心而又比较重视工商业问题的包世臣，敏锐地觉察到这些情况，并对它们的后果日益感到严重的忧虑。在鸦片战争失败以后几年中，他一再指出外国经济侵略对上海附近的一些手工纺织业的破坏作用：

> 松、太利在棉花梭布，较稻田倍蓰，虽暴横尚可支持。近日洋布大行，价才当梭布三之一，吾村专以纺织为业，近闻已无纱可纺，松、太布市，销减大半，去年棉花客，大都折本，则

木棉亦不可恃，……。①

　　木棉梭布东南杼轴之利甲天下，松、太钱漕不误，全仗棉布。今则洋布盛行，价当梭布而宽则三倍，是以布市销减，蚕棉得丰岁而皆不偿本，商贾不行，生计路绌，推原其故，皆由银贵，……。②

他痛斥外国侵略分子在中国非法经营食盐贸易、侵害中国主权的活动，并对那些惧外、媚外的大官僚们对之不敢置问的可耻行径进行了尖锐的指责，如说：

　　夷人鼾睡卧榻之侧，卖盐卖硝，明犯大禁，而封圻率破例受如恐后！③

这些言论表明：在鸦片战争后，包世臣对外国资本主义经济侵略的认识已有了显著的进步。他在这方面的认识，有些是同时期的其他地主阶级改革派思想家所不及的。

六

　　包世臣是近代地主阶级改革派思想家中首先起来指陈时弊、倡言改革的人物。他对中国近代思想发展的影响，虽不如龚自珍、魏源等人那样巨大、久远；但他对时政的批评和对许多现实财政经济问题的改革意见，都比他们提得更早，在近代初期的中国思想界起了一定的开风气作用。他的经济思想对近代地主阶级改革派的

① 《安吴四种·答族子孟开书》卷二十六，第34页。
② 《安吴四种·致前大司马许太常书》卷二十六，第37页。
③ 《安吴四种·复桂苏州第二书》卷七（下），第5页。

另外某些代表人物，特别是对魏源，有着相当的影响。他和魏源曾共同致力于两江地区漕、盐等问题的改革，思想上互相影响；对海运南漕和票盐等改革，魏源曾有进一步的辟画和论证，但其基本内容都是由包世臣首先提出来的。

包世臣对经济问题的探讨，在一定程度上揭露和批判了当时最反动、最腐朽的封建统治势力掠夺、压迫人民的罪恶，斥责了外国资本主义侵略中国的暴行；他的许多财政经济改革主张，包含着减轻人民负担和扶植封建社会中的商品货币因素的内容。他的经济思想，在当时是有相当进步意义的。

但是，他毕竟还是一个地主阶级的思想家，而且又是近代初期的人物，他的思想不可避免地受着其时代的和阶级地位的限制，不可能全面、深刻地反映当时社会的矛盾和危机。对西方国家的资本主义制度，他还没有什么认识；对外国资本主义经济侵略，也只是看到了一些个别的、片断的现象。他对国内财政、经济问题的批评和改革意见，都不可能触动封建制度的基础，而且还是从巩固清王朝封建统治的目的出发，并且力图依靠封建政权中的有力人物的支持来实现，这就使其不能不有着很大的妥协性。

包世臣虽然是在近代初期较早提倡经世致用之学的人物，但他的学术素养远不如龚自珍、魏源那样深厚，因而不可能对自己的社会经济改革主张作更高度的理论概括。他在近代思想界所发生的影响，是不能和龚、魏相比拟的。

尽管包世臣的财政、经济改革主张还只是"去太甚"，在具体作法上也是力求缓和并为既得利益集团留有余地的，但他在当时还是经常遭到许多有势力人物的打击并受到为他们效劳的顽固士人的唾骂。他曾在兼并土地至数千余顷的大官僚地主两江总督百龄手下作过幕僚,替百龄帮过很多忙,但因他不肯与百龄及其集团中的人物同流合污,以致"初及两月,遂成沟水"①。百龄不但把包世臣逐出了幕府,而且"遍致书中外三品以上"的官员,诋毁包世臣,企图彻底砸毁他的"饭碗"。一个自称和包世臣"交契三十年"的"诤友",在看到他的著作《安吴四种》后,立即著文非难他说:

> 倦翁……敢为大言,訾毁成法,变更旧章,务为可惊可喜之论,……而不意其害之至此极也……。其始,言利之计,始于一二书生,久之浸淫幕府。为大僚者,染功利之近习,昧经世之远图,误信而强行之,务隳旧章,破败决裂,已成不可收拾之势,而国用民生,交受其困。②

包世臣这样遭到反动势力的攻击是不足为奇的。马克思曾说过:

> 经济学研究的材料的特殊性质,会把人心中最激烈最卑鄙最恶劣的感情唤起,把代表私人利益的仇神召到战场上来阻碍它。例如,英国国教会,对于在三十九个信条中攻击三十八条的人还会原谅,而不会原谅一个夺去他的收入三十九分之一的人。③

反动势力所以不能原谅包世臣,正是由于他的"收奸人之利"的主张,触犯了他们的经济利益。

(原载《北京大学学报》哲学社会科学版,1964年第1期)

---

① 《安吴四种·上百节相书》卷二十六,第28页。

② 丁晏:《书包倦翁安吴四种后》,见盛康编:《皇朝经世文续编》卷12,思补楼本,第49页。

③ 马克思:《资本论》第1卷,人民出版社1953年版,第5页。

18　冯桂芬的经济思想

一

冯桂芬是我国19世纪中叶的一位进步的思想家。他在太平天国革命和第二次鸦片战争时期，著书立说，继承和发扬了他的前辈龚自珍、林则徐、魏源等人的爱国进步思想，在社会上层人物中最先提出了广泛学习西方资本主义国家的生产技术和科学知识以求中国富强的主张，成为后来资产阶级改良派变法维新运动的直接思想前驱。

冯桂芬所处的时代，正是中国从封建社会逐步向半殖民地半封建社会转变的时代，社会矛盾极其紧张尖锐。早已危机四伏的中国封建主义制度，在第一次鸦片战争失败后外国资本主义侵略势力日益深入的情况下，正像忽然接触到外界空气的"小心保存在紧密封闭的棺材内的木乃伊一样"①，加速地腐烂起来。由于巨额战费和战败赔款而陷于严重财政困难的清政府，日益加重了对人民的苛敛勒索；战后外国侵略者更加肆无忌惮地把鸦片大量输入中国，引起了贸易逆差的增大和白银出口的激增，使银对钱的比价迅速提高起来，银日贵钱日贱的情况不断加重着农民的赋税负担，

---

① 《马克思恩格斯论中国》，人民出版社1950年版，第43页。

使得在地租、高利贷剥削和国家赋税压榨下本已贫困不堪的广大农民，更加陷于水深火热。

鸦片战争的失败也充分暴露了清朝封建政权的腐败无能，激起更广大人民的不满。

在这种情况下，国内的阶级矛盾特别激化起来。第一次鸦片战争失败后八九年中，各族农民就举行了一百次以上的起义来反抗日益加重的封建剥削和压迫，1851年更爆发了中国近代史上第一次大规模的农民起义——太平天国革命，农民群众在长时期中同地主阶级展开了生死搏斗。在镇压农民起义的过程中，地主阶级进一步投靠了外国资本主义侵略者，并勾结他们来共同镇压农民革命。

冯桂芬是当时地主阶级非当权派的代表人物之一。作为地主阶级的一员，他也是敌视农民革命的，在这种地主阶级与农民群众的生死搏斗中，他投入了地主阶级的反革命阵营，直接参加了反对太平天国革命的活动，并曾提出过借兵外国侵略者来镇压农民革命的罪恶建议。

冯桂芬是具有爱国思想的地主阶级知识分子，他一方面反对外国的侵略，同时也反对农民起来"造反"。他的主要著作《校邠庐抗议》作于1852—1861年，这时正是国内革命与反革命搏斗得极为紧张炽烈的时期，但冯桂芬却仍然念念不忘于抵抗外国侵略和改革内政，甚至还公开主张"今国家以夷务为第一要政，而剿贼次之"[1]。

第一次鸦片战争失败后开始了中国半殖民地半封建社会的

---

[1]　《校邠庐抗议》，光绪二十三年宝墨斋丛刊本（下同），第70页。

历史,从那时起,外国资本主义侵略者和中国各族人民的矛盾,就成了中国社会中最主要的矛盾。第一次鸦片战争后,不仅人民大众有着反抗外来侵略的强烈要求,就是统治阶级中的一部分爱国人士,也不断发出雪耻图强的呼吁。1851年以后,虽然由于太平天国革命战争的爆发而"显出了内部矛盾的特别尖锐性"①,但是,外国侵略与中国人民的矛盾,仍然是根本矛盾,而且在这一时期中还发生了第二次鸦片战争,连清朝的京城都曾被英、法侵略军攻陷。这些情况,在一个爱国人物的思想中,是不可能不产生反响的。

此外,在清代封建地主阶级内部,长期存在着当权派和非当权派集团之间的矛盾。在政治上,非当权派受着当权派大官僚特别是满洲封建贵族的排挤;在经济上,非当权派集团中的许多人物是和封建社会中的商品货币经济具有相当联系、并在一定程度上代表着萌芽中的资本主义因素的利益的,这又和坚决维护自然经济统治、敌视商品货币关系的当权派有矛盾。在地主阶级与革命农民进行生死搏斗的时期,地主阶级内部当权派与非当权派之间的矛盾,自然是次要的和不显著的,但并未完全消失。因此,在某些人物的思想中继续反映出这方面的矛盾,也是可能的。

冯桂芬出生于苏州,这一带本来是中国封建社会中较早和较多出现资本主义萌芽因素的地区。苏州邻近上海,在上海开埠后,较容易接触到西方资本主义的影响。冯桂芬是林则徐的学生,从年轻时期就深受林则徐、龚自珍、魏源等进步思想家的影响。这些条件,对冯桂芬的思想的形成,起着很大的作用。

---

① 《矛盾论》,《毛泽东选集》第一卷,人民出版社1952年版,第309页。

冯桂芬在国内问题上，虽然基本上企图维持封建的政治、经济制度，但不主张原封不动，而是希望依靠封建政权在政治上和经济上实行一些自上而下的改革，这些改革是有利于资本主义萌芽因素的增长、促进生产力发展的；在对外问题上，他反对地主阶级当权派中的妥协投降份子，也不赞成其中另一些人物的盲目排外，而是要求对外国侵略进行有效的抵抗，并学习西方资本主义国家的长处以图自强。从这些方面可以明显地看出冯桂芬思想和龚、林、魏等人的一脉相承的关系。

二

冯桂芬经济思想的一个显著特点是特别重视生产、重视农业。就这点说，他不同于魏源，而是更接近于龚自珍。在"筹国用议"一文中，他曾提出自己关于裕国的基本主张：

> 然则居今日而言裕国宜何从？曰：仍无逾于农桑之常说，而佐以树茶开矿而已。①

这里谈的直接都是发展生产的问题，农业生产是放在第一位的。他所提出的发展农业生产的办法主要是：在江南各省采取有效措施，垦复在战时抛荒了的土地，恢复农业生产；在北方各省，则通过大规模改造自然的办法，克服北方农业的落后状况。

为了恢复江南农业生产，他在中国近代的思想家中第一个提出了在农业中使用机器耕作的主张；为了克服北方农业的落后状

---

① 《校邠庐抗议》，第37页。

况，他更提出了一个在北方各省实现全面水利化和作物种植"革命"的宏伟理想。

冯桂芬的老师林则徐，曾经广泛搜集宋、元、明、清各代几十位作家关于在北方种植水稻的主张，辑为《畿辅水利议》一书，并亲自写序，极力主张在北京、天津一带的低洼地区种植水稻。冯桂芬参加过此书的编辑工作，接受了这一先进思想，并在这一思想的基础上提出了自己的计划。他的计划不仅在规模宏伟上远超过他的老师，而且还有着新的出发点和理论基础。

林则徐在京津洼地种稻的主张，主要是从减少漕运着想的。清代在北京建都，为了养活聚集在京城及其附近的官吏和驻防旗人，每年都经过大运河从南方各省调运大批粮米。这对江南地区是一个很重的负担，不仅使江南农民深受其害，连江南地主阶级的许多人物，对此也深感不满。同时，漕运机构又是当时最为腐败、浪费的机构之一。因此，长期以来，有识之士都纷纷提出减漕和改革漕运制度的要求。林则徐的在京、津洼地种稻的主张，主要就是想通过这一办法，使京城一带的官吏和驻防旗人所消费的粮米，能够就近生产一部分，从而可以减少漕运南米的数量。这种主张，如果得到实行，将能够促进局部地区的农业生产、减轻江南农民的负担和节约财政开支，因而是一个具有进步意义的主张。

冯桂芬的在北方各省广植水稻的计划，自然也包含着"减漕"的目的，但其主要出发点却并不在此。

中国是一个大农业国，自古以来，就有着"民以食为天"的传统重农思想。经过清朝康、雍、乾三代社会经济比较繁荣的时期，人口增加了许多倍，粮食生产的问题，自然更加成为具有头等重要

意义的经济问题,更加引起一切先进思想家的注意。冯桂芬正是
从这一角度来看问题的。他说:

> 国家休养生息二百年,生齿数倍乾嘉时,而生谷之土不加
> 辟,于是乎有受其饥之人。……客或语余曰:英吉利纵横数百
> 里国耳,惟能涉重洋不远万里垦田拓土,故生息愈繁,国用愈
> 足,中华无是故贫。其言题矣。虽然,近将弃之,奚论乎远?
> 夫一亩之稻,可以活一人;十亩之粱若麦,亦仅可活一人。……
> 西北地脉深厚,胜于东南涂泥之土,而所种只粱麦,所用止高
> 壤,其低平宜稻之地,雨至水汇,一片汪洋,不宜粱麦。夫宜
> 稻而种粱麦,已折十人之食为一人之食,况并不能种粱麦乎?
> 然则地之弃也多矣,吾民之夭阅亦多矣。庶而求富,莫若推广
> 稻田。①

人多需要量大而又不肯学资本主义国家掠夺殖民地的办法,
因而就必须自己想办法增加粮食生产。这就是冯桂芬主张推广水
稻种植的主要目的和出发点。

由此可见,冯桂芬是从中国人口众多的具体条件出发,把推广
高产作物的水稻作为种植方向问题提出来了。在林则徐手里这还
仅仅是一个与改革漕运制度有关的问题,到了冯桂芬手里,则被提
高到整个国民经济的高度。

冯桂芬把大规模兴修水利看作实现他的作物种植"革命"的
先决条件,所以特别重视水利问题,在《校邠庐抗议》中,有好些篇
与治水有关的文章。但是,他不像当时许多人那样主要从技术问
题或其他具体问题方面着眼,而是处处把水利问题与推广水稻、增

---

① 《校邠庐抗议》,第23—24页。

产粮食的目的联系起来。他的北方水利化的宏伟理想，就是希望
通过水利化使北方可种水稻的土地一律种上水稻，不能种水稻的
土地也能由于灌溉和排水而加倍增产。

　　冯桂芬基本上还是从自给自足的自然经济角度看待农业问
题，他的发展农业生产和大规模改造自然条件的计划，也是企图在
封建生产关系下依靠封建政权的推动来进行的，这当然只能是梦
想。只有在把封建主义和资本主义都送进了历史博物馆的社会主
义社会里，才能以他们意想不到的规模和方式逐步变为现实。

　　冯桂芬虽然基本上还是从自然经济的角度来看待农业问题，
但是他已不像龚自珍那样完全以消极态度对待商品货币问题了。
他在强调粮食生产的同时，对于商品性农业特别是与对外贸易有
关的农业，也给予了一定的注意。上面提到的他关于"裕国"的基
本主张，所以也包括植桑树茶，就因为丝和茶是当时中国的两项最
主要的出口商品。

　　龚自珍曾提出过在北京附近推广种桑养蚕的建议。冯桂芬也
把这一思想继承下来并扩大为在北方各省普遍推广蚕桑的计划。
不过，他的这一计划在出发点上与龚自珍却大不相同。龚自珍虽
然不像地主阶级顽固派那样敌视对外贸易、主张闭关政策，但由于
他习惯于用自然经济的眼光看问题，在对外贸易方面，他除了主张
进口洋米外，对其他进口商品基本上都抱着消极态度。他关于京
畿植桑的建议，目的就在于争取在衣料方面自给，以减少或杜绝外
国呢绒等织物的入口。所以他曾说："方当杜海物，磊砢拒其珍。
中国如富桑，夷物安足攜？"①冯桂芬关于推广蚕桑的主张，则与此

————————

　　①　《定盫集外未刻诗》，《龚定盫全集》，世界书局1935年版，第25页。

恰恰相反,乃是从发展对外贸易的角度提出问题的。他看到当时国际市场上对中国生丝的需要量很大,看到"夷船所购,数倍往时,故蚕桑之利,近年更普"①。因而才把茶和桑并看作"富国之二大原"而加以提倡。

林则徐和魏源都反对鸦片进口而主张容许正当的对外贸易,冯桂芬则不仅主张积极扩大出口,而且还要在生产方面为发展对外贸易打下基础。在这方面,他思想中的资本主义倾向,显然比他的前辈更明显了。

在农业以外的其他问题上,冯桂芬思想中的资本主义倾向,还更为显著。

在开矿问题上,他不但已把封建顽固派主张悬为厉禁的开矿与农业并列为"裕国"的要务,而且还主张鼓励私人开矿井,尽量减轻矿税,认为"即经费之外,全以与民,不失为藏富之道"②。这已很有点类似后来的资产阶级改良主义者的语调。

在漕运问题上,魏源已提出组织商船实行海运的问题,冯桂芬则更进一步,主张国家索性停止漕运粮米,允许并鼓励私商自行运粮,自由销售,由原来负责供应漕粮的东南各省"折解银两",把银两发给应领漕米的人,让他们到市场上去自行购买所需的粮食。他认为:在北方各省粮食自给问题(通过他的推广水稻计划)没有解决以前,漕运制度完全可以用这种"领折买食"的办法代替,"但令市中有米,即不必官中有米"。③

魏源不过要在漕粮运输上给商业资本多找一个活动场所,冯

---

① 《校邠庐抗议》,第38页。
② 同上。
③ 同上书,第30页。

桂芬则简直要在粮食运销的各方面,为商业资本争取充分的活动自由。

在土贡问题上,冯桂芬也提出了类似的主张。他认为当时的绝大多数贡品,都完全可以在北京市场上买到,因此,他建议除了"非其地不出而京师又不时有者,始由其地进纳"[①]外,其他一切贡物都一律停止向原贡地索取。这样做不但会大大减少各地区借搜求贡物扰民的情况,而且将为商业资本提供更大的活动范围。

三

冯桂芬经济思想的一个很值得注意的地方,是他已有了劳动价值论的思想萌芽。

1855年,冯桂芬写了一篇"以工巧为币议"的文章,这篇文章有几处事实上涉及到商品价值的问题。

首先,冯桂芬认识到,用于铸造货币的活劳动能够创造价值。

当时,统治阶级中有些人主张铸造名义上是十文、百文,但实际含铜量却远为不足的大钱。冯桂芬严厉斥责了这种主张,指出这是一种"扰民之道",并且是一定行不通的。因为国家无论怎样强制,也不能"强轻以为重",不能使不足值的货币按照表面价值流通。

但是,他又认为在当时银和铜等货币材料都很缺少的情况下,

---

① 《校邠庐抗议》,第34页。

为了增加货币流通量以活跃国内经济,有铸造大钱的必要。于是,他就提出了一种多用活劳动少用货币材料(铜)来铸造大钱的办法,企图"以人工佐天地生物之憾"。其具体做法是:在铸造大钱时少用铜,但相应地增加加工所用的活劳动,尽量精雕细磨,力求做到"镌刻极工,磨礲极光,泽肉好,周郭无些子疵类"。而且,钱的表面价值越大,加工所用的活劳动也越要加多,雕刻琢磨得也越加精细:"当百钱背宜工绘双龙,署文以篆,倍加精美。"这样,当十文、百文的大钱虽然含铜量比一般制钱多不了十倍、百倍,但加工时所耗费的活劳动,却足可以弥补上其间的差额:"当十钱重不必逾四、五钱,而令工价必在十钱以上",当百钱"重不必逾三两,而令工价必在百文以上"。①

从这里看出,冯桂芬不但已认识到铸钱的劳动能创造价值,而且实际上已把这部分价值和货币材料(铜)中所包含的价值看作是同质的,所以才把这两部分加在一起计算。

冯桂芬也考虑过生产货币以外的其他商品所耗费的劳动的问题。他认为:生产其他商品所耗费的劳动,不能直接创造价值,必须通过和货币相交换才能成为价值;只有生产货币的劳动,才是直接创造价值的。这点他说得很明白:

> 夫他物之工巧,必易钱而始可用,是仍将借径于钱,不可数之以为富;若工巧在钱,则不待借径,即可数之以为富。②

上面这段引文中,"富"这一概念,决不是指的使用价值(冯桂芬显然不会认为其他商品没有使用价值),而必然是指的财富的价

---

① 全段引文均见《校邠庐抗议》,第73页。
② 同上。

值方面。

英国资产阶级古典政治经济学的创始人威廉·配第曾认为，只有生产银子的劳动才直接创造价值，其他劳动则在它们的产品和银子相交换的范围内才创造价值。在这点上，冯桂芬和威廉·配第的意见十分相似。

当然，冯桂芬关于商品价值的见解是不够明确的而且是包含着许多错误的。他像威廉·配第一样，把创造价值的劳动局限在一种特定的劳动形式（生产货币的劳动）上；在他说"令工价必在十钱以上"、"令工价必在百钱以上"等话时，又显然把劳动所创造的价值和劳动所交换的价值（工价或工资）混在一起了。他不懂得决定价值的劳动必须是社会必要劳动，因而认为只要在同一枚货币上多投入加工劳动，就可任意提高其价值；也不懂得货币作为一般等价物，是和他的加工细致精美的程度无关的，因而他才幻想着用制造精致手工艺品的办法来制造"优质"货币。

六年以后，冯桂芬对价值问题的认识又前进了一步。他批判了自己原来的"以工巧为币"的主张，开始认识到如"西人以模范为之，则此法败矣"。[①]

商品的价值不是决定于个别劳动时间，而是决定于社会必要劳动时间。如果外国人用机器（模范）来制造同样的大钱，铸钱的社会必要劳动时间就将大大降低，这时，冯桂芬这种尽量多用活劳动来铸造大钱的办法，自然就只能招致更大的亏损（而不是才开始失败）了。

不能说，冯桂芬这时已懂得了社会必要劳动决定价值的科学

---

① 《校邠庐抗议》，第72页。

原理,但和他原来的认识相比,这个看法毫无疑问是个进步。

冯桂芬提出上述这些见解,虽然比威廉·配第晚了一百多年,但是,他显然并没有接触过西方资产阶级政治经济学的文献,对威廉·配第的价值学说,他是毫无所闻的。冯桂芬对他故乡苏州一带的资本主义性质的工场手工业有相当了解,在《校邠庐抗议》中,有一些对当地工场手工业的种类和雇佣工人状况的片断的记述,这是他所以能够对商品价值问题达到上述认识的客观物质条件。但是,19世纪50年代中国社会中的资本主义萌芽因素,甚至还不能和威廉·配第时代的英国相比,冯桂芬在这一问题上所能凭借的思想资料,也远比威廉·配第所能见到的更少。在这样的条件下,冯桂芬能在价值问题上独立地达到这样的认识水平,已确乎不容易了。

中国近代有着很丰富的经济思想遗产,但有关抽象的经济理论问题的探讨,却分外缺乏。在西方资产阶级政治经济学传入中国以前,中国近代经济思想的文献中很难找到这一类的材料。冯桂芬的"以工巧为币议",可算是仅有的例外。

四

在近代初期,中国的爱国进步人士很快发现他们面对着的侵略者,已不是历史上屡曾遇到过的周围的落后部族,而是社会制度比中国更先进的西方资本主义国家。怎样才能有效地抵御这样的侵略者呢?魏源首先从近代初期同外国侵略者进行斗争的历史中总结出一条初步的经验:师夷长技以制夷。这就是说,由于当前的

"夷狄"有胜过中国的长技,要想能够有效地抵抗它们,必须首先学习它们的长技。对于资本主义国家的长技,魏源所看到的主要是军事方面:"夷之长技三:一战舰,二火器,三养兵练兵之法。"①因此,他主张只要学习这些方面,做到船坚、炮利、兵精,就可以"制夷"了。

冯桂芬继承了魏源这种"师夷长技以制夷"的思想,并进一步加以发扬。他看到中国已不仅在武器和军事技术方面落后于西方国家,而且还在其他许多方面不如它们:"人无弃材不如夷,地无遗利不如夷,君民不隔不如夷,名实必符不如夷。"②既然已有这许多方面"不如夷",就必须首先向它们学习。他驳斥了一些顽固份子借口"攘夷"而反对学习西方的论调,指出不应把反对西方国家的侵略和反对向西方学习混为一谈,学习和采用西方的长技不但不意味着对侵略者屈辱投降,而且恰恰正是为了有效地反抗侵略,"用之乃所以攘之"。他比魏源更率直更大胆地提出了学习西方的主张:"法苟不善,虽古先吾斥之;法苟善,虽蛮貊吾师之。"③

他指出"地无遗利不如夷",表明他已认识到中国在生产水平上落后于西方,因此,他不仅主张向西方学习制造船炮的技术,而且主张广泛学习西方的生产技术和科学知识,并且在生产中加以采用:

> 又如农具织具,百工所需,多用机轮,用力少而成功多,

---

① 《海国图志》卷一,清道光二十九年(己酉)古微堂重订,第39页。
② 《校邠庐抗议》,第66页。
③ 同上书,第42页。

是可资以治生,其他凡有益于国计民生者皆是……①

他认识到机器对提高劳动生产率的作用,因而特别主张在江南遭受战争严重破坏、劳动力较为缺乏的地区采用机器耕地。

冯桂芬的学习西方的主张,主要还是限于技术方面,而没有提出在生产关系方面学习西方的问题。在他提到"君民不隔不如夷"、"人无弃才不如夷"时,虽然也模模糊糊地看到了资本主义国家的政治、文化有比当时中国先进的地方,但在这些方面总的说来他还是要坚持封建的统治秩序的,所以他主张学习西方要"用其器非用其礼"②,要"以中国之伦常名教为原本,辅之以诸国富强之术"③。

但是,无论如何,冯桂芬对学习西方的看法,已比魏源前进了一步。他比魏源更多地看到了西方比当时中国先进的地方,他所提出的在科学知识和生产技术方面学习西方的主张,也显然超过了魏源的"船坚炮利"的认识水平。

冯桂芬关于"以中国之伦常名教为原本,辅之以诸国富强之术"的提法,表面上看来很像后来的地主阶级洋务派官僚的"中学为体,西学为用",但实质上二者却是有很大不同的。冯桂芬学习西方科学技术的目的是为了有效地抵抗西方资本主义国家的侵略;而洋务派官僚采用西方技术举办一些机器工业,却完全是为了制造镇压人民反抗的武器和压制本国民族资本主义的发展,不但不是用来抵抗外国侵略,而且是在和外国资本主义侵略势力进一步勾结的基础上举办的。洋务派所以提"中学为体",是为了对抗资

① 《校邠庐抗议》,第64页。
② 同上书,第69页。
③ 同上书,第65页。

产阶级改良派的变法要求；冯桂芬所以只主张在技术方面学习西方，很大程度上却是由于对西方资本主义国家的社会制度和学术思想还缺乏认识。

五

冯桂芬的经济思想，带有中国传统的"农本主义"的色彩，他把农桑看作富国的根本要图，对粮食生产给予特别重视。这种思想有其正确的一面，但也具有传统"农本主义"思想的落后一面，因为他基本上是从自给自足的自然经济考虑问题的，并不是把农业作为发展和提高整个国民经济的基础来看待，这和马克思列宁主义的农业是国民经济基础的思想，有原则区别。

关于发展农业的道路，冯桂芬的思想也没有超出地主阶级思想体系的范围，他不但坚决维护地主阶级的土地所有制，而且也没有像后来的许多资产阶级改良主义者那样提出资本主义经营方式的问题，他只是想在原有的封建生产关系的基础上，对特权大地主的土地集中和超经济掠夺略加限制，并在水利和种植方向等方面采取一些改革措施，以求恢复和发展农业生产。

他虽然提出了学习外国生产技术的问题，但还没有意识到必须在工商业的生产关系方面也进行重大的改变，还不能认为，他已经有了建立和发展新式资本主义大工业的思想。

这些情况表明，冯桂芬还基本上是一个地主阶级改革派，而不是一个资产阶级改良派的学者，评价冯桂芬的经济思想，必须弄清楚这些方面，不可对他作过高的估价，也不应对他作超乎时代的要求。

但是,冯桂芬的经济思想,毕竟已比他的前辈龚自珍、林则徐、魏源等人前进了一大步。由于他对西方的接触和了解,已比他的这些前辈们更多,由于在他所处的时代,中国封建的自然经济已在外国资本主义侵略下开始遭到破坏,已到了中国近代工业出现的前夕,他对于学习西方的认识,已比他的前辈们更加明确和深刻,他的经济思想中的资本主义倾向,也比龚、林、魏等人更显著了。可以说,他的《校邠庐抗议》是一部比较全面地总结了19世纪前半期地主阶级非当权派的爱国进步的经济思想,同时又替以后的资产阶级改良主义经济思想开辟道路的具有承先启后作用的著作。

冯桂芬的知识领域,没有龚、魏那样广博,他又没能做出像他的老师林则徐所做的那样的事业,因此,不管是在学术史上和一般政治历史上,冯桂芬这一人物,自来都不曾受到很大的重视。但是,在中国近代经济思想史上,我们却必须给予较高的评价。

由于冯桂芬的思想所反映的主要不是当时社会中最突出、最尖锐的矛盾,因而他的著作在当时是不为人们所注意的。但是,他的思想对后来的资产阶级改良派却有着相当大的影响。在19世纪末的资产阶级变法维新运动高潮时期,改良派的人物曾把《校邠庐抗议》推荐给清帝载湉(光绪),载湉命人翻印许多份,交给群臣议论,作为制订"新政"时的参考。

《校邠庐抗议》的发表,距今年刚好一百年。一百年以前,资本主义关系在中国还处在十分微弱的萌芽状态,在今天却早已变成腐朽的东西了。在一个世纪以前,当腐朽的封建制度还占着统治地位,外国资本主义侵略势力又步步深入的时候,冯桂芬的这种思想却是符合生产力发展要求的，是对中国人民争取民族独立、争取社会进步的斗争具有很大的积极作用的。我们必须用历史的态度来对待这一份经济思想遗产。

1961年11月28日定稿

（原载《北京大学学报》

哲学社会科学版，1962年第1期）

19 王韬的经济思想

第一节 从传统经济思想到近代经济思想的转变

魏源、冯桂芬的经济思想中,都已包含着某些近代经济思想的因素,一定程度上表现了由中国传统经济思想向中国近代经济思想转化的倾向,但是,从总体上说,他们又都还未能越出中国传统经济思想的藩篱。在中国近代,这种跨越是由19世纪七八十年代至1894年中日甲午战争前一些有资产阶级改革要求的人物实现的。这些人物及其论议的出现和传播,标志着中国近代经济思想的初步形成。

这批人物中,较为著名的有王韬、马建忠、薛福成、郑观应、陈炽、陈虬、何启、胡礼垣等。陈虬、何启、胡礼垣等人关于经济问题的论议较少,也不够完整,本书均略而不及。此外,这一时期的人物中,尚有陶煦、钟天纬等,影响虽不如上述诸人,但其某些方面的经济观点较有特色,也应予以注意。

在这批人物中,王韬在经济思想领域最先崭露头角,而且,他的经济思想在由传统经济思想向近代经济思想的转变方面,其转变轨迹最为明显,也最具典型性。

王韬(1828—1897年,即清道光八年至光绪二十三年),原名利宾,生于苏州的一个塾师家庭。他十八岁考取秀才,以后屡试不

中，二十二岁到上海，受雇于外国传教士，逐渐受到西方资本主义
的影响。在太平天国起义及第二次鸦片战争时期，他曾向清朝统
治势力中的一些人物献"御戎"、"平贼"之策，未受重视。1861
年他一度从上海回到太平军占领下的苏州老家。这时，清军截获
了一个署名"黄畹"的人对太平军一将领的上书。王韬曾将"利
宾"的名字改为王瀚①，清方认为"黄畹"即王瀚，下令缉拿。王
韬得外国传教士庇护，由上海逃往香港，自此更名韬，字仲弢，号
紫诠，自号弢园老民、天南遯叟等，以示南逃避祸之意。到港后，
他受雇于英国传教士理雅各，从事译书，并于1867年随理雅各赴
英国，居留三年，1870年离英，经德、俄等国，返回香港。1874年起，
王韬在一个时期中主编《循环日报》，大量撰述有关政治、经济问
题的文章，鼓吹变法，逐渐同丁日昌等人结识，经丁日昌的求情，
获得李鸿章默许，于1884年回上海居住，但始终未得到清朝官方
的公开任用。

王韬一生的经济思想，可以划分为前后相继的三个阶段。

逃港以前为第一阶段。王韬从在上海受雇外国人而对西方事
物有初步接触，开始对清政权官僚机构的腐败、无能有所不满，并
产生了学习西方新事物的要求，但他这方面的认识还极肤浅，而其
所受旧观念、旧传统的束缚还极为严重。他逃港以前数年所写的
一封书信《致周弢甫征君》，是他早期经济思想的代表作。

在这封信中，王韬认为中国应该而且能够学习西方之处，只有
三个方面："其一曰，火器用于战，……其二曰，轮船用于海，以备

_____

① 《弢园文录外编·弢园老民自传》，中华书局1950年版（下同），第326—
327页。

寇盗或不虞，……其三曰，语言文字以通彼此之情。"①其他西方事物都不适宜于中国，甚至是对中国有害的。对西方的机器、技术以及自然科学，他也认为中国不应该学："至其器械制作之精，格致推测之妙，非无裨于日用者，而我中国决不能行。"②这种认识不仅不及魏源、冯桂芬，甚至还处于明末清初的某些人士（例如明徐光启及清康熙帝）之下。

王韬当时尤其反对在生产活动中引进西方的先进技术，认为：

> 农家播获之具，皆以机掷运转，能以一人代百人之用，宜其有利于民。不知中国贫乏者甚多，皆赖富户以养其身家，一行此法，数千万贫民必至无所得食，保不生意外之变？如令其改徙他业，或为工贾，自不为游惰之民，而天地生材，数有可限，民家所用之物，亦必有时而足，其器必至壅滞不通。……其他奇技淫巧，概为无用之物，曾何足重？③

王韬在这时还把轮船、火车、电报、农业机器等新式机器和技术，看做不适合中国国情的从而不"足重"的东西，甚至诋为"奇技淫巧"，这不是由于他对这些东西缺乏知识（其实，在当时的知识分子中，他的有关知识无疑是比较多的），而主要是由于他站在维护传统生产方式的立场，害怕这些新式生产力的引入会使传统的封建剥削方式和封建统治秩序受到严重冲击和破坏。王韬所说的"富户"养贫民"身家"的方式，就是指中国封建社会中地主招佃收租的剥削方式。他害怕引入农业机器会使这种传统剥削方式无法保持下去，其用意是十分明显的。

---

① 《弢园尺牍·致周弢甫征君》，第29—30页。
② 《弢园尺牍》，第28页。
③ 同上书，第28、30页。

对西方技术抱如此态度,对西方的社会制度和意识形态,自然更会是格格不入的。在这封书信中,王韬把"君民同治"和"男女并嗣"都称为西方国家"立法之大谬"①,更充分表明了他当时还坚持封建专制和封建伦理关系。

逃港以后到去欧洲以前是他经济思想发展的第二阶段。

逃港后,环境发生了重大变化。他被清朝统治者列为叛逆,断绝了按传统方式致身通显的可能。定居于英国殖民统治下的香港,使他能够更多地接触西方资本主义事物。当时,在香港及中国东南沿海的某些地区,已有少数富有人物开始有了投资建立新式工业的要求。这些情况,对王韬经济思想的进一步转变,起着重要的推动作用。

逃港前后,他写了《弢谭》四十余篇,其中《理财》一篇提出了兴利的主张,把开采煤、铁、五金等矿,用机器纺织耕播,用轮船运货及铸造金、银、铜币列为兴利的具体内容,还提出了"借商力以佐国计"的论调。把这些思想同《致周弢甫征君》中的观点相比,已有明显变化,某些主张已开始反映着一些富有人物投资办新式工业的要求。不过,这时他仍然把投资办新式工商业的问题看做不是当前急务,强调"今欲兴利,则必先自除弊始"②,而他所谓"除弊",又基本上是历来的封建士大夫们所主张的裁河工、罢漕运、崇节俭、汰冗员之类的措施。他甚至还继续宣扬着"重农桑而抑末作"③的封建经济思想陈腐教条。这又表明,他的经济思想在这时还受着传统观念的严重束缚。

---

① 《弢园尺牍》,第28、30页。
② 《弢园文录外编》,第380—381页。
③ 同上。

抵港两年后，他写了《代上苏抚李宫保书》，力陈外国资本主义经济侵略的危害，主张建立和发展中国自己的新式工商业以"自握利权"，抵制外国经济侵略，并且利用传统的"藏富于民"论来论证国家扶助和保护经营新式工商业的"商民"的必要，要求清朝廷学习西方，废罢各种"抑商之政"：

> 盖西国于商民，皆官为之调剂翼助，故其利薄而用无不足；我皆听商民之自为，而时且遏抑剥损之，故上下交失其利，今一反其道而行之，务使利权归我，而国不强，民不富者，未之有也。①

这些论调标志着王韬的经济思想已发生了质的变化，它已越出了传统经济思想的藩篱，基本上属于资产阶级经济思想的范畴了。

王韬经济思想发展的第三阶段，是他欧游归来之后。

欧洲之行使他在当时资本主义最发达的英国居留三年，并游历了其他某些欧洲国家，得以更广泛、更直接地了解西方事物。这种条件是他以前要求学习西方的人物（不论是魏源、冯桂芬还是洪仁玕）所不能及的。他的经济思想进一步受西方资本主义的影响，沿着逃港以后的变化方向继续发展下去。欧游返港以后，这种变化日益明显地表现出来。1874年以后，他在《循环日报》上发表的大量文章，全面地表达了他的按照西方资本主义道路发展中国经济的要求。

王韬的著作种类很多，现已查清的大约有四十种。他的经济思想主要体现在《弢园文录外编》及《弢园尺牍》二书中。

---

① 《弢园尺牍》，第85页。

王韬经济思想转变的完成，以他的三大基本观点的形成为主要标志，它们是："先富后强"论，"商为国本"论和"变器不变道"论。

第二节 "先富后强"论

第一次鸦片战争的失败，使中国人士痛感中国在军事方面弱于西方国家，痛感船炮"不如夷"，从而产生了"师夷长技"的要求。"师夷长技"的目的是"制夷"、"求强"，其途径是引进西方的军事工业以实现"船坚炮利"。这种认识由林则徐、魏源开其端，冯桂芬对"夷之长技"了解得稍广一些，但基本上仍处于这种认识阶段。曾国藩、李鸿章、左宗棠这些洋务派大员，开始把"师夷长技"的要求付诸实施，但在相当时期中仍是在"自强"的口号下致力于军事工业的引进，后来才逐渐引进一些民用工业，口号也由"自强"变为自强加求富。不过，洋务派的求富仍是从属于求强的[1]，并无改造和发展国民经济以根本改变中国贫穷落后面貌，使中国成为一个现代国家的要求。

王韬逃亡香港以前对"师夷"的认识，也基本上处于这样的阶段。欧游以前，虽已有所前进，但还没有明显地超越这种认识。欧游返港后，他才明确地认识到西方国家的强大是以经济的发达为基础的，并由此清算了鸦片战争以来人们对富强的认识，其中也包括他自己以前的认识，指出："至于富强之术，宜师西法，而二者宜

---

[1] 洋务派办民用工业，很大程度上出于军事工业资金支绌及"筹饷"的需要。

先富而后强，富则未有不强者也。"①

求富以及富和强的关系，这本是中国经济思想史上的老问题，非近代所独有，但是，主张师西法以求富，这就明显地不同于传统的求富思想，而是要求按照资本主义道路发展中国的中国近代经济思想了。

从以求强为目标的富强之术到先富后强，这标志着中国近代经济思想的发展已跨入了一个新的阶段。师夷长技以求强，并不意味着生产方式和投入产出方式的根本改变，因此，从经济思想的角度看，这种要求至多只能在传统经济思想中加入某些新的因素，而不能造成经济思想性质的根本改变。师西法以求富却必然意味着生产方式和投入产出方式的根本改变，意味着经济性质的根本改变，这就不是传统经济思想的体系所能容纳的了。因此，先富后强口号的提出，标志着从传统经济思想向中国近代经济思想的自觉转变。

怎样师西法以求富呢？王韬的主张是，必须把"兴利"放在首要的、决定一切的地位。他说：

> 中国地大物博，于地球四大洲中最为富强，特当轴者不能自握利权，自浚利源，而亟为之兴利焉耳！②

从他过去强调除弊重于兴利，到这时把兴利看做解决中国问题的首要之图，这本身就体现着他的经济思想发展中的一大跨越。在长期停滞的中国封建生产方式中，从国民经济的角度看，是没有什么重大的"利"可以兴的。除弊重于兴利的思想，正是这种情况

---

① 《弢园文录外编·中外合力防俄》，第116页。
② 《弢园文录外编·兴利》，第45页。

的理论表现。王韬从除弊为主转到兴利为首，这就表示在中国社会中开始有新性质、新内容的"利"可以"兴"了。

王韬欧游返港后，不但倒转了"兴利"和"除弊"二者在他心目中的地位，而且在兴利的内容方面提出了同过去完全不同的主张。这时，他所列举的兴利内容主要包括四大方面：开矿之利（又包括煤、铁、五金）、织纴之利、造轮船之利、兴筑轮车铁路之利。一望可知，这些兴利要求同前人在"兴利"的口号下所提出的"励农桑"、"兴水利"、"广屯垦"之类的主张完全不同，它已不再是在自然经济的落后农业生产方式下谈兴利，而是要在广泛引进西方的新式工、商、矿、交通运输业的基础上兴利了。

至于兴利的经济形式，魏源的听沿海商民设局制造，冯桂芬的"资以治生"和"藏富之道"，都有允许私人经营新式工商业的意图，但都还没有提出明确的采用资本主义经营方式的主张。王韬则不仅主张由商民"自为"，还提出了"令富民出其资，贫民殚其力"①这样直接的、明白无误的资本主义经营方式的主张。在谈到煤、铁、五金诸矿的经营问题时，王韬主张"皆许民间自立公司，视其所出繁旺与否计分征抽，而不使官吏得掣其肘"②，连"公司"这种企业组织形式也提出来了。

王韬的"先富后强"论，既把兴利致富看做强的基础，又把兴利的内容规定为"师西法"以从事开矿、织纴、轮船、铁路等新式工、矿、交通事业的建设，而这类新式工、矿、交通事业的经营形式，又都是资本主义的。可见，王韬的"先富后强"论，正是中国近代按

---

① 《弢园文录外编·重民中》，第22页。
② 同上。

资本主义道路发展经济要求的较早的理论表现!

王韬把"富民"看做兴利的主体。他发挥了中国古代"民为邦本"的思想,认为兴利也要以民为本,"其利皆公之于民"①。他所谓"公之于民",不是说所兴之利供广大民众共获共享,而是指凡民皆有从事兴利活动的权利。他当然懂得,人人有兴利的权利,不等于人人有兴利的条件。因此,在他不是一般地谈论兴利,而是谈到兴利的具体活动时,又总是把"富民"或"商民"作为兴利行为的主体或兴利活动的承担者。

既然富民是兴利的主体,就必须使他们能在兴利活动中充分发挥主动性,尽量不受限制和束缚,所以,王韬认为富民与国家在兴利中的关系应是由富民"自为",而"官为之调剂翼助"②,反对官府"遏抑之"、"剥损之"。但是,面对着当时中国半殖民地半封建社会中私人资本经营新式工商业的种种困难,面对着外国殖民统治势力和本国封建势力的重重压迫,王韬又迫切要求国家对私人的兴利活动能够大力支持和保护,而不止是一般的调剂翼助。在洋务派用以垄断控制新式民用工业的经营形式即官督商办制度初起时,王韬曾寄予希望,认为这样可使企业得到洋务派官僚的大力保护,从而使"衙署差役自不敢妄行婪索,地方官吏亦无陋规名目,私馈苞苴"③。他认为这样一来,官督商办企业"其名虽归官办,其实则官为之维持保护"④。他要求扩大官督商办的实施范围,把在轮船招商局实行的官督商办推广到采矿业中去。

---

① 《弢园文录外编·重民中》,第22页。
② 《弢园尺牍·代上苏抚李宫保书》,第85页。
③ 《弢园文录外编·代上广州冯太守书》,第302页。
④ 同上。

王韬曾对官督商办表示支持,但这并不表明他支持洋务派官僚对新式工业的垄断。而且当官督商办初起时,其性质和弊害尚不明显,因而使某些热望中国经济发展的人士对之产生了一时的幻想。

对一个经济发展远较西方落后的后发国家来说,要想以更高速度赶上先进国家,大力发挥国家政权的扶持、保护作用是尤为必要的。但是,能发挥这样作用的政权,必须是同新的经济性质相适合的国家政权,而不是像清朝政权那样的外国侵略势力卵翼下的封建政权。

师西法以兴利,引进西方的新式工商业,必然破坏封建主义支配下的农业、手工业,使众多农民、手工业者从旧的生产形式下游离出来。这是旧生产方式的维护者所拼死反对的。所谓"机器夺民之利"论,就是针对这种情况而发的。王韬自己过去也曾相信并宣扬过这种论调,在他转而宣扬先富后强、师西法以兴利的主张时,他也逐渐摆脱了"机器夺民之利"论的羁绊,并予以批判说:

> 或曰:机器行则夺百工之利,轮船行则夺舟人之利,轮车行则夺北方车人之利。不知此三者,皆需人以为之料理,仍可择而用之。而开矿需人甚众,小民皆可借以糊口。总之,事当创始,行之维艰,惟能不惑于人言,始能毅然而为之耳! ①

王韬自然还不懂得,破坏旧的生产方式,使被旧的生产方式,尤其是被传统农业所拘束的大批劳动力向新式工商业转移,是经济发展的必然要求,但他毕竟已不再对这种转移感到恐惧和忧心了。

---

① 《弢园文录外编》,第47页。

第三节 "商为国本"论

广泛引进西方新式工商业以兴利，既然必将对传统生产方式造成严重冲击和破坏，自然会遭到维护传统生产方式的封建主义势力的强烈抵抗和反对。这种抵制和反对，在理论上就主要表现为封建顽固势力运用封建经济思想的各种陈腐教条对引进新式工商业主张和行动的攻击和非难。其中，封建正统经济思想的"贵义贱利"论和"重本抑末"论尤其成了封建顽固势力抗拒新事物的主要理论武器。他们打出"贵义贱利"论的旗号反对兴利，指责求富、兴利是违反"圣训"的；引进新式工商业是舍本逐末，同中国两千年来奉为正道的"重本抑末"论相背驰。

王韬对此进行了针锋相对的反驳。他说：

> 迂拘之士动谓朝廷宜闭言利之门，而不尚理财之说。中国自古以来重农而轻商，贵谷而贱金，农为本富而商为末富，如行泰西之法，是舍本而务末也。况乎中国所产足以供中国之用，又何假外求而有俟乎出洋贸易也哉？呜呼！既其所言农事以观，彼亦何尝度土宜，辨种植，辟旷地，兴水利，深沟洫，泄水涝，备干旱，督农肆力于南亩，而为之经营而指授也哉？徒知丈田征赋，催科取租，纵悍吏以殃民，为农之虎狼而已。①

在这里，王韬对"贵义贱利"、"重本抑末"等封建经济思想教条的批判主要集中于两点，即：第一，在19世纪七八十年代，封建

---

① 《弢园文录外编》，第45页。

保守势力鼓吹这些陈腐教条是为了反对用"泰西之法"兴办新式工商业以求富。第二，这些论点借口"贵义"、"重农"，其实，它们既不是为了什么道义，也不是关心农业生产的发展，只不过是力图维护自己建立在旧生产方式基础上的既得利益。

王韬的这些论点，是中国近代人士对封建正统经济思想教条的第一次比较集中的和旗帜鲜明的批判，他比较明确地和切中要害地指出了这些教条的封建主义实质及其在新的历史条件下的反动性，从而对这些封建经济思想教条具有毁灭性打击的力量。

王韬的批判同时也表明了：他反对重本抑末、重农抑商的封建教条，并不是不重视农业生产，而只是反对封建保守势力借口重农反对用"泰西之法"改变传统的生产方式。

王韬批驳了"重本抑末"论，而且提出了一个同以农为本或农桑为本的传统说法相对立的论点——"商为国本"论：

> 且夫通商之益有三：工匠娴于艺术者得以自食其力，游手好闲之徒得有所归，商富即国富，一旦有事，可以供糈饷。此西国所以恃商为国本欤！ ①

这里说的"商"，不完全是指专门从事商品流通的行业——商业，而是包括一切同市场相联系的生产、流通行业。在这种意义上，不仅国内外贸易，一切新式工、矿、交通、运输、服务行业，都可列入商的范畴。上引那段话中，"工匠娴于艺术者"固然指工业，"游手好闲之徒得有所归"则概指雇佣工人在各种行业中的就业。

王韬的"商为国本"，虽不仅指商业，但毕竟是以商业居于中心和主要地位的。他在提到"商"时，往往是用作"通商"、"贸易"

---

① 《弢园文录外编》，第299—300页。

的同义语，如说：

> 贸易之道广矣哉，通有无，权缓急，征贵贱，便远近，其利
> 至于无穷，此固尽人而知也。抑知古今之局变而贸易之途亦
> 因之以变。古之为商仅遍于国中，今之为商必越乎境外。①

可见，王韬在"商"中主要强调的还是商业、贸易，尤其是"越
乎境外"的对外贸易。他的以"商为国本"，实际上是一种以对外贸
易为中心和先导，以带动整个国民经济发展和现代化的发展战略。

王韬这种把商业，尤其是对外贸易看做整个国民经济的中心
和发展先导的"重商"观点，是中国近代一定时期的国内外历史条
件的产物。当时，西方资本主义国家的经济侵略以商品输出为主
要形式。外国商品的涌入给中国造成了巨大的国际收支逆差，破
坏了农村自然经济和城乡手工业，使失业人口剧增，中国日益陷入
民贫国衰的深渊。因此，关心祖国命运的人士，自然首先把视线集
中在通商，即对外贸易问题上，探讨对外贸易对中国社会经济带来
的影响，并且力图在对外贸易方面想办法扭转不利的局面，从而产
生了这种以商为中心和发展先导的"重商"观点。王韬的"商为国
本"思想，是中国近代这种重商观点的开端。他的同时代人薛福成、
马建忠、郑观应等，都相继发挥了这种观点，什么通商为"富国之
源"，"商握四民之纲（领）"，"以商立国"等，都是相类似的思想。

王韬等针对西方国家的经济侵略提出了重商要求，这是他们
的重商观点同西方近代初期的对外扩张性的重商主义的根本不同
之处。但是，王韬等要求以商为本，并不是看不到或不重视当时中
国所面临的外来军事侵略威胁。王韬在论及英国的对外扩张时曾

---

① 《弢园文录外编》，第299页。

说：英国"以商为本，以兵为辅，商之所往，兵亦至焉"①。因此，他认为中国在对付西方侵略中也应"兵力、商力二者并用，则方无意外之虞"②。不过，他认为既然西方国家是"以商为本"，中国抵制外来侵略中也应把商作为重点和基本方面。这正是他提出"先富后强"论的主要依据之一。

和他以前认为中国的问题主要是求强，手段主要是船坚炮利的思想相比，这当然是重大的前进。不过，王韬认为，由于西方国家尤其英国"以商为本"，只追求经济侵略的利益，为此，已不愿再从事军事侵略，而"欲与中国永敦辑睦"③。这不但是对殖民主义者侵略本性的错误认识，同他自己前述的商本兵辅的论点也是不一致的。

王韬这种对军事侵略和经济侵略相互关系的看法，已开启稍后的郑观应"商战"论的端倪。

第四节　"变器不变道"论

要"师西法"以兴利，不根本改变中国延续两千余年的陈旧落后生产方式及建立其上的全部上层建筑是不可能的。这就必须进行全面的、深刻的社会改革。这种社会改革，用中国传统的术语来说，就是变法。

在第二次鸦片战争时期，冯桂芬首先提出变法的说法，并且开始把变法和师夷联系起来。但冯桂芬只是在形式上触及了此问题，

---

①　《弢园尺牍·上于中丞书》，第124页。

②　《弢园文录外编·英重通商》，第110—111页。

③　同上。

而没有在经济制度和社会制度方面提出师夷改革的内容，这在前面已论述过了。

王韬的师夷兴利、商为国本已经从内容方面提出了顺应形势变化进行经济改革的要求。为了对这种改革的必要性和途径进行论证，他明确提出了"变法自强"的口号，一再著文宣传变法。

当时，国内的顽固保守势力激烈反对变法，一些不了解中国历史的外国人，也把中国人说成是秉性守旧、不思进取的，说中国历史上从不讲求变革。对此，王韬驳斥说：

> 泰西人尝阅中国史籍，以为五千年来未之或变也。夫中国亦何尝不变哉？巢、燧、羲、轩开辟草昧，则为创制之天下；唐、虞继统，号曰中天，则为文明之天下；三代以来，至秦而一变；汉、唐以来，至今日而又一变。①

既然中国在漫长的历史上曾多次随形势的变化而进行变革，在当今中国面临着空前巨变的形势下，顺应形势进行变法是理所当然的。当顽固保守势力奉孔子为守旧的偶像而拒绝变法时，王韬批驳说："孔子而处于今日，亦不得不一变。"②"即使孔子而生乎今日，其断不拘泥古昔而不为变通，有可知也。"③

王韬还认为，在他所处的时代，中国所面临的变革，大不同于中国历史上所发生的变革。除了事物陈旧必须革新这一变革的一般规律外，还有着因西方侵略导致的民族危机迫使中国不得不变。他把前者称为"天心"，把后者称为"人事"，认为：

> 诸国既恃其长，自远而至，……肆其欺凌，相轧以相倾，

---

① 《弢园文录外编·变法上》，第10—11页。
② 《弢园文录外编》，第11页。
③ 《弢园文录外编·变法中》，第14页。

则我又乌能不思变计哉！是则导我以不容不变者，天心也；迫我以不得不变者，人事也。①

由此，王韬得出一个看法：近代中国的变法，在内容上和形式上都必然同历史上的变法有根本的不同。他断言：

至今日而欲办天下事，必自欧洲始。以欧洲诸大国为富强之纲领，制作之枢纽。舍此，无以师其长而成一变之道。②

冯桂芬提出了"法苟善，虽蛮貊吾师之"的论点，但他在提出这一论点时所指的"法"，不过是荷兰的"教贫局"这一具体事物，而没有明确的社会内容。王韬则不仅提出了"师其长而成一变之道"这样明确的师夷变法相结合的论点，而且把"师夷"解释为"以欧洲诸大国为富强之纲领，制作之枢纽"。这就相当明确地把按照西方资本主义国家的面貌改造中国，使中国走上资本主义发展道路的问题提出来了。

林则徐、魏源的"师夷"主张，主要限于技术方面，而且是军事工业技术方面。冯桂芬把"师夷"扩大到一般生产技术，而且包括自然科学在内，但无明确的社会经济内容。王韬所说的"富强之纲领，制作之枢纽"，却不限于技术方面，而是包括技术和经济两方面的内容，并且以经济为主。这样的"师夷"与"变法"相结合，就是以社会经济改革为主要内容的变法了。

当然，进行真正的社会经济改革必须是综合的改革。它是以经济改革为基础，相应地进行政治和意识形态方面的改革。然而，王韬是认识不到这一点的。他在讲了以西方大国"为富强之纲领，

---

① 《弢园文录外编·变法上》，第12页。
② 《弢园文录外编·变法中》，第13页。

制作之枢纽"以进行变法的主张之后,马上解释说:

> 虽然,此皆器也,而非道也,不得谓治国平天下之本也。
> 夫孔之道,人道也。人类不尽,其道不变。①

这就明确地把"变法"局限于技术及经济等物质领域的改革,对封建的政治统治及维护封建政治统治的意识形态则企图永远保持下去。

王韬久居香港,又到过西方国家,对西方的政治制度及某些社会观念是有所了解的。他曾主张"君民共治"②,又称赞一夫一妻制为"天之经"、"地之义"。这都表示他已多少受到了西方政治思想和伦理思想的影响。但是,中国封建专制和封建意识形态的支配太久太深了,王韬本人所受的这方面影响也十分深固,与此相比,王韬所获得的这点新认识是微不足道的。因此,他的变法主张就只能表现为"可变者器,不可变者道"这种下半截改革而上半截不改革的半截变法论。

"变器不变道"论是王韬及其同时代有改革思想的人士在经济思想方面的理论基础。王韬之外,马建忠、薛福成、郑观应、陈炽等都主要是要求在经济领域师西法进行改革,使中国脱贫致富。他们中的许多人也或多或少地从理论上阐述过变器不变道的论点。王韬对此观点提出较早,其阐述也更完整,更明确,因而更有代表性。

(原载《中国经济思想通史续集》,

北京大学出版社2004年版)

---

① 《弢园文录外编·变法上》,第12页。
② 王韬欧游返港后,一反自己早期斥"君民同治"为西方"立法之大谬"的立场,称"君民共治"为最理想的政治形式。见《弢园文录外编》,第23页。

20 郑观应的经济思想

第一节 中日甲午战争前有广泛影响的
经济思想代表人物

19世纪七八十年代至1894年中日甲午战争前,中国经济思想领域中最有影响的代表人物当推郑观应。

郑观应(1841—1920年),亦作官应,字正翔,号陶斋,别号杞忧生、慕雍山人、罗浮待鹤山人等,广东香山县(今中山市)人。青少年时代曾应科举不第,十七岁弃学就商,经叔父荐引进入上海外资企业,在宝顺、太古等洋行中先后担任位置较高的买办,其间也曾自己经营商业。后来,他以商股代表的身份参加了洋务派创办新式工业的活动,在许多重要的官督商办企业,如上海机器织布局、轮船招商局、上海电报局、湖北汉阳铁厂等,担任过总办、会办等高级职务。在担任洋行买办及自营企业时,他就倚靠捐纳获得了候补道员的职衔。但这只是为了获得与封建士大夫交往的资格,以便于自己的工商经营,而不是实际参加政治活动。不过,他对于宣传变法是比较积极的,不断地著书立说,要求师西法以改变中国的落后、衰乱的局面。在后来的戊戌变法时期,他不积极参加,已落在形势的后头。资产阶级革命运动兴起后,他不赞成革命,反而积极投入立宪运动，更成为时代的落伍者。

郑观应在19世纪70年代初即开始发表论著，议论时事，到90年代初思想达到成熟，他在中国近代思想领域中的影响，也主要盛于这一时期。此后，他虽又生存了相当长的时间，并发表过一些著作，但在思想方面未再有值得称述的新建树。从这种情况来说，他仍然属于19世纪七八十年代至中日甲午战争前这一历史阶段的经济思想代表人物。

和同时期经济思想的其他代表人物相比，郑观应有许多独特之点：

第一，他是一个从事实际工商业活动的资本家，又是一个有资本主义发展道路要求的思想家。

郑观应和王韬、马建忠、薛福成等人一样，都是中国近代早期民族资产阶级的经济思想代表人物，他们所代表的都是一部分由商人、地主和官僚转化而来的工商业资产阶级人物，或有着这种转化要求的商人、地主和官僚。但是，薛福成、马建忠乃至王韬自身都是封建士大夫中人，旧的影响和印记较深，对资本主义工商业的运作及资产阶级人物的要求缺乏直接的了解和感受。相比之下，郑观应作为一个毕生从事工商业经营的资本家，而且是一个既做过洋行买办、又参加过洋务派办工矿活动的民族资产阶级代表人物，对民族资产阶级的利益、要求和处境都有切身感受，从而能在著作中予以更直接、更明确的反映。

郑观应长期从事企业创办、经营活动，而且对商业、制造业、矿业以及交通运输业均有实际经验。他在担任洋行买办期间，对外国资本在中国的侵略、掠夺有亲身见闻，脱离外国企业后，又同外国企业长期竞争并受其压迫、排挤，这种"初学商战于外人，继则与外人商战"①的经历，使他比王韬等人对资本主义的经济侵略能有更深刻的认识。

他在洋务派控制的官督商办企业中长期担任高级职务，又是以商股代表身份参加，这使他对官督商办企业中的腐朽、黑暗能有切身感受，因而对洋务派官僚及其爪牙垄断新式工业的行为能进行尖锐的揭露和抨击。王韬、马建忠、薛福成等人对官督商办也有所批评，但同郑观应相比，他们的批评都是十分笼统、粗疏的，令人有隔靴搔痒之感。

第二，郑观应接触、联系面广，著作的反映面广，影响面大。

作为一个商人，而且是同洋人、官方都有过密切联系的商人，其接触面、联系面比同时代的其他代表人物自然更广泛得多，掌握资料也更多。他通晓英语，因商务联系到过外国许多地方，对各国、各地工商贸易情况见多识广。他的著作不仅涉及面广，而且在本人的见解之外，还广泛地反映了当时众多要求改革的人物的意见。这一定程度上同郑观应本人的商人身份有关。郑观应虽然喜欢著书立说，但他毕竟是一个商人，学术根底不深，未经过严格的学术训练，因而在写作中往往大量辑录、摘抄别人的著作。这些辑录、摘抄，有些是全文辑录并标明原作题目及作者的（如他的《盛世危言》二篇就全文辑入冯桂芬《校邠庐抗议》中的十一篇文章），有些是作为自己有关文章的附录；还有一些是在自己的文章中大量抄入别人著作的语句乃至段落，或者在别人的现成作品中掺入自己的某些语句；也有的是把别人文章的某些语句、段落加以改写，作

---

① 《复考察商务大臣张弼士侍郎》,《盛世危言后编·商务》,光绪二十四年图书集成局印（下同）。

为自己的著作。这些做法使他的许多文章都成了人己难辨,或成了你中有我,我中有你,使得读者对哪些是郑观应的见解,哪些是别人的见解往往很难分辨。① 这虽然对研究他的思想以及他的思想同别人思想的关系造成了一定的困难,但也使他的著作在许多方面具有了当时有改革思想人物的著作汇编的性质,大大拓展了他的著作的反映面和影响面。

第三,郑观应的著作刊行较早,刊行次数及数量也较多。

和郑观应并时的思想家中,马建忠及薛福成的主要著作是在1894年之后才刊布的②,他们的经济思想在1894年以前影响不大。王韬的著作较多,开始发表的时间比郑观应更早,但他在80年代中叶以后已很少发表宣扬改革主张的作品。郑观应的寿命比他们都更长,著作种类多,在长时间中以多种版本一再刊行,加上他的联系面广,著作的传布和影响面也更大。

郑观应著有《救时揭要》《易言》《盛世危言》《盛世危言后编》《岁浮待鹤山人诗草》等。其中,《救时揭要》为其早期著作,《盛世危言后编》及《罗浮待鹤山人诗草》为其后期著作,而1893年编定的《盛世危言》是他的主要著作,流布较广,影响也最大。在中日甲午战争前,此书对宣传新学起过重要作用。在康有为、梁启超等人的著作问世前,此书可算是思想界较有影响的著作之一。戊戌变法时期,郑观应的《盛世危言》和冯桂芬的《校邠庐抗议》二书,曾被清朝廷敕令印发给内外臣僚阅读。这也在一定程度上反映了

---

① 　例如,郑观应的《盛世危言》中有《农功》一篇,是孙中山的原作,但郑观应是作为他自己的文章列入的。文中提到了孙中山,但未标明孙是作者,而且文中有些语句是郑观应语气,可见原作者若干地方被改写过。

② 　马建忠的《适可斋记言记行》到1896年才刊行。薛福成的《庸盦海外文编》是在1894年他死后才付印的。

此书在1894年以前的思想界的地位和影响。

郑观应的《易言》，还曾在朝鲜、日本等国翻印。

第二节　商战论

郑观应经济思想主要的和有特征性的内容，是他的商战论。商战论的实质是要求在坚持同外国资本主义经济侵略做斗争中发展中国的民族资本主义。商战的含义是"以商为战"，即把发展以商为中心的国民经济看做是一种重要的、对中国的兴衰存亡有决定意义的战争。

郑观应把外国资本主义列强的主要对外侵略手段分为军事侵略和经济侵略两种，称之为"兵战"和"商战"，认为："西人不独以兵为战，且以商为战。"[1]

郑观应还认为，在西方国家的这两种侵略手段中，商战比兵战占着更根本、更重要的地位，兵战实际上不过是商战的辅助手段，二者的关系是"借商以强国，借兵以卫商"[2]。不仅军事，资本主义列强的一切政治、外交活动，归根到底都是为"商战"即经济侵略服务的："西人以商为战，士农工为商助也，公使为商遣也，领事为商立也，兵船为商置也。国家不惜巨资倍加保护商务者，非但有益民生，且能为国拓土开疆也。"[3]他还以英国为例指出：英国主要是"以商务开疆拓土"，不论是"辟美洲，占印度，据缅甸，通中国，皆

---

[1] 《盛世危言·商战下》。
[2] 《盛世危言·商务》。
[3] 《盛世危言·商战下》。

商人为之先导"①。

既然西方列强把商战看做开疆拓土、统治掠夺殖民地的主要手段,它们必然全力坚持这种手段,不允许其商战利益受到任何妨碍或挑战:"彼不患我之练兵讲武,特患我之夺其利权,凡致其力于商务者,在所必争。"②

既然西方列强的主要侵略手段有兵战和商战两种,受侵略国家也必须相应地采用两种手段进行抵抗:以军事上的反侵略对抗军事侵略,以经济上的反侵略对付经济侵略。他把这两种反对侵略的手段也称做兵战和商战,从而得出了以兵战对兵战、以商战对商战的公式。

对这两种反侵略手段的作用,郑观应也做了分析。他把兵战称为"有形之战",认为它在反侵略斗争中只有治标的作用;把商战称为"无形之战",认为只有商战才能解决固本的问题。反侵略必须标本兼治、有形之战与无形之战并举:"练兵将,制船炮,备有形之战以备其标;讲求泰西士、农、工、商之学,裕无形之战以固其本。"③

由于商战是解决治本的问题,它在反侵略斗争中当然比兵战处于更根本、更关键的地位,被侵略国家必须首先致力于商战以自救。用郑观应的话说就是:"习兵战,不如习商战。"④

郑观应所以在反侵略斗争中更重视商战,除了因为它更根本、更有决定意义外,还因为它更危险。经济侵略是"无形之战",不

---

① 《盛世危言·商务》。
② 同上。
③ 《盛世危言·商战下》。
④ 《盛世危言·商战》。

像军事侵略那样炮火连天,杀人盈野,容易被察觉,但其造成的祸患却比军事侵略更严重,更危险:"兵之并吞,祸人易觉;商之掊克,敝国无形。"①

由此可见,郑观应的商战论,是中国近代的一种反对外来经济侵略的学说,它以"商战"这一范畴来表达西方资本主义列强的经济侵略和半殖民地中国的反经济侵略之间的斗争、对抗关系,把发展国内的资本主义生产同抵抗外来的资本主义侵略的问题直接联系了起来,把落后国家的经济发展作为国家、民族的存亡兴衰问题提了出来。马克思、恩格斯在《共产党宣言》中谈到,西方资产阶级"迫使一切民族都在惟恐灭亡的忧惧下采用资产阶级的生产方式"②。郑观应正是在"惟恐灭亡的忧惧"下,把经济发展作为争取民族生存的问题提出来的。郑观应的商战论,在世界殖民地和被压迫人民的反经济侵略思想宝库中写下了很有特色的一页。

商战论不可能从中国古代,也不可能从西方国家找到自己的思想来源。然而,这并不意味着,商战论的产生只应归功于郑观应一人。"事实上,商战论是从第一次鸦片战争以来中国先进人士对资本主义侵略的认识长期发展的结果,是到郑观应为止反对帝国主义经济侵略的思想的总结。"③

中国近代对西方资本主义侵略的认识,有一个从只知单纯军事侵略到兼知军事、经济两种侵略的推移过程。

中国遭受西方列强的侵略主要是从第一次鸦片战争开始的。在此以前,西方国家的一些侵略活动(如鸦片走私)并未能引起中

---

① 《盛世危言·商战》。
② 《马克思恩格斯全集》第4卷,人民出版社1958年版,第470页。
③ 参阅赵靖:《中国近代经济思想史讲话》,人民出版社1983年版,第127页。

国国际地位和社会性质的变化。中国人士对西方资本主义侵略的认识，一开始自然也集中于军事方面。人们从西方国家武器先进、军力强大，开始认识到这些新来的"夷"不同于历史上曾经威胁过中原王朝的"夷"（少数民族武装），因此，必须寻求新的对付办法。林则徐的"船坚炮利"、魏源的"师夷长技以制夷"，是这种认识的最早表现。这虽然已包含着学习和引进西方某些新式工业技术（军事工业技术）的内容，但对侵略和反侵略的认识，基本上都还限于军事方面，照郑观应的说法，就是只提出了以兵战对兵战的问题。

第一次鸦片战争时期的思想家，也谈到过一些中外经济关系方面的问题（如对外贸易），但还说不上有对外来经济侵略的认识，只有包世臣多少接触到经济侵略方面的问题。他曾指出，鸦片战争失败后外国纺织品大量进口造成了城乡手工纺织业大批破产；又提到外国侵略分子公然"卖盐卖硝"，从事违法的贸易活动，而清朝官吏不敢过问。①但是，包世臣的这些议论也只是觉察到西方资本主义经济侵略的某些现象和具体活动，并不是对经济侵略的性质已有所认识，自然也谈不上提出对策。他既没有把"商战"作为一个单独的问题提出来，也没有提出以商战对商战的反经济侵略的思想。

洪仁玕提出了"与番人并雄"的口号。这是一种同外国在华企业进行竞争的主张，是中国近代人士从经济方面考虑中外关系问题的开始。但是，洪仁玕错误地把这种"并雄"看做是一种彼此立于平等地位的市场竞争，而不认识其间的侵略和被侵略的关系，

---

① 参阅赵靖、易梦虹主编：《中国近代经济思想史》上册，中华书局1980年版第35—36页。

因而还不包括反对经济侵略的内容。洪仁玕的这一思想，自然已不属于"兵战"的范围了，但还没跨进商战问题的认识领域。

稍后，冯桂芬主张中国应自开矿藏以防西方列强掠夺中国的矿产资源，这已开始具有了抵制资本主义经济侵略的内容，可算是近代中国人士商战思想的先声。不过，冯桂芬也只是在个别问题上对列强的经济侵略有所认识，而没能把经济侵略作为一个单独事物提出来。他对西方列强的对华侵略也主要只是看到军事侵略方面。

在中国近代，开始把经济侵略和军事侵略作为两种不同的侵略手段加以研究的是王韬。王韬在西方国家对外侵略扩张的手段方面指出了"兵力"、"商力"并用的问题，在中国如何因应外来侵略而自立、自保的策略上提出了"先富后强"，这已分别从侵略和反侵略两方面把军事和经济两种手段的作用并提出来。在论述"师西法"以"兴利"即发展中国的民族资本主义经济时，王韬一再强调"自握利权"和"自浚利源"，这已经是相当明确的反对外国经济侵略的思想。

薛福成对经济侵略的危害有更进一步的申述。他指出，西方列强的经济侵略如不能有效地抵制，中国就会"如水渐涸而禾自萎，如膏渐销而火自灭"。这把反对经济侵略的问题提到了救亡的高度。他还把按照资本主义道路发展中国经济归结为"夺外力以润吾民"，突出强调了反对经济侵略对中国经济发展的意义。

王韬、薛福成的上述观点，和郑观应的商战论基本上是一致的。相比起来，郑观应对此问题的论述，不但更全面，更明确，也更强烈，而且他还使用"商战"这一特定范畴把各种有关论点统摄和交织起来，使之形成为一种较有系统的经济学说，这就使郑观应的经济思想多少超出了前人及同代人的水平,成为19世纪七八十年代至中日甲午战争前经济思想领域中较为突出的代表人物。

郑观应的商战论,在中国近代有相当大的影响。在此以后,中国人士长期使用"商战"一词来表达反对西方列强经济侵略的要求。①商战论对民间也有较为广泛的影响。直到20世纪40年代,商店的春联中仍可见到"商战胜全球"这样的联语。

第三节 商战的实力基础——以商为中心的发展国民经济战略

商战论是郑观应经济思想的中心,他的经济思想的整个体系是环绕这一中心形成起来的。

郑观应强调"决胜于商战"②,要求把全国一切力量动员起来进行商战。怎样进行商战呢?他认为商战胜负取决于各国经济实力的对比,要在商战中取胜,必须采用西法全面发展中国的国民经济。为此,他提出了一个"人尽其才"、"地尽其利"、"物畅其流"的发展国民经济的纲领,要求:

> 兴学校,广书院,重技艺,别考课,使人尽其才;讲农学,利水道,化瘠土为良田,使地尽其利;造铁路,设电线,薄税敛,

---

① 中日甲午战争后,康有为、谭嗣同等仍以"商战"警示国人,宣传变法。如康有为说:"古之灭国以兵,人皆知之;今之灭国以商,人皆忽之。以兵灭人,国亡而民犹存;以商贾灭人,民亡而国随之。"谭嗣同则说:"西人以商为战,足以灭人之国于无形。"这都是对郑观应商战论的进一步引申。

② 《盛世危言·自序》。

保商务,使物畅其流。①

这一纲领没有明确地提到发展工业的问题②,但是,这不意味着他忽视工业。他深知商品的品种、质量对商战的意义,深知"商务之盛衰,不仅关物产之多寡,尤必视工艺之巧拙"③。因而对关系商品多寡、巧拙的工业十分重视。对于在哪些方面进行商战,提出了十大项④:

1.鸦片战:中国自种、自制鸦片,以与进口鸦片进行商战。

2.洋布战:发展中国新式棉纺织业,抵制进口洋纱、洋布。

3.诸用物战:用西法制造各种日用品。

4.诸食物战:指生产卷烟、蔗糖、酒类等。

5.零星货物战:香水、肥皂、化妆品之类。

6.矿物战:开采煤、铁、五金等矿。

7.日用取求战:指自制煤油、火柴之类。

8.玩好珍奇战:指整顿、改良中国瓷器,增加出口。

9.零星杂货战:指用中国蚕丝织造各种纺织品出口。

10.洋钱战;中国自行铸金、银币,以抵制在中国境内流通的洋钱。

这十项商战包括了各种工、农、矿业的发展,而制造业占其中大多数。

郑观应不但重视工业在商战中的作用,尤其强调机器制造业

---

① 《盛世危言·自序》。

② 经郑观应看过的孙中山《上李鸿章书》,在郑的三条纲领之外,增加了"物尽其用"一纲,专论发展工业。

③ 《盛世危言·商战》。

④ 同上。

对提高一国商战能力的意义。他说："尝阅西书，论商务之源，以制造为急，而制造之法，以机器为先。"①他认为，"师西法"不能只是摹仿、抄袭，如果只是从外国购买机器，那就只能跟在外国人后面亦步亦趋，在商战中就不能立于主动地位。要改变这种状况，只有发展自己的机器制造业，"能自造机器，始能得机器之无穷妙用也"②。他批评江南制造局只向外国购买机器制造产品的做法，主张"设专厂制造机器"③。

郑观应虽然已把工业说成"商务之源"，但他也和王韬、马建忠、薛福成等一样，把商看做国民经济的中心和枢纽，认为只有抓住商，才能带动国民经济的全局。这就是他所宣扬的"商握四民之纲领"论：

> 商之懋迁有无，平物价，济急需，有益于民，有利于国，与士、农、工相表里。士无商则格致之学不宏，农无商则种植之类不广，工无商则制造之物不能销，是商贾具生财之大道，而握四民之纲领也。商之义大矣哉！④

郑观应的"商握四民之纲领"和薛福成的"商握四民之纲"完全是一样的口号，在论证方法上也都是从商和社会分工其他领域（士、农、工）的关系来说明商的中心和枢纽地位。正因如此，他也像薛福成一样使用"商务"一词来概指国民经济总体，把"振兴商务"作为自己发展国民经济的总口号。

郑观应还针对当时地主阶级顽固派所鼓吹的"以农立国"而

---

① 《盛世危言·商务》。
② 同上。
③ 同上。
④ 《盛世危言·商务二》。

宣扬"以商立国"。以商立国当然不是主张全民皆商,全国唯商,而是和"振兴商务"一样是一个以商为中心的发展国民经济的口号,不过在突出商的地位和作用方面比后者色彩更浓重,更强烈。

郑观应所说的"商务之源,制造为急",和薛福成"非工不足开商之源"的提法也相近似;不过,他并没像薛福成那样进一步得出了"工实居商之先"那种多少偏离商为中心的论点,而是马上把工业这种为商务开源的作用说成是以工"翼商"①,认为在国民经济的全局中工对商只是处于辅助的地位。

郑观应还一再提出铸币、开设银行及创办保险业的主张。他批评称量货币的落后性,主张中国自铸金、银、铜币;主张中国自办官、私银行,并发行纸币。他介绍了西方保险业的情况,主张在中国开设保险企业,办理水险、火险、人险等业务。

铸币和开设银行、保险各业的主张,是郑观应商战论的组成部分。他认为要同外国进行商战,没有这些方面的设置是不行的。他强调铸金、银可以"便民而维市面"、"足夺西人利权",②可以中国自铸的贵金属货币统一流通领域,消除外国铸币在中国流通的局面。对于银行,他认识到"夫洋务之兴莫要于商务,商务之本莫切于银行。泰西各国,多设银行以维持商务,长袖善舞,为百业之总枢,以浚财源,以维大局"③。他指责在华外国银行歧视华商,吸收华商资金,但却不给华商以融通资金的便利,造成了"西商操其权,而华商失其利;华商助其资,而西商受其益"④。

---

① 《盛世危言·商战》。
② 《盛世危言·铸银》。
③ 《盛世危言·银行上》。
④ 同上。

现代的货币制度、银行制度以及保险事业，是现代国民经济的组成部分。郑观应要求按西方资本主义道路发展中国经济，提出铸币、开银行、兴保险之类的主张是理所当然的。他看到外国银行在华侵夺利权，因而把自己在货币、银行以及保险方面的主张同"商战"、"夺西人利权"联系起来，也是很自然的。

但是，郑观应对货币、银行等问题的认识是很肤浅的。他不但对这些问题缺乏理论认识，对许多有关的知识也了解得很不完整。他未明确地提出以机器铸钱的主张。对发行纸币，他主张以"两"为单位，这说明他对货币问题的认识尚未完全越出称量货币的阶段。他所说的官、私银行，只是从所有制及经营主体来划分的，还不懂得从银行的职能来进行划分，对中央银行和商业银行的区分和关系，还无所了解。

第四节　商战的前提问题

以当时中国那样落后的、半殖民地半封建的农业国，要同发达的资本主义国家进行商战，除了进行全面的、深刻的经济改革，建立起商战所需的实力基础而外，还需要进行必要的政治、社会变革，为商战创设根本的前提。若没有这些根本前提，"决胜于商战"是没有希望的。

在郑观应的时代，中国的自给自足的自然经济虽已在外国经济侵略下日益陷于解体，但封建的土地制度、封建的地租、高利贷剥削仍然在经济生活中占优势，封建君主专制以及封建的精神统治，仍然笼罩着全国的政治、文化生活。外国列强的殖民统治和中国的封建统治已日益结合在一起,共同奴役和掠夺中国人民,严重压制中国新生的资本主义的发展,使得任何的经济改革要求都举步维艰,面临着窒息、夭折的威胁。

在外国殖民统治和中国封建统治相结合的过程中,出现了清朝统治势力中一部分人办洋务的活动。洋务运动对中国接受西方经济、文化的影响,尤其对引进西方的新式工、矿、交通业起过一定程度的作用,但它的中、外统治势力相结合的性质,却很快使它成为适应外国殖民势力和本国封建势力统治、掠夺需要,压制中国民族经济发展的力量,而洋务派官僚所控制的官督商办企业,尤其成了新式工业中的官府垄断势力。

西方列强在中国取得的协定关税、内河航行、领事裁判以及在通商口岸设立租界等特权,是他们对中国进行殖民掠夺的重要工具和保障,是压制、束缚中国人民的绳索,是妨碍中国资本主义发展的沉重枷锁。

"初学商战于外人,继则与外人商战"的郑观应,对这些外国殖民特权在"商战"中的作用是有切身的认识和感受的。他反对外国在中国所攘夺的内河航行权,认为国际通例"沿海沿江各埠乃本国民船自有之利,外人不得侵夺",而唯独对中国,"各国轮船无处不到,获利甚厚。喧宾夺主,害不胜言"[1]。他极力主张废除列强所强加给中国的协定关税,收回关税自主权,以便运用关税政策保护民族工业。对清政府任命外国人为中国海关总税务司,把持中国的海关管理权,他尤其感到愤慨,一再揭露长期窃据中国海关总税务司职务的英国人赫德"袒护彼族"、"阻挠租则"等侵略活动,

---

① 《盛世危言·商船上》。

要求解除担任海关总税务司及各口岸税务司的洋员,一律改任中国人,以便"权自我操"①,把海关这一国民经济命脉控制在中国人自己手里。

当时,有些丧失了民族自尊心的人为清政府任命外国侵略分子把持中国海关辩护,宣扬所谓"华人贪鄙,不如外人清廉"的论调,说什么如果由中国人管理海关,必致效率低下,贪污横行。针对这种论调,郑观应在《盛世危言》中辑录了时人吴广霈写的一篇文章,义正辞严地驳斥说:"如谓华人尽不如西人,……岂十八省之督抚亦必皆以西人为之乎?"②

这几句话痛快淋漓地揭露了媚外辱国的清朝大员的可耻嘴脸。重用赫德之流的外国侵略分子的李鸿章,不就是身任直隶总督,为十八省督抚之首吗?

郑观应对清封建政权对民间经济活动的压迫,尤其是对压迫新式工商业的种种"虐政"强烈不满,指责清政权"但有困商之虐政,而无护商之良法"③,"不惟不能助商,反朘削之,遏抑之"④。他认为封建政权的困商之政,束缚了民族工商业者的手脚,使他们在同外国资本的商战中处于更加困难的境地。他强烈要求清政权废除"困商之政",颁行"护商之法"。

对于清朝统治势力用以垄断新式工业的官督商办制度,郑观应有过一个曲折的认识过程。最初,他曾对官督商办企业抱有很大幻想,希望能在官督商办的招牌下,获得官方的支持、保护,以

①《盛世危言·税则》。
② 同上。
③《盛世危言·商务二》。
④《盛世危言·商务一》。

抗御外国资本的压力和国内封建势力的扼制、困扰。在谈到怎样办煤矿时他就曾认为：官督商办是最好的经营形式，既优于官办，也优于商办。他说：

> 全恃官力，则巨费难筹，兼集商资，则众擎易举。然全归商办，则土棍或致阻挠；兼倚官威，则吏役又多需索。必官督商办，各有责成：商招股以兴工，不得有心隐漏，官稽查以征税，亦不得分外诛求，则上下相继，二弊俱去。①

经过长期参加官督商办企业的亲身体验，郑观应对官督商办的弊端逐渐有所认识。他批评官督商办企业，"皆商民集股者"，然而企业总办却"由大宪扎委"，他们在企业中"专擅其事"，企业内部"全以官派行之"，管理方面腐败异常，"公司得有盈余，地方官莫不思荐人"，针对这些情况，郑观应要求对洋务派垄断新式企业的制度大加改革整顿，举凡"应兴铁路、轮舟、开矿、种植、纺织、制造之处，一体准民间开始，无所禁止，或集股，或自办，悉听其便，全以商贾之道行之，绝不拘以官场体统"②。

这就是要求废除官僚垄断，对新式工、矿、交通企业一律准许民间经营；在企业内部管理上彻底消除衙门作风与官场习气，一切按企业制度办事。

郑观应晚年写了《商务叹》一诗，以无限怨愤的笔调，控诉了清朝廷对新式工商业的压迫和需索。对洋务派官督商办企业中的专横、贪婪、媚外、结党营私，种种弊端，予以尽情的揭露和抨击：

> 轮船、电报、开平矿，创自商人尽商股。国家维持报效多，

---

① 《盛世危言·开矿》。
② 《盛世危言·商务二》。

试看日本何所取？办有成效倏变更，官夺商权难自主。开平矿股价大涨，总办擅自合洋股。地税不纳被充公，利失百万真乳腐。电报贬值归国有，不客商董请公估。轮船局权在直督，商欲注册官不许。总办商董举自官，不依商律由商举；律载大事应会议，三占从二有规矩，不闻会议集众商，股东何尝岁一叙？不闻岁举查账员，股息多少任所予。调剂私人会办多，职事名目不胜数。不洽舆情无是非，事事输入糜费巨。用非所学弊端多，那得不受外人侮。名为保商实剥商，官督商办势如虎，华商从此不及人，为丛驱雀成怨府。①

此诗对官督商办企业的创办、洋务派大员对官督商办企业的控制、内部管理方面的官僚专横、颟顸、任人唯亲、制度混乱、腐败……各种丑恶现象，刻画得入木三分。非郑观应这种对官督商办长期身历其境、深受其苦者，不可能写出。

为了得到对资本主义发展较为有利的条件，郑观应也曾提出设立议院、商部等带有资产阶级性质的政治改革要求。

对设议院，他强调要富国强兵，"莫要于得民心"，而得民心就必须设议院以"通下情"②。他又曾把"育才于学堂，论政于议院，君民一体，上下同心"③称为"富强之本"。

这不过是一种很笼统、很模糊的政治要求，和同时人王韬、马建忠等人对西方议会制度的称赞大同小异，并无特别值得注意之处。

相比起来，郑观应更重视设立"商部"的作用。他认为要使清

---

① 《罗浮待鹤山人诗草》卷二。
② 《盛世危言·议院》。
③ 《盛世危言·游历》。

政府能够实行"恤商"、"保商"之政,不能倚靠清政权的其他官府机构,而必须专设一个与六部平行的"商部"。商部大臣不能由一般封建官吏充当,而应选拔一个"熟识商务,曾环游地球,兼通中西言语文字之大臣"主持其事,也就是由一个受过西方影响,对资本主义经济有一定知识和了解的开明官吏担任。中央设商部之外,各省均设商务总局,省以下地区设分局,总局由当地商人公举一有声望的殷实商人为总办。他以为这样一来,就可使"胥吏无阻挠之弊,官宦无侵夺之权,厘剔弊端,百废可举"①。

郑观应的"议院",是有资产阶级代表人物或同资产阶级有联系的代表人物参加的民意机构,"商部"是由资产阶级代表人物或同资产阶级有联系的人物主持的职能机构。设立这类机构,表明资产阶级希望在政治上获得一定的地位和权利。但是,议院和商部都只不过是资产阶级政权机构总体中的组成部分。在封建专制的条件下,不经过艰苦的斗争和根本的政治改革,议院和商部之类的资产阶级政治机构是设置不了的;即使设置了,也无从运作,而且终究不免于被取缔或变质。

在政权、军权、财权均掌握在封建统治势力手中的情况下,孤零零地设立一个什么议院,不但不可能做到"君民一体,上下同心",而只能是同各种封建机构势同水火,其势非被封建政权扼杀不止。

在内而六部九府,外而督抚司道到处林立的封建衙门中,插进去一个孤悬一线的商部——商局系统,充其量只能起一种为各级封建衙门筹款的作用,不仅不能代表"商民",为"商民"谋利益

①《盛世危言·商务一》。

及为之争取有利的发展条件,其本身也难免沦为封建官府附庸的命运。

中国的民族资产阶级是一个十分软弱的阶级,而早期的、尚未形成为独立阶级力量的资产阶级人物,就更加软弱。郑观应的设议院、商部的这类微弱、含糊的政治要求,正是早期民族资产阶级特别软弱的表现。

(原载《中国经济思想通史续集》,
北京大学出版社2004年版)

21　陈炽的经济思想

第一节　陈炽和甲午战争前后中国经济思想的变化趋向

中日甲午战争前后,中国经济思想发生了比较明显的变化。陈炽是这种变化中的一个过渡性人物。

中日甲午战争前后,中国经济思想变化的趋向,主要表现在以下几个方面:

第一,对经济问题的论述,由着重某一部门,进而日益关心国民经济发展的全局,重视国民经济各部门之间的联系和关系,由重视流通领域进而强调生产领域。"振兴商务"的口号,逐渐为"振兴实业"的口号所取代,并且开始出现了国家工业化的要求。

第二,对封建顽固派经济思想的批判更深入。对洋务派官僚垄断新式工业的政策和思想的批判日益强烈,要求废除官办、官督商办,把一切新式工业开放给民间经营的呼声日益高涨。

第三,学习西方,改革和发展中国的要求,由过去主要强调经济方面,日益扩展到政治及学术领域,由变器不变道进而提出了"全变"和"尽变西法"的口号。中国经济发展的政治的和意识形态的前提问题,日益受到人们的注意。

　　第四，在研究、探讨经济问题的理论工具方面，由只能运用中国的某些传统经济观点和对西方资本主义经济的某些直观的、表面的理解，进而能够使用西方经济学的某些观点和知识作为说明、分析的工具。

　　陈炽是活动于甲午战争前后的人物。他的学术活动和政治活动的历史都很短暂，因而甲午战争前后中国经济思想变化的轨迹，在他的著作中也表现得较为明显，较为集中。

　　陈炽，字次亮，原名家瑶，自号瑶林馆主，江西瑞金人。生年不详。在谈到自己成长经历时曾说："自髫龄至于弱冠，闻长老述庚申之变，亦常流涕太息，深恶而痛绝之。"①这说明，在1860年英、法联军攻入北京，逼清朝订城下盟时，他还处于童年，甚至可能还未出生。

　　陈炽曾中过举人，并曾任过户部员外郎、户部郎中、刑部郎中及军机章京等职，是一个受传统教育培养出来的年轻知识分子。但是，当时内忧外患日益深重的形势，使他从年轻时代起就不能安心于传统封建士人读书做官的老路。他自称：自"束发受书"，就"留心当世之务"，进入壮年，"奔走四方"，遍历东南沿海"诸要区大埠"并到过港、澳各地，从事实际考察，努力学习西学。他没有王韬、郑观应那种游历外洋的机会，更没有薛福成、马建忠那种出使外国或出国留学的经历，只能靠国内已译出的"西书"，并向"华人之游历出使者"询访、求教。因此，他的西学知识，从来源上讲，就难以克服零散、浅薄、道听途说的局限。但是，由于陈炽的经济思想形成于甲午战争前后民族危机更加深重、中国人民的觉醒也

　　① 《庸书·自叙》。

有新的增长的时刻，他在运用这样的西学知识去说明、论证自己对经济问题的见解时，还是能够比王韬、郑观应等人，在理论认识方面有一些比较重要的前进。

甲午战争失败后，变法维新运动逐渐兴起，陈炽也投入了运动的行列。1895年支持康有为发起组织强学会，担任该会提调，坚决主张拒绝李鸿章入会。但是，陈炽在变法维新运动中，不论在思想和行动方面，都不是处于最前列，不能和谭嗣同、梁启超等人相提并论，他在运动中没有大的作为。变法维新运动失败，他也未遭到严重迫害。即使如此，运动的失败还是使他受到很大刺激："后以世变日巨，郁郁不得志，酒前灯下，往往高歌痛哭，若痴若狂"[①]，未久病死[②]。

陈炽的经济思想主要体现于《庸书》《续富国策》二书中。

《庸书》是1894年中日甲午战争前所作。1893年（癸巳）陈炽在为郑观应《盛世危言》作序时说："曩拟作《庸书》内、外篇，……簿书剩暇，仓促未果。"可见，到1893年初秋（陈炽作序题为"癸巳七月"），《庸书》尚未成书，其问世下距甲午战争当已不远了。1895年，翁同龢曾将此书进呈光绪帝御览。

陈炽经济思想的主要代表作是《续富国策》一书。此书作于1896年，是甲午战争失败后，陈炽激于爱国义愤，为复兴中国而作，正如他自己所声称的："为救中国贫弱而作也。"[③]

《庸书》是一部全面议论当时的改革问题的作品，举凡军制、学政、官制、俸禄、教育、外交、西学、海防、边防、新闻、议会、司法

---

① 《赵柏岩集·陈农部传》。
② 《陈农部传》说陈炽"数年卒"，陈三立则说他于1900年"卒于京师"。
③ 《续富国策·自叙》。

等方面，都有所论列，体例与王韬、郑观应、薛福成等人的著作颇为类似。《续富国策》一书，则是一部论述经济问题的专书。

此书所以名为《续富国策》，是由于他把此书看做《富国策》一书之续。在中国的北宋时期，李觏曾著《富国策》一书，也是一部探讨经济问题的专书。但是，陈炽的《续富国策》，绝不是想为李觏的著作写续篇，而是另有打算。他曾自述所以用《续富国策》的书名是因为英国"有贤士某，著《富国策》，……英人举国昭若发蒙，尽涤烦苛，以归简便，而近今八十载，商务之盛，遂冠全球"①。他所以把自己的书"名以《续富国策》"②，就是想以英"贤士某"的《富国策》为榜样，期待自己的著作能对中国经济发展起类似的作用。

陈炽这里说的英国"贤士某"，显然是指亚当·斯密，而贤士某的《富国策》，则是指斯密的《国民财富的性质和原因的研究》（今译名为《国富论》）。当时，"富国策"是经济学的比较通用的中译名，亚当·斯密的著作也曾被某些中、外人士称做《富国策》，如英国传教士李提摩太在《万国公报》上发表的《泰西近百年来大事记》就是这样。陈炽从这类"西书"上获得了一些片断的知识，加上他自己还缺乏理解这方面事物的基础，于是就出现了八十年前英国"贤士某"著《富国策》这样含糊的、不准确的说法。

陈炽虽然主观上想以自己的《续富国策》作为亚当·斯密著作之续，实际上由于他未读过亚当·斯密原著，对经济学理论也缺乏知识，他不可能用科学的经济学方法来研究经济问题，从而不可能把《续富国策》写成一部理论经济学著作。《续富国策》全书分

---

① 《续富国策·自叙》。
② 同上。

为《农书》、《矿书》、《工书》、《商书》(包括商业、交通运输、银行、保险等)四卷,实际上是从国民经济各部门广泛探讨如何"师西法"以改造和发展中国经济的问题。他企图以此书来为中国找到迅速摆脱贫弱,赶上最发达资本主义国家的发展之路。在甲午战争失败后中国民族危机空前深重的时刻,他满怀信心地瞻望未来,认为中国只要找到正确的发展道路,就会"古今虽远,天地虽宽,他日富甲环瀛,踵英而起者,非中国四百兆之人民莫与属也"①。

第二节　振兴商务论和生财论

对于怎样发展中国,总的来说,陈炽也还是主张振兴商务,即以商尤其是以对外贸易为中心,带动整个国民经济按资本主义方式发展。在《庸书》中,他就把振兴商务称做"救时之急务",认为"富国强兵,非商何倚?"②他指出,中国当时的情况是:财利"不在上,不在下,不在中,而流溢于外"③,意思是:上不在朝廷,下不在百姓,也不是由于官吏中饱,而是因贸易严重逆差而流往外国,所以是"商务之不振为之也"④。

这种思想和王韬、马建忠、薛福成、郑观应等人是基本上一致的。

甲午战争后,在外国资本主义侵略更加深入的情况下,陈炽仍

---

① 《续富国策·自叙》。
② 《庸书·外篇·商部》。
③ 《庸书·外篇·商务》。
④ 同上。

然认为：中国自救之道，"惟有振兴商务，以与彼争"①。但是，对于怎样振兴商务，他却有了进一步的认识：

> 商之本在农。农事兴则百物蕃，而利源可浚也。商之源在矿。矿务开则五金旺，而财用可丰也。商之体用在工。工艺盛则万货殷阗，而转运流通可以周行四海也。②

这比薛福成的工体商用论，不但提得更全面，在认识上也更深了一步。既然农、矿、工等物质生产部门是商的本、源和体用，这就必然意味着生产在富国中比流通处于更重要、更基本的地位。

在农、矿、工各部门对振兴商务的作用方面，陈炽还提出了一种观点：提供"熟货"的生产部门，要比提供"生货"的生产部门，对振兴商务有更大作用。他认为西方进入中国的商品，都是"经工作所成，佳美精良"的熟货，中国出口之商品，则都是原料、土产之类的生货。这类生货附加价值少，在市场上销售"取值至贱，获利至微"，结果中国在对外贸易中处于"以贱敌贵，以粗敌精，以巧敌拙"的地位，贸易逆差巨大并不断增长是不可避免的。在农、矿、工各部门中，陈炽认为最能提供熟货的部门是工业，因而要解决中国的贸易逆差问题，为中国找到生财之道，最重要、最关键的办法是"劝工而已矣"③。

陈炽不但把"劝工"看做振兴商务之先着，还把它看做是对中国的国家前途、民族命运有决定意义的事物，宣称：

> 一富一贫，一强一弱，一兴一废，一存一亡，而皆以劝工

---

① 《续富国策·创立商部说》。
② 同上。
③ 《续富国策·器用之工说》。

一言，为旋转乾坤之枢纽。①

这已是阐述得相当明确、相当强烈的工业救国论了。

由于重视"熟货"，陈炽不仅强调劝工，还主张在农、矿等主要提供"生货"的部门，也尽量把种植和采掘同产品的加工结合起来，使其提供一部分附加值较高的"熟货"。

陈炽还为他的这种生产是商务基础的思想提出了一个更有理论深度的观点，这就是他的生财论：

> 昔者，吾友尝言之矣，曰：若三代后之言财用者，皆移之耳，或夺之耳，未有能生之者。……若生财之道，则必地上本无是物，人间本无是财，而今忽有之。②

这明确地提出了生产是富国之源的论点，较上述从农、矿、工各具体生产部门来指出商的本、源、体用的观点，是一个更有一般性和理论性的命题。

认识到这一点，对经济学的研究有重要意义。如果研究只停在流通过程，那就只能对经济生活把握一个外观，而不能使研究进入较深的层次。

从19世纪七八十年代开始，有发展经济的要求的人士都把商看做国民经济的中心和主导部门，从而把研究视野局限于流通过程。陈炽从重商进而认识到农、矿、工各生产部门对商的基础地位，并进而提出生财论，把农、矿、工等具体部门的作用概括到生产领域的高度。在这一点上，他已多少超越了王韬、马建忠、薛福成、郑观应等人的水平。

---

① 《续富国策·器用之工说》。
② 《续富国策·自叙》。

不过,陈炽所谓生财,只是从财富的使用价值或物质形态来考察的,而未能从创造价值的角度分析问题,因而他对经济问题的研究仍然限于直观的描述,而不能跨进科学经济学的门槛,并且不可避免地在许多地方陷入矛盾。

陈炽虽然提出了关于"生财"即生产的定义,但他并不可能对生产具有真正科学的认识。他说,生产是"地上本无是物,人间本无是财,而今忽有之",这就把商品的运输、包装、保管等发生在流通领域中的生产行为给排除在"生财"之外了。《续富国策》所以把铁路、轮舟、邮电、消防等都列入《商书》,正反映了他的这种认识。

按照陈炽为"生财"所下的定义,商业自然不属于生产的行业,但是,陈炽并不是对一切商业或贸易都同等看待,他只是把国内贸易看做非生产的,而对于对外贸易则不这样看。他在提出自己关于"生财"的定义后,接着就说:

> 移之者何? 除中饱是也;夺之者何? 加赋税是也。然亦未有能移夺外国之财以归中国者。……农也,矿也,工也,商也,为华民广一分生计,即为薄海塞一分漏卮;为间阎开一分利源,即为国家多一分赋税;为中国增一分物业,即为外国减一分利权。①

这里,陈炽事实上只把移夺国内的财富看做非生产的,而把移夺外国之财看做是生产的,从而把国际贸易列入生产性行业,而且突出地强调其"生财"的作用。这样,他对生产和非生产的界线,就不是以"生之"和"移之"、"夺之"来划分,而是以本国和外国来

---

① 《续富国策·自叙》。

划分了。

欧洲重商主义者从国家角度看财富，把一国财富的增长看做是财富自身的增长，因而把对外贸易出超看做是富国之源。中国19世纪七八十年代以来有重商倾向的思想家，也具有这种从国家角度看待财富的特点。陈炽虽然在理论上开始有生产重于流通的认识，但他同样未能摆脱王韬等人从一国角度探讨财富问题的局限，他也同样未能摆脱他们经济思想的重商倾向。

第三节　西法兴农论

重视农业的发展以及农业在发展国民经济中的作用，是陈炽经济思想的有特色性的内容之一。这也是他重视生财之道的一个表现。

王韬、马建忠、薛福成、郑观应等人要求"师西法"以发展中国经济，所着重的都是引进西方的新式工商业，对于怎样用西法改造和发展中国的农业，他们虽然也都谈到，但多是语焉不详，从未把它们作为一个重要课题加以探讨。

同他们相比，陈炽对农业发展问题要重视得多。在《庸书》中，已有相当篇幅专论农业，《续富国策》更专辟《农书》一卷集中探讨农业发展问题，而且排列在《矿书》、《工书》和《商书》之前。如果说，陈炽是中国近代著名思想家中集中探讨农业发展问题的第一人，当不为过。

陈炽对农业发展问题的探讨，有下列特点：

第一，他已摆脱了传统农业思想从民食角度考察农业问题的自然经济眼光，而是从满足市场需要的角度探讨发展哪些门类的农业生产，用什么样的生产技术和方法以生产市场适销产品等等。

在《续富国策》中，陈炽分十六个门类讲述了他发展农业的主张，包括种树、种果、种桑、葡萄、种竹、种樟、橡胶、种茶、种棉、种蔗、种菾草、种加非（咖啡）、畜牧、渔业等（有两篇是专论水利和农学等农业生产的条件问题）。这些都是针对市场需要进行的农业生产，每一门类以一种商品农作物为目标，有的是生产最终消费品的农产品，而大多数则是作为工业原料而生产的农产品。但是，无论是哪一类，都是作为商品来生产，而不是自给自足的生产。

在论述发展农业的意义时，陈炽也常习惯性地引用"民以食为天"的古话，但他在《农书》中不曾从自给自足的要求考虑任何农业门类的生产，甚至不曾有一章专论粮食生产。

由于他提到的农业门类多是作为工业原料而生产的，他总是把这些农业门类的发展向有关的加工工业联系在一起，如"种竹造纸"、"种樟熬脑"、"葡萄制酒"、"种橡制胶"、"种蔗制糖"等等。

第二，这些门类的农业，都是使用先进技术进行生产的。

陈炽认为，要发展中国的农业，必须大力引进和全面推广西方的先进农业技术和设备，讲求农业科学，把中国的农业建立在先进科学技术的基础上。对每一门类的农业，他都强调要"师西法"、"购新机"。他还写了《讲求农学说》，专门探讨同中国农业发展有关的农业科学（包括农业经济学）和技术问题。

他对学习西方的农业科学和技术抱很大热情，认为要发展中国的农业必以这种学习和引进为前提。同时，他对中国农业生产在几千年中所积累的经验以及体现这种经验的农学著作和文献，也深为重视。从这样的认识出发，他提出了对中、西农学应"兼收并采，择善而从"的方针，主张：

> 宜将旧日农书，删繁就简，择其精要适用者，都为一卷；仍翻译各国农学，取其宜于中国凿凿可行者，亦汇为一编。颁给学官，散给生童，转教农人之识字者。①

陈炽这种既强调农业科学和新式技术，又尊重长期积累的农业生产经验，既热情学习外国先进事物，又注意从中国国情出发，"兼收并采，择善而从"的发展中国农业科学技术的方针，对发展和改造中国的农业是有深远意义的。

第三，他不仅力图增加农业生产，还处处着眼于提高农业生产者和农业经营者的收入。

前面提到，陈炽对"生财"的论述，是从财富的使用价值方面考虑的，并未分析财富的价值形态。这是就他对财富的理论认识而言的，并不是说他在考虑具体行业、具体产品的生产问题时，不考虑价格、收益之类的问题。以农业生产为例，陈炽所以要解决中国的农业发展问题，主要出发点有两个：一是增加出口，以"移夺外国之财以归中国"，二是增加农业生产者、农业经营者的收益。这两者都离不开价格、成本、利润方面的考虑。他所要发展的农业门类，都是市场销路较好、收益较高的门类。他所以经常把发展某门类农产品的生产同它的加工业放在一起考虑，也是因为通过加工附加价值，可比初级产品有更高得多的收益。

在《续富国策·农书》部分，对许多农业门类，都有关于成本

---

① 《续富国策·讲求农学说》。

及收益的计算。例如,他关于种樟熬脑就以台湾省及江西省作比,指出:台湾省一灶熬樟脑二三百斤,每百斤售价五十元,各项成本共计三十三四元,赢利可达十六七元。江西工资低,各项捐税也较少,每百斤赢利当可达到三十余元。

由此类事例可以看出,陈炽所要发展的农业,不但是为市场生产的商品农业(而不是自给性农业),而且已是使用雇佣劳动者并以获得利润为目标的带有资本主义农业企业色彩的生产、经营单位了。

第四,在农业的经营方式问题上,陈炽已初步具有了普鲁士式发展道路的思想倾向。

陈炽重视农学。他说的农学,自然主要是关于农业生产技术及其学理的探讨,但也在一定程度上涉及农业生产的组织和经营方面的内容。他关于中国农业经营规模的意见,就表明了这一点。

他介绍了英国的大农场和法国的小农场,指出:英国的大地主,"拥膏腴动数百顷",在此基础上,对各项农业生产活动都"参新法用新机",使得"一人之力足抵五十人之工,一亩之收足抵五十亩之获",经营农业的人,"大富足,足以与工商相敌"。法国"多田者不过六百亩,少或数亩、十数亩",不能办大农场,但法国人在不大的地块上发展集约经营的高产值作物农场,也能致富:"人有葡萄三亩已足小康,五亩则中人以上之产矣。"[1]

他建议中国在发展新式农业时,在组织、经营方式上可兼师英、法:"拥田数千亩、数万亩"的大地主,可仿效英国,用新法,购新机,建立大农场。"只有数亩、数十亩之田"的农民,则"宜仿法

---

[1]　本段引文均见《续富国策·讲求农学说》。

国之法"，发展高产值农作物或畜牧场。

陈炽所设想的农业发展道路，是在不改变原来土地所有制的前提下，通过内部组织、经营方式的变革，把封建的旧式农业转变为资本主义的新式农业。这样的农业发展道路，基本上属于普鲁士式发展道路的类型。

陈炽所说的仿效英国，在大地主土地所有制基础上建立大农场，这是普鲁士式的发展道路，自无疑义。法国的农业制度，是经过法国大革命的洗礼，在严重破坏封建土地制度的基础上建立起来的，并非普鲁士式的道路。但是，陈炽只是主张在小土地经营方式上仿效法国，并未主张在土地制度问题上也实行法国大革命时期那样的变革。他说的"有数亩、数十亩之田"的中国农民，是中国农村中原来就存在着的富农和中农，他们的土地制度的形成，同资产阶级革命是毫无关系的。不能认为，陈炽所说的兼仿英、法发展新式农业的主张是兼有普鲁士式道路和美国式道路的特点。

陈炽和王韬、郑观应、薛福成、马建忠等人一样，都是由封建士大夫群中分化出来的早期资产阶级代表人物。这些人同封建地主阶级有密切的联系，对封建土地所有制视为理所当然，因此，他们虽然都主张用西方的农业机器和技术发展中国的农业，但都未提出过改变土地所有制的主张。他们在农业发展道路的问题上，总的说都倾向于普鲁士式的道路，不过，王韬等人，都未谈论过农业的组织、经营方式问题，不能认为，他们已有比较明确的普鲁士式道路的主张。同王韬等人相比，陈炽既提到仿效英、法建立资本主义农场，又提到这种新式农业要在不改变原来土地所有权的前提下建立，这就是比较明确的普鲁士式农业资本主义发展道路的主张了。

陈炽要求仿效英、法，建立资本主义农场，由谁仿效呢？他的想法看来是由原来的土地所有者自己进行，并未提到土地租佃问题。欧洲的资本主义农业土地所有者自己开办农场的情况是有的，但不尽如此。相当多的情况或者说更为通常的情况是由土地所有者把土地出租给租地农业家，由后者出资开办农场。陈炽对欧洲的租地农业家可能不甚了了，而中国当时（尤其是中国北方）尚极少这种经营模式，所以陈炽就设计了一种土地所有者自兼农场主的经营模式。在《续富国策》写出后不久，租地农业家的经营模式，也开始为关心中国农业发展的人士所知晓了。

第四节　陈炽论货币及银行制度的改革

社会化的大生产及与此相适应的市场经济，离开现代的货币制度和银行制度是不可想象的。陈炽对发展中国经济的强烈愿望，使他不能不重视货币制度的改革和银行制度的创建问题。

在19世纪最后三十年间有改革要求的人士中，以陈炽及郑观应对货币、银行问题的议论为最多。郑观应所以关心货币、银行的问题，是其商人的地位决定的。他直接经营工商业，经常同银行、货币打交道，自然最懂得银行、货币对工商业经营的重要，也最痛感货币、银行制度的落后和混乱对经营工商业带来的困难和不便。陈炽所以关心银行、货币问题，则是由于甲午战争前后建立新的货币制度和创建银行制度的要求已逐渐提上了经济改革的日程。经过三四十年的实践以及思想斗争，到甲午战争前后，尽管有些顽固分子还力图对新式工商业的引进加以反对和抵制,但新式工商业的创办已成为不可逆转之势。新式工商业的创办和经营,使得货币、银行的意义和作用越来越为人们所认识。陈炽关于货币、银行问题的议论,正是人们对这方面认识和要求的增长在思想学术领域中的表现。

陈炽高度重视货币制度在经济发展中的作用。在谈到确定铸币制度、以铸币代银两流通的意义时,他认为这样做可以"免西人垄断之虞,有四海流通之利,商务日振,工艺日兴"①。在谈到确立"钞法"即纸币制度的意义时,他称之为"恤商恤民之本,足食足兵之源,商务所由振兴,民生国计之所以维持于不敝也"②。到甲午战争后,他甚至把中国经济落后、民贫国弱的根源归结为货币制度方面的弊病,把货币制度方面的改革看做解决这一切问题的根本:

> 今日而上下困穷,四海瞀瞀,……寻源探本,则圜法之弊,一言蔽之矣;对症用药,则整顿圜法之弊,一方括之矣。③

陈炽的这种货币救国论,自然是远离事实的夸张,同他的富国之源在于生财的基本观点也是不一致的。但是,这种夸张也反映了他对货币问题在经济发展中的作用的重视。

对中国当时货币制度方面的问题,即所谓"圜法之弊",陈炽指出了三个方面:

一是货币数量的不足。他说:"今天下之大患,非食不足也,

---

① 《庸书·外篇·圜法》。
② 《庸书·外篇·交钞》。
③ 《续富国策·开矿禁铜说》。

货不足耳"①,"海内之金银,万不敷生人之用"②。

二是货币制度落后。他批评清朝当时还实行的纹银制钱两币制:"纹银折算畸零,权衡轻重出入高下之际,吏胥弄法,士侩操奇;铜钱则笨重繁难,不能及远。"③

三是用银而不用金,在对外支付中发生越来越严重的"镑亏"。

陈炽认为,当时主要资本主义国家均用金币,而中国用银,在中国国际收支逆差需对外支付时,必然因金贵银贱而遭受越来越大的损失,即所谓"镑亏"。

> 其显敝中国者莫甚于洋债一宗。镑价参差,隐亏巨万;而民间货物,一出一入,低昂轻重,均以金镑为衡,暗削潜销,利源外溢。④

针对这些"圜法之弊",他提了整顿圜法即改革中国货币制度的主张。这包括两个方面:一方面仿西法建立铸币制度,另一方面发行公私纸币。

他主张仿西法铸造货币,废止中国自明代中叶以来实行纹银称量货币。铸币分为金、银、铜三种,金钱一枚,值银钱十枚,铜钱一万枚,比价一定而不变,"轻重相制,上下通行,……不逐洋盘为涨落,不随市价为转移,三品兼权,我行我法"⑤。

这是一种金、银、铜三种金属的多本位制。过去,有些欧洲国家曾实行过金、银复本位制。在复本位制下,不同货币的比价不随

---

① 《续富国策·维持矿政说》。
② 《续富国策·创开银行说》。
③ 《庸书·外篇·圜法》。
④ 同上。
⑤ 《续富国策·开矿禁铜说》。

金、银比价的变化而变化，在金、银币的比价与金、银的变化不一致时，必然发生"劣币驱逐良币"的现象，使复本位无法维持下去。"价值尺度的二重化是同价值尺度的职能相矛盾的"①。陈炽的"三品兼权"实际上是要使价值尺度三重化，自然更是不可行的。

陈炽主张"三品兼权"，主观上是想以此增加货币流通量，解决"货不足"的矛盾。但他可能不知道欧洲国家实行复本位失败的历史，更不能从理论上认识复本位的矛盾，所以会设计出比金、银复本位更不合理的金、银、铜"三品兼权"。当然，中国古代关于货币有上、中、下三品的说法，对他也会有所影响。

陈炽虽主张三品兼权，但在三品中间，他最重视的还是金币。因为，他把"金贵"看做当时中国货币问题的主要症结。他认为当时中国陷入了金贵银贱，黄金严重外流的困境："今日中国之金何为而贵也？曰：以金少故。中国之金何为而少也？曰：欧亚各国以银易金运归其本国铸钱也。"②他对此抱着极大忧虑，认为"国宝外流，真元内斫，奇赢贵贱，惟人所操，深患隐幽，未知何底矣"③。

陈炽把这种局面的造成归咎于外国货币用金而中国用银："盖人贵我贱，人重我轻，必为人制。"④他认为，只要中国改用金币，黄金外流的问题就迎刃而解，中国在货币金融问题上就可和列强平起平坐，中国在经济上"受制于人"、遭受外来经济侵略的局面，也将随之消除。

陈炽还主张：中国铸造的金币，必须在成色、重量方面和英镑

---

① 《马克思恩格斯全集》第23卷，人民出版社1972年版，第114页。
② 《续富国策·就银铸钱说》。
③ 《续富国策·披沙炼金说》。
④ 《铸银条陈》，载《皇朝经世文新编》卷十四。

完全一样,认为这样就可使外国货币流入中国,在中国市场上流通,使"彼钱皆我钱"①,这会有助于解决中国"货不足"的问题。

陈炽看来已读过西方的某些谈论货币问题的浅近书籍。他在这方面的知识要比同时期的某些中国人士多一些。但是,他显然不能充分理解货币学中的有关理论问题,因而所提出的方案以及所做的解释、说明,都包含着许多误解和混乱。

他看到了当时的金贵银贱现象,并且感到它对中国经济的不利影响,但他不懂得这是世界范围的问题,并不只是中国自身黄金外流的结果。

他设想中国如果改用金币,就可消除黄金外流。其实,金、银等贵金属外流,主要是为了偿付国际收支逆差。当时,中国一方面有巨额贸易逆差,另一方面需偿付大量外债。这是中国经济落后和外国对华侵略所造成,不可能靠改行金币来改变。抛开中国当时无足够黄金储量,不具备改行金币的条件这一点不论,假使中国改用金币成功,只要国际收支逆差存在,黄金照样会外流。

陈炽想使中国的金铸币成色、重量都和英镑一致,这更是一种毫无意义的主张。金币决不会物以类聚。只有在中国的国际收支有顺差时,外国黄金才会流入。铸币的成色、重量问题,同黄金的国际流通问题是毫不相干的。何况,在本国市场上流通外国货币,是一种半殖民地色彩的现象,是一个希望建立独立的、不受制于人的货币制度的国家所应竭力避免的。然而,陈炽却说:"欲收权利,欲兴商务,非自铸金钱不可,金钱轻重非仿英镑不可。"②他竟然把

① 《续富国策·通用金镑说》。
② 同上。

铸金币仿英镑说成是"收利权"的必要措施,真是匪夷所思!

除了建立三品兼权的铸币制度外,陈炽还主张发行纸币。

他认为发行纸币可以"济金、银、铜三品之穷"①。这里,"穷"有两个方面的涵义:一指数量之穷,二指流转之难。对前者,他指出:"海内之金、银,万不敷生人之日用。"②贵金属的数量已日益不能满足经济发展的需要,只有发行纸币以资弥补。对于后者,他认为随着经济的发展,"地益广,人益众,用益繁,则取携益不便"③。

陈炽从中国发钞的历史指出:历史上行钞虽皆以失败告终,但实行过程中也不乏成功的经验,"方其盛也,上下信实,适用反过于钱"④。这说明纸币不是不可行,关键在于能否取信于民。为此,他主张纸币发行要有准备金,而且是十足的准备金:"岁入一千万之款,而造千万之钞。"⑤这是就国家发行的纸币来说的。后来,他在谈到银行发行纸币时又说:"一千万金,而得二千万金之用"⑥,也就是认为准备金可占发钞数额的50%。

陈炽关于准备金比率的主张,说明他对西方的发行准备金制度既不甚了了,对中国古人在这方面的成就也缺乏研究。⑦

对于创设银行的问题,陈炽也是从银行对经济发展的作用考虑问题的。谈到设银行的目的时,他一再声称:"银行以兴商务"⑧,

---

① 《庸书·外篇·交钞》。
② 《续富国策·创开银行说》。
③ 同上。
④ 同上。
⑤ 《庸书·外篇·交钞》。
⑥ 《续富国策·创开银行说》。
⑦ 宋人李纲已认识到准备金可占发行总额的三分之一。
⑧ 《盛世危言》序。

银行是"通商惠工之真源",有"怀远招携之实效"①。他列举银行对"兴商务"有"方便",即发行钞票、汇票,办理存款、押款(抵押放款)和借款(承办国债)。他认为要振兴商务,要同外国进行商业竞争,没有银行进行这些业务,就会像一个"筋络痿痹"、血脉瘀滞的病人同健壮的人角力一样:"以病夫而敌壮夫,岂能与之絜长较短哉!"②

他大声疾呼地提醒人们:"中国自问此后而果能不与通商则亦已耳,通商而不设银行,是犹涉水而无梁,乘马而无辔,登山而无屐,……则断断乎其不可矣。"③

对于银行的种类,陈炽主张设官银行和私银行。这是就所有制而言的。他还不懂得按银行的职能分类,不懂得中央银行和商业银行的区别和关系。事实上,他还不能把银行制度作为一种制度来理解。

第五节　对封建顽固势力反对经济发展的言论的驳斥

陈炽从发展中国的强烈愿望出发,对地主阶级顽固派反对发展中国经济的各种观点进行了尖锐的批驳,尤其着重抨击了贵义贱利论和机器不宜于中国论。

对贵义贱利论,陈炽指出:

①　《续富国策·创开银行说》。
②　同上。
③　同上。

第一，贵义贱利论是"后儒"之论，而不是什么"圣人之言"。

针对当时的地主阶级顽固派以贵义贱利的封建经济思想教条作武器，反对师西法以富国，陈炽反驳说：提倡贵义贱利，反对言利，不过是"后儒兢兢，……阏塞耳目"的迂腐论调，"夫财利之有无，实系斯人之生命。虽有神圣，不能徒手而救饿夫"。[1]"利"对民生国计是头等大事，决不能对讲求财利（"言利"）抱忽视、鄙视的态度。

第二，对"利"必须分别公利、私利，不应笼统地反对"言利"。

陈炽仍接受儒家义高于利、义重于利的观点，但予以新的解释说：

> 夫惟人竞利则争，争则乱。义也者，所以剂天下之平也；非既有义焉而天下遂可以无利也，其别公、私而已矣。利而私之于一身，则小人之无忌惮矣；利而公之于天下，则君子之中庸矣。此上天赏罚之权，斯世斯民生死之关而人禽之界也。[2]

这里，陈炽把"利"即经济看做是基本的、决定性的事物，是天下所"不可无"的，而把"义"即道德、伦理准则看做对人们的利益关系起调节作用的东西，认为判断"利"是否合乎"义"，关键要看利是公利还是私利：提倡公利就是义；把利"私于一身"，即由个人或少数人垄断起来，就是不义。

第三，地主阶级顽固派借口反对"言利"来拒绝采用西法以求富，不过是维护自己既得利益的遮羞布：

> 吾虑天下之口不言利者，其好利有甚于人也，且别有网利

---

① 《续富国策·攻金之工说》。
② 同上。

之方,而举世所不及觉也。①

这里说的"口不言利者",当然是指当时反对师西法发展中国经济的封建顽固派人物,他们的"别有网利之方",则是指他们以残酷的地租、高利贷剥削及封建专制对广大人民进行的巧取豪夺。

第四,"古圣人"不是笼统反对"言利"而只是反对言私利,对于"公诸天下之人"的公利,则不是反对,而是积极提倡的。

在上述论断的基础上,陈炽做出结论说:

> 古圣人盖曰言利以公诸天下之人;而决不避言利之名,使天下有一夫稍失其利也。②

陈炽说的"公利",自然不是指"集体利益"、"全民利益"之类的概念,而是指"公诸天下之人"即人人都有权追求的财利。人人有权追求,不等于人人都有条件、有实力追求,因此,这只是一种资产阶级的权利观。用这种权利观来反对封建势力垄断财利的特权,来批判为封建特权辩护的封建主义经济思想,是有很大进步意义的。它有着为新的生产方式开辟道路的作用,能够揭露出有关封建经济思想的本质,予以切中要害的打击,像陈炽这样对贵义贱利论的批判,就把这一封建正统经济思想教条的维护封建统治势力既得利益的本质给揭露出来了。这是封建时代任何批判贵义贱利论的思想所不能企及的。

对机器不宜于中国论,陈炽指出:这一论调包含着两个论点:

一是"机器夺贫民之利"。对这一说法的主要内容,陈炽概括说:

---

① 《续富国策·攻金之工说》。
② 同上。

> 今之论者，辄谓泰西各国土旷人稀，故以机器代人力；中国人稠地狭，民间技艺尚倚手工，若以机器为之必夺贫民生计。①

二是中国用机器无利。持此论的人宣扬：

> 西人以机器制物，既速且多，行销中国。中国亦以机器制物，何地可销？物贱价廉，终归无利。②

陈炽痛斥这种论调"似是而实非"，是"井蛙夏虫之见"③，不但无道理，而且是极为有害的，认为持此论者是"贫中国、弱中国之大罪人"④。

对机器夺贫民之利论，陈炽反驳说：西方国家并不都是地旷人稀，有些国家如英国、比利时、瑞士等，比中国人口最稠密的地区"江浙湘鄂之间"，人口密度还大；德法等国，也皆"人稠地狭"。但是，"自机器大兴"，劳动生产率大大提高，"一人之上，足给十人之食"，一个大工厂，"贫民之工作者辄数千人"，这不是"机器夺贫民生计"，而恰是机器广开"天下穷民谋食之路"。⑤

对于中国用机器无利论，陈炽反驳说：中国人口众多，市场广大，而且"工资既廉，费用又省"，如广用机器进行生产，产品"价必倍贱外洋"，不愁没有销路和利润。所谓用机器无利的说法，阻碍中国使用机器和新技术发展国民经济，削弱中国同外来商品竞争的能力，"实暗保洋货之来源，暗绝华民之生路"⑥，是一种有利

---

① 《庸书·外篇·养民》。
② 《续富国策·工艺养民说》。
③ 《庸书·外篇·养民》。
④ 《续富国策·工艺养民说》。
⑤ 同上。
⑥ 同上。

于外国对华经济侵略的理论。

陈炽对中国用机器无利论的反驳，只强调中国市场广大，工资低廉等有利因素，而对西方国家的巨大技术优势和在华殖民特权的作用未加考虑，这未免把中国使用机器同西方国家争夺市场的问题看得过于容易。但是，经济落后国家在发展经济赶上先进国家的努力中，具有后发优势，陈炽坚信中国只要坚持发展，就能够赶上发达国家，这种信念从总体上说无疑是正确的。

陈炽对经济发展的要求是强烈的，对中国经济发展的前景是乐观的，他对封建顽固派反对发展经济的论调的反驳，也比较尖锐，并较有理论性。这也是他的经济思想的一个比较显著的特色。

陈炽为了有利于经济的发展，也提出过某些政治改革的要求。他提出了和郑观应相似的立商部的主张，又盛赞西方的议会制度，认为议会是"英、美各邦所以强兵富国纵横四海之根源"[1]。但是，他心目中的议会，只不过是一个咨询性的机构："有大利弊，会议以达"，以帮助当权者"兼听则明"，而不得有立法及监督政府的权力，"事之行否，仍由在上者主之"[2]。他还强调要防止议会"抗官"、"乱政"和"挠国法"，并设计了一套办法来防止议会的行动越出这种轨道。这些办法包括：

第一，严格限制议员当选的资格。

陈炽设计的议院，对议员的产生虽采用选举的形式，但对候选人资格则严加限制，"必列荐绅，方能入选"[3]。这里所谓"荐绅"，不但是富有家财的人，还是封建政权认为政治上可靠，不会"抗

---

① 《庸书·外篇·议院》。

② 同上。

③ 同上。

官"、"乱政"的人。

第二,对"抗官"、"乱政"的议员,政府可"随时撤之"①。

议员可由政府随时撤换,议院就只能是封建政权的附属机构了。

陈炽一方面称道议院是"强兵富国之根源",另一方面又说,西方的"民主之制,犯上作乱之滥觞也"②。这充分表明了他的政治改革要求的软弱和充满矛盾。

正因他的政治改革要求十分软弱,他也就不可能对封建制度从政治上、学术上进行较有力的批判。陈炽对封建经济思想的批判比较尖锐,而对封建制度的政治批判则软弱无力,二者成比较鲜明的对照。

这种情况是有其理论基础的,这就是他的变器不变道论。

他说:"夫道不变者也,器屡变者也。"③他以这种观点来反对封建顽固派借口道不可变来反对采用西法的主张,指出:尧、舜、禹、汤、文、武、周公之道固然万古不变,但他们的"器"却不能万古使用:"试问今之所用者何一为尧、舜、禹、汤、文、武、周公之器乎?"④他认为:如果因坚持道不改变而连器也不许改变,必致"因器而妨道",倒不如在坚持不变道的前提下,学习和采用西方的器。这用他的话说,就是"存道而参用其器"⑤。

"可变者器,不可变者道",这是甲午战争前有改革要求的人士

---

① 《庸书·外篇·议院》。
② 《盛世危言》序。
③ 《续富国策·攻木之工说》。
④ 同上。
⑤ 同上。

共同持有的观点。王韬、薛福成、郑观应等人都曾以自己的方式宣扬过这种观点。但是，甲午战争的失败，已经把这种观点的错误充分暴露了出来。甲午战争后，先进人士已纷纷觉悟到，只从经济方面进行改革而不进行政治、学术方面的改革是不行的，因而在实践方面发展了变法维新运动，在理论上开始批判这种改革所依据的理论基础——变器不变道论。陈炽在甲午战争后还坚持变器不变道论，并以之规范自己的思想和行动，这就使他无法充分跟上时代形势，在实践上和理论上都不能走在历史潮流的最前列。

第六节　对列强在华殖民特权的抨击

陈炽对外国侵略势力在中国所攫夺的种种殖民特权痛心疾首，对这些殖民特权在掠夺中国财富，阻碍中国经济发展方面所起的作用，一再给予揭露和抨击。

他对外国强加给中国的协定关税强烈反对，认为："税则者国家自主之权也"，鸦片战争后外国侵略势力利用清朝廷及其疆吏的腐朽、颟顸，将协定关税"载入约章"，从此，中国就失去了关税自主权，这一国民经济命脉落入外国列强之手，"太阿倒持，投人以柄，九州之铁，铸错竟成！"①

他痛斥被清朝廷任命为中国海关总税务司的英国人赫德说：

> 天下利之所在，即权之所在，不可轻以假人者也。乃有非我族类，久假不归，盘踞要津，根深蒂固。海关厘税岁入

① 《庸书·外篇·税司》。

三千万,仰其鼻息以为盈虚,……渐而阴持朝议,显绌邦交。①

他揭露清朝廷及其当权官吏任命赫德把持中国海关的洋奴卖国嘴脸说:

> 国家旧制,于臣工制驭綦严,乃独于一西人,倚任多年,毫无疑虑,中外大臣,皆尊而信之,无一深窥其隐者,抑独何也? ②

他把清朝廷任用赫德担任海关总税务司比做印度与英国东印度公司的关系,指出:英国吞并印度,也是从东印度公司代理印度海关税务开始。中国如果继续"柄用西人,……太阿倒持",就有步印度后尘的危险。

除了海关的管辖权之外,陈炽还揭露了洋务派在其他领域倚任外国侵略分子的情况,指责洋务派垄断新式工业的"官商各局",对于"综理一切"的权位,"统用西人,绝不思教养华人,以渐收其权利"。③这就使"堂堂中国,有器无人,遂将蹈印度、波斯、土耳其之覆辙"④。

由此,他得出了一个必须把"西法"和"西人"分开的结论说:"西法之善者可行也,西人之狡者可畏也。"⑤他批评当时地主阶级顽固派是"恶西人而摈西法,不知变通,坐井观天,终至坐困",而洋务派官僚则是"喜西法而兼用西人,……开门揖盗,受制于人"。依据这种认识,陈炽提出了采西法而不用西人的主张,认为:"惟

---

① 《庸书·外篇·税司》。
② 同上。
③ 《庸书·外篇·自立》。
④ 同上。
⑤ 《庸书·外篇·西法》。

兼采西法,而后古今之变局不能挽;惟专用华人,而后中国之利权不为夺。"①

警惕外国侵略分子在受中国任用时阴图不轨,侵犯中国利权,是必要的。但应当把外国侵略分子和受雇于中国的一般外国人员区分开,不可以国籍来划线,"专用华人",外国人一律不用。陈炽说,"西人之狡者可畏",这种提法本身是不错的,但所谓"西人之狡者",只能理解为"西人"中之"狡者",即"西人"中的心怀叵测的人物,而不能解释为:西人全是狡者。中国要采用西法,使用有真才实学、肯于按合同为中国服务的西人是有益的,必要的。"专用华人"应说是一种矫枉过正的主张。

对列强在中国攫夺的内河航行权,陈炽也深表愤慨。他认为:"内河行轮,乃中国自有之利权",清朝廷允许外国轮船航行中国内河,是损害中国主权的不平等条约,要求废除这一殖民特权,对中国内河,"嗣后无论何国,概不得借口游历,援例驶行"②。

在甲午战争前,陈炽已担心将来外国列强会在中国攫夺筑路权和投资设厂权,认为:"万一他日事变所开,西人于内地广驶舟车,大兴制造,……将使贫民百万,麇附他人,丛雀渊鱼,何堪设想?"③

担心贫民到外国把持的铁路或外资开设的工厂中做工会成为"丛雀渊鱼",受外国人利用干不利于自己祖国的事情,自是一种过虑。近代的历史证明,在外资企业中做工的中国工人,是中国工人阶级的重要组成部分,他们在反侵略爱国斗争中,前仆后继,做出

① 《庸书·外篇·西法》。
② 《庸书·外篇·轮船》。
③ 《庸书·外篇·养民》。

过重大贡献。但是，列强在中国攫夺筑路、设厂权，使中国"贫民百万"遭受外国资本的残酷剥削，生计为外国人把持，这不但使国家丧失大量利权，也使中国人民苦难更加深重。陈炽在甲午战争前就担心及此，思想是敏锐的，对外来侵略的警觉性是值得称道的。

陈炽对外国经济侵略有较深的认识，但他对列强军事侵略的警觉性是很不够的。在甲午战争前夕，他还断言："此时各国强弱相均，莫敢先发，即情势更改，亦须再越数十年。"①

他尤其认为，英国只想得到和中国通商之利，而不愿在中国发生战争：

> 通商诸国英为大，彼方擅重洋之全利，倚中国为奥援。数十年中，保无兵事。②

在此种认识下，他做出了中国只需全力从事经济发展，不必考虑国防问题的论断：

> 我第振兴商务，开拓利源，出土地之所藏，以与之争逐互市而已，无余事矣。今之整饬海防，纷纷然其不惮烦者，皆虚器耳！③

当然，像李鸿章那样的办海军，"整饬海防"，对抵抗外来侵略、保卫中国独立，的确没有什么意义。多买进几艘外国军舰，在对外战争中，也只会多被打沉几艘，正像甲午海战中的情况那样。如果陈炽把这样的"整饬海防"说成"虚器"，那自是不错的。但是，以外国侵略威胁已不存在为理由而反对"整饬海防"，那就未免过于麻痹了。

---

① 《庸书·外篇·商务》。
② 《庸书·外篇·自叙》。
③ 同上。

在甲午战争前,认为西方只想进行经济侵略,而不想再对华发动侵略战争,中国在相当长的时期内可以只注意发展经济以自救的思想,非只陈炽一人有之。但是,陈炽是在甲午战争前夕新的侵略战争已经迫在眉睫的时刻宣扬这种观点的,而且宣扬得比别人更起劲,更富自信,这就表明他对列强的侵略野心更缺乏警惕,表明他对中国经济发展的根本政治前提问题更缺乏认识。

(原载《中国经济思想通史续集》,

北京大学出版社2004年版)

22　张謇的经济思想

第一节　状元实业家

张謇（1853—1926年），本名吴起元，因便于科举应试，改名张謇，字季直，号啬庵，江苏南通人。甲午战争前，他长期过着游幕生活，名声渐著，受到朝廷清流派大臣潘祖荫、翁同龢等的赏识。在他们的支持下，1894年考中一甲一名进士（状元），授职翰林院修撰。

在封建王朝统治时期，取得了状元这种最高的科举功名，就打开了通向封建官僚最高层的通路。可是，张謇却没有沿着这一状元及第、致身台阁的传统道路走下去，而是在几年之后（1897年），就接受了署理两江总督张之洞的委托，倡办江苏通州大生纱厂，走上了办实业的道路。

在中国封建时代，贱视工商业本是知识分子沿袭数千年的积习。就连张謇在转向办实业的道路后，有时仍十分委屈地说自己是"以爝然自待之身，涸秽浊不伦之俗"[①]。但他毕竟断然跨出了这一步，而且永不回头了。这种情况能够出现，是时代条件变化的结果。中国的新式工业从开始产生起，到中日甲午战争后已有了大

[①]　张謇：《为实业致钱新之函》，《张季子九录·实业录》卷八。

约三十年的历史。尽管在外国列强和中国封建势力的压迫、控制下,步履艰难,但这种社会化的生产力毕竟逐渐显示了它的力量和优势,对社会起了一定的开风气作用。而外国列强对中国侵略的日益深入,更使中国人士改变中国经济落后面貌以自强、自救的认识随之滋长。同时,新式工业同科学技术的联系,也使人们越来越认识到,发展新式工业,不依靠拥有科学知识的人是不行的。正是这种情况,使得张謇在光绪十二年(1886年)就开始产生了中国振兴实业,"其责任须在士大夫"的想法。但是,在中日甲午战争前,他的这类想法显然还很不明确,很不具体,因而将近十年之间他至多只是做了某些提倡蚕丝之类的活动,同办新式企业还不沾边。甲午战争后,他受民族危机的强烈刺激,特别是由《马关条约》开始的外国在华投资权使得幼弱的中国新式工业更难以自存,这才使他决心跨出由封建士大夫向民族实业家转变的决定一步。

清末由封建官僚转而办新式工业的已不是个别现象,单是以状元而倡办实业的,除张謇之外,就还有孙家鼐(咸丰己未——1859年状元)、陆润庠(同治甲子——1864年状元)二人,但在办实业方面取得成就最大、在中国近代实业界最有名声的,则当推张謇,从19世纪末到20世纪初年,张謇俨然成了中国实业界执牛耳的人物。

中国的民族资产阶级,尤其是它的上层人士,多是由地主、官僚、商人转化而来的。张謇出身商人家庭,有田三千余亩,本身又是在官僚士大夫集团中有特殊地位和影响的状元,这使他在投身办实业后,自然成为民族实业家的典型代表,得到别人不容易相比拟的办实业的条件。他利用这些有利条件,联系各方面的地主、商人和官僚,推动他们参加投资办企业,又利用自己与官府的关系,为所办企业争取一些别人不容易获得的条件。加上他的经营才能，他的企业获得了较大的发展，除大生纱厂外，他还陆续办起了苏打、电力、运输、堆栈、机器修配等二三十个工业企业以及占地四百余万亩的十六个盐垦、垦牧公司，成了当时一个较大的民族实业集团。

张謇在政治态度上也像大多数民族资产阶级的上层人物一样，主张实行自上而下的政治改革，以为资本主义实业的发展创造条件，而反对甚至敌视自下而上的革命，生怕自己同封建主义有千丝万缕联系的经济、政治利益，会因封建政权的突然崩溃而遭受损失。这种立场，和康有为、梁启超等人是一致的，而且，他比康、梁等在政治上更保守。在19世纪末的变法维新运动时期，他也参加过强学会，但并未积极投入变法维新运动的政治斗争，甚至还把康、梁当时的作为看做"轻举"①。在进入了20世纪之后，他为了给上层资产阶级的办实业争取有利条件，参加了当时主要是资产阶级上层人物推动的立宪运动，后来逐渐成为立宪运动的中心人物。

武昌起义爆发后，张謇一开始站在敌视革命的立场，他游说江苏省的清朝地方官吏，动员他们派兵去镇压武昌起义势力，后见大势已去，就剪掉辫发，表示赞成共和，并接受孙中山的邀请，到民国临时政府中担任了实业总长。在袁世凯篡夺政权的活动中，他站在袁世凯一边，为袁世凯篡国推波助澜。在袁政权建立后，他曾出任农林工商总长并水利局总裁，后来感到袁政权并不支持他大办实业的梦想，辞职返乡，继续从事办实业和地方公益事业。袁世

① 张謇：《张季子年谱》，《张季子九录·专录》卷七。

凯失败后,他在此后的历届军阀政权中,未再做官,但也从未参加过反对军阀政权的斗争。

张謇的办实业活动,在第一次世界大战时期得到了较大发展,以后即日益陷入困境。到1925年,也即他死前一年,大生纱厂因负债无力偿还,被债主银行团接管。

张謇的著作编为《张季子九录》(其中论经济问题的篇章主要辑入《政闻录》《实业录》中)、《张啬庵先生实业文钞》、《张謇存稿》等。1994年江苏古籍出版社又出版了《张謇全集》。

第二节 救国之根本在实业

张謇用"振兴实业"的口号表达发展中国资本主义经济的要求。"振兴实业"的口号,并不是张謇开始提出的。前面讲到,在中日甲午战争前,有志改革的人士多用"振兴商务"的口号表达发展资本主义经济的要求,后来,随着人们对大工业在国民经济中的地位和作用的认识,逐渐出现了"振兴实业"的口号。不过,在变法维新运动失败前,"振兴商务"的口号仍和"振兴实业"的口号并存。康有为在戊戌变法时期,就时而用"振兴实业"的口号,时而则用"振兴商务"的口号。

在变法维新运动失败前,人们虽已使用"振兴实业"的口号,但对"实业"、"振兴实业"的含义以及"振兴实业"的意义和方法,也都还没有什么明确的解说和阐述。

张謇的情况则不同了:

第一,他开始对"实业"一词给予了明确的定义。指出:

> 实业者,西人赅农、工、商之名。①

这就是说:凡用西法及资本主义的方式经营的一切农、工、商业,都属于实业的范畴,实业不专指国民经济的某一部门。这一定义,就从概念上把前人用"振兴商务"、"通商"、"劝工"等口号来表达发展资本主义经济要求的种种做法完全排除了。

第二,正因如此,张謇就很少再用"商务"、"振兴商务"之类的提法,而专用"振兴实业"表达自己按资本主义道路发展中国经济的要求了。

第三,张謇并不是把"实业"、"振兴实业"作为一个笼统的概念来宣扬,而是在"实业"之中区别为若干不同的部门,并探讨它们之间的相互关系和联系。

张謇仍然使用中国传统经济思想关于"本"、"末"的说法,来表达他对国民经济不同部门之间的关系的看法。他有时说"工"为本,有时说"农"为本,有时又说工、农为本。不过,对于"商",他总是称之为"末"。

他在强调办新式工业对富民强国的意义时,就宣扬以工为本的思想,如说:

> 世人皆言外洋以商务立国,此皮毛之论也。不知外洋富民强国之本实在于工。②

可是,他有时又说农和工都是本,甚至还把农放在工之上,如说:

> 凡有国家者,立国之本不在兵也,不在商也,在乎工与农,

---

① 张謇:《记论舜为实业政治家》,《张季子九录·文录》卷二。
② 张謇:《代鄂督陈立国自强疏》,《张季子九录·政闻录》卷一。

而农为尤要。农不生则工无所作，工不作则商无所鬻。①

　　民生之业农为本，殖生货者也，工次之，资生以成熟者也；商为之缩愈，而以人之利为利者也。汉人重农谓为本富，商为末富，亮哉！②

张謇作为一个在中国近代民族工业发展中起过重要作用的工业家，强调以工为本，是自然的。他如此强调农，有时甚至把农的地位抬到工之上，似乎是难以理解的。在这方面，他所受传统思想的影响以及他的家庭同封建地产的联系，也许不无影响，但更主要的是，他说的农本，已不是封建时代从民食角度所强调的那种封建自然经济的农业，而是作为工业原料的农。因此，他所称以农为本，主要还是从工业发展的需要出发的。

他称商为末，并援引汉代人的说法，实际上，他毫无汉代人那种从维护自然经济角度歧视商业的观点。他虽说农、工为本而商为末，但却从未说过"重本抑末"这类的话。不唯如此，他还明确地表示，自己说的末，决无轻视、歧视的含义，认为："无工商则农困塞。……本对末而言，犹言原委，义有先后而无轻重。"③

张謇所说的工、商，自然都是资本主义的工商业，而不再是旧式工商业。他所说的农，既然主要是为工业提供原料的，至少也已纳入了资本主义的流通体系，而非封建自然经济的农业了。不过，仅仅把农产品纳入资本主义的流通体系，而不根本改变农业的生产和经营方式，仍然保留着封建地产及封建地租剥削方式，这种农业就还不是资本主义性质的农业，按张謇对"实业"的定义来看，

---

① 张謇：《请兴农会奏》，《张季子九录·实业录》卷一。
② 张謇：《通如海棉业公会棉产统计报告书序》，《张季子九录·实业录》卷六。
③ 张謇：《记论舜为实业政治家》，《张季子九录·文录》卷二。

就还不属于实业的范畴。张謇在论述实业的含义及实业内部各部门的关系时，并未具体分析这一问题，但在他谈论及实施办盐垦公司、垦牧公司的问题时，他在怎样使农业实业化方面的矛盾及弱点就暴露无遗了。这将在后面具体论述。

张謇不仅为振兴实业奋斗半生，而且是中国近代"实业救国"论的重要代表人物之一，在20世纪初中国资本主义工业初步发展的时期以及在第一次世界大战期间中国资本主义工业有进一步发展的时期，张謇尤其可算是"实业救国"论的最有影响的代表。

所谓"实业救国"论，已不是近代早期那种学习外国新式工业制造坚船利炮以抵御外国武装侵略的主张，而是通过振兴实业以发展中国，增强中国经济实力，以根本改变中国贫穷、衰弱面貌的主张。当时，为了挽救中国危亡，已出现了各种各样的救国论，实业救国论是其中之一，张謇是强烈主张实业救国论的。他批评其他各种救国论说：

> 今国之待救甚矣。①

> 譬之树然，教育犹花，海陆军犹果也，而其根本则在实业。若骛其花与果之灿烂甘美而忘其本，不知花与果将何附而自生。②

但是，张謇也是一个教育救国论者。他既说"实业为教育之母"③，又说教育是"一切政治、法律、实业、文学之母"④。他既认为实业依赖于教育，又认为教育依赖于实业，认为："实业而无教育，

---

① 张謇：《对于救国储金之感言》，《张季子九录·政闻录》卷三。
② 同上。
③ 张謇：《欢迎日本青年会来通参观演说》，《张季子九录·政闻录》卷六。
④ 张謇：《论新教育致黄任之函》，《张季子九录·教育录》卷五。

则业不昌"，而"不广实业，则学又不昌"。①

事实上，张謇除办实业外，为办教育也不遗余力，实业、教育和地方自治，是张謇的三项基本主张，他既为这三事不停地宣扬、鼓吹，也为这三事不停地倡办、推行。

张謇不仅是个实业家，还是一个主张以振兴实业来发展中国的思想家。他不仅经常忙于设厂、办厂的实际事务，还为振兴实业、发展中国的全局而冥思苦想。他的经济思想，不仅涉及什么是实业，振兴实业的意义（实业救国），实业与政治，实业与国防，实业与教育这一类的问题，还经常考虑振兴实业、发展中国的战略问题。举凡中国振兴实业的战略目标，振兴实业的重点和中心，振兴实业的步骤，振兴实业的资金来源之类的问题他都加以探讨并提出解决办法。张謇关于振兴实业或发展中国经济的战略，集中表现为他的"棉铁主义"。

第三节　棉铁主义

棉铁主义，也称棉铁政策，其主要内容是：中国的经济发展要以棉纺织业和钢铁业这两种行业作为建设和发展的重点和中心，首先集中力量建设起来。由于这两种行业在原料、设备、动力、销路、服务等又各和多种行业联系着，它们的发展和壮大，必然会带动多种行业的相应建立和发展，乃至带动整个国民经济按资本主义方式蓬勃发展起来，使中国成为一个发达的、富强的国家。

---

① 张謇：《辞谢农工商大臣见招答友函》，《张季子九录·政闻录》卷三。

张謇所以提倡棉铁主义是由于：

第一，为了抵制外来经济侵略，减少中国巨额的和不断增长的贸易逆差。

张謇认识到：中国进口商品中，以棉纺织品和钢铁工业产品占最主要地位，只有着重建立和发展这两项工业，才能减少"漏卮"，防止中国财富的更大量外流。他依据海关进出口商品统计，指出：

> 国人但知赔款为大漏卮，不知进出口货价相抵，每年输出，以棉货一项论，已2万1千余万两，铁已8千余万两，暗中剥削，较赔款尤甚。若不能设法，即不亡国也要穷死。[1]

> 查前清光、宣两朝贸易册，进口货之多，估较价格，棉织物曾达2万以外，次则钢铁，他货物无能及者。是以謇于南洋劝业会时，即发表中国现时实业须用棉铁政策之说。[2]

张謇说自己早在19世纪末已提倡棉铁主义或棉铁政策。[3]事实上，他是在辛亥革命前一年才正式提出的。

第二，中国经济落后，各方面都须发展，但资力薄弱，难以百废并举，只能有重点有步骤地发展，而棉、铁则是必须首先发展的重点。张謇说：

> 农、工、商业为类至多，政府、人民财力均困，若事事并营，力分而益薄。……故与其分而致薄，无宁合而可厚。[4]

> （振兴实业）无的则备多而力分，无的则地广而势涣，无

---

① 张謇：《辛亥5月17日召见拟对》，《张季子九录·政闻录》卷三。
② 张謇：《宣布就部任时之政策》，《张季子九录·政闻录》卷七。
③ 张謇：《敬告派人来南通见习纺织之团体》，《张季子九录·实业录》卷六。
④ 张謇：《宣布就部任时之政策》，《张季子九录·政闻录》卷七。

的则趋不一,无的则智不及,犹非计也。的何在? 在棉铁。①

张謇这里说的"的",指振兴实业必须首先抓住的关键,也就是实业建设中的重点和起点。

第三,棉、铁工业具有带动经济发展全局的作用,着重发展棉、铁,不仅可使棉、铁工业自身较为容易、较为迅速地发展壮大起来,还能有力地带动经济发展的全局。

棉纺织品是拥有最广大消费者的工业品,它的发展不但需要以棉花为主的多种农产品作为原料,需要巨量的煤、电力作为能源,还因为生产、运输、销售的需要,同机械、交通运输以及多种商业、服务业有着不可或缺的关系和联系。因此,棉纺织业的发展,对农、工、商、矿、交通运输业等众多行业都有带动的作用。资本主义经济的发展,就是从棉纺织业的工业革命开始,带动全局,使资本主义国民经济进入了全面发展和现代化。

钢铁工业在19世纪七八十年代已成为资本主义工业体系的基础和中心,它为一切工业提供设备,钢铁工业的状况决定着一个国家工业的力量和水平,是一国经济能否独立自主而不依赖于外国的重要标志。没有自己的强大钢铁工业,一国的所有工业,包括棉纺织业,就都摆脱不了落后的状况。

这种经济现实正是张謇在20世纪初至第一次世界大战前后宣扬棉铁主义的历史背景。张謇自然不可能从理论上对提倡棉铁主义的背景和意义认识的十分清楚。但他既然是在如此的时代背景下考虑中国的经济发展问题,就必然对此会多少有所认识,并且会随着形势的发展而认识有所加深。1923年,也就是在他办实业最

---

① 张謇:《对于救国储金之感言》,《张季子九录·政闻录》卷三。

终失败以前两年,他在陷入困境无法摆脱的情况下,呼吁国际资本支持他实现棉铁主义,希望"各国之利病共同,视线一致者,集一银公司〔……〕,以棉、铁为主要,以类于棉之稻麦、类于铁之煤为从要,其他如水利、如电、如铁路、如汽车为次从要,……如是15年小效,30年大效可以预言"①。

这里,张謇说得仍相当模糊,但毕竟已把"棉铁主义"是以棉、铁工业为重点带动经济发展全局的战略这一点说出来了。

对于以某行业或某些行业带动国家的经济发展的问题,在张謇以前,早就有人提出并做过某些议论。魏源实际上已提出了以军事工业带动经济发展的主张,洋务派官僚则在一定范围中对此进行了实践(不成功的实践)。王韬、郑观应等有志改革的人士的振兴商务思想,是以商业尤其是对外贸易带动整个国民经济发展和改组的主张。中日甲午战争后逐渐出现了"以工立国"、"劝工救国"之类的主张,把发展国民经济的重点的认识逐渐转向了大工业。不过,这些思想都只是提出了发展和改造中国的国民经济以何部门、何行业为重点和优先的问题,并未从战略的高度论述如何以重点带动全局的各方面有关问题。因此,它们充其量只是包含着对经济发展战略问题的某些很不明确、很不具体的思想萌芽,而没能为中国的经济发展提出比较完整、比较明确的战略设想。

关于实行棉铁主义的发展战略所要达到的目标,张謇概括为一句话:"操经济界之全权。"②

何谓"操经济界之全权"? 张謇自己没做过直接的、明确的解

---

① 张謇:《商榷世界实业宜供求统计中国实业宜应供求之趋势书》,《张季子九录·实业录》卷七。

② 张謇:《汉冶萍就职演说》,《张季子九录·实业录》卷五。

释。但从他对有关问题的论述中可以看出，它可能包括以下几方面的含义：

一是在同外国资本的竞争中处于优势地位。张謇认为外国进口的棉、铁工业产品占中国进口货的大宗，因而提倡棉铁主义，企图使中国首先在这两种工业中能够在同外国资本的竞争中处于主动的、优势的地位。这里他说的"操经济界之全权"，实际上就是使中国通过实行棉铁主义的战略，在经济上发达起来，从而能够自己掌握、控制国家的经济命脉，而不使国民经济命脉受外国支配。

二是通过实行棉铁主义，不仅使棉、铁工业发展起来，强大起来，而且使国民经济的一切部门，至少是一切主要部门都发展起来。这样，"操经济界之全权"，也就是操经济发展全局的支配之权、调动之权。

实行棉铁主义，以棉、铁为重点和枢纽带动中国国民经济全局的发展，这是需要极其巨大的投资的。在经济落后的中国，这样巨大的投资从哪里来呢？

张謇是中国民族实业家以及有着向新式工业投资要求的"富民"（地主、官僚和商人）的代表，对办新式工业，以至于实行棉铁主义，他自然主要是指望由这些人投资举办，并希望得到清政府及以后的北洋军阀政权的支持、扶助。他的棉铁主义，首先就是向这些人提出来的。但是，中国的民族实业家及富民，经济实力薄弱，而且许多人对投资办新式工业存在着各种顾虑。张謇为创办和维持大生纱厂和以它为中心的大生集团，到处联络、筹资，历尽艰辛，终于还是支撑不下去而倒台。他的棉铁主义虽然棉、铁并提，但他深知，凭他及他所代表的社会势力的财力，要想办以钢铁工业为基础和中心的重工业，是力所不及的。他所以提倡"棉尤宜先"①，首先致力于办以棉纺织业为中心的轻工业，固然是为了它们资金周转快，容易获利，他和他所代表的社会势力财力薄弱，筹措不出创建钢铁联合企业所必需的巨额资金，无疑是最根本的原因。

民族实业家以及有着向新式工业投资的财力的富人既然无力投资办钢铁工业，张謇就只能希望获得清政权及北洋军阀政权这些他所拥护的政府的支持和帮助来解决困难。可是，这些腐败的封建政权，又怎肯和怎能出大力支持民族实业家振兴实业呢？如果说，清政权中还有个张之洞办起了一个经营不善，负债累累的汉阳铁厂，民国的历届军阀政权，则只知道搜括民财和借外债打内战，争地盘，连张之洞这样一个能为办汉阳铁厂致力的人物也没有了。张謇为了得到"政府"的支持以实现自己的棉铁主义，不惜屈尊到他的因结怨而长期不往来的不肖弟子袁世凯政权中去担任农林工商总长②，而袁世凯只知以卖国条件借外债，以为窃国称帝筹措资金，又哪会有支持民族实业家办实业的可能？张謇出任农林工商总长为时不长，就以"财政竭蹶"，办实业"无可措手"③，而辞职不干了。

张謇办实业二十多年，只办起了以大生纱厂为中心的二三十个规模不大的轻工业，至于"需本尤重"，但对"操经界之全权"作用更大的钢铁工业，则一直"未涉津涯"④。

① 张謇：《对于救国储金之感言》，《张季子九录·实业录》卷三。
② 参阅《与朱曼君及张謇致袁世凯函》，《张謇全集》第1卷，江苏古籍出版社1994年版。
③ 张謇：《请解农商部长职，专任水利局务呈》，《张季子九录·政闻录》卷九。
④ 张謇：《汉冶萍就职演说》，《张季子九录·实业录》卷五。

几十个纺织业轻工业小企业还维持不下去,一个钢铁联合企业也办不起来,还讲什么以实业棉铁主义来"操经济界之全权"呢?

靠自身力量不够,靠封建政权支持又不可能,张謇还能从哪里筹资来实现他的棉铁主义呢? 他只能寄希望于利用外资了。于是他说:

> 国内不可求,则事遂可以已乎?
>
> 我不得不出于借外债以此。①

前面提到,在他的事业失败前,他所提出的与国际资本合作"集一银公司",全面实施棉铁主义,在几十年内办成"操经济界全权"的国际巨大资本集团的计划,就是他想依靠利用外资实现棉铁主义以发展中国经济的一个战略全局的设计。

在广泛利用外资的国际经济合作计划难以实现的情况下,他甚至转向近邻的对中国最富侵略野心的日本要求借款说:

> 美远而日近,近庶几济吾事,吾是以借日债。②

张謇深深知道,在当时的情势下,利用外资很难得到平等、合理、对中国有利的条件,因此,他一再强调:利用外资必须坚持平等、互利的条件,借外债必须以"能还本息为终止","其尤要则借外债不可丧主权"。③

张謇主张利用外资实现棉铁主义,这种主张本身是无可非议的,如有可能实现,对中国是有利的。但是,问题的症结在于当时的中国并不存在这种可能。当时,列强控制了中国的国民经济命

---

① 张謇:《拟发展盐垦借款成立后宣言》,《张季子九录·政闻录》卷八。
② 同上。
③ 同上。

脉,在中国划分势力范围,各自支持,卵翼一派军阀打内战,整个中国陷于四分五裂。在这种情势下,要在全国范围中利用外资按一定规划(例如张謇的棉铁主义)进行全国性的建设,使中国经济得到全面的发展,只能是痴心妄想。在国家四分五裂,争战不休,卖国残民的军阀执掌权柄的情况下,办企业困难较多,风险极大。即使个别企业或实业集团想要借外债或吸收外资来加强自己的实力,改善经营条件,也是不容易做到的。

自身财力微薄,政府支持无望,而大规模利用外资又根本不具备条件……张謇雄心勃勃的棉铁主义,在左右支绌,到处碰壁的局面下,也只能哀叹"茫无方向"①了。

第四节　在农业发展道路方面的矛盾态度

在张謇以前,要求创办新式工业的思想家,多已抛弃并批判了中国传统的以农为本的思想,而提倡以商为本,或以工为本。张謇是亲身参加办工业并办得最有成效的实业家兼思想家,但他却又使用了农本的提法,其重视农业的态度,超过了稍前的王韬、郑观应以及同时的康有为、梁启超等人。前面讲到,他重农的特点,主要不是从民食的角度而是从工业原料的角度重农。作为一个以经营棉纺织为主的实业家,重视棉纺织业的主要原料棉花,并为了保证原料棉的来源而关心植棉的农业,自然是理所当然的。

为了解决棉纺织业原料来源的问题,张謇不仅在思想方面宣

---

① 张謇:《请解农商部长专任水利局务呈》,《张季子九录·政闻录》卷九。

扬重农,而且要把这种思想付诸实践,极力企图把农业经营纳入他的办实业活动。

张謇的大生纱厂设在他的家乡南通。南通所在的苏北地区,是中国当时最适宜植棉的地区之一,用新式生产技术在这一地区植棉,所产棉花质量很优,极适合作为纺纱原料。这一地带有广袤的沿海荒滩,土地极易获得,但因技术及经营落后,不能开发成广阔的植棉基地,而集中在上海附近的新式棉纺织工业,却主要以进口棉花为原料。如果能利用苏北的荒滩开发出大面积的棉田,上海及近处的棉纺织业,成本就可大大降低,棉纺织业就可获得更有利的发展条件。

甲午战争后日本取得了在华投资设厂权,设在上海一带的日本纱厂,立即虎视眈眈地注视着苏北,企图把"通产之棉"这一宝贵资源攫夺到手。

张謇在南通设纱厂,他当然不会不注意近在咫尺的通产之棉。于是,在创办以大生纱厂为中心的实业集团的过程中,他也把资本伸入农垦领域,获得了四百余万亩土地,办起了"通海垦牧公司"等十六个盐垦、垦牧公司。这些盐垦、垦牧公司,成了大生集团的组成部分。

这些盐垦公司和垦牧公司,名为"公司",又是大生集团的组成部分,理应和大生纱厂以及大生集团的其他工业企业一样,也是资本主义企业,具体说,就是按资本主义方式,招股集资,使用机器和新式技术,役使雇佣劳动,开荒植棉,将产品销往市场,主要是销售给棉纺厂作原料,所获利润按股份公司规定留作积累及分配给股东。这也就是说,盐垦、垦牧公司,要办成资本主义的植棉农场,才算得上名副其实。然而,张謇是怎样经营这些"公司"

的呢？

对资本主义农场的经营方式，张謇是有所了解的，至少是有大体的了解。在戊戌变法前，他曾提出过一个"振兴农务"的方案，主张在"久荒之地，听绅民招佃开垦，成集公司，用机器垦种"①。这里对"招佃"的方式，没有作具体的解释，是资本主义的租地农业家？还是封建生产方式下的佃农？从字面上看，两种情况均可称之为"招佃"，开垦者同地主都具有租佃关系。但"成集公司，用机器垦种"，却不是封建方式下带有严重人身依附关系的贫苦佃农所可胜任的。因此，按张謇的说法，至少可认为当时他对资本主义的农业经营方式，不是毫无所知的。

等到大生集团办盐垦、垦牧公司时，这个问题到了实际解决的时候了，究竟怎样办，张謇必须拿出一个具体的模式来。

张謇办盐垦、垦牧公司时所采用的农业经营模式，大体是这样的：

第一，"成集公司"。实行招股集资，采用公司的形式，每一盐垦或垦牧公司，利用所招股本，经营一定面积的农田。

第二，"招佃垦种"。由公司统一负责招佃，但所招的"佃"，不是拥有资本、可以用资本主义方式经营新式农场的租地农业家或农场主，而是封建主义关系下的佃农。开垦土地，耕种收获所需资金及劳动，均由这些贫困的佃农承担。

第三，土地仍然是像封建农业中那样，划分成许多小块，每一小块土地由一户佃农耕作，并承担交租的义务，而不是在较大面积的土地上实行资本主义的规模经营。

---

① 张謇：《农工商标本急策》，《张季子九录·实业录》卷一。

既然公司所招的"佃"是封建生产方式下的佃农,他们也只能按传统的一家一户为一个单位的方式进行农业生产活动,而无力投入大量资本,从事资本主义式的农业经营。

第四,不仅土地的使用被划分成一家一户为一个单位的小块,而且所有权也被划分给许多个人,其划分的办法是:按各股东出资多少,划分给大、小不同地块的所有权,属于某一"股东"的地块,佃农所交地租也归拥有这一地块的"股东"。

第五,拥有各自地块的"股东",并不直接去向佃户收租,而是由"公司"任命的专门负责收租、管佃的人员承担,并把所收的租金交给"股东"。

从上面的分析可以看出:张謇所办的这些盐垦、垦牧公司,实际不是资本主义性质的农业企业,而是仅有资本主义外壳的集体封建主义的收租组织;公司的股东,不是持有股份的资本家,而是拥有"股东"名义的封建地主,是封建农业史上从未有过的"股份地主";公司的负责人以及许多职员,实际上不是资本主义企业的经营管理人员,而是为股份地主收租、管佃的集体封建主义的管家和收租人。

盐垦、垦牧公司的设立,对出资参股的股份地主十分有利,他们照样可以获得封建地租,但由公司代为收租、管佃,都可大大省减了由他们自己承担管佃收租的费用和麻烦,但对大生集团却没什么好处,而且成了一个越来越沉重的拖累。

张謇办盐垦、垦牧公司,本是要为他的棉纺业建立原料基地。但是,承租土地的佃农既然仍是处在封建地租剥削下的贫苦佃农,要想由他们采用新式技术大面积升垦荒地种植优质棉花,是根本不可能的,一家一户为一个单位的细小经营方式和低微的劳动生产率，也根本排斥新式农业企业的建立。张謇自己也越来越认识到：公司所招佃户，多为贫而"无资"，即使有人有"少数之资"，也多用于承佃土地，支付地租、押金，因而对"加泥、培草、深耕、耙地"等改良土地，采用新式生产技术的各种生产措施，都"不遑图"①。

盐垦、垦牧公司所坚持的封建地租剥削方式，使公司本身负担沉重，难以得到利润和积累。

盐垦、垦牧公司在荒滩地区建立，必须花费大量投资筑堤、排水、公司的日常经营，尤其是雇佣许多人员管佃收租，开销不小，作为公司，它们理所当然地要获得利润并进行积累。可是，垦出的土地都归到了股份地主的名下，地租收入又都归于他们。公司既无资本主义的农业经营，就无从得到利润，难以进行积累，公司连维持都日益困难，更谈不上发展。面对这种局面，张謇不得不哀叹：盐垦、垦牧公司虽均带"垦"字，实际上只是"管佃而已，无垦之可言"②。

各盐垦、垦牧公司是大生集团的一部分，在它们面临困境，无力自拔时，大生集团自然不能坐视。大生纱厂等较能赢利的工业企业，一再对各营垦、垦牧公司贷款援助。这样，张謇不但无法实现为棉纺织业提供廉价、优质原料的办农垦的初衷，反而形成了使他深感痛苦的"盐垦累纺织"③的局面。当大生纱厂因产品滞销而陷于严重的周转困难时，各盐垦、垦牧公司积欠纱厂贷款达二百五六十万元之多。

张謇及其集团，为了给棉纺织业解决原料问题而办农业，结果

---

① 张謇：《整理盐垦公司刍议》，《张季子九录·实业录》卷六。
② 同上。
③ 张謇：《拟发展盐垦借款成立后宣言》，《张季子九录·实业录》卷八。

形成了无法摆脱的矛盾。这种矛盾,归根到底是资本主义和封建主义之间的矛盾。这种矛盾,在盐垦、垦牧公司内部,是资本主义外壳和封建主义内容之间的矛盾。在大生资本集团内部,则是资本主义工业和封建主义农业或半封建主义农业之间的矛盾。张謇把资本主义和封建主义这两种本质上不能相容的事物联结、收纳于同一资本集团内,使封建主义死死地拖住了资本主义的后腿,使"死人抓住活人"①。

张謇不是自始至终没认识到这种矛盾。应该说,随着困境的日趋严重,他对这种矛盾的认识是越来越痛切了。他也确实看到了解决问题的根本出路,这就是彻底摆脱对封建主义的幻想和留恋,在农业方面也像大工商业方面一样,以资本主义的生产、经营方式取代封建主义的生产和剥削方式。他曾设想根本改变盐垦、垦牧公司的经营方式:放弃招佃收租,而代之以公司投资雇工"自营垦",最好是办成美国式的机器农场。他认为这样一来"害固可以即去,而利亦将见"②。

这一改革如能实现,盐垦、垦牧公司就会由带有资本主义公司外壳的集体封建主义组织变成一个名副其实的资本主义农场,令张謇万分苦恼的资本主义与封建主义并存于一体的矛盾就消灭了。

可是,这一改革设想,要想付诸实施,对张謇及其集团却是相当困难的。他们都是同封建主义有千丝万缕联系的资产阶级人物,而且大多拥有相当数量的封建地产,世代习惯于封建主义的地租

---

① 《马克思恩格斯全集》第23卷,人民出版社1972年版,第11页。
② 张謇:《整理盐垦公司刍议》,《张季子九录·实业录》卷六。

剥削方式。加上在当时中国，资本主义企业经营困难极多，风险极大，许多工商业者往往不愿意改变在农村的封建地租剥削方式，甚至还往往把经营工商业中获得的利润调回农村购买土地，从事封建地租剥削。正因如此，张謇同他的资本集团中的许多人士，对封建地租的剥削方式就很难忘情。张謇把盐垦、垦牧公司改组为真正的资本主义农场的想法，难以为他的集团中人所接受，他自己也难以下决心实施。结果他对盐垦、垦牧公司采取了一种"公司自垦"、"垦熟又佃"①的奇特经营方式，即公司不再把未垦的"生地"租佃给贫苦佃农，而是由公司自己投资，用机器开垦土地，然后把垦好的"熟地"租给佃农。公司垦完一批土地，租给佃农后，腾出手来，再用同样的办法开垦另一批土地，垦熟再佃，"如此蝉蜕"②，循环运作不已。

张謇认为，由于"贫佃无资本，生田费人工"③，靠贫苦佃农用新技术植棉供应纱厂的目标是做不到的，现在由公司开垦，垦熟的地租给佃农，佃农耕种熟地，采用新技术植棉就不会很困难了。

其实，张謇的这个新办法仍不能使他消除困难，实现目标。公司自己组织机器开垦，需要大量投资。垦熟的土地归入股东名下，地租也为股东所有，公司不但无从赢利，连自行垦地所投下的资本也无从收回，公司只能陷于更大的亏累，要想再垦新一批土地，只好再由公司垫支一批资本。别说公司没有多大资本，即使原来的资本很充裕，也无法继续填塞这个无底洞。

佃农耕种熟地，劳动生产率无疑会有所提高，但由于仍采用封

---

① 张謇:《整理盐垦公司刍议》,《张季子九录·实业录》卷六。
② 同上。
③ 同上。

建地租的剥削方式,佃农的状况却不见得会有所改善。租种熟地,地租也更高了,"顶首钱"(押租)之类的封建剥削肯定也随之增加,处在封建剥削加重压力下的佃农,仍然不可能大力推行新法植棉以适应棉纺织业对原料的需要。

　　张謇的"公司自垦"、"垦熟又佃"的整理盐垦、垦牧公司的办法,实际上是想"以某些带资本主义性质的生产活动来维护'公司'中的封建剥削关系"①。照此办理,他的盐垦、垦牧公司依然是一个资本主义和封建主义的连体婴儿,资本主义同封建主义的矛盾,依然是不可能解决的。

(原载《中国经济思想通史续集》,

北京大学出版社2004年版)

---

①　赵靖:《中国近代经济思想史讲话》,人民出版社1983年版,第269页。

23 康有为的经济思想

康有为——19 世纪末期中国资产阶级
改良派的领袖和主要理论家

  康有为是 19 世纪中国资产阶级改良派的影响最大的思想家，他领导了以"公车上书"为嚆矢的一系列改良主义的政治运动，并且创立了一整套改良主义的理论，他的著作直接指导和推进了当时的变法维新运动，在中国近代思想界发生过重要的启蒙作用。康有为的经济思想，也超过他以前和同时期的绝大多数改良派代表人物，他不但概括和总结了他以前的改良主义者的主张和要求，并以更加完整的形式提了出来，而且还制订了一个在中国近代要算是最为详密的关于"大同"世界的空想主义的设计方案。

  康有为的经济思想，大体上可以分作两个发展阶段：1902 年以前，特别是在 1898 年戊戌变法失败以前，他的经济思想主要反映了新兴资产阶级发展民族工商业的要求，因而基本上是进步的；1902 年以后，在资产阶级革命运动的势力迅速增长和群众革命情绪不断高涨的情况下，康有为在政治上日益堕落，他的经济思想也完全变成了他反对革命派的经济思想、为国内外反动势力的统治进行粉饰和辩护的工具。

　　康有为前期的进步思想,在19世纪八九十年代之间开始形成,到1895—1898年变法维新运动高潮时期趋于成熟。民族危机和社会危机的加深,中国民族资本主义工业的产生和初步发展,以及资产阶级改良运动的发展,是这种思想产生的经济、政治条件;西方资产阶级学术、政治思想的传入中国和过去二三十年中中国资产阶级改良主义思潮的发展,则是其主要的思想条件。

　　康有为生于1858年,这时正处在第二次鸦片战争和太平天国革命时期。经过第二次鸦片战争,外国侵略者不但直接在中国攫夺了更多的经济、政治、军事特权,而且完全驯服了清朝封建统治者,使之变为外国侵略者对中国实行殖民统治的工具。外国资本主义侵略势力的深入,在中外反动势力相互勾结下,对中国人民所实行的日益残酷的压迫、掠夺,更加严重地破坏了中国的社会经济,加剧了广大人民的灾难困苦;同时,正如毛泽东同志所指出,由于外国资本主义侵略"破坏了中国自给自足的自然经济的基础,破坏了城市的手工业和农民的家庭手工业",因而也逐渐"给中国资本主义生产的发展造成了某些客观的条件和可能"①。到19世纪七八十年代,中国社会中就逐渐有些商人、地主和官僚,投资建立了少数资本主义性质的工业企业。这部分资本主义性质的企业,在半殖民地半封建中国是比较符合生产力发展的要求的,但它们的产生和发展都受到外国侵略势力和中国封建主义的严重压迫和摧残,处于非常困难的境地。

　　在民族危机和社会危机日益加剧的过程中,酷爱自由、富于革命传统的中国各族人民,对国内外压迫者坚持进行着不屈不挠

---

　　① 《中国革命和中国共产党》,《毛泽东选集》第二卷,人民出版社1952年版,第620—621页。

的斗争,在大规模农民起义失败后,秘密会党活动和反洋教斗争仍在全国广大地区中此起彼伏地开展着。民族危机的加深和国内政治的昏暗腐败,也使得一部分具有爱国、进步要求的上层知识分子对"时政"愈来愈感到不满,于是,从太平天国失败到甲午战争前二三十年间,就有一批思想家反映着企图向新式工业投资的商人、地主和官僚的要求,先后提出了改革内政、建立和发展新式资本主义工商业,以改变中国的贫弱状况、挽救民族危机的主张,并逐渐形成为资产阶级改良主义的思潮,王韬、薛福成、马建忠、郑观应、陈炽等,就是这部分人的代表。

康有为直接继承了他以前的资产阶级改良主义思想,并把它推进到一个新的发展阶段。他不但较全面地概括和总结了他的先驱者的主张并在改良主义的政治运动中以政纲的形式提了出来,而且为这种资产阶级改良主义主张创立了一整套理论基础。

康有为出生于广东南海的一个地主阶级家庭中,祖父和父亲都曾在清朝地方政权机构中担任过位置较低的官职。他早年受过严格的传统封建教育,熟知中国古代的典籍;到青年时期,受到国内外形势的刺激,对当时封建士大夫阶级所从事的空疏无用的学术,日益感到厌倦,转而留心"经世致用"之学(他以前的资产阶级改良主义者的著作,是这种"经世"学的一个重要部分),并进而注意"西书"、"西学",摸索救国救民的道理。在1885—1887年间,写了《人类公理》一书,提出了自己的社会、政治理想。1888年,康有为第一次上书清帝载湉(光绪帝),要求变法,没能递上;此后不久,他回到广州、桂林等地,著书讲学,1891年在著名的今文经学家廖平影响之下,著成《新学伪经考》一书,大力攻击"古文经学",把当时地主阶级反动派倚以维护其统治地位的思想武器——

古文经典——都宣布为王莽的谋臣刘歆一手伪造的,这对地主阶级反动势力是一次十分沉重的打击。

第一次上书标志着康有为实际政治活动的开始,《人类公理》的写作和《新学伪经考》的著成,则表明他开始为自己的改良主义主张准备了一定的理论基础。因此,这一段时期可以说是康有为的改良主义思想开始形成的时期。

中日甲午战争的失败是中国民族危机进入新阶段的标志,1895年所订立的《马关条约》,使中国丧失的领土和赔偿的兵费,都远超过第一次鸦片战争以来历次不平等条约,帝国主义获得了在华投资设厂权,更是彻底打开了对中国进行资本输出的大门;继此之后,各帝国主义国家纷纷在中国攫取租借地,划分势力范围,使中国面临着被瓜分的危险。

外国资本主义侵略势力的进一步深入使中国的自然经济遭到更大的破坏;过去几十年中清朝统治集团中一部分人物打着"自强"的幌子所进行的"洋务运动",在中日甲午战争中宣告彻底破产,这也为民族资本的发展造成了一定的客观条件;在1895—1897年三年中,新增加的中国商办厂矿比1895年以前的三年多了一倍,资本增加额多了一倍以上[①]。在新的情势下,反对洋务派垄断新式企业,要求发展民族工业的呼声,更加高涨起来。

西方资产阶级文化在中国的传播,也出现了新的情况。在过去几十年中,外国传教士和洋务派的同文馆等机构所翻译的西方书籍,主要是一些科学技术、外国史地以及宗教宣传之类的书籍。

[①] 根据严中平等编:《中国近代经济史统计资料选辑》,科学出版社1955年版,第93页所载数字计算。

1895年以后,严复、何启等人,用他们自己的著作批判封建专制的政治制度,在一定程度上宣扬了西方启蒙学者的政治思想。1896年严复翻译了《天演论》一书,把西方的庸俗进化论直接介绍到中国来。西方社会、政治思想的传入,为资产阶级提供了同封建主义做斗争的新的理论武器。

这一系列的政治、经济、文化的新情况的出现,促成了1895—1898年资产阶级变法维新运动的高潮的到来,为康有为改良主义思想的成熟提供了必要的条件。

1895年中日甲午战争失败后,康有为就在广大人民爱国义愤的鼓舞支持下,联络同时在京应试的一部分举人,进行了轰动一时的"公车上书",要求拒和、迁都、变法,并把发展资本主义经济的问题作为变法的首要内容提了出来。此后,康有为曾多次上书,进一步申述他的变法主张,又和他的学生及同道们一起,用办报、组织学会等方式,进行变法维新的宣传和组织活动,并继续进行创立变法运动理论基础的工作。1897年,康有为又发表了《孔子改制考》一书。在这本书中,他把今文经学的学说、西方资产阶级政治思想和庸俗进化论进一步结合起来,宣称"六经"都是孔子为了实现自己的政治理想而创作出来的,其中关于尧、舜、禹、汤、文、武、周公之道的称述,不过是孔子为了便于推行自己的主张而假托的。他利用公羊家"通三统"、"张三世"的说法,说明夏、商、周三代都是随时因革,而不是沿袭旧制;说明社会历史的发展是沿着据乱世、升平世、太平世的顺序逐渐改良、逐渐进步的,并说西方资产阶级的民主立宪政体,就是孔子所理想的太平世,而这只有经过"据乱"、"升平",经过君主专制和君主立宪,才能逐渐达到。

《孔子改制考》是康有为变法维新主张的主要理论基础,它既宣扬了通过改良使社会、政治逐渐完善的改良主义理论，又借封建圣人孔子的权威来论证康有为自己的"布衣改制"权利，证明自己是两千余年来孔子道统的唯一继承者，证明自己的变法要求完全符合于"圣道"。这部书比《新学伪经考》给予当时的封建专制制度和封建主义的思想体系的打击更大，对当时的变法维新运动也起了更大的作用。

康有为的思想所反映的，是当时社会中一部分具有向资产阶级转化的倾向的地主和刚刚由商人、地主、官僚转化过来的自由资产阶级分子的利益和要求。这一部分人物在后来就形成民族资产阶级的上层。这部分人在半殖民地半封建的中国，由于他们的发展资本主义经济的要求受着帝国主义、封建主义的压制和阻碍，因而在一定时期也同帝国主义、封建主义有矛盾，希望摆脱帝国主义、封建主义的压力；但他们同帝国主义、封建主义又有密切的联系，因而又具有很大的妥协性，他们害怕外国侵略者，不敢十分得罪它们，并且幻想倚靠某些侵略国家的帮助来实现自己的目的；在国内问题上，他们不敢也不想摧毁封建的君主专制和封建土地所有制，而只是想取得封建统治者的让步和同情，以便通过自上而下的改革来实现他们的发展资本主义的要求。他们同地主阶级一样敌视农民运动，敌视资产阶级革命派，并且"站在承认地主所有制和地主政权的立场上，怀着愤怒的心情责难鼓吹消灭这种所有制、完全推翻这种政权的一切革命思想"[①]。正因为如此，在革命运动高涨的形势下，这部分人就会同反动势力站到一起，坚决敌视革命运

---

① 《"农民改革"和无产阶级农民革命》，《列宁全集》第17卷，人民出版社1959年版，第104页。

动（其中少数在斗争中改变了自己的立场的人物除外）。

康有为的经济思想，就相当明显地表现了这一特点。他前期
的经济思想，包括发展资本主义经济的要求和关于"大同"社会经
济生活的空想设计两个部分，前者正是要在不触动封建土地所有
制的情况下，依靠清朝君主政权实行自上而下的改革来发展资本
主义经济；后者虽然在对遥远未来的玄想方面、在一定程度上超越
了自由资产阶级的现实要求，但它仍然是被用来为改良主义的现
实要求服务的。康有为所以提出这种理想，不过是为了论证只有
通过改良主义的道路才有可能在遥远的将来逐渐达到这种理想境
界。同时，康有为还深怕公布这种理想会激起人们对封建主义的
强烈反抗情绪，因而除了让少数他所信得过的弟子看到过他这方
面的著作外，一概"秘不示人"。

康有为前期的经济思想，虽然有着这样严重的弱点和局限性，
但在资产阶级革命运动还没有充分兴起以前，由于它所反对的主
要还是外国资本主义侵略势力和国内的封建主义，由于它还符合
于生产力发展的要求和中国人民争取民族独立的利益，因而曾在
一个时期内有进步意义。

康有为发展资本主义经济的纲领

在给光绪帝的许多次上书中，康有为都提出了倚靠国家的扶
助和鼓励来发展资本主义经济的要求，他在"公车上书"中所提出
的"富国"、"养民"各项主张，尤其构成了一个相当完整的发展资
本主义经济的改良主义纲领。

"富国"包括着钞法、铁路、机器轮舟、开矿、铸银、邮政等六项具体主张。钞法和铸银是要求建立和健全近代的货币信用制度，铁路、机器轮舟是关于发展新式交通运输事业的问题（机器轮舟还包括着制造枪炮军舰的国防目的在内），而货币信用制度、新式交通运输事业和采矿业，都是资本主义国民经济的重要组成部分，建立和发展这些事业，是资本主义大工业顺利发展的前提，对资本家来说也是很重要的投资部门。不难看出，康有为关于"富国"的各项主张，虽然也包含着增加国家财政收入、为变法筹措经费的目的，但主要还不是从国家财政的角度，而是从发展资本主义经济的角度提出来的。

至于"养民"中的"务农"、"劝工"、"惠商"等各项主张，更不消说完全是从发展资本主义的生产和流通事业的角度来考虑问题的。

为了使资本主义能在国民经济的一切主要部门中都获得顺利发展的条件，康有为对压制和阻碍民族资本发展的帝国主义、封建主义势力进行了一定的斗争。他也批判了封建顽固派的"重本抑末"等维护封建自然经济、反对发展新式工业的谬论。但他在经济问题上的主要攻击目标，却是洋务派对新式工业的官僚垄断政策。在对洋务派的批判方面，康有为比他以前的资产阶级改良主义者有下列几点重要的进步：

首先，他指出洋务派垄断新式工业的结果不是像他们自己所鼓吹的那样使中国达到"富强"，而是"徒使洋货流行，而禁吾民制造，是自蹙其国也"[1]。这种批判深刻地揭露了洋务派卖国媚外和压

---

① 康有为：《上清帝第二书》（即《公车上书》），见中国史学会主编：《戊戌变法》（二），神州国光社1953年版（下同），第141页。

制民族资本的反动性。

其次，他要求除了印制钞票、铸造银币以及邮政等事业由国家统一办理外，其余一切工矿、商业、交通运输事业都应该"一付于民"。这事实上是要求清政府完全废除洋务派对新式企业的官僚垄断政策。

尤其值得提出的是，康有为在指责了洋务派所办的军事企业中的种种贪污、腐化的弊端之后，援引西方国家的著名军火工厂多是私人经营的事例，要求连洋务派一向视为禁脔的军事工业也开放给私人资本家经营。

康有为对洋务派的揭露，在许多地方不如他以前的某些改良主义者那样具体、生动，语调上也往往不如他们激烈；但是，他在一定程度上接触到洋务派经济活动的本质，同时已不是局限于某些个别问题上，而是对洋务派的官僚垄断作了全面的否定，这是在他以前的改良主义者所不能及的。

康有为也反对外国资本主义对中国经济命脉的控制。他深为马关条约中关于准许外人在中国设厂、"听机器洋货流行内地"的条款而感到惶骇；在修筑铁路方面，他主张一切铁路应由中国自办，"无使外国，收我利权"①；他反对让外国货币在中国流通，要求自铸金、银币，以"抵禁洋圆"②。

协定关税使中国幼弱的民族工业得不到保护，厘金制度增加了本国产品的纳税负担，使它们更加无法在国内市场上和外国商品竞争，这二者都是民族工商业者所特别感到痛心疾首的。康有

① 康有为：《上清帝第二书》，《戊戌变法》（二），第141页。
② 同上书，第143页。

为为了给民族工商业的发展争取有利条件，也提出了减低出口税和裁撤厘金的要求，但他惧怕帝国主义势力，认为"国力既弱"，对协定关税"固无可如何"①，因而只是痛陈厘金制度的弊害，要求立即裁撤。

康有为不但广泛地提到了在国民经济的一切重要部门中发展资本主义的问题，而且对国民经济各部门之间的关系，也作了一些简单的说明。

在国民经济各部门中，康有为特别重视工业。他不但把发展工业看作"富国"、"强国"的首要措施，而且强调了工业对"智民"的重要作用，认为发展工业是增进国民文化水平、克服愚昧守旧心理、改变社会风气的重要前提。他驳斥了地主阶级顽固派借口"重农"、"以农立国"来反对发展工业的谬论，认为"国尚农则守旧日愚，国尚工则日新日智"②。在资本主义列强环伺下，如果中国始终停滞在农业国地位而不急谋发展工业，就难以避免灭亡的命运；只有大力发展工业，才能改变中国贫穷落后的局面，才能"移易民心，去愚尚智"③，才能使中国的富强"无敌于天下"。

康有为不但主张大力发展工业，而且针对着"以农立国"的传统说法，提出了把中国"定为工国"的主张④，要求按照资本主义工业化的道路发展工业。在中国近代思想家中，康有为可说是头一

---

① 康有为：《奏请裁撤厘金片》，《戊戌变法》（二），第265页。
② 康有为：《请励工艺奖创新摺》，见麦仲华编：《戊戌奏稿》上卷，第20—21页。
③ 同上书，第21页。
④ 同上。

个提出把中国"定为工国"的人。

康有为以前的一些改良主义者(特别是薛福成),也强调了建立和发展新式工业的重要性,但他们都还只是从"强国"、"富民"的角度论证这一问题的,还看不到大机器工业这种破坏旧思想、旧传统的作用;康有为这样一个自由资产阶级的代言人,当然不敢也不想与封建的旧关系、旧传统完全决裂,但他能够从改变传统观念和习俗的角度提出发展工业的问题,他的发展资本主义的愿望和要求,总算比他的先驱者更加明确了。

康有为虽然把"尚工"和"尚农"、"定为工国"和"以农立国"对立起来,但他对农业的重要性也并不是没有认识的。由于中国的资产阶级已不可能像西方资产阶级那样从海外殖民地掠夺所需要的粮食和工业原料,也由于中国是一个地广人多的大国,粮食自给问题特别重要,中国近代的经济思想家多半都很重视农业问题。康有为的经济著作,很多都谈到了农业。他也从"民食"的角度重视农业,但他主要还是从发展工商业的需要来考虑发展农业的问题的。他强调:"天下百物皆出于农"①,"万宝之原,皆出于土"②,"商之本在农"③,因此,他特别重视生产出口商品和工业原料的农业。他不但要求发展当时中国最主要的出口商品丝、茶等的生产,还主张广泛发展棉、蔗、畜牧、种树、捕鱼、养蜂等业,为工业提供原料。

对于发展农业生产的形式,康有为和其他一切改良主义思想家一样,主张在不触动封建地主阶级土地所有制的前提下,采用

---

① 康有为:《上清帝第二书》,《戊戌变法》(二),第143页。
② 康有为:《请开农学堂地质局摺》,《戊戌变法》(二),第250页。
③ 康有为:《条陈商务摺》,《戊戌变法》(二),第246页。

资本主义的经营方式来发展农业生产。他没有明确提到用资本主义剥削雇佣劳动的方式代替封建剥削方式的问题，但从他一再强调发展各种最能获利的商品农业以及采用机器和新的农业技术以经营大规模农场的主张看来，他心目中的农业经营方式显然不是靠剥削贫苦佃农的方式来经营的封建农业，而是资本主义式的大农业。这种按照"普鲁士式"道路发展资本主义农业的主张，正是一切自由资产阶级思想家的经济思想的根本特点之一。

在半殖民地半封建中国，外国商品泛滥中国市场，使中国对外贸易入超不断增加，对中国的国民经济造成重大破坏，中国的新兴的资本主义工业也在外国商品倾销的打击下陷于极端困难的境地，因此，当时代表民族资产阶级要求的思想家，都很重视对外贸易问题，康有为也是如此。他曾对光绪帝痛陈外国商品倾销的危险，他说："……古之灭国以兵，人皆知之，今之灭国以商，人皆忽之，以兵灭人，国亡而民犹存，以商贾灭人，民亡而国随之……。"[1] 因此，他主张大力发展商业，与外国进行"商战"，以"夺其利，敌其货"。有些同志因此认为康有为的"中心思想"是重商主义，个别的人甚至还说他是"重商主义者"[2]，我认为这类看法是未必恰当的。

重商主义是在西方国家的所谓原始积累时期形成的一种政策和思想体系，它反映着当时在经济生活中有"压倒一切的影响"的商业资本的利益，要求在国家的保护和扶助下，从掠夺国内外人民

---

① 康有为：《上清帝第二书》，《戊戌变法》（二），第145页。

② 参阅侯外庐：《近代中国思想学说史》下卷，第十三章第一节；杨向奎：《康有为思想批判》（《文史哲》1952年5月号）。

来积累大量的货币财富；它从流通过程的表面现象看问题，把货币和财富等同起来，并且把流通过程看作财富的直接源泉；它又从国家主义的观点看问题，认为国内贸易只是货币的转手，只有对外贸易所赚到的钱，才是一国财富的真正增加。因此，重商主义者总是力求保持和扩大对外贸易的顺差，以便不断从外国输入金银，增加本国的货币储藏。

康有为的经济思想，与此显然是不同的。他的确也很重视货币问题，在他的"富国"主张中，也提出了"钞法"、"铸银"等货币方面的问题，但他所以重视货币问题，并不是由于像重商主义者那样，把货币看作是唯一的财富，而是出于为变法筹措经费和为资本主义经济发展建立相应的货币制度的目的，他从不曾把金银和财富完全等同起来，相反的，他是把一般工、农、矿业产品也都看作是财富的，他很重视开矿，但并不只是为了获得金、银，而是更加重视煤、铁、铅、锡等工业原料，在他看来，这些矿产和金、银一样都是"富"，都是"重宝"。他也很重视对外贸易，希图通过发展"商务"来改变中国对外贸易的入超状况，来"堵塞漏卮"；但是，重视对外贸易并不就是重商主义，任何资产阶级代言人，没有不重视对外贸易的，是否具有重商主义色彩，关键在于他是把流通还是把生产放在首要地位。康有为明白宣称："商之源在矿，商之本在农，商之用在工，商之气在路。"①这分明是认为：商人所销售的货物，都是从工、农、矿业中生产出来的，只有生产领域才是财富的来源。他又说："大抵中国之土产、矿产、工作三事，患我无货，不患不销；患我不运售，不患彼不收买；患我不精良，不患彼不好

---

① 《知新报》第70册，光绪二十四年九月二十一日。

尚。"①这又明明是说：生产和运输事业是发展商业的基础和前提，对这些事业应该比对商业更加重视。这和把流通看作财富来源和把发展商业看作国家经济政策中心的重商主义思想又是显然不同的。

在研究康有为和当时其他许多改良主义者的经济思想时，有一点必须注意：他们在当时还没有使用"资本主义"这一术语，他们所使用的"商"的概念，有时是指真正的商业，有时则把工、矿、交通运输事业等都包括在内。例如，他们关于"振兴商务"的主张，往往是泛指振兴资本主义工商业而言；他们关于"商战"的提法，则往往就是同外国进行"资本主义竞争"的同义语。如果一看到他们的著作中有强调"商"的重要性的词句，就认为是重商主义观点的表现，这就难免会曲解他们的本意。

康有为除了对工业与农业、生产与流通的相互关系作了一些论述外，还在一定程度上认识到：必须首先在政治上进行一定的改革，使资产阶级获得一定的政治权利，资本主义经济才能得到顺利发展的前提。

本来，比康有为稍前的或差不多同时的改良派代表人物如郑观应、陈炽、何启等，也已多少有了这种认识，他们曾提出设立议院和成立有"商董"（即资本家的代表）参加的"商部"（这里的"商"也是指广义的"商"即包括工、矿、交通各业在内的"经济部"）的要求，企图为资产阶级争得立法、监察权或在切身利益有关的政府部门（商部）中争得部分的行政管理权。康有为则提出了进一步的政治要求。在《敬谢天恩并统筹全局摺》中，他提出了自己对

———————
① 《知新报》第70册，光绪二十四年九月二十一日。

变法的关键问题的看法:"今天下之言变者,曰铁路、曰矿务、曰学堂、曰商务,非不然也。然若是者,变事而已,非变法也。""若决欲变法,势当全变"①。怎样做到"全变"呢?康有为建议:设立"制度局"来"统筹全局以图变法",制度局不但应该是制定国家政策、权衡变法大计的机构,而且还辖有法律、度支(财政)、学校、农、工、商、铁路、邮政、矿务、游会(管全国社团活动和宗教事务)、陆军、海军等十二局。他又认为:制度局及所辖的十二局的干部人选,都要找主张变法或同情变法的"通才"来担任,对原来的各种政府机构和负责这些机构的老耄守旧的大臣,都可维持不动,但一应新政事宜不应让他们过问。

这样一来,制度局无异成了实际上的内阁,而反动势力所控制的"军机处"和其他高级政府机构,就都等于虚设了。

自然,康有为所希望的还只是让资产阶级与地主阶级共掌政权,而不是建立资产阶级一个阶级的单独专政,他关于制度局的设计也只是想排挤地主阶级中最顽固守旧的人物的阻碍,而不是想在政权中全面排除地主阶级的代表人物。但是,和他的先驱者比较起来,他对政治改革与经济改革的关系的认识,毕竟是更进了一步,他毕竟是把自由资产阶级的政治要求提到更高高度了。

康有为关于发展资本主义经济的各项主张,多半是在他以前的改良派思想家所已提出过的,但康有为不仅比他的先驱者提得更全面、更广泛,而且对政治与经济、生产与流通、工业与农业的相互关系,也比他们有了更进一步的认识,他能够提出建立工业国的主张,更是一个值得重视的进步。

---

① 见麦仲华编:《戊戌奏稿》下卷,第16—17页。

但是，我们也必须看到，康有为对国民经济各部门之间的相互关系的认识，还是肤浅的、片面的，还只是"把握了一个外观"，而不可能看到生产过程与流通过程、工业与农业之间的全面的、内在的联系；在对待帝国主义的态度上，康有为也是比较怯懦的，在认识上是有许多模糊之处的。他不敢提出关税自主的要求，对某些帝国主义国家，还抱着很大的幻想，在替杨深秀所起草的一个奏疏中，他竟然故意无视英国对中国历次侵略战争和它对世界各地的殖民侵略战争的历史，把英国与法、俄等资本主义国家的分赃争霸的战争都说成是英国"抑强扶弱"的正义战争，从而得出"英真救人之国也"①的荒谬结论，这些方面都表明了他的经济思想的局限性。

康有为所理想的社会经济制度

康有为使用中国传统的术语，称他自己所理想的社会制度为"大同"，他的《大同书》就是关于这一理想社会的社会生活的空想设计。

《大同书》的写作，经历了相当长的时间。1884年康有为依据"公羊"三世说、"礼运"大同、小康的说法、佛家慈悲平等的思想和他当时在国内所获得的浅薄的"西学"知识，开始构思出他自己的"大同"境界，在1885—1887年写出了《大同书》的初稿及《人

---

① 康有为：《康南海自编年谱》，见中国史学会主编：《戊戌变法》（四），神州国光社1953年版，第138页。

类公理》一书。在这以后,由于他受到今文经学和西方的政治思想、哲学思想(庸俗进化论)的进一步影响,由于他对西方国家的社会政治状况的知识和了解有所增进,他的"大同"思想也逐渐有所发展变化。戊戌政变失败后,康有为亡命日本,后又游历欧、美,对西方的空想社会主义学说有了一些接触(例如在《大同书》及《孟子微》中康有为就都提到了傅立叶的学说),对已进入帝国主义阶段的西方国家的状况也有了一些亲身的见闻,1901—1902年,他到印度居住了一年半,就在这一时期基本上完成了《大同书》的著作。1913年,康有为把《大同书》的甲、乙两部发表在《不忍杂志》上,其余各部在他生前一直都没有公开发表。

《人类公理》已经找不到了,但我们可以从梁启超在《南海康先生传》中所作的介绍,看到此书的梗概。把梁启超的介绍和《大同书》中的内容相比较,就可看到:康有为最初的"大同境界"实质上是把资本主义制度理想化,它所反对的是封建的社会制度和思想体系;后来,康有为见到了已进入帝国主义阶段的资本主义制度的种种矛盾和不合理现象,又受到西方空想社会主义思想的更多的影响,因而在著成《大同书》时,就加进去一些对资本主义制度的批判,加进去一些空想社会主义的内容。

《大同书》全书共分十部,除了壬部"去类界爱众生"与康有为关于社会制度的理想无关,可以不计外,其主要内容可以归为以下几个部分。

第一部分是对当时社会中人们所受的各种灾难痛苦的陈诉,这一部分以甲部"人世界观众苦"为主,加上散见在以后各部中的一些章节段落。在这部分中,康有为揭露了中国及世界其他国家中的各种民生疾苦,如贫困、落后、过度劳动、专制政治压迫、等级制度（康有为所谓的"阶级"实系指等级制度）与人身压迫、战争、封建家族中的压迫，妇女在社会生活各方面所处的不平等地位，以及伤残孤寡、天灾瘟疫等。可以看出，康有为在这一部分中所攻击的主要是封建专制、封建家族和封建等级制下人们所受到的压制，也对一般劳苦大众所受的剥削和贫苦生活状况表示了同情。他也用了一定篇幅虚构了帝王、富人、贵者以至神圣仙佛的"痛苦"，宣称他的"大同"理想也要拯救这些剥削者和压迫者，这种"自以为是高高超出……阶级对抗之上的人物"的态度，正是空想主义者的本色。

《大同书》中也有些地方描写了资本主义大工业和矿山中的恶劣劳动条件、资本主义国家的贫富悬殊以及伦敦、纽约等地贫民窟的状况，有的描写得还颇为具体，这显然是他在游历欧、美后根据亲身见闻加进去的。

第二部分是他关于"大同"社会的政治制度的设想，这主要包括乙部"去国界合大地"全部、辛部"去乱界治太平"和丙部"去级界平民族"的各一部分。康有为在这方面的设想大致是："大同"社会中将没有国界，全世界由一个"大同公政府"统治，公政府实行的是民主共和政体，大同公政府以下有许多实行地方自治的小政府；到了"大同"时代，贵贱等级和奴隶制压迫都没有了，人人都成了"在法律面前平等"的公民，刑罚基本上没有了，战争也完全消灭了。

这里看出，康有为的政治理想，实质上不是别的，而是一个资产阶级共和国，是把资产阶级的民主政治加以理想化。

至于这种"理想"怎样达到，康有为认为将通过"弭兵会"（即帝国主义国家之间的"军缩会议"之类）和国家之间的联合与合并来逐渐实现。但康有为所谓的联合、合并，不是指消灭了帝国主义之后的民族平等联合，而是指通过成立美国式或德国式的联邦，以几个大强国为中心分别把其他国家合并起来。这正是帝国主义分子所宣扬的"世界主义"，康有为受了这种反动理论的毒害，公然把帝国主义列强吞灭弱小国家说成是"大同之先驱"[1]，甚至还做出了由美帝国主义吞并南、北美洲，德帝国主义吞并整个欧洲的合国规划。

第三部分是他的关于在"大同"时代将消灭种族差别的想法，主要包括丁部"去种界同人类"和丙部"去级界平民族"的一部分。康有为所谓消灭种族差别，并不是反对种族歧视和种族压迫的民族平等思想，而是要消灭先天的人种差别。他把白种人说成是最优秀的人种，而把黑种人、印第安人都说成是"劣等人种"，胡说什么在优等人和劣等人之间不可能有平等，因而主张通过通婚、改食（康有为相信食物不同会影响人的肤色）、迁地（把黑人迁离热带）乃至暴力消灭的办法，消灭各有色人种，使全世界都成为白种人。康有为受到帝国主义分子"种族优越论"和"天演论"的"优胜劣败"的反动理论的深刻影响，对殖民地附属国的被压迫民族，特别是对黑人极尽了丑化、污辱的能事。他的这种思想是《大同书》中最反动的一部分内容。

第四部分是他关于消灭家庭、解放妇女的思想，这主要集中在戊部"去形界保独立"和己部"去家界为天民"两部中。

在这部分中，康有为依据西方资产阶级启蒙主义者关于"天赋人权"的学说，对封建的伦理纲常进行了相当尖锐的揭露和批判，

---

[1]　康有为：《大同书》，古籍出版社1956年版，第70页。

提出了毁灭家族和彻底解放妇女的思想,其具体主张是:废除婚姻制度,男女结合采取自由订立合同(为期不超过一年)的方式,妇女在人格、政治权利、就业和受教育机会等方面,都与男子完全平等;家族消灭后,儿童完全由社会公养公教,老弱残疾都归社会赡养,疾病死丧都由社会负责,人们的生活完全社会化。

康有为自己把这部分看作是整个《大同书》的中心,把男女平等和"去家界"看作是实现他的"大同"理想的出发点,认为只要做到"去家界",就能消灭生产资料私有制和消灭国界。他的弟子梁启超也曾说过:《大同书》"全书数十万言……其最要关键,在毁灭家族……"①

封建家族制度,是封建网罗上最强固的纽结,它对整个封建主义的统治秩序起着最顽强的支持和维系作用。康有为把男女平等和婚姻制度的改变看作实现经济上和政治上根本变革(废除私有制和国家疆界)的关键,这当然是倒果为因,他的许多设想,也颇有荒诞之处,但他在这一部分中抓住封建家族制度这一重要纽结,对封建的纲常名教进行了尖锐的抨击,确实是全书中最富有反封建的民主主义精神的地方。

在这一部分中,康有为对妇婴保护、公共教育、公费医疗、养老恤贫等方面描绘得相当详尽具体,许多地方和西方空想社会主义者的设想非常相似,看来是他在游历欧、美后作过相当多的修改增补。

康有为虽然提出了毁灭家族和男女彻底平等的理想,但他同时却又一再强调,这种理想只是"专为将来进化计",在"大同"社

---

① 梁启超:《清代学术概论》,《饮冰室全集·专集之二十四》,第60页。

会实现以前,妇女还不应要求和男子平等,子女也还要继续遵从封建的"孝道"。

第五部分包括庚部"去产界公生业"、癸部"去苦界至极乐"和辛部"去乱界治太平"的部分内容,是康有为对于"大同"社会中的生产、分配制度以及人们美好生活的设想这是全书中经济思想最为集中的部分,前后的变化也最为显著。有必要加以较详细的探讨。

据梁启超在《南海康先生传》中的介绍,康有为最初对"大同"社会中经济生活的设想大致是:土地公有,但由公政府租给私人经营,而按其肥瘠程度,征收收获物的十分之一作为租税;公政府为了筹措本身所需要的大量经费,除了对土地征收"什一税"外,也多举办大规模的工、矿交通等企业;大企业也容许私人经营,私人积累的财富,除了缴付50%的遗产税外,仍可由自己所指定的继承人来继承;在"大同"社会中,生产力是高度发达的,劳动者都能够按照自己的愿望找到职业,劳动时间将大大减少,而劳动者的收入则有很大增加。

从上述材料中可以看出:康有为最初所设想的"大同"社会,是并不废除生产资料私有制的。土地虽归公有,但仍分租给私人经营;私人可以经营大企业,还可以承受遗产。这种经济制度,显然还是资本主义的而不是社会主义的,其土地公有在实质上不过是资本主义的土地国有化,公有的一部分大工矿企业也只是国家资本主义性质的,都没有超出资本主义的范围。

康有为的这种设想,和他在实践中所提出的发展资本主义的经济纲领比起来,是更具有民主主义精神的,它否定了封建的土地所有制,在客观上更符合于生产力发展的要求,对资本主义经济的发展也更为有利。

这种设想表面上看来与后来革命民主派的土地国有和大企业国营的主张有些相似，实际上却是有很大不同的。革命民主派把土地国有和大企业国营作为革命实践纲领提了出来，而康有为则只把它们看作是一个可望而不可及的理想；革命民主派强调要通过革命由资产阶级共和国来实现这些主张，而康有为则是坚决反对革命的；革命民主派的平均地权和大企业国营有着反对私人垄断土地和"防止"垄断资本操纵的目的，而康有为则主要是为了财政的目的，为了解决"公府财源所出"的问题而主张土地公有和举办公营企业。康有为的这种设想，在当时还是有某种进步意义的，但它既没有革命民主派的经济纲领所具有的那样高的民主主义精神，也不像后者那样具有反对剥削、反对垄断压迫的愿望。

至于他关于劳动日大大缩短，人们生活都非常富足和社会保证劳动者充分就业的设想，这当然不是资本主义制度下所能够有的。但既然康有为在这时期所理想的经济制度还完全是一个资本主义制度，他的这些设想，也只能是他对资本主义制度的一种天真的幻想。

在康有为著作《人类公理》的时候，中国还处在新式资本主义工业的发生时期，资本主义经济的力量还十分微弱；西方资本主义国家却早已度过了自由竞争的全盛的时期，逐渐走上了下坡路。但是，当时中国的资产阶级改良主义者对西方资本主义制度的矛盾和不合理现象还没有什么认识，他们只看到西方国家的工业发达和国力强大，痛感中国的衰弱落后，因而热望通过发展资本主义来获致中国的富强。这样就产生了把资本主义制度理想化的情况，康有为的《人类公理》，正是这样一个把资本主义制度理想化的典型。

到19世纪末20世纪初,资本主义已开始进入垄断阶段,资本主义所固有的矛盾大大尖锐化了,中国的一些努力"向西方国家寻找真理"的人物,在这时也开始看到了这方面的某些现实,因而就在"向西方国家寻找真理"的同时,也对资本主义制度提出了一定的批判。在20世纪初革命民主派的作家进行这种批判以前,资产阶级改良派的某些代表人物如严复、谭嗣同等,已在1895年以后开始对大资本的垄断和资本主义社会中的贫富悬殊现象进行了一定的指责。[①]康有为在19世纪20世纪之交游历欧、美,对这些现象有了一些亲身的见闻,又受到西方空想社会主义更多的影响,因而他在1901年至1902年之间著成《大同书》时,就增加了对资本主义的批判,并用关于社会主义的空想来和资本主义相对立。以《大同书》中的内容和梁启超对《大同书》初稿的介绍相对照,我们可以很清楚地看出这种变化。

在这一时期,康有为所设想的"大同"社会是一个以生产资料公有制为基础的社会,一切农业、工业、商业、交通运输业和银行等生产、流通事业,都完全公有公营,企业的从业人员(不管是生产劳动者还是企业领导人)都领取工资。他批判了生产资料私有制,指出在生产资料私有制下生产是"各自为谋"和"不能统算"的,必然造成人力、物力的重大浪费和各种作伪欺诈现象,私有制必然引起贫富分化,无法避免"不均之忧"和"冻馁之患"。他看到帝国主义国家中垄断资本的横暴压迫和劳动人民的极度贫困,对阶级斗争和社会主义运动的发展怀着本能的恐惧,担心"……工党

---

① 参阅严复的《原强》和谭嗣同的《报唐佛尘书》。

之结联,后此必愈甚,恐或酿铁血之祸"①。因此,他认为,有了高度发达的生产力,还必须改变社会经济制度。在谈到"公农"的必要性时,他就发挥了这种看法:"故以今之治法,虽使机器日出精奇,人民更加才智,政法更有精密,而不行大同之法,终无致生民之食安乐,农人之得均养也。"②而要实现理想的"大同"经济制度,则"必去人之私产而后可,凡农、工、商之业、必归之公"③。

康有为又认为:"大同"社会中的一切生产、流通事业都是由公政府统一领导的,所有工、农、商等企业都由公政府的有关部门分别统辖,按全社会的需要进行生产和分配。生产高度机械化,生产力高度发达,每人每天的劳动时间缩短到三四小时乃至一二小时,人们的物质文化生活水平都很高,人人都可受到高等教育,农场和工厂中都有设备完善的公共宿舍、食堂及各种休息娱乐场所,供劳动者享用。

从上述这些特点可以判明:康有为在著成《大同书》时对"大同"社会中的经济基础的设想,的确已和他在著《人类公理》时的想法不同了。这一社会的经济基础,应该说基本上已是社会主义的了。但是,另一方面,康有为设想:"大同"社会中有金、银二种货币,有公金行负责货币出纳和全社会的核算工作;劳动者还以货币工资形式领取收入,工资共分为十等;社会仍广泛地使用货币奖金作为刺激人们劳动积极性和公益心的手段,奖金数目还可以很大;公金行也还吸收私人存款,并给以利息。还须指出的是:康有为并不是把这些因素看作只是存在于一定阶段中的过渡因素,而

---

① 康有为:《大同书》,第236页。
② 同上书,第235页。
③ 同上书,第240页。

是认为它们将在"大同"社会中永恒存在。

在人们的精神面貌方面，康有为认为"大同"社会中将会因社会条件的改变而消灭犯罪现象。但是，他又把资产阶级自私自利的阶级性看作是人类"天性"，因而他很担心在"大同"社会中会因没有私有制和竞争而使人类失去进取心，使社会陷于停滞和退化，于是，他设想出种种物质和精神的鼓励办法来奖励人们的创造发明（奖智）和公益心（奖仁）。

在癸部"去苦界至极乐"和在《大同书》的其他许多部分中，康有为用了许多篇幅，极力描绘"大同"社会中人们在饮食、衣服、居住、旅行、休养、陈设等各方面的生活状况，在他的笔下，"大同"社会中人们的生活不仅被写成是极其丰裕的和舒适的，而且有些地方简直是穷奢极欲的。如说人们的居住条件是"云窗雾槛贝阙珠宫，玉楼瑶殿，诡殊形式，不可形容"[1]，说人们的衣服是"裙屐蹁跹，五采杂沓，诡异形制，各出新器，以异为尚，其时雾縠珠衣，自有新物"[2]，说人们的饮食是"列座万千，日日皆如无遮大会"[3]，如此等等。在这方面，康有为的确也带有一般剥削阶级空想家所特有的"消费共产主义"的色彩。

与《人类公理》相比，《大同书》中对社会经济生活方面的某些设想，确实超出了资本主义的范围，带有一定的空想社会主义的色彩。但是，就全书看，这种空想社会主义色彩还不是其主要的特征。《大同书》中所指陈的人们的各种灾难痛苦，主要地还是封建制度压迫下的痛苦，对资本主义的批判，还居于次要地位；

---

① 康有为：《大同书》，第294页。
② 同上书，第297页。
③ 同上书，第296页。

康有为对"太平世"的理想，仍没有超越资产阶级民主共和的范围，他仍然把西方资产阶级启蒙学者的"天赋人权"说当作他的最高原则；"去家界"是全书的中心，而这一部分的基本精神却始终是反对封建家族制度和封建伦理纲常的。在全书各部分中，康有为处处强调他的这些理想现在决不能实行，他又继续把《大同书》"秘不示人"①，这种态度表现着他的自由资产阶级的改良主义立场。

综上所述，康有为的"大同"思想在最初是以"理想化"的资本主义与封建主义相对立，并对封建制度下的各种压迫、束缚进行了相当的揭露和抨击，具有一定的民主主义精神；在后来则又加入了对资本主义的批判和对公有制与无剥削社会的设想，兼具空想社会主义的色彩。在资产阶级革命运动形势高涨以前，这种思想对封建主义所加给人们的精神束缚有一定的解放作用，并能唤起人们对未来生活的憧憬，是有进步意义的。康有为竭力把《大同书》"秘不示人"的结果，大大限制了此书的作用和影响，使它不能像《孔子改制考》那样对变法维新运动起很大的推动作用。但是，康有为的这种思想在戊戌政变前究竟还是影响了他的学生和一些往来密切的人。据梁启超说，他和陈千秋在看到《大同书》初稿后"读则大乐"，并且在同学中"锐意欲宣传其一部分"②。后来，梁启超又向谭嗣同作了宣传，在谭的《仁学》中也就出现了一些谈论"大同"理想的段落。由此看来，康有为的"大同"思想多少还

---

① 康有为在1901—1902年间著成《大同书》后，仍不肯公开发表，直到1913年才把该书头两部分在《不忍杂志》上发表，企图"证明"民主共和不能通过革命来实现，以为其拥戴清废帝复辟的目的服务，对其他部分仍不敢发表。

② 梁启超：《清代学术概论》，《饮冰室全集·专集之三十四》，第60页。

是对当时的一些进步人物起了积极作用的。

当然，像康有为这样一个自由资产阶级的学者，他的《大同书》中是不可能没有消极、反动的内容的。从贯穿全书中的"博爱"、"主乐"和"进化"三大基本观点（梁启超称之为《大同书》的三大主义）来看，"博爱"既有着对被压迫被剥削群众表同情的一面，也有着欺骗群众，与反动统治者谋妥协的一面；"主乐"既体现为对未来社会幸福生活的想象，也体现为剥削阶级的享乐主义的胡思乱想；"进化"固然有着承认社会历史发展是愈来愈进步的积极一面，但也有着宣传改良、反对革命的消极一面。他既然力言"有国有君"之害，谴责了"以大并小，以强削弱"的侵略战争，却又认为这是天演淘汰所不能免的，甚至说成是"大同之先驱"；既攻击了封建的伦理纲常，提出了解放妇女和个性独立的思想，又强调人们在目前还必须完全屈从于父权和夫权的统治。他的关于"去种界"的思想，更是替帝国主义种族主义分子最反动的谬论作了传声筒。

康有为的"大同"思想，虽然不见得是"一无抄袭，一无依傍"，但确实是表现了相当丰富的想象力。至于怎样实现他的"大同"理想，他认为只要"大明天赋人权之义"，就能在男女平等的基础上"去家界"，家界既去，人们不需要积累私财以遗子孙，生产资料私有制就可废除，"大同"就可实现了。这当然完全是空想的、唯心的。毛泽东同志指出："康有为写了《大同书》，他没有也不可能找到一条到达大同的路。"[①]

---

①《论人民民主专政》，《毛泽东选集》第四卷，人民出版社1960年版，第1476页。

康有为后期的反动经济思想

1898年戊戌政变后,康有为、梁启超先后亡命日本,当时以孙中山为首的革命民主派,曾企图劝说康有为等放弃改良主义幻想,参加推翻清政府反动统治的革命事业。康有为拒绝了革命民主派的劝告,继续坚持"勤王"、"复辟"的改良主义政治方向,但由于改良派在此后一个时期内所反对的主要还是以慈禧太后那拉氏为首的地主阶级反动势力,同时,革命运动的声势还不够壮大、革命民主派也还没有十分明确的革命纲领,因而革命民主派和改良派之间一时还没有公开决裂。改良派一方面进行其"保皇复辟"的宣传活动,一方面又通过梁启超打着"名为保皇,实则革命"的幌子,与革命民主派保持着所谓"合作"的关系。

1900年爆发了义和团反帝爱国斗争,改良派左翼人物唐才常等趁机组织自立军,在既"反满"又"勤王"的自相矛盾的纲领下,发动了一次对清政府的武装斗争。自立军迅速陷于失败,唐才常和参加起义的许多人物都惨遭杀害。义和团起义促进了广大人民的反抗情绪,八国联军的侵略更激起了一切爱国人民的义愤,许多过去受改良主义幻想所迷惑的人物也在空前的民族危机和戊戌政变及自立军失败的教训下醒悟过来,新的形势大大推进了当时的资产阶级革命运动。

革命形势的迅速高涨,使得一向惧怕人民革命势力甚于惧怕反动势力的康有为大起恐慌。1902年,他写了《与同学诸子梁启超等论印度亡国由于各省自立书》和《答南北美洲诸华侨论中国只可行立宪不可行革命书》,对革命运动进行了无耻的攻击,企图坚定他的弟子梁启超等人的反革命立场,并诱骗华侨继续追随他进行"保皇复辟"的活动。从此,康有为就走上了公开与革命为敌的道路。

康有为的这种谬论迅即遭到革命派章炳麟的严正驳斥,革命派与改良派之间日益走向公开决裂。1905年,孙中山把当时的各种革命团体合组为中国革命同盟会,并且依据孙中山的"三民主义"思想,正式规定了"驱除鞑虏、恢复中华、建立民国、平均地权"的纲领,革命运动的声势和影响更迅速扩大起来。改良派为了继续坚持其"保皇立宪"的反动主张,就以他们的机关报《新民丛报》为基地,同以《民报》为中心的革命民主派报刊,展开了大论战①。

1905年左右,康有为写了《物质救国论》一书,后来又接着写了《金主币救国议》和《理财救国论》,企图淆乱问题的真相,挽救垂死的清王朝。这三部著作,是康有为后期反动经济思想的主要代表作。

《物质救国论》的基本内容是:硬说当时中国在"礼乐文章政治学术"等"精神文明"方面,都远胜过西方资本主义国家,唯一不如它们的只在物质技术方面,特别是在"工艺兵炮"等工业技术和军事技术方面,因此,要想救中国,不必别求,只要讲求物质技术,首先是讲求"工艺兵炮"等就够了。

"故为中国谋者,无待高论也,亦不需美备之法也;苟得工艺炮舰之一二,可以存矣,可不忧亡矣。"②

---

① 当时改良派参加论战的主力是梁启超,康有为曾把《物质救国论》寄给梁启超,连梁启超也感到它写得太露骨,未予发表。

② 康有为:《物质救国论》,上海长兴书局1920年版(下同),第10页。

这样，康有为就否定了自己过去的变法维新主张，反而把他过去的敌人洋务派官僚所揭橥的臭名远扬的"船坚炮利"论当作一件新法宝祭了起来

康有为毫不讳言，他所以这样出尔反尔，就是为了反对革命。他说："至戊戌之后，读东书者日盛，忽得欧、美之政俗学说，多中国之所无者，震而惊之，则又求之太深，以为欧、美致强之本，在其哲理精深，在其革命自由，乃不审中国病本之何如，乃尽弃数千年之教学而从之。于是辛丑以来自由革命之潮，弥漫卷拍，几及于负床之孙，三尺之童，以为口头禅矣……吾既穷览而深验之，哀我国人空谈天而迷大泽也，乃为《物质救国论》以发明之，冀我国吏民上下，知所鉴别，而不误所从事焉。"[1]

1908年，清朝反动政权已陷于摇摇欲坠的危境，它一方面对革命势力进行疯狂镇压，另一方面则玩弄起"筹备立宪"的骗局。康有为这时也看到清政权面临着总崩溃的危机，为"黎民阻饥，四海困穷，则天禄永终"而感到"深忧却顾"，因而就把他前几年写的《币制论》加以整理改写，著成《金主币救国议》一书，配合清政府的"筹备立宪"的把戏，企图欺骗中国人民，挽救清王朝的垂危统治。

在这本书中，康有为极力掩盖清朝反动统治集团祸国殃民的罪行，竟然把国势的衰弱、经济的破产和民生的困苦，都说成是由于货币制度的原因，妄说由于当时世界各国多采用金本位，而中国还用银为货币，在国际上金日贵银日贱的情况下，就造成了中国的币值日低、物价日涨、财政支绌、人民困穷的局面。他一再自欺欺人地号叫着："夫以五千年文明之古国，万里之广土，四万万之众

---

[1] 康有为：《物质救国论》1905年序。

民，而所以致亡之由，不过为银落金涨之故，岂不大可骇笑哉！"①

于是，他就向清政府开出了下面这样一个"起死之第一方"②：在国内和华侨中搜刮黄金，铸造金币，并发行纸币，以"充实"财力，并为"筹备宪政"筹措经费。

康有为居然把这样一个充满常识性错误的真正是"大可骇笑"的方案吹嘘为起死回生的药方，这虽然是他为了掩盖清王朝的罪恶、欺骗人民群众而故布的疑阵，但也的确表现了统治阶级分子在面临危亡的情况下病急乱投医的狼狈景象。清王朝的垂危命运当然不是康有为"一字一泪"的著作所能挽救的，《金主币救国议》在1910年正式发表，一年以后，武昌起义的炮声就响了。

辛亥革命没有完成中国资产阶级民主革命的任务，但"它埋葬了在我国延续二千多年的君主专制制度，使民主共和国的观念深入人心"③，而这正是康有为所最感痛心疾首的。辛亥革命后，他更加仇视革命了，他千方百计诬蔑革命，把由于帝国主义和封建主义相勾结和立宪派的破坏所造成的革命失败后的混乱局面，都归到革命的账上，竭力宣称他过去关于革命必然招致亡国的"预言"是"不幸而言中"了。他到处奔走呼号，宣扬其"虚君共和"的谬论，为他的复辟活动制造理论根据。

1912年，革命民主派的领袖孙中山，在被迫辞去了临时大总统职务后，仍然企图运用自己的地位和影响，来实现革命民主派的经济纲领。他在同盟会会员的饯别会上，宣称自己今后将致力于实现民生主义，致力于实现平均地权和工业、铁道建设。康有为也恰

---

① 康有为：《金主币救国议》卷上，上海广智书局1910年版（下同），第67页。
② 康有为：《金主币救国议》1910年"再识"。
③ 《人民日报》1961年10月10日社论：《一次伟大的民主革命》。

在这时,把他过去写的《理财救国论》拿出来发表,以反对孙中山的主张。

在《理财救国论》中,康有为主张"救国"必先理财,而理财的"妙方",则是建立像现代资本主义国家所具有的那种金融网。他宣扬银行万能的谬论,说什么"善用银行者,无而能为有,虚而能为盈,约而能为泰"①,说"将欲救国,将欲富民,将欲建海陆军,将欲变行新法,一切皆银行是赖"②。他建议建立以中央银行为中心,包括地方银行、土地银行以及各种专业银行在内的遍于全国的银行体系,使官僚、地主及大资本家可以利用银行发行纸币、承受公债、进行证券及土地投机而获得暴富。他公开赞扬大银行的投机活动,认为如果以种种措施鼓励投机,使中国多有像摩根财团那样的富豪,"岂止内地农工商矿可大起,即远边之辽、蒙、回、藏之实利可速拓殖,中国之贫民,岂复忧生?中国之富源,岂可思议也?"③这种公然歌颂财政资本巨头的论调,和孙中山在同时期所宣布的民生主义是要"反对少数人占经济之势力,垄断社会之富源"的主张④,正好是针锋相对的。

孙中山认识到将来随着资本主义的发展,各大城市和工业中心的地价必然迅速高涨,担心"此等重利,皆为地主所得"⑤,因而主张采用地价税的办法,把增涨的地租和地价收归国有。康有为所代表的自由资产阶级是地主而又兼资本家的阶级,对这一阶级

---

① 康有为:《理财救国论》万木草堂另种(下同),第3页。
② 康有为:《金主币救国议》卷下,上海广智书局1910年版,第33页。
③ 康有为:《理财救国论》,第64页。
④ 《提倡民生主义之真义》,《孙中山选集》上卷,人民出版社1956年版,第93页。
⑤ 《民生主义与社会革命》,《孙中山选集》上卷,人民出版社1956年版,第86页。

的人物来说,地价暴涨正是他们所馨香祷祝的。在《理财救国论》中,康有为就赤裸裸地暴露出了自由资产阶级的这种最卑鄙自私的目的,他说:"夫市街宅地之抵押,尤为兴起国富之要图,建筑愈多,则地价愈涨,人民坐增其富源,农工商矿亦随之而盛长,于是国富大增焉。"[1]

自由资产阶级是希望发展资本主义的,他们不仅希望从资本主义工商业的发展取得巨额利润,而且还指望着从地价的暴涨增加他们的利益,他们唯恐革命会触动自己的利益,唯恐农民会在革命中提出土地要求。改良派所以仇视革命,其基本秘密正在于此,康有为、梁启超等人所以在革命形势高涨下堕落为反动分子,其最深刻的原因也正在于此。

康有为是近代中国的一个历史人物,是19世纪末期"向西方国家寻找真理"的先进的中国人之一。他前期的经济思想,曾具"有同中国封建思想作斗争的革命作用"[2]。这种思想尽管还夹杂着许多封建余毒在内,有其很大的时代的和阶级的局限性,但毕竟还是一份值得我们重视的历史遗产。戊戌政变后,康有为逐渐落在形势发展的后面,终至堕落成封建主义的卫道士,妄图依靠一切时代渣滓,阻挡历史的前进,结果为人民大众所抛弃,度过了孤寂无聊的晚景,于1927年带着"花岗岩头脑"离开了人世。

（原载《经济研究》,1962年第5期）

---

[1] 康有为:《理财救国论》,第56页。
[2] 《新民主主义论》,《毛泽东选集》第二卷,人民出版社1952年版,第690页。

24　谭嗣同的经济思想

一

　　谭嗣同（1865—1898年）是我国19世纪末期的一位伟大的启蒙思想家,他的著作中所包含的爱国主义和反封建民主主义精神,对中国近代资产阶级革命思想和革命运动的发展,起过重要的启迪作用;他在戊戌政变中的慷慨牺牲,也引起了人们对清朝反动统治者的更大仇恨,激发更多的爱国青年走上民主革命的道路。

　　他出生于一个大封建官僚家庭,自幼也受到传统封建意识的深刻影响;但是,在激烈的社会动荡局面下,"统治阶级内部的分化过程,整个旧社会内部的瓦解过程,就显得非常强烈,非常尖锐"[①],谭嗣同在成长时期所经历的深重的民族危机和社会危机,使他没有走上当时一般封建贵族子弟所走的老路,而是从封建统治阶级中分化出来,变成了新兴资产阶级的代言人。中日甲午战争的失败,是他思想转变的一个重要契机。在这以前,他也曾有过当时的一般顽固保守人物所持有的那种维护"圣道"、反对"西法"的封建主义观点;甲午战争的失败,给了谭嗣同思想以极大的震动,他开

---

　　① 《共产党宣言》,《马克思恩格斯全集》第4卷,人民出版社1958年版,第476页。

始认识到外国资本主义的侵略已造成"中西不两立不并存之势"，痛感在这种局面下，再保持封建统治的老一套就会有亡国危险，因而提出了"尽变西法"的主张，要求不仅学习西方国家的先进生产技术和科学知识，而且在中国采用西方资产阶级的社会、政治制度。这种"尽变西法"的主张大大超越了他以前的改良主义者所倡导的"可变者器，不可变者道"的论调，成为当时变法维新运动中的一种最激进的主张。

1895年以后，民族危机更趋严重，中国日益面临着被帝国主义强盗瓜分的危险，而清朝的反动统治势力却继续顽固地拒绝改革内政的要求，并接连给予变法维新运动以沉重的打击。谭嗣同积极地同反动势力进行了斗争，他的政治、经济思想也在斗争中更加前进了一步。在1896—1897年，他写成了自己的主要著作《仁学》一书，在这部书中，他对封建专制政体和封建的纲常名教，都进行了激烈的攻击，痛骂封建君主为"独夫民贼"；对法国资产阶级大革命和中国历史上的许多次农民起义，他也抱着赞扬或同情态度，并且表示自己愿作陈涉、杨玄感那样的农民起义领袖。他还痛快淋漓地揭露了封建礼教的虚伪、残暴的面目，指出它完全是封建统治者用以奴役人们的精神和肉体的"箝制之器"。他的这类言论都已越出了资产阶级改良派的狭隘的政治要求的范围，呈现出相当明显的革命倾向。

但是，谭嗣同在理论上和实践上都并没能最终冲破改良主义的门槛。他一方面认为革命是"顺乎天而应乎人"的正义事业，另一方面却又提倡"唯变法可以救之"的改良主义理论；一方面向往着"誓杀尽天下君主，使流血满地球"的激烈革命斗争场面，另一方面却又决心杀身以报"圣主"，并以血溅柴市来实现自己的主张。

他已在一定程度上认识到清朝反动政权和帝国主义对中国殖民统治之间的关系，因而认为要想避免帝国主义列强灭亡中国，中国人民必须首先自己起来推翻清朝的反动统治；但是，他又始终梦想取得某些帝国主义国家的帮助来实现自己的改革要求，甚至还荒唐到祈求帝国主义列强来替中国废君主，改民主，急进与缓进、革命与改良的互相对立的思想，经常搏斗于他的内心，下面这一段自白，充分表明了他的这种矛盾心理：

> 嗣同之纷扰，殆坐欲新而卒不能新。其故由性急而又不乐小成。不乐小成是其所长，性急是其所短。性急则欲速，欲速则躐等，欲速躐等则终无所得。不得已又顾而之它；又无所得，则又它顾。且失且徙，益徙益失。此其弊在不循其序，所以自纷自扰而底止也。夫不已者，日新之本体，循序者，日新之实用，颇思以循序自救，……。①

这段话正是谭嗣同本人和当时维新运动中一切左翼激进分子内心冲突的写照。这批人物基本上是由自由资产阶级中的社会地位较低的一部分知识分子组成的，和自由资产阶级中的其他人物比较起来，他们对帝国主义、封建主义的压迫有着更大的不满，对下层群众的困苦也较为同情，但他们本身却没有进行革命的力量和决心，更不可能到下层群众中去寻求真正的革命力量，除了用"任侠"、"舍生"等方式进行一些个人冒险的行动外，他们也还是力图向封建统治者以及某些帝国主义国家寻求支持，因而最终不得不以"循序自救"，强制自己思想中的革命倾向屈服于改良主义

---

① 谭嗣同：《报贝元征书》,《谭嗣同全集》，生活·读书·新知三联书店1954年版（下同），第388页。

的实际行动。谭嗣同的这种态度，正是他所代表的社会力量的软弱性的表现。

二

谭嗣同的经济思想，也比他同时期的其他改良派思想家更为强烈地表达了正在形成中的中国资产阶级发展民族资本的要求，这主要表现在：他借取了西方资产阶级经济学者的经济自由主义作为理论基础，对中国的封建主义所施加给资本主义发展的各种压迫进行了猛烈地抨击，并从理论上论证了资本主义对封建主义的优越性。

针对着封建主义的压迫和束缚，谭嗣同提出了"仁——通"的学说，他把"仁"说成是"天地万物之源"，而"通"则是"仁"的根本属性，所谓"仁以通为第一义"①。他认为：在社会生活领域中，必须实现以下四个方面的"通"：中外通、上下通、男女内外通和人我通。上下能和男女内外通，是用来反对封建专制、封建等级制和封建家族制度，要求实现资产阶级民主、男女平等和个性解放的；中外通和人我通，则是他用以表达自己的经济自由主义思想的两个基本概念。

谭嗣同把"人我通"解释为在人与人之间作到"其财均以流"②，他所谓的"均"，并不是平均财富的意思，他再三向富人解

---

① 谭嗣同:《仁学》,《谭嗣同全集》,第6页。
② 同上书,第44页。

释,他决不是主张把他们所占有的财富"悉以散诸贫而无赀者"①,而只是劝他们用以投资新式资本主义工商业,以促进国民经济的发达和社会生产的增加,并使雇佣劳动者可以获得就业机会。谭嗣同认为,富人如能这样做就是以财"沾润于国之人"②和"收博施济众之功"③,也就是作到了"其财均以流"了。

由此看来,谭嗣同所谓"人我通",其实质不过是要求地主阶级把用地租、高利贷剥削来的农民和其他贫苦劳动人民的血汗和脂膏,转变为资本主义企业的资本,即用资本对雇佣劳动的剥削来代替封建主义的剥削关系。

谭嗣同特别重视大机器工业,他把发展资本主义的大机器工业看作是迅速增殖财富、活跃流通、达到贫富"两利",也即是实现"人我通"的主要关键。他说:

> 有矿焉,建学兴机器以开之,辟山通道溶川凿险咸视此。有田焉,建学兴机器以耕之,凡材木水利畜牧蚕织咸视此。有工焉,建学兴机器以代之,凡攻金攻木造纸造糠咸视此。大富则设大厂,中富附焉,或别为分厂。富而能设机器厂,穷民赖以养,物产赖以盈,钱币赖以流通,己之富亦赖以扩充而愈厚。④

当时,地主阶级的代言人——封建顽固派——为了反对发展资本主义经济,宣扬各种各样的谬论,其中"黜奢崇俭"和"机器夺民之利"就是他们所特别津津乐道的两种论调。他们说:发展资

---

① 谭嗣同:《仁学》,《谭嗣同全集》,第40页。
② 同上。
③ 同上书,第41页。
④ 同上书,第40—41页。

本主义生产,尤其是发展大机器工业,就会扩大人们的物质欲望,造成奢靡的风气,不但浪费了社会财富,还会败坏世道人心。他们又把自己装扮为劳动人民的同情者,指责资本主义的大机器工业会排挤各种手工业生产,使依靠手工劳动为生的大量"小民"陷于破产失业。谭嗣同激烈地反驳了这些论调,痛斥所谓"黜奢崇俭"不过是顽固派为了维护其地租、高利贷剥削利益和落后的封建自然经济而故意提倡的愚民之术;顽固派借"崇俭"的美名,把财富积聚起来,自己不投资于工商业,又反对社会上其他的人"兴工作役",目的就是为了断绝贫民的其他生路,以便迫使贫民依附于他们,忍受他们的惨重剥削和奴役。他尖锐地揭露这些地租、高利贷剥削利益的辩护人说:

> 抑尝观于乡矣,千家之聚,必有所谓富室焉,……乃其刻谿琐鄙,弥甚于人,自苦其身,以剥削贫民为务。放债则子巨于母而先取质,粜籴则阴伺其急而厚取其利;扼之持之,使不得出。及其箝络久之,胥一乡皆为所吞并,遂不得不供其奴役,而入租税于一家。①

谭嗣同力图向富人指出:靠这种办法来积累财富,对他们自己也并无好处,因为刻剥贫民的结果,绝断了贫民的生计,终将迫使他们起来反抗,其结果将会使富户自己也"随之煨尽";即使不至这般地步,"崇俭"的结果,阻碍了社会经济的发展,使"民智不兴,物产凋窳",对富户财富的增殖也是不利的。他向富人指出:采用资本主义的剥削方式比封建的剥削方式更能使自己的财富"扩充而愈厚",因而不应该"崇俭"而应该"崇奢",不应该把财富闭锁

---

① 谭嗣同:《仁学》,《谭嗣同全集》,第39页。

窖藏起来,而应该用以投资设厂。他认为:前一种做法就是"不通"或"私垄断天下之财",而后一种做法则能做到"通"或"其财均以流"。

谭嗣同所赞美的"奢",主要是把财富用到生产的消费上,而不是用在个人消费上;但是,他也认为,即使是后面这种意义上的"奢",也要比"俭"好得多。因为,虽然这种"奢"的结果对个人来说是不能"聚财"的,但却能为工商业提供市场,这对整个资产阶级来说仍然是有利的。所以他说:

> 夫岂不知奢之为害烈也,然害止于一身家,而利十百矣。锦绣珠玉栋宇车马歌舞宴会之所集,是固农工商贾从而取赢,而转移执事者所奔走而趋附也。①

谭嗣同反驳"机器夺民之利"的说法,认为采用机器能使劳动生产率成十倍、百倍地增长,使社会财富大大增加,因而不会使人民贫困而是使人民富足;使用机器会减少对劳动力的需要,但节省出来的劳动力可以用来发展新的生产事业,因而并不会造成大量劳动者的"失业坐废。"他极力歌颂大机器生产的好处,说它"一日可兼十数日之程"、"一年可办十数年之事"、"一世所成就,可抵数十世,一生之岁月,恍阅数十年"。②

资本主义的大机器工业,确实打破了过去社会生产发展长期停滞和墨守陈规的状况,造成了前资本主义各种社会形态中无法想象的巨大生产规模和发展速度。谭嗣同对大机器工业的热烈赞颂,当然是从资产阶级渴望追求剩余价值、加速资本积累的贪欲出

---

① 谭嗣同:《仁学》,《谭嗣同全集》,第40页。
② 同上书,第46页。

发的，但在当时的条件下。这种要求还是符合生产力发展的要求
的，是有其进步意义的。不过，他认为按资本主义方式使用机器会
为劳动者带来"充分就业"和人人富足，却完全违反了资本主义的
现实。马克思曾经指出：不应把机器本身的作用和机器的资本主
义使用混为一谈，"因为机器就其自身考察是缩短劳动时间的，但
它的资本主义的使用，却是延长劳动日；因为机器本身是使劳动变
为轻易的，但它的资本主义的使用，却会加强劳动；因为机器本身
是人类对于自然力的胜利，但它的资本主义的使用，却使人类服从
于自然力；因为机器本身可以增加生产者的富，但它的资本主义
的使用，却使生产者化为待救济的贫民，……"[1]谭嗣同所以会把
二者混为一谈，一方面是由他的资产阶级立场所决定的，资产阶级
的代言人，通常总是把资产阶级一个阶级的利益说成是全民的利
益；另一方面，也是由于时代认识水平的限制。当时，中国的新式
工业还为数很少，谭嗣同对外国资本主义大机器生产的实际情况
也缺乏了解，对资本主义使用机器的后果，他显然还没有多少实际
认识。

谭嗣同在论证了资本主义对封建主义的优越性之后指出：为
了充分地发展资本主义的生产和流通，实现他所倡导的"人我通"，
必须使人人能够"从容谋议，各遂其生，各均其利"[2]，这也就是西
方资产阶级经济学者所宣扬的个人经济活动自由，即给予资本家
以经营企业、剥削雇佣劳动的充分自由，给予雇佣劳动者以出卖劳
动力的"自由"。他认识到，在当时的中国，实现"经济自由"的最

---

[1] 马克思：《资本论》第1卷，人民出版社1953年版，第537页。
[2] 谭嗣同：《仁学》，《谭嗣同全集》，第43页。

大障碍是使"君权日以尊"的封建专制政体，因而强调以"兴民权"为"人我通"的前提。

谭嗣同的"人我通"，不仅意味着要在国内实现经济自由，而且还要求在国与国之间实行自由的国际贸易，做到"中外通"。他认为：这种"中外通"也是"通人我……之一端"①。他从使用价值的角度看待对外贸易问题，认为两国通商，彼此都可获得自己需用的货物，又可免去自行生产这些货物的劳费，所以是彼此之间的"相仁之道"或"两利之道"。

他不仅认为在工业发达的国家之间实行自由贸易是彼此有利的，而且认为即使是落后的农业国，也可从自由贸易获得很大的利益，因为自己工业既不发达，就更加需要输入外国商品来满足国内需要。他也认识到在这种情况下进行自由贸易，必然会造成巨额的贸易逆差，不得不输出大量金、银去偿付，但他认为这也并不是坏事，因为进口的商品都是有用之物，而"金银则饥不可食，寒不可衣"，用金银去偿付进口商品，不过是"以无用之金银，易有用之货物"②，对入超国家来说是合算的。他不但反对顽固派的"闭关绝市"、"重申海禁"的主张，甚至还反对采用保护关税政策。

在半殖民地半封建中国，帝国主义控制着中国的海关，外国商品泛滥于中国市场，使中国新兴的民族工业遭到致命的威胁，民族工业家为了本身的生存，要求关税自主权，以便用保护关税来抵挡外国商品的倾销。谭嗣同作为新兴资产阶级的主要代言人之一，

① 谭嗣同：《仁学》，《谭嗣同全集》，第45页。
② 同上书，第44页。

却居然高唱与这种要求相反的自由贸易论调子,这看起来似乎是不可理解的。

谭嗣同所以这样主张,也有他的考虑。他也不是不了解贸易入超和白银外流的严重性,但他认为这并不是自由贸易的过错,而是由于中国工业不发达和金银缺乏,只要中国工矿业发展了,自由贸易就不会造成"无穷之漏卮",就不会因"通商致贫"。于是,他提出了自己的经济政策主张说:

> 为今之策,上焉者奖工艺,惠商贾,速制造,蓄货物,而尤扼重于开矿;庶彼仁我,而我亦有以仁彼。……次之,力即不足仁彼,而先求自仁,亦省彼之仁我。[1]

可见,他也是主张与外国资本主义竞争的,他认为,只要中国工业发达了,能满足自己国内市场的需求,就可抵制外国商品进口,做到"自仁"和"省彼之仁我";如果工业更强大,还可进一步去同外国商品争夺国外市场,甚至到资本主义列强的本国市场上去和他们竞争,以做到"仁彼"。"自仁"和"仁彼",原来都是谭嗣同为资本主义竞争所创造的美丽的别名!

谭嗣同宣扬自由贸易论,诚然并不表明他已背弃了民族立场,有意为帝国主义侵略辩护;但是,他在半殖民地半封建中国倡导这种理论,对中国民族资本主义的发展、对中国人民争取民族经济独立的斗争是有很不利的作用的。他不了解,自由贸易论是发达的资本主义国家为了便于打开经济落后国家的市场而宣扬的理论,在经济非常落后、关税自主权已经丧失的中国,学唱这种调子,就正中了帝国主义分子的毒计。

---

① 谭嗣同:《仁学》,《谭嗣同全集》,第45页。

三

列宁指出：西欧和俄国的启蒙学者，都是"完全真诚地相信共同的繁荣昌盛，而且真诚地期望共同的繁荣昌盛，他们确实没有看出（部分地还不能看出）从农奴制度中所产生出来的制度中的各种矛盾。"① 谭嗣同对封建主义的激烈谴责和对资本主义的尽情讴歌，也正是表现了与西欧和俄国启蒙学说同样的特点。但是，就世界范围来说，19世纪末期却早已不是资本主义的曙光时代了。虽然中国本身的资本主义经济还十分幼弱，但世界资本主义却已到了进入腐朽、垂死的垄断资本主义阶段的前夕。垄断的残酷压迫、劳动人民的极度贫困、阶级斗争的紧张尖锐、工人阶级社会主义运动的发展，……在谭嗣同著《仁学》的时期，先进的中国人对这一类的问题已不是毫不知情了。这就使得谭嗣同的著作中出现了一种在西欧启蒙主义作品中找不到的情况：一方面由于中国社会发展的落后，他仍像他的外国前辈们一样相信资本主义制度能造成"共同的繁荣昌盛"；另一方面，他从世界范围中获得的见闻，又使他不免要对濒临进入资本主义最后阶段的西方国家的某些现象进行批评。他在1896年写给他的好友唐才常的一封信中，就曾提到：

> 西人于矿务、铁路及诸制造，不问官民，只要我有山、有地、有钱，即可由我随意开办，官即予以自主之权，绝不来相

---

① 《我们究竟拒绝什么遗产？》，《列宁全集》第2卷，人民出版社1959年版，第445页。

阻碍。一人获利，踵者纷出，率作兴事，争先恐后。不防民之贪，转因而鼓舞其气，使皆思出而任事，是以趋利若鸷禽猛兽之发，其民日富，其国势亦勃兴焉。……而其弊也，唯富有财者始能创事，富者日盈，往往埒于国家，甚乃过之；贫者唯倚富室聊为生活，终无自致于大富之一术。其富而奸者又复居积以待奇赢，相率把持行市，百货能令顿空，无可购买；金镑能令陡涨至倍，其力量能令地球所有之国并受其损，而小民之隐受其害，自不待言，于事理最为失平。于是工与商积为深仇，而均贫富之党起矣。①

谭嗣同看到西方国家所存在的这些不合理现象，也认识到如果按照他自己和其他改良派人物发展资本主义的主张做去，中国迟早也会出现同样的情况。但是，他并不认识这些现象是资本主义制度本身不可调和的矛盾的必然表现，而认为这只是西方富人的"褊心所召"，因而把它们看作是容易消除或防止的；而且，他还认为，在当时的中国还不必要也不宜于立即采取措施来防止这些弊害，他说：

> 以目前而论，贫富万无可均之理。不惟做不到，兼恐贫富均，无复有大利者出而与外国争商务，亦无复贫者肯效死力，国势顿弱矣。②

因此，他提出了一个"两步走"的办法：第一步是"创始"，在这一步，应该完全鼓励私人自由兴办工商业，以便"风气速开"，使资本主义工商业迅速发展起来；第二步是"守成"，这时工商业已经发达了，中国已经富强了，就需要采取一些措施，"过者裁抑之，

---

① 谭嗣同：《报唐佛尘书》，《谭嗣同全集》，第444页。
② 同上。

不及者扶掖之"。他认为只要在将来能采取这样一些改良主义措施,就仍然可以实现他所期望的"共同的繁荣昌盛"。

由此可见,谭嗣同虽然已经从西方国家中多少看到了一些"从农奴制度中所产生出来的制度中"的矛盾,但他并没有因此而放弃反封建主义的斗争,他仍然和西方及俄国启蒙学者一样具有"共同繁荣昌盛"的信念,他的经济思想的基本倾向仍然是经济自由主义。

谭嗣同也谈到过土地问题。他把普遍地"改民主"和"行井田"作为实现他所理想的"大同"世界的两项基本内容,并且指出"井田"的重要意义之一在于"均贫富"[①]。他没有进一步说明他所设想的"井田"的具体内容,但从他使用"井田"这一传统概念以及他强调"井田"的均贫富作用这一点,我们有根据推想:它大约包含着土地公有和平均土地的内容。

四

在1895年,谭嗣同经济思想的基本倾向还不是经济自由主义,而是有着与此恰恰相反的重商主义倾向;但是,事隔一两年,在谭嗣同著作《仁学》时,他的经济思想中就出现了这一急骤的变化,这是有其社会历史的和思想的原因的。

经济自由主义本是西欧工业资产阶级用以反对重商主义的理论武器,它对资本主义基础的形成和巩固,曾起过很积极的作用。在重商主义的阻碍已被克服后,工业发达国家的资产阶级,继续利

---

① 谭嗣同:《仁学》,《谭嗣同全集》,第69页。

用这种理论来为扩大海外市场的目的服务，自由贸易论就是这种理论在对外贸易问题上的表现。

外国资本主义势力侵入中国后，西方侵略分子就极力宣扬自由贸易论来为其对中国的经济侵略服务。和康有为、谭嗣同等改良派代表人物都很熟识的披着传教士法衣的侵略分子李提摩太，就曾一再宣称：西方人到中国来只是为通商，而通商对双方都是有利的，其对中国的利益比对西方国家的利益还更大，因而中国应欢迎自由贸易。为了鼓吹自由贸易，西方侵略分子也就连带地把它的理论基础——经济自由主义——也输入到中国来。19世纪80年代初，在另一个著名的"传教士"丁韪良的授意和主持下，洋务派（清朝统治集团中的另一反动派）的"同文馆"译出了英人法斯德的《富国策》（书名本意是《政治经济学教本》）一书，作为训练洋务人员的教材。这本书和当时英国出版的许多庸俗经济学教本一样，都是宣扬经济自由主义、鼓吹自由放任政策的。

不过，在相当一段时期中，这种理论对中国的进步人物并没发生多大影响；相反的，在中日甲午战争前已经出名的一些资产阶级改良主义思想家（诸如王韬、马建忠、郑观应等），倒是持有一种类似重商主义的观点。他们看到当时贸易逆差和白银外流问题的严重，殚精竭虑地谋求"堵塞漏卮"的办法，他们都认为，所以造成这种严重"漏卮"就是因为中国"商务"不发达，因而极力提倡"振兴商务"，企图增加出口和减少进口以防止白银外流；他们要求国家采取各样"保商"措施以支持中国商人同外商竞争，特别是要求收回关税自主权以便实行保护关税。他们也羡慕西方国家的工业发达，主张应该学习外国科学技术建立自己的新式工业；但他们一般是把发展工业放在从属地位，是要"以工翼商"。中国近代的社会经济条件与西欧重商主义时代的情况大不相同，但初期的资产阶级改良主义思想家从解决中国自己的问题出发，在许多问题上得出了与西欧重商主义者相类似的观点。

在著作《仁学》之前，谭嗣同也极强调发展商业的重要性，他认为西方资本主义国家"以商为战，足以灭人之国于无形"，能够使中国"膏血竭尽"，中国必须"奋兴商务，即以其人之矛，还刺其人之盾"[1]，他要求采取保护关税政策，实行"出口免税，入口重税"，以"杜漏卮之渐"，为此，他极力主张夺回洋人"税务司包办海关之权"。这些观点也是带有一定程度的重商主义色彩的。

甲午战争失败后，外国侵略者在中国取得了更多特权，进一步控制了中国的经济命脉，使中国的幼弱的民族工业更加遭到致命的打击，但是，外国资本主义侵略势力的进一步深入，也对中国资本主义的发展起着一定的刺激作用。同时，洋务派所吹嘘的"船坚炮利"政策，由于中日战争的失败而陷于彻底破产，洋务派对新式工业的官僚垄断，也受到日益激烈的抨击，许多新兴资产阶级的代言人，进一步提出了废止洋务派官僚垄断，准许私人自由开办工商企业的要求。在1895—1897年三年中，中国新增加的商办厂矿达三十八家，资本额共九百七十八万三千一百八十八元，和1895年以前的三年相比，新增商办厂矿数多了一倍，资本增加额多一倍以上[2]。谭嗣同本人，在这段时期中也直接参加了创办新式工矿企业的活动。新兴资产阶级的代言人，需要寻求新的理论武器来为这种反对洋务派官僚垄断、要求自由开办企业的目的服务，西方资产阶级

---

[1] 谭嗣同：《思纬壹台短书——报贝元征》，《谭嗣同全集》，第423页。

[2] 严中平等编：《中国近代经济史统计资料选辑》，科学出版社1955年版，第93页。

经济学中的经济自由主义理论，就在这时受到了他们的注意。洋务派的政策当然和重商主义无关，但在利用国家权力干涉私人经济活动自由这一点上，也和重商主义的情况有某些表面类似。因此，甲午战争后的一些主要的改良派代表人物，就拿起经济自由主义这种西欧工业资产阶级用以批判重商主义的武器，来批判洋务派对私人资本的羁轭压制，严复、梁启超也都是如此，谭嗣同经济思想的特点，不过是把这种倾向表现得更明显、更突出和更加首尾一贯而已。

运用经济自由主义作为理论武器，谭嗣同对封建主义进行了激烈的批判，这无疑是他的经济思想发展中的一个很大进步；但是，他是通过李提摩太、丁韪良等外国殖民侵略分子接受这种理论的，因而也就不自觉地把他们所散布的一些奴化思想毒素接受过来，并据以作出了某些有利于外国资本主义经济侵略、不利于中国人民争取民族经济独立的斗争的错误论断。

五

谭嗣同的经济思想，在中国近代经济思想发展史上占着很重要的地位。他以首尾一贯的经济自由主义，比同时期的康有为、梁启超、严复等人，更明确、更强烈地表达了新兴资产阶级要求摆脱封建主义束缚、充分地发展民族资本主义经济的愿望；他对垄断压迫的谴责和在土地问题上"均贫富"念头，则表明他的思想中已多少出现了一些和稍后的革命民主派经济思想相接近的因素，这在一定程度上表现了他对下层贫苦群众的同情。在19世纪资产阶级改良派的所有代表人物中，他的经济思想无疑要算是最为激进、最具有民主主义精神的。

但是，他的经济思想也和他的政治思想一样，并没能最终突破资产阶级改良主义的局限。他没有批判过封建主义的基础——封建土地所有制，他所说的"行井田"，只是把土地公有作为一种遥远的"大同"理想十分模糊地提了出来，而丝毫没涉及解决土地问题的现实纲领和具体措施。他对坚决维护地租和高利贷剥削利益的地主阶级顽固分子表示了极大的反感；但是，他却始终把发展资本主义工商业的希望寄托在开明的地主阶级分子身上，根本不打算触动他们的土地利益，而只是劝说他们把地租、高利贷剥削得来的财富转化为工商业资本。他认识到封建专制是发展资本主义的大障碍，从而把"兴民权"作为实现"人我通"的政治前提；但是，当时的资产阶级改良主义思想家是把"民权"和"民主"两个概念严格区分开来的，他们事实上是把"兴民权"作为"君主立宪"的同义语。谭嗣同在《仁学》中的很多地方都表示了他对"民主"的向往，但在发展资本主义、实现"人我通"的根本前提问题上，却只是提到"兴民权"，这使我们很有理由认为：他所主张的发展资本主义的道路不是革命的道路，而是"君主立宪"的改良主义道路。

在半殖民地半封建中国，帝国主义和封建主义统治势力掌握着强大的暴力压迫工具，残酷地压迫着中国人民，任何人对这种敌人抱着幻想，企图取得他们的同意来实现进步性质的改革，那是注定了要失败的。戊戌变法维新运动的失败和谭嗣同的流血牺牲，正是这种改良主义路线必遭失败的有力证明。

（原载《北京大学学报》哲学社会科学版，1963年第1期）

25 从严译《原富》按语看 严复的经济思想

一

严复（1853—1921年）是19世纪末期中国资产阶级改良派的主要代表人物之一。他不但参加了改良主义的变法维新运动，而且比较系统地介绍了西方资产阶级的政治思想和学术思想，为新兴资产阶级反对封建文化的斗争提供了理论武器。他在1895年中日甲午战争后所写的《论世变之亟》、《原强》、《求亡诀论》和《辟韩》等文章，在当时是第一流的政治论文。这些文章对封建君主专制进行了颇为猛烈的攻击，对改良派的变法运动起了积极的作用。严复的翻译工作对当时的思想界发生了更大的影响，他可以说是中国近代史上头一个较大规模翻译西方学术著作的人物。毛泽东同志在《论人民民主专政》一文中指出："自从一八四〇年鸦片战争失败那时起，先进的中国人，经过千辛万苦，向西方国家寻找真理。洪秀全、康有为、严复和孙中山，代表了在中国共产党出世以前向西方寻找真理的一派人物。"①这里包括对严复所曾起过的历史作用的高度评价。

---

① 《毛泽东选集》第四卷，人民出版社1960年版，第1474页。

严复翻译过亚当·斯密的《原富》(今译名《国富论》)。《原富》在1898—1900年间译成,1902年出版,这时正是改良派变法运动由高潮到失败后的一段时期。在译书时,严复随时联系着当时中国的实际问题发表自己的见解或感想,在《原富》一书中加了多达数万字的按语。严复在他的著作中,谈到经济问题的地方很少,也很零碎,而在《原富》一书中所加的按语却集中代表了他的经济思想,这些按语是我们在整理中国近代经济思想史的遗产时应当加以注意的。本文不是对严复的经济思想的系统的评介,只是根据我们在整理这些按语的过程中所获得的初步认识,提出几点看法。

二

严复的经济思想的一个最主要特点,是他积极宣扬亚当·斯密的经济自由主义,并用这种经济自由主义作武器,攻击清政府阻碍和压制国内资本主义经济发展的制度和措施,要求给民族资本以充分发展的自由。

亚当·斯密是英国古典政治经济学的最主要代表人物之一。他在18世纪后期代表英国新兴工业资产阶级的利益,反对国家对经济活动的干涉,要求对私人的经济活动采取完全的自由放任政策。他所攻击的对象,是当时英国和其他一些西欧国家的重商主义政策。在严复翻译《原富》时,中国并没有什么重商主义政策;但是,当时中国民族资本的困难处境,却远不是亚当·斯密所处的时代英国工业资本的情况所能比拟的。这时中国已经变成半殖民地半封建社会，满、汉地主阶级的反动政权——清王朝——勾结外国侵略者，给予国内的幼弱的资本主义工商业以极其严重的压迫与摧残。代表新兴资产阶级利益和要求的改良派人物，都极力反对清政府的这种"病商之政"，企图通过自上而下的改革，来为民族资本的发展取得较为有利的条件。严复翻译《原富》的目的，主要就在于利用亚当·斯密反对西欧重商主义的武器——经济自由主义，来为中国资产阶级的这种改革要求服务。

严复把亚当·斯密所主张的经济自由主义说成是必然的不可违抗的自然规律（"自然之机"和"必然之势"），认为实行变法，给予私人以发展经济的充分自由是"应天顺人"；指责反对变法的顽固派是"逆天违理"，警告他们如果继续这样下去就会造成民族危亡。他攻击勾结外国侵略者企图垄断新式工矿交通事业的洋务派官僚（清朝反动统治阶级的另一派别），指责他们所办的事业都是为了自己派系集团的利益而侵吞公款和掠夺人民。他批评洋务派的"官办"和"官督商办"企业都是"糜无穷之国帑，以仰鼻息于西人"①，所以办了几十年毫无成效。他要求清政府取消一切妨碍私人资本主义经济发展的措施，废止洋务派的官僚垄断，除了国防、司法、教育和邮电等事业由国家办理外，一切经济活动都应该"诿之于民"和"听民自谋"。严复也认识到，资产阶级要得到发展经济的自由，必须以在政治上获得一定民主权利为前提。他批判了当时洋务派头子张之洞要变法不要民权的谬论，认为人民无权，就

---

① 亚当·斯密原著，严复译述：《原富》（严译名著丛刊本），商务印书馆1933年版（下同），第509页按语。

不能有发展经济的自由,"法"也就不可能变,国家也就不可能达到富强。

严复的这些主张所根据的诚然都是亚当·斯密的现成理论,但是和当时其他许多改良派人物比起来,严复的这些主张毕竟还是较为深刻和有力的。其他改良派人物也都根据自己所得到的关于西方的知识来鼓吹资本主义,批判封建主义,但他们的这些知识多半是从传闻或表面观察得来的,因而他们在经济问题上一般只能提出一些具体的、实际的主张,而很少能从理论上加以论证(虽然在某些个别问题上也能够有颇为深刻的见解);严复则能够利用像亚当·斯密学说这样的资产阶级经济理论武器来同封建主义作战,这无论如何要比其他改良派人物的论述更为有力。

在运用经济自由主义同顽固派作战时,严复也提出了几点有创见的较合科学的见解。这里只举两个例子。

(1)在反驳顽固派"重本抑末"的谬论时,对农业与工商业的关系提出了比较正确的见解。

封建制度的主要特征之一是自然经济占统治地位。地主阶级为了巩固它的统治秩序,常常采取种种措施来抑制商品货币关系的发展(如秦代曾把商人和赘婿、罪犯一同抓去充军和做苦工,汉代则除了对商人征重税外,还不许商人"衣丝乘车",在社会上提倡贱视商人的风气)。为了替这种政策措施制造理论根据,中国的封建社会中长期以来就形成了一种说法,把农业说成是衣食之本,而工商业则是无关轻重的"末业",为了不让"末"来害"本",就必须"重本抑末"。

到了近代,这种重本抑末的封建老教条就成了顽固派反对变法、压制资本主义经济发展的主要思想武器之一。主张变法的资产阶级改良派，自然极力反对这种论调。改良派的早期代表人物王韬，就已揭穿了顽固派宣扬这种论调的目的，不过是为了保护他们的地租剥削利益，而根本不是为了发展农业生产。其他改良派的人物也都纷纷指出，不发展工商业，中国就不能富强。但是，他们都没能对农业与工商业的关系在理论上给予较深刻的说明。

严复也坚决反对顽固派用"重本抑末"的说法来反对资本主义经济的发展，但是他同时认为，可以说农业是"本业"，而工商业是"末业"。农业所以是"本业"，是因为农业生产的一定发展程度是工商业独立存在的前提；如果农业生产不能有一定剩余，则工商业都无法存在。他说："盖地为百产之宗。使耕牧树畜者，斥母治业而不得赢，则宇内之财，只有此数，行且日微而尽，其他工商之业，乌得立乎？此易见者也。"[1]

他又认为，农业虽然是本，但工商业也并不是不重要的，因为工商业不但和农业同是民生所必需（"固皆相养所必资"），而且没有工商业的发达，国家就不能摆脱贫困落后，农业本身也得不到发展。他以外国情形为例，指出"波兰、俄罗斯、西班牙、波陀噶尔（即葡萄牙——作者）诸邦，舍农而外，几无余业，而皆不富，且进治极迟"[2]。来证明发展工商业对国家富强的重要性。在批判顽固派"重本"就可以救贫的谬论时，他又指出，如果反对发展工商交通事业，农业是不能孤立地获得发展的："议者知务农矣，而

---

① 亚当·斯密原著，严复译述：《原富》，第374页按语。
② 同上。

又为闭关锁国之说，又于一切电报铁轨通商之事，皆深恶而痛绝之。不知使货出于地，而莫与为通，虽国家今筹甚巨之款，以备车牛借子种置屋庐于民，民今为之，不二三稔，其委之而去，又自若也。"①

根据上述理由，严复得出了自己的结论：农业与工商业，虽然"理实有本末之分"，但"末"的说法不应带有歧视的意味，不应"贵本而贱末"，而是应该把它们看作"于国为并重"。②

严复关于农业与工商业相互关系的见解，是有很多缺陷的。他虽然指出了农业的剩余是工商业独立存在的前提，但没有予以正确的论证。他的关于农业"斥母治业而不得赢，则宇内之财，只有此数"的说法，实际上重复了法国重农主义者"农业以外的劳动都是不生产劳动"这种说法的错误。他虽然看到了顽固派重本抑末的说法是敌视工商业的发展，并没有像王韬那样进一步揭露顽固派"重本"的目的，只是维护地租剥削利益而不是真想发展农业，也没能指出当时农民破产流亡的主要原因，不是由于工商业不发达和农产品不易流通，而是由于外国侵略者和本国封建统治阶级的残酷剥削和压迫。

尽管如此，严复在这一问题上，能够吸取重农主义者和亚当·斯密的符合科学的意见，赋予本末的说法以和传统的封建教条完全不同的意义，对农业与工商业的关系作出了这样一个含有一定科学成分并且多少首尾一贯的说明，这在当时的条件下的确是难得的。

---

① 亚当·斯密原著，严复译述：《原富》，第858—859页按语。
② 同上书，第144页按语。

（2）在反驳顽固派"黜奢崇俭"的谬论时，严复对生产、积累和消费的关系提出了含有一定合理成分的见解。

封建地主阶级本是最富寄生性的阶级之一，越是发展到封建社会末期，地主阶级的寄生生活也越加荒淫无耻。代表最反动的大地主统治集团利益的顽固派，在这时搬出"黜奢崇俭"的口号，当然并不是真的想崇尚节俭，而是别有用心的。他们把近代工业和西方自然科学技术，一律诋为"奇技淫巧"，诋为"奢靡无益之物"，因而用"黜奢崇俭"的说法，作为敌视科学技术和工业进步、顽固地坚持落后的自然经济的思想武器。

当时的许多改良派人物，为了反驳顽固派的这种谬论，就提出了一个相反的说法——黜俭崇奢。他们力图论证，提倡"奢"，增加消费，可以扩大市场，因而有利于生产的发展；提倡"俭"，则只便于少数人把财富闭藏起来，会阻碍"货财流通"，不利于工商业的发展。

上面这种说法实际上是把顽固派说成了一些只想窖藏财富的"守财奴"。但是顽固派并不是守财奴，因此这样的批判不能真正打中要害，况且这种说法也不能正确表达出新兴资产阶级的要求。资本家是人格化的资本。为了获得更大的利润，资本家总是力图扩大其资本积累。在资本还不够雄厚，经济力量还不够强大时，资本家尤其要尽量设法加快资本的积累，因而也要提倡"俭"。"黜俭崇奢"的提法，显然是无法表达出资本家对资本积累的这种迫切要求的。

因此，严复就对俭和奢的问题，提出了另外一个说法。他承认"俭"是好事，不赞成这些改良派人物反对"崇俭"的意见。但他认为，俭的目的是为了有利于生产的扩大，如果借口提倡俭而反对发展生产，那就违反了俭的目的，而成了"财之蟊贼"了。从这种目的出发，他进一步提出了自己对生产、资本积累和消费的相互关系的看法，认为消费的多少，要以不影响资本积累，不影响扩大再生产为限度，只要不妨碍资本的积累和生产的扩大，增加消费对生产不但无害，而且是有利于生产的发展和改进的。他又认为，积累和消费的多少，都决定于收入的大小，只要收入增长得多了，就可以而且应当适当增加消费。他说："今使一国之民，举孜孜于求富，既富矣，又不愿为享用之隆，则亦敝民而已。况无享用则物产丰盈之后，民将缦然止足，而所以励其求益之情者，不其废乎？是故理富之术，在一国之母财支费，相酌剂为盈虚。支费非不可多也，实且以多为贵。……顾事必求其可长，而养必期其无竭……约而论之，财如粟然，其专尚支费而不知母财之用者，获而尽食者也；其独重母财而甚啬支费者，罄所收以为子种者也。二者皆识。独酌剂于母财支费二者之间，使财不失其用，而其用且降而愈舒者，则庶乎其近之矣。"①

在这段话的后半，严复用农业生产作比，把他自己的观点表达得十分清楚：只管扩大消费（支费）而不顾资本（母财）积累，就像把收获的粮食尽数吃掉而不留种子一样；只顾资本积累而力图限制消费，则等于把收获的粮食全都留作种子一样。正确的办法是要恰当安排资本积累与消费二者之间的关系，做到既有适当的消费，又可使财富愈来愈增长。

严复所谈的生产、积累和消费的关系，都是以资产阶级这一个阶级的利益出发的。他所说的财富增长，不过是资本家阶级的

---

① 亚当·斯密原著，严复译述：《原富》，第350页按语。

更加富有；他所说的消费的适当增长，当然也不是想提高劳动群众的生活水平，和我们今天所谈的社会主义建设中的生产、积累和消费的相互关系，完全是两回事。但严复的这种看法，从理论上表明了新兴资产阶级加速积累扩大生产的要求，给予顽固派反对工业和科学技术进步的谬论以较为沉重的打击，在当时是有其进步作用的。同时，由于生产、积累和消费这些环节，是任何物质生产过程都必须具有的，所以它们之间的关系，不仅服从于一定社会形态所特有的规律，而且也服从于对各种社会生产都适用的共同的规律。严复关于生产、积累和消费的相互关系的论证有若干点（如认为消费的增长不应妨碍生产的发展和积累的扩大，消费可以而且应当随生产的发展和收入的增长而增长等）在一定程度上反映了这类共同规律的要求，因而是含有一定科学成分的见解。

三

严复的经济思想的另一个值得注意之点，是他对外国资本主义的侵略，比起当时的许多重要的改良派人物来，有较为深刻、较为正确的看法。

毛泽东同志在《中国革命和中国共产党》一书中指出："一方面，民族资产阶级受帝国主义的压迫，又受封建主义的束缚，所以，他们同帝国主义和封建主义有矛盾。……但是又一方面，由于他们在经济上和政治上的软弱性，由于他们同帝国主义和封建主义并未完全断绝经济上的联系，所以，他们又没有彻底的反帝反封建的勇气"①。19世纪末期的资产阶级改良派,在对待帝国主义和封建主义的态度上,都明显地体现出这种两重性。

严复属于改良派的右翼,他对封建主义比改良派的其他一些重要人物(如康有为等)都带有更大的妥协性,在政治态度上比他们更软弱。但是,在对待帝国主义侵略问题上,严复却有着比较深刻的认识。

严复是一个爱国者,他在甲午战争后写的一系列政治论文,都贯穿着变法救亡的爱国思想。他翻译赫胥黎《天演论》的目的,也是为了唤起中国人民注意民族危机的严重,告诉人们不变法图强就会在"生存竞争"中陷于灭亡。他对帝国主义侵夺中国利权和强迫中国支付巨额赔款,感到痛心疾首。在《原富》一书的按语中,很多地方都可以看到他的这种爱国的表示。这一类的爱国主张在改良派其他人物的著作中也是不难找到的,但是严复对外国资本主义侵略问题的认识,在许多地方是改良派的大多数人物所不及的。下面也举两个例子来加以说明。

(1)严复曾痛斥一切殖民主义者都是掠夺者和压迫者,他们对殖民地附属国都是"既尽其利,必残其民"②,没有一个是例外。这和梁启超在差不多同一时期,认为美帝国主义争夺古巴、吞并夏威夷是"锄强扶弱,救民水火"的错误看法比起来,是要高明得多了。

(2)严复已认识到,帝国主义分子主张"门户开放",是为了便于进一步掠夺中国而不是对中国友好。在19世纪末20世纪初,帝国主义列强曾倡议瓜分中国,由于中国人民的英勇反抗,这种狂妄

---

① 《毛泽东选集》第二卷,人民出版社1957年版,第634页。
② 亚当·斯密原著,严复译述:《原富》,第634页按语。

野心无法实现。于是有一些帝国主义分子，主要是美帝国主义分子，就提出了"门户开放，机会均等"的口号，主张在形式上保持中国独立的情况下，由各帝国主义共同掠夺中国。这本是一个最为阴险恶毒的侵略口号，但美帝国主义却恬不知耻地把它说成是为了挽救中国。当时有一些人，包括某些进步人物在内，都曾为这种口号所蒙蔽，误认为美帝国主义不像其他帝国主义那样有侵略性。但是，严复却不相信这是帝国主义的"好意"。在《原富》的一个按语中，他明确指出："近者英人贝勒斯福游华，归而著说，主大开门户之谋，而黜瓜分之议。彼固计利而动，夫岂有爱于我也哉？"①

四

在其他一些经济理论问题上，严复也曾提出过含有一定科学成分的见解。例如，在谈到分工问题时，他就曾对资本与雇佣劳动的关系提出了一个比较正确的看法："然则谓有积贮而后有分功可，谓有积贮而分功自生不可。尝见西人经营海外新垦地，往往人工未集，所挟资财，坐食立尽，则莫相督之故也。"②资本找不到可供剥削的雇佣劳动（"莫相督"），不但不能开工生产，而且连资本本身也会被资本家当作消费基金消费掉。这的确是一个具有相当科学价值的见解。

---

① 亚当·斯密原著，严复译述：《原富》，第584页按语。
② 同上书，第278页按语。

在另一个按语中，严复批评了亚当·斯密关于古代社会中高利贷资本的利息率很高就证明当时利润率也很高的说法，指出古代的商人并不靠借债经营商业，因此当时的高利率是和利润大小没有关系的。他说"案谓古之赢率必先，以其时息大之故，则须证古之经商皆贷母为之而后可。否则一时息大，不足以云赢率与俱优也。息率之大，生于二故。一视贷二家之民数相待之多寡，二视其当时民信之何如，与赢率不相涉也"①。亚当·斯密把资本主义看做一种自古已然的"自然的"制度，因而用资本主义社会中利息率和利润率的相互关系，去解释古代的高利贷资本问题；而严复却能在一定程度上看到高利贷资本和资本主义社会中的借贷资本的不同，不相信资本主义条件下利润率（赢率）和利息率（息率）相互关系的原理可以适用于古代。这又是他的思想的一个深刻处。

五

综上所述，可以看出：和改良派的其他代表人物一样，严复的经济思想的一个重要方面，是反对当时封建地主阶级的顽固派和洋务派，希图依靠清政府自上而下的改革来发展中国的资本主义；但不同的是严复直接受过西方资产阶级政治经济学的影响，他在中国资产阶级学者中第一个介绍了亚当·斯密的经济学说，并用亚当·斯密的经济自由主义作武器同顽固派、洋务派作战。严复

① 亚当·斯密原著，严复译述：《原富》，第334页按语。

的经济思想的另一个重要方面是反对外国资本主义的侵略，要求实现中国的民族经济独立，这也是他与当时的其他改良派人物共同的地方；但严复在这方面有一个特点，就是：他对外国资本主义侵略的认识也有比他们更深刻的地方。

严复的经济思想的再一个较显著的特点是：他对一部分经济理论问题提出了自己的看法，这些看法中有些是较为深刻的，包含有一定的合乎科学的成分（如上面提到的他对农业与工商业的关系，生产、积累和消费的关系，资本与雇佣劳动的关系，利润率与利息率的关系等的看法）。在这方面，严复的确超越了改良派的其他代表人物，他的某些见解在整个中国资产阶级经济思想的文献中，也是比较罕见的。

我们对严复的经济思想的这些积极方面，应当予以恰当的估价，把它看作一份重要的历史遗产加以整理和总结。

当然，严复这样一个资产阶级改良派的右翼人物的经济思想，不能不带有很大的局限性。他受到资产阶级庸俗经济学的影响，因而在许多重要的理论问题上都离开亚当·斯密的带有合理成分的见解而落到庸俗经济学的泥坑里了，例如，在商品价值的问题上，他就一再反对亚当·斯密的劳动价值论而相信庸俗经济学者的供求论；在利润问题上，他相信庸俗经济学者的"监督工资论"（即把资本家剥削工人得来的利润说成是资本家因从事监督"劳动"而应获得的工资）。他虽然反对资本帝国主义的侵略，但不能从资本主义和帝国主义的本质去说明侵略的原因，而是从马尔萨斯的反动人口论和其他庸俗学者的理论出发，把侵略的原因归结为绝对的人口过剩（严复译作"过庶"）和绝对的资本过剩（"过富"）。他显然不了解，这些说法都是替侵略者辩护的论调。在土地问题上,严复的思想是更加庸俗的,他极口赞美地租和地价的增长,把购买土地说成是既可"所收日多",又可获得"有地之荣"①的名利双收的最好投资方式。就这点说,他是完全站到大地主阶级的立场上去了。

（原载《人民日报》,1961年7月18日第七版）

---

① 亚当·斯密原著,严复译述:《原富》,第358页按语。

26 对实业救国论应予重新评价

在解放前,实业救国论曾是一种长期流行的理论。它是民族资产阶级的代表人物所提出的,在社会上有颇为广泛的影响。

实业救国论在当时曾受到一些革命者指责。有的旧民主主义革命家(例如朱执信)就指责某些宣扬实业救国论的人夹杂着自利之心,说他们一面宣扬实业救国,一面却总是拣有利可图的生意做。有些马克思主义者也批评实业救国论,说它是"好心人"的幻梦,在帝国主义、封建主义统治下,想靠振兴实业来挽救国家的命运是做不到的。

解放后,在"左"的思潮影响下,尤其是在"十年动乱"时期,实业救国论受到了更多的批判。它被说成是一种反对我国革命的反动理论;一些别有用心的人甚至借批判实业救国论来攻击社会主义现代化建设的主张,宣扬"富则修",而越穷和越落后却越革命的奇谈怪论。

实业救国论既然是民族资产阶级代表人物提出的理论,当然反映着资产阶级的利益和要求。许多宣扬实业救国论的人要拣赚钱的生意做,这是一点也不足为奇的。实业救国论包含着幻想的成分,这自然也是事实。在旧中国,不首先进行人民革命以推翻帝国主义、封建主义的统治,实业是振兴不了的;即使艰难竭蹶地办起若干新式工业,也救不了中国,改变不了半殖民地、半封建中国

486

的贫穷屈辱的面貌。

但是，必须指出：幻想只是实业救国论的一个方面，而且不是主要的方面；它的主流是积极的，进步的。

在当时的中国，实业救国论是一种反对帝国主义经济侵略的理论。这种理论认为，我国经济落后，实业不发达，帝国主义列强利用我国的这一弱点进行日益深入的经济侵略，把我国变成它们的商品市场、投资掠夺场所和原料产地，所以要提倡振兴实业，以抵制帝国主义经济侵略并消除造成我国受侵略的这一弱点。实业救国论是直接针对着帝国主义侵略造成的我国民族危机提出的，宣扬和推行实业救国论的行动也都意味着对帝国主义侵略的抵制和斗争。

实业救国论是一种有助于发扬广大人民的爱国精神、有助于提高我国人民民族觉醒的理论。它提醒人们：我国处于严重的民族危机中，而经济侵略甚至比军事、政治侵略更严重，更根本，要救中国就要尽力振兴实业，改变中国贫穷无力的状况。

实业救国论又是对生产力发展、对社会经济进步有重要积极作用的理论。它为在我国建立社会化的大生产造舆论，向广大人民不断宣扬发展这种新的生产力的意义和重要性，这既有利于社会经济的进步，也有开通社会风气的作用。旧中国的实业救国论者，大多数人本身就是实业家，他们不仅坐而言，也起而行，在宣扬实业救国论的同时，尽心竭力地联络同仁，筹集资本，创办企业。旧中国所以能建立起在国民经济中约占10%的新式工业，实业救国论者是做出了实际贡献的。

实业救国还是一种表现了中国人民的自尊心和自信心的理论。由于近代中国在经济发展方面落后，要振兴实业就要学习西方。实业救国论者都对学习、吸收西方的先进技术抱着满腔热情，也都力图利用外国资本；但他们在学习西方时决不主张"全盘西化"，而是设法引进外国的真正先进的、有用的东西，结合本国条件加以消化、改造。范旭东、侯德榜等人经营化工企业，就只是引进外国的少数关键设备，经过改装、调整，同国内生产的设备配套，形成适合于国内资源和协作条件的生产力，并在这一基础上制造出当时世界第一流的"红五星"、"红三角"纯碱，被广大人民誉为"争气"（为中国争气）产品。

实业救国论不仅表现为理论宣传和实际创办企业的活动，而且在许多次反帝爱国运动中以各种各样的斗争形式表现出来。我国近代一再发生的抵制敌货的运动，就是一种具有典型意义的表现形式。

近代我国人民在帝国主义侵略加剧、民族危机特别严重时，往往针对侵略我国最为猖狂的帝国主义国家发动抵制敌货的运动。民族资产阶级也积极参加进来；商店拒售敌货，提倡国货；工业企业千方百计创制、增产能抵制敌货的产品。民族实业家为抵制敌货所做的努力，是实业救国思想在特定的斗争条件下的表现形式。由于这些努力同广大人民的爱国、反侵略斗争目标一致，并且是我国人民爱国斗争的直接组成部分，因而能得到企业职工和广大人民的积极支持和有力配合，给予帝国主义侵略势力以沉重打击，而民族工商业自身也因此得到某些有利的发展条件。我国近代民族实业的许多名牌产品例如东亚"抵羊"牌毛线和章华"九一八"牌毛呢，就都是作为抵货产品生产出来，并且在广大人民提倡国货的支持下而风靡国内的。

抗日战争时期许多民族工业内迁，也是实业救国的一次重要实际表现。内迁既支援了内地的战时需要，又使过去工业基础薄弱的西南和西北建立、增添了一些工业，而一些民族实业家（例如李国伟）也因此增强了自身的实力。

总之，实业救国论是我国近代的一种爱国的、进步的思想，它对我国人民的反帝、反封建斗争起过很积极的作用。我国近代的实业救国论者，多数是热烈的爱国者和对我国的工业、科学的发展起过积极作用的先进者，这是事物的主要方面。在我国近代，借鼓吹实业救国来攻击、反对革命的人是有的。例如，辛亥革命后就有人写文章，宣扬只能靠实业救国，攻击辛亥革命搞错了，并且提出了今后应该"舍政治而谋生计"的口号，以对抗孙中山等人所发动的讨伐袁世凯的二次革命。但是，这种人是少数，而且，他们不过是把实业救国论作为幌子，并不是真正的实业救国论者。

在我国当前为建设现代化的伟大社会主义国家而斗争的时期，重新评价实业救国论，弄清这一段历史公案，也有重要的现实意义。

第一，实业救国论虽是民族资产阶级的代表人物提出的，但它很大程度上反映了近代我国人民使国家富强的强烈愿望。我国近代的历史经验表明，要救国，既要革命，也要振兴实业。不首先进行反帝、反封建的革命，取得民族独立，就难以振兴实业。但是，决不能因此认为振兴实业同救国无关。革命就是要解放生产力。不振兴实业，在经济落后的条件下，是谈不到国家富强、民生康乐的。在我国社会主义改造胜利后，没有及时把党的工作中心转移到领导社会主义经济建设方面来，是一个严重的失误。党的十一届三中全会纠正了这种失误，领导全党、全民开展了实现四个现代化、建设有中国特色的社会主义国家的伟大斗争。研究我国近代振兴实业的思想和实践会使我们更加深刻地认识到：在四个现代化的基础上使国家富强，不仅是当前我国十亿人民的钢铁意志，也是近代百余年来我们列祖列宗奋斗牺牲梦寐以求的理想。为实现这一伟大目标而奋斗，是我们这个时代的中华儿女的庄严历史责任！

第二，近代我国的历史经验表明：广大人民的爱国热情和为改变祖国贫穷落后面貌发愤图强的精神，是我国经济发展的一个伟大动力。我国近代的民族实业力量远不敌外国企业，又受着帝国主义、封建主义的惨重压迫，但它们能在这种不利的环境下生存，有些还得到了相当的发展，很大程度上是由于得到了广大人民的爱国热情和发愤图强精神的鼓舞和直接支持。无数的历史事实都证明了这一点。

当前，我国已经是一个伟大的社会主义国家，经济发展的条件和对外经济关系都同过去有了根本的不同。但是，我国的经济发展同发达的资本主义国家之间仍有不小的差距，要赶上发达的资本主义国家还需要相当长的时间；我国的绝大多数企业同国外先进企业相比仍然远较落后，在国际市场的竞争中仍然处于不利的地位。在这种情况下，要加快我国的经济发展，加强我们的企业在国际竞争中的地位，就仍然需要充分重视广大人民的爱国热情和发愤图强的精神所起的作用。今天，我们固然已经用不着"实业救国"的口号，但却决不能把我国的经济发展和企业对外竞争看作是单纯的经济问题和技术问题。必须充分估计到我国人民的爱国热情和社会主义觉悟，时时、处处、事事把我国的经济工作和企业经营管理同振兴中华、建设有中国特色的社会主义现代化国家的伟大目标联系起来，并且不是刻板的、教条式的，而是善于采用生动有力的形式来动员群众,激励群众。旧中国曾经出现过的一些具体的斗争形式例如抵货运动之类,是当时历史条件的产物;时过境迁,当然不再有什么意义了。但是,在当前以及此后一个时期,对我国自己的工业进行一定的保护和支持仍是十分必要的。任何独立国家对自己的幼弱的民族工业都要实行保护,不能让它们在外国商品的涌入下陷入困境。社会主义国家也是如此。社会主义国家的经济建设和经济发展,应实行开放政策,努力引进外国的先进技术,并在互利条件下利用外国资本;同时,也应根据情况,制订和实行必要的措施,以支持、保护社会主义的民族工业。除此而外,通过舆论提倡爱国货,用国货,以形成人人关心自己工业的命运、人人支持自己工业发展的社会风气,对顺利实现我国社会主义现代化建设的宏伟目标,也是至关重要的。

第三,实业救国论给我们留下的重要启示之一是:中国要振兴实业,就必须树立起坚强的民族自尊心和自信心,盲目迷信外国、一切机械地摹仿外国,是不可能跻身于世界先进民族之林的。旧中国曾有过的全盘西化论,实质上是全盘殖民地化的理论。它当时就为爱国的民族资产阶级所不齿,对于今天为建设社会主义而斗争的伟大中国人民,更是格格不入的。

(原载《群言》,1987年第3期)

27 孙中山的经济思想及其
##　 历史地位

一、孙中山及其民生主义

　　孙中山（1866—1925年），名文，字德明，号日新，后依粤语
谐音，改号逸仙，因而国外人士多称之为孙逸仙博士。19世纪末，
他在日本进行革命活动时，曾化名中山樵，因而又得到"中山"的
别号。

　　孙中山生于广东香山县（今中山市）的一个农民、手工业者家
庭。父亲孙达成，曾在澳门做鞋匠，后来用由此积累的资金，在家
乡承租族内公产迳子萌山埔一段①，开荒经营果迳园。孙中山幼
年，家境比较贫苦，亲身参加过农业劳动。其兄孙眉，迫于生计，
远渡夏威夷打工，后来逐渐富有，成了一个经营农、牧业的华侨资
本家。孙中山十二岁前，曾在农村读过私塾，十二岁随母赴檀香山
（当地华人称夏威夷为檀香山），在该地教会学校读书六年，后又回
广州、香港等地求学，直到1892年在香港西医书院毕业，十余年中，
受的一直是西方式教育。

---

　　① 谭彼岸：《孙中山家世源流及其上代经济状况新证》，载《学术研究》1963
年3月号。

　　孙中山幼年的生活经历使他亲眼看到中国农民的悲惨处境。他的故乡与洪秀全的家乡花县（今花都市），同属广东省，同乡前辈中就有参加过太平天国起义的人士。太平天国失败后，这些人士中有些人逃脱了魔掌，亡命还乡。孙中山的邻居冯爽观，就是其中之一。孙中山幼时，常听冯爽观讲太平天国起义的故事，受到一定影响。1884年的中法战争，大大激发了孙中山对帝国主义侵略的愤恨和对清朝腐朽统治的不满。据他自己说，从此开始，他"始决倾覆清廷创建民国之志"①。事实上，还不能认为他这时已经确立了反清民主革命的思想，而只能认为是已开始产生了一些具有反清色彩的激进思想的萌芽。在香港求学时，他和同学陈少白、尤烈（少纨）、杨鹤龄等一起，经常发表一些对清朝统治不满的言论，被人们称做"四大寇"。毕业后，他在广州、澳门等地挂牌行医，也曾借以进行某些革命的联络、准备活动。但是，在1894年中日甲午战争前，他显然还未放弃争取清朝廷实行自上而下改革的希望。他早期的著作《致郑藻如书》《农功》等都提出了学习西方先进技术，改革中国农业的主张，并均表示了寻求清朝廷及其官吏支持的愿望。1894年甲午战争前夕，他上书李鸿章，提出了"人能尽其才，地能尽其利，物能尽其用，货能畅其流"②的发展中国的主张，并明确表示希望得到李鸿章的支持，以求全面实现。这更是一个通过自上而下的改革来发展中国的纲领，和郑观应1892年所提出的"人尽其才"、"地尽其利"、"物畅其流"的主张，十分相近。

　　在1884—1894年，不论在国内还是在海外华侨中，都还未出

────────────

① 《孙中山全集》第六卷，中华书局1985年版，第229页。

② 《孙中山全集》第一卷，中华书局1981年版，第8页。

现民主革命高涨的形势。①1884年的中法战争，使一部分先进人士受到刺激而产生改革中国的要求，但这种要求主要还限于推动清廷实行自上而下的改革，而改革的范围又主要限于经济、技术方面。孙中山在这种时代气氛下开始产生改革要求，而他同当时的一些呼吁改革的人士如郑观应、何启、王韬等又有相当的个人联系和交往，思想上受他们的影响。②因此，当他和某些青年同学、朋友相处时，虽有可能发表比较激进的议论，但在提出比较系统的改革主张时，还不能超越自上而下改革的模式。

上书李鸿章未得到理睬，紧接着清廷在中日战争中遭到了可耻的溃败。在近代史上，甲午战争的失败对刺激中国的民族觉醒有很大意义。它使先进的中国人深深认识到：不改变中国的封建统治，仅仅在经济上、技术上学西方是没有希望的。在甲午战争失败后，要求进行政治改革的呼声迅速高涨，出现了以康有为为首的变法维新运动和由孙中山所倡导的资产阶级民主革命运动。和同时期的先进人士相比，孙中山对时局的认识比别人更深、更远。在甲午战争失败后仅仅数月，他就到檀香山组织了中国近代第一个民主革命团体——兴中会。次年，他又依靠兴中会的组织发动了广州起义。这是中国历史上第一次民主革命性质的武装起义。起义失败后，孙中山亡命国外，继续进行民主革命的宣传和组织工作，并逐渐开始了创立自己的革命理论的准备活

---

①　孙中山后来追述：他在乙未、庚子（1895—1900）之间进行革命的宣传，不但在国内"凭借全无"，海外华侨中也听者"藐藐"。见《孙中山全集》第六卷，中华书局1985年版，第228—246页。

②　郑观应是孙中山同乡前辈，何启是孙中山的老师，王韬也曾通过郑观应与孙有往来。

动。他以自己的革命实践为基础,努力研究西方的社会科学理论,于19世纪末20世纪初逐步形成了自己的革命理论体系——三民主义。

20世纪初是中国的资本主义经济有了初步发展的时期。资本主义的初步发展,使中国资产阶级民主革命的基础开始形成。在八国联军侵华战争后,中国民族危机空前深重的局面下,在义和团反侵略斗争的鼓舞下,资产阶级民主革命运动迅速进入高涨时期,在国内以及国外的华侨和留学生中,出现了一些新的革命团体。1905年,孙中山把兴中会、华兴会、光复会等革命团体联合起来,组成中国近代第一个资产阶级革命政党——中国同盟会,并依据自己的三民主义学说,为同盟会制定了"驱除鞑虏,恢复中华,建立民国,平均地权"的政纲。同盟会成立后,以同盟会的机关报《民报》为中心的革命派,与以《新民丛报》为中心的反对革命、鼓吹保皇的报刊,展开了一场大论战。这场大论战是中国近代第二次思想解放运动。它促进了革命思想的传播,动摇了封建专制的思想基础,为辛亥革命作了思想准备。

在同盟会的领导下,国内各地的革命运动如火如荼地发展起来。又经过多次武装起义,辛亥(1911年)革命终于推翻了清王朝,永远结束了在中国历史上延续两千余年的封建君主专制。但是,由于帝国主义、封建主义在中国的统治势力的强大和领导中国革命的资产阶级势力的软弱,辛亥革命没能胜利地完成中国资产阶级民主革命的任务,以袁世凯为代表的北洋军阀势力篡夺了政权。袁世凯以后的历届军阀政权依然是帝国主义卵翼下的封建势力的代表。

辛亥革命后,孙中山和他的一些坚定的追随者,继续进行了许多次革命斗争。在一再遭受挫败、找不到出路的困境下，他从俄国的十月革命得到鼓舞和启发，毅然接受苏联和中国共产党人的帮助，改组国民党，对三民主义作出了重新解释，提出并执行了联俄、联共、扶助农工三大政策。他的革命活动和革命理论，都达到了他一生的最高发展阶段。

孙中山的著作、讲演被辑为各种版本的全书、全集、丛书、选集等，其中以中华书局1981—1986年所出版的《孙中山全集》最为完善。

孙中山的三民主义是由民族主义、民权主义和民生主义三部分组成的。民族主义是孙中山关于民族革命的纲领和理论，其任务是解决中国人民所受的民族压迫；民权主义是关于民主革命的纲领和理论，其任务是消除中国人民所受的政治压迫；民生主义是解决中国经济贫困落后的纲领和理论，它要求在革命后通过新建立的革命政权实行社会经济改革，发展中国的经济，解决广大中国人民的民生问题。

民族主义和民权主义都要以推翻旧政权的武装革命来实现，所以孙中山将这二者合称为"政治革命"。民生主义却不是直接通过武装革命来实现，而是借助于武装革命建立的新政权采取和平的、有秩序的社会经济改革来实现，所以孙中山也称民生主义为"社会革命"。

在三民主义中，孙中山最重视和强调的是民生主义。他曾说过："民生主义是解放中国民众的出路"，他自己所以献身革命，"就是为要实行三民主义，尤其是民生主义"。[1]

---

① 陆达节辑：《孙中山先生逸语》，第55—56页。

　　孙中山把提倡民生主义看作自己革命思想的特点。他认为，欧洲的革命都只有民族革命和民权革命的内容，因而都只是单纯的政治革命，只有他所致力的中国革命，才把民生主义与民族主义、民权主义并提，或者说，只有他才在致力于政治革命的同时，提出了解决社会革命的任务。

　　孙中山又认为，提倡民生主义是他所领导的革命的优点，因为，单靠政治革命不能彻底解决矛盾，革命后经济的迅速发展，将导致社会矛盾的重新激化，甚至更加尖锐，以至于必须再进行另一次革命（社会革命）来消除矛盾，社会将为此付出巨大的代价。只有在进行政治革命的同时进行社会革命，在提倡民族主义、民权主义的同时强调民生主义，才能根本解决革命所要解决的一切矛盾，一劳永逸地实现革命的理想。他一再强调：欧美资产阶级革命以前，经济不发达，社会矛盾不显著，所以"英美各国未尝着意此处"①（指民生主义和社会革命）。正由于欧美革命"未经社会革命一层，人民不能全数安乐，享幸福的只有少数资本家，受痛苦的尚有多数工人，自然不能相安无事"②。他提倡民生主义是接受了欧美前车之鉴，因而可使中国革命大大超过欧美："吾国治民生主义者发达最先，睹其祸害于未萌，诚可举政治革命、社会革命毕其功于一役。还视欧美，彼且瞠乎后也。"③

　　民生主义也是孙中山经济思想的主要内容。孙中山对经济问题的研究和议论，都是和实现民生主义、解决中国民生问题的要求联系着的。

---

① 《孙中山全集》第二卷，中华书局1982年版，第320页。
② 同上书，第319页。
③ 《孙中山全集》第一卷，中华书局1981年版，第289页。

二、民生主义——发展和改革中国的经济学说

孙中山曾为民生及民生主义下过一个定义:"民生就是人民的生活,社会的生存,国民的生计,群众的生命。……民生主义就是社会主义,又名共产主义,即是大同主义。"①

从这个定义可以看出两点:

第一,孙中山关心广大人民群众的生活,企图通过提倡民生主义,进行社会革命,以改善几亿中国人民的生活状况,"俾家给人足,四海之内,无一夫不获其所"②。他使用中国传统的"养民"来解释"民生主义"说:"民生主义是以养民为目的。"③

第二,孙中山同情社会主义。他把民生主义说成就是社会主义,把实现民生主义称做社会革命。

这个定义不能明确地阐明民生主义的性质。因为,它并没有说出采取什么样的生产方式来解决人民群众的生活问题。"民生"、"养民"等,都是中国古代早已有之的范畴,不予以新的解释,在新的历史条件下是不能够说明什么问题的。同时,当时挂着"社会主义"牌号的思想、学说多种多样,自称是社会主义者的也有各种不同阶级、不同政治倾向的人物。要弄清民生主义的性质,必须具体分析孙中山要采取什么生产方式来解决广大人民的生活问题,他所赞同的是什么样的社会主义。

---

① 《孙中山全集》第九卷,中华书局1986年版,第355页。
② 《孙中山全集》第一卷,中华书局1981年版,第297页。
③ 《孙中山全集》第九卷,中华书局1986年版,第410页。

对怎样"养民"的问题,孙中山提出了以下几方面的见解:

第一,他认为在落后的生产力条件下,是无法解决"养民"的要求,无法解决中国的民生问题的。要根本改善中国的民生,"一定要发达资本,振兴实业"①。

在中国传统经济思想中,"民生"、"养民"等范畴,对广大人民而言,只是使他们家家有必要的生产资料和生活资料,做到"黎民不饥不寒"②、"数口之家,可以无饥"③。这是和当时封建统治下个体农业、手工业的落后生产力相适应的。孙中山说的"养民"和解决民生问题,当然不止于此,而是要使广大人民共享文明的"善果"④或"文明的福祉"⑤,也即是都能达到现代生产力所带来的生活水平。这就必须采用现代生产技术和生产方法,大力发展中国的生产力,为解决民生问题奠定强大的物质基础。

由此可见,孙中山解决"养民"、"民生"问题的主张,是以根本改变中国的生产方式和投入产出方式为前提,也就是以社会化的大生产及与之相联系的生产经营方式取代传统的落后生产经营方式为前提。民生主义在一定程度上继承了中国传统的"养民"、"富民"思想,但它本质上不同于这种传统思想,而是一种近代的经济发展思想。

第二,孙中山提倡民生主义,不仅出于改善广大人民生活的愿望,还为中国经济的发展规定了赶超世界先进水平的目标。

---

① 《孙中山全集》第九卷,中华书局1986年版,第391页。
② 《孟子·梁惠王上》。
③ 同上。
④ 《孙中山全集》第一卷,中华书局1981年版,第327页。
⑤ 同上书,第297页。

孙中山认为,中国幅员广大,资源丰富,人口众多,发展的条件是好的,本可"发奋为雄,无敌于天下"①。现时虽然大大落后于欧美发达国家,但只要坚持发展的国策,而发展方法得当,就可在不很长的时间赶上乃至超过欧美发达国家的水平。发展的正确方法或途径,他认为就是"仿行西法以筹自强"②。

这就是鸦片战争失败以来,尤其是第二次鸦片战争以来,先进人士共同主张的资本主义发展道路。

孙中山对"仿行西法",反对亦步亦趋,反对机械地摹仿西方国家走过的老路,而主张学习和采用西方最新的、最先进的方法,以求"迎头赶上"。他批评康有为、梁启超等人在学习西方问题上强调必须"次序井然"、"断难躐等"的庸俗进化论观点,认为这是"反乎进化之公理"、"不知文明之真价"③的错误论调。他以仿效西方国家修铁路、行火车为例,指出,西方的铁路、火车,"始极粗恶,继渐改良",才有了现今之火车。中国要仿行铁路、火车,自然只能学习、采用世界上最新、最先进的,哪有修造西方的原始铁路、火车之理?他借用"取法乎上,仅得乎中,取法乎中,仅得乎下"的成语,对学习西方提出了"从最上之改革着手"④的原则,认为这是中国仿行西法而能够赶上并超过西方的不二法门。

对于中国的发展速度和赶上发达国家的时间,孙中山认为"不过二十年,必能驾欧洲而上之"⑤;"十年、二十年之内,不难举西人

---

① 《孙中山全集》第一卷,中华书局1981年版,第21页。
② 同上书,第8页。
③ 同上书,第283页。
④ 同上。
⑤ 同上书,第15页。

之文明而尽有之"①；"十年之内……必能并驾欧美"②；"只须三年、五年，即可与外国并驾齐驱"③。

　　中国比西方国家落后二三百年，孙中山认为二十年、十年，甚至三五年就可赶上。要求中国按这样的速度发展，是否有实现的可能？孙中山从未真正掌握过全国政权，也没有领导经济建设的现实经验，他的有关发展速度的见解没有实际的经济、技术资料为依据。他的这些说法，只能理解为一个伟大的爱国者急于使中国摆脱贫困落后面貌的激情和善良愿望，而不能看作当国者的决策或决策者的指导思想④。当然，这样的论断，本身毕竟也是主观的，超越现实的。

　　在中国近代，提出赶上世界最先进国家的目标的，不自孙中山始。但是，孙中山的前辈或同时人，多是比较笼统地提出此要求。孙中山则不仅提得更经常、更强烈，而且分析论断得更详尽、更具体，因而其在中国近代的影响也远非前人或同时人可比。

　　第三，对怎样实现民生主义，孙中山是把改革同发展联系起来，主张以改革为发展扫除障碍，开辟道路。

　　孙中山把经济改革称为"改良社会经济组织"⑤，认为，如果一个国家的社会经济组织不良，经济就难以迅速发展起来，即使发展起来了，社会经济组织中原来隐伏的矛盾和弊病，也会随之发展，形成更加严重的社会问题，激成新的革命。他认为，欧洲的资产阶

① 《孙中山全集》第二卷，中华书局1982年版，第533页。
② 《孙中山全集》第六卷，中华书局1985年版，第27页。
③ 《孙中山全集》第二卷，中华书局1982年版，第533页。
④ 《周恩来选集》下卷，人民出版社1984年版，第441页第308注。
⑤ 《孙中山全集》第一卷，中华书局1981年版，第297页。

级革命就是因为社会经济组织中的矛盾和弊害隐而不显，以致当时的革命者未加注意，而只进行政治革命，所以酿成革命后社会经济发展的利益尽归少数资本家，而广大人民处境恶化，阶级斗争日益尖锐的局面。

他主张中国应借鉴欧美，在民主革命时期就注意改良社会经济组织。怎样改良社会经济组织呢？孙中山的意见是：依靠国家的管理来实现，即由国家政权制定、颁布相应的法律、规章，并由有关的国家机构加以推行和监督。这是一种自上而下的改革。

在中日甲午战争前，孙中山曾寄希望于清政权实行自上而下的改革来发展中国。不过，他当时并不把这种改革称做"改良社会组织"。在后来走上革命道路后，他才提出在革命后"改良社会经济组织"的主张，并把它作为革命政权的一项根本的使命。由于这一使命是由革命后建立的政权来实行，孙中山又称之为"社会革命"。社会革命和政治革命虽然都称做革命，但孙中山认为二者有一重要不同点，即政治革命必须依靠暴力，而社会革命却不使用暴力。孙中山不赞成在经济改革中使用暴力。例如，在解决封建土地制度问题上，他就明确反对强制没收地主土地，而主张通过国家立法和平地解决土地问题。

在解决根本经济制度问题时，革命暴力往往是必要的，完全拒绝采用暴力手段是不正确的。但是，孙中山依靠革命政权的立法来解决经济改革问题的主张，也包含着一些正确的、深邃的思想：

首先，某种变革是否是革命，首先取决于变革的性质，而不是取决于变革的手段。在社会经济变革方面，尤其如此。孙中山说的"改良社会经济组织"，从手段和形式上看，是由革命后建立的政权通过自上而下的改革来实现，但由于变革的性质是要消除封建主义的经济基础,从性质方面说它无疑是一种革命。

其次,改变社会经济组织的革命,不能单纯用暴力来解决。

经济改革往往不是靠一两次行动所能解决的,即使必须借助暴力手段,也必须在暴力手段之外进行广泛的、深刻的非暴力手段的改革。后者的复杂、艰巨和持久,通常要超过前者。孙中山把用暴力手段摧毁旧政权,为发展扫清道路称为"革命的破坏",而把在革命政权下通过自上而下的改革发展经济称做"革命的建设"。①这实际上是把武装革命和经济改革看作革命的两个阶段。改良社会经济组织,也就是革命的建设。

对于民生主义和社会主义的关系问题,孙中山虽曾说民生主义"就是社会主义,又名共产主义",但他并不曾说民生主义是科学社会主义,还曾一再分辨二者,从许多方面论述二者的不同。

1. 二者的理论基础不同。

科学社会主义的理论基础是唯物史观和剩余价值学说。孙中山对这二者均不赞同。他明确表示:自己的民生主义所依据的是民生史观,而不是唯物史观。民生史观不是把阶级斗争,而是把人类的求生存看作历史前进的动力。他说:

> 人类求生存才是社会进化的原因,阶级战争不是社会进化的原因,阶级战争是社会进化的时候所发生的一种病症。这种病症的原因是人类不能生存。②

"人类求生存",也就是要解决民生问题。在孙中山看来,"生存就是政治的中心,就是经济的中心和种种历史活动的中心"③。总

---

① 《孙中山全集》第六卷,中华书局1985年版,第205—206页。
② 《孙中山全集》第九卷,中华书局1986年版,第369页。
③ 同上书,第377页。

之,历史是由人类求生存的活动所推动的。

他把人类求生存的活动看作历史前进的动力,这种观点是具有一定的唯物主义成分的。人类求生存,就必须进行生产活动,就必须发展社会生产力。但是,人类求生存总是在一定的社会条件下求生存。人类从进入文明以来,就有阶级和阶级斗争存在,阶级斗争就成了历史前进的强大动力。孙中山否认这一事实,实际上是离开具体的社会条件而抽象地谈求生存,谈解决民生问题,这又走向了历史唯心主义。

对剩余价值学说,孙中山也曾明确表示异议,认为:"所有工业生产的盈余价值,不专是工厂内工人劳动的结果,凡是社会上各种有用、有能力的分子,无论是直接间接,在生产方面或者在消费方面,都有多少贡献。"[1]因此,他批评马克思"把一切生产的功劳完全归之于工人的劳动,而忽略社会上其他各种有用分子的劳动"[2]。

这是对马克思剩余价值学说的误解。所谓社会上有用、有能力的分子对剩余价值生产的贡献问题,事实上也就是剩余价值生产的条件问题或对剩余价值实现所起的作用问题。例如,教师和基础科学研究者的劳动是社会生产的重要条件,在资本主义社会也是剩余价值生产的重要条件,自然不能认为他们对剩余价值的生产没有贡献。但是,剩余价值的生产条件和剩余价值的生产或剩余价值的来源,毕竟是两个不同的问题,不容混为一谈。再如,在"消费方面"对剩余价值的贡献,也就是剩余价值的实现问题。

---

[1] 《孙中山全集》第九卷,中华书局1986年版,第370页。
[2] 同上书,第369页。

如果剩余价值生产出来了而得不到实现，生产就会发生阻塞或停滞。从这种意义上说，消费对剩余价值自然是有用、有贡献的。但是，科学的研究必须首先明确研究的对象，如果总是把研究对象和与此对象有关的事物混杂在一起而不加区别，甚至拒绝加以区分，那就不可能对事物进行科学的研究了。

2. 二者实现的途径不同。

社会主义、共产主义必须通过社会主义革命和无产阶级专政来实现，这是科学社会主义所揭示的普遍规律。但是，孙中山却认为，社会主义的这种实现的途径不适合中国的情况。他曾说过：在中国，"马克思的阶级战争、无产专制便用不着"①。他又认为，中国实现社会主义不应等民主革命后资本主义发展了再进行，而应在民主革命时期采用预防资本主义的办法来完成社会主义革命的任务。

在孙中山看来，社会主义取代资本主义，资本主义国家出现社会主义运动，并不是人类历史发展中的一种合乎规律的现象，而只是由于一个时期人们见事不明而造成的一种病态。具体地说，就是由于欧洲资产阶级民主革命时期人们缺乏远见，认识不到革命后经济迅速发展的情况下会出现贫富更加不均、社会日益两极化的趋向。结果，革命后经济发展的利益日益被少数大资本家所垄断，以致不得不用"阶级战争去打平它"②，不得不进行社会主义革命。他认为，这种因为欧美革命家缺乏远见而造成的社会病态，本来是可以避免的，中国的革命就正有着这样的机遇。中国的经

---

① 《孙中山全集》第九卷，中华书局1986年版，第392页。
② 同上。

济尚未发展，贫富不均的问题尚不严重，"中国今是患贫，不是患不均"①，因此，"我们主张解决民生问题的方法……是要用一种思患预防的方法来阻止私人的大资本，防备将来社会贫富不均的大毛病"②。

3. 是特定社会制度还是某种社会政策。

科学社会主义所要实现的社会主义，是一种特定的社会制度，即在资本主义的废墟上建立起来的一种新的社会制度。孙中山所说的社会主义，却往往是指某种社会政策，即由资产阶级共和国所制定和执行的减轻贫富差别、缓和社会阶级矛盾的政策。从孙中山的下面一段话，可以比较清楚地看到这一点：

> 社会主义国家，一真自由、平等、博爱之境域也。国家有铁路、矿业、森林、航路之收入及人民地租、地税之完纳，府库之充，有取之不竭、用之不尽之势。社会主义之学者，遂可进为经理，以供国家经费之余，以谋社会种种之幸福。③

这段话中，孙中山也谈到了生产资料所有制的问题，主张对土地及大实业实行国有。但是，生产资料国有制并不见得就是社会主义所有制，许多不同的社会形态都有某种程度的国有制。国家所有制的性质，只能由国家的性质来确定。孙中山所要建立的国家是以"自由、平等、博爱"为旗帜的国家，这样的国家，并不是社会主义国家，而是资产阶级共和国，这种国家所有的生产资料，也不可能是社会主义所有制的，而只能是国家资本主义性质的，它不可能成为社会主义制度的经济基础。

---

① 《孙中山全集》第九卷，中华书局1986年版，第392页。
② 同上。
③ 《孙中山全集》第二卷，中华书局1982年版，第523页。

孙中山还认为，实行社会主义并不要改变一般的私有制基础，即使资本家的私有制也可以永远保留。他曾说："至经济极高之时代，我国资本家其至富者，亦不过中人之产耳，又奚必其退让哉？"[①]

由此可见，孙中山所说的社会主义，并没有明确的社会制度方面的内容。

所谓"社会主义学者遂可进而经理……以谋社会种种之幸福"，也就是实行一系列社会福利政策，如免费教育、公费医疗、养老、恤贫、助残等。

孙中山把土地、大实业国有及实行一些社会福利政策看作社会主义的两个主要内容，其实某些生产资料国有制并不一定就是社会主义所有制，各种社会福利政策也并不总是同社会主义相联系的。在发达的资本主义国家，这类政策是社会改良主义的，在发展中的国家，则具有民主改革的性质。

孙中山的民生主义是"仿行西法"，即按照西方式的道路发展中国的思想。但是，他又深感发达资本主义国家的状况还不合乎自己的理想，从而产生了追求一种更高级、更理想社会的愿望，并把他心目中的这种理想社会称做大同主义或社会主义。但是，在当时的世界形势和中国的具体历史条件下，是不可能找到社会主义的发展道路的，于是就产生了孙中山想在落后的中国用防止资本主义弊害的办法来实现社会主义的主观社会主义理论。

社会主义取代资本主义是历史的必然。认为防止资本主义会有利于实现社会主义，这是一种有民粹主义色彩的理论，它在理论

---

① 《孙中山全集》第二卷，中华书局1982年版，第521页。

上是不正确的,在实践上是有害的。在当时中国的半殖民地半封建社会中,如果真的采取措施防止资本主义的发展,那只会对中国经济的发展和历史的进步起阻碍作用。然而,孙中山不是根据他的防止资本主义以实现社会主义的理论而采取阻碍资本主义的实际措施,恰恰相反,他所要采取的措施正是最有利于发展中国资本主义的措施。他为实现民生主义或社会革命规定了两项基本纲领:平均地权和节制资本。他解释这两项纲领的意义说:"民生主义,固有具体底办法,办法维何?即归宿到'土地'和资本两样。"①这正是为消除封建主义对资本主义发展的障碍,建立和加强资本主义经济基础所必须解决的两个问题。平均地权是孙中山解决土地问题的纲领,节制资本则是用以解决资本问题的纲领。二者都属于资产阶级民主革命经济纲领的范畴。孙中山的民生主义正是这样一种把资产阶级民主革命的纲领和主观社会主义理论结合在一起的特殊思想体系:它的平均地权和节制资本的两个纲领都是资本主义的,是为资本主义经济发展扫清道路、创造条件的。它的理论基础,他对这些纲领的理论解释,则是主观社会主义的。

孙中山的民生主义学说是在19世纪末20世纪初逐渐产生和形成起来的,它是当时中国特殊历史条件的产物。当时正是中国的资本主义生产开始有了初步发展的时期,同时又是西方资本主义开始进入垄断资本主义发展阶段的时期。随着中国资本主义的初步发展,中国的民族资产阶级下层也开始形成为一支政治力量。民族资产阶级下层是由中小企业家、工场手工业主及华侨资产阶级构成的。这些人受到帝国主义和封建主义的严重压迫,自身拥

---

① 《孙中山全集》第五卷,中华书局1985年版,第476页。

有较少量的地产，或者没有地产，因而在反对帝国主义、封建主义斗争中比民族资产阶级上层有更大的积极性，在解决土地和资本两个问题方面有较为激进的要求。

孙中山代表的是民族资产阶级下层及一部分上层小资产阶级人物的利益和要求。他目睹垄断资本压迫下西方国家的社会矛盾和阶级斗争的激化，又受到西方社会主义运动和社会主义思潮的影响，既热望中国能够学习西方，获致富强，又担心中国在将来也会发生和欧美当前同样的社会矛盾和社会冲突，于是就产生了"于其医于已发，不妨防于未然"①的想法，产生了他把发展资本主义经济的平均地权、节制资本等纲领解释为实现社会主义的纲领的主观社会主义的理论。这正是当时"中国社会关系的辩证法"②的表现。

其实，当时的中国人士中，既热望按资本主义道路发展中国，又对西方资本主义国家的现实感到不充分合乎理想的，并不止孙中山一人。19世纪末的康有为、谭嗣同乃至更早一些的王韬等，都曾表示过对资本主义制度的不满足，并且把"大同"（当时中国人士用以表达社会主义理想的范畴）看作一种更高的、更合乎理想的社会制度。但是，他们都是把大同作为一种无限遥远的目标空悬在那里，而不曾把它作为一种发展道路提出来。也可以说，这些人只是提出了关于社会主义的某种空想，而不曾从中国发展道路的角度提到社会主义。孙中山自然也"不可能找到一条到达大同的路"③，他关于大同或社会主义的向往也自然仍未超越出空想的范

---

① 《孙中山全集》第二卷，中华书局1982年版，第320页。
② 《列宁全集》第21卷，人民出版社1984年版，第427页。
③ 《毛泽东选集》第四卷，人民出版社1991年版，第1471页。

围,但它毕竟已开始从形式上(也仅仅是从形式上)把中国发展道路的问题同社会主义的问题联系起来了。

三、经济发展战略

孙中山虽然很早就有发展中国经济的要求,但最初并没有自己的发展战略思想。他早期的著作《致郑藻如书》《农功》等都只是提出了一些比较具体的发展农业的主张,并不曾从中国经济发展的全局提出问题。《上李鸿章书》提出了"人能尽其才,地能尽其利,物能尽其用,货能畅其流"的四项主张,这是一个全面发展经济的纲领,但是,它对国民经济各部门的发展,多少是平列的,没有明确地提出它们之间的关系,没有提到以哪一或哪些部门为中心来引导和带动全局的问题。他这时的发展思想,基本上未超过他的前辈郑观应、王韬等人,和郑观应所提出的"人尽其才,地尽其利,物畅其流"的纲领,尤为接近。而且,还没有郑观应等那种"以商为纲",即以对外贸易来带动经济发展的战略思想萌芽。

辛亥革命前后,孙中山在革命后全面推进中国的建设、大力发展中国经济的理想的推动下,更积极地研究中国经济的发展问题,开始形成了自己的发展战略思想。他最先提出的发展战略是以铁路网的建设来带动国家经济发展全局的战略。

辛亥革命后,孙中山被迫辞去临时大总统的职务,政权被袁世凯所篡夺。孙中山希望能在辞职以后,以自己的声望和影响推动全国的经济建设,于是游历全国南北许多地区,到处宣传实行民生主义的意义,提出了以大规模铁路建设为中心的实业发展计划。

为此,他曾向袁世凯要求,任命他为全国铁路督办,负责这些计划的设计和推行。

为什么要实行以铁路网的建设为中心带动全国经济发展的战略呢?他在1912年6月的一次讲话中比较明确地说出了他的考虑:

> 实业之范围甚广,农、工、商、矿,繁然待举而不能偏废者,指不胜屈⋯⋯而谈论交通者稍寡,热狂留意于交通事业中之重要所谓铁道者尤鲜。[1]

> 虽然,铁路顾可以冷淡视之,以为置之于实业中,仅占区区之部分乎?请问苟无铁道,转运无术,而工商皆废,复何实业之可图?故交通为实业之母,铁道又为交通之母。国家之贫富,可以铁道之多寡定之;地方之苦乐,可以铁道之远近计之。[2]

从这些论述看,孙中山在辛亥革命后一段时间,已把实业建设、经济发展看作中国面临的主要任务。他认为实业建设不能只着眼于某些实业部门的建设和发展,而必须是全面的,必须农、工、商、矿一切部门"繁然待举","不可偏废"。这么大的面,怎样着手?必须抓住一个中心或枢纽,抓住它,就可把一切实业带动起来,互相推动,互相促进,使国家的经济发展各业竞上,全局皆活。否则就会力量分散,不能互联互动,甚至互相妨碍,无法形成全面发展的形势。按孙中山的话说,就是"工商皆废,复何实业之可图?"

这一带动实业全局的中心和枢纽,孙中山认为就是交通,特别是在当时交通中起主要作用的铁路。所以,他称交通为实业之母,

---

① 《孙中山全集》第二卷,中华书局1982年版,第383页。
② 同上。

而铁道又为交通之母。这样，以铁路网的建设为中心和枢纽带动全国经济的发展，就成了孙中山所倡导的中国经济发展的战略。

中国近代修铁路的主张不自孙中山始。早在1859年，洪仁玕已提出修铁路的主张，其后，刘铭传、薛福成、马建忠都对修铁路的意义、做法提出过论述、建议。在孙中山大力倡导修铁路时，中国已有了许多条铁路，铁路对中国已不是什么陌生的问题了。但是，在孙中山以前，中国人士对修铁路的问题，主要是作为实业建设的一项具体主张或一个具体方面的要求提出来，正如孙中山所说的是"置之于实业之中，仅占区区部分"，而孙中山却是把它作为带动经济发展的中心，作为"实业之母"提出来的。同时，正由于前人只把铁路建设看作实业建设的"区区部分"，他们的修铁路主张，除了一般谈论外，多为在某一地区修铁路的具体主张。孙中山却是从实业发展全局看问题，他的修铁路主张是从全国铁路布局着眼的。他要求的铁路建设是遍布全国的铁路网，他所提出的是联通沿海和内地、边疆的全国铁路建设规划。总之，如果说在前人手中铁路建设只是经济发展的一个方面，在孙中山手中，它则开始具有了发展战略的性质。

孙中山以铁路建设为中心的经济发展战略，是同世界资本主义经济、技术发展的新形势相适应的。资本主义的工业革命是从棉纺织业开始的。在相当长的时期中，轻工业一直是资本主义生产的主要部门。到19世纪末20世纪初，以煤铁生产占主要地位的重工业才逐渐上升为国民经济的主要部门，而"铁路是资本主义工业最主要的部门即煤炭工业和钢铁工业的结果"①。铁路修建及分

———————————

① 《列宁全集》第27卷，人民出版社1984年版，第326页。

布的状况,就成为当时一国经济发展状况及国家实力的最显著的指标。孙中山说的"国家之贫富,可以铁道之多寡定之;地方之苦乐,可以铁道之远近计之",正是指这种情况。

不过,孙中山所以重视铁路建设,所以把铁路建设看作带动全局发展的中心,还不仅是由于铁路是当时的主要经济部门,而且是由于铁路是经济发展的重要基础设施。在他看来,交通不发达,全国各地区、各行业就互相脱节,互相隔离,整个国民经济形成不了一个互相联通的全局,必然各自枯萎,"工商皆废"。他所以把交通称做"实业之母",把铁路称做"交通之母",正是从它们对经济发展所起的基础设施作用而言的。

数年以后,这种思想在孙中山的《实业计划》及其他一些著作、讲演中得到了进一步的发挥。

第一次世界大战期间,中国的资本主义生产有了进一步的发展,民族资产阶级投资办实业的愿望和积极性有了很大增长。孙中山用很大精力研究中国的发展和建设,在1919年写了《实业计划》一书。

《实业计划》全名是《国际共同发展中国实业》。全书包括六大计划,其主要内容是在中国北部、东部及南部沿海各修建一个具有世界先进水平的大海港(北方大港、东方大港和南方大港);修建十万英里(十六万公里)的铁路,按中央、东南、东北、西北、高原五大铁路系统,把沿海、内地和边疆联结起来,形成遍布中国辽阔国土的铁路网;整修京杭大运河,开挖其他运河并修浚全国一切可通航的水道;修造密布全国的公路网,使汽车畅通全国各地区,同铁路、水运相联结、相配合;实行农业机械化,并大规模移民垦荒,建立大批新的农业基地;全面开采煤、铁、石油等矿藏,大力发展和建设各种轻重工业等。

《实业计划》是一部关于中国发展战略规划的专书。它不但在中国的同类著作中是第一个出现的，比苏联的第一个五年计划还早十年，在世界范围中也是得风气之先的。它不但包括孙中山对中国经济发展的全面设计，还有着他关于中国经济发展和工业化道路的一系列理论见解和申述。《实业计划》堪称孙中山经济发展战略的主要代表作，是孙中山经济发展思想的较为完整、集中的体现。

从发展战略的角度看，《实业计划》（包括同时期及以后论实业的著作、讲演）中有以下特别值得注意的思想：

第一，以建立强大的基础设施为中心，带动和支持国民经济的全面、迅速发展。

孙中山认为，经济落后的国家要发展经济，赶上先进的国家，不应片面地、孤立地强调某一或某些部门，而应从现代经济高度社会化的性质出发，全面地、整体地考虑经济发展的问题。他说："欲谋实业之发达者，非谋其一端可成效也，必也，万般齐发，始能奏效。"①

万般齐发，不等于不分主次，无有中心和主导部门地平均使用力量，而是要选好重点，把重点和一般结合起来，以重点带一般，环绕中心和主导部门，有步骤、有层次地发展各种实业。

怎样选择重点？怎样选择带动国民经济发展全局的中心和主导部门呢？孙中山的主张是：

> 予之计划，首先注重于铁路、道路之建设，运河、水道之修治，商港、市街之建设。盖此皆为实业之利器，非先有此种

---

① 《孙中山全集》第五卷，中华书局1985年版，第122页。

交通、运输、屯集之利器,虽全其(具)发展实业之要素,而亦无由发展也。其次则注重于移我(民)垦荒、冶铁、炼钢。盖农、矿二业,实为其他种种实业之母也。……且钢铁者,实为一切实业之体质也。①

这里,孙中山不仅谈到了交通,而且使用了"利器"、"母"、"体质"等概念,把经济发展的基础设施都涵盖其中,这实际上是对经济发展的基础设施问题的比较具体但却是比较完整的列举。

这比他在数年以前只把交通尤其是铁道作为经济发展的中心和主导部门的认识,显然更加完善,也更加科学了。

孙中山在经济发展中选择重点和主导部门的思想,使他在对经济发展问题的认识上,大大超过了他的前人和同时人,把中国近代的经济发展思想推向了一个新的阶段。

第一次鸦片战争失败后,魏源提出了首先移植西方军事工业,等国防需要满足后再逐渐转向民用工业品生产的思想。这在客观上触及了一个发展战略的问题:以军事工业作为带动经济发展的先导。军事工业可以对某些生产部门起一定的带动作用,但不能带动整个国民经济的正常发展。如果以军事工业作为经济发展的重点或主导部门,只会造成国民经济的军事化和经济发展的畸形化,从而导致经济发展的全局性的失败。对一个经济发展落后的国家而言,这样的发展战略尤不可取。因为,军事工业自身必须以一般工业为基础,落后国家的工业基础薄弱,没有自己的重工业,如果首先从建立军事工业起步,势必加深对外国资本主义列强的依赖性,使本国更加陷于半殖民地、殖民地的地位。

---

① 《孙中山全集》第五卷,中华书局1985年版,第134页。

郑观应、王韬等人主张"以商为本"、"以商立国",实际上是以对外贸易作为带动国民经济的中心和主导部门。这种战略对于对外贸易在整个国民经济中占特殊地位、有特殊意义的国家和地区是可行的。对中国这样一个广土众民,经济又极为落后的国家来说,却是极为荒谬的。实行这种战略,经济发展必然会同国内的需要和国内的条件脱节,不能充分利用本国的人力、物力,终将导致国民经济发展的全局性失败。

在20世纪以前,中国谈论经济发展的人士中,虽然多已涉及了经济发展的重点和主导部门的问题,但还没有明确地提出和阐明这方面的主张,更没有在理论方面进行论证。较孙中山稍前,张謇宣扬棉铁主义,主张以棉铁工业为中国经济发展的"的",从而在中国近代人士中第一次明确提出了经济发展重点和中心的概念。棉纺织业是广大人民所需要的基本生活资料生产部门,又是联结工业和农业的一个枢纽部门;钢、铁是一切工业所需的基本生产资料,钢铁部门又是一个联系多种工、矿业的部门。以棉铁为重点,可以较为广泛地带动国民经济众多部门的发展,又有助于立足国内解决市场问题和原材料问题,有助于促进国民经济的独立。棉铁主义的提出,无疑是中国近代人士对国民经济发展战略问题的认识的一大进步。

孙中山对经济发展问题提出了把全面发展和突出重点相结合、以重点带动全局的思想,对于重点的选择,他比较明确地提出和论述了基础设施对经济发展全局的意义和作用。在国民经济发展的战略问题上,他的认识也达到了比张謇更高的水平。

第二,依靠国家和民间两方面的力量,发挥两个积极性,使这两方面的力量恰当结合和配合起来,以求更全面更迅速地发展国民经济。

交通、原材料、能源等基础设施，多属重工业部门，但孙中山对中国经济的发展，并不是只片面强调重工业，而是从"养民"，改善民生的目的出发，孙中山一贯强调中国经济的发展必须重视衣、食、住、行等有关行业的建设和发展，以向广大人民提供充足、优质和低廉的生活资料，提高广大人民的生活水平。

孙中山重视衣、食、住、行等民生日用生活资料的生产，而他列为重点，称为"实业利器"、"实业之母"、"实业之体质"的，又都是属于基础设施的各部门，这是否矛盾呢？只以后者为重点，是否会影响前者的发展和进步呢？

把基础设施作为发展和建设的重点，国家的投资也必然只能集中于这一方面。那么，衣、食、住、行等生活资料的生产的投资问题如何解决呢？

在这一问题上，孙中山所提出的办法是划分经营范围，分别投资，两种所有制并存：

> 凡夫事物之可以委诸个人，或其较国家经营为适宜者，应任个人为之，由国家奖励而以法律保护之。……至其不能委诸个人及有独占性质者，应由国家经营之。[①]

由此可见，孙中山划分经营范围的原则是：

（1）能力或财力的大小。基础设施项目投资巨大，个人财力难以兴办，故应由国家投资经营。

（2）防止私人垄断。基础设施规模巨大，又是一般实业所赖以支撑的基础，如由私人经营，就容易为私人垄断。所以孙中山称

---

① 《孙中山全集》第六卷，中华书局1985年版，第253页。

这方面的实业为"有独占性质者",而主张只由国家投资经营。

同样是依据这两个原则,生产衣、食、住、行各方面生活资料的实业规模小,投资少,种类繁,由个人经营,财力既容易胜任,又可就地取材,适应市场需要,是"可以委诸个人,或其较国家经营为适宜者",所以应允许个人自由经营,并由国家奖励、保护。

第三,要以大大降低劳动耗费、提高劳动生产率的方法实现中国的发展。

孙中山对怎样发展中国的问题,提出了一个令人深思的观点:必须以大大降低劳动耗费的方法来实现经济的发展和人民大众生活的改善。

在近代半殖民地半封建的中国,人口众多,而经济极为落后,城乡失业人口的压力,迫使劳动者不得不靠极低的收入维持生活。当时的人们依据这种情况,称中国是世界上"生活最廉的国家"。"生活最廉"一语,容易给人以生活负担轻、维持生活容易的错误印象。孙中山尖锐地揭露了这种"生活最廉"说法的实质,指出,所谓生活最廉只是用货币来衡量的,即指中国的劳动者以极低的货币收入来维持个人及全家的水平极其低下的生活。其实,如果不是用货币而是用劳动来衡量,事实的真相就一目了然了。举例来说,中国工人每天劳动十四至十六小时,所得工资勉强糊口,可见中国的劳动者为得到最低限度的生活资料所付出的劳动代价是特别高的。这与其说是生活最廉之国,倒不如说是生活最贵之国。

孙中山分析这一问题,深感中国资源丰富,但物资却极端贫乏;劳动力众多,劳动耗费大,但却"工力失去甚多"[1],所创造出的财

---

[1] 《孙中山全集》第六卷,中华书局1985年版,第377页。

物却很少。中国必须改变这种"悲惨境遇"①。改变的途径只能是"用机器以辅助巨大之人工，以发达中国之富源"②，即采用现代生产方法来发展中国。

中国近代的经济思想，一直是在"求富"的旗号下展开的。孙中山发展中国经济的要求，也同样是把脱贫求富作为目标。不过，孙中山所讲的求富，不像前人那样主要着眼于财富总量，而是同时强调取得一定财富所需付出的劳动代价。这就不仅是把经济发展作为一个增强国力、救亡图存的问题，而是把它作为一个使几亿人民摆脱贫困饥饿的问题提了出来，表现出一个伟大的革命民主主义者关心广大人民处境的襟怀。

经济发展必须依靠劳动生产率的提高来实现。孙中山在中国近代首先发展了这种不仅要着眼于财富总量，更要重视减低劳动耗费的思想，这是更符合于生产力进步和经济现代化的要求的。

第四，发展经济必须实行对外开放。

孙中山认为，在当前世界形势下，任何国家都只能在对外开放的情况下求发展，想实行对外封闭，只从一国内部寻求发展，是绝对行不通的。

在他看来，经济落后的国家要发展自己，赶上先进国家，一是必须有先进的、能够实现迅速发展的方法，二是必须具备发展的必要条件。这二者都只有在对外开放的情况下才能获得。

在发展方法或发展途径方面，落后国家所以陷于落后，就是因为在本国内部没有有效的发展方法。既然如此，求发展而想继续

---

① 《孙中山全集》第六卷，中华书局1985年版，第377页。
② 同上书，第378页。

实行封建时代的闭关锁国政策,自然是极端愚昧荒谬的。他断言:

> 然则今日欲求迅速之法,以发展中国之财源,而立救贫弱者,其道维何? 倘以中国而言,则本无其法,更无迅速之法也。……则中国人不独不能知,不能行,且为梦想所不能及也。①

孙中山把这种自我封闭、孤立内求的想法比做鲁滨逊式的荒岛孤人要把与世隔绝的孤岛建成繁荣的现代国家,二者都是同样的无稽之谈。

在发展条件方面,孙中山认为中国有广袤的国土、丰富的资源和充裕的人力,但缺乏发展经济所需的资本、技术和人才。这也只能依靠对外开放求之于外部。他说:

> 款既筹不出,又时等不及,我们就要用此开放主义。②

> 我们应兴事业,我们无资本,即借外国资本;我们无人才,即用外国人才;我们的方法不好,即用外国方法。物质上文明,外国费二、三百年的功夫,始有今日结果。我们采来就用,诸君看看,便宜不便宜? ③

孙中山以美国、日本的发展历史为依据,指出说:

> 美洲之发达……日本等国之勃兴,皆得外债之力。④

美国、日本的发展确实如此。其实,自从世界历史的发展进入资本主义时代以来,确实没有哪个国家是在对外封闭的情况下获得真正的发展的。但是,要在对外开放的情况下求得发展,也并不

---

① 《孙中山全集》第二卷,中华书局1982年版,第533页。
② 同上书,第322页。
③ 同上书,第533页。
④ 同上书,第322页。

是那么容易做到的。它必须以实行对外开放的国家取得民族独立为前提。像当时中国那样处于半殖民地的地位，列强控制了中国的国民经济命脉，同中国订立了许多不平等条约，在中国划分势力范围的情况下，中国怎么可能独立自主地制订和实施发展自己经济的方案呢？又怎么可能平等地利用外国资本、技术和其他条件来发展自己的民族经济呢？

孙中山也深知中国同美国、日本在这方面的情况不同，所以他特别强调坚持和确保主权对发展的意义，他一再说："惟发展之权，操之在我则存，操之在人则亡"[①]，对外国"只可利用其资本、人才，而主权万不可授之于外人，事事自己立于主动地位，则断无危险"[②]。

为了在发展中确保主权不丧失，孙中山提出了一系列办法，尤其是以下几点：

（1）实行对外开放，必须有通盘计划，据以确定引进资本、技术人才的条件，主动进行选择，才不致为人挟制。他说：

> 尤有重要问题者，即在我有统筹全局之计画。……我有计画，则我始能用人，而可免为人所用也。[③]

（2）同外国签订平等互利的条约，规定外国人来中国贸易、投资、提供劳务，可获得合理的、比较优厚的经济利益，但必须遵循商业惯例，不得恃强勒索，不得附加侵害中国主权的规定，所雇佣的外国人员，必须根据合同为中国服务，向中国人员传授技术，合同期满中国有权解雇或续聘。

---

① 《孙中山全集》第六卷，中华书局1985年版，第248页。
② 《孙中山全集》第五卷，中华书局1985年版，第623页。
③ 同上书，第134页。

（3）利用外资尽可能采取"私对私"的方式，即由公司与公司之间订立经济合同，而不由双方政府出面。他认为这样一来就可以"摆脱外交上之一切纠葛"、"杜绝外来之干涉"。①

（4）要善于选择时机。孙中山强调时机对利用外资的重要性，认为时机如选得好，可获得利用外资的更为有利的条件。第一次世界大战结束后，他看到欧洲列强战时工业设备很多处于闲置状态，人员也面临失业威胁，认为中国如于此时大量引进资本、技术和人才，条件会格外有利。所以，他把这时看作引进外资发展中国实业的"天与之机"②。他在这时写出《实业计划》，并以英语发表，以引起国外注意。

（5）大力培养具有开放和发展知识的人。中国的发展虽可从外部引进部分人才，但主要必须靠自己培养。一个国家只有拥有了大批具有现代科学、技术、文化及通晓国内外情况的人才，才有可能在对外开放中坚持独立自主地发展。在中国近代，由于缺乏知识而在对外经济交往中吃亏上当甚至丧权辱国的事例，擢发难数！以颟顸无知的官僚应付对外交往的复杂局面，是根本谈不上发展之权操之在我的。孙中山说："吾欲操此发展之权，非有此知识不可。"③只有具备了有关知识，才能在发展中面对对外开放的复杂局面而"操纵在我……泛应曲当，驰骋于今日世界经济之场"④。

孙中山的这些主张，对于经济落后的国家在对外经济交往中维护主权，获得实益，都是必要的。但是，它们能否实现，有一个

---

① 《孙中山全集》第二卷，中华书局1982年版，第489页。
② 《孙中山全集》第六卷，中华书局1985年版，第225页。
③ 同上书，第249页。
④ 同上。

绝对不可少的前提，即必须有一个已经获得民族独立的统一的国家政权。他所说的美、日利用外资发展自己的经验，无不如此。但是，在当时的中国却不具备这样的前提。孙中山在这样的历史条件下提出宏伟的实业计划，自然只能是空中楼阁了。

四、中国经济发展中的土地问题和农村问题

在近代的思想家中，孙中山比一切前人都更重视土地问题。他在这方面的特点是：十分明确地从经济发展的角度提出土地问题，把土地问题的解决看作是对中国的发展状况、前景乃至命运均具有决定意义的问题。他为中国的革命提出了平均地权的土地纲领，并对这一纲领的理论依据进行了比较详尽的说明和论证，提出了实现这一纲领的一系列基本措施。

孙中山把平均地权看作民生主义的主要内容，一再强调："若能将平均地权做到，那么，社会革命已成七、八分了。"[1]

平均地权作为一项革命纲领，总是针对土地占有的不均而发的。不过，孙中山所针对的，主要却不是当时中国农村中土地占有状况不均的现实，而是革命后经济迅速发展的局面下将会出现的土地占有不均的前景。

孙中山说的不均，主要不是就土地面积而言，而是针对土地价格说的。当时，中国历史上早已存在着"富者田连阡陌，贫者无立锥之地"的严重土地兼并和土地集中的状况，但因土地价格不高，

---

[1]　《孙中山全集》第二卷，中华书局1982年版，第320页。

按地价计,大地主所拥有的土地财富,却远不能同发达资本主义国家的大地主相比。所以,在孙中山看来,中国田连阡陌的大地主,同西方地价高昂的情况下拥有大量田产的大地主相比,也只能算是"小地主",算不上什么富人,而只能算比中国的贫人(孙中山说的"大贫")好一些的"小贫"。他说:"中国到今日,虽然没有大地主,还有小地主。"① 就正是从这种意义上说的。

孙中山认为,革命胜利后,发展的障碍被扫除,经济获得迅速发展,经济发展对土地的需求,势必使地租和地价以极大的幅度不断增长,从而使地主的财富急遽膨胀,一些占有土地多的大地主,更会迅速成为社会上的巨富。地价的增长是"社会进化"的结果,地主靠占有土地获得地租、地价暴涨的利益,纯粹是"坐享其成"、"不劳而获"②。这不仅是社会上的最大的不平,而且势将成为建设的巨大负担和发展的严重障碍,所以孙中山提倡平均地权以消除这一障碍。

正因为孙中山的平均地权的纲领是针对未来的土地不均的,所以他把平均地权看作是一种防患于未然的纲领。

既然土地占有不均的日益严重是未来出现的现象,为什么要在现阶段制定对策呢? 又为什么能够在现阶段防止呢? 孙中山认为,虽然中国的土地不均是未来的问题,但其根源却在中国现时已经普遍存在的土地私有制。在土地私有制存在的情况下,革命胜利后经济的开发迫切需要土地,这样引起的地租、地价暴涨,就会使经济发展的利益被土地私有者所垄断。因此,必须在革命胜利、

---

① 《孙中山全集》第九卷,中华书局1986年版,第382页。
② 同上书,第384页。

经济尚未发展起来时立即实行土地国有,以消除未来地租及地价暴涨的根源。为此,孙中山极力宣扬土地国有论,把它作为平均地权纲领的理论基础。孙中山并不一般地反对生产资料私有制,但却坚决地否定土地私有制,认为个人有权私有的,只能是劳动的产物,土地不是劳动产物而是自然物,地主占有土地,纯粹是对社会的劫夺,是"垄断社会之富源"①。

当时,有一些为地主土地所有制辩护的人,例如梁启超就宣扬一种观点:土地虽不是劳动的产物,但地主的土地是买来的,而买土地所用的货币,却是劳动的产物,因而地主占有土地是合理的。

对此,孙中山驳斥说:"原夫土地公有,实为精确不磨之论。人类发生以前,土地已自然存在;人类消灭以后,土地必长此存留。可见土地实为社会所有,人于其间又焉得而有之耶?或谓地主之有土地,本以资本购来,然试叩其第一占有土地之人,又何自购乎?"②

孙中山这种说法的理论依据是自然法观点。用自然法观点论证所有制问题是不科学的。机器、厂房等生产资料固然是劳动的产物,但占有它们的资本家,并不是生产这些生产资料的劳动者,其占有同样是不劳而获。孙中山和当时的其他一些革命党人,都用这种自然法观点否定土地私有制,而不否定资本所有制,这是不能自圆其说的。不过,在当时的历史条件下,否定土地私有制而肯定资本私有制却不失为一种进步的主张。这并不是因为它们谁是自然物,谁是劳动的产物,而是由于封建土地所有制已成了生产力

① 《孙中山全集》第二卷,中华书局1982年版,第338页。
② 同上书,第514页。

发展的严重桎梏,而资本所有制却是一种能促进生产力迅速发展的生产资料所有制。

孙中山虽然否定土地私有制,主张土地国有,但在实现平均地权的措施方面,却不赞成直接从产权方面入手。他不赞成由国家强制没收地主土地,认为这种"夺富人之田"①的做法不可行:"受地的农民,固然可以得利益;失地的地主,便要受损失。"②他也不主张通过赎买的办法解决土地所有制问题,认为"由国家收买全国土地,恐无此等力量"③。

他所提倡的平均地权措施是通过地价税和土地增价归公的办法,使土地所有制实质上由土地私有转化为土地国有,其具体做法是:在民主革命胜利后,由新建立的"民国"政权颁布法令,规定一切占有土地的人,限期向国家申报所占有的土地的面积和地价,国家即按照申报把地价确定下来,地主仍保留土地所有权,可以出卖或出租土地,但必须遵守以下规定:

(1)每年按申报地价的1%—2%,向国家缴纳地价税。

(2)地主出卖土地时,只能得到原价即自行申报的价格,申报之后增长的地价,则为国家所有。土地转让后,地价税则由买得土地的新地主缴纳。

(3)国家有发展、建设项目需用土地时,有权随时按申报价收买土地。

按照这些规定,地主虽然形式上还保留着土地所有权,可以出租或出卖土地,但出卖土地只能得到原价,而因经济迅速发展而超

---

① 《孙中山全集》第一卷,中华书局1981年版,第328页。
② 《孙中山全集》第十卷,中华书局1986年版,第557页。
③ 《孙中山全集》第二卷,中华书局1982年版,第321页。

过原价百、千、万倍不止的土地增价，则归国家所有。地主如不出卖而是出租土地，则地租收入也将因每年缴纳地价税而部分地转归国家。这就是《同盟会宣言》所宣布的：

> 文明之福祉，国民平等以享之。当改良社会经济组织，核定天下地价。其现有之地价，仍属原主所有；其革命后社会改良进步之增价，则归于国家，为国民所共享。①

孙中山的这一解决土地问题的方案，实质上是一个资产阶级土地国有化的方案。它不是在所有权的名义上废除土地私有制，而是通过把地租及地价转归资产阶级国家所有的办法，把土地实质上转变成国有土地。"地租的占有是土地所有权借以实现的经济形式"②，而土地价格则是资本化的地租。因此，把地租及土地价格收归国有，私人的土地所有权就不能在经济上实现了。地租及地价收归国有，意味着土地所有权已经由国家来实现，意味着国家变成实质上的土地所有者了。

当然，孙中山的方案，还没有完全地把地租及地价转归国有，地主出卖土地仍可得到原价，如果他不出卖土地而是将土地出租，则地租收入仍会高于1%—2%的地价税。这就是说，地主仍可得到地租或地价的一部分，只不过同经济发展情况下地价迅速增加的情况相比，地主所仍然占有的这一部分地租和地价，已经微不足道，因而可以认为土地所有权的主要部分已收归国有了。

"国为民国"，即资产阶级共和国，把本由私人地主占有的地租、地价收归国有，实质上就是用资产阶级的土地国有制取代封建

---

① 《孙中山全集》第一卷，中华书局1981年版，第297页。
② 《马克思恩格斯全集》第25卷，人民出版社1974年版，第714页。

主义的土地私有制。

孙中山的平均地权所要解决的主要是革命后经济迅速发展情况下地主占有土地和工商业者使用土地之间的矛盾或利益冲突，而不是封建土地制度下地主占有大部分土地而广大农民则无地、少地的矛盾，不是封建农村中的土地分配不均问题。正如朱执信对平均地权的纲领所作的解释："其主之目的全在宅地。"①"宅地"不只是狭义的住宅用地，而是广泛地指一切城市、工业建筑用地，包括厂房、商业、银行以及铁路、海港、空港、矿山用地等。

不过，孙中山在制定自己平均地权的纲领时，也不是未曾考虑到农民土地问题。辛亥革命前，章炳麟、梁启超都曾谈到过，19世纪20世纪之交，孙中山曾对他们谈过："必能耕者而后授以田"②，"不稼者不得有尺寸耕土"③。1912年孙中山辞去临时大总统职务后，北上会晤袁世凯，也曾对袁世凯及参加会晤的梁士诒谈到："欲求解决农民自身问题，非耕者有其田不可。"④此外，孙中山的日本友人宫崎寅藏也曾谈到，他曾问及孙中山何以会产生平均地权思想，孙回答说："吾受幼时境遇之刺激，颇感到实际上及学理上有讲求此问题之必要。吾若非生而为贫困之农家子，则或忽视此重大之问题，亦未可知。"⑤

这给人一种印象，似乎孙中山对中国农民贫苦处境的了解和同情，是他的平均地权的土地纲领产生的思想基础。

---

① 梁启超：《杂答某报》，见《新民丛报》第86号。
② 同上。
③ 章炳麟：《訄书》，古典文学出版社1958年版，第120页。
④ 凤冈及门弟子：《三水梁燕孙先生年谱》（上），第23页。
⑤ 宫崎滔天：《孙逸仙传》，见《建国月刊》，第5卷第4期。

但是，孙中山在接受中国共产党的帮助改组国民党以前，他的所有关于耕者有其田的谈论，都是在私下交谈中涉及的，从未在正式纲领、文件及公开发表的文章、讲演中提到。在公开的、正式的场合，他所宣扬的总是地价税和土地增价归公的方案。

孙中山幼年时代生活于农民家庭，了解农民贫苦状况并深抱同情，这自然都是事实，但童蒙时代的认识水平，不可能洞察农民悲惨处境的根源，不可能懂得封建土地制度是农民受剥削、受奴役的基础。幼年时代的经历，至多能使他产生用西法"兴农桑"之类的主张，如他早年的著作《农功》《致郑藻如书》所提到的那样，而不足以诱发他形成平均地权的纲领，更不足以促使他从解决农民土地问题的角度提出问题。

孙中山十二岁以后，家庭经济地位变了，又一直受西方式的教育，所接触的主要是工商界人士和知识界人士，尤其是华侨中的工商界人士和留学生。这些人久在国外，同封建地产无甚联系，而对工商业的发展却有比较强烈的要求，并有可能从工商业发展的角度对解决土地问题的必要有所感知。这正是孙中山在辛亥革命前后频繁地宣扬地价税和土地增价归公主张的现实背景。

但是，封建地主依靠封建土地制度对农民进行的剥削、奴役，是当时中国社会中生产关系同生产力矛盾的主要内容，是上层建筑同经济基础矛盾的主要基础。不尽快并尽量彻底地解决农民土地问题，使无地、少地农民获得土地，不但农业生产力得不到解放，而且工业发展所需的市场、劳动力以及原料、商品粮食等问题也一个都不能真正解决。解决农民土地问题，对中国的发展而言是最根本的，也是最急迫的问题。不把农民土地问题放在首位，就难以为经济发展起到扫除障碍的作用。

同时,任何革命都有一个力量对比的问题。中国农民占全国人民的绝大多数。资产阶级革命的土地纲领没有明确的解决农民土地问题的内容,就难以得到农民的充分理解和坚决支持,就不可能把广大农民发动起来,形成能够战胜帝国主义、封建主义的强大力量。辛亥革命失败的重要原因之一,正在于此。

孙中山的土地纲领和土地理论的这一缺陷,在他的晚年有了重大的改进:

第一,他对农民问题在中国革命中的意义有了比较明确的认识,认为:"农民是我们中国人民之中的最大多数,如果农民不参加革命,就是我们革命没有基础。"①

农民是中国人民中的最大多数,这对孙中山来说当然已不是什么新鲜问题,但把占人口最大多数的农民看作革命的基础,把农民参加民主革命看作是对革命成败至关重要的问题,这却是重视农民土地问题的重要前提。

第二,对中国农村的现实土地状况有了比较切实的认识。

孙中山晚年依据当时对农民运动的调查资料指出,中国农民"都不是耕自己的田,都是替地主来耕田"②,"农民生产的粮食被地主夺去大半,自己得到的几乎不能自养"③。这种认识比起他过去认为的中国农村没有大地主,贫富对立不严重,其差别不过是大贫与小贫之类的认识来,其进步是巨大的。

第三,对解决农民土地问题的意义有了新的认识。

从对农村土地占有状况认识的进步,孙中山进一步指出,农民

① 《孙中山全集》第十卷,中华书局1986年版,第555页。
② 《孙中山全集》第九卷,中华书局1986年版,第399页。
③ 同上。

无地、少地的状况使他们对农业生产缺乏积极性,因而农业生产力就难以得到发展和提高:"现在的多数生产都是归于地主……所以许多农民便不高兴去耕田,许多田地便渐成荒芜不能生产了。"①

从把地主土地所有制仅仅看作是革命后经济发展的未来问题,到指出它是压制农民积极性、妨碍农业生产力发展的现实问题,这从理论认识来说,无疑是一个长足的进步。

第四,在土地纲领方面,孙中山晚年把解决农民耕地问题纳入他修改后的土地纲领,宣布:"农民之缺乏田地,沦为佃户者,国家当给以耕地,资其耕作。"②在他晚年发布的文件、著作及所作的公开讲演中,孙中山多次提出"耕者有其田"的主张,并且把"耕者有其田"的实现说成是他提倡民生主义的主要目的:"至于将来民生主义真是达到目的,农民问题真是完全解决,是要耕者有其田,那才算是我们对于农民问题的最终结果。"③

但是,要解决农民的土地问题,实现耕者有其田,耕地从哪里来呢?孙中山晚年仍不赞成没收地主土地,他显然仍认为全面收买地主土地没有可能,他所提倡的解决土地问题的具体措施仍是过去一贯主张的地价税和土地增价归公两条。这样,国家不能掌握大批土地,耕者有其田的主张就无法实现。

孙中山显然也意识到了这一矛盾。于是,他要求政府方面做农民工作的人"要联络全体农民,来同政府合作,慢慢商量来解决农民同地主的办法。让农民可以得利益,地主不受损失。这种方

---

① 《孙中山全集》第九卷,中华书局1986年版,第400页。
② 同上书,第120页。
③ 同上书,第399页。

法可以说是和平解决"①。

孙中山这种主张，显然有发动农民群众，对地主施加压力，迫使地主作出让步的用意。但是，拥有两千余年统治历史的中国地主阶级，拥有经济的、政治的、军事的、文化的、宗法的各种统治手段，势力极为强大，如果没有解决农民土地问题的明确而坚定的方案和克服地主暴力反抗的强有力的办法，一味强调"慢慢来"、"和平解决"是难以有所作为的。孙中山身后若干年，国民党企图推行"二五减租"，都因遭到地主势力的反对而行不通，就说明了这一点。

孙中山说的"耕者"，不是仅指农业劳动者，而是遍指农业生产者；他所说的"耕者有其田"，不是仅指分田给劳动农民，而是指保障所有农业生产者能得到生产所需的耕地。在中国古代，对分配土地的办法早就有"计口授田"和"计力授田"之争。不过，在古代没有新的农业生产力的情况下，这二者的区别不是很大的。在中国近代已有西方的农业机器和新式资本主义农场的情况下，情况就显然不同了。这时，就出现了两种不同生产方式下的耕者：一种是原有的个体农业劳动者，另一种是使用或有条件使用机器和新式农业技术的资本主义农场经营主。在二者之中，后者代表更先进的农业生产力。这时，如果把"耕者有其田"仅仅理解为分田给农业劳动者，那就不能使生产力得到更大解放，甚至会对生产力起某种破坏作用。

辛亥革命前，梁启超在同革命派的论战中，就曾利用人们对"耕者"的传统理解，攻击孙中山"耕者有其田"的主张是只把土地

① 《孙中山全集》第十卷，中华书局1986年版，第558页。

分给农业劳动者,其结果将使全国耕地都成为零星小块的土地,必然排斥农业机器和其他先进农业技术的使用,使中国农业永远处于落后的个体农业状态。对此,革命派的机关报《民报》著文驳斥道:革命胜利后实行土地国有,国家就可根据耕者的不同情况分别给予各自所需要和所能利用的土地。这样,有资本可以经营新式农场的"耕者",可得到经营新式农场所需的耕地;而拥有"锄、斧、斤之属"①的简单农具的个体农业劳动者,也可向国家租到力所能耕的小块耕地。

对"耕者有其田"的这种解释,体现了孙中山"耕者有其田"思想的先进性。孙中山一向重视"均",但他在考虑土地问题时,重点却不在均,而在引进和支持农业中的先进生产方式。

孙中山最初认为,平均地权不仅是解决土地问题的纲领,而且对解决资本问题也有重大的,甚至是决定性的作用。因为:

（1）平均地权可成为筹措资本的主要手段。实现了平均地权,土地归国家所有,地租及地价收入均归国家,在革命后经济发展,地租地价大涨的情况下,这种收入就可成为经济建设资金的无尽来源,所以他说:"但收地租一项,已成地球上最富的国。"②

（2）平均地权可成为防止垄断资本产生的最有效手段。孙中山认为,革命后经济迅速发展,地租、地价暴涨,地主坐享暴利,就可迅速形成垄断资本。因此,他把平均地权看作防止垄断资本产生的最主要、最有效的手段。他所以说做到平均地权就于社会革命已成七八分,就在于此。

---

① 民意:《告非难民生主义者》,见《民报》第12号。
② 《孙中山全集》第一卷,中华书局1981年版,第329页。

五、发达资本与节制资本

发展经济必须有大量资本，而经济落后的中国严重缺乏的是资本。孙中山对中国经济发展中的资本问题十分重视，把资本问题同土地问题并列为民生主义所要解决的两个根本问题。

解决资本问题的出发点是要为发展中国经济筹措大量的资本，这也就是发达资本的问题。正如孙中山所指出的，要发展中国，解决中国贫穷的问题，就必须"发达资本，振兴实业"[①]。

中国需要发达资本，这是中国近代要求发展的人士的共同认识。在孙中山以前，早就有人提出了发达资本的各种主张或方案，如"富人出其资"、"招商引资"以及借外债等等。孙中山解决资本问题的方案，不同于前人之处，不仅在于其规模宏大，还在于表现形式方面的独特。他的发达资本的要求，表现为"节制资本"的形式，"节制资本"成了与"平均地权"并列的民生主义两大纲领之一。

孙中山强烈要求发达资本，但又害怕资本发达了，会导致大资本"垄断以制国命"的现象出现。于是就希望在发达资本的同时，采取一定的措施对资本的活动施加某种节制，以防止其发展为垄断资本。这就是他的发达资本的要求表现为节制资本的纲领的秘密所在。

节制资本的纲领包括两方面的内容：一是发达国家资本，二是节制私人资本。前者指对规模巨大的、有垄断性的企业，限定必须

---

① 《孙中山全集》第九卷，中华书局1986年版，第391页。

由国家投资,并由国家经营;后者指对私人经营的企业,由国家采取种种法律、行政措施加以节制,如征收累进税,实行改善工人劳动条件和生活条件的立法,以限制其对劳动者的过度剥削,限制资本的过量膨胀,等等。

对国家资本,孙中山从不用"节制"二字,而只是提"发达",但发达国家资本却自始就是作为节制资本的措施,而且是作为节制资本的主要的、最有决定意义的措施提出来的。

孙中山所以把发达国家资本作为节制资本纲领的主要内容,是由于:

第一,中国贫穷落后,只是消极地提倡节制(私人)资本,是解决不了中国发展所需的资本问题的,民生问题是解决不了的。他说:

> 外国富,中国贫,外国生产过剩,中国生产不足,所以中国不单是节制私人资本,还是要发达国家资本。[①]

第二,发达国家资本既可发达资本,又不会导致垄断。孙中山主观上认为所要建立的民国是社会主义国家,"民国"的国家资本是社会主义性质的,所以发达国家资本不会导致私人垄断。

第三,发达国家资本就大大限制了私人资本的活动范围,因而在节制资本方面起到节制私人资本所不能比拟的功效。

孙中山所要求的发达国家资本,不是一般的实业,而是"规模过大及有独占性质者",并且是对整个国民经济的发展有决定意义的基础设施部门。这些部门为国家所直接控制,私人资本也就不可能"垄断以制国命"了。

---

① 《孙中山全集》第九卷,中华书局1986年版,第391页。

第四,节制私人资本的各种措施,本身的效果是极为有限的。

孙中山所建议实施的节制私人资本的各种措施,如征收累进税、改善工人的劳动条件和生活条件等,并不是什么新事物,而是发达的资本主义国家早已实行的。既然它们的实施在发达资本主义国家并未收到防止垄断之效,在中国当然也不可能做到这一点。

孙中山对这一点,显然是有所认识的。他以发达资本主义国家征收的所得税为例说:

现在外国所行的所得税,就是节制资本之一法。但是,他们的民生问题究竟解决了没有呢? ①

发达国家资本首先有一个资本来源问题。要发达资本,振兴实业,首先必须投入大量资本,这些资本从哪里筹措呢?

孙中山最初曾指望土地国有而收取的地租和地价,可以转化为振兴实业的资本。但这是不现实的。靠收取地租、地价积累到能创办大批国有大实业的程度,并非易事,而且,在土地国有的情况下,地租及地价就不会那么飞速上涨了。在辛亥革命前,由于还未获得政权,振兴实业的问题还不是现实考虑的问题,孙中山及革命派的其他人物,还用不着具体研究,还可以平均地权、地租地价的谈论来自我满足。辛亥革命后,情况就不同了,"民国"的建立,在广大人民心目中唤起了"振兴实业"的热望。这种热望,是土地国有的谈论所满足不了的,必须对创办实业的资本来源拿出具体办法。所以,孙中山等在辛亥革命后谈到振兴实业的资本来源时,就把目光主要转向于利用外资。辛亥革命后,他辞去临时大总统职务,决心致力振兴全国实业时就宣称:

---

① 《孙中山全集》第九卷,中华书局1986年版,第391页。

国家欲兴大实业，而苦无资本，则不能不借外债。①

后来，他自请担任全国铁路总督，提出建设全国铁路网的计划，欧战后又提出宏伟的《实业计划》，在资本的来源问题上都主要寄希望于利用外资。

孙中山把"节制资本"作为实现民生主义的一项纲领正式规定下来是比较晚的事情，但他的节制资本的思想是产生得比较早的。辛亥革命前革命派的一些人在同梁启超的论战中，就一再提到：将来共和国建立后，要以土地国有取得的收入，兴办大量国有实业。辛亥革命后，孙中山在宣传民生主义时，更经常地把大经营国有和土地国有并列为防止垄断资本的两项社会主义政策，认为实现这些政策就可以"不使一私人独享其利"②。这些论点实际上已把节制资本思想的基本内容都提出来了。

孙中山把平均地权和节制资本都看作社会主义的纲领，其实，它们都完全是资产阶级民主革命性质的纲领，其使命在于为资本主义经济的发展扫清障碍，创造更迅速、更充分发展的条件。

从发达国家资本看，它并不见得具有社会主义的性质。因为，国家所有制的性质由国家的性质决定。"民国"即资产阶级共和国的企业，是国家资本主义性质的，发达国家资本，只能意味着国民经济中资本主义的经济得到更大的发展，而绝对不意味着其受到了什么节制、限制。

对于像当时中国那样一个经济落后、资本主义不发展的国家而言，发达国家资本、建立大批国有实业，对建立经济发展的基础

---

① 《孙中山全集》第二卷，中华书局1982年版，第321页。
② 同上书，第323页。

设施,支持经济的发展而言,是有积极意义的,但却并不含有节制资本,实现社会主义的意义。

由自由竞争发展到垄断,是资本主义发展的规律性表现,发达国家资本,不会改变资本主义的发展规律,不会有防止垄断的作用。

节制私人资本的某些措施,对限制、制约若干私人资本家或私人资本集团的过分残暴的剥削、掠夺和压榨,可起一定作用,但这只是促使私人资本按照资本主义的正常规则运行,而不是改变资本主义经济发展的正常轨道。在当时中国的历史条件下,资本主义经济中存在着大量的封建主义残余和外来的殖民主义因素,节制私人资本的措施如果能比较切实地实施,会对减少封建主义和外国殖民的因素对中国资本主义发展的阻碍作用有积极意义。从这种意义上可以说,节制私人资本实质上也是有利于发达资本的措施。

在孙中山的晚年,他的节制资本的思想也有了重要的进步。

《中国国民党第一次全国代表大会宣言》规定:

> 国民党之民生主义,其最要之原则不外二者:一曰平均地权,二曰节制资本……凡本国人及外国人之企业有独占的性质,或规模过大为私人之力所不能办者,如银行、铁道、航路之属,由国家经营管理之,使私有制度不能操纵国民之生计,此则节制资本之要旨也。①

从上面的这段话可以看出:

(1)"节制资本"作为民生主义的基本纲领的地位,得到了正式确立。

---

① 《孙中山全集》第九卷,中华书局1986年版,第120页。

（2）外国人的有垄断性质的企业，也被纳入节制资本的范围。

有了这种规定，中国对外国殖民势力用以操纵中国国计民生、控制中国国民经济命脉的企业，就可以此为根据对之实行国有化。

（3）国家资本的性质有了变化。

在《中国国民党第一次全国代表大会宣言》中，对民权主义也作了新的解释，指出：

> 近世各国所谓民权制度，往往为资产阶级所专有，适成为压迫平民之工具。若国民党之民权主义，则为一般平民所共有，非少数者所得而私也。[1]

这一解释，使得孙中山所要建立的国家，由资产阶级共和国变成了各革命阶级联合掌握政权的人民共和国。在这种情况下，国家节制资本政策的性质也将有所变化。

六、孙中山的其他经济思想

孙中山还曾谈论过其他一些经济问题，如价值问题、货币问题以及人口问题等。其中较有特色并且同经济发展问题有相当联系的是他关于"钱币革命"问题和人口问题的思想。

（一）孙中山的钱币革命论

"钱币革命"是孙中山对他自己的一次币制改革方案的称呼。他对这一改革提出了完整的方案，并对其意义、作用和理论基础进

---

[1] 《孙中山全集》第九卷，中华书局1986年版，第120页。

行了一定的说明、论证。

1912年底，孙中山向全国发出了《倡议钱币革命对抗沙俄侵略通电》，这一方案简称为"钱币革命"。

辛亥革命后，资本主义列强站在敌视中国革命的立场，迟迟不肯承认辛亥革命建立的民国政权。民国政权因财政困难向六国（美、英、德、法、日、俄）银行团借债，遭到拒绝。沙皇俄国还趁机向中国北方边境伸出魔掌，欲攫取蒙古，引起全国人民的一致义愤。

这时民国政权已为袁世凯所篡夺，但孙中山一时尚未能看清袁世凯的真面目，坚决表示支持袁世凯练兵抗俄，因而发表通电，对怎样筹措练兵及用兵的经费提出倡议。这就是钱币革命论的由来。

孙中山倡议的"钱币革命"方案包括的主要内容为：

第一，在货币制度方面实行纸币制度，废除金、银等贵金属作为货币金属的地位。

　　　　以国家法令所制定之纸币为钱币，而悉贬金、银为货物；国家收支、市廛交易，悉用纸币，严禁金银。[1]

第二，现有金银由国家用纸币收回：民间金、银，"只准向纸币发行局兑换纸币，不准在市面流行"[2]。

纸币为唯一的有无限法偿的货币，但某些金属仍可铸作辅币使用：有五毫、一毫之银币，五仙、一仙之铜币等。

第三，纸币的管理主要采用限制发行和坚持回笼的办法，以保

---

① 《孙中山全集》第二卷，中华书局1982年版，第545页。
② 同上。

持币制的稳定。

纸币的发行及回笼均通过国家财政和民间交易两种渠道,其具体操作办法是:

(1)财政渠道:国家设立纸币发行局和收毁局两种机构。纸币的发行数量依每年预算所规定的税收总额而定,税收总额的预算制定后,国家即印发等额公债,交付纸币发行局换回等额纸币,以供全年财政开支,待全年税收完成后,即将原定预算税收额等量的纸币,交由纸币收毁局销毁。如果实际税额超过预算,超出部分的纸币,可以继续流通而不予销毁。

(2)民间交易渠道:民间交易需要纸币,可用金银、货物或产业向纸币发行局兑换纸币,发行局把兑得的财物交付"公仓"发售,售得的纸币交纸币收毁局销毁。

孙中山的钱币革命主张是以他有关货币问题的某些理论为思想基础的。

他称货币为"交换之中准"、"货财之代表",并认为货币作为货财之代表,在历史过程中是逐渐进化的,认为历史上货币由布帛刀贝演化为金银,再由金银演化为纸币,是"天然之进化"①。在他看来,当时的中国按照货币演化的自然进程,尚不到实行纸币制度的时机,时机不到"今欲以人事速其进行,是谓之革命"②。这正是他称自己实行纸币制度的改革为"钱币革命"的原因。

孙中山认为:作为"货财之代表",纸币与金、银有所不同:"纸币之本质价廉易制,不比金银之本质价昂而难得。故纸币之代表

---

① 《孙中山全集》第二卷,中华书局1982年版,第545页。
② 同上。

百货也,其代表之性质一失,则成为空头票,……而金银之代表百货也,其代表之性质虽失,而本质尚有价值,尚可流行于市面而无弊。"[1]

中国是世界上使用纸币最早的国家,古代发行纸币发生严重通货膨胀的历史,在一代代中国人民的心目中印象极深。在孙中山的时代,许多外国使用纸币造成通货膨胀的历史,也为许多中国人士所知晓了。孙中山深知过量发行纸币会导致严重通货膨胀,对社会带来严重后果,所以他设计的钱币革命,力图从财政及经济两渠道,严格限制纸币发行量,坚持纸币依法回笼。这些措施,构成了他的钱币革命的主要内容。

既然按照"天然之进化"中国还未到实行纸币制度的时机,为什么要搞一场钱币革命以加速其实行呢?这是因为,孙中山认为这样做有非常重大的益处:

(1)解决财政困难,筹措充足的国防费用,抗击俄国侵略,使中国转弱为强。这是他倡导钱币革命的直接出发点。

(2)消除近代银荒、白银外流、金贵银贱等长期以来对中国的影响。

中国在第一次鸦片战争以前,已开始受白银外流及银荒的影响,鸦片战争失败后,又因金贵银贱而在赔款及其他对外支付中发生日益严重的"镑亏"。如何消除这些弊病,成为令中国近代人士所倍感痛心疾首的问题。孙中山的钱币革命,也有此种目的。他把实行纸币制度看作是消除这一弊病的釜底抽薪之计,认为不以金银为币,就再也不会发生金银缺乏之害,因为,"金银外流将毫无

---

[1] 《孙中山全集》第二卷,中华书局1982年版,第545页。

影响于经济界"①。

（3）将会极大地促进中国经济的发展，改变中国经济落后的局面，甚至改变中国的国际地位。

孙中山认为，实行纸币制度，中国近代经济发展所受的金银缺乏的困扰从此消除，经济就会大大发展起来。他说：

> 我既行纸币，则财货必流通，工商必发达，出口货必多于入口货。外货不能相敌，必有输其金银珠宝以为抵者。金钱（银）一物我既不以为钱币，必有作为器皿或贮之外国，以供各国之借贷，而我为债主，享其利子而已。②

这里，孙中山把实行纸币制度看作使中国工商发达、经济振兴乃至根本改变国际地位，由债务国变为债权国的关键，这和比他稍前的陈炽、康有为等人所宣扬的币制救国论相较，虽然所倡议的具体币制不同，但都是把货币制度说成了对经济发展起决定作用的事物。但是，孙中山在沙俄窥伺北疆、货币噬脐的危急关头，这样重视币制改革的经济作用，却是有些值得寻味的。

他提出钱币革命的倡议，主张实行纸币制度以解决财政困难，而念念不忘的却是实行纸币制度对促进工商发达、经济活跃的作用。为防止因恶性通货膨胀破坏经济，孙中山还不厌其详地设计纸币发行及回笼的管理制度。可以看出，他虽然把财政需要作为钱币革命的直接出发点，实际上更关心的却是实行纸币制度与经济发展的关系。

对于实行纸币制度同经济发展的关系，孙中山虽有许多言之

---

① 《孙中山全集》第二卷，中华书局1982年版，第547页。
② 同上。

过当之处,但实行纸币制度确实能大大节省流通费用,能使商品流通摆脱货币金属数量的限制和影响,对经济发展确有一定的积极影响。把有利于经济的发展作为实行纸币制度的益处之一,这也表明了他对货币制度和经济发展的关系是有正确认识的。

当时,中国谈论货币制度改革的人大多推崇金本位,有些人虽然主张实行银本位、复本位以及虚金本位等,也多是认为中国无大量黄金储备,实行金本位的条件还不具备,因而主张用其他本位作为过渡。孙中山于此时已看到实行纸币制度,不以任何形式流通贵金属货币(不论金铸币、金块、金汇兑)的可能性,作为一种货币政策,他在国内思想界是得风气之先的。

在孙中山发表《钱币革命》的通电时,金本位在世界范围中还处于全盛时期,人们都把金本位看作最好的、最理想的货币制度。废除金本位、实行纸币制度的倡议,在世界范围中也是少见的。到20世纪30年代,各主要金本位国家纷纷放弃金本位,纸币制度才成了世界各国日益普遍采用的货币制度。

(二)孙中山的人口观点

孙中山很早就重视人口问题,指出中国人口过剩已到了极其严重的程度。在《上李鸿章书》中就说:

> 今日中国已大有人满之患矣,其势已岌岌不可终日。……完善之地已形觅食之艰,凶馑之区,难免流离之祸,是丰年不免于冻馁,而荒岁必至于死亡,由斯而往,必至于日甚一日,不急挽救,岂能无忧? ①

---

① 《孙中山全集》第一卷,中华书局1981年版,第17页。

他用封建王朝的动乱，尤其是明清两代的农民起义警告清朝统治者："明之闯贼，今之发逆，皆乘饥馑之余，因人满之势，遂至溃裂四出，流毒天下。"①

他的这些论述，从表面上看，同洪亮吉以来清朝某些士大夫人物关于"人满"的议论无大区别。但是，孙中山认为造成"人满"的原因，却不是人口的自然增殖，而是国内经济的停滞衰敝，尤其是农业生产的落后。对于解决人满问题的出路，他也不像洪亮吉那样悲观绝望，更不似汪士铎那样主张"多杀"。在他看来，人满即人口过剩不是绝对的，只要用西法发展经济，尤其是以西法"兴农政"，改变中国农业的落后面貌，则解决人满问题"为力尚易，为时亦速"②，绝不是无法解决的。

他曾就土地面积和人口数量将中国与法国相比，认为中国土地面积比法国大二十倍，如果能像法国那样经营农业，至少可以养活八亿人口，即比当时的中国人口多一倍以上（孙中山估计当时中国人口为三亿两千余万），则中国"全国人口不但不怕饥荒，并且可以得粮食的剩余，可以供给他国"③。

在人口问题和经济问题的关系上，孙中山认为经济问题是主要的、决定性的，人口问题从属于经济问题，在社会上出现人口问题，众多人口生计困难时，归根到底只能依靠发展经济来解决。

孙中山对经济问题和人口问题之间主从关系的看法是正确的。不过，认为经济问题起主要的决定作用，认识到人口问题最终只能依靠经济发展来解决，不等于说人口问题自身不是一个问题，

---

① 《孙中山全集》第一卷，中华书局1981年版，第17页。
② 同上。
③ 《孙中山全集》第九卷，中华书局1986年版，第396页。

不等于说人口问题可随经济的发展自然而然地获得解决。人口问题必须在经济发展中解决，但人口对经济发展的作用绝不是消极的。恰当地处理人口问题，对经济发展也有重大的积极作用。

孙中山对后一方面显然是缺乏认识的，但这是当时历史条件所限，是可以理解的。

孙中山在晚年，一度对人口问题发表了同上述看法似乎很不相同的呼声。面对当时一些最富侵略性的军国主义势力为了增加侵略战争的兵源而提倡人口增殖政策，孙中山曾经提出过一种说法，即为了国家的生存，中国也应鼓励人口增殖。他认为，列强为对外侵略扩张而鼓励增殖人口，许多年后，他们国家的人口就都有可能超过中国。那时，他们侵略中国，就不再是以少数侵略多数，而变成以多数征服少数。以少数征服多数，即使征服了，但不能消灭被征服民族，反而有可能被占多数的被征服民族同化；以多数征服少数，则被征服的国家不仅失去主权，他们的民族的存在也将成为问题。他以为：中国是世界人口最多的国家，虽然国家弱，有可能被列强征服，但列强谁也灭亡不了中华民族。一旦它们人口超过了中国，"中国不但是丧失主权，要亡国，中国人并且要被他们民族所消化，还要灭种"[1]。

孙中山当时激于对以侵略扩张为目的的人口政策的义愤，而宣扬一种同他自己一向所持的人口观点明显相偏离的观点，这是可以理解的，但这种观点毕竟是悖理的。被侵略国家要反抗侵略，维护国家独立和民族生存，当然要重视人的作用，包括人口数量的作用。但是，战争的胜负，国家的盛衰，民族的生存能力，都并不仅仅取决

---

[1] 《孙中山全集》第九卷，中华书局1986年版，第196页。

于人口数量。即使仅从军事角度考虑问题，人口决定论也是错误的。

而且，孙中山探讨人口问题，一向是和经济发展问题联系着的。这种"人多救国论"，同经济发展问题则毫不相干了。

七、中国发展的根本政治前提

一个国家的经济发展，除了要有正确的发展途径外，还必须具备根本的政治前提。

经济发展的政治前提问题，在近代中国特别重要。西方国家的经济发展都只有一个根本的政治前提，即推翻封建制度。中国却必须解决两个方面的政治前提：必须推翻本国的封建统治和摆脱外国的殖民统治，而这两个任务又都特别艰巨。中国是世界上受封建统治时间最长的国家，封建主义的经济结构异常牢固，封建政治统治及维护这种统治的精神枷锁盘根错节，中国民主革命的反封建任务，其艰巨程度在世界上是罕有其匹的。在鸦片战争后，中国又逐渐成了一个列强共同统治和共同奴役掠夺的国家，其处境比一国单独统治的殖民地更悲惨得多，其民族解放斗争的任务更艰巨得多。用孙中山的话说，中国的国际地位实际上比殖民地还不如，而是一个"次殖民地"①。在孙中山以前，要求发展中国的人士，对中国发展的这两个方面的问题——发展途径问题和发展的政治前提问题，已多少有所认识，但他们更多关心的是发展途径问题，对发展的政治前提问题的认识，则比较肤浅，比较模糊。他

_____

① 《孙中山全集》第九卷，中华书局1986年版，第241页。

们主要关心的是"师西法以求富"。他们也谈到政治前提问题，但主要寄希望于清朝廷，尤其是清朝廷中留意"洋务"的某些大吏，希望得到他们的支持和保护以发展新式工商业。对于列强在华攫取特权，控制国民经济命脉的行为，他们也表示不满，但他们只是要求清朝廷以修约方式来改变这种状况。1894年中日甲午战争后，一部分先进人士有了新的觉醒，开始认识到不进行一定的政治改革，以资本主义的政治制度取代封建主义的政治统治，中国的经济发展就没有必要的政治前提。于是，兴起了以康有为为首的变法维新运动。

孙中山早年也曾寄希望于清朝统治者，也想争取得到其支持以实现中国的发展。甲午战争前他上书李鸿章提出四项改革纲领，就表明了这一点。但孙中山比同时人更先进之处是他在甲午战争失败后很快就认识到，希望腐败的清朝廷改弦更张，实行自上而下的改革，把一个封建专制的国家改革成君主立宪的资产阶级国家，是根本不可能的。要为中国的发展扫清障碍，创立必要的政治前提，就必须用自下而上的革命推翻清朝的统治，建立一个独立自主的、愿意和能够发展经济、改善民生的资产阶级共和国。

孙中山的投入革命活动，也和他同时代的许多革命者不同。他不只是激于对清朝统治者的腐败及其在国内实行的民族压迫政策的义愤，也不只是出于对西方民主政治的向往，而是有着为中国的经济发展创造政治前提的明确动机。辛亥革命推翻清朝后，他曾追述自己进行革命的动机说，中国"能开发其生产力则富，不能开发其生产力则贫。从前为清政府所制，欲开发而不能"[①]。当时，

---

① 《孙中山全集》第二卷，中华书局1982年版，第322页。

孙中山对袁世凯篡权后的"民国"面目尚缺乏认识，还误认为辛亥革命推翻清朝已经意味着革命成功，所以接着又说："今日共和告成，措施自由，产业勃兴，盖可预卜。"①

　　孙中山对清政权腐败统治与列强侵略、奴役中国的关系，也有一定认识。早在组织兴中会时，他就指出：

　　　　方今列强环伺，虎视鹰瞵，久垂涎于中华五金之富，物产之饶，蚕食鲸吞，已效尤于接踵，瓜分豆剖，实堪虑于目前。②

　　这就表明了，他组织兴中会是为了在列强侵略、灭亡中国的危险下挽救中国。他还进一步指出，列强所以能如此肆无忌惮地侵略中国，威胁中国的生存，就是由于清朝的腐败统治削弱了中国，为列强侵华提供了机会。《兴中会宣言》所说的"庸奴误国，荼毒苍生"③，正是指的这种腐败招外患的情况。

　　这一论点虽然还没能指出清朝是列强统治中国的走狗和代理人，但对兴中会既要推翻清封建政权，又要在帝国主义侵略下挽救中国这种双重使命，实质也就是中国民主革命的反帝国主义、反封建主义的双重任务已多少触及了。

　　但是，正因为孙中山和当时的其他革命者对中国的封建统治和帝国主义对中国的殖民统治的关系还认识得不够明确，不够深刻，以致对它们互相勾结共同反对中国革命的危险缺乏认识和警惕。他们在辛亥革命前就公开声明：承认清朝同帝国主义列强所订立的不平等条约，企图借此使帝国主义列强对中国革命保持中立态度；在辛亥革命时期，他们也曾一再向帝国主义列强呼吁援

---

①　《孙中山全集》第二卷，中华书局1982年版，第322页。
②　《孙中山全集》第一卷，中华书局1981年版，第19页。
③　同上。

助。孙中山在中国革命中提倡民族主义，但当时的民族主义只有反对国内民族压迫的内容（"驱除鞑虏，恢复中华"），而无明确的反对帝国主义民族压迫的内容。这些都说明，辛亥革命时期的革命者对中国经济发展的政治前提问题，在认识上是不深刻、不完善的。这正是辛亥革命流产的深刻原因之一。

在孙中山的晚年，对中国经济发展的政治前提问题，尤其是对帝国主义殖民统治以及中国革命的反对殖民统治的任务，在认识上有了长足的进步。他强调中国所以陷于民穷财尽，长期处于不发展的状态，根本原因之一是"受外国经济的压迫"[1]。他把清王朝同外国订立的不平等条约比做"卖身契"。他总结辛亥革命的历史经验，认识到辛亥革命虽然"推翻了满清……但是卖身契还没有收回，所以现在是还要做各国的奴隶"[2]。由此，他提出了"废除一切不平等的条约"[3]的主张。

中国国民党第一次全国代表大会重新解释的民族主义，改变了过去只提反对国内民族压迫的要求，而是把民族主义归结为"中国民族自求解放"和国内各民族"一律平等"。[4]这就使民族主义包含了明确的反对帝国主义殖民统治的内容。

孙中山是个伟大的革命家。革命总是以夺取政权为任务的。但是，孙中山所关心的不仅是夺取政权，而是更关心在取得政权后如何利用政权建设国家，发展经济。他批评欧美的民主革命都只是政治革命，而没有在革命后发展经济的社会革命纲领，强调

---

[1] 《孙中山全集》第九卷，中华书局1986年版，第396页。
[2] 《孙中山全集》第十卷，中华书局1986年版，第144页。
[3] 同上书，第149页。
[4] 《孙中山全集》第九卷，中华书局1986年版，第118页。

中国的革命，必须在革命政权建立后以革命政权为杠杆，进行自上而下的改革，加速经济的发展。如果革命后不立即开展大规模的经济建设，革命本身以及革命政权的建立，就都失去了意义。他曾说："大革命之有破坏，与革命之有建设，故相因而至，相辅而成者也。今于革命破坏之后……既无革命之建设，又安用革命之总统为？"①

在旧的、腐朽的政治、社会制度阻碍生产力发展时，必须用革命来消除这种障碍，为经济发展创造必要的政治前提。一旦革命胜利，革命政权建立起来，就必须及时转向革命的建设，利用革命所创立的政治前提保障和促进经济的发展——这就是孙中山关于革命和建设、关于发展的途径和发展的政治前提的相互关系的认识。

八、孙中山经济思想的历史地位

孙中山是中国共产党成立以前中国近代经济思想的最杰出代表。他总结了前人关于发展中国的思想认识，比较明确地指出了中国经济发展的两个方面——发展的途径和发展的政治前提，初步揭示和论证了这两个方面的相互关系，对这两个方面的分析、论述，都达到了比一切前人更详尽、深刻的程度。他把这两个方面看作拯救中国、振兴中国的两个不可或缺的方面，一生孜孜从事，奋斗不息。他为给中国的发展创造政治前提而屡蹶屡起，为中国革

---

① 《孙中山全集》第六卷，中华书局1985年版，第205—206页。

命事业致力一生。为寻找适合中国的发展道路,他耗费心血精力,苦心研究、设计、宣传、奔走、呼号了一生。19世纪90年代初,他在香港、广州、澳门等地学医、行医时,已开始萌生革命思想,也正在此时,他已开始了对中国发展道路的探求。此后,在他长期的奋斗生涯中,不论是在革命顺利发展的时期或是革命遭到严重挫折的时期,他都不忘对中国建设、发展问题的研究和宣传,真可谓"造次必于是,颠沛必于是"。

孙中山为中国发展的政治前提而进行的奋斗,有理论的方面和实践的方面,而主要致力的是在实践方面。这种革命的实践,必然一再在社会政治领域引起震动。反之,他对中国发展途径的研究,则因为他始终未曾牢固地掌握过政权(辛亥革命后担任临时大总统和改组国民党,在南方建立革命基地,都为时很短暂,而且未能牢固控制政权),都只能停留在思想探讨领域而未能在他手中变成实践问题。因此,历来研究孙中山的人所重视的也多在这一方面。孙中山作为一个历史人物,主要是以他为中国民主革命奋斗的功绩而载入史册的。孙中山是中国近代的伟大革命家,是中国革命的伟大先行者……这些评价,早已为人们所熟知了。可是,孙中山同时是一位为中国的发展和现代化而辛苦探索了一生的伟大思想家,他的经济思想,同他的革命思想和革命实践一样,是他留给中国人民的珍贵历史遗产,对这一方面,许多人却并不见得是十分清楚的。

由于当前以及以后很长一段时期,中国仍处在为发展、腾飞而奋斗的时期,孙中山的经济思想对现代中国人民尤其具有启发、借鉴的意义。孙中山的经济发展思想的一些基本内容,如中国的发展包括发展途径和发展的政治前提两个方面;中国的发展首先是要救贫,而不均的问题只能在发展的基础上逐步解决;中国的发展决不能在自我封闭的情况下找到出路,而只能在实行开放主义、坚持对外开放的前提下解决;发展必须尽量利用国外的资本、技术和人才,但必须坚持独立自主,必须在不损害主权的原则下同外国合作;中国的经济建设必须以交通运输、原材料和城市建设等基础设施为龙头,带动国民经济各部门万端齐发;要把工业化和改善民生结合起来,把国家和个人两个方面的力量和积极性都充分调动起来,等等。孙中山的这些思想虽无本人的实践作为基础,但他正确吸取了前人的成果,借鉴了外国的发展经验,对现代中国建设的价值是不容忽视的。

孙中山重视经济发展中的土地问题和农村问题。在中国近代,明确地把这个问题作为经济发展中的最重要的问题提出来,是从孙中山开始的。他主张以土地国有来解决发展中的土地问题,而他的土地国有主张,主要着眼点不在所有权的形式,而在所有权的实现。他主张通过地价税和土地增价归公的措施来实现土地国有。这些措施实行起来有什么困难和问题,可以暂置不论,但孙中山着重从土地所有权实现的角度考虑问题,这对发展的意义是绝对不容忽视的。这个问题不解决,国家纵然把全部土地都从所有制形式方面宣布为国有,仍不可能从经济发展中得到好处。在经济迅速发展过程中,发展的利益仍可被各种特权人物和投机分子所攫夺。

孙中山对实业的所有和经营主张国有和私有、国营和个人经营并存,而着重于前者。他对这种主张的主观社会主义解释,前面已分析过了。这里需要进一步指出的是:对国有实业如何经营,是采取官府即政府机构及官吏直接经营的形式,还是在国有基础上建立一种符合现代生产力性质的现代企业制度？孙中山对这一问题未明确表示意见。可是，这两种"国营"是大有区别的。历史上早就有由国家机构和官吏经营的"国营企业"，中国至少从汉代已有"令吏坐市列肆，贩物求利"①的官府工商业，但这只能成为贪污腐化和野蛮掠夺百姓的罪恶渊薮，要想靠它来实现什么发展，那只能是南其辕而北其辙。

孙中山指出了中国经济发展问题的两个方面，并对二者的相互关系作了初步的论证。但是，在当时中国所面临的情况下，究竟应该并且可能首先集中力量解决哪个问题，孙中山未曾讲明。孙中山逝世后，关心中国命运的人，一部分致力于发展途径问题的探究，例如，对实业救国论的宣传和实践，对工业化问题的探讨和争论，对乡村建设问题的研究和实践，合作运动的开展，对银行、货币改革的种种方案的提出，以及对人口、节育问题的讨论，等等。这些方面的研究把孙中山及其前人关于中国发展问题的思想，更推向前进了。另一方面，致力于救亡的人士，则倾全力于解决中国发展的根本政治前提问题，前仆后继地投入反帝国主义、反封建主义的革命斗争，中国的革命在全国范围内汹涌澎湃地开展起来。

一个国家只有实现了独立自主，把国家命运掌握在自己手里，才能谈得上根据自己的利益和意愿实现发展。孙中山早已说过，发展之权，操之在我则存，操之在人则亡。一个不能独立的国家是谈不上把发展之权操之在我的。中国共产党领导中国人民经过二十几年的民族解放战争和国内革命斗争，终于推翻了帝国主义和封建主义对中国的统治，为中国的发展取得了根本的政治前提。

---

① 《史记·平准书》。

但是,在中国发展的障碍已经扫清,中国发展的根本政治前提已经取得的情况下,发展的途径问题就成了中国人民必须致力解决的任务,就成为迫切的现实问题。

孙中山作为一个伟大的革命先行者,他为解决中国发展的根本政治前提问题,而在实践上和理论上作出了艰苦的努力,他的革命理论和革命实践,早已为他以后的革命者所认真继承和发扬,发挥了其应有的历史作用。他对中国发展途径的研究和设计,则会随着中国发展的根本政治前提的取得,随着中国人民能够独立自主地解决自己的发展问题,而日益受到人们的重视,日益被作为珍贵的历史遗产为后人继承和发扬。

(原载《中国经济思想通史续集》,

北京大学出版社2004年版)

28　现代中国对外开放思想的伟大先驱

——论孙中山的开放主义

　　孙中山是中国现代对外开放思想的伟大先驱。他结合对外开放问题考察了中国的经济建设和经济改革问题，指出并论证了只有在开放中进行经济建设，才能使中国的经济发展有真正的高速度；指出并论证了在开放中进行改革是中国近代的改革不同于古代改革的特点。他强调改革必须以确保国家主权和民族独立为前提；提出了主动的开放和被动的开放的概念，论述了中国实行主动开放的意义和必要性。他研究了中国历代实行开放政策的历史，提出了开放是民族自信心的表现这一精彩的论点。他关于开放问题的大部分思想，对我国当前的对外开放都仍然富有教益。

　　孙中山是中国革命的伟大先行者，也是中国现代对外开放思想的先驱。他总结了中国历史上的对外开放思想，特别是鸦片战争以后几十年的对外开放思想，把对外开放问题作为中国改革、发展和现代化的重要前提提出来。他不但对开放的方案和主张有比前人更加全面、更加完整的设想，还从经济、政治和历史文化各种角度对此问题作了考察和论证。他的许多精辟见解，对我们无疑仍有重要的参考和借鉴的意义。

一、开放和发展

1840年的第一次鸦片战争，开始向中国人士揭示了一个严峻的事实：历史上"天朝"文物优于"四夷"的时代已经过去了。此后的历史发展，使中国人士对中国落后于西方的事实，认识越来越清楚，越全面，越深刻；中国人士学习西方、追赶西方的要求也越来越迫切，越强烈。

人们还认识到：中国要改变严重落后的局面，就不仅要学西方，还必须有比西方更高的发展速度。第一次鸦片战争失败后，魏源就首先表示了中国能够赶上西方的信念，认为中国只要努力学习西方的长处，就会"风气日开，智慧日出，方见东海之民，犹西海之民"①。中日甲午战争后，陈炽更满怀信心地表示："他日富甲环瀛，踵英而起者，非中国之四百兆人民莫与属也。"②魏源和陈炽都还没有明确提出到发展速度问题，但既然他们都相信中国有可能赶上西方甚至后来居上，显然是认为中国要有比西方国家更高的发展速度。

孙中山还在中日甲午战争前就说：中国如采用正确有效的方法学西方，"不过二十年，必能驾欧洲而上之"③。20世纪初，他又进一步发挥了这种思想。他在反驳康有为、梁启超等关于学习西方、改造中国只能循序渐进，"断难躐等"的论调时说：中国要赶上西

---

① 《海国图志·筹海篇三》。
② 《续富国策·自叙》当时，陈炽还不知道美国、德国工业发展已超过英国。
③ 《上李鸿章书》，《孙中山全集》第一卷，中华书局1981年版，第15页。

方，就必须有比西方国家更高的发展速度，而要这样，在学习西方时就必须"取法乎上"，①决不能重复西方人走过的道路。

孙中山的这一思想，受到中国共产党人的高度评价。毛泽东在1964年曾说："我们不能走世界各国技术发展的老路，跟在别人后面一步一步地爬行。我们必须打破常规，尽量采用先进技术，在一个不太长的历史时期内，把我国建设成为一个社会主义的现代强国。"他还指出：这种采用先进技术以加速中国经济发展的想法，是"中国大革命家、我们的先辈孙中山先生在20世纪初期就说过的"。②

但是，采用先进技术，需要有一系列条件。针对中国的发展需要更高的速度而中国自身的人才、物力条件却严重不足的矛盾，孙中山认为，最便捷、最有效的解决办法就是借助和利用外国已有的资本、技术和人才。他说：

> 凡是我们应兴事业，我们无资本，即借外国资本；我们无人才，即用外国人才；我们的方法不好，即用外国方法。物质上文明，外国费二、三百年功夫，始有今日结果。我们采来就用，诸君看看，便宜不便宜？由此看来，我们物质上文明，只须三、五年，即可与外国并驾齐驱。③

> 然则今日欲求迅速之法，以发展中国之财源，而立救贫弱者，其道维何？……倘吾国人民能举国一致，欢迎外资，欢迎外才，以发展我之生产事业，则十年之内，吾实业之发达，必

---

① 《在东京中国留学生欢迎大会的演说》，《孙中山全集》第一卷，中华书局1981年版，第281页。
② 毛泽东对周恩来1964年《政府工作报告》进行修改时加进的一段话。见《周恩来选集》下卷，人民出版社1984年版，第441页。
③ 《在安徽都督府欢迎会的演说》，《孙中山全集》第二卷，中华书局1982年版，第533页。

能并驾欧、美矣。①

　　经济先进之国，以百数十年之心思、劳力而始得之；经济后进之国，以借外资而力致之。②

　　孙中山认为中国能在十年乃至三、五年内赶上西方国家，这自然是不很现实的；但是，对于加快中国经济发展的基本思路，那就是：必须尽可能借助和利用外国的资本、技术、人才和方法，才能事半功倍，迎头赶上。

　　要从外国及时获得最新、最先进技术的信息，并且获得采用先进技术所必要的资金、设备和人才等条件，就必须实行对外开放的政策。他断言：实行对外封闭的政策，而想找到迅速赶上世界先进水平的道路，那就"不独不能知，不能行，且为梦想所不能及也"③。因为，就一个经济落后的国家自身而言，是"本无其法，更无迅速之法"④的。自身的条件不充分，只能从外部想办法："款既筹不出，又时等不及，吾们就要用此开放主义"⑤，他以美国、日本为例说明开放主义的成效："美洲之发达之一，日本等国之勃兴，皆得外债之力。"⑥

　　在中国近代，对外开放的思想并非始自孙中山。林则徐在鸦片战争时期就反驳过朝臣中关于"封关禁海"、一概断绝贸易等主张。稍后，魏源提出了"款夷"、"以夷制夷"和"师夷长技以制夷"

---

①　《建国方略》第7章，《孙中山全集》第六卷，中华书局1985年版，第226—227页。
②　《复李村农函》，《孙中山全集》第五卷，中华书局1985年版，第122页。
③　《建国方略》第7章，《孙中山全集》第六卷，中华书局1985年版，第226页。
④　同上。
⑤　《在安徽都督府欢迎会的演说》，《孙中山全集》第二卷，中华书局1982年版，第533页。
⑥　《在南京同盟会会员饯别会的演说》，《孙中山全集》第二卷，中华书局1982年版，第322页。

等主张。但是，林则徐、魏源等对西方国家"长技"的认识，还主要限于军事技术方面，所谓"一船，二炮，三养兵练兵之法"①。他们所主张的对外开放，其范围自然也是十分有限的。

19世纪六七十年代以后，中国人士对西方情况的了解逐渐增多，中国国内也开始出现了新式资本主义工业。在这种形势下，人们已能从历史形势的变化，认识到对外开放是大势所趋，是不可违抗的时代潮流了。薛福成就指出："闭关独治"、"民至老死不相往来"是古代自给自足的农业社会中的事；当前已到了"万国通商之世"，中国也只能顺应形势，彻底抛弃闭关主义，和外国"竞事通商"。②

19世纪末，康有为、严复、谭嗣同、梁启超等人，认为中国只在技术和经济领域学习西方全然不够；在政治制度和意识形态领域，也应学习和采用"西法"。谭嗣同还提出了"仁-通"的学说，把"中外通"看作是治世、立国的基本原则之一。这至少从形式上已把对外开放问题从前人的种种限制下解脱了出来。对外开放已不是表现为"通使"、"通商"等具体形式，而是表现为"通"了。谭嗣同的"中外通"，已经是一个表达对外开放要求的直接的口号了。不过，谭嗣同"中外通"的具体内容仍主要是指通商。③

孙中山早在19世纪末，就更直接、更明确地提出了对外开放的主张，并且把它定为革命后成立的新国家的一项基本政策。辛亥革命后，他更进一步把自己的对外开放思想概括为"开放主义"。

---

① 《海国图志·原叙》。
② 薛福成：《筹洋刍议·商政》，见《庸庵全集十种》。
③ 谭嗣同：《仁学》，见《谭嗣同全集》，生活·读书·新知三联书店1959年版，第44页。

这一提法彻底摆脱了前人把开放问题只同某一个或某些具体方面相联系的缺点，把对外开放思想表达为一种最直接、最明确也最有普遍意义的形式。他对开放的意义和作用的论述，则把对外开放问题提到了对中国的生存、发展、强弱、盛衰有重大意义的战略高度。

二、开放和主权

在孙中山提倡对外开放时，清朝的闭关政策早已在西方列强的大炮轰击下灰飞烟灭。中国成了列强共同奴役的殖民地。这种局面下的中国，已不能说是还未对外开放了。只是这种"开放"，没给中国带来什么繁荣和进步，而只是带来了严重的灾难。这不可避免地会引起一些人士对开放的恐惧和担忧；而怎样在对外开放中保持中国的主权和民族独立，也日益引起人们普遍的、强烈的关心。

孙中山要使人们理解和接受自己的开放主义，就必须针对这些令人困扰的问题作出回答。他必须向人们讲清楚：自己所提倡的开放主义，同当时中国已经存在着的这种"开放"有什么不同？怎样能确保开放主义对中国产生好处？能否在对外开放中保住中国的主权和民族独立？

首先，孙中山区别了两种不同的开放：一种是自行开放，另一种是被迫开放。自行开放是指一个国家主动实行对外开放，同外国建立正常的外交关系，进行相互贸易和文化交流，允许外国人来投资经营农、工、商、矿、交通企业，学习外国先进技术并利用外国人才来加速本国经济的发展。被迫开放是指一个国家最初坚持闭关自守，后来在外国武装侵略的威逼下同外国订立了不平等条约。外国在不平等条约掩护下进入国内，攫取了各种特权和殖民掠夺利益。

孙中山认为，被迫开放是由于战败而被迫接受的对外开放，一开始就同外国立于不平等的地位，因而这种开放总是和丧失主权相联系的。而自行开放的国家是以正常外交形式同外国订约开放，所订条约会对自己较为有利，而不致损害主权。孙中山举例说明，弱国自行开放，也可保住自己的独立和主权。① 由此他断言："国家不论强弱，能行此政策，必能收效。"②

孙中山还认为：保持国家的独立和主权，最主要的要靠人民群众的爱国主义觉悟。在实行开放主义的情况下，同外国有比较，有竞争，尤其是当人民群众看到了本国落后于世界先进水平的事实，会产生危机感和发愤图强的意志，这将成为国家前进的强大动力。反之，闭关自守，人们不了解外部世界，愚昧、闭塞、安于现状，反而容易对外来侵略的危险缺乏警惕，在遇到损害国家主权的侵略行为时不能群起抗争，有效地制止少数的民族败类丧权辱国的活动。在辛亥革命后，他曾比较明确地阐述了自己的这种观点：清政府实行"闭关主义，不许外国人来，使人民将一国当作天下，自然没有国家思想"，如果"人人皆有国家思想，同心协力，保全领土，拥护主权，外国人进来，毫无妨碍，有何不可"？③

---

① 《在上海报界欢迎会的演说》，《孙中山全集》第二卷，中华书局1982年版，第499页。

② 《在南京国民党及各界欢迎会的演说》，《孙中山全集》第二卷，中华书局1982年版，第530页。

③ 《在安徽都督府欢迎会的演说》，《孙中山全集》第二卷，中华书局1982年版，第532页。

在对外开放的道路问题上，孙中山强调"操之在我"，即坚持独立自主的发展道路。他认为能否"操之在我"，不仅是中国经济能否腾飞的枢机，而且是国家生死存亡的关键，指出："惟发展之权，操之在我则存，操之在人则亡。"①他反复申论：中国对外开放，"止可利用其资本、人才，而主权万不可授之于外人。事事自己立于原动地位，则断无危险。"②

要在对外开放中走独立自主的道路，首先就必须有一个能够不受外国控制、支配的独立自主政权。孙中山最初也曾寄希望于清朝实行独立自主的开放，但他很快就否定了这种幻想。在1897年，他就明确指出：必须在中国建立一个"负责任的、有代表性的政体"来取代"现存的制度"（指清朝政权），然后由这样一个政权实行对外开放。③独立自主的对外开放道路必须由独立自主的国家政权来实行——这是孙中山关于对外开放道路的思想的一个重要的内容。

要在对外开放中做到权自我操，不仅要保持政治上的独立自主，还必须保持经济上的独立自主，即通过开放加速发展本国的经济实力，使其在经济上不依赖于外国。孙中山认为，这只有在借外债时坚持"借债兴利"的原则才能办到。所谓"借债兴利"，是指借外债来兴办各种生产事业。这样做最初虽然要借入大量外债，但由于生产的发展，外债本利可迅速偿清，而本国的独立自主的经济力量可迅速建立起来。如果借债不是办生产事业，而是用以进口

①《实业计划·自序》，《孙中山全集》第六卷，中华书局1985年版，第248页。
②《在广西南宁的演说》，《孙中山全集》第五卷，中华书局1985年版，第623页。
③《与〈伦敦被难记〉俄译者等的谈话》，《孙中山全集》第一卷，中华书局1981年版，第86页。

高档消费品，满足国内腐朽势力寄生生活的需要，或者用以加强镇压国内人民、进行内战的军事力量，那就不仅妨碍本国生产力的发展，还会因外债无法偿还，愈积愈多，而导致债权国对主权和独立的干预，陷入受其殖民奴役的地位。孙中山总结近代中国的历史经验，一再提醒人们："借外债以营不生产之事则有害，借外债以营生产之事则有利。"①"吾人往者所以反对借款者，反对其借而浪用耳；若借而用于兴利，必无反对之余地。"②

在对外开放的方法方面，孙中山着重论述了以下的几点：

第一，实行对外开放，必须事先有通盘的计划。要在对外开放中保持独立自主，做到发展之主权操之在我，必须对国家的建设和发展以及怎样利用外国的资本、技术、人才等问题，制订一个通盘的计划。如果没有计划，开放之后，各种问题纷至沓来，必然限于被动应付，而不免受制于人。孙中山把这看作是开放方法的首要一点，认为："尤有重要问题者，即在我有统筹全局之计画。……我有计画，则我始能用人，而可免为人所用也。"③

第二，同外国签订平等互利的条约。利用外资，要同外国在平等互利的基础上签订条约，规定外国人来中国贸易、投资，可获得合理的经济利益，但必须遵循商业惯例。不得过分勒索，更不得附加损害中国主权的条款。中国利用外国人才也采用签订合同的办法，外国人作为雇佣人员为中国服务，合同期满中国可任意取舍。

---

① 《在南京同盟会会员饯别会的演说》，《孙中山全集》第二卷，中华书局1982年版，第322页。

② 《在广西南宁的演说》，《孙中山全集》第五卷，中华书局1985年版，第623—624页。

③ 《中国实业如何能发展》，《孙中山全集》第五卷，中华书局1985年版，第134页。

对于过去外国列强加给中国的不平等条约,孙中山主张在开放中逐步谈判取消。辛亥革命时期他就说过,中国对"海关税则须有自行管理之权柄"①,又曾主张以实行开放为条件,同列强谈判取消领事裁判权。②晚年,他更明确、更全面地提出了"废除不平等条约"的口号。

第三,利用外资尽可能采取"私对私"的方式。为了使对外开放不影响中国主权,孙中山主张在利用外资时采用公司和公司间订立经济合同的方式,不由双方政府出面。他认为这样可以使中国公司及中国政府"皆不向外国政府负责",从而能够"摆脱外交上之一切纠葛","杜绝外来之干涉"。③

第四,要善于选择时机。孙中山认为,实行对外开放的成效如何,很大程度上取决于是否善于选择和把握利用外资的时机。时机选择得好,可以使自己在最有利的条件下获得外国的资本、设备、技术和人才。在第一次世界大战后,他认为欧洲列强战时工业使用的设备大量处于闲置无用状态,大批人才也缺乏用武之地,甚至面临着失业威胁,愿意向国外投资;西欧列强一时还未能从战争疮痍中恢复过来,无力来东方争夺中国市场。中国如能抓紧这一时机利用欧洲的设备、技术和人才,大规模发展中国实业,所需代价既少,新建起的工业又可少受外国竞争的威胁。因此,他把这一时机看作进行中国实业建设的"天与之机"。④

---

① 《在欧洲的演说》,《孙中山全集》第一卷,中华书局1981年版,第560页。

② 《在上海报界欢迎会的演说》,《孙中山全集》第二卷,中华书局1982年版,第499页。

③ 《中国之铁路计划与民生主义》,《孙中山全集》第二卷,中华书局1982年版,第489页。

④ 《心理建设》,《孙中山全集》第六卷,中华书局1985年版,第225页。

第五，培养具有开放和发展知识的人。要在对外开放中立于主动地位，能得开放之益而不致损害主权和民族独立，就必须培养出大量具备现代科学、技术、文化和通晓国内外情况的人。这是坚持独立自主的开放道路的一个基本条件。在中国近代，由于缺乏知识而在经济交往中受人愚弄、吃亏上当甚至丧权辱国的事，其多何限！以颟顸愚昧的封建官僚应对对外开放的复杂局面，是根本谈不上将发展之权操之在我的！孙中山强调"吾欲操此发展之权，则非有此知识不可"，只有具备了有关知识，才能"操纵在我……泛应曲当，驰骋于今日世界经济之场"①。

要培养出大批掌握有关开放和发展的各种专门知识的人，孙中山认为根本的办法是"多开学堂，多派留学生到各国之专门学校肄业"②。此外，还要"广罗各国之实业人才为我经营创造"③。而中国对所聘用的外国人才，也应使其承担"教授训练"中国人员的任务，并把这作为"受雇于中国之外人必尽义务之一"④而载入合同。

要使对外开放取得成功，还必须大大提高整个国民素质，使其适应国家开放和迅速发展的形势。这就需要大力发展国家的整个教育事业，而不止是专门教育。孙中山对教育极为重视，把教育作为民生主义的四项纲领之一。不过，发展教育，提高国民素质，不止是一个同对外开放有关的问题，孙中山也没有直接把发展一般教育的问题同对外开放问题联系起来考察。

---

① 《实业计划自序》，《孙中山全集》第六卷，中华书局1985年版，第249页。

② 《中国实业如何能发展》，《孙中山全集》第五卷，中华书局1985年版，第134页。

③ 同上。

④ 《实业计划》，《孙中山全集》第六卷，中华书局1985年版，第254页。

三、开放和改革

开放和改革，是中国自鸦片战争以来所面临的两个重大问题。国家的生存发展，民族的盛衰强弱，都同能否解决好这两个问题息息相关。这两个问题又是密切关联着的。它们相互之间的关系如何？认识这种关系对解决好这两个问题有什么意义？对此，孙中山提出了一个十分精彩的论点：在对外开放中进行改革，通过对外开放寻求改革的方向、方法和条件，是中国近代改革的特点和优点。他说：

> 中国为世界最古之国，承数千年文化，为东方首出之邦。未与欧、美通市之前，中国在亚洲之地位，向无有与之匹敌者。……故从来欲有所改革，其采法惟有本国，其取资亦尽于本国而已，其外则无可取材借助之处也。是犹孤人之处于荒岛，其所需皆一人为之，不独自耕而食，自织而衣，亦必自爨而后得食，自缝而后得衣……其人亦学惯自然，而不知有社会互助之便利，人类交通之广益也。……夫今日立国于世界之上，犹乎人处于社会之中，相资为用，互助以成者也。①

在这段话中，孙中山实际上是把中国古今改革的区别概括为以下几点：第一，古代的改革都不同对外开放相联系；近代的改革则是在对外开放中改革，并且是由对外开放诱发的。第二，古代中国的发展水平超过外国，尤其超越周围邻国，因而改革不同学习外国相

联系；近代中国的发展落后于西方国家，因而学习、"采法"西方成了中国近代的一切改革所具有的特点。第三，中国古代的改革，所需一切人力、物力条件都是在国内取得，不借外力；中国近代的改革则有一个"取资"于外的问题，要利用外国的资本、技术和人才。

　　孙中山关于中国古、今改革的区别的分析，确实是符合于中国历史实际的。中国的文明史是充满着改革的历史。封建王朝都有程度不同的改革事件。新王朝代替旧王朝，虽多是通过武力来实现的，但新王朝建立后也都要进行相当的改革以除去旧王朝的一些腐朽事物，才能使自己的统治巩固下来。然而中国古代的改革，确如孙中山所说，都同对外开放没什么联系，也不存在改革中利用外国人力、物力的问题。这并不是说，中国古代社会一直是对外封闭的，也不是说中国古代人们不肯向外国学习，不肯接受外来事物。中国古代是有对外开放的良好传统的，中国人民也素有尊重和学习外来先进事物的传统。不过，由于在资本主义时代以前没有形成世界经济体系，封建经济以自给自足为特点，并不以对外开放和交往作为自身发展的必要条件，国内的改革也不是一定同外部条件相联系；同时，由于中国古代的经济、文化水平都高于所交往的外国，也不存在向外国寻求改革方向、改革经验以及利用外国的人力、物力条件来进行改革的问题。直到第一次鸦片战争前，这种情况基本上未有改变。鸦片战争后，魏源开始提出了个别的同对外开放有联系的改革主张，如移植西方的军事工业等，但未把这些主张上升到改革或变法的高度。

　　太平天国农民战争和第二次鸦片战争时期，洪仁玕首先把太平天国的内政改革同对外开放联系了起来。他所提出的《资政新篇》，是一个挽救太平天国内部危机的改革纲领，而它改革的方向和内容，则是以在对外开放的情况下效法西方为主要特点的；它甚至还提出了请西方人入内地传授技艺这样的利用外国人才的问题。他的同时代人冯桂芬提出了"法苟不善，虽古先吾斥之；法苟善，虽蛮貊吾师之"①。他认为"师夷"不限于"夷技"，而且可以师"夷法"，并以夷法取代古先之法。这是前人从未提到过的一种"变法"的思想。在变法或改革的内容方面，冯桂芬提出了"以中国之伦常名教为本，而辅以诸国富强之方"②，把改革的范围限制在技术和经济方面。冯桂芬开始在理论形式上把改革和开放联系起来，从而比较明确地体现了近代改革思想的特点。以后几十年，这一特点在概念上越来越明确，在内容上越来越丰富。到19世纪末，谭嗣同提出了"尽变西法"③的口号。对外开放的范围也扩大到对"西法"全面开放的程度。在这一口号下，19世纪末提倡变法的一些人士，对西方的政治思想和学术思想也主张开放了。

不过，从冯桂芬到谭嗣同，都主要还是从改革和学习西方的关系来提出问题，而未直接地把改革和对外开放联系起来，都还未使用"改革"这一近代、现代的范畴，而是继续使用着"变法"这一传统的范畴。这并不仅是一个用语问题；他们显然对近代的改革和古代的变法之间的区别，还不甚了了，或者说，还未有意识地考虑这二者的区别。

孙中山舍弃了"抚夷"、"款夷"、"变法"等古代常用的范畴，而代之以"开放"、"改革"等范畴，明确地提出了古今改革的区别问题，并且从改革的环境（在对外开放的环境下）、改革的借鉴

① 《校邠庐抗议·收贫民议》。
② 《校邠庐抗议·采西学议》。
③ 谭嗣同：《思纬壹台短书——报贝元征》，见《谭嗣同全集》，第425页。

（"变法"，即从外国寻求借鉴）和改革的条件（"借资"，即利用外国的人力、物力帮助）等方面阐明了近代改革的特点。他对改革和开放的相互关系的认识比前人更深刻、更明确，而且上升到理论的高度。

改革和开放的相互关系，在我国当前仍然是一个有重要的理论意义和实践意义的问题。我国当前的改革和开放，是在社会主义初级阶段的新历史条件下的改革和开放。在改革的性质、开放的国内外条件以及改革和开放的任务、要求等方面，都同中国近代半殖民地半封建社会中的改革、开放有原则的不同。但是，当前的改革仍然是在对外开放的情况下进行的，仍然有个向西方国家学习借鉴的问题，也仍然需要利用西方国家的资本、技术和人才等条件。这同中国近代的改革又有相一致的一面。孙中山的有关思想，对我们正确认识和解决现代的改革和开放问题，是弥足珍贵的。

四、开放和民族自信心

第一次鸦片战争前，清政府长期实行闭关锁国的政策；鸦片战争失败后，在外国的武装侵略或胁迫下，节节扩大开放的范围。许多外国人从清朝对待开放的态度得出了一种看法：中国从来是坚持闭关主义的，"中国人不愿意与外国人往来。"孙中山反驳这种看法说：这是"完全错误的"[1]，"开放主义，我中国古时已行之"[2]。

---

① 《我的回忆》，《孙中山全集》第一卷，中华书局1981年版，第555页。

② 《在安徽都督府欢迎会的演说》，《孙中山全集》第二卷，中华书局1982年版，第532页。

历史事实确如孙中山所说。虽然在孙中山以前中国并无"开放主义"这种提法，但中国人民自古以来就对了解外部世界和同外部世界交往抱积极态度。

在秦始皇统一以前，早已存在国与国之间的聘问往来的情况，但当时的国与国之间的关系并不是指中国同世界其他国家之间的关系。中国本身还未统一，中国的对外开放的问题还不可能作为一个多少引起人们关注的课题提出来，当时的人们把华夏文明的覆盖区称为"天下"，这一概念本身就排除了人们对外部世界的思考。

但是，在战国时期，随着生产力的发展和人们活动范围的扩大，中国人关于"天下"的概念已在逐渐发生着变化。战国时期的邹衍，提出了关于"九州"的新说法，认为以前所说的"九州"远不是"天下"，真正的"天下"，包括九大州，中国的九州合起来不过占其中一个州的九分之一，或者整个"天下"的八十一分之一。[①]两千多年前的邹衍对世界地理当然不会有比较确切的知识，他的天下九州之说同我们现代所了解的地球各大洲是毫不相干的。但是，这种说法毕竟表明，还在秦始皇统一以前很多年，中国人士已在猜测中国以外的广阔世界的状况了，有些商人的贸易活动，也早已越出了现代中国的边界。汉武帝时期，张骞两次奉派出使西域；东汉初同日本已有了官方的交往，东汉班超在西域活动三十余年，交往的范围远超过张骞；到东汉末期，终于在首都洛阳接待了大秦的使者，揭开了中国对欧洲开放的最早史页；中国封建社会鼎盛时期的唐朝，在对外开放方面态度尤为积极，不论是哪一个国家的人，都

---

① 《史记·孟荀列传》。

允许来唐朝留学、贸易、传教、置产、定居,同中国人通婚,以及在中国做官;直到清初,还曾实行对外比较开放的政策,只是到康熙帝晚年,才颁布了封关禁海的诏谕,开始了由此直到第一次鸦片战争前的闭关自守的时期。

孙中山对比了中国历史上实行开放政策的时代和实行闭关政策的时代,认为强大的、自信的朝代,多是实行对外开放政策的;而虚弱的、内部矛盾和斗争尖锐的朝代,则恰是趋向于闭关主义。他以唐朝为例说:

> 唐朝最盛时代,外国人遣派数万留学生到中国求学,如意大利、土耳其、波斯、日本等国是。彼时外国人到中国来,我中国不反对,因中国文明最盛时代,上下皆明白开放主义有利无弊。①

唐朝是中国封建社会的盛世,国势及经济、文化的发展水平远盛于周围国家。它把对外开放,同各国官方及民间进行多方面的交往,看作自身的声势和威望远播外邦的表现;同时,由于它内部较为巩固,也不害怕同外国交往会使国内的反对势力受到外来的鼓励和支持。唐朝是中国古代最开放的朝代,它的开放政策是它自身强大、兴盛和富有自信心的表现。

在封建制度走向衰落的时期,内部矛盾尖锐,封建统治者对实行对外开放政策就顾虑重重了。明太祖就实行过"海禁";清代则除了明代统治者所面临的困难外,还有着尖锐的民族矛盾。康熙帝晚年所以实行闭关政策,主要的原因就是害怕侨居东南亚各地

---

① 《在安徽都督府欢迎会的演说》,《孙中山全集》第二卷,中华书局1982年版,第532页。

的汉族人民会同国内的反清势力联合起来。孙中山对清朝的闭关
政策正是这样评价的。他说：

> （清朝统治者）本其狭隘之心胸，自私之僻见，设为种种
> 政令，固闭自封，不令中土文明与世界各邦相接触，遂使神明
> 之裔，日趋僿野，天赋知能，难于发展，愚民自锢……①

唐朝有自信心，敢于实行对外开放政策，结果交融各国家、各
民族优秀文化于一起，形成灿烂的、充满活力的盛唐文化；清朝缺
乏自信心，害怕"保存在密闭棺木里的木乃伊一接触新鲜空气便必
然要解体"②，不敢实行开放政策，结果是加剧了社会的停滞和统治
势力的腐化，"愚民自锢"，窒塞、削弱了国家、民族的生机。唐朝
和清朝的历史对比，有力地表明了：对外实行开放政策还是实行封
闭政策，实际上是国内政策的继续。

在19世纪末，孙中山曾对欧洲人声称：他主张在革命政权建
立后"对欧洲文明采取开放态度"③，就是要在同西方国家保持正
常外交关系及经济、文化交往中，吸收和借鉴西方文明的先进成果
来促进中国的发展和改革，使中国迅速富强和现代化，跻身于世界
先进民族之列。

在近代中国，曾有些人害怕同西方文明的接触和交往会危及
中国文明的存在和延续。那些企图以"严夷夏之防"、"旧学为体"
作为堤防来拒绝或限制对西方文明开放的人，就是这种思想的代
表。这自然是缺乏自信心的表现。另一部分人看到西方比中国先

---

① 《对外宣言》，《孙中山全集》第二卷，中华书局1982年版，第9页。
② 《马克思恩格斯全集》第9卷，人民出版社1961年版，第111—112页。
③ 《与〈伦敦被难记〉俄译者等的谈话》，《孙中山全集》第一卷，中华书局
1981年版，第86页。

进,因而产生了盲目崇拜西方文明、完全否定中国自有文明的民族虚无主义思想。在近代中国曾经甚嚣尘上的"全盘西化"论就是这种思想的典型。这同样是缺乏民族自信心的表现。

孙中山坚决反对和严厉谴责了闭关主义,但他同时又严正表示自己所说的对西方文明采取开放态度,决不是说"要全盘照搬过来,我们有自己的文明"①。他认为:任何一种文明,只有在同其他文明的接触中"进行比较、选择",才能得到发展,否则就会"停滞不前"。②中国文明中的优秀东西,决不会在同西方文明的接触中失去自己的立足点,而只会更好地得到继承和发扬,并从吸收西方文明的先进成果而更增加自己的活力。

孙中山豪迈地表示:中国革命是要使全国人民"永远享文明幸福"。这是一项伟大的事业,"办理此伟大事业,必先有伟大度量,将意见二字消灭净尽"③。他认为要实行开放主义,使中国文明同西方文明接触,互相激荡,互相比较,兼容并包,择善而从,需要的正是这种伟大度量。

中国革命伟大的先行者孙中山的这种宽广胸怀和宏伟气度,真是跃然纸上!

孙中山的开放主义,也像他留下的其他思想遗产一样,有自己的历史局限性。他把建立一个独立、民主的共和国作为中国实行开放主义的根本前提,为之奋斗终身而未能达到,他的开放主义因

---

① 《与〈伦敦被难记〉俄译者等的谈话》,《孙中山全集》第一卷,中华书局1981年版,第86页。

② 同上。

③ 《在安徽都督府欢迎会的演说》,《孙中山全集》第二卷,中华书局1982年版,第533页。

而也始终没有付诸实践的可能。在对待历史遗产的问题上，我们不应苛求于前人，但必须从严要求我们自己。能否正确地继承、发扬优秀的历史遗产为我们当前从事的伟大事业服务，责任全在我们；尤其是对前人已经发现并指出了的正确的东西，我们不应忘记。对孙中山的开放主义，也当作如是观。

（原载《经济学家》，1989年第3期）

29　孙中山和中国发展之路

　　发展问题是鸦片战争后一个半世纪以来中国经济思想史的一个贯彻始终的主题。孙中山先生的发展思想，在中国近代的经济发展思想遗产中占有特别重要的地位。他对中国经济发展问题的探讨，广泛涉及到中国经济发展的目标和意义、中国经济发展的模式与发展的战略、中国农业的发展和改造以及中国经济发展的社会历史前提等问题，已形成相当完整的设计方案和初具体系的经济学说。当前，重新研究孙中山先生的发展思想意义重大，在许多方面都能提供宝贵的借鉴和教益。

一、经济发展问题是中国近、现代的
　根本经济问题

　　自鸦片战争失败以来，发展问题始终是中国经济学研究的中心问题。鸦片战争的失败使中国人痛苦地认识到，中国在各方面都已落后于西方国家；军事落后、科学技术落后、经济落后、政治落后、文化落后，而这一切落后的基础是经济落后。因此，只有在迅速发展经济的基础上摆脱各方面落后的局面，才能改变中国贫困、愚昧、衰弱的处境，才能自立于世界先进民族之林，而不至在列强的侵略、掠夺下陷于灭亡。1842年，魏源写出了《海国图志》，要求以引进西方的军事工业为开端，逐步通过军转民建立起中国自己的新式工业，并且认为这样就会使中国"风气日开，智慧日出，方见东海之民，犹西海之民"①。魏源的这些认识，是中国近代发展思想的滥觞。自此以后，中国一代代关心祖国兴亡的志士仁人前仆后继，企图寻找中国的发展之路。发展问题成了鸦片战争后一个半世纪以来中国经济思想史的一个贯彻始终的主题。

中国的发展问题包括两个方面：一是发展途径问题。中国土地广大、人口之多居世界之最，人均资源并不丰富，各地区情况千差万别，而中国的发展状况又远远落于西方国家之后。在这样的条件下，采用什么办法，通过什么途径能使中国迅速发展起来，在不太长的历史时期中赶上发达的国家。二是发展的社会历史前提问题。中国是在同欧美国家很不相同的历史环境下面对发展问题的。中国在小农经济下生活了几千年，苛重的地租、高利贷，残暴的封建专制政治统治，严重窒塞着中国经济的活力。鸦片战争后又日益陷入殖民地、半殖民地的地位，国家不能独立，主权受到任意侵犯。在这种情况下，中国是不能得到发展的。即使能找到适合于中国国情的发展途径，也无从加以实践。这迫使中国在寻求发展途径的同时，又不得不历尽艰辛为排除发展的障碍、创立发展的必要社会历史前提而努力。

在孙中山走上历史舞台前，中国人已经为解决发展的这两大难题奋斗了半个多世纪。但在中国近代史上，明确提出中国发展问题的这两个方面，为解决这两个方面制订了较为完整的方案并

---

① 《海国图志·筹海篇三》。

进行了多方面理论论证的第一人是孙中山。他主张用民主革命推翻清朝,消灭北洋军阀腐败、卖国政权,摆脱帝国主义殖民统治,使中国成为一个独立、自主、自由、平等的新国家,在此新国家的主持、推动下,实行大规模的经济建设计划,使中国迅速发展起来。

孙中山对中国经济发展问题的探讨,广泛涉及到中国经济发展的目标和意义、中国经济发展的模式、中国经济发展的战略、中国农业的发展和改造以及中国经济发展的社会历史前提等各方面的问题。如果说,孙中山以前的中国经济发展思想,主要表现为一些具体的主张和若干零散的理论观点;在孙中山的手中,则已形成为相当完整的设计方案和已经初步具有自己体系的经济学说。

二、经济发展的目标和意义

孙中山为中国经济发展规定了两项目标:赶超世界先进水平和救贫防不均。

早在1894年中日甲午战争前,孙中山就认为中国只要实行正确的发展政策,"不过二十年"必能"驾欧洲而上之"。[1]在走上革命道路后,他更经常以这种赶超世界先进水平的发展目标鼓舞人们的斗志,一再宣扬:中国努力发展,"十年二十年之后,不难举西人之文明而尽有之"[2],"十年之内……必能并驾欧美"[3],甚至认为

---

① 《上李鸿章书》,《孙中山全集》第一卷,中华书局1981年版,第15页。

② 《在东京中国留学生欢迎大会的演说》,《孙中山全集》第二卷,中华书局1982年版,第86页第533页。

③ 《建国方略》,《孙中山全集》第六卷,中华书局1985年版,第227页。

"只须三、五年，即可与外国并驾齐驱"①。

中国比欧美落后二三百年，孙中山认为"不过二十年"、"十年之内"以至"三、五年"即可赶上，要求中国有这样高的发展速度，未免太超越现实；但是，后进国家要追赶先进，比先进国家更高的发展速度却是必不可少的。中国能不能有这样的发展速度呢？孙中山认为是有可能的，因为：第一，中国自身有巨大的发展潜力，中国"以四百兆苍生之众，数万里土地之饶，固可发奋为雄，无敌于天下"②。第二，后进国家可以接受先进国家的经验教训，避免它们所走过的弯路，采用他们最新的、最先进的方法来发展自己，就可做到"事半功倍"，迎头赶上，而不需要再用先进国家发展中所用的那样多的时间。③第三，后进国家在发展中可以利用先进国家的资本、技术以及人才的帮助，从而能在发展速度方面大大超过先进国家。"凡是我们应兴事业，我们无资本，即借外国资本，我们无人才，即用外国人才，我们的方法不好，即用外国方法。物质上文明，外国费二、三百年功夫，始有今日结果，我们采来就用，诸君看看，便宜不便宜？"④

在孙中山看来，中国要有更高的发展速度，最关键的条件是利用世界最新、最先进的技术、方法和经验，拥有充足的资本和人才，为此必须实行对外开放的政策。他一再批判清王朝的闭关政策造

---

① 《在安徽都督府欢迎会的演说》，《孙中山全集》第二卷，中华书局1982年版，第533页。

② 《檀香山兴中会章程》，《孙中山全集》第一卷，中华书局1981年版，第19页。

③ 《在东京中国留学生欢迎会的演说》，《孙中山全集》第一卷，中华书局1981年版，第283页。

④ 《在安徽都督府欢迎会的演说》，《孙中山全集》第二卷，中华书局1982年版，第533页。

成了中国的长期落后，认为在闭关自守的情况下，对什么是世界先进水平茫然无知，自然就谈不上赶超世界先进水平。这样的目标，对一个实行闭关政策的国家来说，是"不能知，不能行，且为梦想所不能及也"①。一个经济发展落后的国家，如果不在对外开放中求发展，而仅企图从本国内部求解决，那就"本无其法，更无迅速之法"②。唯一的正确办法，就是"用此开放主义"③。

至于中国经济发展水平同欧美的差距以及赶上欧美的标志按什么标准算？为了实现赶超，中国每年的发展速度应是多少？可能达到多少？孙中山未论及。当时的中国人士，包括孙中山在内，显然都还只能粗略地，而不能准确地考虑这类问题。

赶超发达国家的水平，只是孙中山为中国所规定的发展目标的一个方面，而不是全部。在他看来，西方国家虽然富有，但社会并不理想，人民并不幸福。因为，它们的财富集中于少数大资本家之手，而广大人民则处于十分贫穷、艰难的状况："欧美强矣，其民实困。"④文明发达了，文明"善果被富人享尽，贫民反食恶果"⑤。贫富分化如此悬殊，"自然不能相安无事"⑥，因此，在欧美国家，一场解决贫富不均问题的"社会革命……是决不能免的"⑦。从欧洲

---

① 《建国方略》，《孙中山全集》第六卷，中华书局1985年版，第226页。
② 同上。
③ 《在安徽都督府欢迎会的演说》，《孙中山全集》第二卷，中华书局1982年版，第533页。
④ 《〈民报〉发刊词》，《孙中山全集》第一卷，中华书局1981年版，第288页。
⑤ 《在东京〈民报〉创刊周年庆祝大会的演说》，《孙中山全集》第一卷，中华书局1981年版，第327—328页。
⑥ 《在南京同盟会会员饯别会上的演说》，《孙中山全集》第二卷，中华书局1982年版，第319页。
⑦ 《在东京〈民报〉创刊周年庆祝大会的演说》，《孙中山全集》第一卷，中华书局1981年版，第327—328页。

国家吸取前车之鉴，中国就需要在致力于发展经济，以求富强的过程中，重视"均"的问题。换言之，孙中山的发展思想，不是以"富"为唯一目标，而是以富和均相结合为目标。

不过，孙中山并不是把富和均二者等量齐观。他认为贫是中国最迫切的现实问题，一再强调："我们现在是患贫，贫穷就是我们的痛苦"①，中国成了"民穷财尽的世界，人民日日有患贫之忧，受贫穷的痛苦"②。至于均的问题，他认为中国还远未出现欧美那样的大资本家、大富豪，同欧美富人相比，中国的一般百姓自然是"大贫"，中国的富人也只能算是"小贫"，而够不上富有。因此，中国的贫富差别、贫富分化并不严重；只有在将来经济发展了，才有可能出现严重的贫富分化问题。基于这样的认识，他认为在现阶段对均的问题还不应采取直接的措施来把贫富拉平，更反对用强制办法"夺富予贫"；但是，也不能听之任之，坐等将来经济发展了，贫富分化严重了再谋解决。于是，他又为中国的发展制订了救贫防不均的目标：首先大力发展经济以救贫，而在发展经济的同时，注意采取措施改善贫民的生活，并且防止垄断的出现，以免财富过度集中于少数人之手。

孙中山说的"均"，不是要在财富的分配方面实现完全的、绝对的平均，而是主张在共同富裕的基础上，容许不同的个人之间在拥有的财富数量方面有所差别；不仅在消费财方面，在生产财方面亦复如是。他把自己的理想社会"大同"说成就是社会主义，但他认为在社会主义下一般的生产资料（非垄断性的）仍应允许私有，

---

① 《女子要明白三民主义》，《孙中山选集》下卷，人民出版社1956年版，第558页。
② 同上书，第556页。

并且可以永远私有。在他看来,当前这些拥有非垄断性企业的资本家不过是小贫,其存在自然无妨。到将来经济高度发展起来,国家掌握土地和大实业,同时广大人民都处于生活比较宽裕的状况,这些非垄断性的资本家也只能算是"小富"或至多是"中富",他们的继续存在,也无碍于均的大局。所以他说:"至经济极高之时代,我国资本家其至富者,亦不过中人产耳,又奚必其退让哉?"①

孙中山把当时中国同西方发达国家相比,认为中国的贫富差别还不严重。这种分析问题的方法是没有实际意义的。人们总是在自己观察所及的范围内比较贫富,当时吃糠咽菜的中国农民,是绝不会因为大洋彼岸有摩根、洛克菲勒,而把自己附近的田连阡陌的财主看作是"小贫"的。他的平均地权,在辛亥革命时期所以在中国农民中得不到热烈的反应,②正是因此。但是,孙中山认为在贫和不均二者之中,应把救贫放在首位,认为只能在经济发展的情况下才能真正解决均的问题,而不赞成离开发展,单纯从分配角度考虑均的问题,这却无疑是一种正确的、合乎科学的认识。

孙中山认为:中国的发展不仅是关乎中华民族自身兴衰存亡的大事,而且具有重大、深远的世界历史意义。③

孙中山一再宣扬:振兴实业、发展经济是中国的"兴国之要图"、"救亡之急务"、"存亡之关键"。④同时,他又始终认为:像中

---

① 《在上海中国社会党的演说》,《孙中山全集》第二卷,中华书局1982年版,第521页。

② 据参加过辛亥革命军事指挥的李六如回忆:他曾对一农民出身的革命军士兵反复宣传孙中山的平均地权及地价税、土地增值归公主张,总不能引起其兴趣;后改讲清政府进关后的民族压迫,才把该士兵激怒起来。

③ 《建国方略》,《孙中山全集》第六卷,中华书局1985年版,第227—228页。

④ 《孙中山全集》第六卷,中华书局1985年版,第248页。

国这样一个大国发展起来,必然会对世界经济和国际形势有无可估量的积极影响。中国的发展虽然是中国自己的事情,但中国要为发展而从外部世界吸收巨量的资本、技术、设备和人才,这对世界各国尤其是经济发达国家,将是一个无比广阔的市场,而中国的资源开发出来,经济发展起来,又会对世界的发展和进步有极大的推动作用。环绕中国的发展而日益扩大起来的世界经济合作,则是促进世界和平的强大力量。

早在20世纪初期,孙中山就驳斥了某些殖民主义分子所宣扬的"黄祸"论,指出中国的发展"不但对中国人而且对全世界都有好处。全国即可开放对外贸易,铁路即可修建,天然资源即可开发,人民即可日渐富裕,他们的生活水平即可逐步提高,对外国的货物的需求即可增多,而国际商务即可较现在增加百倍"[1]。针对"黄祸"的论调,孙中山断言:中国的发展对世界而言,非但不会是什么"黄祸",而恰恰是"黄福"!　[2]

在第一次世界大战后,孙中山写了《国际共同开发中国实业计划》,更明确地指出"中国富源之发展,已成为今日世界人类之至大问题"[3],"此四万万人之中国,一旦发达工商,以经济的眼光视之,何啻新辟一世界?而参与此开发之役者,亦必获超越寻常之利益……且此种国际协助,可使人类博爱之情,更加巩固",因而,"将来战争之最大原因,庶可从根本绝去矣"[4]。

---

[1]　《中国问题的真解决》,《孙中山全集》第一卷,中华书局1981年版,第253—254页。

[2]　同上。

[3]　《建国方略》,《孙中山全集》第六卷,中华书局1985年版,第252页。

[4]　同上。

认为中国的发展可以成为根绝世界战争、实现人类持久和平的契机，可能是言之过当。但中国之发展，可为世界贸易及投资提供极大的市场，为国际经济合作提供极多的机会，这将会对维护世界和平，促进世界各国的共同进步起很大积极作用，则是确定无疑的。

中国的发展离不开世界，而世界也需要中国的发展——这就是孙中山对中国发展中的内外关系的总看法。

三、中国经济发展的模式

从赶超世界先进水平和救贫防不均的目标出发，孙中山为中国的经济发展制订了民生主义的模式。他把"民生"解释为："人民的生活，社会的生存，国民的生计，群众的生命。"[1]按照这一定义，民生主义也就是一种旨在改善广大人民生活的政治纲领和思想学说，正如他所说的："民生主义是以养民为目的。"[2]"养民"是中国历史上早已存在的一个概念，意思是使黎民百姓的基本生活需要能够得到满足，能够丰衣足食。孙中山使用这一概念则不限于其传统的涵义，而是为其注入了发展的内容。

其一，孙中山主张用新式的生产方法解决全国数亿人民的衣、食、住、行所需要的生活资料问题。他认为，在现有的落后的生产力条件下，"养民"，满足几亿人衣、食、住、行需要的问题是无法解决的，必须"发达资本，振兴实业"[3]，对各种民生产业的投入产出

---

① 《民生主义》，《孙中山选集》下卷，人民出版社1981年版，第765页。

② 《孙中山选集》下卷，人民出版社1981年版，第822页。

③ 同上书，第802页。

方法进行根本的变革。在他写的《民生主义》中，对怎样改善衣、食、住、行各种有关行业的方法，实现这些行业的现代化逐一加以研究。中国古人谈"养民"，都是在传统生产方法，特别是在传统农业的基础上考虑问题；而孙中山则是要在改革传统生产方法、采用现代生产方法的基础上解决"养民"问题。这使孙中山所论述的"养民"问题有了明显的发展内容。

其二，孙中山说的"养民"，不仅要求增加全国人民衣、食、住、行各项消费品的数量和提高其质量，还要求大大缩减劳动者为解决自己的生活需要而从事劳动的时间。他曾谈到，当时有些人认为中国是"生活最廉"之国，劳动者可以靠极低的货币收入维持生活。其实，如果不用货币而用劳动来衡量人们的生活费用，中国却是世界上"生活最贵之国"[1]。中国工人每天劳动十四至十六小时甚至更长时间，所得工资才勉强糊口。这说明中国劳动者为了维护最起码的生活所费的劳动代价，实际上是世界上最贵的。因此，孙中山提出：要解决中国的民生问题或养民问题，必须"用机器以辅助中国巨大之人工，以发达中国无限之富源"[2]，使中国人能以更少的劳动时间换取更多的生活资料。

"用机器以辅助巨大之人工，以发达中国无限之富源"，这种说法本身就包含着发展的要求；而缩短获得生活资料所需的劳动时间，则是任何发展所必需的基础和前提。只有把解决自己生存问题所需时间缩短了，才有可能接受教育、从事科学、文化、艺术、政治各种活动。这种时间越缩短，人们用以发展自己的时间就越多，

---

[1] 《建国方略》，《孙中山全集》第六卷，中华书局1985年版，第377页。
[2] 同上书，第378页。

发展的可能性就越大。

孙中山的民生主义包含着两个方面的内容：平均地权和节制资本。这两者既是孙中山民主革命的两项经济纲领，也是他的发展学说的中心内容。

平均地权是为了解决发展中的土地问题。孙中山认为：在以民主革命（即他说的政治革命）消除了殖民主义和封建专制政权的统治后，中国经济的迅猛发展，需要大量土地进行工矿业的开发和城市、交通的建设，这将使地租和地价急剧上涨，土地所有者就会趁机攫取暴利，成为社会上的大富豪；而农、矿、工、商、交通各业则会因越来越沉重的地租、地价负担而使发展受阻，广大人民也会因发展受阻而陷入贫困、失业。为此，孙中山提出平均地权的纲领，主张在革命胜利后，立即由革命所建立起来的民国政府颁法令，规定全国土地属于国家所有，但对原来的土地所有者，既不没收其土地，也不立即收买其土地，而是允许其继续保有、使用或出售。不过，国家要求其向国家申报其所占有土地之价格，每年照报价征收1%～2%的地价税，并保留在国家需要时照报价收买的权利。原土地所有者如果把土地售给国家以外的买者，只能得到土地的原价（申报价），超出原价的部分，亦即在经济发展中所发生的土地增值，则全部归于国家。

土地国有及地价税、土地增值归公等项措施，从消极方面说是为消除土地私有制对经济发展的阻碍；在积极方面，还被看作是国家筹措发展资金的一个重要手段。孙中山设想，由于在革命后的经济发展中地租及地价上涨极其迅猛，国家从征收地价税及土地增值所得的财政收入，将成为发展资金的一个取之不尽的财源。孙中山称民生主义为"社会革命"，并极言其对中国经济发展的积极意义说："中国行了社会革命之后,私人永远不用纳税,但收地租一项,已成地球上最富的国。"①

由于孙中山主要是从发展的角度考虑土地问题,他的平均地权,最初并未明确规定"耕者有其田"的措施。他在同某些人(如梁启超、章炳麟等)的谈话中,多次提出耕者有其田的主张,但在正式的纲领、文件及公开的演说中,则都未涉及此问题。直到他的晚年,才越来越强调耕者有其田问题,把它正式列入革命纲领中,宣布:对"农民之缺乏土地沦为佃户者,国家当给以土地,资其耕作"②。他还把耕者有其田的实现称作"民生主义真是达到目的"③。不过,即使在这时,他对实现平均地权的具体措施,也仍然是只提申报地价、征收地价税及土地增值归公,而未提及怎样实现耕者有其田的问题。

节制资本的涵义是:对资本的发展,不能采取自由放任的态度,而要由国家实行一定的政策措施加以节制,"使私有资本制度不能操纵国民生计"④。节制资本和平均地权一样,也是从发展问题着眼的。孙中山曾说:"提倡民生主义,讲到归宿,不得不解决土地和资本两个问题。"⑤对中国的发展而言,严重的问题是缺乏资本。孙中山是从发展的角度谈资本问题,为什么他不提发达资本的口号,而提节制资本呢? 这需要从他的发展目标来理解。

---

①　《孙中山全集》第一卷,中华书局1981年版,第329页。

②　《中国国民党第一次全国代表大会宣言》,《孙中山选集》下卷,人民出版社1981年版,第527页。

③　《孙中山选集》下卷,人民出版社1981年版,第810页。

④　同上。

⑤　《三民主义之具体办法》,见胡汉民编:《总理全集》第二集,上海民智书局1930年版,第211页。

　　为了发展中国经济，从根本上解决救贫的问题，孙中山是热望发达资本的。他说的"发达资本，振兴实业"一语，已经把这种要求表达得很明白。但是，他看到西方发达的国家垄断资本控制经济命脉、贫富严重分化、社会矛盾极其尖锐的情况，又深怕中国将来经济发展了，也会出现同样的局面。于是，从救贫防不均的目标出发，他一方面希望发达资本主义，解决中国贫穷的问题，另一方面则主张在发展的过程中及时采取措施，预防大不均的出现。在这种认识下，他不把自己解决资本问题的纲领称作"发达资本"，而称作"节制资本"。节制资本不是发达资本，而是有节制地发达资本。

　　节制资本包括两方面：发达国家资本和节制私人资本。发达国家资本的主要内容是："凡本国人及外国人之企业，或有独占的性质，或规模过大为私人之力所不能办者，如银行、铁道、航路之属，由国家经营管理之。"①发达国家资本是以"发达"二字提出问题的。孙中山认为中国经济落后，私人资本力量薄弱，尤其是一些关系发展全局的重要实业私人资本力不能办，只有以国家资本来经营才能使这些实业迅速建立，并且带动整个国民经济的发展。因而，对国家资本主要是发达的问题，并且通过发达国家资本来节制私人资本，使其不致发展到能够操纵国民生计的程度。

　　节制私人资本是要用累进税率征收所得税、遗产税等，以及制订保护劳动者利益的各种法令，以削弱贫富差距，缓和社会矛盾。这里是以"节制"二字提出问题的，但节制也并不是不让私人资本发达。孙中山主张：对实业的经营和开发，采用个人企业和国家经济两种形式，划分二者的经营范围，"凡夫事物之可以委诸个人，或

_____

　　① 《孙中山选集》下卷，人民出版社1981年版，第810页。

其较国家经营为宜者,应任个人为之,由国家奖励,而以法律保护之"①。私人资本活动范围是极其广大的,又受到国家的奖励和法律保护,其发展条件是十分有利的。

孙中山关于节制私人资本的各种措施,如累进税、工厂法等,都是西方国家早已实行的。西方国家不提节制资本,但对这类措施实行得相当广泛,制度相当完密。历史事实证明:这一类措施对私人资本的发展是起不到多少节制作用的,对垄断资本控制国民经济命脉是不能有预防或阻抑作用的。孙中山自己也不认为他的节制私人资本的各项措施能够起到预防私人资本制度操纵国民生计的作用,因而他在节制资本的做法中更强调的是发达国家资本,认为只要把有垄断性的和规模过大的实业由国家经营,私人资本就无从"操纵国民之生计"。

孙中山民生主义的发展模式尚有一个重要特点,即强调以国家的积极干预来加速中国经济的发展。平均地权和节制资本都要由国家来实行。平均地权的实施要通过土地国有,节制资本的主要内容是发达国家资本。离开了国家的活动,平均地权和节制资本都是无从谈起的。

孙中山强调国家干预在经济发展中的作用,使他在理论上也倾向于国家干预主义,而反对放任主义。他对亚当·斯密的经济自由主义深不以为然,认为没有国家的积极干预,必然会导致贫富严重分化和垄断资本操纵国民生计。他把西方国家在大机器工业出现后的垄断压迫和阶级斗争激化,看作是奉行斯密学说的结果:"实业未革命以前,人皆奉亚当·斯密之说为圭臬,一致主张自由

①《孙中山全集》第六卷,中华书局1985年版,第253页。

竞争，其结果卒酿成社会上贫富激战之害。"①

孙中山把国家对经济发展的干预，尤其是国有和国营，看作是社会主义的特点，而他的民生主义的发展模式，是以土地国有和大实业国有、国营为主要内容的，因此，他又经常把自己的民生主义说成"就是社会主义"②。由于孙中山主张在对外开放中尽量利用西方国家的资本、技术和人才来发展中国，他又把自己的发展计划说成是"欲使外国之资本主义，以造成中国之社会主义"③。

四、经济发展战略

中国经济的落后是全面的落后，因此，中国的发展也必须是全面的发展。"欲谋实业之发达者，非谋其一端之可以成效也。必也万端齐发，始可收效。"④孙中山说的"万端齐发"，是说中国的经济各方面都需要发展，决不是主张不分主次先后，平均使用力量。

中国国大人众，而国力有限，经济发展不可能齐头并进。同时，在一定历史时期，经济发展中有着特定的起主导作用的部门，首先加强这类部门，就可带动经济发展的全局。在孙中山以前，人们已不同程度地认识到这一问题。魏源主张以军事工业带动民用工业的改造和发展，郑观应等认为商"握四民之纲领"⑤，主张以"通商"

---

① 《孙中山全集》第二卷，中华书局1982年版，第520页。
② 《孙中山选集》下卷，人民出版社1981年版，第765页。
③ 《孙中山全集》第六卷，中华书局1985年版，第398页。
④ 《再复李村农论借外资书》，见胡汉民编：《总理全集》第三集，上海民智书局1930年版，第293页。
⑤ 《盛世危言·商务二》。

即对外贸易来带动农、矿、工交通各业,都已多少具有了这方面的认识。比孙中山稍前,张謇提出了称为"棉铁主义"的工业化方案,主张以棉纺织业和钢铁工业为投资重点,带动农、矿、交通各业的发展,实现国家工业化。他解释自己这种主张的理由说:中国经济力量薄弱,"政府与人民财力均困",如果想各行各业齐头并进,就会"备多而力分"、"地广而势涣",因此,要发展实业必须有个"的","无的则趋不一,无的则势不及"[①],而棉、铁工业就是他认为应该把握住的"的"。张謇所说的"的",实际上就是能够带动实业发展全局的主导部门。张謇的棉铁主义,可以说已是一个粗具规模的经济发展战略。

孙中山的经济发展战略,概括地说,就是以交通、原材料、港口、城市建设等基础产业和基础设施的开发、建设来带动整个国民经济;以沿海,尤其是一些优良港口和重要城市的开发、建设来带动广大内地。对这一战略,他说得十分明确:"予之计划,首先注重于铁路、道路之建筑,运河、水道之修治,商港、市街之建设,盖此皆实业之利器,非先有此种交通、运输、屯集之利器,则虽全具发展实业之要素,而亦无由发展也。其次则注重于移民垦荒、冶铁炼钢,盖农矿工业实为其他工业之母也。……且钢铁者,为一切实业之体质也。"[②]

他为中国经济发展所制订的宏伟计划——《实业计划》,主张在中国沿海建立三个世界第一流的港口——北方大港、东方大港和南方大港,以此为枢纽通过密布全国的铁路网、公路网和纵横交

---

① 张謇:《对于救国储金之感言》,《张季子九录·政闻录》。
② 《中国实业当如何发展?》,见胡汉民编:《总理全集》第一集下册,上海民智书局1930年版,第1016—1017页。

叉的河道、运河，通向全国各地；把发展所需的资本、技术、人才，由沿海源源引入内地，开发内地的丰富资源，把内地同国际经济和世界市场连结起来，以沿海带动内地，改变全国各地区经济发展严重不平衡的状况，实现沿海、内地经济的共同振兴。

西欧国家，尤其是英国的发展，是由棉纺织工业开始起步，逐步带动整个国民经济起飞的。张謇提倡棉铁主义，而且在棉、铁之中更强调棉，主张"棉尤宜先"①，仍有步武这条老式发展道路的意图。但是，到了19世纪末20世纪初，世界工业结构和发展水平，已远非工业革命初起时的情况，如果仍是首先发展那些投资少、周转快、容易得利的轻纺工业，而不优先建立比较强大的基础产业和基础设施，是不可能得到迅速发展，不可能迎头赶上发达国家的；而且，在新的历史条件下走这种老式发展道路，必然成为发达国家的经济附庸，在政治上也难以保持真正的独立。张謇所以不仅强调棉，还加上一个铁，说明他对经济发展战略问题也已有了一些新的认识。

基础产业和基础设施，多是有垄断性质的和规模过大的，按照孙中山救贫防不均的思想和划分国家、个人经营范围的原则，它们是不宜由私人经营的。同时，这些实业投资数量大，周转时间长，短期内不容易获利，在私人资本还未发展成巨大集团之前，是不能也不愿意经营的。孙中山主张由国家经营、开发这些实业，是希望借此解决这些实业必须重点发展，而私人资本又难于在这方面致力的矛盾，以实现中国经济高速发展的要求。

从"养民"的目的出发，孙中山特别重视生产日用消费品的实业，认为要解决民生问题，就必须能为几亿中国人民提供衣、食、

---

① 张謇:《对于救国储金之感言》,《张季子九录·政闻录》。

住、行所需的物资。但是，孙中山认为，这些实业多半规模小，投资少，周转快，利润率高，私人不但有能力经营，也有很大的经营积极性。因此，他把这些实业主要划入"个人经营"的范围，认为允许私人经营这类民生日用实业，并由国家给予奖励和法律保护；同时，国家大力兴办交通、原材料、港口、城市建设等基础产业和基础设施，以支持和带动民生日用实业的发展，就能使各种实业广泛地、协调地得到发展，形成"万端齐发"之势。

五、农业发展之路

在一个经济落后，农民占全国人口多数的国家中，农业的发展对整个国民经济的发展来说，既是基础性的问题，又是最困难的问题。

中国有数亿农民，而且农民被束缚于传统的农业生产方法和经营方法为时最久，农业发展问题不解决，工业化所需要的劳动力、商品粮食、原料以及市场等问题就都不能解决。由于农业中产生的收益大部为地租、高利贷所攫走，经济发展所需要的资本也难于积累起来。正因如此，关心中国发展的思想家大多重视农业的发展问题。19世纪60年代初，冯桂芳就开始提出了改革某些出口农产品（如丝、茶等）的生产以适应国际市场的需要，还主张采用西方的"农具"（农业机器）以"治生"的主张[①]。七八十年代，王韬、郑观应等都积极宣扬采用西法"劝农"。这种主张不仅包含技术方

---

① 《校邠庐抗议·采西学议》。

面的内容,也有经营方式的内容。"劝农"已不是历史上各王朝下诏、派官劝民农桑那样的对传统农业耕作的督促,而是要根据"通商"即市场的需要改造中国农业,把自给自足的传统农业转变为由市场导向的、生产商品农作物的新式农业。90年代初,陈炽开始提出了采用西方农业生产制度的主张,主张中国的"拥田数千亩,数万亩"的"富人"(大地主)应仿效英国,经营大农场;只有"数亩数十亩之田"的"农民"(小地主及富裕农民)则应仿效法国组建专业化的小农场。①虽然陈炽对农场内部的组织和运作方式未作具体论述,但从他所说的英、法两国的榜样,可断定这已是一种要求在中国移植西方资本主义农业生产制度的主张。稍后,梁启超提出了一个由"老农"出资本,向"田主"租种土地,雇工生产商品农作物,并将产品全部投入市场的农场经营模式②。这已经是一个十分典型的资本主义农场了。这些农业发展思想有一共同点,即都是要用西方农业的生产方法和经营方法来改造中国的农业。如果能够实现,中国维持了几千年的传统农业将发生根本改变,农业发展问题可以得到解决。

但是,这些方案都未提到而且是不愿触及农民土地问题。在当时的中国,土地高度集中,大多数农民没有耕地或耕地不足,被迫租种地主的土地,为苛重的地租和高利贷所困。要采取西方的农业生产方法和经营方法,农民无此能力;地主可凭借土地所有权坐收厚利,也不愿意甚至强烈反对实行农业生产、经营方法的变革。因此,这些方案注定了只能是纸上谈兵,而无补中国农业状况的大局。

---

① 《续富国策·讲求农学说》。
② 梁启超:《说橙》,见《饮冰室合集·文集·说橙》。

　　孙中山比他的前人和同时人都更重视农业发展问题。他早年的著作,已把"兴农桑"看作当时"有关于天下国家甚大"①的三件大事之一。在《上李鸿章书》中,更把"地尽其利"作为自己的四项改革纲领之一,提出了依据西方的农学、使用西方的"农器",以改革中国传统农业的主张。这和王韬、郑观应等人的劝农、兴农主张是大致相近的。后来,孙中山不断谈论农业的发展问题,所谈的问题也更广泛,更完备。他关于中国农业发展的思想,总的说包括两个方面:农业生产方法的改进和农民的解放。

　　关于农业生产方法的改进,孙中山认为,中国农民勤劳,但广大人民吃饭问题迄今不能解决,最大的原因是中国"农业不进步"②。为了使中国农业进步,他提出要解决七个方面的问题:机器问题、肥料问题、换种问题、除害问题、制造问题、运送问题和防灾问题。而解决这些问题,要在"农学"即现代农业科学的基础上,用新的农业生产方法来增加农业生产。他几十年中念念不忘地关心农业生产方法和经营方法的变革,说明他对中国农业发展的要求是强烈的,说明他对于以新式的生产社会化的农业取代传统的农业的主张是始终如一的。

　　孙中山的农业发展思想远胜过前人及同时人之处,是他把农民解放作为中国农业发展问题的一个重要方面提了出来。

　　孙中山走上革命道路之后很快就提出了土地问题。前面说过,孙中山前期的土地思想主要是从发展的角度提出的,而没有正式提出解决农民土地问题的方案。在孙中山领导的革命势力同梁启

---

① 《致郑藻如书》,《孙中山全集》第一卷,中华书局1981年版,第3页。
② 《民生主义》第三讲,《孙中山选集》下卷,人民出版社1981年版,第807页。

超等人的论战中,同盟会的报刊曾提到:实行土地国有后,拥有简单手工农具的农民,都可从国家租种小块土地①。这可说是辛亥革命前孙中山等人对解决农民土地问题所提到的唯一具体措施。但是,由于当时孙中山主张的土地国有只是由国家保留照申报价收买土地的权利,而不是全面地把土地收归国家,国家能直接支配的土地有限,而且多是建设用地,不可能充分保证广大农民对耕地的需要,其解放农民的作用是微乎其微的。

孙中山的晚年,把"耕者有其田"正式列入平均地权的土地纲领中,并且论述耕者有其田对解放农民的作用说:"假若耕田所得的粮食,完全归到农民,农民是一定高兴去耕田的。大家都高兴去耕田,便可以多得生产。但是现在的多数生产,都是归于地主,农民不过得回四成,农民在一年之中,辛辛苦苦所收获的粮食,结果还是要多数归到地主,所以许多农民便不高兴去耕田,许多田地便荒芜不能生产了。"②

正是在这样的认识下,孙中山把农民解放和改进农业方法并列为中国农业发展的两个方面。

六、中国发展的社会历史前提问题

发展问题主要是经济问题,但又不完全是个经济问题。纵然能在经济方面找到可行的发展途径,没有相应的政治、文化方面的

---

① 民意:《告非难民生主义者》,见《民报》第12号。
② 《孙中山选集》下卷,人民出版社1981年版,第811页。

条件,经济的发展是难以成功的,甚至是无从着手的。这个问题对中国发展来说特别突出,特别艰巨。鸦片战争前,中国已在封建专制统治下经历了二三千年,专制政治的社会基础——地主阶级以及维护专制统治的精神工具——所谓纲常名教,在中国社会中形成了盘根错节、牢固非常的势力。鸦片战争后,西方列强侵入中国,在中国划分势力范围,攫取了种种特权,控制了中国的经济命脉,建立起对中国的殖民统治,并且逐渐把中国的专制、腐败政权变成了对中国实行殖民统治的工具,中国名义上虽然保持独立,实际上却成了列强共同控制和掠夺的殖民地,用孙中山的话说,这是一个比一国单独控制的殖民地更为悲惨的"次殖民地"。辛亥革命后,列强在中国各自支持一定派系的军阀,无休无止地进行内战,或者在中国政府中扶植自己的代理人,以致在中国政府中形成了亲日派和亲英美派之争。在这种情况下,中国的发展是谈不上的。

在孙中山以前,要求发展的人已经不同程度地注意到这个问题。他们的主张总趋向是:希望清政府进行内部改革,成为一个能保持独立自主并实行有利于经济发展政策的政府。19世纪末康有为等人发动的变法维新运动,是这种思想行动的高潮。孙中山早年也曾倾向于这种自上而下的温和的改革方式。甲午战争前,他上书李鸿章,希望后者支持他实行改革计划就表明了这一点。

但是,孙中山很快就认识到:希望腐败的清朝廷改弦更张,实行自上而下的改革,像日本的明治维新那样是完全不可能的;要为中国的发展扫清障碍,创造必要的社会历史前提,就必须用自下而上的革命推翻清朝统治,建立一个能坚持独立自主和愿意执行发展经济、改善民生政策的新国家。因此,他在甲午战争后数月,就赴檀香山组织了中国近代第一个革命团体兴中会,开始了以武力推翻清朝的革命活动。

孙中山的投入革命活动，和他的许多同代的革命者不同，不止是激于对清政府的腐败和实行民族压迫政策的义愤，也不止是出于对西方民主政治的向往，而是有着为中国发展创造政治前提的明确动机。在辛亥革命后，他曾追述自己进行反清革命的动机说："能开发其生产力则富，不能开发其生产力则贫，从前为清政府所制，欲开发而不能。"①当时，他误认辛亥革命推翻清朝为国民革命已经成功，中国的发展已具备了必要的社会历史前提，所以接着又说："今日共和告成，措施自由，产业勃兴，盖可预卜。"但是，袁世凯的篡权复辟，各派军阀的割据混战很快使他认识到：虽然皇帝退位，"共和告成"，然而中国的政权仍是一个专制、卖国政权，"产业勃兴"仍然无望。于是，他又投入了反袁、反军阀的革命斗争，继续为创建中国发展的社会历史前提而努力。但是，孙中山也深知中国的腐败专制政权不过是列强对中国实行殖民统治的工具，而这种殖民统治正是中国发展的最大障碍。早在组织兴中会时，他就指出："方今列强环伺，虎视鹰瞵，久垂涎于中华五金之富，物产之饶，蚕食鲸吞，已效尤于接踵，瓜分豆剖，实堪虑于目前。有心人不仅大声疾呼，亟拯斯民于水火，切扶大厦于将倾。"②这就是说，组织兴中会是为了在列强蚕食鲸吞、瓜分豆剖的威胁下拯救民族危亡，振兴中华。同时，兴中会又把斗争的锋芒直接指向清朝廷，指责清朝廷"庸奴误国，荼毒苍生"，压制、束缚了中国人民的力量，才使列强在中国的殖民统治得以横行无忌。20世纪初的著名革命

① 《孙中山全集》第二卷，中华书局1982年版，第322页。
② 《孙中山全集》第一卷，中华书局1981年版，第19页。

家陈天华，直称清朝廷为"洋人的朝廷"①，把清朝腐败政权同列强殖民统治的关系揭露得更是淋漓尽致。

但是，在辛亥革命前，孙中山及其领导的革命力量没有提出废除列强同清朝订立的不平等条约的主张。他没这样做是出于策略方面的考略：希望借此减轻列强对中国革命的敌意，以便集中力量推翻清政府，然后再逐渐通过外交途径谈判修改不平等条约。到他的晚年，他对消除列强殖民统治的重要性的认识更加明确，态度也更加坚决，他强调中国民穷财乏的原因之一，是"受外国经济的压迫"②。他又把不平等条约比做"卖身契"，认为辛亥革命"推翻了满清……但是，卖身契还没有收回，所以现在还要做各国的奴隶"。③因此，他提出了"废除不平等条约"④的口号，并且把"中国民族自求解放"⑤规定为实现民族主义的要求。这样，孙中山关于中国经济发展的社会历史前提的认识，就达到了比任何前人都更全面，更明确，也更加深刻得多的水平。

孙中山是个伟大的革命家。革命总是以推翻旧政权、建立新政权为任务的。但是，孙中山关心的不仅是取得政权，更关心取得政权后怎样利用新政权来进行建设、发展经济的问题。他认为欧美国家的革命都只是政治革命，而他所要进行的革命则不仅是政治革命，还同时是一个解决经济发展问题，以救贫防不均的社会革命。为了进行社会革命，他主张在新政权建立后，要以新政权为杠

---

① 《陈天华集·猛回头》。

② 《孙中山选集》下卷，人民出版社1981年版，第807页。

③ 《中国工人所受不平等条约之害》，《孙中山选集》下卷，人民出版社1981年版，第840页。

④ 《遗嘱》，《孙中山选集》下卷，人民出版社1981年版，第921页。

⑤ 同上书，第525页。

杆,自上而下地进行改革,以加速经济的发展。这种改革是自上而下依法进行的,所以朱执信称之为"至秩序至合理之方法"。①孙中山反复强调:革命之后必继续予以建设,否则革命自身及革命政权的建立就都失去了意义。他曾说:"夫革命之有破坏,与革命之有建设,故相因而至,相辅而成者也。今于革命破坏之后,既无革命之建设,又安用革命之总统为?"②

在旧的政治社会制度阻碍生产力发展时,必须以革命来消除这种障碍,为发展创造必要的社会历史前提。一旦革命胜利,革命政权建立,就必须转向"革命的建设",利用革命所创立的社会历史前提,致力于发展——这就是孙中山对于革命和建设、对于发展的前提和发展的途径的相互关系的认识。

七、从发展的角度重新研究孙中山

孙中山指出了中国发展的两个方面,但在他的生前,"革命尚未成功",发展的宏图更只能是空中楼阁。

在孙中山以后,关心中国命运的人,一部分致力于中国发展途径的研究:对实业救国论的宣扬和实践、对中国工业化问题的探讨和争论、乡村建设的试验、合作运动的开展等等。这些研究和试验,在许多方面,把孙中山关于中国发展途径的思想向前推进了。另一部分则致力于解决中国发展的社会历史前提问题,前仆后继地

---

① 朱执信:《论社会革命当与政治革命并行》,《朱执信集》,中华书局1979年版。
② 《孙中山全集》第六卷,中华书局1985年版,第205—206页。

进行着反帝国主义、反封建主义的革命斗争,中国革命在全国范围中日益汹涌澎湃地开展起来。

在当时中国的历史条件下,究竟应该首先解决发展途径问题呢? 还是集中力量首先解决发展的社会历史前提问题? "在一个半殖民地的、半封建的、分裂的中国里,要想发展工业,建设国防,福利人民,求得国家的富和强,多少年来多少人做过这种梦,但是一概幻灭了。""政治不改革,一切生产力都遭到破坏的命运。"①中国鸦片战争后109年的历史,充分证明了这一论断。

但是,在中国发展的障碍已基本扫清、中国发展的社会历史前提已基本具备的情况下,发展就成了全中国人民必须共同致力的主要任务,找到并实践适合于中国的发展途径就成了迫切的现实问题。对这一点的认识不够明确,转变未能及时,使中国人民在20世纪六七十年代丢失了一次难得的发展机遇,付出了沉重的代价。历史的经验教训使人们终于真正认识到了发展问题对中国前途和命运的意义,一个中华民族致力发展、腾飞的伟大时代出现了。

孙中山的一生,是为中国革命献身的一生,也是为中国的发展而大声疾呼的一生。他的发展思想,在中国近代的经济发展思想遗产中占着特别重要的地位。在当前时机,重新研究孙中山的发展思想有十分重大的意义。中国当前的发展,在指导思想和制度模式方面,同孙中山当年的设想是不同的;但是,孙中山的发展思想在许多方面无疑都能提供宝贵的借鉴和教益。它的一些基本内容,如中国的发展问题包括发展的途径和发展的前提两个方面;中国的发展首先是"救贫",而"均"的问题只能在发展的基础上解决;

---

① 《毛泽东选集》第三卷,人民出版社1966年版,第1080页。

要在对外开放的局面下发展自己，要在坚持主权的条件下尽量利用外国的资本、技术、人才和经验；中国的经济发展要以交通、原材料、港口和城市建设等为龙头，带动整个国民经济"万端齐发"；要把工业化和改善民生结合起来，要把国家和个人两个方面的作用和积极性都充分调动起来，等等。在近十余年来的中国建设和发展中，其价值已经明白地显示出来，随着时间的推移，还会进一步为人们所认识。

孙中山重视土地问题。他不仅把土地问题同民主革命中的农民问题相联系，而更主要的是把它看作发展问题的一部分。他主张以土地国有来解决中国发展中的土地问题，而他的国有主张，主要着眼点不在于所有权的形式，而在于所有权的实现——以地价税和土地增值归公来实现土地国有。这些措施实行起来有什么问题，姑置勿论；但孙中山着重从所有权实现的角度考虑土地问题，这对经济发展的意义是绝对不容忽视的。现代中国早已实现了对城市、工矿、交通建设用地的国有，但长期以来，人们对土地国有权如何实现缺乏明确的理论认识[①]，也没建立起有效的制度、措施保证。近几年单是各地开发区低价、超低价批售土地使用权，就使国家每年的资产损失达到一百亿元以上。想一想孙中山关于少数人垄断土地对社会的危害的论述，能不令人触目惊心么？

孙中山不是专门的经济学家，他的经济发展思想的产生距今已有百年历史。他的许多分析、论断，在方法上自然不可能是充分合乎科学的，其内容也难免有不完善以至矛盾、错误的地方。他主

[①]　五六十年代，有的报刊就宣扬过社会主义条件下不存在地租的论调。地租是土地所有权在经济上的实现，否定地租的存在，就从理论上否定了土地所有权在经济上实现自己的可能。

张大企业国有,但对国营企业如何经营,是直接由官府机构和官吏经营,还是在国有的基础上建设一种符合现代化生产力性质的企业制度? 他却语焉不详。他多次谈到中国的人口问题,但基本上未把人口问题同经济发展问题联系起来。在中国这样一个人口居世界首位的国家,人口问题在发展中处于特别重要的地位,是研究发展问题所不容忽视的。

"采葑采菲,无以下体。"研究历史,不能苛求于前人;对孙中山这样一个历史巨人,自然更不应苛求。

（原载《经济学家》,1995年第2期）

30　孙中山关于在经济发展方面赶超世界先进水平的理想

　　中国革命的伟大先行者孙中山,为中国的革命事业建立了巨大的历史功绩,还为中国人民留下了许多值得珍视的思想遗产。毛泽东同志对孙中山的思想遗产有很高的评价,指出:"我们是马克思主义的历史主义者,我们不应当割断历史。从孔夫子到孙中山,我们应当给以总结,承继这一份珍贵的遗产。这对于指导当前的伟大的运动,是有重要的帮助的。"①

　　孙中山关于在经济发展方面赶上并超过世界先进水平的理想,是他的思想遗产中的一个十分重要的组成部分。在我们当前为实现四个现代化、建设伟大的社会主义强国而进行新长征的重大历史时期,研究这部分思想遗产,有非常重要的意义。

一

　　孙中山对在先进技术基础上发展中国的国民经济,一向抱有热切的希望和宏远的理想。早在1894年中日甲午战争前夕,他就

————————

　　① 《毛泽东选集》前四卷合订本,人民出版社1966年版,第499页。

604

提出过一个改变中国贫穷落后状况的建议,主张学习西方资本主义国家,大力培养人才,全面发展中国的工农商业,做到"人能尽其才,地能尽其力,物能尽其用,货能畅其流"。他相信,只要按照他的建议,认真进行进步的政治、经济改革,就可把经济落后的中国变为一个"驾欧洲而上之"①的富强国家。

20世纪初,孙中山又进一步指出:当时正在趋向高涨的资产阶级革命运动,将能够创造有利的条件,大大加速中国经济发展的步伐。他分析了中国所拥有的资源、人力和悠久历史等有利条件,批判了当时反对革命的资产阶级改良派人物所散布的那种中国只能"循序渐进"、"断难躐等"的庸俗进化论观点,满怀信心地指出,只要中国从"最上之改革"着手,在政治上进行推翻清朝统治的革命,在工业和科学技术方面采用世界最新成果,在"十年、二十年之后,不难举西人之文明而尽有之,即或胜之焉,亦非不可能之事也"②。

在这里,孙中山不但更明确地表示了对中国未来经济发展的强烈信念,而且开始提出了中国必能在经济发展方面有比西方更高的速度的问题。

辛亥革命推翻了清朝统治,永远结束了两千年来的封建君主专制,但政权却很快就被帝国主义卵翼下的北洋军阀头子袁世凯篡夺。孙中山最初还认不清袁世凯的面目,还认识不到辛亥革命已经失败,而是认为,"民国"既已建立,就可以着手进行大规模经

---

① 《上李鸿章书》,《孙中山选集》上卷,人民出版社1966年版,第15页。
② 《中国民主革命之重要》,《孙中山选集》上卷,人民出版社1966年版,第65页。

济建设了。他到处讲演，宣传民生主义，鼓舞人们为建设富强的国家而努力。在被迫辞去临时大总统职务后，他自己要求担任全国铁路督办，打算以自己的全部精力从事经济建设，为中国修建二十万里的铁路。

第一次世界大战时期，中国的资本主义生产有了进一步的发展。为这种情况所鼓舞的孙中山，在战后用很大精力写了《实业计划》一书，主张利用战后欧美各国资本过剩的时机，大规模引进外国的资本和技术，全面开展经济建设，使中国的经济发展迅速进入世界前列。

《实业计划》共包括六大计划，主要内容大致有：（1）在中国北部、中部及南部沿海，各修建一个像纽约港那样的世界水平的大海港：北方大港、东方大港和南方大港；（2）修建十万英里（十六万公里）的铁路，以五大铁路系统把中国的沿海、内地和边疆连接起来；（3）修建遍布全国的公路网；（4）开凿、整修全国的水道和运河，大力发展内河交通和水力、电力事业；（5）用机器及科学方法改良耕地，实现农业生产的现代化，并且大规模移民开垦边疆；（6）全面开采煤、铁、石油、有色金属和非金属矿藏；（7）建立和发展各种轻重工业。

《实业计划》集中地体现了孙中山关于全面发展中国国民经济、迅速赶超世界先进水平的理想，是他为中国工农业生产的现代化（当时水平的现代化）所制定的一个宏大的设计方案。

在孙中山的晚年，他又在一系列的著作和讲演中，对自己的理想，作了进一步的论述和发挥，特别是在农业生产方面，提出了全面解决机器、肥料、换种、除害、制造、运送、防灾七个生产方法问题的农业现代化的主张。

二

在中国近代，要求"振兴实业"以使中国富强的思想，以至在经济发展方面赶超世界先进水平的思想，都不是从孙中山开始的。

早在第一次鸦片战争时期，中国近代第一个开眼看世界的先进人物林则徐，就从同外国资本主义侵略者的斗争中开始认识到：中国的军舰、枪炮已"非外夷之敌"，因而主张学习西方国家的技术制造军舰、枪炮，"制炮必求极利，造船必求极坚"[①]，以达到"制夷"的目的。

由于当时是刚开始同西方资本主义国家打交道，对外国情况了解得还很表面，林则徐只是提出了在军事工业技术方面学习和赶上西方国家的问题。但是，这毕竟是近代先进的中国人第一次认识到自己的落后而提出的学习西方的主张。

鸦片战争后，著名的进步学者魏源，进一步发展了林则徐的这一先进思想，提出了"师夷长技以制夷"的口号，以更明确的形式表达了学习西方国家长处的要求。魏源也和林则徐一样，把西方国家的"长技"主要归结为军事工业技术方面，但他同时又以先进思想家的敏锐眼光，觉察到军事工业除制造船炮武器外，还可制造出"量天尺、千里镜、龙尾车、风锯、水锯、火轮机、火轮车、千斤秤之属……有益民用"的产品，并且认为"造炮有数而出鬻器械无

[①] 《密陈夷务不能歇手片》，载《林文忠公政书·两广奏稿》乙集卷四。

数"①,这就是说,他已看到建立大机器工业在生产民生日用产品方面比在制造军用产品方面有更广阔的前途。这样,魏源的学习西方主张,就已不只限于军事技术和军事工业,而是要以引进军事工业为开端,进一步引进某些非军事工业。他表示相信:通过"师夷长技",将会使"风气日开,智慧日出,方见东海之民,犹西海之民"②。这就在相当程度上突破了林则徐那种只在军事工业方面学习和赶上西方的认识;而且,对中国赶外国、东方赶西方的提法方面,也表达得更为明确了。

不仅如此,魏源还主张,在建立新式工业时,除设立"官局"即封建国家所有的制造机构外,也可允许商民"自愿仿设厂局"。这已朦胧地提出了资本主义生产关系的问题。毫无疑问,魏源的这些思想,已经是后来的资产阶级思想家引进西方新式工业的主张的直接先驱了。

19世纪50年代末,太平天国农民革命政权的后期领导人之一的洪仁玕,第一个明确地提出了采用西方新式生产技术来开矿、制造和建立火车、轮船等交通运输事业的全面移植西方大机器生产的主张,使中国近代的学习西方新式工业技术的思想,摆脱了初期的那种主要从军事工业着眼的局限。洪仁玕还主张在建立新式工业时采用雇佣劳动,允许出资人得到利润,并给采用新技术的人以"专利权"。这比魏源准许商民"自愿仿设厂局"的思想,有了更明确得多的资本主义性质。可以说,洪仁玕实际上是中国近代第一个提出建立和发展资本主义工商业的纲领的人。

---

① 《海国图志·筹海篇三》。
② 同上。

19世纪60、70年代后,早期的资产阶级代表人物纷纷主张在中国建立和发展资本主义新式工业,提出了各种各样的方案或建议。到中日甲午战争后,进步思想家陈炽,抱着挽救民族危亡的极大热忱,呼吁"劝工强国",把大规模发展新式工业称作救亡图存、转弱为强的"旋乾转坤之枢纽"[①]。他展望未来,以十分明确的语言表示了在经济发展方面赶超世界最先进水平的信念说:"他日富甲环瀛,踵英(陈炽当时还认为英国的工业生产仍占世界第一位——引者)而起者,非中国之四百兆人民莫与属也。"[②]稍后,戊戌变法运动的领导人康有为又提出了"定为工国"[③]的主张,在中国近代第一次提出了变落后农业国为先进工业国的资本主义工业化口号。

学习和引进西方的先进科学技术以及大机器生产,改变中国经济发展的落后状况,实现中国的独立富强,这是自从鸦片战争以来中国经济思想发展史中的一个优秀传统。这种思想的实质,是要在中国发展资本主义生产,把一个封建的中国变为一个工业发达的资本主义国家。在当时的历史条件下,这是一种有很大进步意义的思想。孙中山关于实现中国工农业生产现代化,在经济发展方面赶超世界先进水平的思想,无疑是对这一优秀传统的继承和发展。从思想的实质来看,孙中山所提出的也是一种资本主义工业化的思想。但是,孙中山的这种思想,不论在气魄、内容和认识深度方面,都是远远超过前人的。他不但提出了一个规模宏大的发展实业、实现中国工农业现代化的设计方案——《实业计划》,而且对经济建设中的各方面的关系,如各生产部门之间的关系,生

[①] 《劝工强国说》,《续富国策·自叙》。

[②] 同上。

[③] 康有为:《请励工艺奖创新摺》,《戊戌变法》(二),第227页。

产力和生产关系之间的关系，经济建设和政治改革之间的关系，以及中国和外国之间的关系等，都作过一些研究，提出过一些值得重视的见解。

三

孙中山研究了经济建设中各生产部门之间的关系，提出了经济建设既要全面进行，又要善于抓住重点的思想。他认为："欲谋实业之发达者，非谋其一端之可成效也；必也万端齐发，始能收效。"[1]万端齐发就是全面进行。孙中山的《实业计划》，可说就是一个万端齐发的建设方案。但是，万端齐发并不是把各种生产部门等量齐观，而是有重点的。他曾对实业发展的重点问题，作过比较具体、比较详尽的分析，指出："予之计划，首先注重于铁路、道路之建筑，运河、水道之修治，商港、市街之建设，盖此皆实业之利器，非先有此种交通、运输、屯集之利器，则虽全具发展实业之要素，而亦无由发展也。其次则注意广移民、垦荒、冶铁、炼钢。盖农矿工业，实为他种实业之母也。农矿一兴，则凡百事业由之而兴矣。且钢铁者，为一切实业之体质也。凡观一国之实业发达与否，观其钢铁生产多少可知也。"[2]建立在现代机器技术基础上的工农业生产，是社会化的大生产，而社会化生产的各种部门之间，是有

---

[1] 《再复李村农论借外资书》，见胡汉民编：《总理全集》第三集，上海民智书局1930年版，第293页。

[2] 《中国实业当如何发展？》，见胡汉民编：《总理全集》第一集下册，上海民智书局1930年版，第1016—1017页。

非常紧密的联系的。交通运输业、农业、采矿业和钢铁业，在整个经济发展中占着举足轻重的地位。交通运输业是经济建设的先行，农业是工业以及整个国民经济的基础，采矿业和钢铁业是为现代化生产提供最基本的生产资料的基础工业。孙中山强调要把这些部门作为重点，这表明他对社会化生产各部门之间的物质技术联系，是有一定的正确认识的。

在所有工矿交通事业中，孙中山最优先注意的是铁路建设，认为"交通为实业之母，铁道又为交通之母。国家之贫富，可以铁道之多少定之"①，"关系我国前途之最大者，莫如铁路之建筑"②。列宁曾说过："铁路是资本主义工业最主要的部门即煤炭和钢铁工业的总结，是世界贸易发展与资产阶级民主文明的总结和最显著的指标。"③孙中山对铁路建设的特殊重视，正表明他对当时铁路在整个国民经济发展和现代化中的这种突出重要地位的认识。

还值得指出，孙中山不仅重视铁路在经济上的意义，还十分强调它对加强全国各地区、各民族人民团结统一的作用，认为："铁路能使人民交接日密，祛除省见，消弭一切地方观念之相嫉妒与反对，使不复阻碍吾人之共同进步。"④在孙中山以前，主张发展新式工业的思想家，有的只是提出了一个笼统的要求，有的则泛泛地列举一些应该建立和发展的工业部门，既没有人能够提出像《实业计划》这种气魄宏大的方案，也没有人能像孙中山一样具体地分析各

---

① 《实业振兴与铁路计划》，见胡汉民编：《总理全集》第二集，上海民智书局1930年版，第151页。

② 《中国之铁路计划与民生主义》，《总理全书·杂著》，第227页。

③ 《列宁全集》第22卷，人民出版社1958年版，第182页。

④ 《中国之铁路计划与民生主义》，《总理全书·杂著》，第228页。

种生产部门之间的联系,并且在这种认识的基础上提出全面而有重点地进行经济建设的思想。

四

孙中山还注意到经济建设中的生产力和生产关系、经济建设和政治改革之间的关系问题,提出了以政治改革为经济建设创造前提,把技术革命和生产关系方面的革命同时并举的思想。

孙中山十分重视在先进技术基础上发展生产力的问题。他不仅从抵抗帝国主义侵略、挽救中国民族危机的角度看问题,认为迅速发展生产力、实现中国工农业现代化是"兴国之要图,救亡之急务"[1];还把它作为一个使几亿人民摆脱贫穷饥饿的关键问题提出来。他强调中国的问题是"患贫",是广大人民"受贫穷的痛苦",因此,中国革命必须实行民生主义,解决几亿人民的生活问题。而要解决民生问题,就必须"发达资本,振兴实业"[2]。

对于工农业生产的现代化在解决中国民生问题中的意义,孙中山曾经提出过一个发人深省的见解。他从生活费问题着手分析,指出:从表面上看来,中国"生活最廉",广大人民都以极少数的货币收入来糊口,可是,如果不用货币而用劳动来衡量,中国却是一个"生活最贵之国"[3]。他以中国工人为例说,当时工人每天工作长达十四至十六小时,工资仅能勉强糊口。可见,中国人民为得到最

---

[1] 《孙文学说》,《孙中山选集》上卷,人民出版社1966年版,第167页。

[2] 《民生主义》第二讲,《孙中山选集》下卷,人民出版社1966年版,第802页。

[3] 《实业计划》,《孙中山选集》下卷,人民出版社1966年版,第317页。

低必要生活资料,所用的劳动代价,实在不是"最廉",而恰是"最贵"的。由此,他深感到:中国资源虽富,但物资却极端贫乏;劳动力虽多,劳动者的劳动耗费虽然巨大,但创造出的财富却很少。一方面"货弃于地",另一方面又"工力失去甚多"。他认为造成这种情况的关键是中国技术落后,缺乏现代化的机器设备。要改变这种"悲惨境遇",就"必须用机器以辅助巨大之人工,以发达中国无限之富源"。[①]

但是,孙中山并不是把发展实业、实现中国工农业现代化看作一个单纯的生产力或技术问题;而是认为:必须把采用先进技术、发展生产力同生产关系的变革和政治的改革结合起来。在辛亥革命后的一次演说中,他就曾谈到发展生产力和政治改革的关系问题,认为:"能开发其生产力则富,不能开发其生产力则贫。以前为清政府所制,欲开发而不能。今日共和初成,措施自由,产业勃兴,盖可预卜。"[②]这里,孙中山认为辛亥革命推翻清朝后,中国经济建设已经具备了必要的政治前提,一个"产业勃兴"的生产力大发展局面即将出现。这固然反映了他对袁世凯篡夺政权的现实还缺乏认识,他的这种"预卜"是没有根据的。但是,他认为经济发展必须有一定的政治前提,并且力图用民生革命来创造这种前提,这样的认识却无疑是正确的。

在《实业计划》中,他又提到了技术改革和生产关系改革的关系问题:"故于中国,两种革命必须同时并举,既废手工采机器,又统一而国有之。"[③]孙中山把"统一而国有之"说成是"社会主义革

---

① 《实业计划》,《孙中山选集》下卷,人民出版社1966年版,第317页。

② 《民生主义与社会革命》,《孙中山选集》上卷,人民出版社1966年版,第88页。

③ 《实业计划》,《孙中山选集》上卷,人民出版社1966年版,第188页。

命"。实际上,他所主张的国有,是由资产阶级共和国实行的国有化,而并不是什么社会主义革命;这样的国有企业,也不过是一种国家资本主义性质的企业,而不是什么社会主义企业。但是,他关于两种革命同时并举的思想,毕竟是从生产力和生产关系两个方面的改革相结合这样的角度提出问题的。而且,用资产阶级的国有化代替半殖民地半封建的生产关系,也总还是生产关系方面的一种改革。

清代的洋务派官僚首先在中国办起了新式工业。但洋务派把办新式工业只看作是一个技术或生产力的问题。他们坚持采用"官办"、"官督商办"等形式,力图把大机器工业的生产力纳入封建主义生产关系的框子中,因而使大机器工业的社会化生产力遭到严重的破坏,使中国的新式工业长期得不到发展。资产阶级改良派反对洋务派这种把封建主义生产关系强加给新式工业的做法,主张用资本主义的生产关系来代替封建的生产关系。但是,由于资产阶级改良派人物同封建主义有着非常密切的联系,他们害怕革命,力图在不触动清朝统治、不触动封建土地所有制的前提下,通过自上而下的改革来发展资本主义工商业。在资产阶级革命运动兴起后,资产阶级改良派更加把振兴实业同革命绝对对立起来,宣扬一种不需要推翻半殖民地半封建秩序的革命,只要振兴实业就能使中国富强的所谓"实业救国"论。

毛泽东同志曾经批判过这种实业救国论及其所散布的幻想,指出:"在一个半殖民地的、半封建的、分裂的中国里,要想发展工业,建设国防,福利人民,求得国家的富强,多少年来多少人做过这种梦,但是一概幻灭了。"[1]"政治不改革,一切生产力都遭到破

---

① 《毛泽东选集》前四卷合订本,人民出版社1966年版,第981页。

坏的命运,农业如此,工业也是如此。"①

　　孙中山反对清朝统治集团那种把大机器工业的生产力纳入封建主义生产关系框子中的反动企图。他主张大企业国有,但坚决反对清朝政府的"国有之策",认为大企业国有只能由代表"国民公意之政府"(指资产阶级共和国政府——引者)来实行,而决不能由"君主专制之政府"②来实行。

　　孙中山也反对资产阶级改良派那种企图在不触动清朝统治的前提下发展资本主义工商业的主张。在辛亥革命后以及第一次世界大战后的一定时间中,孙中山也曾在实际条件并不具备的情况下存在过发展实业的幻想,甚至也说过"实业救国"之类的话。但是,孙中山却从来不是实业救国论者。在实践方面,他一生奔走革命,总想通过革命来为中国的经济发达和现代化创造条件;在理论方面,他也曾对发展生产力和改革生产关系的关系、经济建设和政治改革的关系,提出过一些比较正确的见解。他对这一问题的认识,总的说来是比较清楚的。

五

　　孙中山对经济发展和现代化过程中的中国同外国的关系问题,作过较多的论述。他认为,中国由于贫穷落后,缺乏进行大规模经济建设所需要的资本和技术,但中国的经济发展和现代化是

---

① 《毛泽东选集》前四卷合订本,人民出版社1966年版,第981页。
② 《提倡民生主义之真义》,《孙中山选集》上卷,人民出版社1966年版,第93页。

关系到国家命运和几亿人民生活的大问题,又决不能慢慢来,那就必须使中国的经济发展有更高的速度,而大规模利用外国资本、引进外国先进技术,则是使中国经济高速度发展,从而能用较短时间赶上发达的资本主义国家的一条捷径。他说:"款既筹不出,时又等不及,我们就要用此开放主义。凡是我们国中应兴事业,我们无资本,即借外国资本,我们无人才,即用外国人才,我们方法不好,即用外国方法。物质上文明,外国费二、三百年功夫,始有今日结果。我们采来就用。诸君看看,便宜不便宜?由此看来,我们物质上文明只须三、五年即可与外国并驾齐驱。彼时我国在地球上不特要在列强中占一席,驾乎列强之上亦意中事。"①怎样才能有效地利用外国的资本、技术、人才和方法?这里有一个技术方面的问题和一个经济政治关系方面的问题。

技术方面的问题:怎样才能尽快地把外国的先进技术、先进设备学到手,并且进一步超过它?孙中山对这个问题所提出的答案是:首先要采用和仿造。他认为:"各国发明机器者,皆积数十百年始能成一物,仿而造之者,岁月之功已足。"②技术的发展和进步,总是要经历一定的步骤和时间的。对技术落后的国家来说,首先采用和仿造外国的先进技术和先进设备,可以大大缩短由落后到先进的发展进程。这一点,即使对社会主义国家来说,也是适用的。毛泽东同志曾指出:我国的工业建设,"在技术方面,我看大部分先要照办,因为那些现在我们还没有,还不懂,学了比较有利"。③这

---

① 《建设之两大要务》,《总理全集》第二集,中华书局1982年版,第145页。

② 《中国民主革命之重要》,《孙中山选集》上卷,人民出版社1966年版,第66页。

③ 《毛泽东选集》第五卷,人民出版社1977年版,第286—287页。

里说的"照办"，是指我们暂时还"没有"、"不懂"的先进技术而言。在已经学会之后，就要力求创新、突破和超过，而"不要事事照办了"。①周恩来同志对引进外国技术设备，规定了"一学，二用，三改，四创"的方针，这一方针完整地概括了由学习、采用到突破、创新的技术发展的全过程。

孙中山没有明确地论述过仿造和超越的关系，更没有具体地分析由采用到创新的发展全过程。但可以肯定，他所谓"仿造"、"采来就用"，也决不是要永远跟在外国后面摹仿，而只是把它作为技术发展的一个步骤或一个阶段。因为，他总是强调，采用和仿造是为了"胜之"，为了"驾乎列强之上"。

经济、政治关系方面的问题是：在利用外国资本、技术的过程中，要怎么处理同外国的经济、政治关系，才能有效地利用外国的资本和技术，而不致遭受外国资本的过重的剥削，不致损害国家的主权。

资本家总是唯利是图、贪得无厌的。帝国主义国家总是企图对别的国家，尤其是经济落后的国家进行掠夺和奴役的。因此，在引进外国技术，特别是在利用外国资本时，必须善于处理同外国的经济、政治关系，坚持平等互利的原则，决不允许侵害本国主权。这是利用外国资本技术能否取得迅速发展本国经济的成效的一个关键。

孙中山对这一问题，是有比较清楚的认识和正确的态度的。他一再说："惟发展之权，操之在我则存，操之在人则亡。"②"惟止

---

① 《毛泽东选集》第五卷，人民出版社1977年版，第286—287页。
② 《实业计划》，《孙中山选集》上卷，人民出版社1966年版，第186页。

可利用其资本人才，而主权万不可授之于外。"①清朝廷曾鼓吹"借债兴利"，但由于清朝统治者屈服于帝国主义压力，不断地把主权授之于外人，结果，非但得不到兴利的成效，反而使中国更深地遭受帝国主义的殖民奴役。孙中山是很注意这一历史教训的。他坚决反对清朝廷那种以主权为代价的奴役性外债，但却并不因此否定利用外资的可能性。他认为："惟借债修路一事，在前清之时，已成弊政，国民鉴于前者之覆辙，多不敢积极主张。殊不知满清借债修路，其弊在条约之不善，并非外资即不可借。"②"国家欲兴大实业，而若无资本，则不能不借外债。……美洲之发达，南美阿根廷、日本等国之勃兴，皆得外债之力。"③

为了能得"外债之力"，而不致重蹈清朝的覆辙，孙中山对利用外资的方法，即在利用外资过程中怎样处理中国同外国的经济、政治关系的问题，提出了以下几方面的具体的主张：

第一，要在平等互利的原则下同外国订立条约合同，准许外国资本取得适当的投资利益；可以按照合同雇佣外国人员担任技术及经营管理方面的工作。但是，外国资本家必须要"遵正当之途"，不得任意盘剥勒索，更不得侵犯中国主权。所雇外国人员，必须履行合同规定的义务，向中国职工传授技术，合同期满，中国政府对所雇外国人员"可随意取舍"④。孙中山认为：只要能做到这些要

---

① 《广西善后方针》，见胡汉民编：《总理全集》第二集，上海民智书局1930年版，第280页。

② 《建设铁路问题》，见胡汉民编：《总理全集》第二集，上海民智书局1930年版，第85页。

③ 《民生主义与社会革命》，《孙中山选集》上卷，人民出版社1966年版，第87页。

④ 《实业计划》，《孙中山选集》上卷，人民出版社1966年版，第192页。

求,就不致损害中国主权,而只要"能使借债之条约不碍主权,借债亦复何伤?"①

第二,在利用外资时采用"纯粹商业性质之办法",即直接向外国私人资本家或外国公司借款,而不向外国政府借款,以求"摆脱外交上之一切纠葛"②。

第三,利用外资要掌握有利时机。孙中山对利用外资的时机问题是很注意的。第一次世界大战后,他看到帝国主义国家战时制造军事产品所使用的大量机器设备,都已闲置无用,急于向外寻求投资出路,各国资本家为获得资本输出市场而进行的竞争极为剧烈,认为中国如在这时大量吸收外资,引进外国的技术设备,必可获得特别有利的条件。因此,他写了《实业计划》,把这一时机称作利用外资进行建设的"天与之机"③,大声疾呼地要求人们抓住这一时机。

第四,利用外资发展本国实业必须具有各方面的有关知识。孙中山认为:利用外资办实业,首先要具有实业建设的各方面知识;同时,还必须熟悉世界市场以及各国经济和技术状况。只有这样,才能"泛应曲当,驰骤于世界经济之场"④,善于同外国资本家做生意,打交道,而不致吃亏上当。他强调利用外资发展实业必须能够掌握主动权,并把是否具备有关知识看作是能否取得主动权的一个先决条件,认为:"吾欲操此发展之权,则非有此知识不可。"⑤

---

① 《建设铁路问题》,见胡汉民编:《总理全集》第二集,上海民智书局1930年版,第85页。

② 《中国之铁路计划与民生主义》,《总理全书·杂著》,第228页。

③ 《孙文学说》,《孙中山选集》上卷,人民出版社1966年版,第165页。

④ 《实业计划》,《孙中山选集》上卷,人民出版社1966年版,第187页。

⑤ 同上书,第186页。

　　孙中山的这些主张，包含着许多值得研究和重视的内容，特别是他关于利用外资必须不损害国家主权的思想和利用外资必须掌握有利时机的思想，更是成功地利用外资的两个重要先决条件。他所提到的"美洲（指美国——引者）之发达"，就是由于能够确保国家的独立和主权而在利用外资方面取得显著成效的一个先例。第二次世界大战后许多国家和地区的发展，则是由于出现了利用外资的新条件、新时机而取得成效的例子。

　　但是，在孙中山的时代，中国还不具备，也还不可能具备这些条件。半殖民地半封建中国的统治阶级，不可能在利用外资时坚持中国的独立和主权；软弱的中国资产阶级，也不可能领导中国革命取得胜利，使中国成为一个独立自主的国家。当时，帝国主义的殖民体系还未瓦解，帝国主义列强还对中国保持着严重的控制和奴役。在这种情况下，尽管各国资本集团为争夺投资场所而进行的竞争十分激烈，中国也仍然不可能获得孙中山所希望的那种利用外资的有利时机。可是，孙中山却一再认为中国已有了大规模利用外资进行经济建设的条件，甚至认为出现了"天与之机"，这都表明他对帝国主义、封建主义的认识是不足的，是存在着幻想的。

　　孙中山关于在经济发展方面赶超世界先进水平的理想，在当时虽然没有实现的可能；但它对于为祖国独立富强而斗争的伟大中国人民，有着很大的启发、鼓舞作用。毛泽东同志高度评价孙中山的这一先进思想，指出："我们的先辈孙中山先生，在本世纪初期就说过，中国将要出现一个大跃进。他的这种预见，必将在几十年的时间内实现，这是一种必然趋势，是任何反动势力所阻挡不了的。"①帝国主义、清朝统治者、北洋军阀、国民党反动派以至林彪、"四人帮"之流,都是妄图阻挡中国实现富强和现代化的反动势力。中国人民在中国共产党的领导下,经过长期的斗争,战胜了各种反动势力的阻挡,终于在粉碎"四人帮"后,开始了为在本世纪内把我国建设成为社会主义现代化强国而进行的新长征。现在,党的十一届三中全会决定把全党工作的着重点转移到社会主义现代化建设上来,国内外形势都空前有利,我们的事业势同高屋建瓴,一往无前。在本世纪内,中国定将作为一个伟大的社会主义现代化强国而屹立于世界!

（原载《北京大学学报》哲学社会科学版,1979年第3期）

---

① 毛泽东:《中国将要出现一个大跃进》,载《人民日报》1977年12月26日。

31 社会主义建设和发展时期的马克思主义

　　建设有中国特色的社会主义理论，是社会主义建设和发展时期的马克思主义。它坚持了生产关系一定要适合生产力性质的历史唯物主义基本原理，否定和纠正了片面地按照所有制形式来区别姓"社"、姓"资"的错误倾向。它坚持了社会主义经济必须建立在生产社会化的物质基础上的马克思主义原理，抛弃了商品生产、市场经济是社会主义的异己事物的传统观念，为把社会主义的市场经济作为经济体制改革的目标模式的伟大改革奠定了理论基础。

　　1. 苏联在解体以前，已有七十年的建设社会主义的历史，中国在中共十一届三中全会以前，在这方面也有将近三十年的历史。然而，无论苏联还是中国，在这样长的历史时期中都没能从实践上解决好社会主义建设和发展的道路问题；理论上当然也不可能形成关于社会主义建设和发展的成熟的马克思主义理论。中国在"文化大革命"期间国民经济走到了崩溃的边缘，以及90年代初苏联的解体，都充分表明：这个问题的解决，对社会主义事业及人类历史，其意义是多么的重大而迫切。

严重的挫折并不能阻挡历史前进的潮流,而只能激发马克思主义者继续前进的斗志,并为马克思主义的新发展提供历史的经验和借鉴。在这种情势下,建设有中国特色的社会主义理论,就适应新的历史形势的要求而出现了。

建设有中国特色的社会主义理论,是关于社会主义建设和发展的马克思主义理论,是在新的历史时期对马克思主义的伟大的发展。

对马克思主义的发展,尤其是划时代意义的重大发展,必须符合两个方面的要求:一是必须坚持马克思主义的基本原理;二是要根据实践的检验,敢于抛弃某些不符合当代历史条件但却长期被认为是权威性的理论观点,创造性地提出符合于客观现实的新的理论观点来代替它(它们)。

建设有中国特色的社会主义理论,正是这样一种既坚持马克思主义基本原理,又能够在新的历史条件下依据实践的检验而勇于弃旧创新的当代马克思主义理论。建设有中国特色的社会主义理论究竟从哪些方面发展了马克思主义,这是一个内容极其丰富的课题,需要从各个有关的学术领域不断地进行大量研究,才能逐渐取得更加深入、更加完整的认识。本文只想从经济思想的角度,谈一点个人学习中的体会。

个人在学习中感受最深的主要是以下两个方面:

第一,它坚持了马克思主义关于生产关系必须适合生产力性质的基本原理,否定了片面地依据生产关系尤其是所有制形式来区别姓"社"、姓"资"的错误倾向。

第二,它坚持了马克思主义关于社会主义、共产主义必须建立在生产高度社会化的物质基础上的思想,重视商品生产、市场经济对实现生产社会化的意义和作用,摒弃了把商品生产、市场经济视为社会主义的异己事物的传统观念。

2. 在社会经济的发展中,生产关系必须适合生产力的性质和水平。这是历史唯物主义的一个基本原理。在历史发展的特定阶段,实行什么样的生产关系或经济关系,只能取决于当时生产力的性质和发展水平,而不是任何人的意愿所能够左右的。

> 人们在自己生活的社会生产中发生一定的、必然的、不以他们的意志为转移的关系,即同他们的物质生产力的一定发展阶段相适合的生产关系……社会的物质生产力发展到一定阶段,便同它们一直在其中活动的现存生产关系或财产关系(这只是生产关系的法律用语)发生矛盾。于是这些关系便由生产力的发展形式变成生产力的桎梏。那时社会革命的时代就到来了。随着经济基础的变更,全部庞大的上层建筑也或慢或快地发生变革。①

在资本主义社会的发展中,逐渐实现了生产的社会化,生产力的社会性质同资本主义生产资料所有制的私人性质是相反的,生产力愈发展,生产社会化的程度愈加强,资本主义生产关系同生产力之间的冲突就愈加激烈,这种冲突终将导致一场推翻资本主义制度的社会主义革命,通过社会主义革命以社会主义所有制取代资本主义所有制而实现矛盾的解决。

生产关系必须适合生产力性质这一历史唯物主义原理,不仅对社会主义代替资本主义的整个历史过程是适用的,对其过程的各个具体阶段以及具体国家、具体地区、具体部门的情况也是适用

---

① 《马克思恩格斯全集》第13卷,人民出版社1962年版,第8—9页。

的。由于各不同时期生产社会化的发展程度不同，由于各国家、各地区、各部门的经济发展状况的差异和不平衡，在以社会主义所有制取代资本主义所有制以及更落后的所有制时，应采取什么样的步骤和形式，唯一的依据也只能是生产社会化所达到的状况或水平，而决不能凭主观愿望和权力来强行进行这方面的变革。马克思曾经告诫说："无论哪一个社会形态，在它们所能容纳的全部生产力发挥出来以前，是决不会灭亡的；而新的更高的生产关系，在它存在的物质条件在旧社会的胎胞里成熟以前，是决不会出现的。所以人类始终只能提出自己能够解决的任务……"①

离开生产力的发展状况，不问生产社会化所达到的程度或水平，只依据生产资料所有制来判断某种经济形式或某种经济政策是社会主义性质的或资本主义性质的，实际上是一种违背历史唯物主义基本原理的错误观点，以这种观点指导的行动，是一种过左的、主观主义的行动，是企图提出自己所不能够解决的任务，其遭受挫折乃至失败，是势所必至的。

在承认以马克思主义为指导思想的人们中间，对于生产关系必须适合生产力性质这一历史唯物主义基本原理，是从来没有人公开提出异议的。但是，在社会主义国家的历史中，却曾长期出现过片面依据生产关系来判断姓"社"、姓"资"的错误倾向，而且，在一定时期中还曾发展到十分严重的地步。

例如，我国在社会主义革命和社会主义建设时期，就曾在社会主义生产关系的建立和发展中出现过一味求快、求大、求高、求全和求纯的情况。在农业合作化问题上，"一两年一个高潮。一种

---

① 《马克思恩格斯全集》第13卷，人民出版社1962年版，第9页。

组织形式还没有来得及巩固，很快又变了。……高级社还不巩固，又普遍搞人民公社……"①人民公社的优越性，被概括为"一大二公"。"大"指组织规模大，"公"指公有化程度更高，范围更普遍。一大二公论的提出，表明主要从生产关系方面判断社会主义性质及其发展程度的思想，在当时已发展成为支配性的倾向，并且开始具有了自己的理论表现形式了。

其实，社会主义的优越性只是由于它的生产关系适合于社会化的现代生产力，从而能够有力地推动生产力的发展，而不是由于什么不同社会化生产力相联系的"大"和"公"。因为，如果不考虑生产社会化的问题而只谈公有制，那么，公有制在历史上的任何社会形态中都是存在的：西周的井田，汉代的盐铁、平准，俾斯麦的铁路、邮电，不都是公有乃至国有吗？原始公社制还是以公有制占绝对支配地位呢。显然，这些公有制都根本谈不上什么姓"社"的问题。即使在社会主义社会中的某些具体阶段、某些具体部门是否实行公有制，以及实行什么形式的公有制，也必须以生产社会化的状况为依据，不能笼统地认为只要实行公有制就一定姓"社"，就必然具有社会主义的优越性。

"大"的问题也是如此。公有制的经济组织达到什么样的规模，公有的范围到多大程度，也只能以生产社会化的状况为依归。建立在手工劳动基础上的大规模公有制经济，照样是落后的经济。商周时代已有数十人乃至上百人实行简单协作以及部分复杂协作的国营矿场和冶炼场，井田上的农业劳动也是"千耦其耘"。然而，这种"大"一点也不能改变它们在经济发展方面的极其低级、落后

①《邓小平文选》第二卷，人民出版社1994年版，第316页。

的性质。

在社会主义社会中，不考虑生产社会化的状况而一味在公有经济规模方面求大，也无助于解决姓"社"的问题。在生产力仍十分落后、手工劳动还占主要地位的基础上，建立一个几千人、上万人的大集体经济，既不意味着生产力的解放，也不能促进群众社会主义劳动积极性的增长。既然如此，它们的"大"而"公"就不能成为它们的社会主义性质和具有社会主义优越性的充分依据。

建设有中国特色的社会主义理论，首先从理论上批判了这种脱离生产社会化而片面地从生产关系方面区别姓社姓资的错误倾向，一再指出：

> 讲社会主义，首先就要使生产力发展，这是主要的。只有这样，才能表明社会主义的优越性。社会主义经济政策对不对，归根到底要看生产力是否发展，人民收入是否增加。这是压倒一切的标准。①

> （姓"社"或姓"资"问题）判断的标准，应该主要看是否有利于发展社会主义社会的生产力，是否有利于增强社会主义国家的综合国力，是否有利于提高人民的生活水平。②

中国人民所以要坚持社会主义道路，首要的、根本的原因，就在于社会主义制度适合于社会化的生产力的要求，从而能够有比资本主义更高的发展速度和劳动生产率。但是，社会主义制度具有这样的优越性是一回事，如何使这种优越性充分实现出来是另一回事。在中国，由于原来的基础薄弱和一段时间中工作的失误，

---

① 《邓小平文选》第二卷，人民出版社1994年版，第314页。
② 《邓小平文选》第三卷，人民出版社1993年版，第372页。

生产发展水平同发达的资本主义国家还有相当大的差距,发展生产力以缩小并消除这种差距,不能不经历一个长期的历史过程。针对这种情况,建设有中国特色的社会主义理论认为中国目前仍处于社会主义的初级阶段,并且为社会主义初级阶段发展生产力、提高生产社会化的水平制订了"三步走"的宏伟战略构想:第一步,在20世纪80年代使国民生产总值翻一番,首先解决广大人民的温饱问题;第二步,在90年代再翻一番,使全国人民的生活达到小康水平;第三步,在此基础上,在21世纪"用三十到五十年再翻两番……中国就达到中等发达的水平"①。

同社会主义初级阶段的生产力发展水平和发展的要求相适应,中国在社会主义生产关系方面不能是一味地求快、求大、求高、求全和求纯,而是在生产资料所有制方面,以社会主义的公有制为主,允许多种经济成分的存在;在分配方面,以按劳分配为主,允许某些非按劳分配的形式存在。

在公有制方面,除国家所有制外,积极发展多种形式的集体所有制。个体经济和资本主义性质的私人经济,也允许存在,作为社会主义公有经济的补充。此外,还大力实行对外开放,吸引和鼓励外来投资,从而在经营方式方面必然出现外人独资经营和中外合资经营,在企业性质方面存在私人(外资)资本主义和国家资本主义。

既然在所有制方面是以社会主义公有制为主并允许多种经济成分存在,在分配方面就必然要实行以按劳分配为主,允许某些非劳动收入的合法存在。按劳分配本身就是承认差别的;允许某些

---

① 《邓小平文选》第三卷,人民出版社1993年版,第226页。

非劳动收入的存在，更不免会在个人财富方面存在差别。建设有中国特色的社会主义理论在分配制度方面的目标是实现全体人民的共同富裕，但共同富裕需要更高的生产力水平；既然现有生产力不足以实现共同富裕，那么，允许一部分人先富起来，既是目前唯一可能实行的办法，又是能够有利于生产力发展的办法。由于坚持按劳分配为主，而且国家还可采用一些方式（如税收政策）对个人收入进行一定调节，允许一部分人先富起来的政策，不至于导致社会两极分化。

在建设有中国特色的社会主义理论指导下，中国的社会主义生产关系通过改革达到了同生产力相适应的状况，从而解放了生产力，大大加速了生产力的发展和生产社会化程度的提高。十一届三中全会以来的十几年，经济发展速度不但大大超过了过去近三十年，而且达到了同期世界各国经济发展速度的最前列，引起了全世界的瞩目。

"没有革命的理论，就没有革命的运动"，历史已经证明，并将越来越有力地证明：建设有中国特色的社会主义理论，是社会主义建设和发展时期的马克思主义，是能够科学地回答有关社会主义建设和社会主义发展的各种复杂问题、指导社会主义建设和社会主义发展这种革命运动的革命理论。

3. 如果说，片面地从生产关系来判断经济性质的观点并不是马克思主义的观点，而只是在社会主义运动的特定历史时期出现的一种错误的、但却是有严重支配作用的思想政治倾向；把商品生产、市场经济视为社会主义的异己事物的观念，却是马克思主义奠基人早就明确提出过，并且有过一系列理论论证的。恩格斯曾说过：

一旦社会占有了生产资料，商品生产就将被消除，而产品对生产者的统治也将随之消除。社会生产内部的无政府状态将为有计划的自觉的组织所代替。[①]

当时，无产阶级还未取得政权，还没有社会主义建设和发展的实践；几十年后，社会主义国家的实践在这方面不断提出了新的问题。

从俄国十月革命开始，无产阶级取得政权的国家多是原来经济落后的国家。这些国家资本主义不发达，农民在总人口中占大多数，生产社会化的程度低而且发展状况很不平衡。无产阶级取得政权后，不可能像马克思主义奠基人所设想的那样，通过剥夺剥夺者在全国范围中占有一切生产资料，而只能对已经实现了生产社会化的资本主义生产实现公有化，变为社会主义的国家所有制；而对农民的小私有制则只能首先予以保留，然后逐步通过合作化的办法将其改造为社会主义的集体所有制。这样，不但在农民的小私有制尚存在时必须保留商品关系作为城乡经济联系的形式；在把农民的个体经济改造为社会主义集体所有制后，也仍然必须保留商品关系。在后一种情况下，商品生产已不是私人的商品生产，而是"与联合的社会主义生产者（国家、集体农庄、合作社）的商品有关的"一种历史上前所未有的"特种的商品生产"。[②]

这样，社会主义条件下是否仍存在商品生产的问题就通过实践的检验而获得了一个新的发展：社会主义制度的建立并不见得意味着商品生产的立即消灭。

---

① 《马克思恩格斯全集》第20卷，人民出版社1971年版，第307—308页。
② 斯大林：《苏联社会主义经济问题》，人民出版社1973年版，第12页。

但是,这种以社会主义的两种所有制并存为"特种商品生产"存在的基础和前提的论点,并未根本改变社会主义、共产主义消灭商品生产的传统论点。因为,按照社会主义社会发展并向共产主义过渡的理论,集体所有制不过是在这种发展过程中的特定阶段存在的事物,它在将来必然要提高到全民所有制,而在整个社会只存在单一的全民所有制时,商品生产终于还是要消灭的:

> 在出现了有权支配全国一切消费品的一个无所不包的生产部门,来代替两种基本生产部门即国营部门和集体农庄部门之后,商品流通及其"货币经济"就会作为国民经济的不必要的因素而消失了。①

这一新的论点,实际上是把原来认为商品生产同社会主义所有制不相容的传统论点,解释为不是和社会主义所有制的一切形式,而只是和全民所有制不相容。这一论点不仅隐含着商品生产在社会主义条件下终将消灭的结论,而且必然会把商品生产在社会主义社会中的地位限制在相当狭隘的范围之中。于是,在社会主义社会中只有消费品是商品,生产资料(尤其是主要的、大型的生产资料)不是商品,全民所有制内部的产品交换采用直接的计划调拨而不作为商品来流通等制度、等主张,都在这一论点中找到了理论基础。苏联对集体农庄所用的大型农业机器,长时期中都集中于国营的农业机器拖拉机站,而不卖给集体农庄,其理论依据也是:社会主义条件下的生产资料不是商品。

20世纪六七十年代后,马克思主义关于社会主义、共产主义同商品生产的关系的传统理论,又遇到了一次新的历史实践的检验。

---

① 斯大林:《苏联社会主义经济问题》,人民出版社1973年版,第12页。

当时,科学技术的巨大进步,使发达的资本主义国家的经济有了新的重大发展,某些原来比较落后的国家和地区,也利用机会实现了经济起飞;而社会主义国家却普遍未能利用这一机遇,以致经济发展陷于停滞,反而扩大了同发达资本主义国家之间的差距。造成这种情况的原因是多种多样的,但僵化的经济体制妨碍及时有效地吸收和利用科学技术的进步,无疑是一个重要的、直接的原因。

过去,社会主义国家的经济体制的一个普遍的、共同之点,是把计划经济看作社会主义制度本质的表现,而把商品生产、市场经济看作社会主义的异己事物,商品生产只允许在一定时期中在比较狭窄的范围中存在,商品生产的基本规律——价值规律的作用受到严格的限制。但是,商品生产、市场经济是同生产社会化相适应的经济形式:一种社会化的生产,要求一切生产要素和生产品能在整个社会经济中按照最有效益的原则充分畅通无阻地流通;如果流通发生阻塞,或者受到限制、干扰而不能流向更有效益的部门,社会生产就会发生浪费、损失,这是同生产社会化的要求不相容的。由于各个别生产者和生产单位的情况不同,生产同一商品的劳动耗费不同,在流通中必须折合成同一的社会必要劳动,才能互相比较,互相交换;而这种社会必要劳动在一个无限复杂多样的社会生产中是无法直接计算的,因而只能通过市场的力量形成一种特殊的表现形式即价值形式来担当这一要求。

从现代以及可以预见到的未来的情况看,商品生产尤其是它的高度发达的形式市场经济,仍然是和生产社会化的要求比较适应的一种经济运行体制,而计划经济却不能灵活地、顺畅地适应生产社会化的要求。在计划经济下,一切资源的配置和社会产品的流通,取决于计划部门的工作。计划部门的工作无论多么努力,它们所使用的手段无论多么先进，也不可能及时掌握合理配置资源、安排社会生产和流通所需要的一切信息。信息的不完备必然使计划部门的工作无法及时反映生产社会化的要求。同时，计划部门及其工作人员，也不可能不发生主观方面的失误，而这种失误一旦发生，其影响范围往往是非常广大的，甚至是全局性的。

这样，在六七十年代之后，实践提出的问题迫使人们进行新的思考。于是，各个社会主义国家都或先或后地、不同程度地产生了改革的要求，而经济改革的热点，越来越同商品经济、市场经济在社会主义经济中的地位和作用问题联系起来了。

但是，要重新认识商品经济、市场经济在社会主义社会中的地位和作用，必须把人们的思想从商品生产是社会主义的异己事物的传统观念中解放出来。

马克思主义的奠基人所以曾持有这种观念，主要是由于：

（1）他们认为商品生产只是同私有制相联系的，社会主义既然要消灭生产资料私有制，也就必须消灭商品生产。

（2）认为商品生产必然产生资本主义和资产阶级。

（3）认为商品关系使物统治人，因而保留商品生产就不能实现人的真正解放。

（4）认为商品生产必然导致生产无政府状态。

（5）认为在社会掌握生产资料以后，对社会必要劳动就可直接按劳动时间计算，因而就不再需要以价值作为衡量尺度，"不需要著名的'价值'插手其间"①。

从商品生产的历史看，尤其是从社会主义时期商品生产的历

———————

① 《马克思恩格斯全集》第20卷，人民出版社1971年版，第334页。

史看,这些论点的依据并不是很充分的。

直到资本主义时期为止,历史上所存在的商品生产确实都是同私有制相联系的,确实都是私人的商品生产;但是,社会主义时期的历史经验已经证明:在公有制条件下也有可能并有必要保留商品生产;急于消灭商品生产的尝试都受到了客观经济力量的惩罚。

资本主义是从私有制商品生产的基础上产生出来的,但私有制商品生产也不是在任何时候、任何条件下都能发展为资本主义。商品生产的历史比资本主义早几千年,但在漫长的历史时期中,商品生产的发展都没有导致资本主义;只是在封建制度解体的时期,当社会上出现了生产者与生产资料分离,出现了大量雇佣劳动者的情况下,才在商品生产的基础上发展为资本主义社会。既然私有制的商品生产也只是在一定条件下才能发展为资本主义,那么,认为社会主义条件下商品生产的发展也必然会产生资本主义,并且动辄把社会主义条件下的商品生产发展同资本主义复辟危险联系起来的说法,就更是没有根据了。

马克思主义奠基人关于商品生产必然存在生产无政府状态的看法,也是就私有制商品生产来说的。即使如此,他们也一再说:在资本主义社会以前,由私有制商品生产而产生的生产无政府状态,从未成为一个严重的问题;只是在资本主义条件下,生产无政府状态才成了一个严重的、有巨大破坏力的事物。资本主义以前的商品生产尚且如此,如果说社会主义条件下的商品生产也必然导向社会生产无政府状态,就更加令人难以信服了。

关于在生产资料公有制条件下可以劳动时间直接计算社会必要劳动,从而不再需要价值,商品生产也就不再需要的说法,是以私有制下生产者的个别劳动时间千差万别,因而不能直接以劳动时间计算社会必要劳动的情况为前提的。①实际上,直接计算社会必要劳动的障碍,并不止是私有制,还来自各不同生产者生产条件的差别。这种差别是不会随生产资料的公有化而消除的。各部门、各地区、各生产单位、各个人之间生产条件的差别,在公有制条件下也是普遍存在的。因此,认为生产资料公有化后即可直接以劳动时间计算社会必要劳动的设想,在现时是不可能付诸实现的;在未来要怎样才能解决,目前还是一个无法科学地加以回答的问题。

至于商品生产的条件下物统治人,从而只要存在商品生产就不能实现人的真正解放这个问题,是一个极为复杂的、需要专门研究的问题,本文不可能深入这一研究领域。这里只想指出一点:人类的彻底解放是一个漫长的历史过程,并不是随着无产阶级取得政权并实现生产资料公有化就可立即实现的。在这一漫长的过程中,凡是可以促进人的解放的事物,就都不应该拒绝利用。在历史发展的一定阶段,商品生产的发展对人的解放可以有巨大的积极作用。"商品是天生的平等派"②。商品交换只考虑价值,而不承认商品生产者的阶级、等级身份;商品流通要求突破一切地区的、权力的限制。因此,商品生产的发展有破坏人身奴役、超经济强制以及劳动者被束缚于土地上等种种陈旧事物的作用,而这些对劳动者人身奴役的制度,要比商品生产条件下物对人的统治,是更落后得多,更野蛮得多的。

社会主义社会的实践越来越表明:商品生产在社会主义条件

---

① 《马克思恩格斯全集》第20卷,人民出版社1971年版,第331页。
② 《马克思恩格斯全集》第23卷,人民出版社1972年版,第103页。

下仍然必须存在，而且对发展社会生产力、提高生产社会化的程度，还有无可替代的巨大作用。在社会主义初级阶段，它更有破坏某些残存的、不符合生产社会化要求的落后事物的作用，从而有利于生产力的迅速发展。但是，把商品生产、市场经济看作是社会主义的异己事物的传统观念，对正确认识和处理社会主义条件下的商品生产、市场经济的问题，束缚力量实在太强大。不解除这种束缚，要在社会主义经济运行体制方面实现有关的关键性改革步骤，是很难做到的。这一传统观念的要害，是把商品生产、市场经济从本质的范畴来理解，认为商品生产、市场经济是在本质上同资本主义相一致的；而计划经济是和社会主义制度本质一致的，不可分离的。对这个传统观念不予突破和否定，要改变计划经济和市场经济在社会主义经济中地位的改革，就会被指责为否定社会主义，复辟资本主义。

建设有中国特色的社会主义理论的伟大历史功绩之一，就是把商品生产、市场经济以及计划经济，从本质的范畴划入工具的范畴。早在1979年，邓小平就指出："说市场经济只存在于资本主义社会，只有资本主义的市场经济，这肯定是不正确的。社会主义为什么不可以搞市场经济，这个不能说是资本主义。"[①]这已经相当明确地把市场经济从本质上同资本主义分开，明确地指出市场经济不是资本主义的专有物了。

1992年初，他又进一步指出：

　　　　计划多一点还是市场多一点，不是社会主义与资本主义的本质区别。计划经济不等于社会主义，资本主义也有计划；

---

① 《邓小平文选》第二卷，人民出版社1994年版，第236页。

市场经济不等于资本主义，社会主义也有市场。计划和市场都是经济手段。①

既然商品生产、市场都只是发展经济的手段或工具，那么，把它们看作同社会主义本质上不相容的异己事物的传统观念，就最终失去了自己的论据。社会主义就完全可以理直气壮地运用市场经济来加速社会主义的建设和发展。

这就为我国提出建立社会主义的市场经济作为经济改革的目标模式奠定了理论基础。

（原载《北京大学学报》，1995年第5期）

① 《邓小平文选》第三卷，人民出版社1993年版，第373页。

32 毛泽东关于中国的社会主义 发展道路的思想

一、资本主义不能救中国

1957年初,伟大的马克思主义者毛泽东在总结中国民主革命和社会主义革命的历史经验的基础上指出:

> 当人民推翻了帝国主义、封建主义和官僚资本主义的统治之后,中国要向哪里去?向资本主义,还是向社会主义?有许多人在这个问题上的思想是不清楚的。事实已经回答了这个问题:只有社会主义能够救中国。[①]

这里说的"有许多人……不清楚",是指中国革命由民主革命向社会主义革命转变时期的情况而言的。既然在这时还有许多人不清楚,那么,在更早的时期,当中国还处于"长夜难明赤县天"的艰难岁月时,自然会有更多的人思想"不清楚"了。

在中国共产党出世以前,先进的中国人为了救中国,千辛万苦地寻找救国救民的真理,提出过各种各样的方案:林则徐、魏源的师夷制夷,太平天国的"柔远人之法",康有为、梁启超等人的变法维新,孙中山的三民主义,以及许多人倡导的"实业救国"、"教育

---

① 《毛泽东选集》第五卷,人民出版社1977年版,第373页。

救国"、"科学救国"等等,都是其例。这些方案千差万别,但有一个基本共同点,即都是企图以资本主义道路来救中国的方案,都是以西方国家的资产阶级革命和资本主义的发展道路为蓝本而设计出来的。

这些方案曾对中国人民的反帝、反封建斗争或对中国人民的觉醒起过不同程度的积极作用,但在帝国主义、封建主义的残酷镇压下,一一失败了。这些方案的失败,从事实上证明了:资本主义不能救中国!中国旧民主主义革命八十年间的全部历史无可辩驳地向人们展示:"资产阶级的共和国,外国有过的,中国不能有。"①

为什么资本主义不能救中国呢?为什么资产阶级的共和国"中国不能有"呢?毛泽东深刻研究了中国民主革命的历史经验,从理论上对此问题提出了明确的答案。

毛泽东指出:"中国革命的敌人是异常强大的",②而旧民主主义革命时期领导革命的力量民族资产阶级,则"在经济上和政治上是异常软弱的"③。

中国革命的敌人帝国主义和封建主义都是异常强大的。半殖民地半封建的中国,不是受某一个帝国主义国家所单独统治,而是受帝国主义列强所共同奴役。所有的帝国主义强国,都曾侵略、攻打过中国,并在中国拥有殖民统治的特权,整个国际帝国主义势力以军事、政治、经济、文化各种手段压迫中国,维护着它们对中国的殖民统治,而不许中国走独立的资本主义发展道路:"帝国主

---

① 《毛泽东选集》第四卷,人民出版社1991年版,第1471页。
② 《毛泽东选集》第二卷,人民出版社1991年版,第634页。
③ 同上书,第673页。

列强侵入中国的目的，决不是要把封建的中国变成资本主义的中国。帝国主义列强的目的和这相反，它们是要把中国变成它们的半殖民地和殖民地。"①

中国的封建主义也是异常强大的反动势力。封建地主阶级统治中国两千余年，在经济、政治、文化各领域都有着盘根错节的势力和影响。在近代，它又成了帝国主义列强的走狗，成了它们对中国实行殖民统治的社会基础，从而同帝国主义一起成为反对中国革命的强大反动势力。

封建主义的生产方式本质上是同资本主义不相容的。地主阶级为了维护其地租、高利贷剥削利益，为了维护其对广大农民的人身奴役和超经济剥削，也决不愿意"把封建的中国变成资本主义的中国"。

中国的资产阶级是在帝国主义对华侵略的刺激下由一部分商人、地主和官僚向新式工商业投资而转化成的。他们的资力薄弱，企业规模狭小，技术设备落后，在技术装备、资金以原料方面，都对外国资本主义有很强的依赖性。他们原是封建主义营垒中人，在转化为资产阶级后，仍同封建主义有着千丝万缕的联系，其中许多人仍然拥有相当数量的封建地产。这种情况使得中国的资产阶级"没有彻底的反帝反封建的勇气"②，他们"就不愿和不能彻底推翻帝国主义，更加不愿和更加不能彻底推翻封建势力"③。

中国革命的敌人异常强大，而旧民主主义革命时期领导革命

① 《毛泽东选集》第二卷，人民出版社1991年版，第628页。
② 同上书，第640页。
③ 同上书，第673页。

的资产阶级却异常软弱，这就决定了中国的旧民主主义革命无法取得成功，决定了企图以资本主义来救中国的各种方案，不能不一一陷于失败。

二、中国革命必须分两个步骤

资本主义不能救中国，中国能否有到达社会主义的路呢？

这在俄国十月革命前是根本不可能的。共产主义（包括它的第一阶段社会主义）是比资本主义更高的生产方式。在资本主义社会中，以无产阶级革命推翻资本主义统治，建立无产阶级专政，经过无产阶级专政实现社会主义、共产主义，这是马克思和恩格斯所揭示的从资本主义到社会主义、共产主义的一般的发展规律。十月革命前的俄国，资本主义没有达到高度的发展，但俄国毕竟已是一个资本主义国家，而且已经进入帝国主义阶段了。可是，近代的中国却是一个半殖民地半封建国家，经济发展远比十月革命前的俄国更落后。这样落后的国家，在十月革命前的历史条件下，是不可能找到到达社会主义的路的。

在中国的旧民主主义革命时期，某些先进的中国人，已经提到了社会主义并把它看作比资本主义更合理想的社会。康有为、孙中山等人，在19世纪末、20世纪初，眼看到西方国家垄断压迫、贫富日益两极分化、阶级斗争尖锐以及社会主义运动不断高涨等现实，因而在积极向西方国家寻找真理、企图以资本主义来救中国，使中国臻于独立富强的同时，也对资本主义制度表示了某些怀疑，进行了某些批评。他们还把社会主义看作是比资本主义更高级、更合理想的社会。康有为使用中国的传统范畴,把这种更理想的社会称为"大同"。他写了《大同书》,极力渲染大同社会的经济高度发展和人类生活的幸福美好。孙中山也极力宣扬"世界大同"的理想,并且一再声称大同就是社会主义。

但是,软弱的中国资产阶级,连中国的资产阶级民主革命任务都无力完成,又怎么可能为中国找到一条到达社会主义的路呢?他们所宣扬的社会主义,不能不陷于纯粹的空想。毛泽东在评论中国近代的这种大同思想时说:"康有为写了《大同书》,他没有也不可能找到一条到达大同的路。"[1]康有为没有也不可能找到这样一条路,孙中山同样没有且不可能。

十月革命后的世界历史形势发生了根本的变化。俄国共产党人在帝国主义链条最薄弱的环节上取得了无产阶级革命的胜利。从此,殖民地、半殖民地国家反对帝国主义及其走狗的革命,成了"无产阶级社会主义世界革命的一部分"[2]。中国的无产阶级,已开始"当作一个觉悟了的独立的阶级力量登上政治的舞台"[3]。在新的历史条件下,伟大的列宁首先看到并指出了经济落后的、还没有走上资本主义发展道路的国家走上社会主义道路的可能性:

> 在先进国家无产阶级的帮助下,落后国家可以不经过资本主义发展阶段而过渡到苏维埃制度,然后经过一定的发展阶段过渡到共产主义。[4]

---

[1] 《毛泽东选集》第四卷,人民出版社1991年版,第1471页。
[2] 《毛泽东选集》第二卷,人民出版社1991年版,第668页。
[3] 同上书,第672页。
[4] 《列宁全集》第39卷,人民出版社1986年版,第233页。

至于落后国家实现这种可能性需要经过怎样的步骤,采取什么样的形式或手段,列宁没有指出,并且认为"这不可能预先指出"①。的确,这本来是不能够由什么人"预先指出"的,而只能是依据落后国家的具体历史条件通过革命实践来解决的。

以毛泽东为代表的中国共产党人,在领导中国革命的过程中,把马克思列宁主义的普遍真理同中国革命的具体实践结合起来,从实践上和理论上卓越地解决了这一历史课题。

毛泽东指出:在俄国十月革命后的新历史条件下,"中国革命的终极的前途,不是资本主义的,而是社会主义和共产主义的"②,但是,这只是"终极前途",而不是近期可以争取的目标。"中国革命必须分为两个步骤"③,必须"做两步走,第一步是新民主主义,第二步才是社会主义"④。

为什么必须分两步走呢? 这是因为:

第一,在半殖民地半封建中国,统治广大中国人民的势力是帝国主义和封建主义。必须首先推翻帝国主义和封建主义,使中国人民从帝国主义、封建主义压迫下解放出来,才有可能进一步向社会主义前进。而推翻帝国主义、封建主义则是资产阶级民主革命的任务:"中国现在的革命任务是反帝反封建的任务,这个任务没有完成以前,社会主义是谈不到的。"⑤

中国革命的第一步,虽然在性质上仍然是反帝、反封建的资产

---

① 《列宁全集》第39卷,人民出版社1986年版,第233页。
② 《毛泽东选集》第二卷,人民出版社1991年版,第650页。
③ 同上书,第666页。
④ 同上书,第683页。
⑤ 同上。

阶级民主革命,但已不是资产阶级领导的旧式的资产阶级民主革命,而是无产阶级领导的新式的资产阶级民主革命或新民主主义革命。由于无产阶级是最先进的阶级,能够领导农民及一切革命阶级,形成无产阶级领导的以工农联盟为主体的强大革命力量,因而能够彻底推翻帝国主义、封建主义在中国的统治,取得新民主主义革命的胜利。

第二,实现社会主义的前途需要一定的条件。在半殖民地半封建社会中,不具备这样的条件,而新民主主义革命能为此准备条件。

新民主主义革命由于彻底推翻了帝国主义、封建主义的统治,"肃清了资本主义发展道路上的障碍物",因此,革命后"资本主义经济在中国社会中会有一个相当程度的发展";但是,由于新民主主义革命是无产阶级领导的,革命后又必然会"有社会主义因素的发展"①。这些社会主义因素"就是无产阶级和共产党在全国政治势力中的比重的增长,就是农民、知识分子和城市小资产阶级或者已经或者可能承认无产阶级和共产党的领导权,就是民主共和国的国营经济和劳动人民的合作经济"②。

毛泽东把中国革命的这两个步骤的相互关系概括为:"民主革命是社会主义革命的必要准备,社会主义革命是民主革命的必然趋势。"③中国在取得新民主主义革命的胜利后,必须使其向社会主义革命发展,"两个阶段必须衔接,不容横插一个资产阶级专政的

---

① 《毛泽东选集》第二卷,人民出版社1991年版,第651页。
② 同上。
③ 同上。

阶段"①。

毛泽东认为：新民主主义革命胜利所造成的社会主义因素的发展，"加以国际环境的有利，便使中国资产阶级民主革命的最后结果，避免资本主义的前途，实现社会主义的前途，不能不具有极大的可能性了"②。

怎样使这两个阶段衔接起来呢？怎样使"避免资本主义的前途，实现社会主义的前途"的"极大可能性"变为现实性呢？这就是关于新民主主义革命向社会主义革命转变中的国家问题。

三、经过人民共和国到达社会主义和共产主义

从资本主义过渡到社会主义必须经过无产阶级专政。马克思一再指出：

> 在资本主义社会和共产主义社会之间，有一个从前者变为后者的革命转变时期。同这个时期相适应的也有一个政治上的过渡时期。这个时期的国家只能是无产阶级的革命专政。③

> 把这种专政作为必经的过渡阶段，以求达到根本消灭阶级差别，消灭一切产生这些差别的生产关系，消灭一切和这些生产关系相适应的社会关系，改变一切由这些社会关系产生

---

① 《毛泽东选集》第二卷，人民出版社1991年版，第685页。
② 同上书，第650页。
③ 《马克思恩格斯全集》第19卷，人民出版社1963年版，第31页。

出来的观念。①

无产阶级专政在不同的历史条件下可以有不同的形式。俄国十月革命后建立的苏维埃政权，就是在俄国实行无产阶级专政的具体形式。

中国是在以新民主主义革命推翻帝国主义、封建主义的统治后开始向社会主义革命转变的。社会生产力远比十月革命时期的俄国更落后，经济、文化更不发达，阶级状况以及阶级关系同当时的俄国有很多差别，国际形势也有不同。在这样的历史条件下，不用说，中国到达社会主义的路，中国由新民主主义革命向社会主义革命转变的国家形式，也会有自己的特点。

毛泽东在中国的民主革命时期就指出：革命胜利后的国家不会是资产阶级专政的国家而是新民主主义的共和国。他把新民主主义的共和国界定为"无产阶级领导下的一切反帝反封建的人们联合专政的民主共和国"②，并且指出：中国共产党的全部革命任务是"完成中国资产阶级民主主义的革命（新民主主义革命），并准备在一切必要条件具备的时候把它转变到社会主义革命的阶段上去"③。

在新民主主义革命胜利并开始向社会主义革命转变的关头，毛泽东写了《论人民民主专政》，明确指出：中国到达社会主义和共产主义的"唯一的路是经过工人阶级领导的人民共和国"④。

人民共和国是在工人阶级和共产党的领导下，由工人阶级、农

---

① 《马克思恩格斯全集》第7卷，人民出版社1959年版，第104页。
② 《毛泽东选集》第二卷，人民出版社1991年版，第675页。
③ 同上书，第651页。
④ 《毛泽东选集》第四卷，人民出版社1991年版，第1471页。

民阶级、城市小资产阶级和民族资产阶级所组成的国家。人民共和国实行人民民主专政，即在组成国家的各阶级即人民内部，"实行民主制度"；另一方面，"向着帝国主义的走狗即地主阶级和官僚资产阶级以及代表这些阶级的国民党反动派及其帮凶们实行专政"①，"对人民内部的民主方面和对反动派的专政方面，互相结合起来，就是人民民主专政。"②

人民民主专政首先包括各劳动阶级的联盟："人民民主专政的基础是工人阶级、农民阶级和城市小资产阶级的联盟，而主要是工人和农民的联盟。"③但是，人民民主专政也把民族资产阶级作为人民的一部分包括在内。这是因为，中国的民族资产阶级在民主革命时期和社会主义革命时期都有两面性："在资产阶级民主革命时期，它有革命性的一面，又有妥协性的一面。在社会主义革命时期，它有剥削工人阶级取得利润的一面，又有拥护宪法，愿意接受社会主义改造的一面。"④尤其是在新中国成立的初期，"为了对付帝国主义的压迫，为了使落后的经济地位提高一步，中国必须利用一切于国计民生有利而不是有害的城乡资本主义因素，团结民族资产阶级，共同奋斗"⑤。

民族资产阶级虽然作为人民的一部分包括在人民民主专政之内，但它"不能充当革命的领导者，也不应当在国家政权中占主要的地位"⑥。

---

① 《毛泽东选集》第四卷，人民出版社1991年版，第1475页。
② 同上。
③ 同上书，第1478页。
④ 《毛泽东选集》第五卷，人民出版社1977年版，第365页。
⑤ 《毛泽东选集》第四卷，人民出版社1991年版，第1479页。
⑥ 同上。

人民民主专政以工人阶级为领导，以强大的工农联盟为基础，这就保证了它作为中国到达社会主义和共产主义的"唯一的路"的作用，使中国向何处去的问题只能按社会主义方向来解决，而不致导向资本主义和资产阶级专政。"人民手里有强大的国家机器，不怕民族资产阶级造反。"①

在中华人民共和国成立以前，解放区的政权就是以无产阶级为领导的以工农联盟为基础的政权，事实上"已经建立了人民民主专政"，但是，在当时"人民民主专政是解决资产阶级民主革命任务的"，而"在中华人民共和国成立以后，人民民主专政开始担负由资本主义过渡到社会主义的任务……这样的政权实际上只能是无产阶级专政"②。

人民民主专政的理论，是马克思、列宁主义无产阶级专政学说在中国的具体历史条件下的重大发展。

由于中国经济的落后，在中华人民共和国成立以后，不但经济成分和阶级关系复杂，而且生产力发展水平很低，要解决通过人民共和国到达社会主义和共产主义的历史任务，第一步需要进行社会主义改造，建立社会主义的经济基础，然后在社会主义的经济基础和上层建筑之下大力发展生产力，根本改变中国的贫困落后面貌，把中国建设成现代化的、富强的伟大社会主义国家。

为了解决建立社会主义经济基础的任务，毛泽东领导全党制订了"党在过渡时期的总路线"：

---

① 《毛泽东选集》第四卷，人民出版社1991年版，第1477页。
② 《刘少奇选集》下卷，人民出版社1985年版，第242页。

从中华人民共和国成立,到社会主义改造基本完成,这是一个过渡时期。党在这个过渡时期的总路线和总任务,是要在一个相当长的时期内,基本上实现国家工业化和对农业、手工业、资本主义工商业的社会主义改造。这条总路线,应是照耀我们各项工作的灯塔,各项工作离开它,就要犯右倾或"左"倾的错误。①

1956年,中国的社会主义改造基本完成,社会主义的经济基础即"社会主义的生产关系已经建立起来"②,而且,新的社会主义制度已明显地显示出自己的优越性,"促进了我国生产力的突飞猛进的发展"③。

但是,社会主义制度虽已建立,中国的生产力水平仍是比较低的,比发达的资本主义国家仍然落后很多。要使新建立的社会制度能够强大巩固,要使它能够充分显示出对资本主义的优越性,必须在社会主义制度下大力发展生产力,大大提高劳动生产率。正如列宁所说:"劳动生产率,归根到底是使新社会制度取得胜利的最重要、最主要的东西"④,"资本主义可以被最终战胜,而且一定会被最终战胜,因为社会主义能创造新的高得多的劳动生产率"⑤。

在经济十分落后、人口居世界首位的中国,要造成比发达的资本主义国家更高的劳动生产率,在经济发展方面赶上并超过资本

---

① 《毛泽东选集》第五卷,人民出版社1977年版,第89页。
② 同上书,第374页。
③ 同上。
④ 《列宁全集》第37卷,人民出版社1959年版,第18页。
⑤ 同上。

主义国家,是一项更为长期艰巨的任务。

对于在社会主义制度下发展中国的问题,毛泽东进行了辛苦的探索,也提出过许多正确的思想。

第一,他指出这一任务的长期性和艰巨性。

在中国的民主革命即将取得全国胜利时,毛泽东就向全党和全国人民指出:"夺取全国胜利,这只是万里长征走完了第一步。……中国的革命是伟大的,但革命以后的路程更长,工作更伟大,更艰苦。"①在社会主义改造的时期,他又指出:"我们可能经过三个五年计划建成社会主义社会,但要建成为一个强大的高度社会主义工业化的国家,就需要有几十年的艰苦努力,比如说,要有五十年的时间,即本世纪的整个下半世纪。"②

第二,他强调在社会主义建设中也要像在民主革命中那样,实行"调动一切积极因素的方针"③,并且提出了"鼓足干劲,力争上游,多、快、好、省地建设社会主义"的社会主义建设总路线。

第三,他研究了苏联在建设社会主义方面的经验以及缺点和错误,并力图为中国找到能够避免这类缺点和错误的道路。在1956年,他就提醒人们:"特别值得注意的是:最近苏联方面暴露了他们在建设社会主义过程中的一些缺点和错误,他们走过的弯路,你还想走?过去我们就是鉴于他们的经验教训,少走了一些弯路,现在当然更要引以为戒。"④1957年,他又提到:"我们是不是可以把苏联走过的弯路避开,比苏联搞的速度更要快一点,比苏联

---

① 《毛泽东选集》第四卷,人民出版社1991年版,第1438页。
② 《毛泽东选集》第五卷,人民出版社1977年版,第139页。
③ 同上书,第267页。
④ 同上。

的质量更要好一点？应当争取这个可能。"①

他的《论十大关系》《关于正确处理人民内部矛盾的问题》等著作，正是为了借鉴苏联的经验教训，探索中国自己的社会主义发展道路而写的。

第四，他提出实现四个现代化的宏伟目标，并对中国社会主义经济的发展作了"两步"设想："第一步，用十五年时间，即在一九八○年以前，建成一个独立的、比较完整的工业体系和国民经济体系；第二步，在本世纪内，全面实现农业、工业、国防和科学技术现代化，使我国国民经济走在世界的前列。"②

毛泽东还在总结中国社会主义改造时期的经验和借鉴苏联经验的基础上，对社会主义经济建设和社会主义经济发展中的重工业、轻工业和农业的关系，沿海工业和内地工业的关系，经济建设和国防建设的关系，国家、生产单位和生产者个人的关系，中央和地方的关系以及中国和外国的关系等等作了研究，对怎样更正确、更恰当地解决这些关系，以达到调动一切积极因素，多、快、好、省地建设社会主义的要求，提出了一系列深刻的理论观点。

第五，也是最为重要的，毛泽东研究了社会主义社会的矛盾，批判了那种认为社会主义社会生产关系同生产力、上层建筑同经济基础之间"完全适合"的错误观点，指出："在社会主义社会中，基本的矛盾仍然是生产关系和生产力之间的矛盾，上层建筑和经济基础之间的矛盾。"③不过，社会主义社会中的这些矛盾，同旧社

① 《毛泽东选集》第五卷，人民出版社1977年版，第473页。
② 《周恩来选集》下卷，人民出版社1984年版，第479页。
③ 《毛泽东选集》第五卷，人民出版社1977年版，第373页。

会生产关系和生产力、上层建筑和经济基础的矛盾,"具有根本不同的性质和情况":"它不是对抗性的矛盾,它可以经过社会主义制度本身,不断地得到解决。"①毛泽东进一步分析社会主义社会的基本矛盾说:"社会主义生产关系已经建立起来,它是和生产力发展相适应的;但是,它又还很不完善,这些不完善的方面和生产力的发展又是相矛盾的。除了生产关系和生产力发展的这种又相适应又相矛盾的情况以外,还有上层建筑和经济基础的又相适应又相矛盾的情况。"②对这些矛盾,"必须按照具体的情况"加以解决。在一个时期的矛盾解决之后,"又会出现新的问题,新的矛盾,又需要人们去解决"③。因此,社会主义社会的生产关系和生产力之间、上层建筑和经济基础之间,并不是"完全适合"的,而是有着矛盾,并且是"矛盾不断出现,又不断解决"④。社会主义制度正是在这样的矛盾运动中不断地前进,不断地自我完善的。

毛泽东的这些思想,正确地反映了社会主义社会的发展规律,对中国今后的社会主义经济建设和经济发展,无疑仍有重大的指导意义。

可以看出,毛泽东在社会主义时期,尤其是在中国社会主义改造基本完成后,曾力图找到一条适合中国的国情和历史特点的社会主义发展道路,并已提出了一系列十分宝贵的理论认识。不过,在他的生前,他没能像解决中国民主革命的道路问题那样最终解决这一新的历史课题。在他的晚年,他在指导中国社会主义建设

---

① 《毛泽东选集》第五卷,人民出版社1977年版,第373页。
② 同上书,第374—375页。
③ 同上。
④ 同上。

的实践方面犯了许多错误，在理论方面也提出了一些与上述正确思想相违背的观点和主张。

四、"建设有中国特色的社会主义"的思想的形成

邓小平一贯强调要坚持毛泽东所倡导的"实事求是"的思想路线，指出："毛泽东思想的基本点就是实事求是，就是把马列主义的普遍原理同中国革命的具体实践相结合"，"毛泽东思想的精髓就是这四个字。"[①]

毛泽东逝世后，邓小平率领全党，重申了毛泽东所倡导的实事求是的思想路线，纠正了前一段时期在社会主义建设中所出现的失误，继续探索适合中国历史条件的社会主义发展道路，并且明确提出了"建设有中国特色的社会主义"的口号。从中国共产党十一届三中全会以来，建设有中国特色的社会主义的思想，已逐渐形成并丰富起来。

中国共产党纠正了"以阶级斗争为纲"的错误，重申以社会主义建设作为全党工作的中心，并且在十一届三中全会上确定了"团结全国各族人民，调动一切积极因素，同心同德，鼓足干劲，力争上游，多快好省地建设现代化社会主义强国"的基本路线。后来又进一步明确了这条基本路线包括一个中心，即社会主义经济建设，两个基本点，即坚持四项基本原则和坚持改革、开放；并且认为坚

---

① 《邓小平文选（1975—1982年）》，人民出版社1983年版，第121页。

持四项基本原则是立国之本，而坚持改革、开放则是强国之路。

邓小平提出了"社会主义初级阶段"的概念，认为中国在走上社会主义道路后，有很长时期是处于社会主义的初级阶段。在社会主义初级阶段必须始终坚持一个中心、两个基本点的基本路线，并且在保持社会主义公有制占绝对优势的前提下，以个体的、私人的以及外资的、中外合资的各种非社会主义的经济形式，作为社会主义经济的补充。

邓小平还对社会主义初级阶段的经济发展，提出了一个"三步"的设想：第一步是在20世纪80年代使国民生产总值翻一番；第二步是在90年代再翻一番，使人民生活达到小康的水平；第三步是在21世纪的前半世纪内，使中国经济达到中等的发达资本主义国家的发展水平。

中国共产党按照实事求是的思想路线，坚持以实践作为检验真理的唯一标准，在实践上和理论上大胆创新，突破了过去束缚人们思想和行动的许多"禁区"，在经济体制改革和社会主义经济理论方面都取得了众多的、过去无法想象的巨大成就，大大解放了生产力，也不断解放了人们的思想。十一届三中全会以来的十余年，中国生产力的发展和中国人民生活水平的提高，都远远超过了这以前的三十年。1992年年初邓小平的重要讲话，更极大地解放了人们的思想，高度激发了全党和全国人民建设社会主义的积极性，大大加快了中国社会主义经济建设和改革、开放的前进步伐。

十一届三中全会以来的事实充分表明：中国已找到了适合自己历史特点的社会主义发展道路。建设有中国特色的社会主义的思想，已经日益显示出自己的威力。

建设有中国特色的社会主义的思想，虽然是在十一届三中全会以后逐渐完整、明确地形成起来的,但它是中国革命的长期历史发展的产物,它同中国新民主主义革命的理论一样,是马克思列宁主义普遍真理同中国的具体实践相结合的产物。正如邓小平所指出的:

> 把马克思主义的普遍真理同我国的具体实际结合起来,走自己的道路,建设有中国特色的社会主义,这就是我们总结长期历史经验得出的基本结论。①

(原载《北京大学纪念毛泽东百年诞辰论集》,

北京大学出版社1993年版)

---

① 《邓小平文选(1975—1982年)》,人民出版社1983年版,第372页。

33 三大伟人和中国经济学发展之路

一

江泽民总书记在中国共产党第十五次全国代表大会上所作的《高举邓小平理论伟大旗帜,把建设有中国特色的社会主义事业全面推向二十一世纪》的报告中指出:"一个世纪以来,中国人民在前进道路上经历了三次历史性的巨大变化,产生了三个站在历史前列的伟大人物:孙中山、毛泽东、邓小平。"这是对鸦片战争以来一百五十余年的中国历史进程,尤其是20世纪中国历史进程的科学概括。

自1840年的鸦片战争失败以来,中国所面临的根本经济问题,始终是发展的问题,鸦片战争后,中国面对着拥有以大工业为主体的现代生产力的强大西方国家,备受侵略、掠夺。最初,人们只看到中国军事落后,后来逐渐认识到:西方军事力量强大,是有发达的、现代化的经济作为基础的;没有发达的、现代化的经济,以新式武器装备起来的现代国防就建立不起来,建立起来了,也维持不下去。于是,人们的认识前进了一步。少数先进人士提出了"先富而后强"①的口号,认为要使国家独立、强盛,不受外来

---

① 《弢园文录外编·中外合力防俄》。

侵略、欺凌，就必须发展自己的经济，发展经济是解决中国问题的根本要害。由此开始，发展问题就成了中国研讨经济问题的中心，中国人士所提出的各种经济思想、经济学说，其实都是环绕这一中心展开的。

中国的经济发展包括两个方面的问题：一是找到适合中国情况的发展途径，二是创设中国经济发展所必须具备的根本政治前提。

首先看发展途径问题。鸦片战争以前两千余年，中国的生产一直是以个体农业、个体手工业方式进行的简单再生产。这种生产，每年的生产规模基本上差不多，一般不增加投资，不进行大规模的技术改革。在这种生产条件下，人们对生产的要求一直是丰衣足食，维持原来的生产水平。生产的剩余，均被地主及封建国家所榨取并用在非生产的用途上；即使少量能够存储下来，也只是用作预备天灾人祸的储备，而不是用作扩大再生产的积累。对这种生产方式来说，事实上不存在发展的问题。在鸦片战争前两、三千年，经济发展的问题可以说一直是处于经济研究的视线以外的。

鸦片战争后的情况不同：中国根本不可能在过去的生产方式和方法的基础上求得发展，而必须采用西方的生产方法，在社会化大生产的基础上发展自己。这就意味着在生产方式和投入产出方式方面实现根本性的、革命性的变革。这可说就是中国在发展途径方面的实质所在。

其次看发展的根本政治前提。任何国家的发展都必须解决自己发展的政治前提：英、法的资产阶级革命，美国的独立战争，日本明治维新的废藩置县……都是如此。不解决发展的根本前提，发展就会受到严重阻碍而难以实现。

中国发展的根本政治前提问题特别严重，解决起来也特别艰巨。中国是受封建统治两千多年的国家，封建势力特别强大，而且根深蒂固。中国的革命，单从反封建的任务来说，其艰巨性就非世界上任何国家的资产阶级革命所能相比。不止如此，在中国的发展开始成为中国的根本经济问题时，中国已经沦为列强共同掠夺和奴役的殖民地、半殖民地，列强不仅用其强大的经济、政治、军事实力压迫中国，还支持中国的封建势力统治中国人民，压制中国人民的发展要求。在这种情况下，中国根本不存在发展的必要前提。

在孙中山登上历史舞台之前，中国人民已为解决这两个问题以改变中国贫穷和衰弱的状况进行了许多次前仆后继的斗争，在斗争过程中，先进人士对这两个问题的认识也逐渐取得了一些进步，但总的说来，对这两个问题都还没能形成完整、明确的概念，更谈不上从中国的国情出发找到适合中国特点的发展道路。

二

对于孙中山，我们总是称他为"伟大的革命家"、"中国革命的伟大先行者"。如果把"革命"二字理解为既进行自下而上的推翻反动统治势力的斗争，又对生产关系和上层建筑进行除旧立新的深刻改造，这种评价当然是全面的，准确的；如果只从进行推翻反动统治势力的斗争来理解，那就还意犹未尽。事实上，孙中山自走上历史舞台开始，直到他喊着"和平，奋斗，救中国"结束自己的最

后一息，他一直是既要进行推翻反动统治势力的斗争，又要把一个
落后的中国改造为一个现代化的先进的中国。中国发展问题的两
个方面，他都注意到了。

孙中山的发展思想，主要可概括为以下几个方面：

（一）发展的意义

孙中山指出：中国的发展，不仅是关系中国自身的兴衰存亡的
大事，不仅是中国"存亡之关键"[1]，"兴国之要图"[2]，也是有世界
意义的大事，像中国这样的大国，发展起来了，对整个世界的发展
和进步，对维护世界和平，将有极大的积极作用。他驳斥了当时一
些外国侵略分子所散布的中国发展和强大将造成"黄祸"的谬论，
指出：中国发展了，资源得到开发，人民生活变富裕了，将会成为
一个无比广阔的世界市场，世界各国都会由此得到好处，这不仅不
会成为"黄祸"，而且"还可以变成黄福"[3]！

（二）发展的目标

孙中山为中国的发展指出了两大目标：赶超世界先进水平和
救贫防不均。

孙中山指出：中国发展要采用西方的最新方法，就可以避免西
方走过的老路，大大加快发展速度，从而在二十年、十年乃至三、
五年内和欧美国家"并驾齐驱"，甚至"驾欧洲而上之"。[4]

---

[1]　《孙中山全集》第六卷，中华书局1985年版，第248页。

[2]　同上。

[3]　《孙中山全集》第一卷，中华书局1981年版，第254页。

[4]　同上书，第15页。

孙中山认为中国可在这么短的时间发展起来,赶上并超过世界发达国家的水平,这当然是超越实际的主观愿望。但是,他认为中国的发展不能亦步亦趋地走西方走过的路,应该有更高的速度,这当然是对的。他的急于改变祖国落后面貌的激情,也是可以理解的。

救贫防不均的目标,是针对西方的资本主义发展道路造成了贫富严重不均和阶级对立、阶级斗争的激化而提出的。孙中山认为:在这方面中国也应避开西方的老路,要在努力发展经济以救贫的情况下,采取措施防止严重贫富不均现象的出现。

孙中山认为中国当时还不存在严重的贫富不均,只有当将来经济发展了,才会如此,所以在当时还不应纠正不均,而只应着手防止未来的不均。他认为当时的贫富不均还不严重,还不是现实问题,自然是不对的。但是,他认为经济发展会使贫富差距拉大,因而在发展中必须及早注意此问题,这却无疑是正确的。

(三)发展的模式

孙中山要学习西方,但又对西方资本主义发展道路不满意,认为:"欧美强矣,其民实困"。①于是就想寻求一个与西方不同的发展模式。他建议的模式,叫做民生主义的发展模式。

民生主义的发展模式是要通过经济发展来改善民生,防止发展成果为少数人所垄断。民生主义包括两方面内容:平均地权和节制资本。前者是主张进行土地制度的改革,以土地国有代替土地私有,以防止在未来经济发展中地租及地价的迅猛增长所产生

---

① 《孙中山全集》第一卷,中华书局1981年版,第288页。

的利益落于少数人之手；后者是主张国家在工商业发展中采取措施防止形成私人垄断，其具体措施包括发达国家资本和用累进所得税、工厂立法之类的措施节制私人资本。在节制资本措施中，主要内容是发达国家资本，即对有垄断性的大企业由国家投资经营，以防私人资本操纵国民经济命脉。

孙中山把他的民生主义发展模式看成是同资本主义的发展模式根本不同的，而且认为它是社会主义性质的发展模式，认为："民生主义就是社会主义"①。

在孙中山以前，谈中国发展问题的人都是以西方国家的发展模式为榜样，孙中山实际上也是如此。他的平均地权解决了封建土地制度对发展的阻碍，节制资本靠国家集中力量建立发展所需的基础设施，都可以大大加快资本的发展。但他一再表示对西方的发展道路不能满意，并且表示了寻求社会主义发展道路的愿望。所以，列宁称孙中山的社会主义为"主观社会主义"。②

（四）发展的战略

孙中山不但重视发展问题，还为中国的发展制订了发展战略。他写的一部专书《实业计划》就是这一发展战略的集中体现。

孙中山的发展战略是：从交通、原材料、能源、港口、市街等基础设施，及衣、食、住、行等民生日用品的生产这两个方面着手，带动中国经济建设"万端齐发"，③实现中国的现代化。基础设施的建设由国家进行，以利于支持全国的经济发展并防止私人垄断；

---

① 《孙中山选集》下卷，人民出版社1956年版，第765页。
② 《列宁全集》第21卷，人民出版社1959年版，第429页。
③ 胡汉民编：《总理全集》第三集，上海民智书局1930年版，第293页。

衣、食、住、行等民生日用品的生产经营,则允许和鼓励私人经营:"凡夫事物之可以委诸个人,或其较国家经营为宜者,应任个人为之,由国家奖励,而以法律保护之。至其不能委诸个人及有独占性质者,应由国家经营之。"①

（五）发展的条件

中国的发展需要各种新技术、新设备,需要大量资本和大批人才,这就是发展条件问题。这些条件从何而来? 孙中山认为:只靠中国内部是解决不了的,只有从外部想办法:"凡是我们应兴事业,我们无资本,即借外国资本;我们无人才,即用外国人才,我们的方法不好,即用外国方法",②为此,就必须实行对外开放。从近代世界的历史和中国的历史,孙中山深深认识到:对外开放有两种不同的情况:独立自主的对外开放和殖民地、半殖民地式的"开放",中国的对外开放必须是独立自主的对外开放:"止可利用其资本、人才,而主权万不可授之于外人",③"惟发展之权,操之在我则存,操之在人则亡"④。

（六）发展问题的两个方面及其相互联系

对中国发展问题的两个方面,孙中山都注意到了。不论是在革命较顺利发展的时期,或是遭遇严重挫折,处于低潮的时期,他都是既坚持革命,又积极宣扬发展。对这两个方面,他都是抓

---

① 《孙中山全集》第六卷,中华书局1985年版,第253页。
② 《孙中山全集》第二卷,中华书局1982年版,第533页。
③ 《孙中山全集》第五卷,中华书局1985年版,第623页。
④ 《孙中山全集》第六卷,中华书局1985年版,第248页。

住不放,而且对两方面的联系,已经有所认识。在他领导辛亥革命推翻帝制后,他曾谈道:一个国家"能开发其生产力则富,不能则贫。以前为满清政府所制,欲开发而不能"①。这表明:他所以进行推翻清朝的革命,就是要为中国的发展创造必要的政治前提。

孙中山的发展思想,是中国的经济发展思想初步具有了自己的完整体系的表现,它包含着很多值得珍视的思想遗产:他同时注意了中国发展问题的两个方面;他第一个为中国的发展制订了全盘战略;他重视农业问题,把平均地权看作民生主义的主要内容;他提出了靠国家和个人两方面力量来发展经济的主张;他强调发展应首先集中力量进行基础设施的建设以及论证了对外开放在中国经济发展的意义和作用,等等。这些思想在今天以至今后的相当时期,仍具有启发和借鉴意义。

但是,孙中山对中国发展的两个方面,一个也未能解决。他毕生致力于中国的民主革命,但到临终还是"革命尚未成功";他的发展计划,在他生时更只能是空中楼阁,没有实现的可能。他不满足于资本主义的发展,产生了走社会主义发展道路的愿望,但究竟什么是社会主义的发展道路,以及中国怎样才能走上社会主义的发展道路,他是认识不到的。

"路曼曼其修远兮,吾将上下而求索。"②中国发展的路是修远的,一代伟人孙中山未能解决的任务,其接力棒传给了继起的伟大人物——毛泽东。

---

① 《孙中山全集》第二卷,中华书局1982年版,第322页。
② 《离骚》。

三

毛泽东在中国发展问题上所做出的贡献，主要在于：

（一）对中国发展问题的两个方面，首先应集中力量解决发展的根本政治前提

孙中山已有了推翻旧政权为中国发展创造政治前提的认识，但他的这种认识还是不够明显和一贯的。他在第一次世界大战后中国处于分裂、内战的极其混乱的时期写出《实业计划》，呼吁全国以及国际资本共同从事中国的大规模实业建设，就说明他对发展的政治前提问题的认识不足。

毛泽东从理论上和实践上彻底解决了这两个方面的关系问题。他一方面把对生产力的发展所起的作用作为判别"中国一切政党的政策及其实践在中国人民中所表现的作用的好坏、大小"[1]的根本尺度；另一方面又强调："政治不改革，一切生产力都遭到破坏的命运"，"在一个半殖民地的、半封建的、分裂的中国里，要想发展工业，建设国防，求得国家的富强"，[2]结果只能是一个归于幻灭的梦。要求得中国的发展，首先要集中力量解决发展的政治前提问题。他并且提出：能为中国的发展创造根本政治前提的，不是资产阶级领导的旧民主主义革命，而只能是无产阶级领导的新民主主义革命。他制订了新民主主义革命的总路线，领导中国的

---

① 《论联合政府》，《毛泽东选集》第三卷，人民出版社1991年版，第1079页。
② 同上书，第1080页。

新民主主义革命取得了彻底胜利。

（二）找到了通过人民共和国到达社会主义的路

孙中山就希望中国能避免资本主义的发展道路走上社会主义的发展道路，但这只能是一种主观愿望。列宁在十月革命后指出："在先进国家的无产阶级帮助下，落后国家可以不经过资本主义发展阶段而过渡到苏维埃制度，然后经过一定的发展阶段过渡到共产主义。"①但是，对于这种可能性要通过什么途径来实现，列宁没有指出。毛泽东对这一问题提出了答案，他说："无产阶级的共和国，外国有过的，中国不能有……唯一的路是经过工人阶级领导的人民共和国。"②

（三）指出并论证了新民主主义的经济形态

毛泽东指出：新民主主义革命胜利后形成的新民主主义的经济形态，将是一种包括社会主义国营经济、合作经济、农业、手工业个体经济、私人资本主义经济和国家资本主义经济在内的多种经济成分并存的经济形态。多种经济成分的地位和作用不是齐一的，而是以社会主义国营经济为领导的。新民主主义经济形态所以必要，是由于中国生产力落后，既要利用一切可以利用的经济成分以发展生产力，又要为向社会主义的转变创造条件。何时由新民主主义向社会主义转变？毛泽东回答说："应以是否具备了转变的条件为标准，时间今要相当地长。"③

（四）中国的发展，既不能走西方资本主义国家发展的路，又要避免苏联在社会主义建设中的缺点和错误

---

① 《列宁全集》第39卷，人民出版社1986年版，第1471页。
② 《毛泽东选集》第四卷，人民出版社1991年版，第1471页。
③ 《毛泽东选集》第一卷，人民出版社1991年版，第160页。

毛泽东很注意研究苏联在建设社会主义方面的经验和存在的缺点、错误，明确提出："我们是不是可以把苏联走过的弯路避开，比苏联的速度更要快一点，比苏联的质量更要好一点？应当争取这种可能。"①

毛泽东对苏联建设经验及缺点、错误的认识，自然也难免有其局限，但重要的是，他为找到一条更适合中国的建设、发展之路而上下求索的精神。

（五）提出了四个现代化的宏伟目标，并且对中国的经济发展作了两步走的设想

这一设想的大致内容是："从第三个五年计划开始，我国国民经济的发展，可以按两步来设想：第一步，用十五年时间，即在1980年以前，建成一个独立的比较完整的工业体系和国民经济体系；第二步，在本世纪内，全面实现农业、工业、国防和科学技术的现代化，使我国国民经济走在世界的前列。"②

（六）他批评了社会主义社会中生产关系同生产力、上层建筑同经济基础"完全适合"的错误观点，提出了关于社会主义社会的基本矛盾的新观点

毛泽东指出："在社会主义社会中，基本的矛盾仍然是生产关系和生产力之间的矛盾，上层建筑和经济基础之间的矛盾"③，不过，社会主义社会中的这些矛盾，同旧社会生产关系和生产力、上层建筑和经济基础的矛盾"具有根本不同的性质和情况"，"它不是对抗性的矛盾，它可以经过社会主义制度本身，不断地得到

---

① 《毛泽东选集》第五卷，人民出版社1977年版，第267页。
② 《周恩来选集》下卷，人民出版社1984年版，第479页。
③ 《毛泽东选集》第五卷，人民出版社1977年版，第373页。

解决"①。

可以看出，毛泽东在社会主义时期，曾力图寻找一条适合中国国情和历史特点的社会主义发展道路，而且，已经提出了一系列十分宝贵的认识。但他没能像解决中国民主革命的道路那样最终解决中国的社会主义发展的道路问题。晚年，他也犯了错误，在理论上也提出了一些不符合经济发展要求，同他自己的上述正确认识也相背离的观点和论断。他在社会主义建设时期不同意以经济建设作为全党工作的中心，而是坚持继续以阶级斗争为纲；他违背了自己关于中国经济发展和建设长期性的认识，急于求成，提出了"大跃进"的主张；在生产关系的变革中，他离开了生产关系一定要适合生产力性质的原理，急于在生产关系变革中求快、求高、求纯、求大等。

毛泽东未能最终解决中国社会主义发展道路的问题，20世纪中国的第三位伟大人物邓小平接过了接力棒，为中国找到了解决这一问题的答案。

四

孙中山提出了中国发展问题的两个方面；毛泽东解决了中国发展的根本政治前提问题，并指出了经过人民共和国到达社会主义的路；邓小平的建设有中国特色的社会主义理论，则解决了怎样在社会主义道路上发展中国的问题。

---

① 《毛泽东选集》第五卷，人民出版社1977年版，第373页。

邓小平关于在社会主义道路上发展中国的思想，主要内容为：

（一）坚持生产关系一定要适合生产力性质和水平的马克思主义基本原理，鲜明地提出"社会主义首先要发展生产力"的论点

邓小平在论述革命和发展生产力的相互关系时指出："革命是要搞阶级斗争，但革命不只是搞阶级斗争。生产力方面的革命也是革命，而且是很重要的革命，从历史的发展来讲是最根本的革命。"[①]他总结中国社会主义建设的经验，断言："讲社会主义，首先就要使生产力发展，这是主要的。"[②]

在此思想指导下，邓小平领导全党重新明确以经济建设为全党工作的中心，并制定了一个中心、两个基本点的党在社会主义初级阶段的基本路线。

（二）从中国生产力的实际情况出发，作出了"社会主义初级阶段"的科学论断

发展生产力必须以生产力的实际情况为起点，如果对实际情况没有正确的估计，制定发展规划就缺乏切实可靠的基础。针对此点，邓小平斩钉截铁地指出："我们党的十三大阐述中国社会主义是处在一个什么阶段，就是处在初级阶段，是初级阶段的社会主义。……就是不发达的阶段。一切都要从这个实际出发，根据这个实际来制订规划。"[③]

邓小平"社会主义初级阶段"的科学论断的提出，对中国的建设和发展有特别重大的意义。正如江泽民同志所说的："我们讲一切从实际出发，最大的实际就是中国现在处于并将长期处于社会

---

① 《邓小平文选》第二卷，人民出版社1994年版，第311页。

② 同上书，第314页。

③ 《邓小平文选》第三卷，人民出版社1993年版，第252页。

主义初级阶段。……十一届三中全会前我们在建设社会主义中出现失误的根本原因之一，就在于提出的一些任务和政策超越了社会主义初级阶段。近二十年改革开放和现代化建设取得成功的根本原因之一，就是克服了那些超越阶段的错误观念和政策，又抵制了抛弃社会主义基本制度的错误主张。"①

（三）提出了中国经济发展要分三步走的战略目标

从中国处在社会主义初级阶段这一最大的实际出发，邓小平认为：中国的经济发展要分三步走。"本世纪走两步"，即从1980年起，用十年时间使国民生产总值翻一番，然后再用十年再翻一番，"达到温饱和小康，下个世纪用三十年到五十年时间再走一步，达到中等发达国家的水平"。②

（四）批评和纠正了生产关系改革中一味求快、求高、求纯、求大的错误，提出了在社会主义初级阶段以社会主义公有制为主体、多种经济成分并存的主张

邓小平批评了过去在社会主义改造中不从实际生产力水平出发一味追求速度和形式的倾向，他以农村的社会主义改造为例指出："比如农业合作化，一两年一个高潮，一种组织形式还没有来得及巩固，很快又变了。从初级合作化到普遍办高级社就是如此。……高级社还不巩固，又普遍搞人民公社……"③根据我国社会主义初级阶段的实际生产力水平，他提出了社会主义公有制为主体、允许多种经济成分并存的主张。

---

①　《高举邓小平理论伟大旗帜，把建设有中国特色的社会主义事业全面推向二十一世纪》。
②　《邓小平文选》第三卷，人民出版社1993年版，第251页。
③　同上书，第316页。

（五）解决共同富裕与一部分人、一部分地区先富起来的关系问题

社会主义发展道路的一个本质特点，是实现共同富裕。邓小平一贯坚持这一点，强调："社会主义道路，就是要逐步实现共同富裕。"①"社会主义最大的优越性就是共同富裕。"②但是，中国国大、人多，各地方情况很不平衡，如果要强使一切人、一切地区同步达到共同富裕，势必会使一些条件有利的人和地区无法利用优越的条件求得发展，挫伤他们及它们的积极性，也会因而使全国的发展受到严重阻碍，难以实现。邓小平辩证地解决了这一矛盾，提出了使一部分地区、一部分人先富起来，然后先富帮后富，实现共同富裕的思想，他说："共同富裕的构想是这样提出的：一部分地区有条件先发展起来，一部分地区发展慢点，先发展起来的地区带动后发展的地区，最终达到共同富裕。"③

（六）提出了计划经济和市场经济都是经济手段的创造性马克思主义理论，为确立社会主义市场经济这一改革的目标模式奠定了理论基础

从马克思主义的奠基人开始，就一直把计划经济看作社会主义制度下的本质事物，而把市场经济看作同社会主义制度本质上不相容的，认为："一旦社会占有了生产资料，商品生产就将被消除，而产品对生产者的统治也将随之消除。社会生产内部的无政府状态，将为有计划的自觉的组织所代替。"④

---

① 《邓小平文选》第三卷，人民出版社1993年版，第373页。
② 同上书，第364页。
③ 同上书，第374页。
④ 《马克思恩格斯全集》第20卷，人民出版社1971年版，第307—308页。

但是,后来的社会主义建设的长期实践证明:市场经济对社会主义生产力的发展,对资源和信息的充分合理的利用,是必要的、不可少的;而计划经济虽在社会主义的一定发展阶段起过重要作用,但一个全面的、无所不包的计划经济,并不适合高度社会化的现代生产力的要求。于是,我国的经济改革就日益面临着由计划经济向社会主义市场经济转轨改型的问题。但如果计划经济是同社会主义本质相联系的事物,而市场经济相反,那么这种改革就将意味着要么束缚生产力发展,要么改变社会主义性质的两难局面。

邓小平总结了社会主义建设的历史经验,以马克思主义的大无畏精神创造性地解决了这一难题,指出:"计划多一点还是市场多一点,不是社会主义与资本主义的本质区别。计划经济不等于社会主义,资本主义也有计划;市场经济不等于资本主义,社会主义也有市场。计划和市场都是经济手段。"①

五

经济思想是社会经济在人们头脑中的反映,经济发展的落后必然造成经济思想、理论方面的落后。

中国古代经济思想的发展曾长期走在世界前列,但从16世纪起,中国经济日益落后于西方,中国在经济思想方面便也开始落后。鸦片战争后,中国在经济学领域,同西方的差距就更其巨大了。中国既有在经济发展方面赶上发达国家的问题,也有在经济学研

---

① 《邓小平文选》第三卷,人民出版社1993年版,第373页。

究领域改变落后状况的任务。中国将怎样在经济研究领域迎头赶上呢？在这一领域中应在什么地方实现突破呢？中国近现代的根本经济问题既然是经济发展的问题，自然也最有可能在发展经济学方面首先进入世界前列。

发展经济学是现代经济学的一支，它最先产生于西方发达国家。但是，发展问题早已不是发达国家的问题，发达国家的学者研究这一对自己国家没有切身利害关系的问题，不免有隔岸观火的情况；而且，在掌握材料上也会受到严重局限，不能够掌握和体会来自亿万人民的最生动、最直接的第一手材料。这种限制就为发展中国家提供了在发展经济学领域首先赶上和超过发达国家的可能。

中国是世界上最大的发展中国家，发展的任务最为艰巨。中国人民为解决发展的任务，前仆后继，奋斗牺牲，付出了极大代价；一个半世纪以来，积累下了无比丰富的经验和资料；先进的中国人为改变祖国的落后面貌而千辛万苦地上下求索，提出各种各样的方案；孙中山、毛泽东、邓小平这三大伟人对中国发展问题所做出的贡献，尤其是近、现代中国人民在此问题上的最高智慧的结晶。今后，中国的社会主义初级阶段还将持续半个世纪左右，中国人民在发展方面还将会有更多的经验和智慧贡献于世人。

（原载《经济科学》，1997年第6期）

34　辛勤地培育社会主义的市场经济

　　市场经济是和生产社会化相联系的一个经济范畴,也是同生产社会化相适应的一种经济体制。生产社会化意味着全部生产劳动和整个社会生产过程成为一个统一的、密切联系的和畅通无阻的社会化整体。生产社会化不仅要求劳动要社会化,而且要求一切资源、一切生产要素、一切生产条件都充分社会化。如果生产所要求的某些资源、要素和条件不是社会化的,而是受经济以外的某种力量所支配和控制,不能按照经济自身规律的要求来流动,社会化的生产过程就会发生阻塞、淤滞以至破坏,生产力就难以获得充分的、迅速的发展。市场是各种资源、各种生产要素、各种生产条件运动、流通和配置的最便利、最节省、最有效的渠道。因此,至少在目前以至可以预见到的将来,市场经济是能够和生产社会化最相适应的一种经济体制。我国要实现社会主义的四个现代化,也就是要在社会主义条件下实现生产的高度社会化,市场经济是一种必然的选择。

　　社会主义经济是一种和社会化的生产力相适应的经济制度。生产关系必须和生产力的性质和发展水平相适应,社会主义生产关系的各个方面,都必须适合于生产社会化或社会化生产力的要求。实践证明,过去社会主义国家实行过的计划经济,和生产社会化的要求并不是十分适应的,它对各种资源、生产要素和生产条件按社会化的要求在各经济领域、经济部门之间畅通无阻地运动，并不是十分便利的、有效的。社会主义国家普遍未能抓住并利用六七十年代科学技术伟大进步为生产力的大发展所提供的机遇。从经济体制方面看，社会主义国家所实行的计划经济不适合或不太适合生产社会化的要求，无疑是个重要原因。我国自十一届三中全会以来所实行的经济改革，实际上一直是在探索摆脱这种计划经济对生产力束缚的道路。经过十几年的艰苦的探索，十四大明确提出了建立社会主义的市场经济的目标模式，这自然是社会主义经济理论发展中的一个有历史意义的突破。

在我国建立社会主义的市场经济，决不是一个轻而易举、一蹴而就的事情，而是要有一个十分艰辛的培育过程。

建立社会主义的市场经济，是一项史无前例的创举。迄今，在人类历史上还只存在过一种市场经济，即在私有制基础上发展起来的资本主义的市场经济。这种市场经济是自发地形成的，其形成过程充满着冲突和苦难，其中包括"用血和火的文字载入人类编年史的"①资本原始积累那样的最悲惨、最丑恶的历史篇章。

社会主义的市场经济是不能自发地形成的。这不仅会过于缓慢，而且社会主义的国家和人民也决不会容忍原始积累那样的苦难在中国重演。再说，市场经济的自发形成和发展是会导向资本主义的。市场和计划，既可为资本主义所用，也可为社会主义所用。争论它们谁姓资，谁姓社，是无意义的。但是，市场经济的自发形成和发展，却会把社会导向资本主义。这是历史早已证明过的。

我们要建立的是社会主义的市场经济，而且要求以比较快的

---

① 《马克思恩格斯全集》第23卷，人民出版社1972年版，第783页。

速度、比较少的损失和代价建立，这就决定了我们不能走西方国家自发形成市场经济的老路，而必须通过辛勤的培育工作来实现这一巨大的变革。

我国在过去十几年的改革中虽然对旧体制已有了和很大的改革，但从建立社会主义的市场经济的要求来说，许多方面的经济手段和经济机制仍是不完善的；而经济以外的各种体制，在很大程度上也是不适应的和不配套的。再说，在计划经济和过去社会主义经济理论的影响下长期形成许多观念和习俗，也不容易一下子改变，从而不免会对建立社会主义市场经济起束缚或阻碍作用。

要建立社会主义的市场经济，必须在经济领域以至上层建筑领域不断进行深入的改革，并且要大力促进人们观念和习俗的更新和转变。这是一个十分复杂的系统工程。实现这一系统工程的过程，也就是一个艰辛地培育社会主义的市场经济的过程。

我国商品经济出现很早，在封建时代商品经济的发展水平曾长期高于欧洲，但商品经济却从未发展到市场经济，至少是未能发展到全国范围的市场经济（解放前沿海的少数大城市可能算是已存在不完备的和病态的市场经济）。阻碍、抑制市场经济发展的因素相当多。例如，广大农村的自然经济，经济方面的地方割据（内地关卡林立以及阻止粮食外运、限制外地商品进入或销售等，均为其表现），古代的官工官商以及近代的官僚资本，封建政权的抑商政策和经济思想方面的"贵义贱利"、"重本抑末"等教条，知识分子中根深蒂固的轻商观念，以及长期的历史传统在社会心理方面形成的不利于市场经济发展的诸多积淀。要彻底清除历史遗留下来的不利于建立社会主义的市场经济的旧关系、旧观念和旧习俗的残余影响，不仅需要时间，还需要刻苦的、耐心的和坚定不移的努力。这也决定了社会主义的市场经济必须经历一个艰辛培育的过程。建立和培育社会主义的市场经济,既需要有大胆探索和勇于创新的精神,又需要有冷静的头脑和实事求是的态度。要敢于试验,敢于实践,并且勤于总结经验,进行理论的分析和概括。既然建立社会主义的市场经济是史无前例的创举,在进行过程中就难免遇到这样那样的困难和阻力、挫折和失误。对此,我们必须有充分的思想准备。要坚决防止和克服急于求成的思想。决不能设想采取一两次简单、急促的行动,就可以把社会主义的市场经济建立起来。对于诸如"一次到位"、"休克疗法"之类的主观、冒险的主张,尤其要坚决抵制,坚决反对。

培育社会主义的市场经济,当然要依靠社会主义国家政权的力量和作用;但培育只能是通过国家的宏观调控、管理、扶持以及提供条件和便利等方式来进行,而不是由国家机构及其人员包办代替,揠苗助长。要特别防止和禁止党政工作人员及其子弟、亲属利用政治权势经商的"官倒"行为。"商品是天生的平等派"[1],商品经济和市场经济正常运行的一个起码的条件,就是交易双方以平等的身份相对待。利用政治权势经商就根本破坏了这一起码的条件,因而必然会使市场经济的运行和发育受到严重的阻碍和扭曲。

(原载《经济纵横》,1993年第2期)

---

[1] 《马克思恩格斯全集》第23卷,人民出版社1972年版,第103页。

35　儒家伦理和社会主义市场经济伦理

一、社会主义市场经济需要有与自己相适应的伦理

历史上任何一种经济形式都有特定的伦理与之相适应。计划经济和社会主义市场经济当然也各有与自己相适应的伦理,这本是不成问题的事。但是,这个问题在中国历史上长期被轻商的思想给弄乱了。

中国古代漫长时期处于自然经济占主要地位的情况。自然经济同商品经济是正相对立的,商品经济的发展对自然经济有着分解破坏的作用,自然经济的维护者天然地对商品经济抱敌视态度。在他们看来,商品经济是有害的东西,体现商品经济要求的人和行为,自然是邪恶的,不道德的。于是,轻商、贱商思想在中国封建时代就成了一种占支配地位的思想,商人被斥为"诈伪"、"浮靡"、"贪鄙"、"兼并农夫"、"不佐国家之急",等等。这种思想代代相承,不但成了思想界的牢固传统,也成了人们的积习。于是,商自然就成了道德法庭的永久被告。人们一想到商,就认为它是卑下的、污秽的、缺德无义的。正因如此,"商业伦理"或"商业道德",在中国历史上始终未能成为一个研究课题。有正统思想的人士,对"商

亦有道"，简直就像对"盗亦有道"①一样感到刺耳。

市场经济是高度发达的商品经济，市场经济的伦理，在本质上同商品经济是一致的。因此，在伦理方面否定商品经济的轻商、贱商观点，当然也不会（应说更不会）对市场经济有利。

当前，我国正处在由计划经济向社会主义市场经济转轨改型的过程中。社会上出现了一些伦理道德方面的异常情况，被人们称作"道德滑坡"。这种现象引起了一些人的迷惑和忧虑，"道德滑坡"由何而来？有些人援引西方资本原始积累的历史，认为道德下降、社会秩序纷乱是经济进步过程中必然产生的，是经济进步的代价；有的人甚至认为：这是发展市场经济必然带来的，认为市场经济本身就意味着只图一己的物质利益而罔顾任何伦理道德准则。

这些都不是正确的解释。市场经济自然不承认并且排斥与自己的要求不相适应的伦理道德，但决不是拒绝、排斥任何伦理道德，它也要求有相应的伦理道德来维护自己。如果没有这样的伦理道德，或者虽有而不够完备，市场经济的发展就会受到限制，甚至会遭到严重的破坏。

例如，商品经济、市场经济就绝对需要人和人相平等的伦理。"商品是天生的平等派"②，承认商品交换的对方和自己平等，是商品关系得以建立的前提；否则，双方就无由建立商品关系，或者只能建立商品买卖形式掩盖下的掠夺关系。

又如，商品经济、市场经济决不能离开守信的伦理。商品交

---

① "盗亦有道"是庄周为反对儒家伦理而提出的一个论点。见《庄子·盗跖》。
② 《马克思恩格斯全集》第23卷，人民出版社1972年版，第103页。

换必须有来有往，双方互守信用是这种来往得以正常进行的保证。任何一方不守信用，这种联系就会随之中断。商品关系越扩大，市场越发达，市场活动的当事人是否遵守信用就越关系重大。由于活动的众多当事人形成经济交往的紧密锁链，某些当事人不守信用，就往往会造成整个锁链的多米诺式大崩溃。

自为也是商品经济、市场经济不可少的伦理。商品经济的当事人，必须依靠自己的条件，主动地进行经济活动，以争取自己的生存和发展。这就是自为。在激烈的市场竞争条件下，不能自为或不善自为，就会迅速陷于失败、破产。任何其他经济形式，都不像市场经济那样需要自为。市场经济越发达，市场越扩大，自为的重要性也越突出。

其他如创新、机变、开放等，也都是商品经济、市场经济所必要的伦理，尤其是市场经济所肯定的美德。缺乏这些美德的人，在市场经济下就不会有活力，就会在竞争中被淘汰出局。

除上述伦理要求外，商品经济、市场经济还有其他一些伦理道德要求，如勤劳、节俭等。不过，它们不是商品经济、市场经济所独有的伦理，一些其他的经济形式也要求有勤劳、节俭的品德。但商品经济、市场经济所要求的勤劳、节俭，在内涵方面也是有自己的独特之点的。

显然，以上这些商品经济、市场经济所要求的伦理，哪一桩也不会导致当前的道德滑坡。与其说，当前的道德滑坡是由市场经济所产生的，倒不如说是人们的行事违反了市场经济伦理所造成的恶果。权力经商、欺行霸市，违反平等的要求；诈骗、作伪，违反守信用的要求；偷盗、抢劫，违反自为的要求；至于行贿、受贿、嫖娼、卖淫等更是对商品自身属性和商品经济、市场经济伦理的根本扭曲,因为它把根本不是商品的东西也当作商品来买卖了。

那么,道德滑坡的情况为什么会出现呢?我认为:它是在由计划经济向社会主义市场经济转轨改型过程中所出现的一种"脱序"现象。在转轨改型期间,同市场经济相适应的伦理,还未发展完备,还未成为人们心理上和习惯上普遍接受的东西;同时,同计划经济以及历史上的某些更落后的经济形式相适应的伦理,还有较大的力量和影响。这样,在经济转轨改型过程中,就会出现相当一个时期的伦理道德同经济发展不相适应的情况,即所谓脱序现象,一些同经济发展的要求不协调的不道德、反道德言行大量出现,对社会秩序以及经济发展都会产生相当的不良影响。

随着转轨改型过程的结束,这种脱序现象是会逐渐消失的。如果市场经济的形成和完善以及伦理同市场经济相适应都完全是自发进行的,这种脱序现象持续时间可能相当长,为社会带来的损害和痛苦也会相当深重(如资本原始积累时期那样)。但是,我国由计划经济向社会主义市场经济的转轨,以及改造伦理道德使之同社会主义市场经济要求相适应的努力,都不是自发进行的。我们完全有可能找到有效途径,缩短脱序的时间并且减少其所造成的损害与痛苦。

二、必须从传统伦理思想的遗产中寻求借鉴

新的伦理形态的形成和发展,当然是以新的经济的性质和要求作为基础的,但在形式上却不能不从已有的伦理思想资料出发。新的伦理总是表现为对已有伦理资料的继承、修改、剔除与创新。

如果对已有的伦理资料弃置不顾，割断与它的历史联系，那么，新的伦理形态也就形成不起来。

儒家伦理是中国传统伦理的主要内容。两千余年来，它不仅载之于大量典籍、文献，为人们广泛诵习、遵行，而且通过无数渠道，广泛渗透、积淀于亿万人们的生活方式、思维方式、风俗、习惯以至语言中，一代代承传下来，其对社会、人群的有形、无形影响力，是强大、深厚得无与伦比的。在建立和形成同社会主义市场经济相适应的伦理道德的过程中，如果善于从儒家伦理寻求借鉴，就可使新的伦理观成为广大人民易于理解、便于接受的东西，从而使伦理与社会主义市场经济相适应的过程，进展得更为迅速，更为自然。

对此，人们可能会提出一个疑义：儒家是在二十四五个世纪以前开始产生，并在后来的封建王朝统治下长期起支配作用的思想体系，它是落后的农业社会的产物，而这种社会是以自然经济占主要地位的，是以商品经济欠发展、人身依附关系极严重为特点的。在这样的社会经济条件下产生的儒家伦理，能够有可供新的、同社会主义市场经济相适应的伦理寻求借鉴的东西吗？

儒家伦理自身不是同社会主义市场经济相适应的伦理形态，这是一回事；儒家的伦理思想遗产中有无可供建立新的社会主义市场经济伦理寻求借鉴的东西，这是另一回事。这两件事是不应混同的。

要了解从儒家伦理中寻求什么借鉴的问题，必须弄清两点：

一点是：同不同的经济相适应的伦理，根本性质是不同的，但也不是没有共性。儒家伦理是特定社会经济条件的产物，但它也包含着可适用于不同社会经济条件的某些共同性的原理。这些共性的东西，自然也可为建立社会主义市场经济相适应的伦理提供一定的借鉴。

另一点是：儒家产生于春秋末期，但在西汉晚期才逐渐成为在社会上占支配地位的思想。原来的儒家伦理，同后来以三纲、五常的绝对形式被尊为支配思想的儒家伦理，还是有些差别的。例如，先秦儒家的主要代表人的孔、孟、荀，就都没有轻商、贱商的伦理观，都不把工商斥作"末业"，也都没在国家政策方面提过抑商的要求。这就表明：儒家伦理虽然自始就不是商品经济、市场经济伦理，但就它的原来形式说，也包含着某些同商品经济的要求可以相容的东西。

以下试就儒家伦理的某些主要范畴如"仁"、"义"、"智"、"信"等来分析这种可通性和可容性。

"仁"是儒家伦理的最高范畴。孔子对"仁"下过许多定义，其中最简括的一个是"爱人"①。不能认为：孔子已经承认人和人是平等的。因为，他还把人分成很多等级，首先是分成为"君子"、"小人"两大社会集团，而"君子"又按身份、地位分成许多梯级。他主张用"礼"来规范各等级之间的关系，在财富、权利、文化生活方面都保持严格的、不可逾越的界限。这些不同等级的人，自然不可能是平等的。但是，孔子的"仁"的范畴，同时又承认各等级的人都是人，因而都应以"仁"来对待他们，都应把他们作为"爱人"的对象，这就是所谓"泛爱众"②。

在孔子以前的更古老的时代，中国存在过奴隶制。在奴隶制

---

① 《论语·颜渊》。
② 《论语·学而》。

下，奴隶处于牲畜、工具的地位，根本不被当作人看待。到春秋时代，这种奴隶制早已崩坏，奴隶开始由牲畜、工具的地位解放出来，上升到人的地位。虽然脱离了奴隶地位的人，地位和身份仍然低下，还被看作低等次的人即所谓"小人"，但毕竟是被列入了"人"的行列中，被当作人看待了。

孔子的"仁"，正是这种时代变化在伦理道德观方面的反映。"仁"还不是体现着人人平等的伦理观，但它的出现毕竟意味着对历史上存在的不平等关系和观念的一次大破除。从这种角度思考问题，儒家的最高伦理范畴"仁"，是可以对建立同社会主义市场经济相适应的伦理有借鉴作用的。在现代经济、社会条件下，只要把"仁"沿着破除不平等的方向继续引申，并将其施用于商品、市场关系的伦理（儒家伦理是极少施用于这一领域的），那就可以用"仁"的范畴作为评价市场行为的伦理标准，例如，把依靠优质的商品和服务、合理的价格赢得顾客的行为称为"仁"，而把依靠特权、暴力、欺诈等手段牟取暴利的行径斥为"不仁"。

"信"是儒家伦理的基本范畴之一，和仁、义、礼、智并列为"五常"。孔子强调：信对做人和治国，都是必不可少的品德。在做人方面，他说："人而无信，不知其可也。大车无輗，小车无軏，其何以行之哉！"①人而无信，就像车子缺了重要部件一样，是不合格的。在治国方面，他把"足食"、"足兵"、"民信之"作为三项基本要求，并且认为"民信之"在其中占首要地位："自古皆有死，民无信不立！"②

---

① 《论语·为政》。
② 《论语·颜渊》。

从一定意义上说，"信"是人们一切交往所必须遵守的一个伦理准则，不独商品关系为然；但是只有在商品经济、市场经济中，守信才成为经济本身的要求。由此而言，可以说是"商无信不立"。中国传统的伦理思想极重视"信"，但主要是从人们的一般交往以及政治、军事领域考虑问题，而很少从商品关系的角度谈论"信"的问题。在中国过去的历史上，"民无信不立"早已成为人所共知的警句；可是，对"商无信不立"还从来无人从理论上提出和发挥过。

随着社会主义市场经济的建立和发展，"信"将作为经济运行和经济发展本身的要求而日益普遍、日益强烈地为人们感受到。在这种情况下，把传统伦理关于"信"的种种精辟见解，结合社会主义市场经济的要求加以重新解释，使之变成反映经济本身要求的一个重要伦理范畴，这对协调市场经济下人们的行为、化解或减弱人们的利害矛盾，对稳定经济秩序和社会秩序，都是会大有裨益的。

儒家没有提出过明确的"自为"范畴，但儒家一贯强调的"有为"、"自强"，其意义和要求同"自为"是相近的。儒家要求做人要做一个"有为者"，不可庸庸碌碌，为此要立大志，并且为了实现自己的抱负而终生奋斗不息，"死而后已"[1]。在为此而奋斗的过程中，无论面对什么困难、挫折、诱惑也决不动摇，"威武不能屈，富贵不能淫，贫贱不能移"[2]。儒家把这种刚健有为的精神看作天道、人道之所同，宣扬"天行健，君子以自强不息"[3]。

"自强不息"，这是中华民族坚韧不拔的民族性格的强烈表现！

---

[1] 《论语·泰伯》。

[2] 《孟子·滕文公下》。

[3] 《易·乾卦》。

市场经济要求人们必须不停地自为，一旦停止或放松自为就失去了生命力；激烈的竞争，又成为外在的强制力量，对不肯自为或不善自为的人，不断进行着无情的淘汰。

儒家对有为、自强的要求是强烈的，但这种要求在没有同市场经济本身的要求结合以前，还只能靠个人主观意志驱动；只有市场经济能对自为提供经济驱动力，从而使自为具有生生不已的特点。

儒家关于有为、自强伦理的丰富、精彩的内容，在同社会主义市场经济的要求相结合的情况下，无疑会变成一个有利于经济发展的强大力量。

儒家的"义"、"智"等范畴，对培育社会主义市场经济所要求的创新、机变等伦理规范，也是很有益的。创新、机变，没有"智"是办不到的。在市场经济中，机会一样，谁最有智，谁就能成为胜利者；谁能在产品开发、技术进步和经营管理方面善于用智，谁就能抓住机遇，捷足先登。

创新、机变不仅是一个才能问题，也是一个态度问题，是对创新、机变怎么看的问题。儒家的伦理范畴"义"，是包含着肯定"创新"、"机变"的因素的。"义"是仅次于"仁"的伦理范畴，而义的含义是："义者宜也"①，"义，人之正路也"②。意思是：义是在不违背"仁"的前提下，根据客观情势的变化因时制宜、因事制宜地找到实现"仁"的要求的"正路"。这表明：儒家的义是不拒绝创新、机变的。只要创新、机变得其"宜"，创新、机变就是义；昧于形势，顽固拒绝创新和机变，则是不义。这样，儒家的义、智等伦理范畴，

①《礼记·中庸》。
②《孟子·离娄上》。

也是有可能在新的历史条件下同社会主义市场经济所要求的创新、机变等伦理规范一致起来的。

儒家产生于古代自然经济为主的农业社会，它自然会包含着许多反映自然经济孤立性、闭塞性的伦理思想。但是，在儒家产生时，中国尚远未形成为一个大一统的封建王朝，自然经济的孤立性、闭塞性，还远未发展成全国性闭关自守的观念。因此，早期儒家在一定程度上也有某些带开放色彩的伦理思想，如："来百工"①、"关市几而不征"②、"行旅皆欲出于王之涂"③、"讲信修睦"④等等。

三、立足于现代经济发展的要求改造儒家伦理

儒家伦理对建立同社会主义市场经济相适应的伦理，可提供重要借鉴，已如前述。但是，儒家伦理毕竟是同社会主义市场经济本质不同的一种古代经济形式的产物，它不可能直接成为同社会主义市场经济相适应的伦理，而必须首先对之进行艰巨的改造工作。

改造儒家伦理的依据是社会主义市场经济的发展状况和要求。

马克思·韦伯认为：西方基督教新教伦理中具有符合资本主

---

① 《礼记·中庸》。
② 《孟子·梁惠王下》。
③ 《孟子·梁惠王上》。
④ 《礼记·礼运》。

义发展要求的精神，而中国的儒教没有这种精神，所以资本主义在欧洲发展起来了，在中国则不能。韦伯这种说法是只知其一，未知其二。

韦伯说基督教伦理有资本主义精神，儒教（指儒家）没有，这无疑是对的。他认为在社会中居于支配地位的思想（如西方的基督教、中东的伊斯兰教、中国的儒学等）对经济的发展可有巨大作用，这也是对的。但他把经过宗教改革的基督教和未经过同性质改革的儒家学说相比，是犯了把不可类比的事物相类比的错误。

欧洲的宗教改革，其动力是欧洲资本主义曙光时期的经济发展要求。经济发展的要求推动了宗教改革，并把资本主义精神注入经过了改革的新教教义中。但在当时的中国，经济还不能为儒家学说的近代改革提供动力。

中国历史上也并不是没有按照商品经济发展的要求改造儒家伦理的想法。战国时期的白圭就企图把儒家伦理的智、勇、仁、强等范畴，按照商品经济的要求予以重新解释，使这成为当时的商业伦理。[①]但是，由于当时的商品经济过于微弱，不可能成为这种伦理改革的基础和动力，白圭的这种尝试是不可能有成果的。这种情况，直到中国的封建时代结束，也未改变。

在中国走上社会主义道路后，有相当时期实行计划经济。计划经济下当然也不可能提出按社会主义市场经济要求改造传统伦理的任务。

只有当计划经济向社会主义市场经济的转轨改型已势不可挡，社会主义市场经济的发展迫切要求有同自己相适应的伦理道

---

① 《史记·货殖列传》。

德规范时，按照社会主义市场经济的要求改造传统的伦理，才可能成为现实的任务。

改造儒家伦理的基本方法是对儒家伦理按照两种不同情况，分别弃取。要以社会主义市场经济的要求为尺度，对儒家伦理细心拣择、筛选，坚决剔除那些反映自然经济闭塞性和落后性，人身依附性和等级性，专制压迫和宗法关系的内容；保留那些可以与商品经济、市场经济的基本要求相容，对商品经济、市场经济的发展可以有积极作用的内容。例如前面讲到的，孔子的"仁"承认一切不同社会地位和身份的人都是人，都应作为爱的对象，这对破除历史上的不平等关系和观念有积极意义；同时，它又把人区分为各种等级的人，并力图在社会经济、政治、文化生活中严格维持等级差别制度，这同前述的破除不平等关系和观念的精神，又是相反的。在现代经济条件下改造儒学，就必须坚决剔除其所包含的等级歧视、等级压迫的内容，保留和发扬其破除不平等关系和观念的积极精神。

改造儒家伦理的一个关键，是改变儒家伦理只重视家族伦理和政治伦理的传统。

儒家的伦理，主要是家族成员之间和政治上的君臣之间相互对待的伦理。孔子所谓"君君，臣臣，父父，子子"[①]，可说就是关于儒家伦理主要探讨范围的经典公式。后来逐渐发展起来的三纲五常，也是以家族伦理和政治伦理为基本范围。孔子不是没有考虑过经济方面的伦理，他也重视富民、惠民，还多次谈过义利关系问题；但他主要关心的是家族伦理和政治伦理，对经济方面的伦理问题，不但语焉不详，而且往往是有意少谈的。在义和利两者的关

---

① 《论语·颜渊》。

系上，他认为"义"是主要的，决定的，利必须从属于义：符合于义的利可以要，应该要，否则就是不义之利，不义之富，应该坚决拒绝或弃置不顾。抱着这种态度，他谈"利"的问题时，总是同"义"结合一起谈，而很少单独谈"利"，这就是所谓"子罕言利"[1]。

孔子不太关心经济问题和经济方面的伦理问题，这一方面是当时的社会历史条件决定的。在自然经济的农业社会中，经济生活简单，人们在经济方面的来往不多，经济方面的伦理问题也较少引起人们的注意。同时，在当时森严的等级制度下，生产、流通之类的经济活动，都是由下层等级的人即庶民承担的，正如孔子所说的，是"小人"之事，"小人喻于利"[2]，至于"君子"，则是"谋道不谋食"[3]，对求利、谋食的活动，自然不愿深究了。

另一方面，孔子所以探讨伦理问题，主要是为士君子提供齐家、治国所需要的伦理道德规范。研究的目的性，也决定了他主要关心的是家族伦理问题和政治伦理问题。

既然儒家的伦理遗产较少涉及经济方面的问题，我们当前要改造儒家的伦理以建立同社会主义市场经济相适应的新伦理，就必须大力改变儒家伦理"罕言利"的传统，对儒家伦理的诸范畴，尽量注入经济方面的内涵，把它由古代士君子修身、齐家、治国的伦理规范，改造成为社会主义市场经济服务的伦理规范。

（原载潘承烈主编：《中国传统文化与现代管理》，

经济管理出版社1998年版）

---

[1] 《论语·子罕》。
[2] 《论语·里仁》。
[3] 《论语·卫灵公》。

36 《中国经济思想通史续集》序言

　　《中国经济思想通史续集》是《中国经济思想通史》的续编。它所研究的是1840年第一次鸦片战争至1925年国民政府成立以前中国近代半殖民地半封建社会经济思想发展变化的历史。

　　中国近代经济思想史所涉及的历史时期,同鸦片战争前中国传统经济思想发展演变的漫长历史时期相比是十分短暂的,但它在性质、内容、产生的历史条件以及同外来经济思想的关系等方面,都同传统经济思想有根本性的区别。因此,我们不把它作为《中国经济思想通史》的一个普通的组成部分,[①]而是把它编为《中国经济思想通史续集》(中国近代经济思想史),作为一个单独的研究、论述课题,与前书并立。

　　中国近代经济思想的基本内容是对中国发展道路的探求。

　　第一次鸦片战争失败后,中国社会就由封建社会一步步向半殖民地半封建社会转变。几亿中国人民陷入了极端贫困、落后、屈辱、受压迫的深渊,国家面临着被瓜分、被灭亡的危险。中国人民为挣脱半殖民地半封建社会的枷锁而展开了前仆后继的斗争,作

---

　　① 中国近代经济思想史所研究的内容,原拟编为《中国经济思想通史》第5、6卷,现改为《中国经济思想通史续集》(中国近代经济思想史)。

出了巨大的牺牲后，才在中国共产党的领导下于1949年推翻了外来殖民统治和国内的封建统治，建立了由中国人民自己掌握自己命运的中华人民共和国。

中国近代半殖民地半封建社会的历史是中国人民遭受外来侵略势力压迫的历史，但这种民族压迫同历史上中国国内不同民族之间的民族矛盾和民族征服不同，它不是单纯由军事力量强弱差别形成的，而是以经济制度先进和落后的差别为基础的。西方列强所以能以武力战胜中国，在政治上压迫、奴役中国，归根到底是由于它们有比中国远为先进的资本主义经济制度，从而有比中国强大得多的综合经济实力。因此，中国要想彻底摆脱外来的民族压迫和民族奴役，单靠进行军事斗争是远远不够的，而且是不得要领的，关键是必须找到在经济上摆脱落后、跻身于先进民族之列的道路，也就是找到发展中国的道路。

怎样发展中国，使中国能在经济实力方面赶上西方的发达资本主义国家？这正是中国人民自鸦片战争以来，历尽千辛万苦，不惜奋斗牺牲一直在寻求解答的问题。人们从不同条件和角度为解答这一问题所提出的各种主张、方案以及为此所进行的理论研究和论证，构成了鸦片战争失败后百余年来中国经济思想，即中国近代经济思想的基本内容。由于这一问题在中国近代还未能完全解决，中华人民共和国成立后还需要在新的历史条件下继续为解决此问题而进行实践的和理论的探索。中国的发展问题也将是中国社会主义初级阶段经济思想研究的主要课题。

中国近代经济思想的基本内容是经济发展思想，可是，中国人士使用"发展"或"经济发展"之类的词汇，却是比较晚的事情。

在大多数情况下，人们仍是在"富强"或"富国"、"富民"之类的口号下表达发展中国，改变中国贫困、落后状况的要求。

富强和富国、富民之类的提法，不是中国近代才有的，在鸦片战争前两三千年，谈论经济问题的人就一直把富强和富国、富民作为追求的目标，怎样实现富强和富国、富民，早已成为中国传统经济思想的中心内容。

到了中国近代，国家积贫积弱，挣扎于半殖民地半封建社会暗夜中的悲惨处境，更使广大中国人民对富强和富国、富民，抱着日益强烈的愿望。在这种情况下，经济思想领域关于富强和富国、富民问题的探讨，比历史上任何时期都更为人们所关心，是十分自然的事情。单从形式上看，中国近代经济思想对于富强和富国、富民的重视，好像不过是传统经济思想的沿袭和强化，其实不然。中国近代所探讨的富强和富国、富民，同传统经济思想所谈论的有关问题，有着截然不同的内容。富强和富国、富民，在传统经济思想和近代经济思想中，实际上是两种不同性质的经济思想，其根本区别在于：

第一，中国传统经济思想所谈论的富强和富国、富民，不包括经济发展的内容，而中国近代经济思想所探讨的富强和富国、富民等问题，却恰恰是以经济发展为根本前提和特征性内容的。

中国古代所说的富强和富国、富民是建立在农业、手工业小生产基础上的经济要求，其内容是维持农业、手工业简单再生产的正常运行，至多只能在量的方面使生产有所增长，例如开垦较多土地或增加劳动力数量所带来的某些增长，而不可能有投资增加和新技术应用带来的扩大再生产，不可能有生产方法和投入产出方法的革命带来的生产的巨大增长。

中国近代所探讨的富强和富国、富民等问题,其性质和含义则大不相同。人们日益认识到,中国所以贫穷、衰弱,就是因为中国的生产方式远比西方资本主义的生产方式落后,中国要想富强,要想改变贫穷、衰弱和受侵略、受欺凌的局面,如果保持原来的落后生产方式就是绝对不可能的。中国求富强的出路,只能是用西法"导民生财"①,即以西方资本主义的生产方式取代中国传统的落后生产方式,实行生产方法和投入产出方法的根本革命,变传统的农业、手工业小生产为社会化的大生产。由此可见,中国近代经济思想所谈论的富强和富国、富民,虽然在用词上与传统经济思想相同,实质上却是根本不同的。中国近代所谈论的富强和富国、富民是必然同经济发展相联系的。在中国近代,没有经济发展,就根本谈不上富强和富国、富民。

第二,传统的经济思想所说的富强和富国、富民,都完全是立足本国内部的条件以寻求解决问题的途径和方法;中国近代则必须在对外开放的局面下,借鉴外国的经验,借助外国的某些条件(资金、技术、人才等)来求得问题的解决。

中国在古代漫长历史时期中是一个自然经济占主要地位的国家,同外部世界没有经常的、不可或缺的经济联系。虽然同外国也有某些交往(包括某些经济交往)和贸易,但这些交往和贸易规模不大,不经常,对中国的经济生活没有什么重要的作用和影响;而且,中国古代的经济水平又长期走在世界前列,特别是高于周围国家。因此,中国古代考虑富强和富国、富民等问题,基本上都是从国内设法进行某些调整或改革,如移民垦荒、兴修水利、轻徭薄赋、

---

① 薛福成:《庸庵海外文编·西洋诸国导民生财说》。

抑制兼并之类，而不包括从外国寻求借鉴和帮助的问题。

中国近代的情况则与此大相径庭。资本主义是一种不断对外扩张的制度，资本主义列强挟其强大的经济、军事实力，到处寻求市场、原材料来源和殖民地，这就使落后的国家要么陷入被掠夺、被奴役的殖民地、半殖民地地位，要么力求发展自己，实现富强。所谓资本主义迫使一切国家、一切民族"都在惟恐灭亡的忧惧之下采用资产阶级的生产方式"①，正是指的这种情况。经济发展问题对一个经济落后的国家来说是一个命运攸关的问题。

但是，一个经济落后的国家，要想在对外封闭的状况下单纯依靠自身内部的条件寻求发展的道路、经验和条件，是根本不可能的。唯一的办法是在对外开放的条件下，借鉴和利用外国的经验和方法，利用外国的经济、技术条件来发展自己。

第三，传统经济思想所谈到的富强和富国、富民，都是要在封建专制的政治框架下进行的。中国近代经济思想所要求的富强和富国、富民，都和封建专制的政治框架根本不能相容。

在中国古代，至少是在秦统一六国，建立一统的封建王朝之后，人们关于富强和富国、富民之类的探讨，都是在封建专制政权的统治下进行的，因而，其设计和实施，都不以政治制度方面的根本变革为前提。古代要求富国强兵的人，往往也要求在政治上实行一定的改革，例如王安石主张变法以求富强，也主张设立一批筹划和实施新政的机构，引进一批支持变法的官员，驱逐一批反对变法的人物。但是，这类政治改革，总是在政权的根本性质无所改变的情况下对机构和人事进行某些调整。王安石变法，尽管也为这

---

① 《马克思恩格斯全集》第4卷，人民出版社1958年版，第470页。

类改革、调整而争斗不休，但宋政权之为中央集权的封建专制政权这一根本特点，并不因此而有丝毫改变。

近代的富强和富国、富民，却不可能在旧的政治制度框架内通过某些局部的调整、改革来实现，而必须以政治制度的根本变革为前提。由于近代的富国强兵必须在根本改革政治制度的基础上解决经济发展的问题，它必然不为维护半殖民地半封建制度的封建买办性政权及其支持者外国殖民势力所容许。在近代中国，任何幻想不推翻外来殖民统治和本国封建统治而能求得中国富强的方案，如实业救国、教育救国和科技救国之类，都一一失败，就充分说明了这一点。

中国近代的经济发展，包括两个方面的问题：发展的途径和发展的政治前提。前者是怎样使中国由受封建主义束缚的、以农业为基础的落后的小生产转变为大机器和新式技术武装的社会化大生产，实现中国生产方式和投入产出方式的根本性变革；后者则是通过革命或政治改革，实现中国社会制度的根本变革，为中国的经济发展消除障碍，扫清道路。

这两者是中国近代发展问题的不可或缺的两个方面。中国的经济落后是中国衰弱、屈辱，面临被瓜分、被灭亡危险局面的根源，要改变这种局面，就必须找到一条适合于中国国情的发展之路，使中国能够以比发达的资本主义国家更快的速度发展，使中国能在不太长的历史时期内赶上发达的资本主义国家，否则要想使中国独立自主，救亡图存，就是根本不可能的。

在近代中国人士产生发展中国的要求时，中国已落后于西方国家数百年，封建势力奴役下的农业小生产在经济生活中占着绝对优势地位,资本主义以前的陈旧事物充塞全国,又加上国土广袤,人口众多,各地区情况很不平衡,交通阻塞,联络困难,在这种情况下,要找到一条迅速发展之路,迎头赶上发达的资本主义国家,的确是极其困难的问题。

中国的发展途径问题本身已是世界各国发展史上所罕见的艰难复杂问题,而历史又不给中国以从容探寻发展途径的环境和条件。在中国开始认识到自身发展的必要性时,中国已日益沦为一个半殖民地半封建社会。在中国建立起了殖民地、半殖民地统治秩序的列强,为了维持和加强其在中国的殖民掠夺、奴役的利益,不愿意中国得到发展。中国的封建势力为了维护其地租、高利贷剥削利益,也不愿中国得到发展。这两种势力勾结起来,以各种手段野蛮、残酷地阻挠中国的发展,压制、摧残中国要求发展、要求改革的努力。外国殖民侵略势力是利用以先进的、强大的经济为基础的强大政治、军事力量,中国的封建势力是掌握政权的,有着几千年统治历史的盘根错节的势力。这两种压制、阻挠中国发展的力量联合起来,势力极其强大。如果不克服这两种势力的联合压迫和阻挠,中国的发展就会举步维艰,并随时有陷于窒息、夭折的危险。

任何国家的经济发展都需要一定的政治前提,所需的政治前提如不具备,则发展的方案、计划、措施,都难以得到顺利推行。西方发达国家在其发展过程中也都不同程度地遇到过这一问题,一些原来比较落后的国家在其发展过程中也曾为解决发展的政治前提问题而进行过严酷的政治斗争。但是,中国为解决发展的政治前提问题所遇到的困难之多,所经历过程之曲折漫长,所蒙受牺牲之大,在世界历史上是罕见的。

中国人士对中国发展的这两个方面的认识是有一个过程的。大体说来，最初人们主要是从发展途径方面考虑问题，而且，在发展途径方面的认识，也是由浅而深，逐渐前进，例如由强调学习西方的军事工业到强调"振兴商务"，进而又发展到"工体商用"，更进而提出了"振兴实业"和实现国家工业化的要求；由学习西方的机器、技术，进而要求学习西方的资本主义生产经营方式，再进而到提出"全变"和"尽变西法"的主张，等等。在发展的政治前提问题上，最初只是提出若干的具体主张，到后来才随着民族危机的加深，随着对封建政权腐朽、专制的认识的加深而发展到自上而下的资产阶级政治改革的要求，更进而发展到资产阶级革命的要求，最后又在资产阶级革命屡遭失败和世界形势发生巨大变化的局面下前进到无产阶级领导资产阶级革命（新民主主义革命）的时代。

中国近代为解决发展途径问题和发展的政治前提问题所经历的长期艰苦的斗争历程，反映在人们的认识中，就形成为中国近代经济思想跌宕起伏、千态万状的内容。

发展的途径问题和发展的政治前提问题都是中国发展所必须解决的问题。不解决发展的政治前提问题，中国的经济发展就没有立足点和必要保证。正如毛泽东在中国的新民主主义革命胜利前数年所断言的：

> 在一个半殖民地的、半封建的、分裂的中国里，要想发展工业，建设国防，福利人民，求得国家的富强，多少年来多少人做过这种梦，但是一概幻灭了。①

---

① 《毛泽东选集》第三卷，人民出版社1991年版，第1080页。

政治不改革,一切生产力都遭到破坏的命运。①

但是,取得了发展的政治前提,并不等于实现了发展,也不等于说解决发展的问题就轻而易举了。在已取得的发展的政治前提保证下,努力寻求适合中国的发展途径,并且坚忍不拔地努力加以实现,事实上比取得发展的政治前提的斗争是更复杂、更艰苦和更长期的工作。

中国近代经济思想是中国历史上前所未有的一种新的经济思想,它产生的历史条件和中国的传统经济思想赖以生存的历史条件有很大的差别。

中国传统经济思想是在中国古代社会经济条件长期未发生根本变化的情况下产生和发展起来的经济思想。这种经济思想是在春秋、战国直至西汉中期以前形成起来的。自此,中国的社会就一直处于封建的中央集权专制主义统治的农业自然经济状态下。传统经济思想是这种历史条件的产物,因而它表现为变化缓慢的特征,在漫长时期中变化微小,只有量的增长而无质的变化。

中国近代经济思想则不同。外来资本主义势力的入侵打破了中国封建社会长期紧闭着的门户,封建时代长期占支配地位的自然经济逐渐解体,为新的资本主义经济的产生造成了某些条件,中国的社会逐渐由封建社会转变成了一个半殖民地半封建社会。虽然由于外国殖民势力和中国封建势力的压制和阻挠,中国资本主义生产的成长极度困难和缓慢,但中国社会已不是一个长期停滞的、超稳态的封建社会,发展经济、根本改变社会经济面貌和国家

---

① 《毛泽东选集》第三卷,人民出版社1991年版,第1080页。

面貌的要求,已在人们中间产生并逐渐增长起来。这种要求和呼声不断地出现在经济思想领域,就使中国的近代经济思想作为一种同中国传统经济思想本质不同的新的经济思想逐渐产生和发展起来,人们所谈论的经济问题以及解决经济问题的方式,都与历史上长期习惯的情况大不相同了。

中国传统经济思想是中国古代所固有的经济思想,是在未受外来重要影响的情况下土生土长的经济思想,这在《中国经济思想通史》一书中已作过充分的阐述和论证。

中国近代经济思想则是在外来影响下产生和发展起来的经济思想。中国近代的经济发展已大大落后于西方,军事、政治、文化的发展情况同西方相比也相形见绌。在这种情况下,只有学习西方发达的资本主义国家,努力发展自己,以求自立于先进民族之林,才能摆脱被侵略、被奴役的局面。中国近代经济思想正是为此而出谋划策,探寻出路的。因此,中国近代的经济思想就不可能是闭门不问域外事,完全从国内条件考虑问题的经济思想,而必然是不断了解外国,不断借鉴外国的经济思想。

中国近代经济思想学习和借鉴外国,自然也包括学习和吸收西方国家的经济学在内,但还不止于此。中国近代经济思想所以要学习西方是为发展中国寻求借鉴,因而,凡能够对发展中国提供帮助和借鉴的外国的方法、制度、资料、知识、理论,都能够成为学习和吸收的对象,都能够同发展中国的需要相结合而形成中国近代经济思想的部分内容,而不限于系统的、科学的经济学理论。事实上,由于中国近代经济和文化的落后,且中国在长期封闭的局面被打破后,接触和认识西方有一个由浅入深、由表及里的过程,因此,中国近代经济思想在学习西方和接受西方影响时,直接接受西方经济学，从中寻求帮助和借鉴的情况，是出现得较晚的，从西方的其他学术思想寻求解决中国的理论武器，也是较晚的。中国很长时期是从较具体的知识、制度、方法、资料等了解西方，并据以提出改革中国、发展中国的主张、方案和理论观点。中国近代经济思想所以在许多方面缺乏深度，带有直观的特点，一定程度上是和这种情况有关的。

中国近代经济思想主要是在西方的影响下产生和发展起来的，中国近代经济思想的特点之一是向西方寻找真理，但是，这并不意味着它已完全抛弃了中国经济思想几千年所形成的传统，不再从传统中保留和继承什么东西。中国近代经济思想形成和发展的过程不仅包含着对西方事物和西方思想的不断学习和吸收，也包含着对中国传统经济思想中合理的，仍然有生命力的事物的有选择的继承和发扬。

任何一种学说的形成和发展"必须首先从已有的思想材料出发，虽然它的根源深藏在经济的事实中"①。一个时代经济思想的发展水平、表现形式及其为人们所理解和接受的程度，都同它由以出发的思想材料有十分密切的关系。

中国近代经济思想作为一种同传统经济思想性质和内容都大为不同的新经济思想，它的产生和发展过程，本身就是一个对传统经济思想逐渐扬弃的过程。但扬弃不是完全割断或者抛弃，而是一个鉴别、批判、选择和发扬的过程。中国近代经济思想的代表人物，出生和成长于中国社会，不同程度地受传统文化的教育和影

---

① 《马克思恩格斯全集》第20卷，人民出版社1971年版，第19页。

响,他们提出自己的解决中国经济问题的主张或方案,面对的是在中国社会中生长蕃息的中国人,他们自然而然地要从自身熟悉并易于为自己所要影响的对象所理解的文化遗产中吸取有用的材料。前面谈到,中国近代经济思想的主要内容是经济发展思想,它并不是中国传统经济思想所固有的,但中国近代的思想代表人物却从一开始就用中国传统思想所习用的富强和富国、富民来表达发展经济的要求。这样,同现代的社会化生产力相联系的经济发展要求,就和中国传统经济思想中要求富国、富民的优秀传统接上了轨。

中国传统经济思想中的其他一些优良的传统,如批判的传统,要求改革的传统和富于理想的传统等,也被中国近代经济思想的代表人物所继承,并按照在新的历史条件下发展中国的要求赋予新的内容,如以"变法"来表达改革的要求,以"大同"来表达发展中国的远期理想和远期目标,以及通过对"重本抑末"、"贵义贱利"、"黜奢崇俭"等封建经济思想教条的批判来揭露封建经济思想在新时代对中国经济进步的压制和阻碍等。

中国近代经济思想的许多代表人物对传统经济思想中有用材料的研究和利用是相当努力的。像孙中山这样一个主要是接受西方式教育成长起来的思想家,在为自己的革命纲领和经济学说准备理论基础时,既不辞千辛万苦"向西方寻找真理",也不遗余力地从中国传统经济思想和传统文化中吸取思想材料。据充分了解当时情况的冯自由记述:在19世纪末20世纪初,孙中山在日本为创立民生主义学说(他的经济思想的主要内容),不仅苦心孤诣地研究中国古代和近代的各种有关经济思想资料,还同当时在日本的许多中国著名人士如梁启超、章太炎等反复讨论和酝酿:"如古代之井田,王莽之王田、禁奴,王安石之青苗,洪秀全之公仓,均在讨论之列。"①

但是,中国近代人士要寻求和吸收的经济思想资料,是为中国的发展服务的,是为寻求适合中国的发展途径和解决发展中国的政治前提而锻造理论武器的。中国传统经济思想中不包括发展的内容,中国古代有叛逆色彩或异端色彩的思想,也不包含反封建的民主革命的内容。因此,从中国传统经济思想中是不可能找到很多对中国的发展和现代化直接有用的思想材料的。中国近代经济思想,主要不是从中国古代,而是从西方的经济发达国家寻找思想材料和理论武器的。随着中国经济发展活动的进展,随着中国人士对发展途径和发展的政治前提这两方面认识的加深,中国近代经济思想的这一特点也表现得越来越明显。

中国近代是中国历史上经济思想较为丰富的时期之一。20世纪80年代以前,中国经济思想史的研究大多集中在先秦和近代,这不是偶然的。就近代而言,时间最接近,研究的现实意义也较大,保存下来的资料较多,较完备,对造成这种情况都有关系,但近代的经济思想本身较丰富,又较有特色,无疑也是重要的原因。

不过,总的说来,在中国近代,经济思想的发展仍未成为一门单独的学科,中国还没有自己的经济学,中国在经济学领域还大大落后于世界经济学的发展水平。这种状况是不足为奇的:中国的半殖民地半封建社会不是一种独立的社会经济形态,社会化生产力及建立在社会化生产力水平之上的生产方式和经营方式,水平

---

① 冯自由:《同盟会四大纲领及三民主义之渊源》,《革命逸史》第3集,商务印书馆1945年版,第213页。

很低,在社会生产中不占重要地位;中国古代思想中缺乏认识和解决近、现代经济问题的思想资料;中国人士同西方接触时间不长,又是在激烈的碰撞、冲突中接触和交往的,因而对西方的材料和经验,难以有比较充分、比较深刻的认识和了解。中国近代所面临的经济问题很多,也很复杂、繁难,但却没有足够的时间和条件进行思想理论方面的准备。

中国近代的经济思想和以前的一个很长时期相比,是比较活跃的和丰富多彩的,同时又是不成熟的。"不成熟的理论,是和不成熟的资本主义生产状况、不成熟的阶级状况相适应的。"① 中国近代的经济思想是当时的特殊社会经济状况的产物。

在经济思想发展的较早阶段,人们对经济问题的探讨,一般都是"从实在和具体开始",即"从生动的整体,从人口、民族、国家、若干国家等等开始"②,而不能从简单的、抽象的范畴,如商品、价值、货币、利润、利息、国民收入等着手分析。中国近代的经济思想既然还处于一种未发展成一门独立科学的阶段,情况也只能是这样。

1949年以前,有的治中国经济思想史的早期学者就把当时的中国经济学分为"纯理经济学"和"社会经济学",认为"纯理经济学"在中国"至今还未见有自创的出现,一般经济学著作,大多系编译或转述的性质,无足深论",而论述"现实经济情况"的"改进与创造"的"社会经济学"或"国民经济改造思想",则"远较为重要",因为,重视这种经济思想,对于"国计民生的解决可得到直接

---

① 《马克思恩格斯全集》第20卷,人民出版社1971年版,第283页。
② 《马克思恩格斯全集》第12卷,人民出版社1962年版,第750—751页。

的帮助"。①

这种分析对于弄清中国近代经济思想在表现形式方面的特点，是颇有见地的。

中国近代经济思想的历史发展进程大体可分为两个相继的阶段。

前一阶段大致从第一次鸦片战争失败至第一次国共合作的建立（1840—1924年）。分析和研究这一阶段的主要代表人物的经济思想和主要观点，正是本书的基本任务。

这一阶段是中国人士企图按西方的资本主义发展道路发展中国的时期。在这一阶段的大多数时间中，人们致力寻求的是发展中国的途径问题：从船坚炮利到振兴商务，振兴实业，直到张謇的棉铁主义，孙中山的民生主义和实业计划，都属于对中国发展途径的探寻。

在这种探寻中，中国人士感到中国的发展之路阻力重重，为寻求发展途径屡遭打击和挫败，认识到经济的发展没有国家的一定保护和支持是不行的。但是，人们在很长时期是希望清政权采取某些具体措施，对民间发展经济的努力给予支持和保护，这些具体措施包括设立保护商人权利的"商部"，成立有若干商人代表参加的"议会"（实际上是咨议会）以及与列强谈判修约等等，而没有提出改变清政权性质的政治改革要求。

中日甲午战争失败后，在民族危机空前严重的情况下，中国的

---

① 参阅夏炎德：《中国近百年经济思想》，商务印书馆1948年版，第1、2、52页。

先进人士逐渐认识到：在列强殖民统治和清朝封建统治下，只通过
一定的经济改革来使中国获得发展是不可能的，必须进行改革封
建统治的政治改革，才能为中国的经济发展创造必要的政治前提。
于是，要求实行根本政治改革的"全变"和"尽变西法"的口号以
及实行这种政治改革的自上而下的变革方式——变法维新运动就
发动起来了；与此同时，更激进的变革方式——资产阶级革命运
动，也在海外及东南沿海的某些地区破土而出了。

变法维新运动的被镇压和八国联军的大规模侵略战争，民族
危亡的严重局面促使中国的资产阶级革命运动迅速进入高潮。中
国的革命者在倾全力进行反清革命的同时已比较清楚地认识到他
们所从事的革命运动对中国发展的意义，认识到中国的根本出路
必须"开发生产力"，而中国人民开发生产力的努力为清朝统治"所
制，欲开发而不能"①。这已是对于中国发展的途径和中国发展的政
治前提这两个方面的相互关系的比较正确、比较全面的认识了。

但是，在近代中国，怎样才能解决经济发展的根本政治前提问
题呢？这个问题，在相当长的时期中，还不是十分清楚的。辛亥革
命的失败以及辛亥革命后孙中山领导的革命运动一再遭到挫败，
就表明了这一点。直到第一次世界大战和俄国十月革命后，中国
的革命者才在俄国革命的影响和帮助下找到继续前进的道路。于
是，孙中山实行联俄、联共和扶助农工三大政策，改组国民党，重
新解释三民主义，决心发动一次联合国内外革命力量、有广大劳动
群众参加的国民革命，推翻外国殖民主义和中国封建主义的统治，

---

① 《在南京同盟会会员饯别会的演说》（1912年4月1日），《孙中山全集》第
二卷，中华书局1982年版，第322页。

以解决中国发展的政治前提问题。

1925—1949 年是中国近代经济思想发展的另一个阶段。对这一阶段的主要代表人物的经济观点和主张,将在另一部著作《中国经济思想通史再续》(《国民政府统治时期的中国经济思想》)中进行分析和研究。

在这一时期,中国人民致力解决经济发展的政治前提问题,先后进行了四次激烈的武装斗争:第一次国内革命战争、第二次国内革命战争、抗日民族解放战争和第三次国内革命战争,终于在中国共产党领导下推翻了帝国主义和封建主义在中国的统治,解决了中国发展的政治前提问题。

在这一阶段,对中国发展的途径问题的探讨也并未停止。人们对中国工业化问题的探讨,对土地问题和农村建设问题的探讨,对货币制度改革、银行体制建设问题的探究,对财政和赋税制度改革的研究等,不论研究的广度和深度都有所前进。

但是,由于在发展的政治前提未能解决以前,国内的革命战争及对外民族解放战争,长期持续且极其惨烈,因此对经济发展途径的探讨,是难有多少成效可言的,至多只能是为中国未来的经济发展问题留下若干思想资料而已。

在中国近代经济思想发展的前一阶段,人们对中国发展的要求,都是以西方资本主义的发展道路为榜样,企图通过发展使中国成为一个发达的资本主义国家。但是,在中国人士热衷于资本主义发展道路时,西方国家资本主义制度的弊病已日益暴露出来,因而,一些积极要求学习西方的人,在设计自己学习西方、发展中国的方案时,也在某种程度上表示了对资本主义发展道路的怀疑和不满,并希望中国在发展中能避免资本主义制度的弊病,而且有些人还把"大同"作为自己向往的终极理想。在经济极端落后的中国,这自然只能是空想。

自鸦片战争失败后,八十年中,中国人士所提出的学习西方,走资本主义道路发展中国的方案都一一失败了。这使许多人对按资本主义道路发展中国的可能性产生了怀疑。到了20世纪20年代,先进的中国人开始在俄国十月革命的启发下产生了走社会主义道路发展中国的要求。在中国共产党领导新民主主义革命的过程中,终于找到了解决这一问题的正确道路:通过人民共和国走上社会主义的发展道路。正如毛泽东所指出的:

> 资产阶级的共和国,外国有过的,中国不能有……惟一的路是经过工人阶级领导的人民共和国。[1]

(原载《中国经济思想通史续集》,
北京大学出版社2004年版)

---

[1] 《毛泽东选集》第四卷,人民出版社1991年版,第1471页。

37 《中国近代经济思想史》导论

　　中国近代经济思想史所研究的,是中国半殖民地半封建社会的旧民主主义革命阶段(从第一次鸦片战争到"五四"运动前夕)中,不同阶级、阶层的人们关于生产和分配问题的观点与学说的发生、发展、斗争和更替的历史。

　　经济思想是经济关系即社会生产关系在观念形态上的直接表现,它既包括经济学说,也包括没有形成理论体系的经济观点。它不仅体现在专门的经济著作中,而且体现在各阶级的政治纲领中,掌握政权的阶级所实行的经济政策中,以及某些政治、哲学、文学著作中。

　　在研究经济思想史时,首先要注意的自然是不同阶级的思想家所提出的经济学说。经济学说是经济思想的较为发展了的形态,它较为完整、较为集中、一般说来也较为深刻地表现着一定阶级对当时社会生产关系的认识和态度。但是,某些散见的、不成系统的经济观点,有时也能较为明显、较为突出地表明问题;特别是体现在政治纲领和一些较重大的经济政策中的经济观点,往往非常直接、也非常集中地体现着一定阶级对经济问题的见解和态度,而且对当时的阶级斗争和经济状况,常能发生直接的影响,因而也值得加以重视。还须指出:经济学说的形成是要有一定的社会经济发展水平和思想发展水平作为前提的,一般说来,愈是在人类社会发展的早期阶段,经济思想也更多地以散见的、不成系统的经济观点的形式存在着,研究这些阶段的经济思想发展史,就更加不应只寻求较有系统的经济学说,而置散见的经济观点于不顾。

中国近代是中国历史上经济思想较活跃的时期之一,社会矛盾和阶级斗争的极其尖锐,尤其是外国资本主义和本国封建主义的双重压迫所造成的民贫国弱的状况,迫使思想家们对经济问题给予很大的重视。在旧民主主义革命阶段(包括其准备时期在内)的八十年中,出现了不少专门探讨经济问题的文章,甚至还有若干种这方面的专书;某些思想家对经济问题的论述,实际上已形成为初步的经济学说体系。但是,总的说来,中国近代的经济思想发展还没能形成为一门独立的科学——政治经济学,各阶级的思想家有关经济问题的论述还常与他们对政治问题的论述以及对其他学术问题的论述夹杂在一起;经济思想的很大一部分还直接体现在政治纲领、经济政策中。这种情况决定了:在研究中国近代经济思想史时,除了专门探讨经济问题的文章著作外,还有必要注意各种政治纲领、经济政策以及其他某些方面的著作中所包括的有关材料,尤其是一些在社会经济文化或阶级斗争发展的重要时期所出现的有代表性的政治纲领和经济政策所包括的经济思想资料。

研究经济思想史,既要注意在一定历史时期中起着进步作用的经济思想,也要注意历史上有代表性的反动经济思想。经济思想的斗争是不同阶级、阶层的经济利益的矛盾和冲突在思想领域中的反映,在研究中必须兼顾到进步经济思想和反动经济思想这两个对立面,研究它们各自的实质和特点,研究它们之间的相互斗争和相互影响,以及它们在历史上所发生的不同作用。只有这样,才能够科学地总结经济思想发展的历史过程,才能够较为全面地揭示经济思想斗争和发展的历史规律。

在中国近代，曾经起过一定的历史进步作用的经济思想主要有：近代地主阶级改革派的经济思想、太平天国革命农民的经济思想、资产阶级改良派的经济思想、资产阶级革命民主派的经济思想。这些经济思想，虽然所代表的阶级利益是各不相同的，但都曾在不同程度上揭露和批判了它们所处时代的腐朽、反动的社会经济制度，推动了中国人民反对外国资本主义和本国封建主义压迫的斗争，因而都是中国近代反侵略、反封建的社会思想的组成部分。对这些经济思想，必须认真地进行研究和总结，作为中国人民的一份宝贵历史遗产来加以批判地继承。

中国近代的主要反动经济思想，有地主阶级顽固派和洋务派以及其他买办性官僚的经济思想，它们都是为外国资本主义、帝国主义和本国封建主义的统治利益服务的，是在近代中国社会中长期占统治地位的经济思想。这些思想在近代中国历史上一直起着维护半殖民地半封建统治秩序、阻碍中国社会前进的反动作用。研究和批判这些反动经济思想，对深刻地理解中国近代经济思想发展的历史过程也是十分必要的。

对进步的经济思想，也要全面地注意它所包括的积极因素和消极因素，注意这两个方面的矛盾和联系，弄清产生这种矛盾的阶级基础和思想根源，只有这样，才能正确地阐明这些经济思想的发展和没落的规律，才能对它们的性质和历史作用作出正确的评价。进步经济思想中的积极因素，固然是我们必须加以批判地吸收的精华；其中的消极因素及其在历史上所造成的不良后果，也能为我们提供宝贵的历史教训。从这种意义上说，它也是我们应予重视的一笔历史遗产。

帝国主义殖民奴化思想在半殖民地半封建社会的中国是反动文化的重要组成部分，而且是反动文化联盟中的盟主。在旧民主主义革命的大部分时间中，中国的反动思想家基本上还不能够直接从西方庸俗经济学中寻找自己需要的东西；经济方面的殖民奴化思想，首先是由形形色色的外国侵略分子直接介绍进来的。而且，介绍的主要方式，还是由在华的外国侵略分子著书立说，直接对中国的现实政治、经济问题提出主张或建议。外国侵略分子的这些经济思想，不但曾对中国思想界产生了很大影响，而且直接参加了中国思想界的论争；它们虽然还不是中国近代经济思想史研究对象的一个直接部分，但作为影响近代中国经济思想发展的一个条件，是应该予以很大的注意的。

"一定的文化是一定社会的政治和经济在观念形态上的反映"①，并且是为一定的社会的政治、经济服务的，因此，对文化史的任何部分的研究，都必须联系有关的社会经济条件和阶级斗争状况，阐明其据以存在的社会基础和它的阶级实质，揭示它对社会经济发展和阶级斗争所起的历史作用。对经济思想史的研究，也必须如此。中国近代的社会矛盾异常尖锐复杂，而且形势的变化极为迅速，与这种情况相适应，经济思想的发展也呈现派系复杂、更替迅速以及直接表现为社会经济改革主张等特点。在研究中国近代经济思想史时，必须以马克思主义的基础和上层建筑的相互关系的原理、以毛泽东同志关于经济、政治和文化的相互关系的学说为指导，密切地联系着有关的经济、政治条件来进行研究，才能在经济思想发展和斗争的纷杂历史现象中，找出其内在

---

① 《新民主主义论》，《毛泽东选集》第二卷，人民出版社1957年版，第688页。

的规律。

各种社会意识形态的发展，"都建立在经济上，但它们在自己之间互相影响着"①，因此，在研究经济思想史时，也必须注意其他形态的社会意识对经济思想发展的影响。在中国近代，政治思想和哲学思想同经济思想的关系最为密切，思想家关于经济问题的见解，在最多数情况下是和他们的政治见解结合在一起的，而哲学思想则为经济思想提供了理论基础和方法论。

毛泽东同志指出："帝国主义和中国封建主义相结合，把中国变为半殖民地和殖民地的过程，也就是中国人民反抗帝国主义及其走狗的过程。"②这种半殖民地、殖民地道路和独立自主的发展道路的斗争，一直持续了一百余年。在旧民主主义革命时期，独立自主的发展道路，就其实质来说就是独立的资本主义道路，虽然在当时的条件下，中国已没有走上独立的资本主义道路的可能。

在中国近代经济思想史所研究的时期，反动的经济思想或者直接为外国侵略者的殖民统治利益服务，或者由于维护了他们统治中国的社会基础——中国地主阶级，从而帮助了外国侵略者对中国的殖民统治和奴役；进步的经济思想，则不管思想家本人的阶级地位或主观意图如何，在客观上都是"替旧时期的中国资产阶级民主革命服务的"③，都起着为中国的资本主义发展开辟道路的作用。中国近代进步的经济思想和反动的经济思想之间的斗争，正

① 《1894年1月25日恩格斯给斯他尔根堡的信》，《马克思恩格斯关于历史唯物主义的信》，人民出版社1962年版，第104页。
② 《中国革命和中国共产党》，《毛泽东选集》第二卷，人民出版社1957年版，第626页。
③ 《新民主主义论》，《毛泽东选集》第二卷，人民出版社1957年版，第690页。

是这种半殖民地、殖民地道路与独立的资本主义道路的斗争在经济思想领域中的表现。

当时，关系到中国社会经济发展道路的，有下列几个根本性的经济问题：外国资本主义或帝国主义经济侵略的问题，封建土地所有制和封建剥削、压迫的问题，以及民族资本主义发展的问题。中国近代经济思想中的两条道路斗争，主要集中在这三个问题上。帝国主义侵略和封建主义制度，是中国社会生产力发展的严重桎梏，民族资本主义经济则是当时中国社会中能够促进生产力发展的一种经济形式。维护外国资本主义、帝国主义、封建主义的剥削掠夺利益，反对中国民族资本主义的发展，就意味着企图保持中国社会的半殖民地半封建面貌，并使中国进一步坠入殖民地的深渊；而反对外国资本主义、帝国主义的经济侵略和封建主义制度，要求发展中国本身的资本主义经济，则意味着争取中国的社会经济进步和独立自主。活动在这一时期中国历史舞台上的各阶级的思想家，都不能不对这些问题表明自己的态度。中国近代的各种经济思想和经济学说，在实质上无非就是各阶级的思想家对这些根本经济问题所提出的各种不同的解决方案。判别进步经济思想和反动经济思想，必须以它们对这些根本问题所持的态度作为根本尺度；判别进步经济思想中的积极因素和消极因素，也必须以此为主要依据。

鸦片战争以后，中国由封建社会逐渐变为一个半殖民地半封建社会。外国资本主义、帝国主义与封建主义的勾结、半殖民地半封建统治秩序的建立、新的经济成分和新的阶级的产生和形成，都有一个逐渐发展的过程，因此，在经济思想领域中的半殖民地、殖民地道路和独立的资本主义道路的斗争，也是逐渐展开和逐渐深入的。这种情况决定了：中国近代经济思想的发展，呈现为以下几个有区别的而又互相联系的阶段。

第一个阶段在时间上是从第一次鸦片战争开始到1864年太平天国农民起义失败为止。这一时期是中国社会开始由封建社会向半殖民地半封建社会转化的时期。在这一时期中，西方资本主义的军事、政治、经济、文化侵略势力进入了中国，中国丧失了完全的独立；为反对外国资本主义和本国封建主义的压迫，以农民为主体的中国人民进行了反侵略战争和大规模的农民战争。外国资本主义侵略使中国的封建经济开始遭到破坏，但中国社会中一时还没有产生新的经济成分——资本主义经济——和新的阶级——资产阶级和无产阶级，互相对立的阶级力量基本上仍只有地主和农民这两个阶级。与这种情况相适应，在经济思想领域中存在着两种不同性质的斗争：一种是地主阶级内部的改革派与顽固派的经济思想之间的斗争，另一种是革命农民同地主阶级的经济思想之间的斗争。

地主阶级改革派的经济思想包含有一定的反对外国资本主义侵略和批判封建主义的内容，其中一部分还多少带有资本主义的倾向；但它对封建制度总的来说还是采取肯定和维护的态度，对农民起义则是敌视的。以太平天国为主要代表的革命农民提出了反封建的农民土地革命纲领，并且以实际行动抗击了外国资本主义侵略者的武装进攻；但他们的经济思想同时又具有绝对平均主义的空想性，不能找出社会前进的方向。这两种进步的经济思想都还不是资产阶级的意识形态，但都属于中国近代反侵略、反封建思想的组成部分；它们对以后的资产阶级经济思想的产生和发展，也都起了一定的前驱作用：地主阶级改革派的经济思想是以后的资产阶级改良派经济思想的直接历史前驱，太平天国革命农民的经济思想中的某些内容，则对以后的以孙中山为主要代表的资产阶级革命民主派有所启发。

地主阶级顽固派的经济思想，不仅坚决敌视农民的土地要求和农民反对封建剥削压迫的斗争，而且还极力反对地主阶级改革派的有进步意义的经济改革主张。按其主观意图说，地主阶级顽固派是梦想使中国社会永远停顿在封建主义阶段内；但由于他们坚决敌视人民和敌视进步，他们不能也不敢同外国侵略者进行坚决的斗争，实际上是帮助了外国侵略者，加深了中国的半殖民地化。

在本时期末，地主阶级顽固派中的一部分人开始转化为适应外国资本主义殖民统治需要、勾结外国侵略者共同在中国建立和维护半殖民地半封建统治秩序的洋务派，但洋务派的经济思想一时还没能够形成。

第二个阶段在时间上是从19世纪60年代中期起，到20世纪初期资产阶级革命运动高涨前夕为止。

这一时期是中国半殖民地半封建统治秩序形成的时期。在清朝统治者卖国政策的帮助下，外国资本主义侵略势力深入了中国，取得了更多特权。外国资本主义侵略势力的深入破坏了中国的社会经济结构，破坏了自给自足的自然经济的基础；但中国的封建剥削制度仍然保留下来，并且在国内经济生活中仍然占着优势。在外国资本主义的刺激下，中国社会中逐渐出现了新的资本主义工业，并且逐渐产生了新的社会阶级——资产阶级和无产阶级。

在本时期中，经济思想领域中的斗争，主要是资产阶级改良派的经济思想同地主阶级顽固派、洋务派经济思想之间的斗争。

资产阶级改良派的经济思想反映着一批上层资产阶级分子和有着向资产阶级转化倾向的商人、地主、官僚的利益与要求,他们对外国资本主义和本国封建主义的压迫进行了相当的指责和批判,要求清政府实行自上而下的改革来发展中国的资本主义经济,挽救民族危机。这种思想,在19世纪最后三十余年中基本上是起着进步的历史作用。但是,资产阶级改良派企图依靠清朝封建统治者和某些帝国主义列强的支持来实现他们的改革要求;他们的改革主张,也具有防止农民革命和资产阶级革命的反动意图。

资产阶级改良派的经济思想已经基本上是一种资产阶级的意识形态,但它是一种封建主义色彩还相当浓,对帝国主义、封建主义的妥协性也非常强的资产阶级意识形态。

洋务派经济思想是直接为维护中国的半殖民地半封建统治秩序服务的。顽固派的经济思想就其本身内容来说是体现着一部分地主阶级分子走单纯封建主义道路的幻想;但是,如前面所已指出的,它在客观上也还是起着维护半殖民地半封建统治秩序的作用。在洋务派的经济思想和顽固派的经济思想之间,也曾有过长时间的论争,随着清朝统治者愈来愈彻底地向帝国主义卖身投靠,这两派的分歧也愈来愈不显著,到20世纪初就基本上合流了。

第三个阶段是从20世纪初期资产阶级革命运动开始高涨时期起,到1919年"五四"运动前旧民主主义革命阶段终结为止。

这一时期是中国半殖民地半封建社会危机加深和资产阶级所领导的革命运动由高涨到失败的时期。

在这一时期中,经济思想领域中的斗争主要是资产阶级革命民主派同资产阶级改良派的经济思想之间的斗争。

资产阶级革命民主派是民族资产阶级中下层和小资产阶级在

政治上和思想上的代表。这些阶层比资产阶级上层受帝国主义、封建主义的压迫更大，与帝国主义封建主义的联系则较上层为少，因而它们的态度比较激进。在20世纪初期，资产阶级革命派提出了实质上是否定封建土地所有制的平均地权的土地纲领，并且主张通过资产阶级革命，借资产阶级国家政权的作用解决中国的资本问题。这种思想更进一步表现了民族资产阶级反对封建压迫，争取民族独立的经济要求，对推进当时的革命运动起了积极的作用。但它对帝国主义和封建主义仍有严重的妥协性，不能正确地理解半殖民地半封建中国社会经济问题的性质，不能为中国找到摆脱这种社会经济状况的正确出路。

资产阶级改良派的经济思想在这一时期是民族资产阶级上层人物的经济思想，就其本身内容来说，它还是要求发展资本主义经济的，对帝国主义的经济侵略和清朝政府出卖民族权益、压制国内资本主义发展的政策，也还表示一定的不满；但因民族资产阶级上层与封建主义的联系分外密切，其中多半还拥有相当数量的土地，所以他们虽然主张在农业经营方式上也实行一定程度的资本主义改革，但却坚决维护土地的地主所有制。他们唯恐清政权的被推翻会使他们的利益遭受损失，对革命民主派所提出的平均地权纲领尤其感到恐惧。因此，资产阶级改良派在革命声势高涨的情况下，采取了坚决敌视革命的态度，极力攻击革命派推翻清朝专制政权和平均地权的主张。资产阶级改良派经济思想的反动一面，在这时就特别突出起来。资产阶级改良派的主要代表人物利用他们过去从事进步的政治活动所取得的声望为反动势力效劳，他们的言论和行动在破坏革命运动方面起着非常恶劣的作用，正因这一点，资产阶级改良派的经济思想成为革命民主派经济思想的主要斗争对象。

清朝统治者在"量中华之物力,结与国之欢心"的卖国誓言下,在八国联军侵略战争后更加无所顾忌地出卖路权、矿权,帮助外国侵略者在中国扩大其殖民掠夺利益。辛亥革命前十年中,清政府的经济政策比过去任何时候更明显、更集中地体现着清朝统治阶级的这种卖国、买办的观点。在研究本时期的反动经济思想时,也应予以特别注意。

随着地主阶级日益投靠于外国资本主义侵略者并成为他们统治中国的主要社会基础,反动的经济思想也由单纯为封建制度服务的经济思想逐渐变成为适合帝国主义统治需要、为维护半殖民地半封建制度服务的经济思想。在中国的旧民主主义革命时期,由地主阶级顽固派的经济思想占统治地位,转变为顽固派经济思想与洋务派经济思想并立,最后这两者又基本合流,由洋务派的经济思想发展而成的买办性官僚的经济观点事实上成了清政府经济政策的主要思想基础。反动经济思想的这种变化过程,正是帝国主义与中国封建主义日益结合的过程的反映。

在进步经济思想方面,随着资本主义经济和资产阶级的产生和发展,以及资产阶级日益成为中国旧民主主义革命的政治指导者,作为近代资产阶级经济思想的历史前驱的地主阶级改革派的经济思想和以太平天国为代表的革命农民的经济思想,逐渐让位给资产阶级的经济思想;而资产阶级改良派的经济思想又逐渐让位给资产阶级革命民主派的经济思想。

地主阶级改革派的经济思想、没有先进阶级领导的革命农民的经济思想、资产阶级改良派的经济思想以及资产阶级革命民主派的经济思想,都曾对近代中国人民的反侵略反封建斗争起过一定程度的积极作用；但由于它们各自的阶级的局限性，这些思想本身都具有不可克服的矛盾和弱点，都不能成为指导中国人民战胜帝国主义、封建主义的思想武器，它们本身也都相继没落了。

这些为争取独立的资本主义发展道路而服务的经济思想，在几十年的时间中一一没落，这一事实正好表明：在外国资本主义特别是帝国主义的侵略、掠夺和压迫下，独立的资本主义发展道路在中国是走不通的。

＊　　＊　　＊

一个时代的经济思想，其根源"虽深刻存在于〔物质的〕经济的事实中，可是它……首先得从在它之前已经积累的思想资料出发"①。中国近代经济思想的产生和发展，从中国古代，也从西方资本主义国家获得了思想资料。

如前面所指出的，在旧民主主义革命的大部分时间中，中国的反动经济思想还不能够利用西方的庸俗经济学说作为自己的理论依据，它们所利用的主要还是中国原有的一些封建主义的经济观点。对西方思想的影响采取深闭固拒态度的地主阶级顽固派固然是如此，兼有封建性和买办性的洋务派分子，也还不能利用西方的反动经济学说或其他社会学说来为自己的观点和主张进行论证。

近代的各种进步经济思想也都在不同程度上利用着中国古代所积累的思想资料。进步的思想家，各自根据他们的时代的和阶级的需要，或尽量从古代典籍中吸取对自己有用的思想，或有意识地运用"托古改制"的手法，改造古代的某些说法，在原来的形式

---

① 恩格斯：《反杜林论》，人民出版社1956年版，第13页。

下加入新的时代的和阶级的内容。在中国古代的经济思想遗产中，先秦、两汉儒家的某些经济观点，以及清初的一些进步思想家（特别是顾炎武、王夫之、黄宗羲等人）的经济观点，对近代的进步经济思想有着较为广泛的影响。

西方的资产阶级文化对中国近代的进步经济思想产生了很大的影响，"向西方国家寻找真理"，成为中国近代的各种进步经济思想的一个共同特点。影响中国近代进步经济思想的西方思想，不限于经济学说，其他方面的社会思想如哲学、政治、社会学说乃至宗教思想，都曾对中国近代经济思想的形成和发展有过重要的影响。

进步思想家"向西方国家寻找真理"，与反动分子输入外国殖民奴化思想不同，他们是抱着救国救民的目的，力图从西方的资产阶级文化中寻找同外国侵略者和本国封建统治者作斗争的理论武器的。近代最先提出学习西方主张的林则徐、魏源等人的"师夷长技以制夷"的提法，就明显地表现出了这一点。

当时，西方的资本主义的社会制度比中国的封建制度先进，中国近代的进步思想家，又多是资产阶级思想家或者是具有一定资本主义倾向的人物，这些情况决定了他们必然有着"向西方国家寻找真理"的特点。

中国近代的进步经济思想家从西方文化中寻找来的理论武器，主要是西方资产阶级革命时代的哲学、社会科学学说；但也并不完全是这类的进步学说。许多西方的反动学说（如社会达尔文主义、社会改良主义、某些庸俗经济学说等），也曾被中国的进步思想家借用并加以改造，以为他们的改革要求服务。

"向西方国家寻找真理"不能为进步思想家提供足以战胜帝国

主义和封建主义的理论武器。即使是西方资产阶级革命时代的哲学、社会科学学说，也只能对他们批判中国封建主义的任务有所帮助，而不可能成为同帝国主义作斗争的有效理论武器。正如毛泽东同志所指出的："中国人被迫从帝国主义的老家即西方资产阶级革命时代的武器库中学来了进化论、天赋人权论和资产阶级共和国等项思想武器和政治方案，组织过政党，举行过革命，以为可以外御列强，内建民国。但是这些东西也和封建主义的思想武器一样，软弱得很，又是抵不住，败阵下来，宣告破产了。"①

* * *

研究中国近代经济思想史，阐明中国近代经济思想发展的规律，科学地总结近代经济思想的遗产，对我们当前所进行的社会主义革命和社会主义建设，对当前的反对帝国主义和现代修正主义的斗争，都具有很重要的现实意义。

我们的社会主义革命和社会主义建设是在复杂的阶级斗争环境中进行的。帝国主义虽被赶出了中国，但还在包围和威胁着我们；已被推翻的地主阶级和买办阶级的某些残余思想，对某些人仍有影响；资产阶级还未消灭，在今后很长时期中，资产阶级的影响在国内还将存在。在这种情况下，研究中国近代经济思想史，弄清我国近代社会各阶级经济思想的特点及其发展规律，将能够加强我们识别各种反动经济思想的能力，对我们今后很长时期内反对帝国主义的斗争和在国内清除资产阶级影响的斗争都会有重要帮助。

---

① 《唯心历史观的破产》，《毛泽东选集》第四卷，人民出版社1960年版，第1517—1518页。

研究中国近代经济思想史，对当前国际范围的革命斗争也有重要意义。目前，世界上广大的被压迫人民和被压迫民族，特别是亚洲、非洲、拉丁美洲各地还受着帝国主义及其走狗压迫的广大人民，正在迅速地觉醒起来；另一方面，以美帝国主义为首的帝国主义势力，正在现代修正主义者的帮助下拼命压制和破坏各国人民的革命斗争，企图维持和重建对这些人民的殖民奴役制度。支援世界一切被压迫人民和被压迫民族的革命斗争，与他们同呼吸、共命运，是中国人民的国际主义义务。中国近代的民族、民主革命，是殖民地、半殖民地国家民族、民主革命的典型。中国人民在这种革命中经历了一百多年的斗争，尝试过各种解决方案，最后才在无产阶级的领导下，在以马克思列宁主义的普遍真理与中国革命的具体实践相结合的毛泽东思想的指导下，取得了彻底的胜利。目前，亚洲、非洲、拉丁美洲大多数国家的人民还未完成或未充分完成民族、民主革命的任务。不言而喻，有关中国近代经济思想史的科学知识，会有助于我们更深刻地理解这些国家的人民目前正在经历的斗争，也会有助于他们更好地了解中国。

研究中国近代经济思想史，还会有助于我们学会和领会毛泽东同志的著作，有助于我们更深刻地理解毛泽东思想在当前世界上保卫马克思列宁主义的纯洁性、反对现代修正主义的斗争中的伟大作用。

毛泽东同志在领导中国民主革命的过程中，依据马克思列宁主义的科学理论深刻分析了中国半殖民地半封建社会的社会经济和阶级状况，创立了关于半殖民地半封建社会和新民主主义革命的马克思列宁主义理论。研究中国近代经济思想史，增进我们对中国近代历史情况的了解，就会有助于我们认识毛泽东思想产生的历史条件，有助于我们理解毛泽东同志是怎样把马克思列宁主义普遍真理同中国民主革命的具体实践结合起来的；了解了中国近代各种进步经济思想的局限性和它们没落的必然性，就会使我们更加认识和坚信毛泽东思想的正确性。这自然又会有助于我们进一步认识毛泽东思想在当前世界革命斗争和保卫马克思列宁主义、反对现代修正主义斗争中的伟大作用。

中国旧民主主义革命时期出现过的各种经济思想，虽然都不是无产阶级的意识形态，都是为其各自所属的阶级服务的；但是，用马克思列宁主义的立场、观点、方法研究和总结这些经济思想的中国近代经济思想史，却无疑是宣传马克思列宁主义真理、同危害社会主义革命和社会主义建设的各种势力作斗争的无产阶级思想阵地的一部分，是社会主义经济的上层建筑的组成部分。因此，研究中国近代经济思想史，不但能够为当前的社会主义革命和社会主义建设服务；而且，这种研究本身也就是社会主义文化建设工作的一部分。

（原载《中国近代经济思想史》，

中华书局1964—1965年高等学校内部发行）

38 《中国经济思想史简编》序

　　本书是已故著名经济学家胡寄窗教授的主要代表作之一,曾获1988年中华人民共和国国家教育委员会颁发的全国高等学校优秀教材特等奖,而且是当时经济类教材中的唯一特等奖。这体现了教育界和经济学界人士的一致的、公正的评价。

　　胡老早年留学西方,很早已成为驰名全国的经济学教授,但他从不满足于已取得的成就,总是不停地开拓、创新,为攀登一个个新的高峰而努力。尤其令人敬佩的是:他在50年代屡遭磨难,身处逆境,却毫不灰心,在极端困难的条件下,潜心研究中国经济思想遗产,读破十万卷,下笔百万言,数年之间,完成了三卷本的《中国经济思想史》巨著。这是自20世纪20年代中国经济思想史这门学科诞生以来的第一部贯通数千年的中国经济思想史著作。

　　中共十一届三中全会的春风,吹苏了学术界。胡老这时已近耄耋之年。他以火一样的热情和不知疲倦的努力,为构筑中国经济思想史的学术巨厦而辛勤工作:举办中国经济思想史学习班,为全国数十所高等院校培养师资;广招硕士生和博士生,作育中国经济思想史方面的高层次人才;联络同行,组成中国经济思想史学会;十余年间,几乎每年都推出新的学术著作。真是做到了"学而不厌,诲人不倦",而且是直到最后一息。

　　中国经济思想史这门学科,虽然诞生于20年代,但直到七八十年代，才真正取得了自立于经济类学科和传统文化类学科之林的地位。对此，许多同志都与有劳绩；但公正地说，胡老的贡献是最大的。胡寄窗的名字，已永远镌刻于中国经济思想史这门学科的历史上。

《中国经济思想史简编》是胡老为办师资学习班及在高等学校中教学，而在三卷本《中国经济思想史》基础上编写的一部教材。同后者相比，它不但体现了一个"简"字，更重在一个"精"字：它集中了《中国经济思想史》一书的精华，因而比《中国经济思想史》一书更便于阅读和掌握。它和《中国经济思想史》一书，同样是这门学科开始形成时期的主要代表作之一，具有无可争议的历史价值。

我在大学读书时，曾旁听过胡老的课。中国经济思想史学会成立后，我即作为胡老的副手协助工作；后又受会员同志们的推举和胡老的重托，继胡老承担学会的负责工作。多年共事，受教良多。胡老的治学、做人，尤其是他的自强不息的精神、不知老之将至（更确切地说是不知老之已至）的精神和身处逆境发愤为雄的精神，给我留下了永世不能磨灭的印象。

欣悉《中国经济思想史简编》一书即将再版，谨序数语，以志对胡老的崇敬和深情怀念。至于书的内容以及其中所体现的胡老的思想境界和治学态度，我想还是以让读者亲身领略为宜，于此就不再赘述了。

（原载《中国经济思想史简编》，

立信会计出版社1997年版）

39 《经济学志》导言

　　《中华文化通志·经济学志》是一部概述中国人在经济学领域中所作出过的历史成就的著作。本书的论述范围从中国进入文明的时代开始，至1949年中华人民共和国成立为止。

　　在如此漫长的历史时期中，经济学领域中的成就，其性质和内容，自然都会在继承、沿袭的基础上有所发展、变化。本书认为：这种发展变化，主要是在两个不同的体系中，循着不同的轨迹进行的。

　　一个是传统经济思想的"富国之学"的体系。中国在悠久的文明史中，形成了自己独特的经济和文化。这种独特的民族经济和文化，孕育了有自己民族特色的中国传统的经济思想。它就是从中国文明史的开端直到清代中叶中英鸦片战争前相沿数千年的富国之学。

　　富国之学是一个以自给自足的农业经济为基础，以统一的、中央集权的封建专制王朝统治和儒家思想支配为主要政治、文化背景，在未受或基本未受外来经济思想影响的情况下，长期从自己土壤上孕育、成长起来的中国固有的经济思想。它在富国的口号下，从整个社会、整个国家的宏观角度考察一切经济问题，审视解决社会经济生活问题的一切意见、主张、方案及其理论依据。环绕富国这个中心，中国在鸦片战争前数千年中，经济学领域中的研究，逐渐形成了富国之学的思想学说体系。

在中国传统经济思想中,也有从微观角度研究经济问题的治生之学,但治生之学没有得到充分的发展,没能形成足以和富国之学相提并论的体系。

另一个是中国近、现代经济思想的"发展之学"的体系。1840年鸦片战争后,长期对外部世界封闭、阻绝的局面被打破了,中国人士痛苦地发现:自己的国家在经济、政治、文化各方面都已远远落后于西方国家,并因此而处于日益严重的外国侵略和殖民压迫的威胁之下,面临着被灭亡、被瓜分的危险。只有对停滞落后的国民经济进行根本改造,把中国经济转上社会化大生产的轨道,在此基础上加快经济前进的步伐,使中国经济能在不太长的历史时期中赶上西方发达资本主义国家的水平,中国才有可能摆脱贫困、愚昧、衰弱、屈辱的局面,成为一个富强的、有现代文明的国家。这就是发展中国的任务。发展的问题成了鸦片战争以来对中国的兴衰存亡有决定意义的问题。中国能不能得到发展?能不能迅速地得到发展?有效的发展途径和方法是什么?中国的发展需要什么样的社会历史前提?……这一系列问题成了一百五十年来一代代中国人为之焦思苦虑寻求解决的问题。环绕发展问题所进行的探讨、议论、思考、分析,就形成了中国的发展之学。发展之学是中国近、现代经济思想的主要内容。

发展之学和富国之学不同,它不是完全在传统经济、文化的土壤上孕育起来的,而更多的是在西方的经济、文化影响之下产生的,并且是在西方的经济学说直接影响下的产物。当然,它并不是纯粹的舶来品。外来的经济思想、学说,只有移植在中国的土壤上,并且适应了中国的土壤、气候,才能对形成中国自己的发展之学起重要的作用。

本书的研究和论述，就是按照这两个体系展开的。上篇《中国传统经济思想的主要成就》以富国问题为中心，按富国的意义，富国、富民和富家的关系，富国的基本途径，富国和分工，富和均，货币在富国中的作用，赋役在富国中的作用，富国和人口，富国和国家政权的经济作用，以及体现传统经济思想要求的理想社会制度模式等问题，把鸦片战争前数千年人们关于生产、交换、分配、消费各种经济问题的探讨、议论，加以整理、分析，揭示其内在的、有机的联系，把握其形成、发展和演变的规律。下篇《1840年后经济学领域中的新探索》则以发展问题为中心，按发展问题在中国近、现代的意义，发展的途径和发展的社会历史前提以及商本和实业救国，国家工业化，土地制度和农业发展，经济发展和货币金融制度的改革，人口问题和经济发展，对外开放和经济发展，经济发展的目标模式等问题，把鸦片战争后一代代中国人士关于中国发展之路的认识、思考以及由此形成的各种发展方案和相应的理论说明，进行剖析、概括，作为一个完整的、有规律的过程加以把握。

要了解从古到今中国人在经济学领域中成就的主要脉络，自然必须进行历史的研究，自然要注意从纵的历史走向来进行考察；但是，既然是经济学志，研究的基点必须放在"学"上，即按照经济学说、观点以及有关的经济范畴由简至繁、由浅及深、由不完整到完整或较为完整的发展、演进的轨迹来加以把握。因此，在叙述的方法上，本书坚持以学为纲，以史为目，或者说，以思想、理论为纲，而以历史的顺序为目。按照这种方法，本书首先确定以富国之学和发展之学作为体现中国人在经济学领域中的成就的两个基本体系，然后把富国之学和发展之学各划分为若干构成要素，每个要素均包含一系列的经济思想、学说以及由以构成的众多的原理、观念和范畴。对这些经济思想和学说，均从纵的、历史的角度，论述其怎样从简单的、零散的、直观的形式，逐渐发展到复杂的、完整的和具有内在因果联系的形式。这既体现了认识的逻辑发展进程，又体现了历史发展由古及今、自先而后的进程。

这种方法同经济思想史的研究方法是有区别的。区别主要在于：

第一，经济思想史的叙述是以史为纲，以学为目，先纵后横；此为以学为纲，以史为目，先横后纵。

第二，经济思想史的叙述包括所研究的历史全过程，依过程的阶段性顺次探讨、论述经济思想学说的发展；《经济学志》按思想、理论自身的发展进程进行探讨、论述。这种探讨、论述虽然总的说同历史发展的先后顺序一致，但并不见得与历史前进的具体过程相吻合。有时，某一类经济论点、某一思想学说发展到某一历史时期已基本完成，而以后并没有什么新的发展、前进或深化，则就这类论点或思想、学说的形成、发展所进行的历史考察，也就到此为止，而不必再在这一课题下论述以后历史时期的情况。有时，一种思想学说发展到某种水平后，在很长的历史时期处于停滞、消沉的状态，然后才又有新的发展和提高。《经济学志》在这一问题上，可以一下子越过很长的历史时期。这从历史的研究来看，是不连续的；但从"学志"的体例来看，却是恰当的。因为，这从理论认识的逻辑进程来说，并不是不衔接的，而且，从历史由先而后的大进程来说，也还是一致的。

第三，经济思想史的研究是把一个个历史时期有典型代表性的经济思想作为研究对象，揭示其内容及其与前后历史时期的经济思想之间的联系。这种典型代表性的思想，自身多是综合性的，而且一般通过代表人物的思想来体现。《经济学志》则是论述一个个经济思想、经济学说的形成、发展过程，它也要涉及各个不同的历史时期，但研究范围只限于特定的思想、学说本身，而不涉及同一时期的其他经济思想、经济学说；它也要涉及一个个思想代表人物，但也只在特定的思想、学说范围内涉及，而不及于同一代表人物的其他经济思想、经济学说。

《经济学志》在叙述方法和写作体例上虽不同于中国经济思想史，但二者所依据的资料是一样的。这就会产生一个问题：同样的资料而不能有同样的利用效果。中国经济思想史由于其研究对象的综合性和全面性，在利用资料上也有比较集中、比较完整的优势；《经济学志》以学为纲的体例，却容易使同一个物、同一著作中有关不同问题的言论、资料，分散在不同的章、节段落中。而且，由于中国古代乃至近代，经济思想的发展还未能形成为一门独立的科学，人们对经济问题的论述也多带有综合性质，有时一个思想家的一段话就包含着对两个或多个不同经济问题的意见。这样，对较长的段落还可删节使用，较短的语句则往往难以删节，从而难免会出现在不同的章、节重复引用的现象。

作者长期从事中国经济思想史的研究，对写作中国经济思想史作品较为习惯；而采用这种以学为纲、以史为目的体例来写《经济学志》，却是生平第一次尝试。在大的框架、体例方面，自信是较有把握的；但对二者在利用资料方面的不同要求，解决起来则觉得不那么得心应手。虽作了很大努力企图尽量圆满地解决此问题，仍觉不能尽如人意。

（原载《中华文化通志·经济学志》，

上海人民出版社1998年版）

40 《集雨窖文丛》序

本书是为纪念中国经济思想史学会成立二十周年而编的一部文集,共收论文六十九篇,凡六十六万余字,全部是从1980—1998年期间中国经济思想史学会会员发表的论文(个别会员是著作中摘取若干文字)中选出的。

本书取名《集雨窖文丛》。集雨窖是我国西北地区广大群众创造的一种蓄水制度。西北地区干旱少雨,雨季的降水又大部流失,因而经常处于严重缺水状态。农耕及人畜饮水,都极为困难。针对这种困难,当地许多民户采用挖集雨窖的办法,把雨季的降水尽量收集、蓄存起来,以备干旱时取用。

西北地区用水量和水资源之间缺口极大,集雨窖的办法当然不能根本解决问题;相对于正在展开的开发大西北活动对水资源的巨大需要,更不啻杯水车薪。但是,比较根本的解决办法(如西线南水北调工程、大规模造林工程和水土保持工程等),需要很长的时间和巨大的投资,在这些根本办法还未实现以前,集雨窖之类的办法,对西北缺水的困难,不无相当的缓解作用。

集雨窖制度更值得称道之处是它所体现的人们在困难面前毫不气馁、顽强抗争的精神。它和中国历史上传诵千年的愚公移山的故事交相辉映,同样是中国人民自强不息的民族风格的生动闪耀!集雨窖集起来的水,数量是有限的,但集雨窖体现的精神,却是中华民族发展、腾飞的事业所绝对不可少的,是中华各族人民创造自己历史的斗争所不可须臾离开的。

我常用西北人民与干旱缺水所进行的斗争比喻中国经济思想史这门学科的艰难开拓历程。中国经济思想史作为一门学科,已有近百年的开拓历史。同其他一些研究中国传统文化的学科相比,这门学科确实有些像是在旱象困扰下进行开拓。参加开拓的人力单薄,开拓的成果无论在数量上和质量上都不能同中国哲学史、中国文学史等相提并论,而这较弱的研究力量和研究成果,又往往不能得到有效的保护和继承、发扬。正像西北地区缺水而许多水资源又白白流失一样。

20世纪的最后二十年,是中国经济思想史这门学科开拓以来的第一个比较繁荣的时期。不仅研究成果在数量上、质量上都显著超过了过去几十年,而且在许多单位开设出多门有关课程,培养了上百名研究生和博士生,成立了自己的全国性学术团体——中国经济思想史学会。以水相比,可说是一个雨量较为丰沛的季节。但是,决不能认为,中国经济思想史这门学科长期受"旱象"困扰的局面已经克服了。中国经济思想史的研究者仍必须长期坚持集雨窖精神,在同"旱象"不断斗争中开拓前进。就让这部《文丛》成为我们学会会员所修筑的第一个稍具规模的集雨窖吧!

（原载《集雨窖文丛》,北京大学出版社2000年版）

41 《走向世界的历史足迹》序

郑学益君的《走向世界的历史足迹——中国近代对外开放思想研究》一书即将出版了。这是一项具有重要学术意义和实践意义的开拓性研究成果。

对外开放思想是中国近代经济思想中主要的、有特征性的内容之一,近代的开放思想是中国现代对外开放思想的直接历史前驱,它的许多重要内容,对科学地解决中国现代的开放问题仍有很大的现实意义。可是,研究这一问题的专著,在郑君此书写出前还未出现过;中外学者研究这一问题的论文,迄今也寥若晨星。郑君有鉴及此,选择这一重要课题,以数年的精力,在占有充分资料的基础上进行全面、系统的研究,写成此书,填补了中国近代经济思想史和中国近代史研究中的一个颇为不小的空白,为中国的现代化建设提供有益的借鉴。我认为,这体现了学术研究的正确方向和优良学风。

此书提出了一系列重要的、引人深思的理论观点,其中最值得重视的是以下几个:

第一,在中国漫长的历史中,有着对外开放的思想传统。

在1840年以前,清王朝曾有一个时期实行闭关锁国的政策。对中国历史没有全面了解的西方人士,因此而得出一个看法:中国民族是一贯喜欢封闭,而不愿意对外开放的。一些对自己祖国的历史缺乏必要知识的中国人也接受了这种看法。少数对自己的民族和民族文化怀着异己感情的人甚至臆造出一种奇谈怪论,认为中国文化是在黄河流域培育出来的文化,而黄色就意味着封闭性,企图从根本上否定中华民族、中国文化适应现代世界形势的可能性,试图彻底扭曲中国当前的改革、开放政策的方向。

其实,在中国悠久的历史上,一直存在着对外开放的思想和主张;而且,除了在封建社会晚期一个不太长的时间外,对外开放的思想和主张,还是占主导地位的。

早在战国时期,中国还未统一,但中国人民同外部世界的交往已经以多种形式进行了。丝绸之路早已开通,秦国已有专门从事以丝绸易牛马的国际贸易和民族贸易;经营这种贸易的大商人乌氏倮,在秦始皇时期还受到了特别优礼。东部的燕、齐等国,也开始从海上对外交往。这些交往增加了中国人士的域外知识,也日益引起了中国人士对外部世界的兴趣。战国时期的著作《山海经》,在神异怪诞的形式下,记述了一些域外情况。据现代中、外学者的研究,其中有许多地方酷似美洲的景观。战国时代阴阳家的创始人邹衍,提出了"大九州"的说法,认为天下有九州,其中每州又分为九,中国只是其中一州的九分之一,为天下九州的八十一分之一。这开始冲破了以中国内部的九州为"天下"的传统观念,表明在秦始皇统一中国以前百余年,中国人民已在瞩望着比中国的辽阔疆域更广大的外部世界了。很显然,像《山海经》和邹衍的大九州之说,决不是幻想的产物,而是在此以前中国人民从对外交往获得的域外知识的总结。

秦、汉统一后,中国已在方圆数百万平方公里的疆域中形成一个统一的封建大国,中国人民的心胸更开阔,视野更广大,因而对外的交往和交流也以更大的规模开展着。西汉张骞西通西域，使节遍访今中亚细亚及阿富汗、伊朗、印度一带，东部同朝鲜建立了联系。东汉班超通西域，进一步把交往范围扩大到今地中海东岸一带，并曾企图派人访问欧洲的罗马帝国（大秦），到东汉末，终于同罗马帝国发生了官方的交往。在东部，东汉初已同日本开始了官方的来往。晋代僧人法显赴印度取佛经，由海道返国，遇飓风漂流数年。现代的研究者有人据法显《佛国记》一书考证，认为法显曾到过美洲。唐代是中国封建社会全盛时期，对外交往的范围更远超任何前代。唐政权也实行积极的开放政策，不但同东、西、南各方的邻国和相距遥远的一系列国家信使往来，对民间的经济、文化交流也采取容许以至鼓励的政策。当时，各国的人都可来中国留学、经商、传教、置产、做官、同中国人通婚，而中国人士也可到国外经商和传播文化。近代中国的伟大革命先行者孙中山，盛赞唐朝的开放政策，认为它是唐朝国家强盛、具有强大民族自信心的表现，这是一个十分深邃的见解。

唐代以后，中国的对外开放继续保持着。宋代尤其是南宋时期，中国东南沿海的对外贸易有较大的发展，福建的泉州成为当时世界的最大贸易港之一。元代同外部世界的交往范围更广大，同欧洲的往来，尤非任何前代所及。

到封建社会晚期，随着封建社会内部矛盾的加剧，对外交往逐渐有停滞的趋向。但明成祖时还派郑和率大船队七次出洋，遍访今东南亚、南亚、阿拉伯国家以至非洲西海岸一带，在欧洲人从事发现新航路的航海以前，已经进行了世界航海史上空前大规模的航海活动。明末、清初，欧洲天主教传教士利玛窦、汤若望、南怀仁等来中国传教并传授西方的先进科学技术，也受到了一些有影响的士大夫欢迎,甚至受到像清康熙皇帝这种最高掌权者的亲待。在清代决定实行封关禁海的政策后,一些才识高卓的士大夫如蓝鼎元、慕天颜等人,还极力宣扬对外开放之益,抨击封关禁海之政策的愚昧和缺乏远见。

历史雄辩地表明,在中国的悠久文明史上,是有着要求对外开放的思想传统的。这种传统体现了中国人民心怀宽广,愿意接受外来优良事物,愿意同外部世界进行互利互惠的经济、文化交流的民族性格。中国近代、现代的对外开放思想,就其内部源流而言,是对这种悠久思想传统的继承和发扬。

第二,在中国近代,对外开放是中国生存、发展和自立于世界先进民族之林的必要条件。

中国近代的对外开放思想继承和发扬了中国古代对外开放思想的优良传统,但又同后者有根本的区别。

中国古代的对外开放思想是在封建社会的历史条件下产生的,同时又是在中国的经济、政治、文化发展长期处于世界领先地位的状况下形成和发展起来的。在封建时代,自然经济占主要地位,国与国之间虽然有贸易和经济交流,但不占重要地位,对经济发展起不到很重要的作用对封建主义的经济基础而言,对外开放并不是必要的条件。

中国的经济、文化发展在16世纪以前一直居于世界的前列,对周围邻国而言,则直到1840年鸦片战争前也不存在落后的问题。在这种情况下,中国的对外开放,不是加速中国经济发展和进步的必要条件。中国古代同外国进行的贸易和经济、文化交流也对中国起到了积极有利的作用,使中国的经济、文化生活更加丰富多彩;但由于中国的经济、文化发展走在世界各国的前面,当时的对外开放总的说是中国的技术、文化对外传播，而不是像近代的对外开放那样具有"师夷"自强的性质。

中国近代的对外开放问题则是在西方资本主义势力冲击下提出来的，同时，又是在中国的社会经济文化发展均大大落后于西方的情况下产生的。西方资本主义势力的冲击破坏了中国维持了两千余年的封建制度，使中国变成了从属于世界资本主义体系的半殖民地半封建国家。新的世界形势和中国本身经济基础的变化，使得中国再也不可能重新实行闭关锁国的政策（虽然封建顽固士大夫仍然妄想"重申海禁"、"闭关绝市"），而只能在对外开放中存在和发展。

由于中国近代是在社会经济文化都大大落后于西方国家的情况下同后者进行交往的，是在西方国家不断深入的侵略下同它们扩大接触的，中国必须学习和采用西方的先进科学、技术和经济、文化，力求缩小和消除同西方的差距，才有可能作为一个独立自主的国家生存下去，而学习和采用西方的先进科学、技术和经济文化，又只能在对外开放的条件下进行。这样，对外开放在中国近代就成了中国生存、发展并跻身于世界先进民族之林的一个必要条件。

从鸦片战争时期一开始，近代的先进中国人在同西方侵略势力的接触中就认识了这一点。林则徐在奉命到广东查禁鸦片贸易之初，仍未越出"天朝"同"四夷"交往的传统观念的局限，但他很快就认识到，西方国家已不是历史上经济、文化都比较落后的"四夷"，从而产生了在抵抗侵略中学习敌人先进之处的思想。魏源进一步把这种认识概括、提高为"师夷长技以制夷"的公式，并主张在保持同西方国家的贸易和正常往来中获得"师夷"的便利。尽管林则徐、魏源等人对西方国家先进性的认识还主要限于武器和军事技术方面，但毕竟已把对外开放作为中国独立自强的条件这一命题，以比较明确的形式提出来了。此后的先进中国人，沿着这一方向继续前进，他们对西方国家的了解不断增多，向西方学习的内容逐渐扩大，对开放和改革、发展相互之间关系的认识越来越加深，直到孙中山明确地提出"开放主义"的口号，并就开放主义对加速中国发展、促进中国改革的意义，从理论、历史和外国经验等各个方面进行了论证，把鸦片战争以来的先进中国人对这一问题的认识提到了中国旧民主主义革命时代的最高水平。

第三，在中国近代，有两种不同性质、两种不同前途的对外开放。

在第一次鸦片战争后，中国的对外开放已成为历史发展的必然趋势。闭关自守、拒绝开放，只会窒塞中国的生机，这一点随着时间的推移，已被越来越多的人认识了。但是，对外开放是否就一定能为中国带来好处、找到出路呢？

问题并不如此简单。在中国近代，事实上有着两种不同性质的对外开放，而这两种不同性质的开放，必将为中国带来两种完全不同的前途。

一种是殖民地式的开放。这种开放是以中国日益丧失主权、日益沦为帝国主义列强的半殖民地、殖民地为特点的。帝国主义侵略者及其卵翼下的中国买办、卖国势力，力图使中国实行这种性质的对外开放。中国的海关被外国侵略势力所把持，中国的内河一任外国军舰自由航行，中国的许多重要财政收入受外国侵略势力监督，中国的通商大埠建立了许多由帝国主义列强统治的租界，外国列强在中国拥有领事裁判权，在华的外国人犯法不受中国法律制裁，如此等等。这种越对外国人开放，中国越丧失主权，中国殖民地化程度越加深的殖民地式的开放,使中国人民吃尽了苦头,遭到了几亿中国人民日益激烈的反对和抗争。

另一种是独立自主的对外开放。这种开放以保持中国的主权为前提,由中国根据自己的利益和需要主动地实行。可以在平等互利的原则下,同外国进行贸易,利用外国的资金、技术和人才;可以允许外国人在中国投资办企业,经营谋利,但必须受中国行政和法律的管辖。只有这种开放,才是对中国有利的开放,才是中国发展、进步和富强的有利条件。

在近代中国,这两种性质、两种前途的对外开放之间的斗争自始至终进行着,是十分激烈的。帝国主义侵略势力和中国的卖国分子,竭力要使中国按着殖民地化的道路"开放"下去;而中国的爱国者则大声疾呼和前仆后继地为反对这种殖民地式的开放、争取实现独立自主的开放而斗争。近代的先进中国人,一方面积极呼吁实行对外开放以取得学习外国先进事物,利用外国资金、技术的便利;一方面激烈抨击帝国主义列强侵犯中国领土主权的不平等条约。从魏源的"师夷长技以制夷"到孙中山的既要实行"开放主义"、又要使发展之权"操之在我"的思想,反映了近代中国先进人士对这一问题的认识不断发展、不断加深的过程。

上述这些理论观点,对正确揭示中国近代对外开放思想的特点和发展规律,加深对中国现代对外开放问题的认识,都是极为重要的。在郑君的书中,对这些观点,都利用丰富的材料,作了透彻的阐述和论证。这里扼要作些提示,以为读者理解此书之助。

此书是以郑学益君在北京大学的博士学位论文为基础,稍作修改、调整而成的。郑君从大学经济系本科经硕士研究生直至博士研究生,一直在我指导下学习和研究中国经济思想史,并协助我做过不少的学术研究工作，是我最好的学生之一。从前，儒家的大学者孟轲，听说他的学生乐正克将被委以重任，感到"喜而不寐"。我的任何学生在学术上的成长和成就，对我来说，自然都是值得"喜而不寐"的事，在郑学益君的《走向世界的历史足迹——中国近代对外开放思想研究》付梓之前，聊书数纸，以为勉励，诚义不容辞，亦情不自已也。

（原载《走向世界的历史足迹》，

北京大学出版社1989年版）

42 《洋务运动与中国早期
   现代化思想》序

  周建波博士的新作《洋务运动与中国早期现代化思想》是一本有深厚功底，又富有新意的好书，值得一读。

  有关洋务运动和洋务派的研究，可以说是已经有百年历史的课题。其研究范围之周遍，参加研究人数之多，积累资料和研究成果之丰富，都极为可观。在这样丰厚的研究基础上，要想更上一层楼，使研究工作获得新的、较大的突破，是颇为不易的。为此，不仅要付出艰辛的努力，还要在研究方法方面有较大的创新。

  周建波博士原攻中国近现代史，获得硕士学位后又从事教学工作数年，对近代史上的某些重要领域和重要问题的研究，打下了较好的功底。后来，他转而攻读中国经济思想史，对于运用历史唯物主义及经济学的方法研究历史问题，形成了自己独特的优势。这使他在对洋务运动的研究中能够别开生面。本书着重把洋务运动及其各方面有关人物的思想和实践，作为中国现代化运动的一个侧面来考察，就体现了这一点。

  自第一次鸦片战争失败后，发展的问题就成为中国历史前进中最为根本的问题。发展的实质是要以社会化的现代生产力全面取代中国历史上延续几千年的个体农业、手工业的落后生产力，并为此改造全部经济基础和上层建筑，建立与社会化生产力相适合的生产力和上层建筑。发展是要使中国社会由一个古老的封建社会向一个现代化社会转化，所以发展的整个进程也就表现为中国的现代化运动。

中国近代史上的一切重大问题、事件和斗争，无不这样那样地同这一根本问题联系着，在各种历史问题的研究中，只有解决好了研究对象在这种联系中的定位问题，对研究对象的性质、特点、历史意义和历史作用，才能得到正确的认识和评价。

周建波博士把洋务运动定位为中国早期的现代化运动，这种定位是确切的。在洋务运动时期，中国现代化不仅是作为一种思潮日益对社会发生影响，而且也作为一种实践日益展开。洋务运动以前，纵然有极少数人物开始在思想领域多少触及发展或现代化问题（如洪仁玕），但孤唱无和，不能形成对社会有影响的思潮，这方面的实践就更谈不上了。因此，说洋务运动是中国早期的现代化运动，在洋务运动以前中国尚无现代化运动，是不为过的。

在研究内容方面，本书着重研究洋务派的现代化方案，具体来说，也就是洋务派在微观上对经营企业的设想，在宏观上对发展现代经济各部门的设想。以往对洋务运动以及洋务派的研究多半未重视这一方面。本书主要从中国现代化的角度考察洋务运动，所以能把洋务派的现代化方案作为研究中心，这就不仅为研究工作开辟了新领域，而且对洋务运动的性质、失败原因以及历史地位这些长期以来研究甚多而且聚讼纷纭的问题也有了新的视角和新的见解。

由于本书的研究在许多方面都是一种新尝试，新尝试就难免遇到某些新困难，在某些问题上出现若干弱点和不成熟的地方。

在研究工作进一步深入和完善的过程中,本书已取得的成就和突破,同它还存在的某些弱点和不成熟的地方,是同样宝贵的。相信作者会在运用历史唯物主义和经济学方法研究历史问题方面,成为一位更成熟的、善于另辟蹊径的研究者。

（原载《洋务运动与中国早期现代化思想》,

山东人民出版社2001年版）

43 《学术开拓的主要路标：
赵靖文集》后记

我自1959年开始从事中国经济思想史这门学科的研究、教学工作，至今已逾四十五年。将近半个世纪的学术历程，大致可以划分为以下几个阶段：

第一阶段是创始阶段：自1959年至1965年，我主要从事中国近代经济思想史的开拓和教学研究，研究成果是在1964—1965年出版《中国近代经济思想史》一书（中华书局）在高等学校内部发行，以及在报刊上发表论文十余篇。

第二阶段是撰写中国经济思想通史的准备阶段：自1978年起，我产生了撰写一部从古至今的中国经济思想通史的想法，但这样一部规模宏大的著作，没有长期艰辛的准备，是无从谈起的，因此，我决定先写一部《中国古代经济思想史讲话》（以下简称《讲话》）。这部书在1986年以"讲话"的形式推出，但它是十分重视学术性和系统性的。围绕此书还写了上百篇论文。在《讲话》及众多论文写出后，我对撰写《中国经济思想通史》的准备工作就基本上完成了，对《中国经济思想通史》一书的研究方法、基本内容和思想体系，就大体心中有数了。

第三阶段是中国传统经济思想的研究至成书阶段：1986年《讲话》完成之后，我们立即组成编写小组，撰写《中国经济思想通史》。本拟把它写成自古至今的一部"通史"，但在长期研究、写作过程中，我们越来越感到：第一次鸦片战争前的中国传统经济思想和第一次鸦片战争失败至当前时期的中国近代经济思想，有着重大的、本质性的区别，因而将原定计划作相应修改。把夏、商、周至第一次鸦片战争前的中国传统经济思想编写为《中国经济思想通史》，而将中国近代、现代经济思想，编入《中国经济思想通史续集》。

第三阶段除了撰写《中国经济思想通史》外，还写了一部《经济学志》，这部书涵盖的时间与《中国经济思想通史》《中国经济思想通史续集》大体相同，但它不是以代表人物为主线，而是按中国经济思想的各种范畴的历史发展来写的。《经济学志》和《中国经济思想通史》，都是在1998年成书出版的，但《经济学志》的启动时间要晚几年。

第四阶段是按新的体系改写中国近代经济思想史的阶段。

中国传统经济思想的开拓和研究告一段落后，开拓工作转入中国近现代经济思想的研究，而首先遇到的就是如何对待我们原来撰写的《中国近代经济思想史》的问题。

我们在20世纪60年代中叶出版了《中国近代经济思想史》，80年代初又修订再版。此书出版后影响很大，但成书于60年代的作品，不可能没有缺陷。在80年代出版修订本时，对怎样修订认识不深，只能进行一些局部修改。到1998年着手写《中国经济思想通史续集》时，逐渐认识到：第一次鸦片战争失败后，直至当前以至今后相当时期，中国的根本经济问题是寻求适合于中国的经济发展的道路以解放生产力，中国的经济思想，只能是围绕这一根本经济问题而展开。20世纪60年代，以阶级斗争为纲的思想,在史学领域中处于支配地位,我们当时撰写的《中国近代经济思想史》,同样也受到以阶级斗争为纲的思想影响。当时书中所提出的要把反对帝国主义的经济侵略、把怎样对待地主土地所有制和封建地租高利贷剥削以及对待资本主义经济的态度等问题作为中国近代经济思想的三大中心问题,而没有把寻找中国经济发展的正确道路以及解放生产力看作鸦片战争后中国经济思想史面对的主要经济问题。这就难以抓准中国近现代所必须面对的主要经济问题。因此,修改《中国近代经济思想史》就不能是局部的删削、增补,而是要从方法上、内容上和体系上作通盘的考虑。

上述《中国近代经济思想史》、《中国古代经济思想史讲话》、《中国经济思想通史》、《中国经济思想通史续集》及《经济学志》等几部著作,是我几十年来对这门学科的开拓历程中自著的或主编兼主撰的主要著作。它们最明显、也最集中地反映了我在开拓的各个不同阶段所持的基本观点、方法和论述体系。因此,这本文集从这几部著作中选取序言(或导论)作为主要内容并配合选录各书中的某些章节,就能借以较明显、较集中地反映我在长期开拓中国经济思想史这门学科的过程中的基本思路及其发展变化。

除上述这些著作外,我还从《中国历史上优秀的经济管理思想》(自著)、《中国近代民族实业家的经营管理思想》(主编)二书中各选录了一篇文章。这两书不能算是我的主要著作,但是,毕竟在20世纪80年代我曾对中国古代、近代的经济管理思想作过一些开拓工作。这两篇文章也可算是有关努力的反映吧。

另外,由于本文集所收录的文章系从不同的书中节选,故为反

映原著原貌，分别保留了脚注或尾注的注释形式，未予统一，特此
说明。

　　本书的编辑出版得到许多同志和朋友的关心、支持与协助，谨
致谢意！

　　　　　　　　　赵　靖

　　　　　2005年国庆前夕于北大中关园

　　　　（原载《学术开拓的主要路标：赵靖文集》，

　　　　　北京大学出版社2005年版）